SCHWERPUNKTE BAND 3   Emmerich • Schuldrecht • Besonderer Teil

SCHWERPUNKTE

Eine systematische Darstellung der wichtigsten Rechtsgebiete anhand von Fällen
Begründet von Professor Dr. Harry Westermann †

BGB-Schuldrecht
Besonderer Teil

von

DR. VOLKER EMMERICH
o. Professor an der Universität Bayreuth
Richter am OLG Nürnberg

7., völlig neubearbeitete Auflage

C. F. MÜLLER JURISTISCHER VERLAG
HEIDELBERG

Die Deutsche Bibliothek – CIP-Einheitsaufnahme

Emmerich, Volker:
BGB-Schuldrecht, besonderer Teil / von Volker Emmerich. –
7., völlig neubearb. Aufl. – Heidelberg : Müller, Jur. Verl., 1994
    (Schwerpunkte ; 3)
    ISBN 3-8114-5294-0
NE: GT

© 1994 C. F. Müller Juristischer Verlag GmbH, Heidelberg
Satz: Textservice Zink, Epfenbach
Druck und Bindung: Wilhelm Röck, Weinsberg
ISBN 3-8114-5294-0

VORWORT ZUR 7. AUFLAGE

Für die 7. Auflage habe ich das Buch erneut in allen Teilen gründlich überarbeitet und dabei zum großen Teil ganz neu geschrieben. Die Veränderungen werden schon äußerlich an der neuen Gliederung des Stoffes und an der erstmaligen Verwendung von Randnummern deutlich. Inhaltlich habe ich mich vor allem darum bemüht, die Darstellung mehr noch als bisher schon auf die wirklichen „Schwerpunkte" der Materie zu konzentrieren, auch, um ein weiteres Anschwellen des Umfangs des Buches unter allen Umständen zu verhindern. Auf die Darstellung des Gesellschaftsrechts wurde wiederum verzichtet, weil der Verlag plant, in der vorliegenden Reihe einen gesonderten Band herauszubringen. Herzlich zu danken habe ich meiner Sekretärin, Frau Sabine Schilling, für die Betreuung des umfangreichen und schwierigen Manuskripts.

Bayreuth, im Juni 1994 *V. Emmerich*

INHALTSVERZEICHNIS

	Seite
Vorwort zur 7. Auflage	V
Abkürzungsverzeichnis	XXVII
Verzeichnis der abgekürzt zitierten Literatur	XXIX

TEIL I VERÄUSSERUNGSVERTRÄGE

§ 1 Wesen und Gegenstand des Kaufvertrages 1

  I. Einleitung 1
  II. Gegenstand 3
    1. Alle Gegenstände des Wirtschaftsverkehrs 3
    2. Unternehmen 3
    3. Zukünftige Sachen 4
  III. Sonderformen 4
    1. Sukzessiv- und Dauerlieferungsverträge 4
    2. Energielieferungsverträge 5
  IV. Geschäftsbedingungen 5
  V. Kaufvertrag und Übereignung 6

§ 2 Pflichten der Parteien 7

  I. Pflichten des Verkäufers beim Sachkauf 7
    1. Übereignung 7
    2. Lastenfreiheit (§ 434) 8
      a) Hauptleistungspflicht 8
      b) Begriff 8
      c) Insbesondere öffentlich-rechtliche Beschränkungen 9
    3. Kenntnis des Käufers 10
      a) Grundsatz (§ 439 Abs. 1) 10
      b) Ausnahmen (§ 439 Abs. 2) 10
    4. Übergabe 11
  II. Haftung des Verkäufers 11
    1. Anfängliche objektive Unmöglichkeit 11
    2. Anfängliches Unvermögen 12
    3. Nachträgliche Unmöglichkeit 13
    4. Verzug 13

        5. Rechte des Käufers 13
           a) Rücktritt 13
           b) Schadensersatz 14
   III. Besonderheiten beim Rechtskauf 14
        1. Haftung für die Verität 14
        2. Keine Haftung für die Bonität 15
   IV. Hauptleistungspflichten des Käufers 15
        1. Zahlungspflicht 15
        2. Abnahmepflicht 15
    V. Nebenpflichten 16

§ 3 Gefahrtragung 17
     I. Leistungs- und Gegenleistungsgefahr beim Kauf 17
        1. §§ 275, 323 17
           a) Grundsatz 18
           b) Ausnahmen 18
           c) Nur während des Erfüllungszeitraums 19
           d) Ergebnis 19
        2. §§ 324, 325 19
    II. Gefahrübergang mit Übergabe (§ 446) 20
   III. Versendungskauf (§ 447) 20
        1. Holschulden 20
        2. Schickschulden 21
        3. Bringschulden 22

§ 4 Sachmängelhaftung 23
     I. Einführung 23
        1. Überblick 23
        2. Kritik 24
        3. Gewährleistungs- und Erfüllungstheorie 25
    II. Fehler 26
        1. Überblick 26
        2. Begriff 26
           a) Objektiver Fehlerbegriff 26
           b) Subjektiver Fehlerbegriff 27
           c) Falschlieferung 28
        3. Einigung der Parteien 29
        4. Eigenschaften 29
           a) Rechtsprechung 29
           b) Kritik 31
        5. Beispiele 31
           a) Grundstückskaufverträge 31
           b) Autokauf 32
           c) Gebrauchte Sachen 33

III. Fehlen zugesicherter Eigenschaften ... 33
1. Eigenschaften ... 33
   a) Rechtsprechung ... 33
   b) Kritik ... 35
2. Zusicherung ... 35
   a) Gesetz und Handelsbrauch ... 35
   b) Vertrag ... 35
      aa) Voraussetzungen ... 35
      bb) Insbesondere konkludente Zusicherung ... 36
3. Beispiele ... 37

IV. Arglist des Verkäufers ... 38
1. Arglist ... 38
   a) Vorsatz ... 38
   b) Aufklärungspflicht ... 38
   c) Beweislast ... 39
2. Beispiele ... 39
   a) Hauskauf ... 39
   b) Gebrauchtwagenhandel ... 40

V. Gattungskauf ... 40
1. Überblick ... 40
2. Nachlieferungsanspruch (§ 480) ... 41
3. Falschlieferung (aliud) ... 42
   a) Rechtsprechung ... 42
   b) Schrifttum ... 44

VI. Rechte des Käufers ... 45
1. Nachbesserung und Nachlieferung ... 45
   a) Gesetzliche Regelung ... 45
   b) Vertraglicher Anspruch ... 46
2. Wandelung ... 46
   a) Überblick ... 46
   b) Vertrags- und Herstellungstheorie ... 47
   c) Rücktrittsrecht ... 47
   d) Abwicklung ... 48
   e) Vertragskosten ... 48
3. Minderung ... 48
4. Schadensersatz ... 49
5. Ausschlußtatbestände ... 50

VII. Verjährung ... 50
1. § 477 ... 50
   a) Bedeutung ... 50
   b) Ausnahmen ... 51
   c) Ansprüche aus Wandelung oder Minderung ... 51
   d) Entsprechende Anwendung ... 51
2. Garantie ... 52

§ 5 Konkurrenzen ... 52

    I. Anfechtung ... 52
        1. Käufer ... 52
            a) §§ 119 Abs. 1, 123 BGB ... 52
            b) § 119 Abs. 2 BGB ... 52
        2. Verkäufer ... 54

    II. §§ 320 ff BGB ... 54
        1. Anwendbarkeit ... 54
        2. Folgerungen ... 54
            a) § 320 BGB ... 54
            b) §§ 324-326 BGB ... 55

    III. Culpa in contrahendo ... 55

    IV. Positive Vertragsverletzung ... 56
        1. Schuldhafte Herbeiführung eines Mangels ... 56
        2. Verletzung von Nebenpflichten ... 56
        3. Mangel- und Mangelfolgeschäden ... 57

    V. Deliktsrecht ... 57

§ 6 Sonderformen ... 59

    I. Vorbehaltskauf ... 59
        1. Bedeutung ... 60
        2. Begründung ... 60
        3. Erlöschen ... 61
        4. Schuldrechtliche Auswirkungen ... 61
            a) Erfüllung ... 61
            b) Verzug des Käufers ... 62
        5. Die Stellung des Käufers vor Bedingungseintritt ... 62
            a) Vollstreckung in die Sache ... 62
            b) Anwartschaftsrecht ... 63

    II. Abzahlungskauf und VerbrKrG ... 64
        1. Geschichte ... 64
        2. Anwendungsbereich ... 65
            a) Persönlicher Anwendungsbereich ... 65
            b) Sachlicher Anwendungsbereich ... 65
        3. Schriftform ... 66
        4. Widerrufsrecht ... 66
        5. Kündigung und Rücktritt ... 67
            a) Voraussetzungen ... 67
            b) Rechtsfolgen ... 67
            c) Rücknahme der Sache ... 67

III. Verbundene Geschäfte 69
  1. Überblick 69
  2. Anwendungsbereich 69
  3. Vertragsabschluß 71
  4. Einwendungsdurchgriff 72
IV. Haustürgeschäfte 73
  1. Zweck 73
  2. Anwendungsbereich 73
  3. Voraussetzungen des Widerrufsrechts 73
     a) Die drei Fälle 73
     b) Ausnahmen 74
  4. Rechtsfolgen 74
V. Kauf nach und auf Probe, Wiederkauf und Vorkauf .. 74
  1. Kauf nach und auf Probe 74
  2. Wiederkauf 75
  3. Vorkauf 75
VI. Internationale Kaufverträge 75
  1. Geschichte 75
  2. Inhalt 76
VII. Andere Veräußerungsverträge 77
  1. Tausch 77
  2. Schenkung 77

TEIL II GEBRAUCHSÜBERLASSUNGSVERTRÄGE

§ 7 Miete 79
I. Begriff und Abgrenzung 79
II. Geschichte 80
  1. Westdeutschland 80
     a) Vom Mietnotrecht zum sozialen Mietrecht . 80
     b) Preisbindung 81
     c) Prozeßrecht 81
  2. Mitteldeutschland 82
III. Erscheinungsformen 82
IV. Vertragsabschluß 83
  1. Allgemeines 83
  2. Form 83
V. Pflichten des Vermieters 84
  1. Hauptleistungspflichten 84
     a) Überlassungspflicht 84
     b) Erhaltungspflicht 84

Inhaltsverzeichnis

2. Der vertragsmäßige Gebrauch		85
a) Überblick		85
b) Heizpflicht		85

VI. Pflichten des Mieters 86
    1. Mietzins 86
       a) § 554 BGB 86
       b) § 554a BGB 86
    2. Nebenpflichten 87
       a) Obhutspflicht 87
       b) Abnahmepflicht 87
       c) Einhaltung der Grenzen des vertragsmäßigen Gebrauchs .. 87
       d) Duldungspflicht 87
    3. Schönheitsreparaturen 89
       a) Schuldner 89
       b) Schadensersatzanspruch 90
    4. Sonstige Reparaturen 90

VII. Mängelhaftung 91
    1. Fehler 91
       a) Überblick 91
       b) Sachmängel 91
       c) Rechtsmängel 92
    2. Rechtsfolgen 93
       a) Zurückbehaltungsrecht 93
       b) Minderung 83
       c) Schadensersatzanspruch 93
       d) Ausschlußtatbestände 94

VIII. Sicherung des Vermieters 94
    1. Vermieterpfandrecht 94
       a) Voraussetzungen 94
       b) Schutz 95
       c) Verwertung 95
    2. Kaution 95

IX. Schutz des Mieters gegen Dritte 96
    1. Eintritt des Erwerbers 96
       a) Zweck 96
       b) Voraussetzungen 97
       c) Rechtsfolgen 97
    2. Vorausverfügungen 97
    3. Nachträgliche Belastung 98

X. Beendigung des Mietverhältnisses 98
    1. Überblick 98
    2. Zeitablauf 99

Inhaltsverzeichnis

3.	Ordentliche Kündigung	99
	a) Überblick	99
	b) Eigenbedarf	100
	c) Schadensersatzansprüche des Mieters	101
4.	Außerordentliche befristete Kündigung	101
	a) Überblick	101
	b) Insbesondere § 549 BGB	101
	aa) Allgemeines	101
	bb) Untermiete	102
5.	Außerordentliche fristlose Kündigung	103
	a) Allgemeines	103
	b) §§ 542 und 544 BGB	104
	c) §§ 553, 554 BGB	104
	d) § 554a BGB	104
6.	Rechtsfolgen	105
	a) Rückgabe	105
	b) Vorenthaltung	105
	c) Vertragsverlängerung	105
7.	Verjährung	106

XI. MHRG 106
    1. Überblick 106
    2. § 2 MHRG 107
       a) Voraussetzungen 107
       b) Durchsetzung 108
    3. § 3 MHRG 109

§ 8 Sonstige Gebrauchsüberlassungsverträge 109

I. Beherbergungsverträge 110

II. Leasing 110
    1. Überblick 110
    2. Erscheinungsformen 110
       a) Operatingleasing 111
       b) Finanzierungsleasing 111
       c) Vollamortisationsverträge 111
       d) Teilamortisationsverträge 112
    3. Rechtsnatur 112
    4. Vertragsabschluß 112
    5. Gefahrtragung 113
    6. Leistungsstörungen 113
       a) Unmöglichkeit 113
       b) Verzug des Leasinggebers 114
       c) Mängel 114
          aa) Abtretungskonstruktion 114
          bb) Insolvenzrisiko 115
       d) Zahlungsverzug 115
    7. Beendigung des Vertrages 116

Inhaltsverzeichnis

 III. Automatenverträge 116
 IV. Pacht 116
  1. Überblick 116
  2. Allgemeine Pacht 116
  3. Landpacht 117
 V. Leihe 117
 VI. Darlehen 117
  1. Überblick 118
  2. VerbrKrG 118
  3. Zahlungsverzug 119
   a) Allgemeines 119
   b) §§ 11, 12 VerbrKrG 119
  4. Sittenwidrigkeit 120

TEIL III SCHULDVERHÄLTNISSE ÜBER DIE LEISTUNG VON DIENSTEN UND DIE HERSTELLUNG VON WERKEN

§ 9 Dienstvertrag 121
 I. Systematik des Gesetzes 121
 II. Abgrenzung 122
  1. Arbeitsverträge 122
  2. Werkverträge 123
  3. Organmitglieder 123
  4. Ärzte 124
 III. Abschluß 123
 IV. Pflichten des Dienstverpflichteten 125
  1. Geschuldete Sorgfalt 125
  2. Treuepflicht 125
  3. Rechtsanwälte 126
   a) Pflichten bei der Rechtsberatung 126
   b) Haftung 127
  4. Minderung, Schadensersatz 127
 V. Pflichten des Dienstberechtigten 128
  1. Gegenleistung 128
  2. Unmöglichkeit und Annahmeverzug 129
  3. Fürsorgepflicht 131
  4. Gleichbehandlungspflicht 131
 VI. Beendigung 132
  1. Überblick 132
  2. Befristung 132
  3. Ordentliche Kündigung 132

       4. Außerordentliche befristete Kündigung 133
       5. Außerordentliche fristlose Kündigung 133
          a) § 626 BGB. 133
          b) § 627 BGB. 133
          c) § 628 BGB. 134
       6. Rechtsfolgen 134

§ 10 Werkvertrag 134
   I. Begriff 135
  II. Pflichten des Unternehmers 136
       1. Mangelfreie Herstellung 136
       2. Mehrere Verantwortliche 137
 III. Rechte des Bestellers 137
       1. Überblick 137
       2. Nachbesserung 138
          a) Rechtsnatur 138
          b) Neuherstellung 138
          c) Sowiesokosten 139
          d) Aufwendungsersatz 139
       3. Wandelung und Minderung 140
       4. Schadensersatz 140
          a) Voraussetzungen 140
          b) Umfang 141
       5. Verjährung 142
       6. Verzug 142
          a) Vor Abnahme 142
          b) Nach Abnahme 142
       7. Positive Vertragsverletzung 143
  IV. Vergütungspflicht 144
       1. Fälligkeit 144
       2. Preisgefahr 145
          a) Übergang mit Abnahme 145
          b) Vorzeitiger Gefahrübergang 145
       3. Sicherheiten 146
          a) § 647 BGB 146
          b) § 648 BGB 147
   V. Sonstige Bestellerpflichten 147
       1. Abnahmepflicht 147
       2. Mitwirkungspflichten 148
       3. Fürsorgepflicht 148
  VI. Kündigung 149

§ 11 Besondere Erscheinungsformen des Werkvertrags 149

   I. Bauträgerverträge 150
      1. Rechtsnatur 150
      2. Inhaltskontrolle 150
        a) Abtretungskonstruktion 150
        b) Nachbesserungsrecht, Verjährung 151
   II. Architektenverträge 151
      1. Rechtsnatur 151
      2. Pflichten 151
      3. Gesamtschuldner 152
   III. Werklieferungsvertrag 153
   IV. Reisevertrag 153
      1. Geschichte 153
      2. Begriff 154
      3. Abschluß 155
      4. Inhalt 155
        a) Prospekt, Reisebestätigung 155
        b) Vorauszahlungen, Preiserhöhungen 156
        c) Ersetzungsbefugnis 156
        d) Insolvenzsicherung 156
      5. Kündigung 156
      6. Haftung des Veranstalters 157
        a) Überblick 157
        b) Konkurrenzen 157
        c) Mangel 158
        d) Abhilfe, Minderung 158
        e) Kündigung, Schadensersatz 159
      7. Abweichende Vereinbarungen 160
   V. Auslobung 160
   VI. Maklervertrag 160
      1. Zivilmakler 160
      2. Ehemaklerverträge 161
   VII. Verwahrung 162
      1. Allgemeines 162
      2. Unregelmäßige Verwahrung 163
   VIII. Einbringung von Sachen bei Gastwirten 163

§ 12 Auftrag 164

   I. Begriff 164
   II. Abschluß 165
   III. Pflichten des Beauftragten 165

IV.	Pflichten des Auftraggebers	166
	1. Aufwendungsersatz	166
	2. Schadensersatz	167
	3. Fürsorgepflicht	167
V.	Beendigung des Auftrags	167
VI.	Entgeltliche Geschäftsbesorgung	168
	1. Begriff	168
	2. Gesetzliche Regelung	169
VII.	Ratserteilung	169
	1. § 676 BGB	170
	2. Vertrag	170
	3. Cic	171

§ 13 Geschäftsführung ohne Auftrag ... 171

I.	Überblick	172
II.	Berechtigte Geschäftsführung ohne Auftrag	172
	1. Auftragslose Geschäftsführung	172
	a) Geschäft	173
	b) Fremdgeschäftsführungswillen	173
	aa) Bedeutung	173
	bb) Feststellung	173
	cc) Geschäftsfähigkeit	174
	c) Beispiele	174
	2. Interesse und Wille des Geschäftsherrn	175
	a) Grundsatz	175
	b) Ausnahmen	176
	3. Rechtsfolgen	176
	a) Pflichten des Geschäftsführers	176
	b) Pflichten des Geschäftsherrn	177
III.	Unberechtigte Geschäftsführung ohne Auftrag	177
IV.	Unechte Geschäftsführung	178

TEIL IV SICHERNDE UND BESTÄRKENDE VERTRÄGE

§ 14 Bürgschaft ... 179

I.	Überblick	179
II.	Abgrenzung	180
	1. Garantievertrag	180
	2. Schuldbeitritt	181
	3. Kreditauftrag	181

Inhaltsverzeichnis

    III. Zustandekommen 182
        1. Vertrag zwischen Gläubiger und Bürge 182
        2. Form 182
            a) Umfang 183
            b) Globalbürgschaften 183
            c) Sonstige Erweiterungen 184
            d) Übergabe der Urkunde 184
        3. Sittenwidrigkeit 184
    IV. Akzessorietät 185
        1. Grundsatz 185
        2. Einreden 186
            a) § 768 BGB 186
            b) § 770 BGB 186
        3. Ausnahmen 187
        4. Erlöschen 187
    V. Subsidiarität 188
        1. Einrede der Vorausklage 188
        2. Ausschluß 188
    VI. Verhältnis des Bürgen zum Hauptschuldner 188
        1. Innenverhältnis 188
        2. Rückgriffsanspruch 189
            a) Forderungsübergang 189
            b) Innenverhältnis 189
            c) Ausgleich zwischen mehreren Sicherungsgebern 190
    VII. Sonderformen 190
        1. Mitbürgschaft 191
            a) Ausgleichspflicht 191
            b) Teilbürgen 191
        2. Zeitbürgschaft 191
        3. Nachbürgschaft 192
        4. Rückbürgschaft 192
        5. Ausfallbürgschaft 192
        6. Höchstbetragsbürgschaft 193
        7. Bürgschaft auf erstes Anfordern 193
            a) Begriff 193
            b) Schranken 194
            c) Rückforderungsanspruch 194

§ 15 Anerkenntnis und Vergleich 194
    I. Anerkenntnis 195
        1. Überblick 195
        2. Einfaches Anerkenntnis 195

3. Deklaratorisches Anerkenntnis		196
a) Begriff		196
b) Weitergehende Wirkungen		197
4. Konstitutives Anerkenntnis		197
a) Begriff		197
b) Form		198
c) Abstraktheit		199
d) Novation		199
II. Vergleich		199
1. Begriff		200
2. Rechtsnatur		200
3. Voraussetzungen		200
4. Wirkungen		201
5. Unwirksamkeit		201

TEIL V UNGERECHTFERTIGTE BEREICHERUNG

§ 16 Leistungskondiktion 203

I. Exkurs: Vorlegung von Sachen	204
II. Überblick	204
III. Geschichte	205
IV. Funktion	206
1. Rückabwicklung fehlgeschlagener Leistungsverhältnisse	206
2. Erscheinungsformen	206
V. Gegenstand	207
1. Etwas	207
2. Herausgabepflicht	207
VI. Leistung	208
1. Der moderne Leistungsbegriff	208
2. Kritik	209
VII. Rechtsgrund	209
1. Rechtsgrundlehren	210
2. Leistungszwecke	211
3. Festlegung	211
VIII. Erscheinungsformen der Leistungskondiktion	211
1. Condictio indebiti	212
a) Beispiele	212
b) § 813 BGB	212
c) § 814 BGB	212
2. Condictio ob causam finitam	213

Inhaltsverzeichnis

    3. Condictio ob rem 213
        a) Voraussetzungen 213
        b) Beispiele 213
            aa) Vorleistungs- und Veranlassungsfälle 214
            bb) Sonstige Fallgestaltungen 215
        c) Ausschluß 215
    4. Condictio ob turpem vel iniustam causam 216
    5. Ausschluß bei mißbilligter Leistung (§ 817 S. 2 BGB) 217
        a) Zweck 217
        b) Anwendungsbereich 218
        c) Subjektive Voraussetzungen? 219
        d) Beispiele 219
        e) Insbesondere das wucherische Darlehen 219
IX. Mehrpersonenverhältnisse 220
    1. Einleitung 220
    2. Durchgriffsverbot 221
    3. Anweisungsfälle 222
        a) Grundlagen 222
        b) Doppelmangel 223
        c) Angenommene Anweisung 224
        d) Fehlerhafte und fehlende Anweisung 224
            aa) Fehlende Anweisung 225
            bb) Widerruf der Anweisung 225
        e) Sonstige Fälle 226
    4. Einbaufälle 226
        a) Grundlagen 226
        b) Irrtumsfälle 227
    5. Drittleistungen 228
        a) Zahlung eines Dritten 228
        b) Zessionsfälle 229

§ 17 Bereicherung in sonstiger Weise 230
I. Eingriffskondiktion 230
    1. Funktion, Merkmale 230
    2. Geschützte Positionen 231
        a) Rechtswidrigkeitstheorie 231
        b) Lehre vom Zuweisungsgehalt 231
        c) Eigentum 232
        d) Sonstige dingliche Rechte 234
        e) Immaterialgüterrechte 234
        f) Persönlichkeitsrechte 234
        g) Sonstige Positionen im Wettbewerb 235
        h) Forderungsrechte 235
    3. Eingriff 235
    4. Unmittelbarkeit der Vermögensverschiebung 236

	5. Rechtsgrund	237
	a) Vertrag	237
	b) Gesetz	237
	6. Subsidiarität der Eingriffskondiktion?	238
II.	Verfügungen eines Nichtberechtigten (§ 816 BGB)	239
	1. Entgeltliche Verfügungen	239
	a) Zweck	239
	b) Verfügung	240
	c) Wirksamkeit der Verfügung	240
	d) Parteien	241
	e) Rechtsfolgen	241
	2. Unentgeltliche Verfügungen	242
	3. Leistungen an einen Nichtberechtigten	243
	a) Empfänger	243
	b) Wirksamkeit der Leistung	243
III.	Sonstige Fälle	243
	1. Verwendungskondiktion	244
	a) Anwendungsbereich	244
	b) Gegenstand	244
	2. Rückgriffskondiktion	245
	a) Anwendungsbereich	245
	b) Irrtümliche Eigenleistungen	246
	c) Gegenstand	246

§ 18 Inhalt und Umfang des Anspruchs ... 246

I.	Überblick	247
II.	Gegenstand	248
	1. Das Erlangte	248
	2. Nutzungen	249
	3. Surrogate	249
III.	Wertersatz	250
	1. Voraussetzungen	250
	2. Wertermittlung	250
	a) Wertbegriffe	250
	b) Stellungnahme	251
IV.	Wegfall der Bereicherung	252
	1. Zweck	252
	2. Abgrenzung	253
	3. Beispiele	254
	4. Durchführung	255
V.	Gegenseitige Verträge	255
	1. Überblick	255
	2. Zweikondiktionentheorie	256

Inhaltsverzeichnis

  3. Saldotheorie 257
   a) Bedeutung 257
   b) Durchführung 258
    aa) Gleichartige Leistungen 258
    bb) Ungleichartige Leistungen 258
    cc) Berücksichtigungsfähige Posten 258
  4. Vorleistungen 258
  5. Minderjährige 259
  6. Arglistige Täuschung 259
 VI. Haftungsverschärfung 260
  1. Voraussetzungen 261
  2. Umfang 262

TEIL VI UNERLAUBTE HANDLUNGEN

§ 19 Einleitung 263
 I. Schaden und Schadensverlagerung 264
 II. Keine Generalklausel 264
 III. Einteilung 266
 IV. Haftungsprinzipien 266
 V. Handlung 267
 VI. Rechtswidrigkeit 267
  1. Erfolgs- oder Verhaltensunrecht 267
  2. Rechtfertigungsgründe 268
 VII. Verschulden 269
  1. Deliktsfähigkeit 269
  2. Billigkeitshaftung (§ 829 BGB) 269
 VIII. Entwicklung 270

§ 20 Lebensgüter 270
 I. Leben 270
  1. Tötung 270
  2. Unterlassene Tötung (fehlgeschlagene Abtreibung) 271
   a) Rechtsprechung 271
   b) Kritik 272
 II. Körper und Gesundheit 273
  1. Begriff 273
  2. Dauer 273
  3. Schutzzweck 274
   a) Begriff 274
   b) Beispiele 275

III. Freiheit 275
IV. Arzthaftung 275
   1. Überblick 276
   2. Einwilligung 277
   3. Aufklärung 277
      a) Umfang 277
      b) Behandlungsmethode 278
      c) Beweislast 279
      d) Umfang der Haftung 279
   4. Behandlungsfehler 279
   5. Beweislast 280
   6. Krankenhausträger 281
      a) Haftung neben den und für die Ärzte .. 281
      b) Pflichten 281

§ 21 Eigentum und sonstige Rechte 282

I. Eigentum 282
   1. Begriff 282
   2. Beispiele 283
II. Sonstige Rechte 284
   1. Begriff 284
   2. Beispiele 284
   3. Familienrechte 285
III. Das Recht am Gewerbebetrieb 286
   1. Geschichte 286
      a) RG 286
      b) BGH 286
   2. Subsidiarität 287
   3. Beispiele 288
      a) Schutzrechtsverwarnung 288
      b) Boykott und ähnliche Fälle 288
      c) Gesetzliche Verfahren 289
      d) Kritik an Unternehmen 289
IV. Das allgemeine Persönlichkeitsrecht 289
   1. Entwicklung 290
   2. Träger 290
      a) Natürliche Personen 290
      b) Juristische Personen 291
   3. Inhalt 291
   4. Schutz der Privatsphäre 292
   5. Schutz der Ehre in der Öffentlichkeit ... 292
   6. Rechtsfolgen 294

Inhaltsverzeichnis

§ 22 Verkehrspflichten, Produkthaftung 295

    I. Verkehrspflichten 295
        1. Entwicklung 295
        2. Maßstab 295
        3. Einordnung 296
        4. Verpflichteter 296
        5. Geschützte Personen 297
        6. Verkehrseröffnung 297
            a) Grundstücke und Gebäude 297
            b) Gemeinden, Veranstaltungen 198
            c) Straßen 199
        7. Beherrschung einer sonstigen Gefahrenquelle 299
            a) Kraftfahrzeuge 299
            b) Grundstücke 299
        8. Gefährliche Berufe 300

    II. Produkthaftung 300
        1. Entwicklung 301
        2. Gesetzliche Regelungen 302
            a) Produkthaftungsgesetz 302
            b) Sonstige Regelung 303
        3. Hersteller 303
        4. Fehler 304
            a) Begriff 304
            b) Konstruktionsfehler 305
            c) Fabrikationsfehler 306
            d) Instruktionsfehler 306
            e) Produktbeobachtung 308
        5. Beweislast 307

§ 23 Schutzgesetze, sittenwidrige Schädigung 309

    I. § 823 Abs. 2 BGB 309
        1. Bedeutung 309
        2. Begriff 309
        3. Beispiele 310
            a) Strafnormen 310
            b) Sonstige Vorschriften 311
        4. Rechtswidrigkeit 311
        5. Verschulden 312

    II. § 826 BGB 312
        1. Überblick 313
        2. Sittenwidrigkeit 313
        3. Vorsatz 314

	4. Beispiele	314
	a) Arglistige Täuschung	315
	b) Vereitelung fremder Rechte	315
	c) Mißbrauch formaler Rechtspositionen	315

§ 24 Sonstige Tatbestände (Überblick) 316

  I. § 825 BGB 316
  II. §§ 836 bis 838 BGB 316
  III. Amtshaftung (§ 839 BGB) 317
    1. Überblick 317
    2. Amtspflichtverletzung 318
    3. Eigenhaftung und Staatshaftung 319
      a) Fiskalbereich 319
      b) Ausübung eines öffentlichen Amtes 319
  IV. Kreditgefährdung 320
    1. Überblick 320
    2. Tatsachenbehauptungen 320
    3. Rechtswidrigkeit und Schuld 321
    4. Rechtsfolgen 321
  V. Haftung für Verrichtungsgehilfen 322
    1. Problematik 322
    2. Verrichtungsgehilfe 323
    3. Widerrechtliche Schädigung eines Dritten 323
    4. Entlastungsbeweis 324
      a) Auswahl, Anleitung und Überwachung 324
      b) Sorgfalt des Verrichtungsgehilfen 325
  VI. Haftung des Aufsichtspflichtigen 326
    1. Überblick 326
    2. Eltern 326

§ 25 Der deliktische Ersatzanspruch 327

  I. Beteiligung mehrerer 327
    1. Mittäterschaft 328
    2. Teilnahme 328
    3. Insbesondere Demonstrationsschäden 329
    4. Nebentäterschaft 329
    5. Alternative Täterschaft 330
      a) Zweck 330
      b) Beteiligte 331
      c) Einheitlicher Vorgang? 331
    6. Innenverhältnis 332

Inhaltsverzeichnis

    II. Ersatzberechtigte Personen 333
        1. Ausschluß mittelbar Geschädigter 333
        2. Beerdigungskosten 333
        3. Unterhaltsschaden 333
            a) Berechtigte 334
            b) Umfang 334
        4. Entgangene Dienste 335
        5. Insbesondere Ehefrauen 335
   III. Inhalt des Anspruchs 336
        1. Allgemeines 336
        2. Schmerzensgeld 336
   IV. Verjährung 337
    V. Unterlassungs- und Beseitigungsanspruch 338
        1. Unterlassungsanspruch 338
        2. Beseitigungsanspruch 338

§ 26 Gefährdungshaftung 339
     I. Grundgedanken 339
    II. HaftpflG 1978 340
        1. Eisenbahnen 340
            a) Betrieb 340
            b) Höhere Gewalt 341
        2. Energieanlagen 341
   III. Tierhalterhaftung 341
        1. Überblick 342
        2. Tiere 342
        3. Tierhalter 343
        4. Tiergefahr 343
        5. Umfang der Haftung 344
        6. Haus- und Nutztiere 345
   IV. Kraftfahrzeughalterhaftung 345
        1. Überblick 346
        2. Halter 347
        3. Betrieb 347
            a) Begriff 347
            b) Beispiele 348
        4. Unabwendbares Ereignis 348
        5. Betriebsgefahr 349
    V. Sonstige Fälle 350
        1. Luftverkehr 350
        2. Atomenergie 350
        3. WHG 351
        4. Umwelthaftung 351

Sachregister 353

ABKÜRZUNGSVERZEICHNIS

ABl	Amtsblatt der Europäischen Gemeinschaft
AcP	Archiv für die civilistische Praxis
AfP	Archiv für Presserecht
AGB	Allgemeine Geschäftsbedingungen
AP	Arbeitsgerichtliche Praxis
BAGE	Entscheidungen des Bundesarbeitsgerichts
BayObLGZ	Entscheidungen des Bayerischen Obersten Landesgerichts in Zivilsachen
BGHZ	Entscheidungen des BGH in Zivilsachen
BB	Betriebsberater
BFHE	Entscheidungen des Bundesfinanzhofs
BMF	Bundesminister der Finanzen
BMJ	Bundesminister der Justiz
DAR	Deutsches Autorecht
DJT	Deutscher Juristentag
E I	Erster Entwurf zum BGB
EuZW	Europäische Zeitschrift für Wirtschaftsrecht
Festschr.	Festschrift
Festg.	Festgabe
FLF	Finanzierung – Leasing – Factoring (Zeitschrift)
franz. Cod. civ.	französischer Code civile
GE	Grundeigentum (Zeitschrift)
Gutachten	Bundesminister der Justiz, Gutachten und Vorschläge zur Überarbeitung des Schuldrechts Bd. I und II, 1981, Bd. III, 1983
HausTWG	Haustürwiderrufsgesetz
hM	herrschende Meinung
ital. Cod. civ.	italienischer Codice civile von 1942
JA	Juristische Arbeitsblätter
JurA	Juristische Analysen
JuS	Juristische Schulung
JW	Juristische Wochenschrift
Leistungsstörungen	*Emmerich*, Das Recht der Leistungsstörungen, 3. Aufl. (1991)
LM	Nachschlagewerk des BGH
LuftVG	Luftverkehrsgesetz
LZ	Leipziger Zeitschrift
MDR	Monatsschrift für deutsches Recht
Miete	*Emmerich/Sonnenschein*, Miete, 6. Aufl. (1991)
Mietrecht	*Emmerich/Sonnenschein*, Mietrecht, 2. Aufl. (1981)
MK	Münchner Kommentar zum BGB
NJW	Neue Juristische Wochenschrift
NJW-RR	Rechtsprechungsreport der NJW
öABGB	Österreichisches Allgemeines Bürgerliches Gesetzbuch
PflichtversG	Pflichtversicherungsgesetz
RAGE	Entscheidungen des Reichsarbeitsgerichts
RGZ	Entscheidungen des Reichsgerichts in Zivilsachen
Rspr	Rechtsprechung
Schweiz. OR.	Schweizerisches Obligationenrecht
SHG	Schadenshaftpflichtgesetz

Inhaltsverzeichnis

StVG	Straßenverkehrsgesetz
SZ	Entscheidungen des österr. OGH in Zivilsachen
VerbrKrG	Verbraucherkreditgesetz
VersR	Versicherungsrecht
WarnR	Warneyers Rechtsprechung des Reichsgerichts
WHG	Wasserhaushaltsgesetz
WM	Wertpapier-Mitteilungen
WuM	Wohnungswirtschaft und Mietrecht (Zeitschrift)
WuW	Wirtschaft und Wettbewerb
WuW/E	Entscheidungssammlung der WuW
ZfA	Zeitschrift für Arbeitsrecht
ZMR	Zeitschrift für Miet- und Raumrecht

VERZEICHNIS DER ABGEKÜRZT ZITIERTEN LITERATUR

Brox II	*Brox*, Besonderes Schuldrecht, 21.Aufl. (1994).
Brüggemeier	*Brüggemeier,* Deliktsrecht, 1986.
Deutsch, Haftungsrecht	*Deutsch,* Haftungsrecht Bd. I, 1976.
Deutsch, Unerlaubte Handlungen	*Deutsch*, Unerlaubte Handlungen, Schadensersatz und Schmerzensgeld, 2. Aufl (1993).
Enneccerus/Lehmann	*Enneccerus/Lehmann*, Schuldrecht, 15. Bearbeitung (1985).
Esser/Weyers	*Esser/Weyers*, Schuldrecht Bd. II, Besonderer Teil, 7. Aufl. (1991).
Fikentscher	*Fikentscher*, Schuldrecht, 8. Aufl. (1991).
Geigel	*Geigel*, Der Haftpflichtprozeß, 21. Aufl. (1993).
Heck	*Heck*, Grundriß des Schuldrechts, 1929/1958.
Heymann/Emmerich	*Heymann/Emmerich*, HGB, 1989 (2. Aufl. [1994] in Vorbereitung).
König	*D. König*, Ungerechtfertigte Bereicherung, 1985.
Koppensteiner/Kramer	*H.-G. Koppensteiner/E. Kramer*, Ungerechtfertigte Bereicherung, 2. Aufl. (1988).
Kötz	*Kötz*, Deliktsrecht, 5. Aufl. (1991).
Kupisch/Krüger	*Kupisch/Krüger*, Deliktsrecht, 1983.
Larenz Bd. I	*Larenz*, Lehrbuch des Schuldrechts Bd. I, Allgemeiner Teil, 14. Aufl. (1987).
Larenz Bd. II/1	*Larenz*, Lehrbuch des Schuldrechts Bd. II, Halbband 1, Besonderer Teil, 13. Aufl. (1986).
Leistungsstörungen	*Emmerich*, Das Recht der Leistungsstörungen, 3. Aufl. (1991).
Leonhard Bd. II	*Leonhard*, Besonderes Schuldrecht des BGB, 2. Bd. (1931).
Loewenheim	*Loewenheim*, Bereicherungsrecht, 1989.
Medicus, Bürgerliches Recht	*Medicus*, Bürgerliches Recht, 15. Aufl. (1991).
Medicus II	*Medicus*, Schuldrecht Bd. II, Besonderer Teil, 6. Aufl. (1993).
Miete	*Emmerich/Sonnenschein*, Miete, 6. Aufl. (1991).
Mietrecht	*Emmerich/Sonnenschein*, Mietrecht, 2. Aufl. (1981).
MünchKomm	Münchener Kommentar zum BGB, 3. Aufl., seit 1992.
Palandt	*Palandt*, Bürgerliches Gesetzbuch, 53. Aufl. (1994).
Reinicke/Tiedtke	*D. Reinicke/Kl. Tiedtke*, Kaufrecht, 5. Aufl. (1992).
Reuter/Martinek,	*D. Reuter/M. Martinek*, Ungerechtfertigte Bereicherung, 1983.
Schlechtriem	*Schlechtriem*, Schuldrecht, Besonderer Teil, 3. Aufl. (1993).
Siber	*Siber*, Schuldrecht, 1931.
Soergel	*Soergel/Siebert*, BGB, 12. Aufl. (seit 1987).
Staudinger	*Staudinger*, Kommentar zum BGB, 12. Aufl. (seit 1978) (13. Aufl. [seit 1993] im Druck).
Sternel	*Sternel*, Mietrecht, 3. Aufl. (1988).
Walter	*Walter*, Kaufrecht, 1987.

TEIL I

Veräußerungsverträge

§ 1 WESEN UND GEGENSTAND DES KAUFVERTRAGS

Literatur: *Brandt*, Eigentumserwerb und Austauschgeschäft, 1940; *Rabel*, Das Recht des Warenkaufs, 2 Bde., 1958 und 1964; *Reinicke/Tiedtke*, Kaufrecht, 5. Aufl. (1992); *Schubert*, Deutsches Kaufrecht, 1937; *Walter*, Kaufrecht, 1987.

Praxiskauf-Fall 1: Rechtsanwalt Dr. X will sich zur Ruhe setzen; er verkauft deshalb seine Praxis an den jungen Assessor Y für 100 000,- DM. Welche Rechte hat Y, wenn sich Dr. X kurz nach Übergabe der Praxis an ihn die Sache noch einmal anders überlegt und in einem Nachbarhaus wieder eine eigene Praxis eröffnet?

I. Einleitung

Als Besonderes Schuldrecht bezeichnet man üblicherweise die in dem siebten Abschnitt des zweiten Buchs des BGB geregelten „einzelnen Schuldverhältnisse". Sie beruhen grundsätzlich entweder auf Vertrag oder Gesetz (§ 305); eine Sonderstellung nehmen lediglich die hier nicht weiter behandelten Fälle der Auslobung (§§ 657-661) und der Gemeinschaft ein (§§ 741-758). Gesetzliche Schuldverhältnisse sind die Geschäftsführung ohne Auftrag, die Vorlegung von Sachen, die ungerechtfertigte Bereicherung sowie die unerlaubten Handlungen.

1

Die Einteilung der in den §§ 433 bis 808a geregelten vertraglichen Schuldverhältnisse richtet sich in erster Linie nach der vertragstypischen „Sachleistung". Die wichtigsten erfaßten Vertragstypen sind die Veräußerungsverträge, die Gebrauchsüberlassungsverträge, Verträge über die Tätigkeit einer Person, Gesellschaften sowie sichernde und bestärkende Verträge. Innerhalb dieser Vertragstypen wird sodann meistens weiter danach differenziert, ob es sich um einen entgeltlichen oder unentgeltlichen Vertrag handelt. So trennt das BGB zB innerhalb der Veräußerungsverträge zwischen dem Kauf und dem Tausch auf der einen Seite und der Schenkung auf der anderen Seite. Ebenso stehen innerhalb der Gebrauchsüberlassungsverträge die entgeltlichen Verträge Miete und Pacht der unentgeltlichen Leihe gegenüber. Nicht anders verhält es sich mit den Verträgen über die Tätigkeit einer Person. Auch hier unterscheidet das Gesetz in erster Linie zwischen den entgeltlichen Dienst- und Werkverträgen sowie dem unentgeltlichen Auftrag[1].

2

Der Katalog der §§ 433 bis 808a weist zahlreiche Lücken auf, da die Väter des BGB in kluger Selbstbeschränkung von vornherein auf den Versuch verzichtet haben, eine

3

---

1 S. im übrigen ausführlich *Medicus* II, § 71.

1

§ 1

vollständige Regelung der nahezu unübersehbaren Vielzahl der heute in unserer hochkomplexen Wirtschaftsgesellschaft vorkommenden Schuldverträge zu geben. Das BGB beschränkt sich vielmehr ganz bewußt auf die Regelung einzelner Grundtypen wie eben der wichtigsten Veräußerungs- und Gebrauchsüberlassungsverträge. Einige weitere wichtige Verträge haben ihre Regelung außerhalb des BGB gefunden; Beispiele sind der Versicherungsvertrag oder der Verlagsvertrag. Zahlreiche andere Verträge, darunter so wichtige wie Leasing- oder Factoringverträge, sind hingegen bisher ungeregelt geblieben.[2] Hier ist es daher die Aufgabe von Rechtsprechung und Wissenschaft, anhand der gesetzlichen Grundtypen je angemessene Lösungen zu finden. So wird zB bei den Leasingverträgen, wo immer möglich, auf die Regelung der Miete zurückgegriffen.[3]

4 Als Veräußerungsverträge bezeichnet man alle Verträge die auf die **endgültige** (dauernde) Übertragung eines Gegenstandes von einer Person auf eine andere gerichtet sind. Grundtypus ist der Kauf. Von den Gebrauchsüberlassungsverträgen, dh. von Miete und Pacht unterscheiden sich die Veräußerungsverträge vor allem dadurch, daß die letzteren lediglich die **vorübergehende** Überlassung eines Gegenstandes von einer Person an eine andere betreffen.[4] Nur schwer einzuordnende Grenzfälle und Mischformen sind zB der Mietkauf oder die Leasingverträge.

5 Der Kaufvertrag bildet die Grundform, in der sich in der heutigen arbeitsteiligen Wirtschaft der **Warenaustausch gegen Geld** vollzieht. Er überragt deshalb an praktischer Bedeutung sämtliche anderen Verträge, und zwar so sehr, daß die Vorschriften des Allgemeinen Teils des BGB zur Rechtsgeschäftslehre und die des gesamten sog. Allgemeinen Teils des Schuldrechts in langer Tradition im wesentlichen an seinem Beispiel entwickelt worden sind.

6 Die gesetzliche Regelung des Kaufvertrages ergibt sich in erster Linie (natürlich) aus den §§ 433 bis 514 BGB. Ergänzende Vorschriften finden sich an zahlreichen anderen Stellen der Rechtsordnung. Hervorzuheben sind die Vorschriften des HGB über den Handelskauf (§§ 373-382 HGB) sowie die Regelung internationaler Kaufverträge in dem sog. UN-Kaufrecht[5]. Zahlreiche weitere Gesetze, die in den letzten Jahren vor allem unter verbraucherschutzpolitischen Gesichtspunkten erlassen worden sind, haben gleichfalls durchweg erhebliche Bedeutung für Kaufverträge. Zu nennen sind hier in erster Linie das Verbraucherkreditgesetz und das Haustürwiderrufsgesetz[6]. Aber auch zB das AGB-Gesetz betrifft natürlich in erster Linie Kaufverträge.

---

2 Dazu ausführlich *Martinek*, Moderne Vertragstypen Bd. I-III.
3 Wegen der Einzelheiten s. unten § 8 II (S. 110 ff).
4 Vergleiche die §§ 433 und 535.
5 S. dazu unten § 6 VI (S. 75 ff).
6 Dazu unten § 6 II-IV, § 8 VI (S. 64, 117 ff).

II. Gegenstand

1. Alle Gegenstände des Wirtschaftsverkehrs

Verkaufen kann man heute (nahezu) alles. Nicht zuletzt darin kommt die Vertragsfreiheit als einer der Grundpfeiler unserer Rechtsordnung zum Ausdruck (§ 305). Hieran wollte auch § 433 Abs. 1 nichts ändern, der als mögliche Gegenstände von Kaufverträgen (pars pro toto) allein Sachen und Rechte hervorhebt. Dies zeigen schon die §§ 445 und 493. Kaufverträge können sich deshalb grundsätzlich auf **alle Gegenstände** beziehen, die im wirtschaftlichen Verkehr gehandelt werden. Beispiele sind neben Sachen und Rechten namentlich noch Unternehmen und sonstige Vermögensgesamtheiten sowie unkörperliche Gegenstände wie etwa Computerprogramme, Geheimverfahren (Know-how) oder Erwerbs- und Gewinnchancen.

7

> Die besondere Betonung von Sachen als Kaufgegenständen durch § 433 Abs. 1 S. 1 erklärt sich vor allem daraus, daß die Regelung der §§ 433 bis 514 in erster Linie auf den Sachkauf, und zwar speziell auf den sog. Stückkauf zugeschnitten ist. Bereits der wirtschaftlich wesentlich wichtigere Gattungskauf ist vom Gesetz in § 480 nur anhangsweise und kursorisch mitgeregelt worden.

8

2. Unternehmen

> **Literatur:** *Hommelhoff*, Die Sachmängelhaftung beim Unternehmenskauf, 1976; *U. Huber*, ZGR 1972, S. 295; *Lieb*, in: Festschr. f. Gernhuber, 1993, S. 259; *Loos*, NJW 1962, S. 519; *Medicus* II, § 83 II; *W. Müller*, JuS 1975, S. 553; *Reinicke/Tiedtke*, S. 339 ff; *Walter*, § 3 IV (S. 94ff); *H.P. Westermann*, ZGR 1982, S. 45; Leistungsstörungen, § 5 III 2 c, aa (S. 52 ff).

Ein Unternehmen stellt eine Sachgesamtheit, dh einen Inbegriff von beweglichen und unbeweglichen Sachen, Rechten und Chancen dar. Auch solche Sachgesamtheiten können natürlich Gegenstand des Rechtsverkehrs sein und daher zB verkauft werden (§§ 445, 493). Eine besondere gesetzliche Regelung fehlt jedoch. In der Frage der Haftung des Unternehmensverkäufers für Mängel des verkauften Unternehmens wird daher, wo immer möglich, auf die Vorschriften über die Haftung des Verkäufers für Sachmängel (§§ 459 ff) zurückgegriffen.[7]

9

Eine Besonderheit des Unternehmenskaufs besteht darin, daß bei ihm im Einzelfall ein Sach- und ein Rechtskauf zusammentreffen können. Erwirbt zB jemand Anteile an einer Gesellschaft, die ein Unternehmen betreibt, so liegt an sich zunächst nur ein Rechtskauf vor, so daß der Verkäufer nach § 437 grundsätzlich allein für den rechtlichen Bestand der veräußerten Beteiligungsrechte, nicht hingegen für Mängel des Unternehmens, das die Gesellschaft betreibt, einzustehen braucht. Anders verhält es sich jedoch, wenn sich hinter dem Anteilskauf in Wirklichkeit ein Unter-

10

---

[7] Wegen der Einzelheiten s. unten § 4 Rn 24.

§ 1

nehmenskauf verbirgt, dh wenn für die Parteien die Veräußerung des Unternehmens im Vordergrund steht und die übertragenen Anteile dem Erwerber eine sichere Herrschaft über die Gesellschaft und zugleich über deren Unternehmen ermöglichen. Dafür ist in aller Regel eine Beteiligung von mindestens 75% erforderlich.[8]

11 Zu den Unternehmen gehören auch freiberufliche **Praxen**, zB die Praxis eines Rechtsanwalts oder eines Arztes. Sie können daher ebenso wie andere Unternehmen jederzeit verkauft werden[9]. Der Vertrag umfaßt dann außer den zur Praxis gehörenden Sachen (zB den Einrichtungsgegenständen und Büchern) die Rechte und Forderungen des bisherigen Praxisinhabers sowie vor allem die Chance, durch Fortführung der Praxis die alte Klientel für sich zu gewinnen.

3. Zukünftige Sachen

12 Gegenstand eines Kaufvertrags können weiter zukünftige Sachen sein. Vor allem drei Fälle muß man hier unterscheiden: Ist mit Sicherheit anzunehmen, daß der fragliche Gegenstand in absehbarer Zeit entstehen wird (handelt es sich zB um ein Exemplar aus der laufenden Produktion des Verkäufers), so liegt ein normaler unbedingter Kaufvertrag vor, bei dem lediglich die Fälligkeit der beiderseitigen Leistungspflichten hinausgeschoben ist. Anders verhält es sich hingegen, wenn mit der Entstehung der Sache nicht mit Sicherheit gerechnet werden kann wie etwa bei einem Vertrag über die zukünftige Ernte auf dem Halm oder über das nächste Fohlen einer Stute: Ein solcher Vertrag wird i.Zw. aufschiebend bedingt sein, so daß er erst mit Entstehung der Sache wirksam wird (sog. emptio rei speratae).

13 Von den beiden genannten Fällen muß schließlich noch der weitere Fall unterschieden werden, daß schon jetzt sofort und unbedingt die bloße **Chance** der zukünftigen Entstehung der Sache veräußert wird (sog. Hoffnungskauf oder emptio spei). Ein Beispiel ist der Kauf eines Loses vor dessen Ziehung. Ein derartiger Vertrag ist wirksam, selbst wenn die Sache später nicht entsteht, wenn sich etwa das Los in der späteren Ziehung als Niete erweist. Ist freilich von vornherein sicher, daß die Sache nie entstehen wird, ist zB im Augenblick des Verkaufs das Los bereits gespielt und ausgefallen, so ist der Vertrag von Anfang an nichtig (§ 306), sofern es sich nicht in Wirklichkeit um einen Spielvertrag (§ 763) handelt[10].

III. Sonderformen

1. Sukzessiv- und Dauerlieferungsverträge

14 a) Eine wichtige Sonderform des Sachkaufs sind die **Sukzessivlieferungsverträge**. Von einem derartigen Vertrag spricht man, wenn die vom Verkäufer zu liefernde Menge im voraus **fest** bestimmt ist, aber nicht auf einmal, sondern in Raten zu

---

8 S. BGHZ 65, S. 246 = NJW 1976, S. 236 = JuS 1976, S. 328 Nr 5; BGH, LM Nr 9 zu § 276 (Fc) BGB = NJW 1980, S. 2408 = JuS 1980, S. 910 Nr 7.
9 ZB *Reinicke/Tiedtke*, S. 344; *Walter*, § 3 IV 2 (S. 98).
10 S. *Walter*, § 3 II 5 (S. 90).

bestimmten Terminen erbracht werden soll, vorausgesetzt, daß die Parteien den Vertrag als Einheit gewollt haben[11]. Die Besonderheit dieser Verträge besteht in der weitgehenden Verselbständigung der einzelnen Teilleistungen, so daß sich die Rechte des Käufers wegen etwaiger Leistungsstörungen des Verkäufers je nach der Schwere der Vertragsverletzung nach Wahl des Käufers nur auf die einzelnen Raten oder auf den gesamten Vertrag beziehen können.

b) Von den Sukzessivlieferungsverträgen sind namentlich die Verträge zu unterscheiden, bei denen nicht im voraus eine feste Liefermenge vereinbart ist, bei denen sich der Verkäufer vielmehr lediglich zu ständigen Lieferungen auf Abruf des Käufers bereit erklärt. Ein bekanntes Beispiel sind die Bierlieferungsverträge. Solche **Dauerlieferungsverträge** werden heute, da sie auf eine fortlaufende Zusammenarbeit der Parteien angelegt sind, als Dauerschuldverhältnisse behandelt, so daß bei ihnen zB an die Stelle des Rücktritts, etwa nach den §§ 325 oder 326, die Kündigung aus wichtigem Grunde tritt[12].

15

2. Energielieferungsverträge

Zu den Kaufverträgen gehören weiter die Energielieferungsverträge, da Gas, Strom und Fernwärme im Verkehr ebenso wie Wasser als Sachen behandelt werden. Bedeutung hat das BGB hier vor allem für die Beziehungen der Energieversorgungsunternehmen zu den Sonderabnehmern einschließlich der großen Industriekunden, während für die Beziehungen zu den Tarifabnehmern das BGB weithin durch die als Rechtsverordnungen erlassenen Allgemeinen Versorgungsbedingungen, die sog. **AVB** von 1979 und 1980, verdrängt wird, die minutiös die Rechtsbeziehungen zwischen den Vertragsparteien regeln.[13]

16

IV. Geschäftsbedingungen

Die praktische Relevanz der gesetzlichen Vorschriften über den Kaufvertrag war früher gering, da das Kaufrecht mit wenigen Ausnahmen (s. § 476) dispositiv ist. Deshalb fanden sich gerade hier in großem Umfang allgemeine Geschäftsbedingungen, durch die die gesetzliche Regelung häufig genug in ihr Gegenteil verkehrt wurde. Eine Änderung brachte hier erst das AGB-Gesetz (AGBG) von 1976, durch das erstmals der Zulässigkeit von Geschäftsbedingungen gesetzliche Schranken gezogen wurden. Wichtig ist im vorliegenden Zusammenhang vor allem die Regelung des § 11 Nr 10 AGBG, nach dem bei einem Kaufvertrag über **neue** Sachen die Gewährleistungsrechte des Käufers nur noch in engen Grenzen über den gesetzlichen Rahmen der §§ 459 ff hinaus beschnitten werden dürfen (s. auch § 476a).

17

---

11 S. im einzelnen Leistungsstörungen, § 23 I (S. 257 ff).
12 ZB BGH, LM Nr 26 zu § 242 (Bc) BGB = NJW 1981, S. 1264 = JuS 1981, S. 535 Nr 4.
13 Dazu *Emmerich*, ZfE 1980, S. 110; *ders.*, in: Gutachten Bd. III, S. 123.

18 Anders ist die Rechtslage immer noch im **Gebrauchtwarenhandel**. Hier wird, da sich der Anwendungsbereich des § 11 Nr 10 AGBG auf neue Sachen beschränkt, nach wie vor sogar ein totaler Haftungsausschluß des Verkäufers als zulässig angesehen. Das gilt insbesondere für den Gebrauchtwagenkauf, selbst wenn der Gebrauchtwagen lediglich bei dem Kauf eines Neuwagens in Zahlung gegeben wird[14].

V. Kaufvertrag und Übereignung

19 Der Kaufvertrag begründet, wie aus § 433 zu entnehmen ist, lediglich eine **Verpflichtung** des Verkäufers zur Übertragung des verkauften Gegenstandes. Mithin geht allein durch den bloßen Abschluß des Kaufvertrages das Eigentum an der verkauften Sache noch nicht auf den Käufer über; vielmehr bedarf es hierzu noch eines weiteren, sorgfältig von dem Kaufvertrag zu trennenden dinglichen Vertrages (sog. **Trennungsprinzip**).

20 So verhält es sich selbst im Falle des sog. **Barkaufs**, obwohl hier, rein äußerlich betrachtet, Kauf und Übereignung zusammenzufallen scheinen. Tatsächlich muß man jedoch auch in diesem Fall den Kaufvertrag, aus dem sich lediglich die Verpflichtung des Verkäufers zur Eigentumsübertragung ergibt, von der Übereignung unterscheiden. Das zeigt sich, wenn der Verkäufer nicht Eigentümer der verkauften Sache war und der Käufer, zB weil es sich um eine gestohlene Sache handelte (§ 935 Abs. 1), auch nicht gutgläubig Eigentum an ihr erwerben konnte. Dann ist klar, daß der Verkäufer seine hier gleichfalls bestehende Verpflichtung zur Verschaffung des Eigentums (§ 433 Abs. 1 S. 1) verletzt hat und dafür dem Käufer einstehen muß (§§ 440 Abs. 1, 325).

21 Nach dem BGB ist das Verfügungsgeschäft außerdem in seiner Gültigkeit grundsätzlich von dem zugrundeliegenden Schuldverhältnis unabhängig (sog. **Abstraktionsprinzip**). Selbst wenn der Kaufvertrag nichtig ist, kann der Käufer daher aufgrund einer wirksamen Übereignung Eigentum an der verkauften Sache erwerben; die Rückabwicklung richtet sich dann nach Bereicherungsrecht[15]. Diese strenge Durchführung des Trennungs- und des Abstraktionsprinzips ist eine Eigenart des deutschen Rechts, die früher vielfach kritisiert worden ist[16]. Die meisten anderen Rechtsordnungen, namentlich das französische Recht, folgen demgegenüber dem sog. Vertrags- oder **Konsensprinzip**, nach dem das Eigentum schon mit Abschluß des Kaufvertrags übergeht.

22 Die Regelung des BGB hat vor allem zur Folge, daß dieselbe Sache mehrfach verkauft werden kann. Eigentümer wird dann derjenige, an den sie der Verkäufer schließlich übereignet. Der andere Käufer hat das Nachsehen, selbst wenn er die Sache als erster gekauft hatte; anders verhält es sich nur, wenn Verkäufer und Zweiterwerber geradezu zu seinem Schaden in sittenwidriger Weise zusammengewirkt haben (§ 826).[17]

---

14 BGHZ 74, S. 383 = NJW 1979, S. 1886 = JuS 1979, S. 741 Nr 5; BGHZ 83, S. 334 = NJW 1982, S. 1700 = JuS 1982, S. 778 Nr 6.
15 S.u. § 16 IV 1 (S. 206).
16 Vgl zu diesen Fragen insbes. *Brandt*, Eigentumserwerb und Austauschgeschäft, 1940; *Larenz* Bd. II/1, § 39 II (S. 10 ff).
17 Sog. Kollusion, s. zB BGH, LM Nr 4 zu § 826 (Gf) BGB =NJW 1992, S. 2152 (2153).

Im **Praxiskauf-Fall 1** erwirbt daher Y die Praxis nicht automatisch mit Abschluß des Kaufvertrages. Die Praxis kann außerdem nicht als ganzes auf einmal auf ihn übertragen werden; vielmehr müssen sämtliche Bestandteile der Praxis nach den jeweils für sie maßgeblichen Regeln übertragen werden. Der Eintritt des Y in den Mietvertrag bedarf überdies einer besonderen Vereinbarung mit dem Vermieter (s. § 549). Überhaupt nicht „übertragbar" ist schließlich die Chance zur Erhaltung der Klientel; die Verpflichtungen des Dr. X als Veräußerer der Praxis beschränken sich insoweit vielmehr darauf, alles zu tun, was erforderlich ist, damit der Erwerber diese Chance selbst wahrnehmen kann. Sozusagen als Kehrseite gehört dazu, daß er alles zu unterlassen hat, was den Erwerber in der Wahrnehmung dieser Chance stören könnte. Deshalb ergibt sich aus einem Kaufvertrag über eine Praxis idR ein (zeitlich und räumlich begrenztes) Konkurrenzverbot für den Veräußerer.[18].

§ 2 PFLICHTEN DER PARTEIEN

Vasen-Fall 2: Kunsthändler V besitzt drei wertvolle chinesische Vasen, die sein Freund K schon seit langem erwerben möchte. Anläßlich eines Besuchs bei K läßt V sich endlich überreden, dem K die drei Vasen zu einem günstigen Preis zu verkaufen. Als er am nächsten Tag nach Hause zurückkehrt, muß er jedoch feststellen, daß sein kleiner Sohn die erste Vase bereits vor einer Woche zerbrochen hat, daß die zweite Vase gestohlen worden ist und daß seine Frau, die von ihm während seiner Abwesenheit Vertretungsmacht hatte, die dritte Vase soeben an den X verkauft und übereignet hat. Welche Rechte hat K gegen V hinsichtlich der drei Vasen?

I. Pflichten des Verkäufers beim Sachkauf

Nach § 433 Abs. 1 S. 1 treffen den Verkäufer einer Sache vor allem zwei Pflichten: Er muß die Sache dem Käufer übergeben und ihm das Eigentum an der Sache verschaffen.

1. Übereignung

a) Aus § 433 Abs. 1 S. 1 folgt, daß sich – anders als nach römischem und gemeinem Recht[1] – die Pflicht des Verkäufers nicht darauf beschränkt, lediglich diejenigen Handlungen vorzunehmen, die erforderlich sind, um dem Käufer die ungestörte Sachherrschaft zu verschaffen; der Verkäufer schuldet vielmehr den **Erfolg** des Rechtsübergangs selbst. Er hat deshalb erst erfüllt, wenn der Käufer tatsächlich das Eigentum an der Sache erworben hat. Eingeschlossen in diese Rechtsverschaffungs-

---

18 BGHZ 16, S. 71 (76 ff) = NJW 1955, S. 337.

1 S. zu dieser sog. Eviktionshaftung Motive Bd. II, S. 213 ff; *Medicus* II, § 73 I 2a (S. 8f).

§ 2

pflicht ist die Verpflichtung des Verkäufers, alles zu tun, was erforderlich ist, um den von ihm geschuldeten Erfolg herbeizuführen, soweit das überhaupt in seiner Macht liegt. Bei Verträgen über Grundstücke hat er deshalb zB sämtliche Handlungen vorzunehmen, von denen die Eintragung des Käufers im Grundbuch abhängt. Steht er noch nicht selbst im Grundbuch, so muß er sich außerdem voreintragen lassen, um eine Eintragung des Käufers zu ermöglichen[2].

3 b) Einzelheiten der Rechtsverschaffungspflicht des Verkäufers regelt das Gesetz in den Vorschriften der §§ 434 bis 439. Wichtig ist vor allem § 434, nach dem der Verkäufer – über § 433 Abs. 1 hinaus – verpflichtet ist, dem Käufer den verkauften Gegenstand auch frei von Rechten zu verschaffen, die von Dritten gegen den Käufer geltend gemacht werden können (u. Rn 4 ff). Der Verkäufer eines Grundstücks ist nach § 435 außerdem verpflichtet, im Grundbuch eingetragene Rechte, die nicht bestehen, auf seine Kosten zur Löschung zu bringen. Hierdurch soll ein gutgläubiger Erwerb dieser Rechte zum Nachteil des Käufers verhindert werden. Der Verkäufer haftet hingegen nicht für die Freiheit des Grundstücks von öffentlichen Abgaben und anderen öffentlichen Lasten, die nicht zur Eintragung im Grundbuch geeignet sind, weil mit solchen Abgaben und Lasten jederman rechnen muß (§ 436).

2. Lastenfreiheit (§ 434)

a) Hauptleistungspflicht

4 Bei der Verpflichtung des Verkäufers zur Verschaffung lastenfreien Eigentums handelt es sich um eine echte Hauptleistungspflicht, so daß der Käufer gegebenenfalls vom Verkäufer **Erfüllung** durch Beseitigung der ihn beschränkenden Rechte Dritter verlangen kann (§ 434). Kommt der Verkäufer dieser Verpflichtung nicht nach, so haftet er nach den §§ 440 Abs. 1 und 325, 326 und damit gegebenenfalls auf Schadensersatz wegen Nichterfüllung (s. u. Rn 15 ff). Die Haftung des Verkäufers wegen einer Verletzung der Verpflichtung zur Verschaffung lastenfreien Eigentums (§ 434) ist mithin wesentlich schärfer als die Haftung, die ihn nach den §§ 459 ff bei Sachmängeln trifft. Deshalb ist die exakte Abgrenzung zwischen Rechts- und Sachmängeln von erheblicher praktischer Bedeutung.

b) Begriff

5 Das Gesetz spricht in § 434 von Rechten Dritter, die gegen den Käufer geltend gemacht werden können. In erster Linie ist daher hier an **dingliche Rechte** Dritter zu denken; Beispiele sind die Belastung des verkauften Grundstücks mit einem Nießbrauch oder mit Grundpfandrechten Dritter. Der Anwendungsbereich des § 434 beschränkt sich indessen nicht auf diese Fälle. Er umfaßt vielmehr auch alle sonstigen Rechte Dritter, durch die die Position des Käufers beeinträchtigt werden kann. Dazu gehören zB sämtliche **Immaterialgüterrechte** sowie Namens- und

---
2 Vgl § 39 GBO und dazu RGZ 118, S. 101.

Persönlichkeitsrechte Dritter³. Hindern zB Dritte unter Berufung auf ein Patent-, Urheber- oder Persönlichkeitsrecht den Käufer an der Benutzung oder der Veräußerung der gekauften Sache, so haftet der Verkäufer hierfür nach § 434⁴.

Unter § 434 fallen weiter diejenigen **obligatorischen** Rechte Dritter, die wie Miete und Pacht ausnahmsweise gegen den Käufer geltend gemacht werden können (§§ 571, 581 Abs. 2). Der Verkäufer eines Grundstücks muß folglich auch für dessen Freiheit von Mietverträgen einstehen⁵.

6

c) Insbesondere öffentlich-rechtliche Beschränkungen

Zu den Rechten Dritter iS des § 434 zählen auch bestimmte öffentlich-rechtliche Beschränkungen oder Bindungen, denen die Kaufsache unterworfen ist, wobei es keine Rolle spielt, ob der Verkäufer überhaupt in der Lage ist, diese Beschränkungen zu beseitigen⁶. Die genaue Abgrenzung der die Rechtsmängelhaftung des Verkäufers auslösenden öffentlich-rechtlichen Beschränkungen und Bindungen bereitet jedoch häufig Schwierigkeiten⁷.

7

Unter § 434 werden grundsätzlich nur solche öffentlich-rechtlichen Beschränkungen und Bindungen subsumiert, die ihre Grundlage **nicht** in der Beschaffenheit der Sache haben, sondern zB auf ihrer speziellen „Vorgeschichte" beruhen, namentlich, wenn sich daraus das Recht der öffentlichen Hand zur Beschränkung oder gar Entziehung des Eigentums ergibt. Denn in derartigen Fällen ist der Käufer besonders schutzwürdig. § 434 greift daher zB ein, wenn der verkaufte Dieselkraftstoff mit Heizöl vermischt ist, weil dann nach Steuerrecht seine Beschlagnahme droht⁸. Weitere hierher gehörende Beispiele sind der Ausweis des verkauften Grundstücks als Straßenland, so daß jederzeit seine Enteignung möglich ist⁹, Nutzungsbeschränkungen des Käufers aufgrund des Wohnungsbindungsgesetzes¹⁰ oder eine Bausperre im Falle des Verkaufs eines Erbbaurechts¹¹.

8

Anders behandelt werden hingegen öffentlich-rechtliche Benutzungs- und Baubeschränkungen, die ihre Grundlage in der **Beschaffenheit** der Sache haben. Sie führen idR zu einem Sachmangel, insbesondere, wenn ein Grundstück gerade als Bauland

9

---

3 Insbes. BGHZ 110, 196 = NJW 1990, S. 1106 = JuS 1990, S. 666 Nr 3 „Boris Becker-Fall"; BGHZ 113, S. 106 = NJW 1991, S. 915 = JuS 1991, S. 511 Nr 5, beide m. Nachw.
4 Illustrativ ist der Boris Becker-Fall (s. vorige Fn), in dem es, vereinfacht, darum ging, daß der Käufer von T-Shirts mit dem Aufdruck „Boris Becker Superstar" von Boris Becker an der Weiterveräußerung gehindert wurde, weil er nicht seine Erlaubnis zu diesem Eingriff in sein Namens- und Persönlichkeitsrecht gegeben hatte.
5 ZB RGZ 88, S. 103 (107); BGHZ 70, S. 47 (50) = NJW 1978, S. 370; BGH, WM 1987, S. 1371; anders aber für die Haftung des Käufers nach § 419 BGHZ 70, S. 47 (50 f); str.
6 S. *Reinicke/Tiedtke*, S. 74 f.
7 S. dazu zuletzt insbes. *Grunewald*, Die Grenzziehung zwischen der Rechts- und Sachmängelhaftung beim Kauf, 1980; *Reinicke/Tiedtke*, S. 74 ff; *Walter*, § 4 II 2d (S. 118 ff).
8 BGHZ 113, S. 106 (112 ff) = NJW 1991, S. 915 = JuS 1991, S. 511 Nr 5.
9 BGH, LM Nr 7 zu § 434 BGB = NJW 1983, S. 275; *Landsberg*, JuS 1982, S. 335.
10 BGHZ 67, S. 134 = NJW 1976, S. 1888; BGH, WM 1984, S. 214.
11 BGHZ 96, S. 385 (390 f) = NJW 1986, S. 1605.

§ 2

verkauft worden ist[12]. In den dann noch verbleibenden Fällen ist schließlich im Regelfall davon auszugehen, daß der Käufer einer Sache die für alle geltenden gesetzlichen Schranken des Eigentums grundsätzlich ebenso wie jederman sonst hinnehmen muß, zumal er sich darüber stets ohne weiteres selbst informieren kann (s. § 436). Das gilt insbesondere für nachbarrechtliche Beschränkungen, für die der Verkäufer mithin nicht nach § 434 einzustehen braucht[13].

3. *Kenntnis des Käufers*

a) *Grundsatz (§ 439 Abs. 1)*

10   Die Haftung des Verkäufers für Rechtsmängel entfällt nach § 439 Abs. 1, wenn der Käufer den Mangel schon bei Abschluß des Vertrages kennt (ebenso für Sachmängel § 460). Die übrigen Rechte des Käufers, namentlich der Erfüllungsanspruch sowie die Rechte aus den §§ 320 bis 323 (in Verb. mit § 440 Abs. 1), bleiben davon jedoch unberührt[14].

11   Hinter der Regelung des § 439 Abs. 1 steht der Gedanke, daß ein Käufer, der in Kenntnis eines Rechtsmangels einen Kaufvertrag abschließt, damit konkludent auf sämtliche Rechte wegen dieses Mangels verzichtet. Deshalb wird Kenntnis des Käufers iS des § 439 Abs. 1 nur angenommen, wenn er den Rechtsmangel selbst **positiv** kennt, während fahrlässige Unkenntnis oder bloße Kenntnis der den Rechtsmangel begründenden Tatsachen nicht ausreicht; der Käufer muß sich vielmehr, wenn § 439 Abs. 1 anwendbar sein soll, über das Vorliegen eines Rechtsmangels selbst im klaren sein[15]. Gleich steht der Fall, daß der Käufer bewußt das Risiko eingeht, es könne ein Rechtsmangel vorliegen[16]. § 439 enthält eine den § 254 ausschließende Sonderregelung, so daß dem Käufer bei bloßer Fahrlässigkeit auch kein mitwirkendes Verschulden entgegengehalten werden kann[17].

b) *Ausnahmen (§ 439 Abs. 2)*

12   Abweichend von § 439 Abs. 1 hat der Verkäufer Grundpfandrechte selbst dann zu beseitigen, wenn der Käufer die Belastung des Grundstücks mit ihnen kennt (§ 439 Abs. 2). Die Parteien können jedoch etwas anderes vereinbaren. Verbreitet ist namentlich die Abrede, daß der Käufer die auf den Grundstück ruhenden Grundpfandrechte in Anrechnung auf den Kaufpreis übernehmen soll. Die Folge ist dann, daß der Käufer nur noch den die übernommenen Schulden übersteigenden Teil des

---

12 BGHZ 67, S. 134 (135 ff); 96, S. 385 (387 f); BGH, LM Nr 4 zu § 434 BGB = NJW 1978, S. 1429 (für eine öffentlich-rechtliche Baulast); LM Nr 5 aaO = MDR 1979, S. 1007 (für fideikommißrechtliche Beschränkungen bei historisch wertvollen Gebäuden).
13 S. BGH, LM Nr 33 zu § 912 BGB = NJW 1981, S. 1362.
14 BGH, WM 1987, S. 986 (988).
15 BGHZ 110, S. 196 (201) = NJW 1990, S. 1106 = JuS 1990, S. 666 Nr 3 „Boris Becker".
16 BGH, LM Nr 6 zu § 439 BGB = NJW 1979, 713.
17 BGHZ 110, S. 196 (202 ff) = NJW 1990, S. 1106 = JuS 1990, S. 666 Nr 3 „Boris Becker"; dagegen zB *Mittenzwei*, JuS 1994, S. 187.

Kaufpreises an den Verkäufer zu bezahlen braucht. Voraussetzung ist freilich, daß der Gläubiger die Schuldübernahme durch den Käufer genehmigt (§§ 415 und 416).

4. Übergabe

Gleichberechtigt neben der Verpflichtung des Verkäufers zur Übereignung der verkauften Sache steht seine Verpflichtung zu deren Übergabe an den Käufer (§ 433 Abs. 1 S. 1). Übergabe bedeutet gemäß § 854 Abs. 1 grundsätzlich Verschaffung des unmittelbaren Besitzes. Dies gilt auch im Falle des Versendungskaufs, so daß der Verkäufer hier erst erfüllt hat, wenn der Käufer von der Transportperson (zB der Bahn oder dem Spediteur) den Besitz der Sachen tatsächlich erlangt hat; die Übergabe an die Transportperson genügt hierfür noch nicht (wohl aber gemäß § 447 für den Übergang der Gefahr des zufälligen Untergangs der Sachen auf dem Transport!)[18]. Immer braucht der Käufer also nur Zug um Zug gegen Übergabe der Sache zu zahlen (§ 320 Abs. 1), sofern die Parteien nicht (wie häufig beim Handelskauf) etwas anderes vereinbart haben, zB durch die Klausel: „Kasse gegen Dokumente".

13

II. Haftung des Verkäufers[19]

Die Verschaffung des Rechts ist ebenso wie die Übertragung des Besitzes beim Sachkauf eine Hauptleistungspflicht des Verkäufers[20]. Da beide Pflichten gleichberechtigt nebeneinander stehen, wirken sich bereits Verzug und Unmöglichkeit der Erfüllung bei **einer** der beiden Pflichten auf den ganzen Vertrag aus. Die Rechtsfolgen richten sich dann, wie § 440 Abs. 1 aus Gründen der Klarstellung nochmals ausdrücklich hervorhebt, nach den Vorschriften über die Leistungsstörungen bei gegenseitigen Verträgen (§§ 320-327). Im einzelnen hat man deshalb die folgenden Fälle zu unterscheiden:

14

1. Anfängliche objektive Unmöglichkeit

Handelt es sich um einen Fall objektiver anfänglicher Unmöglichkeit, so ist der Vertrag gemäß § 306 nichtig; eine Ausnahme gilt nur für den Rechtskauf gemäß § 437 (s. u. Rn 28 ff). Hierher gehört im **Vasen-Fall 2** der Verkauf der ersten Vase, da die Erfüllung eines Kaufvertrages über eine schon bei Vertragsabschluß zerstörte Spezies aus naturgesetzlichen Gründen für jedermann unmöglich ist.

15

---

18 BGHZ 1, S. 4 (6 ff).
19 S. dazu zuletzt zB *Derleder*, JZ 1984, S. 447; *Reinicke/Tiedtke*, S. 79 ff; *Walter*, § 4 III (S. 121 ff).
20 Für den Rechtskauf gilt nach § 433 Abs. 1 S. 2 entsprechendes (s. dazu u. Rn 28 ff).

§ 2

2. Anfängliches Unvermögen

16 Wichtiger als die seltenen Fälle anfänglicher Unmöglichkeit (o. Rn 15) sind die des anfänglichen Unvermögens[21]. Zu ihnen gehört vor allem der häufige Fall des Verkaufs einer Sache, die dem Verkäufer nicht gehört. Hier kann Unmöglichkeit (trotz § 935 Abs. 1) selbst dann nicht angenommen werden, wenn die Sache einem Dritten gestohlen worden ist, weil auch in diesem Fall immer noch der dritte Eigentümer die Sache dem Käufer übereignen oder der Verfügung des Verkäufers über sie zustimmen kann (§ 185), so daß der Käufer Eigentum erwirbt[22].

17 Die Behandlung dieser Fälle ist umstritten. Fest steht nur, daß § 306 für sie nicht gilt (s. § 275 Abs. 2). Der Vertrag ist daher gültig, so daß der Käufer auf jeden Fall **Erfüllung** verlangen und dann gegebenenfalls nach § 283 oder § 326 vorgehen kann[23]. Fraglich ist jedoch, unter welchen Voraussetzungen der Verkäufer für die etwaige Nichterfüllung der ihm obliegenden Pflichten einzustehen hat.

18 Ausgangspunkt muß hier die in § 440 Abs. 1 ausgesprochene Verweisung auf die §§ 320 bis 327 sein, da diese überhaupt nur sinnvoll ist, wenn sie auch die für den Kauf typischen Fälle des anfänglichen Unvermögens umfaßt. Damit spitzt sich beim Kaufvertrag (!) das Problem auf die Frage zu, ob § 440 Abs. 1 eine Rechtsgrundverweisung oder lediglich eine Rechtsfolgenverweisung enthält.

19 Bei Annahme einer Rechtsgrundverweisung haftete der Verkäufer für das anfängliche Unvermögen aufgrund der §§ 323 ff ebenso wie für nachträgliche Leistungsstörungen nur, wenn er es zu „vertreten" hat[24]. Anders hingegen bei Verständnis des § 440 Abs. 1 als bloßer Rechtsfolgenverweisung, wie sie überwiegend vertreten wird, da dann § 440 Abs. 1 nur die Bedeutung haben kann, eine „**Garantiehaftung**" des Verkäufers für jeden Fall anfänglichen Unvermögens zu begründen[25]. Dahinter steht letztlich der Gedanke, der Verkäufer müsse dem Käufer seine Leistungsfähigkeit jedenfalls für den Zeitpunkt des Vertragsabschlusses garantieren. Damit ist zugleich gesagt, daß es Ausnahmen geben kann, Fälle also, in denen den Verkäufer auch bei anfänglichem Unvermögen infolge einer unvoraussehbaren übermäßigen Leistungserschwerung befreit wird, ganz ebenso wie in der Zeit nach Vertragsabschluß (§§ 275 Abs. 2, 276, 279)[26].

20 Für den **Vasen-Fall 2** bedeutet das: Ohne Rücksicht darauf, ob der Diebstahl der zweiten Vase vor oder zufällig nach Abschluß des Kaufvertrages lag, wird V frei, wenn er den Diebstahl nicht zu vertreten hat und der Dieb trotz aller zumutbaren Bemühungen des V unbekannt bleibt (§§ 275 Abs. 2, 279, 323 Abs. 1).

---

21 S. dazu Leistungsstörungen, § 4 (S. 32 ff); *Eichenhofer*, JuS 1989, S. 777.
22 RGZ 80, S. 247 (249 f); BGHZ 8, S. 222 (231); 47, S. 266 (269) = NJW 1967, S. 1272; OLG Hamm, NJW 1975, S. 2197 = JuS 1976, S. 394 Nr 4.
23 Leistungsstörungen, § 4 II 1 (S. 34 ff).
24 So insbes. *Gudian*, NJW 1971, S. 1239; *Hetzel*, NJW 1958, S. 1172; *Nassauer*, Sphärentheorien, 1978, S. 200 ff.
25 Motive Bd. II, S. 45, 46, 216; RGZ 69, S. 355 (357); BGHZ 8, S. 222 (231); 11, S. 16 (21 f) = NJW 1954, S. 270 usw bis BGH LM Nr 30 zu § 133 (B) BGB = NJW 1988, S. 2878; LM Nr 26 zu § 82 KO = BB 1990, S. 449 (451 f).
26 Leistungsstörungen, § 4 II 2 c (S. 36 f m. Nachw); ebenso *Reinicke/Tiedtke*, S. 89f.

3. Nachträgliche Unmöglichkeit

Wird die Erfüllung erst nach Abschluß des Kaufvertrages unmöglich, so gelten die §§ 323 bis 325 unmittelbar (§ 440 Abs. 1). Maßgebend ist folglich jetzt nur noch, ob der Verkäufer die Unmöglichkeit der Erfüllung iS der §§ 276 bis 279 zu vertreten hat oder nicht. **21**

> Im **Vasen-Fall 2** liegt hinsichtlich der dritten Vase nachträgliches Unvermögen, keine Unmöglichkeit vor. Für dieses Unvermögen muß der V schon deshalb einstehen, weil seine Ehefrau insoweit als seine Erfüllungsgehilfin zu behandeln sein dürfte (§ 278). Zudem enthält jeder Kaufvertrag Elemente einer Verschaffungspflicht (§ 279), so daß sich V auf jeden Fall bemühen muß, von dem Dritten die Sache zurückzubekommen. Er wird daher nur frei, wenn ihm diese Bemühungen nicht mehr zuzumuten sind[27]. **22**

4. Verzug

Ist die Erfüllung noch möglich, so kann der Käufer, solange der Verkäufer seinen Pflichten nicht nachkommt, jede Zahlung verweigern (§ 320 Abs. 1). Er kann überdies den Verkäufer in Verzug setzen, um dann zB nach § 326 vorzugehen. **23**

5. Rechte des Käufers

In den Fällen des § 440 Abs. 1 kann der Käufer nach den §§ 325 und 326 entweder zurücktreten oder Schadensersatz wegen Nichterfüllung verlangen. Außerdem kann er gemäß den §§ 325 Abs. 1 S. 3 und 323 Abs. 1 den Vertrag einfach als hinfällig behandeln; diesen Weg wird er vor allem dann wählen, wenn noch von keiner Seite geleistet und ihm bisher auch kein Schaden entstanden ist. **24**

> Die Voraussetzungen des Rücktrittsrechts und des Schadensersatzanspruchs des Käufers ergeben sich nicht allein aus § 440 Abs. 1 in Verb. mit den §§ 325 und 326. Ergänzend sind vielmehr stets die (häufig übersehenen) §§ 350 ff (iVm § 327 S. 1) und § 440 Abs. 2-4 zu berücksichtigen. **25**

a) Rücktritt

Nach § 351 S. 1 ist der Rücktritt des Käufers ausgeschlossen, wenn er die Unmöglichkeit der Herausgabe des empfangenen Gegenstandes „verschuldet" hat. Wann in diesem Sinne ein Verschulden des Käufers anzunehmen ist, ist umstritten[28]. Hier genügt die Bemerkung, daß es allgemein jedenfalls nicht als „Verschulden" des Käufers einer gestohlenen Sache angesehen wird, wenn er diese anstatt an den Verkäufer an ihren Eigentümer herausgibt. Obwohl der Käufer dann dem Verkäufer die Sache nicht mehr zurückgeben kann (§ 351), bleibt er doch in diesem Fall immer **26**

---

27 Leistungsstörungen, § 6 IV 3 (S. 91 ff m. Nachw.); anders i.Erg. *Heck*, § 86, 6.
28 S. Leistungsstörungen, § 10 IV 2 (S. 126 f).

§ 2

noch befugt, aufgrund der §§ 440 Abs. 1, 325 von dem Kaufvertrag zurückzutreten[29].

b) Schadensersatz

27 Die §§ 350 ff gelten nur für das Rücktrittsrecht, nicht hingegen für den Schadensersatzanspruch des Käufers. Dagegen beziehen sich die in den Abs. 2 bis 4 des § 440 enthaltenen Einschränkungen der Käuferrechte allein auf den Schadensersatzanspruch. Der Käufer kann hiernach wegen des Rechtes eines Dritten, das zum Besitz der Sache berechtigt, nur dann Schadensersatz verlangen, wenn er die Sache dem Dritten oder dem Verkäufer zurückgibt oder die Sache untergegangen ist (§ 440 Abs. 2). In den Absätzen 3 und 4 werden gewisse weitere Fälle der Rückgabe gleichgestellt. Dadurch soll in erster Linie vermieden werden, daß der Käufer gleichzeitig den Besitz der Sache und Schadensersatz wegen eines Rechtsmangels erhält.

III. Besonderheiten beim Rechtskauf

1. Haftung für die Verität

28 Nach § 437 Abs. 1 haftet der Verkäufer einer Forderung oder eines sonstigen Rechtes für dessen rechtlichen **Bestand** im Augenblick des Vertragsabschlusses. § 437 Abs. 1 enthält eine Ausnahme von § 306, nach dem ein Kaufvertrag über einen Gegenstand, der bei Vertragsabschluß nicht besteht, grundsätzlich nichtig ist. Der Grund für die abweichende Regelung beim Rechtskauf ist vor allem in der besonderen Schutzbedürftigkeit des Rechtskäufers zu sehen, der sich idR ohne weiteres auf die Angaben des Verkäufers über den Bestand des verkauften Rechts verlassen muß.[30]

29 Der Verkäufer eines Rechts haftet deshalb auch **ohne** Verschulden dafür, daß das Recht so besteht, wie er es angegeben hat, insbesondere frei von Einreden, Gegenrechten und sonstigen Rechtsmängeln sowie mit allen von ihm nach dem Vertrag geschuldeten Merkmalen, bei Geschäftsanteilen zB mit der von ihm behaupteten Gewinnbeteiligung sowie dem angegebenen Entnahme- und Stimmrecht[31]. Für diese strenge Haftung des Verkäufers ist lediglich dann kein Raum, wenn das Recht seiner Art nach überhaupt nicht entstehen kann, weil der Käufer (nur) in diesem Fall nicht schutzwürdig ist. Deshalb sind namentlich Kaufverträge über absolut schutzunwürdige und deshalb nichtige Patent- oder Gebrauchsmusterrechte (trotz des § 437) nach § 306 nichtig[32].

---

29 Grdlg. BGHZ 5, S. 337 = NJW 1952, S. 778; s. dazu unten § 18 Rn 44 ff.
30 S. Leistungsstörungen, § 3 II 2a (S. 19); *Reinicke/Tiedtke*, S. 331 ff; *Walter*, § 4 I 3 (S. 107 ff).
31 ZB OLG Köln, WM 1990, S. 1082 (1084).
32 RGZ 68, S. 292; 90, S. 240 (244); BGHZ 115, S. 69 = NJW 1992, S. 232 (233 f).

§ 437 bedeutet, daß der Vertrag gültig ist, so daß der Verkäufer dem Käufer das Recht verschaffen muß³³. Kommt der Verkäufer dieser Verpflichtung nicht nach, sieht er sich zB außerstande, das verkaufte, tatsächlich aber gar nicht bestehende Recht noch nachträglich zu begründen, so haftet er dafür über § 440 Abs. 1 nach den §§ 320 bis 327.

30

2. Keine Haftung für die Bonität

§ 437 begründet beim Rechtskauf nur eine Haftung für den Bestand des Rechts, nicht hingegen für dessen **Wert** (§ 438). Der Verkäufer eines Grundpfandrechts haftet daher grundsätzlich nicht für den zu niedrigen Mietertrag des Grundstücks³⁴. Anders verhält es sich nur, wenn es sich bei dem Vertrag der Sache nach um einen **Sach**kauf handelt (s. § 493). Namentlich beim Verkauf eines Rechts, das zum Besitz einer Sache berechtigt, können daher im Einzelfall durchaus die §§ 459 ff hinsichtlich des Zustandes der Sache, auf die sich das Recht bezieht, ergänzend anwendbar sein. Daher hat zB, wer ein Erbbaurecht kauft, jedoch infolge öffentlich-rechtlicher Baubeschränkungen nicht wie bei Vertragsabschluß vorausgesetzt bauen kann, die Rechte aus den §§ 459 ff.³⁵

31

IV. Hauptleistungspflichten des Käufers

1. Zahlungspflicht

Die für den Kaufvertrag typische und unentbehrliche Hauptleistungspflicht des Käufers ist die Pflicht zur Bezahlung des Kaufpreises (§ 433 Abs. 2). Besonderheiten gelten hierfür nicht. Der Zahlungsverzug des Käufers dürfte ohnehin der wichtigste Anwendungsfall des § 326 und der danach möglichen abstrakten Schadensberechnung sein.

32

2. Abnahmepflicht

Neben der Zahlungspflicht erwähnt § 433 Abs. 2 als weitere Pflicht des Käufers die zur Abnahme der gekauften Sache. Die Abnahme ist folglich eine echte Schuldnerpflicht, so daß der Käufer durch die Unterlassung der Abnahme nicht nur in Gläubiger-, sondern auch in Schuldnerverzug geraten kann³⁶. Jedoch ist die Abnahmepflicht grundsätzlich keine Hauptleistungspflicht, so daß der Verkäufer idR nicht nach § 326 vorgehen kann, wenn der Käufer in Verzug mit der Abnahme gerät. Anders verhält es sich nur, wenn der Verkäufer ausnahmsweise ein dem Käufer

33

---
33 BGH, LM Nr 38 zu § 242 (Ca) BGB = NJW 1977, S. 580.
34 Für die Wertlosigkeit von GmbH-Anteilen s. zB OLG Köln, WM 1990, S. 1082 (1084).
35 S. BGHZ 96, S. 385 = NJW 1986, S. 1605; zum Unternehmenskauf s. schon o. § 1 Rn 9 ff.
36 Die §§ 284 ff und 293 ff sind dann nebeneinander anwendbar – ein häufig übersehener Punkt!

§ 2

erkennbares, dringendes Interesse an der Entlastung von der Ware hat, etwa, weil sie leicht verderblich ist oder weil ihre weitere Aufbewahrung mit erheblichen Kosten, Risiken oder Unbequemlichkeiten für ihn verbunden ist[37]. Ebenso zu beurteilen sind häufig der **Abruf** der Ware durch den Käufer bei dem Kauf auf Abruf[38] sowie beim Grundstückskauf die Entgegennahme der Auflassung[39].

V. Nebenpflichten

34   1. Aus jedem Vertrag können sich für die Parteien unterschiedliche Nebenpflichten ergeben (§ 242). Einige dieser Pflichten regelt das Gesetz in den §§ 444, 446 Abs. 1 S. 2, 448 bis 450 und 452. Dem Verkäufer obliegt danach insbesondere eine Auskunftpflicht hinsichtlich der den Kaufgegenstand betreffenden rechtlichen Verhältnisse (§ 444); außerdem treffen ihn die Übergabekosten (§ 448 Abs. 1). Hingegen muß der Käufer ab Übergabe die Lasten tragen (§ 446 Abs. 1 S. 2) und Zinsen auf den Kaufpreis zahlen (§ 452). Ebenso behandelt werden die Beurkundungs- und Grundbuchkosten (§ 449) sowie beim Versendungskauf die Versendungskosten (§ 448 Abs. 1). In allen diesen Beziehungen können die Parteien jedoch jederzeit etwas anderes vereinbaren. Solche Absprachen sind überaus verbreitet; besondere Bedeutung haben in diesem Zusammenhang die im Handelsverkehr üblichen Klauseln wie „cif" oder „fob"[40].

35   2. Neben den gesetzlich geregelten Pflichten können sich aus dem Vertrag für beide Parteien von Fall zu Fall noch weitere Nebenpflichten unterschiedlichster Art ergeben. Im Vordergrund des Interesses stehen dabei heute die den Verkäufer zum Schutz des Käufers treffenden Beratungs-, Instruktions- und Untersuchungspflichten, deren Verletzung schon immer den Hauptanwendungsbereich der Lehre von der positiven Vertragsverletzung bildete[41]. Von der genauen Ausdehnung dieser Pflichten hängt zu einem guten Teil die Effektivität des Käuferschutzes ab. Schließlich gehören in den vorliegenden Zusammenhang noch die vielfältigen Schutz-, Fürsorge- und Obhutspflichten, wie sie bei jedem Vertrag bestehen. Vor allem die den Verkäufer zum Schutze des Käufers treffende Verkehrssicherungspflicht hinsichtlich seiner Räumlichkeiten hat letztlich hier ihre Grundlage.

---

37 RGZ 53, S. 161; 171, S. 297 (300 f); BGH, LM Nr 21 zu § 631 BGB = NJW 1972, S. 99; Leistungsstörungen, § 18 III 1 b, aa (S. 194 f); s. im übrigen noch § 373 HGB.
38 *Walter*, § 7 III 2 (S. 318 f); vgl auch § 375 HGB.
39 RGZ 69, S. 103 (107); 107, S. 345 (346).
40 Vgl eingehend *Hager*, Die Gefahrtragung beim Kauf, 1982, S. 108 ff.
41 S. im einzelnen u. § 5 IV 2 (S. 56 f).

§ 3 GEFAHRTRAGUNG

Literatur: *Adler*, ZHR 86 (1923), S. 273; *Bettermann*, ZHR 111 (1948), S. 102; *Brox*, JuS 1975, S. 1; *Emmerich*, Leistungsstörungen, § 6 III (S. 84 ff); *Filios*, Die Gefahrtragung beim Kauf (§ 446 BGB) im Rahmen des Synallagmas, 1964; *Hager*, Die Gefahrtragung beim Kauf, 1982; *Hüffer*, JuS 1988, 123; *Reinicke/Tiedtke*, S. 49 ff; *Walter*, § 6 (S. 264 ff).

Glastransport-Fall 3: V verkauft dem K unter Eigentumsvorbehalt zwei Wagenladungen Spiegelglas, die noch bei der Herstellerin X in Belgien lagern. Nach den Geschäftsbedingungen des V erfolgt der Transport auf Kosten und Gefahr des Käufers K. Auf Bitten des K betraut V den Spediteur S mit dem Transport des Glases von der X zu K. Unmittelbar nach Ankunft des Glases bei K wird es dort durch einen Brand, den niemand verschuldet hat, zerstört. Kann V Zahlung des Kaufpreises verlangen? Wie ist die Rechtslage, wenn das Glas auf dem Transport von der X zu K durch einen von einem Dritten oder von dem Fahrer F des S verschuldeten Unfall zerstört worden ist? Ändert sich die rechtliche Beurteilung, wenn V den Transport durch eigene Leute durchführen ließ?

I. Leistungs- und Gegenleistungsgefahr beim Kauf

Im **Glastransport-Fall 3** ist das Glas bei dem Käufer K zerstört worden, bevor V voll erfüllt hatte (Eigentumsvorbehalt!). Dadurch ist dem V die Erfüllung, ohne daß er dies zu vertreten hätte, nachträglich unmöglich geworden, da sich der Vertrag spätestens mit der Abnahme des Glases durch K auf diesen Posten beschränkt hatte (§ 243 Abs. 2). Folglich ist V frei geworden (§ 275 Abs. 1). Die notwendige Folge müßte an sich sein, daß der Käufer K nunmehr auch den Kaufpreis nicht mehr schuldet (§ 323 Abs. 1). 1

Diese Verteilung der Preisgefahr erscheint jedoch bei einem Kaufvertrag über bewegliche Sachen dann als unbillig, wenn die Unmöglichkeit erst eingetreten ist, nachdem der Käufer schon den Besitz der Sache erlangt hat, weil er von da ab die „Verantwortung" für das Schicksal der Sache trägt. Deshalb enthält § 446 Abs. 1 S. 1 für den genannten Fall eine Ausnahme von § 323, durch die Bestimmung, daß mit der Übergabe der verkauften Sache die Gefahr des **zufälligen** Unterganges und einer zufälligen Verschlechterung auf den Käufer übergeht. Zum Verständnis dieser Regelung ist es notwendig, hier etwas weiter auszuholen: 2

1. §§ 275, 323

a) Grundsatz

Bei allen gegenseitigen Verträgen muß man zwischen der Leistungs- und der Gegenleistungs- oder Preisgefahr unterscheiden: Bei der **Leistungsgefahr** geht es um die Frage, was geschehen soll, wenn einer Partei (hier dem Verkäufer V) die Erfüllung ihrer (Sachleistungs-)Pflicht zufällig unmöglich wird[1]. Diese Frage beant- 3

---

[1] Bei Geldschulden kann diese Frage nicht auftauchen, weil bei ihnen Unmöglichkeit nicht in Betracht kommt (s. § 279).

§ 3

wortet grundsätzlich für alle Schuldverhältnisse die Vorschrift des § 275 Abs. 1 dahin, daß die betreffende Partei, also der Sachleistungsschuldner frei wird. Folglich ist es im Regelfall der (Sachleistungs-)Gläubiger (hier der Käufer K), der die Leistungsgefahr zu tragen hat; denn er verliert bei zufälliger Unmöglichkeit seinen Anspruch auf die Leistung des Verkäufers V.

4   Bei der Gegenleistungs- oder **Preisgefahr** geht es hingegen um die Frage, was in diesem Fall, dh bei zufälliger Unmöglichkeit der Sachleistung, aus der Verpflichtung des Sachleistungsgläubigers, des Käufers K, zur Erbringung der Gegenleistung wird. Für den Regelfall findet sich die Antwort hierauf in **§ 323 Abs. 1**, nach dem der Gläubiger, dh der Käufer, ebenfalls frei wird, so daß grundsätzlich der (Sachleistungs-)Schuldner, dh in unserem Fall der Verkäufer V, die Preisgefahr tragen muß.

b) Ausnahmen

5   Der Grundsatz, daß der Sachleistungsschuldner (der Verkäufer) die Preisgefahr tragen muß, dh die Gefahr des Verlustes seines Anspruchs auf die Gegenleistung bei zufälliger Unmöglichkeit (§§ 275 Abs. 1, 323), ist vom Gesetz nicht streng durchgeführt worden. Über das ganze Gesetz verstreut finden sich vielmehr Fälle, in denen der Käufer (doch) „zahlen" muß, obwohl er nach § 275 den Anspruch auf die dem Schuldner, dem Verkäufer unmöglich gewordene Leistung eingebüßt hat, so daß es in diesen Fällen im Ergebnis der Käufer (und nicht wie im Regelfall der Verkäufer) ist, der die Preisgefahr zu tragen hat. Denn er bleibt zur Erbringung der von ihm geschuldeten Gegenleistung verpflichtet, ohne noch die Leistung des anderen Teils, des Verkäufers, verlangen zu können (§ 275 Abs. 1).

6   Die ersten Ausnahmen finden sich bereits unmittelbar im Anschluß an § 323 in der Vorschrift des § 324 für die beiden Fälle der vom Gläubiger, dem Käufer, zu vertretenden Unmöglichkeit und des Annahmeverzugs des Käufers. Weitere Ausnahmen bestehen für den Erbschaftskauf (§ 2380) und für den Zuschlag in der Zwangsversteigerung (§ 56 S. 1 ZVG) sowie eben für alle sonstigen Kaufverträge über Sachen aufgrund der wichtigen §§ 446 und 447 (vgl auch für den Rechtskauf § 451).

c) Nur während des Erfüllungszeitraums

7   Bei der Anwendung aller dieser Vorschriften muß man beachten, daß die Frage der Preisgefahr nur auftauchen kann, **solange** dem Sachleistungsschuldner die Erfüllung seiner Leistungspflicht überhaupt (noch) unmöglich werden kann. Der früheste Zeitpunkt, zu dem dies geschehen kann, ist der des Vertragsabschlusses, da der Schuldner vorher nichts schuldet. Der späteste dafür in Betracht kommende Zeitpunkt ist hingegen der der vollständigen Erfüllung der Leistungspflicht durch den Schuldner, weil dadurch seine Verpflichtung erlischt (§ 362), so daß ihm ihre Erfüllung fortan nicht mehr unmöglich werden kann.

Beim Kauf beginnt mithin der sog. **Erfüllungszeitraum** mit Abschluß des Vertrages und endet, sobald der Verkäufer seine Pflichten voll erfüllt hat. Von diesem Augenblick an trifft es allein den Käufer als den neuen Eigentümer und Besitzer der Sache, wenn sie nunmehr (zB infolge eines Brandes) vernichtet wird (casum sentit dominus). An der Verpflichtung des Käufers zur Zahlung des Kaufpreises ändert sich hierdurch nichts mehr.

d) Ergebnis

Festzuhalten ist somit, daß es in den §§ 446 und 447, wie das Gesetz selbst ausdrücklich hervorhebt, allein um die Frage geht, ob der Käufer bei **zufälligem** Untergang oder zufälliger Verschlechterung der Kaufsache **während** des Erfüllungszeitraumes, dh **nach** Vertragsabschluß und **vor** voller Erfüllung seitens des Verkäufers frei wird oder zur Bezahlung des (vollen) Kaufpreises verpflichtet bleibt. Gemäß § 323 Abs. 1 müßte an sich der Verkäufer während dieses **ganzen** Erfüllungszeitraumes die Preisgefahr tragen. Da dies jedoch unbillig ist, sobald der Käufer durch Übergabe zum „Herrn" der Kaufsache geworden ist, hat das Gesetz in § 446 Abs. 1 S. 1 dem Käufer einer beweglichen Sache die Preisgefahr schon vom Augenblick der **Übergabe** ab sowie dem Käufer eines Grundstücks zusätzlich in § 446 Abs. 2 von dem Augenblick seiner Eintragung im Grundbuch ab auferlegt. Eine weitere Vorverlegung des Zeitpunktes des Gefahrübergangs findet sich schließlich noch für den Versendungskauf in § 447 (dazu u. Rn 14 ff).

2. §§ 324, 325

All dies gilt aber nur, wie man nicht oft genug betonen kann, für die Fälle einer **zufälligen** Unmöglichkeit der Erfüllung oder einer zufälligen Verschlechterung der Sache (lies § 446 Abs. 1 S. 1!). Daher hat es ohne Rücksicht auf die §§ 446 und 447 bei der Anwendung der allgemeinen Vorschriften über gegenseitigen Verträge (§§ 324, 325) sein Bewenden, wenn eine der beiden Parteien die Unmöglichkeit zu **vertreten** hat: Ist dies der Käufer, so behält der Verkäufer bereits nach § **324 Abs. 1** den Anspruch auf die Gegenleistung (o. Rn 6). Trifft hingegen den Verkäufer ein Verschulden an dem Untergang der Sache, so gilt allein § **325**[2]. Gleich steht der Fall, daß der Untergang oder die Verschlechterung der Sache gerade auf einem ihr anhaftenden Mangel beruht[3].

---

[2] BGHZ 87, S. 88 (92) = NJW 1983, 1496; BGH, LM Nr 3 zu § 447 BGB = MDR 1965, S. 38; LM aaO Nr 7 = NJW 1968, S. 1929 = JuS 1968, S. 580 Nr 4; *Reinicke/Tiedtke*, S. 52; *Walter*, § 6 I 1 (S. 266).
[3] *Walter*, § 6 II 4 c (S. 276).

§ 3

II. Gefahrübergang mit Übergabe (§ 446)

11 § 446 Abs. 1 S. 1 knüpft den Übergang der Preisgefahr auf den Käufer an die Übergabe der verkauften Sache. Darunter ist nach dem Zusammenhang der §§ 433 Abs. 1 S. 1 und 854 grundsätzlich die Verschaffung des unmittelbaren Besitzes zu verstehen. Wird dem Käufer statt dessen vom Verkäufer nur der **mittelbare** Besitz verschafft (vgl §§ 930 und 931), so taucht das Problem des Übergangs der Preisgefahr nicht auf, wenn der Verkäufer damit nach den Abreden der Parteien bereits voll erfüllt hat. Andernfalls wird der Gefahrübergang allgemein davon abhängig gemacht, ob der Käufer schon durch die bloße Übertragung des mittelbaren Besitzes die wirtschaftliche Nutzung der Sache erhält, etwa, weil sie jetzt dem Verkäufer oder einem Dritten vermietet ist[4].

12 Besonderheiten gelten bei **bedingten** Kaufverträgen. Hier ist zu beachten, daß die Vereinbarung einer Bedingung zur Folge hat, daß der Gefahrübergang ebenfalls bedingt ist. Bei Ausfall einer **aufschiebenden** Bedingung braucht der Käufer daher trotz des Untergangs der schon übergebenen Sache nichts zu zahlen, während er bei Bedingungseintritt (gemäß § 159) idR zur Zahlung verpflichtet bleiben wird[5]. Bei einer **auflösenden** Bedingung ist hingegen fraglich, ob der nachträgliche Bedingungseintritt den schon erfolgten Gefahrübergang (§ 446) wieder beseitigen kann[6]; die Frage dürfte wohl eher zu verneinen sein.

13 Im **Glastransport-Fall 3** ist die Gefahr des zufälligen Untergangs des Spiegelglases (spätestens) in dem Augenblick auf den Käufer K übergegangen, in dem ihm der von V beauftragte Spediteur S die Ware übergeben hat, obwohl K dadurch infolge des Eigentumsvorbehalts des V noch kein Eigentum erwarb. Ein Untergang der Ware nach diesem Augenblick ändert folglich an der Zahlungspflicht des K nichts mehr (§§ 433 Abs. 2, 446 Abs. 1 S. 1, 275 Abs. 1)

III. Versendungskauf (§ 447)

14 Eine weitere Vorverlegung des Zeitpunktes des Gefahrübergangs findet sich für den Fall des sog. Versendungskaufs in § 447. Der Versendungskauf ist der wichtigste Anwendungsfall der sog. Schickschulden im Gegensatz zu den Hol- und Bringschulden.

1. Holschulden

15 Regelmäßiger Erfüllungs- oder besser Leistungsort ist der Ort, an dem der Verkäufer seine Wohnung oder seine Niederlassung hat (§ 269 Abs. 1 u. 2). Treffen die Parteien keine abweichenden Vereinbarungen, so braucht der Verkäufer mithin zunächst nichts anderes zu tun, als die Ware an diesem Ort <u>bereitzustellen</u> und den

---

[4] *Hager*, S. 76 ff; *Reinicke/Tiedtke*, S. 53; *Walter*, § 6 II 3 (S. 274 f).
[5] S. BGH, LM Nr 2 zu § 446 BGB = BB 1975, S. 393; *Hager*, S. 201 ff; *Reinicke/Tiedtke*, S. 54; *Walter*, § 6 II 1 c (S. 271 ff).
[6] So in der Tat die hM (s. vorige Fn)

Käufer zur Abholung aufzufordern. Kommt der Käufer dieser Aufforderung nicht nach, so gerät er in Annahme- oder Gläubigerverzug (§ 295) mit der Folge, daß die Preisgefahr bereits deshalb auf ihn übergeht (§ 324 Abs. 2). Im Falle der Holschuld hat es daher der Verkäufer jederzeit in der Hand, den Gefahrenübergang herbeizuführen. Die Rechte des Verkäufers bestimmen sich dann nach den §§ 300 ff, 324, 372 ff BGB sowie nach § 373 HGB.

2. *Schickschulden*

Die Schickschulden unterscheiden sich von den Holschulden lediglich dadurch, daß der Verkäufer zusätzlich die Versendung der Ware übernimmt. Da sich allein dadurch noch nichts an dem Erfüllungsort ändert, führt der Verkäufer mit der Versendung im Grunde ein Geschäft des Käufers aus, der deshalb grundsätzlich auch die Kosten der Versendung tragen muß (§ 448 Abs. 1; vgl § 269 Abs. 3). Die Folge ist, daß Warenschulden im Handelsverkehr im Zweifel Schickschulden sind[7]. **16**

Hierauf beruht die große praktische Bedeutung des § 447, nach dem bei allen Schickschulden die Preisgefahr bereits mit der **Auslieferung**, dh mit der Übergabe der Ware an die sog. Transportperson auf den Käufer übergeht. Die Ware reist folglich auf Gefahr des Käufers. Geht sie auf dem Transport infolge eines Umstandes unter, den weder der Käufer noch der Verkäufer zu vertreten haben, so bleibt der Käufer daher zur Zahlung des Kaufpreises verpflichtet. Diese eigenartige Regelung, durch die der Käufer häufig erheblich belastet wird, erklärt sich im Grunde allein aus den unsicheren Transportverhältnissen früherer Zeiten und paßt deshalb heute nicht mehr recht in die Landschaft[8]. **17**

§ 447 ist ebenso wie der vorausgehende § 446 eine Ausnahme (allein) von § 323, so daß für seine Anwendung kein Raum ist, wenn der Verkäufer den Untergang oder die Beschädigung der Ware auf dem Transport zu vertreten hat, zB durch mangelhafte Verpackung oder durch die Auswahl einer ungeeigneten Transportperson. Die Vorschrift greift außerdem nur ein, wenn die Versendung gerade vom Erfüllungsort aus geschieht. Versendet der Verkäufer die Ware hingegen von einem dritten Ort aus an den Käufer, so bleibt es bei der Regel des § 446[9]. Abweichende Vereinbarungen sind jedoch möglich[10]. **18**

Bei einem Gattungskauf setzt die Anwendung des § 447 zusätzlich voraus, daß schon Konkretisierung eingetreten ist, wozu vor allem gehört, daß der Verkäufer Sachen mittlerer Art und Güte abgesandt hat (§ 243 BGB; § 360 HGB). Aus dem Grundgedanken der gesetzlichen Regelung folgt außerdem, daß durch § 447 allein die typischen **Transportgefahren**, nicht hingegen sonstige Risiken auf den Käufer **19**

---

7 BGHZ 113, S. 106 (111) = NJW 1991, S. 915 = JuS 1991, S. 511 (512) Nr 5 „Dieselkraftstoff".
8 S. *Hager*, S. 104 ff.
9 BGH, LM Nr 90 zu Allg. Geschäftsbedingungen = BB 1978, S. 1085 (1086); anders zT *Hager*, S. 91 ff.
10 ZB BGHZ 113, S. 106 (110) = NJW 1991, S. 915.

§ 3

verlagert werden[11]. Viel gewonnen ist damit freilich für den geplagten Käufer nicht, da der Begriff der Transportgefahr allgemein sehr weit ausgelegt wird. Deshalb fällt darunter neben Diebstahl, Verlust oder Beschädigung der Ware auf dem Transport zB auch deren behördliche Beschlagnahme, etwa nach den Steuergesetzen, so daß selbst in solchem Falle der Käufer nach § 447 zur Bezahlung des Kaufpreises verpflichtet bleibt[12].

20   Aus dem Gesagten folgt, daß in dem **Glastransport-Fall 3** die Preisgefahr bereits mit Übergabe des Glases an den Spediteur S auf den K übergegangen war. Unerheblich ist, wen die Schuld an dem Unfall trifft. Auch wenn dies der Fahrer des S sein sollte, handelt es sich doch für V um einen Fall zufälliger Unmöglichkeit, da der Spediteur S nicht sein Erfüllungsgehilfe ist; denn V erfüllt mit der Versendung an K keine ihm dem K gegenüber obliegende Verbindlichkeit (s. § 278). K kann aber von V Abtretung dessen Schadensersatzansprüche gegen die für den Unfall verantwortlichen Personen verlangen (§ 281)[13].

21   Führt jedoch der Verkäufer den Transport **selbst** durch, so handelt es sich nicht mehr un einen Fall zufälliger Unmöglichkeit, wenn er auf dem Transport den Untergang der Sache verschuldet. Für ein Verschulden seiner Leute muß er dann vielmehr nach § 278 einstehen, so daß für die Anwendung des § 447 in diesem Falle kein Raum mehr ist[14]. In der **3. Alternative** von **Fall 3** kann der Käufer K folglich von V Schadensersatz verlangen oder zurücktreten, wenn die Leute des V den Untergang der Ware auf dem Transport verschuldet haben (§ 325 Abs. 1).

3. Bringschulden

22   Von einer Bringschuld spricht man, wenn der Transport und die Anlieferung der Ware bei dem Käufer zu den vertraglichen Pflichten des Verkäufers gehören, so daß der Wohnsitz des **Käufers** Erfüllungsort für den Verkäufer ist. § 447 ist in diesem Fall nicht anwendbar, so daß gemäß § 446 Abs. 1 S. 1 die Gefahr erst mit der Übergabe der Sache auf den Käufer übergeht. Die Abgrenzung zur Schickschuld ist oft schwierig, namentlich, wenn sich der Verkäufer bereit erklärt, die Ware dem **am selben Ort** wohnenden Käufer zuzustellen. Hier ist zwar grundsätzlich § 447 anwendbar; doch dürfte die Auslegung des Vertrages in diesem Falle meistens ergeben, daß in Wirklichkeit eine Bringschuld vorliegt, zB bei „Zustellung" eines ausladenden Steinway-Flügels durch den unglücklichen Verkäufer an den im sechsten Stock eines Hauses wohnenden Käufers[15].

---

11   BGH, LM Nr 4 zu § 447 BGB = NJW 1965, S. 1324; *Hager*, S. 239; differenzierend *Walter*, § 6 III 2 (S. 283 f); anders *Reinicke/Tiedtke*, S. 56.
12   So zB BGHZ 113, S. 106 (113 f) = NJW 1991, S. 915 = JuS 1991, S. 511 f Nr 5 „Dieselkraftstoff".
13   BGHZ 49, S. 356 (360 ff) = NJW 1968, S. 1567.
14   Str., s. *Hager*, S. 81 ff; *Kuchinke,* in: Festschr. f. H. Lange, 1970, S. 259; *Reinicke/Tiedtke*, S. 57; *Schlechtriem*, Tz. 67 f; anders zB *Walter*, § 6 III 1 d, cc (S. 282); *Medicus* II, § 73 III 2 c (S. 16).
15   *Hager*, S. 86; *Reinicke/Tiedtke*, S. 56 f; im einzelnen str.

§ 4 SACHMÄNGELHAFTUNG

Literatur: *Brox/Elsing*, Die Mängelhaftung, JuS 1976, S. 1; *v. Caemmerer*, in: Festschr. f. M. Wolff, 1952, S. 3 (= Schriften Bd. I, S. 187); *Flume*, Eigenschaftsirrtum und Kauf, 1948; *Foerste*, Fehlerbegriff, JuS 1994, S. 202; *Herberger*, Rechtsnatur und Funktion der Sachmängelhaftung, 1974; *Knöpfle*, Der Fehler beim Kauf, 1989; *Köhler*, Grundfälle zum Gewährleistungsrecht, JuS 1979, S. 267, 422, 496; *M. Lehmann*, Vertragsanbahnung durch Werbung, 1981; *Medicus*, Bürgerliches Recht, § 15; *Reinicke/Tiedtke*, S. 99 ff; *Th. Süß*, Wesen und Rechtsgrund der Gewährleistung für Sachmängel, 1931; *Walter*, § 5 (S. 133 ff).

Kupferstiche-Fall 4: V sammelt Kupferstiche. Als er in Geldschwierigkeiten gerät, verkauft er vier mit A D signierte Exemplare seiner Sammlung für je 20 000,- DM fernmündlich an den Kunsthändler K, der die vier Stiche schon lange erwerben wollte, da er einen vermögenden Abnehmer namens A für sie hat. Beide Parteien gehen hierbei davon aus, daß es sich um Originale von Albrecht Dürer handelt. Hinsichtlich eines Exemplares kommen dem K indessen doch noch gewisse Zweifel, weshalb er sich von V bei dem Telefongespräch die Echtheit nochmals ausdrücklich zusichern läßt. V liefert zunächst nur zwei Stiche, unter denen sich auch das von K angezweifelte Exemplar befindet, weil die beiden anderen Stiche durch Unachtsamkeit eines seiner Angestellten beschädigt worden sind. Einer dieser Stiche läßt sich nicht mehr restaurieren. K drängt auf Lieferung, da er die vier Stiche inzwischen für je 30 000,- DM an A weiterverkauft hat. Welche Rechte hat K, wenn nur die beiden beschädigten, nicht gelieferten Kupferstiche tatsächlich von Dürer stammen?

Winterweizen-Fall 5: Der Bauer K hat im Sommer 1992 bei V zur Aussaat 10 Ztr. Winterweizen bestellt. Im Frühjahr 1993 muß er jedoch feststellen, daß es sich bei dem gelieferten Getreide um allein als Mahlgut verwendbaren Sommerweizen gehandelt hatte. K verlangt deshalb von V Schadensersatz, während sich V gegenüber allen Ansprüchen des K auf Verjährung beruft (§ 477). Welche Ansprüche hat K, wenn er sofort nach Lieferung feststellt, daß es sich zwar um Winterweizen handelt, dieser aber infolge zu feuchter Lagerung nicht mehr zur Aussaat geeignet ist? Wie muß K vorgehen, falls V die Erfüllung sämtlicher Ansprüche verweigert?

Tierseuche-Fall 6: V verkauft K ein von einer ansteckenden Seuche befallenes Schaf. Das Tier steckt sofort sämtliche anderen Tiere des K an, der deshalb seine gesamte Herde notschlachten muß. Kann K von V Schadensersatz verlangen?

I. Einführung

1. Überblick

In unseren **Fällen 4 bis 6** hat der Käufer durchweg nicht erhalten, worauf er nach dem Vertrag Anspruch hatte. Welche Rechte dem Sachkäufer in diesem Fall zustehen, regelt das Gesetz vor allem an drei Stellen, nämlich zunächst in den allgemeinen Vorschriften über gegenseitige Verträge (§§ 320 bis 327), sodann in den besonderen Vorschriften über die Rechtsmängelhaftung des Verkäufers (§§ 434 bis 440) sowie schließlich in den uns jetzt besonders interessierenden Gewährleistungsregeln der §§ 459 bis 493.

1

§ 4

2   Innerhalb der Vorschriften über die Sachmängelhaftung muß man weiter drei Fälle unterscheiden, nämlich erstens die Haftung des Verkäufers beim normalen Stück- oder Spezieskauf aufgrund der §§ 459 bis 479, zweitens seine Haftung beim Gattungskauf nach § 480 sowie drittens die in den §§ 481 bis 492 besonders geregelte Haftung beim Viehkauf, bei dem der Verkäufer nur für bestimmte in einer Kaiserlichen Verordnung vom 27.3.1899 im einzelnen aufgezählte sog. Hauptmängel einzustehen braucht.[1] Ergänzende Vorschriften finden sich für den Handelskauf in den §§ 377 und 378 HGB sowie für den internationalen Kauf in dem einheitlichen UN-Kaufrecht[2].

3   Beim normalen Stückkauf greift die Sachmängelhaftung des Verkäufers grundsätzlich nur ein, wenn die Sache bei Gefahrübergang iS der §§ 446 und 447 mangelhaft ist oder wenn ihr in diesem Augenblick eine zugesicherte Eigenschaft fehlt.[3] Sind diese Voraussetzungen erfüllt, so kann der Käufer nach § 462 im Regelfall (nur) Wandelung, dh Rückgängigmachung des Kaufvertrages, oder Minderung durch Herabsetzung des Kaufpreises verlangen. Lediglich dann, wenn der verkauften Sache schon bei Vertragsabschluß eine zugesicherte Eigenschaft fehlt oder wenn der Verkäufer einen Fehler arglistig verschwiegen hat, hat der Käufer nach § 463 außerdem einen Schadensersatzanspruch wegen Nichterfüllung.

4   Dem Käufer steht hingegen beim Stückkauf in auffälligem Gegensatz zu der Rechtslage beim Gattungskauf (s. § 480), bei der Miete und beim Werkvertrag (s. §§ 536 und 633), jedenfalls nach dem Wortlaut des Gesetzes (s. § 476a), **kein** Anspruch auf Nachbesserung oder Nachlieferung zu. Hierdurch wird der Verkäufer, wie vor allem ein Vergleich seiner Rechtsstellung mit der des Vermieters oder des Werkunternehmers zeigt, erheblich begünstigt. Zusätzlich wird seine Rechtsstellung auf Kosten der des Käufers noch durch die kurze Verjährungsfristen des § 477 sowie durch die verschiedenen Ausschlußtatbeständen der §§ 460 und 464 verbessert. Zum Ausgleich kennt das BGB freilich auch keine Rügepflicht des Käufers. Eine solche besteht vielmehr nur beim beiderseitigen Handelskauf aufgrund der wichtigen §§ 377 und 378 HGB.

2. Kritik

5   Die gesetzliche Regelung der Sachmängelgewährleistung beim Stückkauf im BGB geht auf altrömische Vorbilder zurück.[4] Es verwundert daher nicht, daß sie überwiegend kritisch gesehen wird. Bereits während der Beratungen des BGB ist vielfach, freilich ohne Erfolg, eine Aufgabe der überkommenen Regelung im Interesse einer Verbesserung der Rechtsstellung des Käufers verlangt worden.[5] Hinter der Ablehnung dieser Anträge stand vor allem die Befürchtung, durch ausufernde Nachbesserungsansprüche der Käufer würden kleine und mittlere Händler übermäßig belastet.

---

1 RGBl. S. 219; s. dazu im einzelnen *Walter*, § 5 V (S. 261 ff).
2 Dazu im einzelnen u. § 6 VI (S. 75 f).
3 S. dazu o. § 3 Rn 11, 14 ff.
4 Daher auch die Bezeichnung von Wandelung und Minderung als ädilizische Rechtsbehelfe (s. zB *Medicus* II § 74 I 2 [S. 18 f]).
5 Motive Bd. II, S. 224 ff.

Solche Überlegungen und Sorgen sind heute obsolet. Eine deutliche Verbesserung der Position des Käufers ist daher überfällig. Einzelne Maßnahmen zu diesem Zweck hat der Gesetzgeber bereits ergriffen. Hervorzuheben sind namentlich das Verbraucherkreditgesetz von 1990, das AGB-Gesetz von 1976 und das Haustürwiderrufsgesetz von 1986[6]. Alle diese Gesetze regeln jedoch nur Randprobleme und ändern im Grunde nichts an der verfehlten Bevorzugung der Verkäuferseite durch die §§ 459 bis 479. Hier ist daher Abhilfe nur durch einen möglichst weitgehenden Rückgriff auf die allgemeinen Vorschriften des BGB über die Haftung des Verkäufers bei Leistungsstörungen (§§ 275, 320 ff) möglich, da diese für den Käufer durchweg günstiger als die §§ 459 ff sind.

6

> In dieselbe Richtung zielen die Reformvorschläge der sog. Schuldrechtskommission, die die eigenständige Regelung der Gewährleistung für Sachmängel beim Stückkauf ganz zugunsten der allgemeinen Verschuldenshaftung des Verkäufers aufgeben möchte.[7] Richtiger Meinung nach entspricht die angestrebte Verschuldenshaftung des Verkäufers freilich bereits dem geltenden Recht.[8]

7

3. Gewährleistungs- und Erfüllungstheorie

Die Grundgedanken der gesetzlichen Regelung sind umstritten[9]. Nach der sog. Gewährleistungstheorie[10] trifft den Verkäufer einer Spezies grundsätzlich **keine** Verpflichtung zur Leistung gerade einer mangelfreien Sache; die Sachmängelhaftung des Verkäufers erklärt sich nach ihr vielmehr daraus, daß der Käufer bei Lieferung einer mangelhaften Sache in seiner berechtigten Erwartung enttäuscht worden ist, für sein gutes Geld eine einwandfreie Sache zu erhalten[11]. Hingegen ist der Verkäufer nach der Erfüllungstheorie beim Stückkauf ebenso wie beim Gattungskauf gemäß § 480 grundsätzlich zur Lieferung einer **mangelfreien** Sache verpflichtet. Von diesem Ausgangspunkt aus erscheint dann die Sachmängelhaftung als eine in den §§ 459 ff lediglich in einzelnen Beziehungen besonders und eigenartig geregelte Haftung wegen Nichterfüllung[12].

8

> Für die Erfüllungstheorie spricht vor allem, daß sich der gebotene umfassende Käuferschutz auf ihrem Boden weit besser als im Rahmen der Gewährleistungstheorie verwirklichen läßt. Denn der Rückgriff auf die allgemeinen Vorschriften der §§ 320 bis 327 bereitet nach ihr jedenfalls in den nicht ausdrücklich geregelten Fällen keine Schwierigkeiten[13]. Das wird zB relevant, wenn der Verkäufer vor oder nach Gefahr-

9

---

6 S.u. § 6 II–IV (S. 64 ff).
7 BMJ (Hrsg.), Abschlußbericht der Schuldrechtskommission, 1992, S. 192 ff; s. dazu *Emmerich*, in: Festschr. f. Jahr, 1993, S. 267; *Flume*, AcP 193 (1993) S. 89; *L. Haas*, NJW 1992, S. 2389.
8 S. unten § 5 II und III (S. 54 ff).
9 S. im einzelnen *Reinicke/Tiedtke*, S. 100 ff; *Walter*, § 5 I (S. 133 ff).
10 Auch Gewährschafts- oder Einstandstheorie genannt; die Terminologie schwankt.
11 S. zB *Esser/Weyers*, §§ 4 I, 5 I 1a (S. 14, 31); *Larenz* Bd. II/1, § 41 IIe (S. 66 ff); *Reinicke/Tiedtke*, S. 101 f.
12 *Flume*, Eigenschaftsirrtum, S. 35 ff; ebenso zB *Brox* Bd. II, Tz. 58; *Erman*, JZ 1960, S. 41; *Herberger*, S. 87; *Peters*, JZ 1978, S. 92; *Soergel/U. Huber*, Vorbem. 145, bes. 169 ff vor § 459 m. Nachw.
13 S. im einzelnen u. § 5 II (S. 64 ff).

§ 4

übergang einen Fehler der Sache verschuldet. Da die Sachmängelhaftung kein Verschulden des Verkäufers voraussetzt (s. § 459), steht hier der Anwendung der §§ 325 und 326 nichts im Wege; entscheidend ist vielmehr nur, ob der Fehler noch reparabel ist oder nicht[14].

Für den **Kupferstiche-Fall 4** folgt daraus, daß K hinsichtlich des echten und noch reparablen Stiches die Wahl zwischen dem Vorgehen nach den §§ 459 ff und nach § 326 hat, wobei der zweite Weg für ihn vorteilhafter sein dürfte. Hingegen ergeben sich hinsichtlich des nicht mehr reparablen Stiches seine Rechte aus den §§ 325 und 278.

II. Fehler

1. Überblick

10   Nach § 459 Abs. 1 S. 1 haftet der Verkäufer dem Käufer einer bestimmten Sache zunächst dafür, daß sie im Augenblick des Gefahrübergangs (§§ 446 und 447) nicht mit Fehlern behaftet ist, die den Wert oder die Tauglichkeit der Sache zu dem gewöhnlichen oder nach dem Vertrag vorausgesetzten Gebrauch aufheben oder mindern; jedoch bleibt nach S. 2 des § 459 Abs. 1 eine unerhebliche Minderung des Wertes oder der Tauglichkeit außer Betracht. Zentralbegriff des Rechts der Sachmängelhaftung ist somit beim Kauf – ebenso wie bei der Miete und beim Werkvertrag (§§ 537 ff und 633 ff) – der Fehlerbegriff.

11   Ob eine Sache fehlerhaft ist, kann man nur beurteilen, wenn man einen **Maßstab** hat. Diesen kann man entweder den **Abreden** der Parteien entnehmen (§ 305) oder als den Parteien vorgegeben ansehen. Im zweiten Fall kommt dann als Quelle des jeweils anzuwendenden Maßstabs – neben (seltenen) gesetzlichen Regelungen – in erster Linie die im Verkehr **vorherrschende Auffassung** über die gebotene Qualität bestimmter Sachen in Betracht. Folgerichtig unterscheidet man einen subjektiven und einen objektiven Fehlerbegriff. Ganz herrschend ist heute der subjektive Fehlerbegriff. Im folgenden wird deshalb auf den alten Streit um den Fehlerbegriff nur noch insoweit eingegangen, wie es zum Verständnis der heutigen Diskussion erforderlich ist.

2. Begriff

a) Objektiver Fehlerbegriff

Literatur: *Fabricius*, JuS 1964, S. 1; *Haymann*, in: RG-Praxis Bd. III, 1929, S. 317; *Knöpfle*, Der Fehler, 1989; *ders.*, AcP Bd. 180 (1980), S. 462; *ders.*, JuS 1988, S. 757.

12   aa) Von einem objektiven Fehlerbegriff spricht man, wenn der Maßstab für die Fehlerhaftigkeit einer Sache (den sog. Mangel), soweit vorhanden, gesetzlichen Regelungen und sonst den im Verkehr vorherrschenden Auffassungen über die gebotene Qualität der Sachen entnommen wird. Dieser Fehlerbegriff war früher

---

14 S. *Emmerich*, in: Festschr. f. Jahr, 1993, S. 267 (276 ff).

ganz herrschend. Auch die Rechtsprechung ist ihm zunächst gefolgt,[15] bis sie sich ungefähr seit den zwanziger Jahren dem subjektivem Fehlerbegriff zuwandte (u. Rn 16).

Auf dem Boden des objektiven Fehlerbegriffs ist als erstes durchweg nach etwaigen **gesetzlichen Regelungen** über die gebotene Qualität der Sachen zu fragen. Derartige Bestimmungen finden sich in der Tat in wachsender Zahl auf bestimmten Sektoren, namentlich bei Lebensmitteln und gefährlichen Produkten. Aufs ganze gesehen handelt es sich jedoch dabei immer noch um Ausnahmen. In der Masse der Fälle bleibt deshalb den Anhängern eines objektiven Fehlerbegriffs bei der Suche nach einem Maßstab allein der Rückgriff auf die **Verkehrsanschauung** über die Eigenschaften übrig, die eine „solche" Sache, dh eine Sache **der fraglichen Art und Gattung** grundsätzlich besitzen muß, wenn sie „verkehrstauglich" sein soll. 13

bb) Aus dem Gesagten (o. Rn 12 f) folgt, daß der objektive Fehlerbegriff für den Regelfall auf einer Einteilung sämtlicher Sachen in Gattungen und Arten sowie auf der anschließenden Prüfung beruht, ob die betreffende Sache gerade diejenigen Eigenschaften aufweist, die sie hiernach regelmäßig besitzen muß. Schon dies ist problematisch genug, weil eine solche Einteilung nicht ohne Willkür möglich ist. 14

Erschwerend kommt hinzu, daß der objektive Fehlerbegriff mit einer Reihe von Problemen belastet ist, für die bisher keine angemessene Lösung gefunden werden konnte. Beispiele sind Verträge über sog. Sachindividualitäten wie etwa Kunstwerke, die keiner Gattung zugehören[16], oder der Irrtum der Parteien über die Art- oder Gattungszugehörigkeit der Sache. Ganz unklar ist zB die Situation, wenn Gegenstand eines Kaufvertrages eine „goldene" Uhr ist, die tatsächlich nur vergoldet ist[17], da sich beim besten Willen sinnvollerweise keine gemeinsame Art oder Gattung goldener und bloß vergoldeter Uhren konstruieren läßt. Sehr wohl lösbar sind diese Fälle hingegen auf dem Boden des subjektiven Fehlerbegriffs (u. Rn 20). 15

b) Subjektiver Fehlerbegriff

Der sog. subjektive Fehlerbegriff hat sich inzwischen wegen der angedeuteten „Mängel" des objektiven Fehlerbegriffs (o. Rn 14 f) weithin durchgesetzt. Die Rechtsprechung folgt ihm ohne Einschränkungen bereits seit langem.[18] Im Schrifttum ist der subjektive Fehlerbegriff gleichfalls heute ganz herrschend.[19] 16

---

15 Zuletzt RGZ 97, S. 351 (Sologeigen-Fall).
16 Es ist mit dem allgemeinen Sprachgebrauch nur schwer zu vereinbaren, Kopien als schlechte Originale zu bezeichnen (s. unseren Kupferstich-Fall 4).
17 S. zu diesem Fall BGHZ 96, S. 214 = NJW 1986, S. 836 sowie u. Rn 20.
18 ZB RGZ 99, S. 147 (Haakjöringsköd-Fall); 135, S. 339 (341); 161, S. 193; 161, S. 330 (332 ff); BGHZ 16, S. 54; 52, S. 51; 96, S. 214 = NJW 1986, S. 836; BGHZ 98, S. 100 = NJW 1986, S. 2824 = JuS 1987, S. 65 Nr 3; BGHZ 114, S. 263 = NJW 1991, S. 2556 = JuS 1991, S. 857 Nr 5; BGH, LM Nr 67 zu § 459 BGB = NJW 1983, S. 2242; LM Nr 71 aaO = NJW 1984, S. 2289; LM Nr 85 aaO = NJW 1987, S. 2511; Überblick über die Rechtsprechung zB bei *Paulusch*, WM 1991 Beil. Nr 9 zu H. 37, S. 37 ff; *Tiedtke*, JZ 1990, S. 75 (79 ff).
19 S. insbes. *v. Caemmerer* und *Flume*, aaO; *Esser/Weyers*, § 5 II 1 (S. 33 ff); *Larenz* Bd. II/1, § 41 Ia (S. 37 ff); *Medicus* II, § 74 II 2 (S. 19 ff); *Reinicke/Tiedtke*, S. 102 ff; *Schlechtriem*, Tz. 78 ff; *Walter*, § 5 II 2 (S. 140 ff).

§ 4

17 Der subjektive Fehlerbegriff besagt, daß die Kriterien zur Bestimmung des Fehlerbegriffs in erster Linie den Abreden der Parteien und nicht irgendwelchen wie immer ermittelten objektiven Kriterien zu entnehmen sind. In der Tat können es unter der Herrschaft der Privatautonomie (§ 305) letztlich immer nur die Parteien sein, die bestimmen, welche Eigenschaften die verkaufte Sache besitzen soll. Weist die gelieferte Sache andere Eigenschaften auf, so ist sie mangelhaft, sofern zugleich durch die Abweichung der sog. Istbeschaffenheit von der Sollbeschaffenheit der Wert oder die Gebrauchstauglichkeit der Sache nicht nur unerheblich gemindert wird (§ 459 Abs. 1 S. 2). Oder anders gewendet: Ein Fehler iS des Gesetzes ist jede (negative) Abweichung der tatsächlichen Beschaffenheit der Sache von der vereinbarten. Die Abreden der Parteien über die geschuldete Beschaffenheit der Sache können dabei ausdrücklich oder konkludent getroffen werden. Wichtig sind insoweit, abgesehen von etwaigen gesetzlichen Regelungen, namentlich der Typus des Rechtsgeschäfts und die Verkehrssitte (§§ 133 und 157).

18 Wenn sich freilich selbst bei weitester Auslegung keine Abreden der Parteien über die Sollbeschaffenheit des Kaufgegenstandes ermitteln lassen, hindert auch auf dem Boden des subjektiven Fehlerbegriffs nichts den Rückgriff auf objektive Kriterien, so daß dann, ebenso wie nach dem objektiven Fehlerbegriff, zu prüfen ist, welche Eigenschaften für **solche** Sachen allgemein gefordert werden. Anzuknüpfen ist dabei in erster Linie an etwaige gesetzliche Regelungen der mindestens geschuldeten Qualität. Nur wo solche Regelungen (bisher noch) fehlen, ist auf die Verkehrsanschauung zurückzugreifen. Insofern ist heute in der Tat jeder subjektive Fehlerbegriff zugleich objektiv.

c) *Falschlieferung*

19 Der subjektive Fehlerbegriff hat den großen Vorteil, daß sich auf seinem Boden beim **Stückkauf** die schwierige aliud-Problematik auf die seltenen Fälle der sog. Falschlieferung reduziert, die dadurch gekennzeichnet sind, daß statt der verkauften individuellen Sache eine **andere** geliefert wird. Um eine derartige Falschlieferung handelt es sich zB, wenn statt der Stute Deflorata der Hengst Abu Hassan bei dem überraschten Käufer erscheint. Die rechtliche Behandlung dieser Fälle bereitet keine Schwierigkeiten. Es handelt sich bei ihnen ebenso um reine Nichterfüllungsfälle, wie wenn im Falle des Verkaufs mehrerer Sachen einzelne nicht geliefert werden. In jedem Fall richten sich die Rechte des Käufers dann allein nach den §§ 320 ff[20].

20 Das eigentlich problematische **Qualitäts-aliud**, dh die Zugehörigkeit der Sache zu einer anderen Gattung als vereinbart, fällt hingegen beim Stückkauf nach dem subjektiven Fehlerbegriff in den Anwendungsbereich der §§ 459 ff[21]. So kann zB unbedenklich eine bloß vergoldete Uhr, die nach dem Vertrag aus Gold sein sollte, ebenso als mangelhaft bezeichnet werden[22] wie eine wertlose Kopie, die als teures

---

20 BGH, LM Nr 1 zu § 90 BGB = NJW 1992, S. 3224.
21 Kritisch dazu *J. Schmidt,* JZ 1989, S. 973 (976 ff).
22 BGHZ 96, S. 214 = NJW 1986, S. 836 m. Anm. *Köhler,* JR 1986, S. 456; s.o. Rn 15.

Original verkauft worden war²³, da in beiden Fällen die gelieferte individuelle Sache nicht diejenigen Eigenschaften aufweist, die sie nach den Abreden der Parteien haben sollte. Und nur darauf kommt es an.

3. Einigung der Parteien

Am Beginn der Prüfung hat nach dem Gesagten (o. Rn 16 ff) die Frage zu stehen, auf welche Eigenschaften der verkauften Sache sich die Parteien tatsächlich als geschuldet **geeinigt** haben. Die Beantwortung dieser Frage bereitet häufig einige Schwierigkeiten. Nicht ausreichend für die Annahme einer solcher Einigung sind jedenfalls bloße einseitige Zwecke und Motive des Käufers, mögen sie auch vom Verkäufer in ihrer Bedeutung erkannt worden sein; vielmehr ist stets eine Willenseinigung der Parteien über den Zweck, für den die Sache bestimmt ist, oder über ihre Eigenschaften erforderlich (§ 305), um zu verhindern, daß der Käufer in den Stand versetzt wird, über eine betont weite Auslegung der §§ 459 ff (durch Einbeziehung seiner Zwecke und Motive) das an sich ihn allein treffende **Verwendungsrisiko** auf den Verkäufer abzuwälzen²⁴. Die wenig einheitliche und unklare Rechtsprechung zu diesem schwierigen Fragenkreis tendiert zumindest in jüngster Zeit deutlich in dieselbe Richtung²⁵.

21

4. Eigenschaften

a) Rechtsprechung

Der subjektive Fehlerbegriff mit seiner Betonung der Vorrangigkeit der Parteiabsprachen verleitet unverkennbar zu einer ständigen **Ausdehnung** der Sachmängelhaftung des Verkäufers. Die Rechtsprechung hat deshalb versucht, hier insbesondere durch eine deutliche Einschränkung des Begriffs der Eigenschaften, die die geschuldete Beschaffenheit einer Sache ausmachen, gegenzusteuern²⁶. Zu diesem Zweck ist der Eigenschaftsbegriff von den Gerichten immer wieder in enge Beziehungen zur **physischen Beschaffenheit** der Kaufsache gerückt worden²⁷. Daraus soll zwar nicht zu schließen sein, daß nur die natürliche Beschaffenheit der Sache maßgebend ist; vielmehr können durchaus auch rechtliche und wirtschaftliche Beziehungen der Sache zur **Umwelt** unter dem Gesichtspunkt des Fehlerbegriffs relevant werden, sofern sie nur nach der Verkehrsanschauung für die Brauchbarkeit oder den Wert der Sache bedeutsam sind, dies freilich unter der zusätzlichen Voraussetzung, daß

22

---

23 Grdlg. RGZ 135, S. 339 (341 f) (van Ruisdael-Fall); BGHZ 63, 369 = NJW 1975, S. 970 = JuS 1975, S. 592 Nr 5 (Jawlensky-Fall); BGH, LM Nr 29 zu § 119 BGB = NJW 1988, S. 2597 = JuS 1989, S. 59 Nr 5 „Leibl-Bild"; *Walter*, § 5 II 2 c, ff (S. 151).
24 S. Leistungsstörungen, § 28 II 4a (S. 344 ff).
25 BGH, LM Nr 71 zu § 459 BGB = NJW 1984, S. 2289; s. *Knöpfle*, JuS 1988, S. 767; *M. Lehmann*, S. 191 ff; *Walter*, § 5 II 2 b (S. 145).
26 Zur parallelen Problematik bei § 459 Abs. 2 s.u. Rn 34 ff.
27 S. *Reinicke/Tiedtke*, S. 106 f; *Walter*, § 5 II 2 b (S. 144 ff).

§ 4

sie in der Beschaffenheit der Sache selbst und nicht etwa in Rechten Dritter oder in sonstigen Umständen ihren Grund haben[28].

23 Die Abgrenzung hat, so schwierig sie ist, erhebliche praktische Bedeutung. Dies hängt mit der von der Rechtsprechung angenommenen Sperrwirkung der §§ 459 ff gegenüber den allgemeinen Vorschriften über Leistungsstörungen zusammen.[29] Die Folge ist nämlich, daß bei Bejahung einer Eigenschaft im Sinne der §§ 459 ff der Verkäufer im Regelfall allein unter den Voraussetzungen der §§ 459 ff haftet, während bei Verneinung des Vorliegens einer Eigenschaft – mangels Anwendbarkeit der §§ 459 ff – dem Käufer uneingeschränkt der Rückgriff auf die für ihn in der Regel wesentlich günstigeren allgemeinen Vorschriften über Leistungsstörungen (einschließlich der cic) gestattet ist. Es liegt deshalb nahe, immer dann, wenn ein Rückgriff auf die allgemeine Verschuldenshaftung des Verkäufers erwünscht ist, über die enge Fassung des Eigenschaftsbegriffs die Anwendbarkeit der §§ 459 ff nach Möglichkeit zurückzudrängen.

24 Aus diesem Grunde wird zB beim Unternehmenskauf der **Ertrag** in aller Regel nicht zu den relevanten Eigenschaften des Unternehmens gerechnet, weil er seine Grundlage auch in vielen anderen Umständen außerhalb der Kaufsache haben kann[30]. Dasselbe wird etwa für charakterliche Mängel des Mitarbeiters einer Praxis angenommen, die sich gleichfalls nur mittelbar über den Verlust von Mandanten und weitere Ursachen auf den Wert der Praxis auswirken können[31]. Die Folge ist in beiden Fällen, daß der Verkäufer für unrichtige Angaben über die genannten Punkte bei den Vertragsverhandlungen uneingeschränkt nach cic und nicht nur in dem engen Rahmen der §§ 459 und 463 haften muß.

25 Vergleichbare Abgrenzungsprobleme ergeben sich, wenn der Käufer, etwa bei dem Kauf von Immobilien, mit bestimmten **Steuervergünstigungen** gerechnet hat, die ihm jedoch später wider Erwarten verweigert werden. Hier wird gleichfalls die Anwendbarkeit der §§ 459 ff letztlich davon abhängig gemacht, worauf die Steuervergünstigungen beruhen: Haften sie der Sache selbst an oder haben sie doch ihren Grund in der **Beschaffenheit oder Lage** der Sache, so stellen sie Eigenschaften der Sache dar, mit der Folge, daß der Verkäufer bei einer Verweigerung der Steuervergünstigung nur nach den §§ 459 ff haftet. Anders verhält es sich hingegen, wenn es für die Bewilligung der Vergünstigungen auch oder sogar allein auf die **Person** des Erwerbers ankommt, zB auf die von ihm beabsichtigte Nutzung der Sache[32]. Deshalb werden zwar besondere Abschreibungsmöglichkeiten nach § 10e EStG zu den Eigenschaften eines Hauses iS des § 459 gerechnet, weil sie ihren Grund letztlich in der physischen Beschaffenheit des Objekts haben[33], nicht jedoch sonstige beliebige Steuervorteile[34] und ebensowenig der

---

28 So insbes. BGHZ 67, S. 134 (135 ff) = NJW 1976, S. 1888; BGHZ 70, S. 47 (49) = NJW 1978, S. 370; BGHZ 98, S. 100 = NJW 1986, S. 2824 = JuS 1987, S. 65 Nr 3; BGHZ 111, S. 75 (78) = NJW 1990, S. 1659 = JuS 1990, S. 844 Nr 5; BGHZ 114, S. 263 = NJW 1991, S. 2556 = JuS 1991, S. 857 Nr 5; zuletzt BGH, LM § 276 (Fa) BGB Nr 127 = NJW 1992, S. 2564 = JuS 1993, S. 74 Nr 6; LM Nr. 2 zu § 436 BGB = NJW 1993, S. 2796 = JuS 1994, S. 169 Nr 4.
29 S. im einzelnen u. § 5 II und III (S. 54 ff).
30 BGH, LM Nr 53 zu § 459 BGB = NJW 1980, S. 1456 (1457 f); WM 1988, S. 1700 = NJW-RR 1989, S. 306.
31 BGH, LM Nr 104 zu § 459 BGB = NJW 1991, S. 223 = JuS 1991, S. 599 (600) Nr 3.
32 Grdl. BGHZ 114, S. 263 = NJW 1991, S. 2556 = JuS 1991, S. 857 Nr 5.
33 BGHZ 79, 183 (185) = NJW 1981, S. 864; BGH, NJW-RR 1986, S. 700.
34 BGH, LM Nr 50 zu § 463 BGB = NJW-RR 1988, S. 348 = JuS 1988, S. 650 Nr 4.

Umstand, daß bestimmte Steuern oder Anliegerbeiträge noch nicht bezahlt sind[35]. Unrichtige Angaben hierüber begründen daher die Haftung des Verkäufers aus cic.

Das bloße **Alter** einer Sache gilt gleichfalls idR nicht als Eigenschaft einer Sache, so daß der Käufer bei einem Irrtum hierüber nicht ohne weiteres nach den §§ 459 ff vorgehen kann.[36] Ebenso behandelt werden schließlich Abreden der Parteien über die Tragung der Erschließungskosten bei einem Grundstückskaufvertrag, weil sie auf eine Abänderung der gesetzlichen Regelung der Lastenverteilung (§ 436) hinauslaufen, wiederum mit der Folge einer wesentlichen Verbesserung der Rechtsstellung des Käufers (vgl die §§ 433, 434 und 440 gegenüber den §§ 459, 462 und 477).[37]

26

b) Kritik

Die geschilderte Praxis vermag nicht zu befriedigen. Die Unterscheidung von Eigenschaften iS des § 459 von sonstigen Beschaffenheitsmerkmalen ist ganz unsicher und führt zudem häufig, etwa bei der Behandlung der Erträge eines Grundstücks oder eines Unternehmens oder des Alters einer Sache zu wenig befriedigenden Ergebnissen. Das läßt an der Berechtigung der von der Praxis getroffenen Unterscheidung zweifeln. Und in der Tat ist vom Boden des subjektiven Fehlerbegriffs aus nicht einzusehen, was die Parteien eigentlich daran hindern sollte, beliebige Eigenschaften des Kaufgegenstandes im weitesten Sinne zu der geschuldeten Sollbeschaffenheit des Gegenstandes zu rechnen[38]. Welche Eigenschaften der Kaufsache maßgebend sein sollen, bestimmen m.a.W. allein die Parteien im Vertrag.

27

Wenn man eine übermäßige Ausdehnung der Sachmängelhaftung des Verkäufers vermeiden will, muß man an anderer Stelle ansetzen. Nach dem Gesagten (o. Rn 21) kann dies nur die **Einigung** der Parteien über die geschuldeten Eigenschaften sein. In allen Zweifelsfällen bedarf es daher sorgfältiger Prüfung, ob sich die Parteien tatsächlich auf die fraglichen Eigenschaften der Kaufsache als geschuldet geeinigt haben. Wenn dies aber der Fall ist, sollte auch die Haftung des Verkäufers bei Fehlen dieser Eigenschaften nach den §§ 459 ff nicht zweifelhaft sein. Eine Verschlechterung der Rechtsstellung des Käufers muß damit nicht verbunden sein.[39]

28

5. Beispiele

a) Grundstückskaufverträge

Bei Grundstückskaufverträgen gehört die Bebaubarkeit des Grundstücks zu der geschuldeten Sollbeschaffenheit, wenn es gerade als Baugrundstück verkauft wird.

29

---

35 BGHZ 111, S. 75 (78) = NJW 1990, S. 1659 = JuS 1990, S. 844 Nr 5; BGH, LM Nr 58 zu § 459 BGB = NJW 1981, S. 1600.
36 S. unten Rn 31 sowie insbes. BGHZ 79, S. 183 (185) = NJW 1981, S. 864; BGH, NJW-RR 1986, S. 700.
37 Grdlg. BGH, LM Nr. 2 zu § 436 BGB = NJW 1993, S. 2796 = JuS 1994, S. 169 Nr 4.
38 Ebenso *Esser/Weyers*, §5 II 2 (S. 38 f); *Reinicke/Tiedtke*, S. 108f.
39 S. dazu u. § 5 III und IV (S. 54 ff).

§ 4

Folglich stellen dann sämtliche Eigenschaften des Grundstücks, die die Bebauung erschweren oder verhindern, einen Mangel dar[40]. Beispiele sind öffentlich-rechtliche Baubeschränkungen oder Bauverbote, die ihre Ursache gerade in der Beschaffenheit des Grundstücks und nicht etwa lediglich in Rechten Dritter haben[41], sowie nachbarrechtliche Beschränkungen des Eigentums einschließlich eines entschuldigten Überbaus[42]. Ebenso zu behandeln sind der baurechtswidrige Zustand eines Hauses, der zur Folge hat, daß jederzeit mit einer Abbruchverfügung gerechnet werden muß[43], sowie bei Verkauf einer Wohnung das Fehlen der vereinbarten Wohnfläche[44].

30 Weitere hierher gehörende Beispiele sind die Lage eines Grundstücks ausgerechnet in der Nähe eines Klärwerks[45] sowie der Schwammbefall eines Hauses, da es selbst bei Beseitigung des Befalls jederzeit möglich ist, daß der Schwamm wieder kommt[46]. Freie Sicht infolge der mangelnden Bebaubarkeit eines Nachbargrundstückes kann ebenfalls eine Eigenschaft des verkauften Grundstücks sein, sofern sie ihre Grundlage gerade in den bestehenden Bebauungsplänen hat.[47] Anders verhält es hingegen, wenn der Nachbar lediglich vorerst nicht die Absicht hatte, sein Haus auszubauen; ändert er dann später seine Meinung, so kann der Käufer folglich nicht nach § 459 gegen den Verkäufer vorgehen.[48] Ein Sachmangel wurde außerdem zB verneint, wenn ein verkauftes Haus kein Massivhaus, sondern nur ein Fertighaus ist,[49] sowie wenn der Verkäufer eines Grundstücks aufgrund einer Ausnahmegenehmigung das Nachbargrundstück mit einem Asylantenheim bebaut[50].

b) Autokauf

31 Bei dem Kauf eines Neuwagens stellt der Umstand, daß der Wagen schon längere Zeit beim Verkäufer herumgestanden hat, keinen Mangel dar, da die Praxis in dem bloßen Alter einer Sache kein relevantes Beschaffenheitsmerkmal erblickt[51]. Anders jedoch, wenn das Fahrzeug schon eine Fahrleistung von 200 km hinter sich hat oder bei dem Transport beschädigt wurde, selbst wenn der Schaden sofort wieder behoben worden ist[52]. Ein stark überhöhter Benzinverbrauch des Autos kann ebenfalls zu einem Mangel führen[53]. Ebenso zu beurteilen sind die fehlende Fabrikneuheit[54]

---

40 Zur schwierigen Abgrenzung von den Rechtsmängeln s. schon o. § 2 Rn 7 ff
41 ZB BGHZ 67, S. 134 = NJW 1976, S. 1888; s. *I. Koller*, JuS 1984, S. 106.
42 BGH, LM Nr 33 zu § 912 BGB = NJW 1981, S. 1362.
43 BGHZ 114, S. 260 = NJW 1991, S. 2138; BGH, NJW-RR 1987, S. 457 = WM 1987, S. 1222; LM Nr 85 zu § 459 BGB = NJW 1987, S. 2511 m. Anm. *Knöpfle*, JuS 1988, S. 767.
44 BGH, LM Nr 72 zu § 133 (C) BGB = NJW 1991, S. 912; KG, NJW-RR 1989, S. 459.
45 BGH, NJW-RR 1988, S. 10.
46 BGH, WM 1987, S. 1285 (1286).
47 BGH, LM Nr 49 zu § 276 (Ci) BGB = NJW 1993, S. 1323 (1324).
48 BGH (vorige Fn).
49 OLG Düsseldorf, NJW 1989, S. 2001.
50 OLG Karlsruhe, NJW 1991, S. 2494 (höchst zweifelhaft).
51 S.o. Rn 26; s. dazu *H. Honsell*, JuS 1982, S. 810.
52 BGH, LM Nr 55 zu § 459 BGB = NJW 1980, S. 2127; OLG Nürnberg, OLGZ 1985, S. 119 = BB 1985, S. 485.
53 OLG München, NJW 1987, S. 3012.
54 OLG Hamm, BB 1983, S. 531.

oder die fehlende Typprüfung sowie überhaupt jede negative Abweichung des Fahrzeugs von technischen oder Sicherheitsnormen[55].

c) *Gebrauchte Sachen*

Gebrauchte Sachen können ebenfalls mangelhaft sein. Der normale Verschleiß, mit dem jeder rechnen muß, reicht hierfür zwar grundsätzlich nicht aus[56]. Anders verhält es sich aber, wenn bei einem gebrauchten Kraftfahrzeug die bisherige Fahrleistung wesentlich höher als bei Vertragsabschluß angegeben ist[57] oder wenn der Tachometer ausgewechselt wurde[58]. 32

III. Fehlen zugesicherter Eigenschaften

Literatur: *Baumann*, in: Festschr. f. Sieg, 1976, S. 15; *Böckler*, Die Entwicklung der Zusicherung in der Rechtsprechung des RG und des BGH, 1987; *Esser/Weyers*, § 5 II 2 (S. 38 ff); *Hüffer*, JuS 1973, S. 606; *Köndgen*, Selbstbindung ohne Vertrag, 1981; *Köhler*, JuS 1979, S. 422; *Larenz* Bd. II/1, § 41 Ib (S. 42 ff); *Musielak*, JuS 1979, S. 96; *Reinicke/Tiedtke*, S. 111 ff; *H. Schack*, AcP 185 (1985), S. 333; *Walter*, § 5 II 3 (S. 152 ff); *Graf v. Westphalen*, Betr. 1978, S. 2061.

Die Sachmängelhaftung des Verkäufers ist im BGB zweispurig ausgestaltet. Sie beruht einmal auf dem Vorliegen eines Fehlers bei Gefahrübergang[59], zum anderen auf dem Fehlen zugesicherter Eigenschaften, wobei im zweiten Fall weiter danach differenziert wird, **wann** diese Voraussetzung erfüllt ist (s. §§ 459 Abs. 2, 462, 463 S. 1): Fehlt der verkauften Sache eine zugesicherte Eigenschaft bereits bei Vertragsabschluß, so kann der Käufer zusätzlich Schadensersatz wegen Nichterfüllung verlangen; wenn die zugesicherte Eigenschaft hingegen nur bei Gefahrübergang nicht vorliegt, hat der Käufer ebenso wie sonst lediglich das Recht zu wandeln oder zu mindern. Im Regelfall eröffnet somit allein das Fehlen zugesicherter Eigenschaften schon im Augenblick des Vertragsabschlusses den Weg zum Schadensersatzanspruch. Daher die große praktische Bedeutung der Frage, unter welchen Voraussetzungen eine Zusicherung von Eigenschaften angenommen werden kann 33

1. Eigenschaften

a) *Rechtsprechung*

Die Zusicherung des Verkäufers muß sich gemäß § 459 Abs. 2 gerade auf Eigenschaften der Kaufsache beziehen, um die strenge Haftung nach § 463 S. 1 auszulösen. 34

---

55 BGHZ 90, S. 198 = NJW 1984, S. 2287; BGH, LM Nr 76 zu § 459 BGB = NJW 1985, S. 1769 = JuS 1985, S. 641 Nr 3; vgl auch für die mangelhafte Verpackung einer Sache BGHZ 87, S. 88 = NJW 1983, S. 1496; BGH, WM 1983, S. 1155.
56 BGHZ 83, S. 334 = NJW 1982, S. 1700 = JuS 1982, S. 778 Nr 6.
57 OLG Frankfurt, BB 1980, S. 962.
58 OLG Köln, MDR 1986, S. 495; vgl auch für die Vorbenutzung als Taxi BGH, LM Nr 40 zu § 459 BGB = WM 1976, S. 740 = JuS 1977, S. 338 Nr 4.
59 § 459 Abs. 1; s. dazu o. Rn 10 ff.

§ 4

Damit stellen sich im Rahmen des § 459 Abs. 2 dieselbe Fragen, wie sie uns schon aus den Erörterungen zum Fehlerbegriff (§ 459 Abs. 1) bekannt sind (o. Rn 22 ff): Wiederum muß entschieden werden, ob der Eigenschaftsbegriff hier enger oder weiter abzugrenzen ist, weil davon, jedenfalls nach dem Ausgangspunkt der Rechtsprechung (Vorrang der §§ 459 ff vor der allgemeinen Verschuldenshaftung des Verkäufers), weitreichende Rechtsfolgen abhängen.

35 Bei § 459 Abs. 1 tendieren die Gerichte, wie gezeigt (o. Rn 22 ff), zunehmend dahin, den Eigenschaftsbegriff durch Verbindung mit den physischen Beschaffenheitsmerkmalen der Sache verhältnismäßig **eng** zu fassen, um eine übermäßige Ausdehnung der Verkäuferhaftung zu verhindern. Ähnliche Tendenzen sind im Rahmen des § 459 Abs. 2 bisher nur vereinzelt festzustellen. Im Regelfall wird der Begriff hingegen hier (noch) ganz weit gefaßt, so daß dazu sämtliche rechtlichen und tatsächlichen Verhältnisse gehören, die vermöge ihrer Art und Dauer auf die Wertschätzung der Sache von Einfluß sein können, und zwar einschließlich der Beziehungen der Sache zu ihrer Umwelt.

36 **Beispiele** für Eigenschaften in diesem Sinne sind bei Grundstücken Größe[60], Ertrag[61] und Bebaubarkeit oder Baureife[62], bei Häusern eine erhöhte steuerliche Abschreibungsmöglichkeit, jedenfalls wenn sie mit Besonderheiten des Grundstücks und nicht allein mit den steuerlichen Verhältnissen des Eigentümers zusammenhängt[63], weiter das Fehlen von Umständen, die der Erteilung einer Gaststättenkonzession für ein Grundstück entgegenstehen können[64], die Begutachtung eines Bildes durch einen bestimmten Sachverständigen[65], bei Unternehmen außerdem Umsatz und Gewinn[66] sowie schließlich bei Kraftfahrzeugen deren Neuheit oder Unfallfreiheit[67].

37 Die Zusicherung muß sich außerdem gerade auf solche Eigenschaften beziehen, die frühestens bei Vertragsabschluß und spätestens bei Gefahrübergang vorliegen. Erklärungen über Vorgänge **vor** diesem Zeitpunkt, zB die Zusicherung, ein Turnierpferd sei vor mehreren Monaten tierärztlich untersucht worden, begründen ebensowenig eine Haftung des Verkäufers nach den §§ 459 Abs. 2 und 463[68] wie das Versprechen des Verkäufers, **nach** Gefahrübergang würden bestimmte Eigenschaften eintreten oder nicht eintreten. Für einen derartigen zukünftigen Erfolg kann der Verkäufer die Haftung daher nur durch eine sog. selbständige Garantie übernehmen; wichtig ist das namentlich bei der Zusicherung der zukünftigen Erträge eines Grundstücks oder eines Unternehmens[69].

---

60 § 468 und dazu zB LG Nürnberg-Fürth, NJW 1978, S. 1060.
61 BGH, LM Nr 27 zu § 249 (Cb) BGB = NJW 1981, S. 45.
62 Vgl BGH, LM Nr 49 zu § 463 BGB = WM 1987, S. 1223.
63 BGHZ 79, S. 183 = NJW 1981, S. 864; BGH, LM Nr 50 zu § 463 BGB = NJW-RR 1988, S. 348 = JuS 1988, S. 650 Nr 4.
64 BGH, LM Nr 84 zu § 459 BGB = NJW-RR 1987, S. 908.
65 BGH, LM Nr 18 zu § 463 BGB = NJW 1972, S. 1658.
66 BGH, LM Nr 5 zu § 276 (Fb) BGB = NJW 1970, S. 653 = JuS 1970, S. 412 Nr 4; enger BGH, WM 1988, S. 1700.
67 BGH, LM Nr 55 zu § 459 BGB = NJW 1980, S. 2127.
68 BGH, LM Nr 82 zu § 459 BGB = WM 1986, S. 1222.
69 BGH, LM Nr 84 zu § 459 BGB = NJW-RR 1987, S. 908.

b) Kritik

Das Nötige zu dieser Praxis ist bereits gesagt (o. Rn 27). Darauf kann verwiesen werden. Namentlich die Unterscheidung zwischen einem engeren Begriff der Beschaffenheitsmerkmale in § 459 Abs. 1 und einem weiteren Eigenschaftsbegriff in den §§ 459 Abs. 2 und 463 S. 1 ist künstlich, überflüssig und praktisch nicht durchführbar[70]. Maßgebend ist vielmehr stets allein, welche Eigenschaften im weitesten Sinne des Wortes die Sache nach den Abreden der Parteien und ergänzend nach der Verkehrssitte aufweisen soll. Die entscheidende Frage lautet deshalb in sämtlichen Zweifelsfällen nicht, ob es sich bei den betreffenden Umständen um Eigenschaften handelt, sondern ob eine **Zusicherung** im Sinne des Gesetzes vorliegt. Denn das Ausmaß der Verkäuferhaftung kann sinnvollerweise nicht von einem künstlich verengten oder erweiterten Eigenschaftsbegriff, sondern allein von den Abreden der Parteien abhängen (§ 305). 38

2. Zusicherung

Eine Zusicherung kann zunächst durch Gesetz oder Handelsbrauch fingiert werden; außerdem kann sie vom Verkäufer ausdrücklich abgegeben werden; schließlich kann sie sich noch konkludent aus den sonstigen Abreden der Parteien ergeben. 39

a) Gesetz und Handelsbrauch

Gesetzliche Fiktionen der Zusicherung finden sich an verschiedenen Stellen. Hervorzuheben sind § 494 für den Kauf nach Probe oder nach Muster sowie § 33 Abs. 1 des Saatgutverkehrsgesetzes von 1975 und § 7 Abs. 3 des Futtermittelgesetzes ebenfalls von 1975. In weiteren Fällen kann sich eine Zusicherung aus einem die Parteien bindenden Handelsbrauch oder aus einer Verkehrssitte ergeben. So wird beispielsweise in verschiedenen Sparten des Ölhandels die Warenbeschreibung ohne weiteres als Zusicherung gewertet, weil der Käufer normalerweise über keinerlei Möglichkeiten verfügt, mit zumutbarem Aufwand die Richtigkeit der Angaben des Verkäufers über die Beschaffenheit des Öls nachzuprüfen, so daß er sich darauf uneingeschränkt verlassen können muß[71]. 40

b) Vertrag

aa) Voraussetzungen

Durch eine Zusicherung wird im Regelfall eine strenge Nichterfüllungshaftung des Verkäufers ohne Verschulden begründet (§ 463 S. 1). Hieraus wird überwiegend der Schluß gezogen, daß die Zusicherung **Vertragsinhalt** geworden sein muß; sie muß 41

---

70 Ebenso zB *Reinicke/Tiedtke*, S. 111 ff; *H. Schack*, AcP 185, S. 333 (338 f); *Schlechtriem*, Tz. 111; *Walter*, § 5 II 3 b (S. 155 ff).
71 OLG Köln, VersR 1964, S. 541; *Köhler*, Betr. 1985, S. 215.

§ 4

deshalb, wie es die Rechtsprechung idR ausdrückt, vom Käufer als vertragsmäßige verlangt und vom Verkäufer in vertragsmäßig bindender Weise, dh namentlich in der für den Vertrag vorgeschriebenen Form abgegeben worden sein und außerdem die maßgeblichen Eigenschaften so genau bezeichnen, daß ihr Inhalt und Umfang im einzelnen festgestellt werden kann[72].

42 Dies allein kann indessen schwerlich genügen, weil für die Beschaffenheitsangaben in § 459 Abs. 1 nichts wesentlich anderes gilt (s. o. Rn 21), so daß dann ein Unterschied zwischen den beiden Fällen des § 459 kaum mehr erkennbar wäre.[73] Schon mit Rücksicht auf die strengen Haftungsfolgen, die das Gesetz für den Regelfall an das Fehlen zugesicherter Eigenschaften knüpft (§ 463 S. 1), muß deshalb für die Annahme einer Zusicherung noch hinzukommen, daß der Verkäufer in vertraglich bindender Weise gerade die (unselbständige) **Garantie** für das Vorhandensein der fraglichen Eigenschaften zu dem maßgeblichen Zeitpunkt (§§ 459 Abs. 2 und 463 S. 1) übernommen hat, so daß er bei ihrem Fehlen unbedingt haften muß.

bb) Insbesondere konkludente Zusicherung

43 Sofern es sich nicht gerade um einen formbedürftigen Vertrag handelt (s. insbes. § 313), kann der Verkäufer eine Garantie für das Vorhandensein bestimmter Eigenschaften zu dem jeweils maßgeblichen Zeitpunkt ausdrücklich oder konkludent übernehmen. Ob dies der Fall ist, ist allein eine Auslegungsfrage, wobei die Gerichte meistens ganz auf die Umstände des Einzelfalles abstellen[74].

44 **Indizien**, die auf eine konkludente Zusicherung hindeuten, sind namentlich eine besondere Sachkunde des Verkäufers, auf die der Käufer als Laie vertrauen muß, sowie genaue Detailinformationen seitens des Verkäufers. Eine ausschlaggebende Rolle spielt außerdem neben der Verkehrssitte die je nach Vertragstyp und Situation unterschiedliche **Schutzbedürftigkeit** des Käufers. Je schutzbedürftiger der Käufer in einem bestimmten Fall erscheint, um so eher sind die Gerichte bereit, ihm durch die Annahme konkludenter Zusicherungen zu Hilfe zu kommen. Die Annahme einer Zusicherung verbietet sich hingegen bei Erklärungen unter Vorbehalt[75] sowie dann, wenn in einem Vertragsformular in der Spalte „Zusicherungen" ausdrücklich vermerkt ist „keine"[76].

---

72 Vgl zB BGHZ 48, S. 118 = NJW 1967, S. 1903 = JuS 1968, S. 40 Nr 3 „Trevira"; BGHZ 50, S. 200 = NJW 1968, S. 1962 = JuS 1968, S. 482 Nr 1 „Klebstoff" usw bis BGH, LM Nr 72 zu § 133 (C) BGB = NJW 1991, S. 912.
73 Nach vielen (zB *Medicus* II, § 74 II 2 a und IV 2 a [S. 19 f, 29]; *Schlechtriem*, Tz. 80, 109) besteht tatsächlich grundsätzlich kein Unterschied zwischen einer Beschaffenheitsangabe im Sinne des § 459 Abs. 1 und einer Zusicherung im Sinne des § 459 Abs. 2; die Folge ist freilich, daß man dann genötigt ist, zwischen Zusicherungen im Sinne des § 459 Abs. 2 und solchen im Sinne des § 463 S. 1 zu unterscheiden.
74 Vgl zB BGHZ 77, S. 215 = NJW 1980, 1950 = JuS 1980, S. 829; BGHZ 103, S. 274 = NJW 1988, S. 1378 = JuS 1988, S. 815 Nr 4; BGH, LM Nr 3 zu § 9 (Cf) AGBG = NJW 1980, S. 1619 = JuS 1980, S. 678 Nr 5; LM Nr 110 zu § 459 BGB = NJW-RR 1991, S. 1401; LM Nr 7 zu § 157 (Gd) BGB = NJW 1992, S. 170.
75 BGH, LM Nr 86 zu § 242 (Ba) BGB = NJW-RR 1991, S. 870 = WM 1991, S. 1041 (1043).
76 BGH, LM Nr 7 zu § 157 (Gd) BGB = NJW 1992, S. 170 = BB 1991, S. 2327 (2328).

3. Beispiele

a) Allgemeine Anpreisungen in der Reklame, die bloße Warenbezeichnung oder die Verwendung eines Warenzeichens genügen im allgemeinen ebensowenig für die Annahme einer Zusicherung wie die vertragliche Bezugnahme auf industrielle Normen oder der bloße Umstand, daß dem Verkäufer der Verwendungszweck des Käufers bekannt ist[77]. Dasselbe gilt idR für die Bezugnahme auf die Bedingungen einer Ausschreibung bei Abgabe eines Angebots[78] oder für die Angaben über Kunstwerke in den Katalogen eines Kunstauktionators[79]. Hingegen enthält der Verkauf eines „Neuwagens" stets die Zusicherung der Fabrikneuheit des Fahrzeugs[80]. Dasselbe gilt grundsätzlich für die Angabe der Mieterträge in einem Grundstückskaufvertrag[81].

45

b) Besonders schutzbedürftig ist der Käufer idR im **Gebrauchtwagenhandel**, da hier nach § 11 Nr 10 AGBG nach wie vor ein formularmäßiger Ausschluß der Haftung für Fehler des Wagens möglich ist[82]. Deshalb hat die Rechtsprechung zum Ausgleich die Haftung des Verkäufers für Zusicherungen, die durch Geschäftsbedingungen nicht beschränkt werden kann (s. §§ 4, 9 Abs. 2 und 11 Nr 11 AGBG), fortlaufend verschärft[83].

46

Wird der Gebrauchtwagen als „fahrbereit" verkauft, so haftet der Verkäufer für die Fahrbereitschaft des Fahrzeugs und für alle Folgen, die sich bei deren Fehlen ergeben; das Fahrzeug muß sich folglich in einem Zustand befinden, der in jeder Hinsicht eine gefahrlose Benutzung im Verkehr erlaubt[84]. Ebenso zu bewerten ist zB die Erklärung „TÜV neu 94"[85]. Und mit der Angabe „werkstattgeprüft" übernimmt der Händler die Gewähr, daß er den Wagen zuvor sorgfältig untersucht und sämtliche dabei erkennbaren Mängel beseitigt hat.[86]

47

In der bloßen Marken- oder Typbezeichnung des Fahrzeugs wird gleichfalls häufig bereits eine Zusicherung zumindest derjenigen Eigenschaften des Fahrzeugs gesehen, von denen die abstrakte Betriebserlaubnis für derartige Fahrzeuge abhängt[87].

48

---

77 ZB BGHZ 48, S. 118 = NJW 1967, S. 1903 = JuS 1968, S. 40 Nr 3 „Trevira"; BGHZ 50, S. 200 = NJW 1968, S. 1962 = JuS 1968, S. 482 Nr 1 „Klebstoff"; BGHZ 59, S. 148=NJW 1972, S. 1706 = JuS 1972, S. 725 Nr 5 „Braunfäule-Urteil; BGHZ 77, S. 215 = NJW 1980, S. 1950 = JuS 1980, S. 829 Nr 3.
78 BGH, LM Nr 38 zu § 463 BGB = NJW 1981, S. 222.
79 BGH, LM Nr 3 zu § 9 (Cf) AGBG = NJW 1980, S. 1619 = JuS 1980, S. 678 Nr 5.
80 OLG Düsseldorf, NJW 1982, S. 1156.
81 BGH, LM Nr 118 zu § 459 BGB = NJW 1993, S. 1385.
82 S. oben § 1 Rn 18.
83 S. zB *Reinicke/Tiedtke*, S. 118 ff; *Walter*, § 5 II 3 d, cc (S. 168 ff); grdl. BGHZ 103, S. 274 = NJW 1988, S. 1378 = JuS 1988, S. 815 Nr 4; BGHZ 122, S. 256 = NJW 1993, S. 1854.
84 BGHZ 122, S. 256 = NJW 1993, S. 1854.
85 BGHZ 103, S. 274 = NJW 1988, S. 1378 = JuS 1988, S. 815 Nr 4; dazu zB *Eggert*, NJW 1990, S. 549; *Tiedtke*, JuS 1988, S. 848; *ders.*, JZ 1990, S. 75 (80).
86 BGHZ 87, S. 302 = NJW 1983, S. 2192 = JuS 1983, S. 878 Nr 4.
87 BGH, LM Nr 65 zu § 459 BGB = NJW 1983, S. 217 = JuS 1983, S. 221 Nr 7; LM Nr 44 zu § 463 BGB = NJW 1983, S. 1424 „BMW 1602"; LM Nr 75 zu § 459 BGB = NJW 1985, S. 967 „BMW 520"; LM Nr 107 zu § 459 BGB = NJW 1991, S. 1880 „Porsche 928"; kritisch *Eggert*, DAR 1985, S. 143.

§ 4

Dasselbe gilt schließlich für alle Angaben des Verkäufers über die bisherige Fahrleistung des Wagens, über dessen Alter oder über die Art der Vorbenutzung, sofern die Angaben von Gebrauchtwagenhändlern stammen, da die Käufer auf deren Angaben vertrauen müssen und vertrauen können[88].

IV. Arglist des Verkäufers

49 Dieselbe scharfe Haftung wie beim Fehlen zugesicherten Eigenschaften bereits im Augenblick des Vertragsabschlusses trifft den Verkäufer nach § 463 S. 2, wenn er einen Fehler der Sache arglistig verschwiegen hat[89]. Gleich steht wegen der identischen Interessenlage der Fall, daß der Verkäufer nicht vorhandene Eigenschaften der Kaufsache dem Käufer **vorspiegelt**, da es keinen Unterschied macht, ob der Verkäufer vorhandene negative Eigenschaften verschweigt oder nicht vorhandene positive Eigenschaften der Kaufsache behauptet[90].

1. Arglist

a) Vorsatz

50 Arglist des Verkäufers setzt Kenntnis des Fehlers **und** Schweigen trotz Bestehens einer Aufklärungspflicht voraus, sofern sich der Verkäufer dabei bewußt ist, daß der Käufer bei pflichtgemäßer Offenbarung des Fehlers möglicherweise von dem Abschluß Abstand nähme.[91] Erforderlich ist also Vorsatz des Verkäufers, wobei bedingter Vorsatz ausreicht, nicht hingegen grobe Fahrlässigkeit[92]. § 463 S. 2 ist mithin nur anwendbar, wenn der Verkäufer einen bestimmten Fehler wenigstens für möglich hält und für diesen Fall eine Täuschung des anderen Teils in Kauf nimmt.[93] Maßgebender Zeitpunkt ist hierbei der des Vertragsabschlusses.[94]

b) Aufklärungspflicht

51 Arglist des Verkäufers setzt außerdem die Verletzung einer Aufklärungspflicht voraus. Eine solche ist zunächst anzunehmen, wenn der Käufer ausdrücklich nach bestimmten Umständen **fragt**. Auf solche Fragen **muß** der Verkäufer wahrheitsgemäß antworten; oder er muß die Antwort verweigern. Tertium non datur. Er handelt

---

88 BGHZ 74, S. 383 (391) = NJW 1979, S. 1886 = JuS 1979, S. 741 Nr 5; BGH, LM Nr 37 zu § 459 BGB = NJW 1975, S. 1693 = JuS 1975, S. 810 Nr 7; LM Nr 69 zu § 459 BGB = NJW 1984, S. 1454.
89 Die Einschränkung des § 459 Abs. 1 S. 2 BGB findet hier keine Anwendung; wegen der Einzelheiten s. im übrigen *Reinicke/Tiedtke*, S. 158 f; *Walter*, § 5 II 4 (S. 173 ff).
90 RGZ 103, S. 154 (160); BGH, LM Nr 41 zu § 463 BGB = NJW 1982, S. 435; LM Nr 7 zu § 157 (Gd) BGB = NJW 1992, S. 170 = BB 1991, S. 2327 (2328).
91 ZB BGHZ 117, S. 363 (368) = NJW 1992, S. 1953 (1954); BGH, NJW 1994, S. 253.
92 BGH (vorige Fn); LM Nr 76 zu § 459 BGB = NJW 1985, S. 1769 = JuS 1985, S. 641 Nr 3.
93 ZB BGH, LM Nr 54 zu § 463 BGB = NJW 1990, S. 42 m. Nachw.
94 BGH, LM Nr 48 zu § 477 BGB = NJW 1989, S. 2051; str.

daher schon dann arglistig, wenn er auf Fragen des Käufers „ins Blaue hinein" beruhigende Erklärungen abgibt, zB harmlose Ursachen bestimmter Schäden behauptet[95] oder beim Verkauf eines Gebrauchtwagens Unfallschäden verneint[96].

Ohne ausdrückliche Fragen des Käufers nach bestimmten Eigenschaften kann sich eine Aufklärungspflicht des Verkäufers bei ihm bekannten oder doch vermuteten Mängeln nur im Einzelfall aus den **Umständen** ergeben (§ 242). Eine Aufklärungspflicht ist folglich um so eher zu bejahen, je schutzbedürftiger der Käufer ist. Hingegen entfällt bei Spekulationsgeschäften eine Aufklärungspflicht des Verkäufers nahezu vollständig. Wird für den Verkäufer bei dem Vertragsabschluß ein **Vertreter** oder ein Verhandlungsgehilfe tätig, so muß der Verkäufer auch für eine arglistige Täuschung durch diese Personen nach § 463 S. 2 BGB einstehen (§§ 166, 278).[97]   52

c) *Beweislast*

Die Beweislast für die Arglist des Verkäufers oder seines Vertreters trifft den Käufer[98]. Dagegen wird die Kausalität zwischen der Täuschung und dem Vertragsabschluß vermutet, so daß die Beweislast der Verkäufer trägt, wenn er behauptet, der Käufer hätte auch bei ordnungsgemäßer Aufklärung den Vertrag abgeschlossen[99].   53

2. Beispiele

a) *Hauskauf*

Besonders schutzbedürftig sind typischerweise Hauskäufer, so daß die Praxis hier idR zu einer Ausdehnung der Aufklärungspflichten des Verkäufers tendiert. Der Hausverkäufer muß daher den Käufer grundsätzlich über den Befall des Hauses mit dem Hausbockkäfer sowie über das Vorhandensein von Hausschwamm oder Trokkenfäule aufklären. Dasselbe gilt für das Fehlen der Bauerlaubnis für das Haus oder für einzelne Räume[100] sowie allgemein für baurechtliche Hindernisse, die der geplanten Nutzung des Hauses entgegenstehen[101]. § 463 BGB greift außerdem ein, wenn bei dem Vertrieb von Wohnungen im Bauherrenmodell falsche Angaben über die Wohnungen und ihre Verwaltung gemacht werden[102], wenn der Verkäufer eines Baugrundstücks trotz dahingehenden Verdachts die frühere Nutzung des Grundstücks als Mülldeponie verschweigt[103] oder wenn er falsche Angaben über die Baupläne des Nachbarn macht.[104]   54

---

95 OLG Celle, MDR 1987, S. 407; OLG München, NJW 1988, S. 3271.
96 Zuletzt zB BGHZ 74, S. 183; 83, S. 334 = NJW 1982, S. 1700 = JuS 1982, S. 778 Nr 6; BGH, LM Nr 13 zu § 476 BGB = NJW 1981, S. 1441.
97 *Waltermann*, NJW 1993, S. 889.
98 BGHZ 117, S. 363 = NJW 1992, S. 1953; BGH, NJW-RR 1987, S. 1415 = WM 1987, 1285.
99 BGH, LM Nr 54 zu § 463 BGB = NJW 1990, S. 42.
100 BGHZ 114, S. 260 = NJW 1991, S. 2138; *Knöpfle*, JuS 1992, S. 373.
101 BGH, LM Nr 85 zu § 459 BGB = NJW 1987, S. 2511.
102 BGH, LM Nr 100 zu § 459 BGB = NJW-RR 1990, S. 970.
103 BGHZ 117, S. 363 (368) = NJW 1992, S. 1953; BGH, NJW 1994, S. 253 (254); BGH, LM Nr 61 zu § 463 BGB = NJW 1991, S. 2900.
104 BGH, LM Nr 49 zu § 276 (Ci) BGB = NJW 1993, S. 1324.

§ 4

b) Gebrauchtwagenhandel

55   Als ähnlich schutzbedürftig wie Hauskäufer gelten die Käufer von Gebrauchtwagen. Deshalb darf ein Gebrauchtwagenhändler, wenn er einen früheren Unfall kennt, diesen in keinem Fall dem Käufer verschweigen[105]. Ebensowenig ist er berechtigt, Fragen des Käufers nach Unfallschäden ohne jeden Anhaltspunkt „ins Blaue hinein" zu verneinen[106]. Er ist außerdem dann zur Unterrichtung des Käufers verpflichtet, wenn der Wagen tatsächlich eine viel höhere Fahrleistung als auf dem Tachometer angegeben aufweist[107] oder wenn er als Taxe oder als Fahrschulwagen vorbenutzt worden ist[108].

V. Gattungskauf

Literatur: *Bitter*, BB 1993, S. 2315; *v. Caemmerer*, in: Festschr. f. M. Wolff, 1952, S. 8; *Esser/Weyers*, § 5 IV; *Fabricius*, JuS 1964, S. 1; *Köhler*, JuS 1979, S. 496; *Marburger*, JuS 1976, S. 638; *Medicus* II, § 75; *Reinicke/Tiedtke*, S. 179 ff; *R. Schmidt*, NJW 1962, S. 710; *Singer*, ZIP 1992, S. 1058; *Wank*, JuS 1990, S. 95; *Walter*, § 5 IV.

1. Überblick

56   Nach § 480 Abs. 1 kann der Gattungskäufer im Falle der Lieferung einer mangelhaften Sache außer der Wandelung oder der Minderung auch Lieferung einer mangelfreien Sache verlangen. Dieser Nachlieferungsanspruch ist an sich der ursprüngliche Erfüllungsanspruch (§§ 433 Abs. 1 S. 1, 243 Abs. 1); aus praktischen Gründen (s. § 477) ist er jedoch durch das Gesetz (§ 480 Abs. 1 S. 2) im wesentlichen dem Wandelungsrecht unterstellt worden. Schadensersatz wegen Nichterfüllung kann der Käufer hingegen beim Gattungskauf ebenso wie beim Stückkauf allein unter den Voraussetzungen des § 463 verlangen. Für das Fehlen der zugesicherten Eigenschaften kommt es hierbei freilich anders als beim Stückkauf (s. § 463 S. 1) auf den Zeitpunkt des Gefahrübergangs an (§ 480 Abs. 2), weil beim Gattungskauf im Augenblick des Vertragsabschlusses noch gar nicht feststeht, mit welcher konkreten Sache erfüllt werden wird[109]. Ergänzende Bestimmungen für den Handelskauf finden sich noch in den wichtigen §§ 360, 377 und 378 HGB.

---

105   BGHZ 62, S. 63; 63, S. 382 (386 f) = NJW 1975, S. 642 = JuS 1975, S. 462 Nr 4; BGHZ 74, S. 383 = NJW 1979, S. 1886 = JuS 1979, S. 741 Nr 5; BGHZ 83, S. 334 = NJW 1982, S. 1700 = JuS 1982, S. 778 Nr 6; BGH, LM Nr 41 zu § 463 BGB = NJW 1982, S. 435; WM 1987, S. 137.
106   ZB BGHZ 83, S. 334 = NJW 1982, S. 1700 = JuS 1982, S. 778 Nr 5; BGH, LM Nr 13 zu § 476 BGB = NJW 1981, S. 1441.
107   OLG München, BB 1980, S. 962.
108   OLG Nürnberg, MDR 1985, S. 672 Nr 57.
109   Sonst wäre der Vertrag kein Gattungs-, sondern Stückkauf.
110   § 284 Abs. 1; BGH, LM Nr 31 zu § 284 BGB = NJW 1985, S. 2526.

2. Nachlieferungsanspruch (§ 480)

Die Bedeutung der durch § 480 Abs. 1 ausgesprochenen Unterstellung des Nachlieferungsanspruchs unter Wandelungsrecht läßt sich am besten verdeutlichen, wenn man sich einmal die zeitliche Entwicklung eines Gattungskaufs im Falle der Lieferung einer mangelhaften Sache vor Augen führt: Zunächst wird hier in aller Regel keine Konkretisierung eintreten, weil es sich bei der mangelhaften Sache durchweg nicht um eine solche mittlerer Art und Güte handeln dürfte (§ 243 Abs. 2 BGB; § 360 HGB). Folglich kann der Käufer die ihm vom Verkäufer angebotene mangelhafte Sache zurückweisen, ohne in Annahmeverzug zu geraten (§§ 293, 320). Er behält dann seinen **ursprünglichen** Erfüllungsanspruch, für den **nicht** etwa über § 480 Wandelungsrecht gilt und nach dessen Geltendmachung der Verkäufer ohne weiteres in Verzug kommt[110]. Liefert der Verkäufer daraufhin immer noch keine ordnungsmäßige Ware, so kann der Käufer nach § 326 vorgehen. In allen diesen Beziehungen gelten keine Besonderheiten, auch nicht für den Handelskauf. Mit § 480 hat all dies nichts zu tun.

57

Die Rechtslage ändert sich erst, wenn der Käufer die Sache – trotz ihrer Mängel – als Erfüllung **annimmt** (§ 362), weil in diesem Augenblick § 480 und beim Handelskauf die §§ 377 und 378 HGB anwendbar werden[111]. Der Käufer erlangt jetzt ein **Wahlrecht**. Er kann entweder (ebenso wie bisher) Nachlieferung verlangen **oder** die gelieferte mangelhafte Sache endgültig als Erfüllung behandeln und sich darauf beschränken, ebenso wie beim Stückkauf wegen des Mangels zu wandeln oder zu mindern. Beim Handelskauf trifft ihn in diesem Fall außerdem unter den Voraussetzungen der §§ 377 und 378 HGB die Rügepflicht, bei deren Verletzung die Ware als genehmigt gilt, so daß er alle Gewährleistungsrechte einbüßt.

58

Die Rechtslage gestaltet sich mithin fortan unterschiedlich, je nachdem, welches Recht der Käufer wählt und wie der Verkäufer darauf reagiert: Entscheidet sich der Käufer für den **Nachlieferungsanspruch** aus § 480 Abs. 1, so macht er damit an sich ebenso wie in der Zeit vor der Annahme der mangelhaften Ware weiterhin den Erfüllungsanspruch geltend. Jedoch untersteht **dieser** Erfüllungsanspruch jetzt aufgrund des § 480 Abs. 1 Wandelungsrecht und verjährt daher namentlich in der kurzen Frist des § 477[112]. Liefert der Verkäufer erneut mangelhafte Ware, so wiederholt sich das Spiel: Der Käufer kann die mangelhafte Ware zurückweisen, nach § 480 vorgehen[113] oder über § 326 zur Vertragsliquidierung schreiten.

59

> Wählt der Käufer hingegen die **Wandelung** oder die Minderung, so tritt eine weitere Veränderung in dem Schuldverhältnis ein: Weil sich die genannten Rechtsbehelfe nur auf bestimmte Sachen beziehen können, muß man annehmen, daß die Entscheidung des Käufers für die Wandelung oder die Minderung (entgegen § 243 Abs. 2) die Konkretisierung des Schuldverhältnisses auf die (mangelhafte) Sache nach sich zieht. Für den Verkäufer bedeutet dies zB, daß er jetzt grundsätzlich keine Möglichkeit mehr

60

---

111 Zutr. *Reinicke/Tiedtke*, S. 183.
112 BGH, LM Nr 2 zu § 480 BGB = NJW 1958, S. 418; *Köhler*, JuS 1979, S. 496 (498 f).
113 So BGHZ 86, S. 198 = NJW 1983, S. 1495.
114 Die Frage ist umstritten, s. *Reinicke/Tiedtke*, S. 181.

§ 4

besitzt, gegen den Willen des Käufers durch Nachlieferung ordnungsmäßiger Ware doch noch zu erfüllen[114].

3. Falschlieferung (aliud)

61 Namentlich die Vorschriften der §§ 377 und 378 HGB zeigen, daß die gesetzliche Regelung der Sachmängelhaftung beim Gattungskauf auf der Unterscheidung zwischen der Schlechtlieferung (peius) und der Falschlieferung (aliud) beruht, wobei § 378 HGB innerhalb der Falschlieferung weiter zwischen dem genehmigungsfähigen und dem nichtgenehmigungsfähigen aliud unterscheidet. Daraus ergibt sich die Notwendigkeit, Kriterien zu entwickeln, anhand derer beim Gattungskauf die Unterscheidung zwischen der Lieferung bloß mangelhafter Gattungsware (peius) und der Lieferung einer anderen Sache, eines sog. aliud möglich ist. Diese Aufgabe hat sich als ausgesprochen schwierig erwiesen.

a) Rechtsprechung

62 Die Rechtsprechung hält bisher an der Notwendigkeit einer Unterscheidung zwischen peius und aliud beim Gattungskauf fest. Um eine bloße Schlechtlieferung handelt es sich danach zunächst, wenn zwar Sachen der bestellten **Art** geliefert werden, diese aber mangelhaft sind, wenn zB die bestellten Heizungsrohre (ausgerechnet) kein Warmwasser vertragen[115]. In allen anderen Fällen der Abweichung der gelieferten Sachen von der Bestellung liegt hingegen an sich eine Falschlieferung vor. Indessen differenziert die Rechtsprechung hier weiter: Ein („echtes") aliud wird lediglich angenommen, wenn die gelieferte Sache einer **anderen Gattung** als vereinbart angehört, während ein bloßer Mangel gegeben sein soll, wenn die gelieferte Ware zwar noch zu der vereinbarten Gattung gehört, jedoch von den dadurch definierten Qualitätsstandards (§ 243 Abs. 1 BGB und § 360 HGB) in einem solchen Ausmaß abweicht, daß sie bereits als einer anderen **Art** als vereinbart zugehörig angesehen werden muß. Ein bloßer Mangel iS der §§ 459, 480 liegt m.a.W. sowohl dann vor, wenn die gelieferte Ware genau der vereinbarten Art und Gattung entspricht, jedoch Mängel aufweist, als auch dann, wenn sie infolge ihrer Mängel schon zu einer anderen Art, aber noch nicht zu einer anderen Gattung gehört. Als zentrales Problem erweist sich damit die Aufgabe, beim Gattungskauf die Grenzen der jeweils maßgeblichen Warengattungen und -arten so genau wie möglich zu bestimmen[116].

63 Für die Abgrenzung ist in erster Linie von den Abreden der Parteien und hilfsweise von der **Verkehrsauffassung** auszugehen, weil sich vernünftige Parteien im Zweifel bei ihren Geschäften an dieser orientieren werden[117], ohne daß man hieraus freilich

---
115 So grdl. BGH, LM Nr 73 zu § 459 BGB = NJW 1984, S. 1955 = JuS 1984, S. 972 Nr 6.
116 Wegen der Einzelheiten s. zuletzt *Heymann/Emmerich*, HGB, § 378 Rn 6 ff; *Reinicke/Tiedtke*, S. 185 ff; *Walter*, § 5 IV 2 (S. 256 ff); *Wank*, JuS 1990, S. 95.
117 ZB RGZ 93, S. 44 (46); 99, S. 37 (38); BGH, LM Nr 92 zu § 459 BGB = NJW 1989, S. 218 = JuS 1989, S. 406 Nr 4 „Glykol".

auf einen Vorrang der Verkehrsauffassung vor den Abreden der Parteien schließen dürfte[118]. Zunehmende Bedeutung für die Abgrenzung der Warengattungen erlangen neuerdings außerdem die **technischen Normen**[119]. Sofern die Parteien nicht ausdrücklich etwas anderes vereinbart haben, ist deshalb anzunehmen, daß durch die jeweils einschlägigen technischen Normen zugleich die Grenzen der maßgeblichen Warengattungen definiert werden. Dies bedeutet, konkret gesprochen, daß Abweichungen innerhalb dieser Normen allenfalls zu einem Mangel führen können, während die Überschreitung des Anwendungsbereichs der einzelnen Normen idR die Annahme einer aliud-Lieferung nahelegen wird. Dasselbe gilt schließlich, wenn ausnahmsweise bestimmte Qualitätsstandards **gesetzlich** festgelegt sind[120].

Ein bloßer **Mangel** liegt hiernach zB vor bei der Lieferung von Kühlschränken, die infolge eines Konstruktionsfehlers viel zu tief kühlen[121], bei der Lieferung chemischer Produkte, die durch Beimischungen verunreinigt sind[122], sowie bei der Lieferung minderwertigen Samens[123] oder nichtüberholter anstatt wie vereinbart generalüberholter Getriebe[124]. Hingegen ist ein **aliud** anzunehmen bei Lieferung eines Abfallproduktes anstelle der Originalware[125], bei Lieferung eines Fertigungsautomaten mit einem falschen Greifkopf[126] oder von Polyethylengranulat mit einer falschen Materialdichte[127], bei Lieferung einer Maschine oder eines Kraftfahrzeuges einer anderen Marke als vereinbart[128] oder von Sommerweizen anstelle von Winterweizen[129], weiter bei der Lieferung durch Glykol „aufgebesserten" Weins anstelle der vereinbarten Auslese[130] sowie schließlich bei der Lieferung von Sendai-Seide anstelle von Kawamata-Seide[131]. In allen diesen Fällen finden mithin nach dem Gesagten die §§ 459 ff einschließlich des § 477 (!) keine Anwendung; an ihre Stelle treten vielmehr die Nichterfüllungsregeln der §§ 320 ff sowie die allgemeinen Verjährungsvorschriften (§§ 195 ff)[132]. In unserem **Winterweizen-Fall 5** behält folglich der Käufer in der ersten Alternative die Rechte aus § 325, während in der zweiten Alternative § 480 anwendbar ist.

64

---

118 So aber zu Unrecht BGH, LM Nr 15 zu § 377 HGB = NJW 1975, S. 2011; dagegen zutreffend *Marburger*, JuS 1976, S. 638; *Hönn*, BB 1978, S. 686; *Reinicke/Tiedtke*, S. 186.
119 S. *Marburger* und *Hönn* (vorige Fn).
120 S. für die EWG-Agrarverordnungen BGH, LM Nr 23 zu § 326 (A) BGB = NJW 1986, S. 659.
121 BGH, LM Nr 5 zu § 378 HGB = NJW 1978, S. 2394.
122 RG, LZ 1908, Sp. 158 Nr 9.
123 RG, DJZ 1906, 146 (147); WarnR 1919 Nr 8, S. 17.
124 BGH, LM Nr 28 zu § 377 HGB = NJW 1986, S. 316.
125 RGZ 99, S. 37.
126 BGH, LM Nr 29 zu § 326 (A) BGB = NJW-RR 1990, S. 1462.
127 BGHZ 115, S. 286 = NJW 1992, S. 567 = JuS 1992, S. 433 Nr 3.
128 OLG Düsseldorf, Betr. 1956, S. 687.
129 BGH, LM Nr 10 zu § 477 BGB = NJW 1968, S. 640 = JuS 1968, S. 138 Nr 5.
130 BGH, LM Nr 92 zu § 459 BGB = NJW 1989, S. 218 = JuS 1989, S. 406 Nr 4 m. Anm. *Wank*, aaO.
131 Grdl. RGZ 86, S. 90.
132 Vgl insbes. BGHZ 115, S. 286 = NJW 1992, S. 567 = JuS 1992, S. 433 Nr 3 sowie zB noch BGH, LM Nr 5 zu § 477 BGB = BB 1961, S. 549 = WarnR 1961 Nr 72; LM Nr 12 zu § 325 BGB = NJW 1968, S. 787.

§ 4

b) Schrifttum

65 Die angeführten Beispiele dürften gezeigt haben, daß eine überzeugende Grenzziehung zwischen den Fällen einer bloßen Schlechtlieferung und den eigentlichen aliud-Fällen häufig nicht ohne Willkür möglich ist[133]. Denn es gibt einfach keine irgendwie verbindlichen (objektiven) Kriterien für die Abgrenzung von Warenarten und -gattungen. Das ist um so mißlicher, als nach der Rechtsprechung gerade von dieser Unterscheidung gravierende Rechtsfolgen abhängen, da die Rechtsstellung des Käufers bei Annahme eines aliud wesentlich günstiger als bei der eines bloßen peius ist[134].

66 Diese Probleme waren schon den Gesetzesverfassern nicht verborgen geblieben. Sie hatten deshalb durch den auf den ersten Blick nur schwer verständlichen § 378 HGB (allein) die Fälle des sog. **genehmigungsfähigen** aliud (nur) hinsichtlich der Rügepflicht der Schlechtlieferung (dem peius) gleichgestellt, eine Gleichstellung, die die Rechtsprechung später auch auf die Rechtsfolgen des aliud erstreckt hat, so daß sich diese heute (beim Handelskauf und bei Genehmigungsfähigkeit des aliud!) ebenfalls nach den §§ 459 ff BGB richten[135].

67 Im neueren Schrifttum wird dieser ohnehin auf den Anwendungsbereich des § 378 HGB beschränkte Schritt häufig noch nicht als ausreichend angesehen, um die Abgrenzungsproblematik beim aliud in den Griff zu bekommen. Deshalb wird hier vielfach vorgeschlagen, in konsequenter Durchführung des subjektiven Fehlerbegriffs grundsätzlich **alle** aliud-Fälle den §§ 480 und 459 ff zu unterstellen und analog § 378 HGB eine Ausnahme nur in den Fällen des sog. **genehmigungsunfähigen aliud** zu machen.[136] Dem ist die Rechtsprechung indessen nicht gefolgt[137]. Tatsächlich wäre auch mit einer solchen Lösung nur wenig gewonnen, da sie die Unterscheidung zwischen Schlechtlieferung und Falschlieferung (entgegen ihrem Ausgangspunkt) gerade nicht entbehrlich macht[138]. Es kommt hinzu, daß die Unterscheidung zwischen genehmigungsfähigen und nicht genehmigungsfähigen aliud-Fällen (analog § 378 Halbs. 2 HGB) um keinen Deut einfacher als die zwischen Schlechtlieferung und Falschlieferung ist[139]. Wie immer man es wendet, um die Unterscheidung zwischen Schlechtlieferung und Falschlieferung kommt man bei dem bisherigen Ausgangspunkt nicht herum. Eine befriedigende Lösung ist daher wohl nur bei einem ganz anderen Ansatz möglich.

---

133 Ebenso *Wank*, JuS 1990, S. 95 (96 f).
134 Vgl *Paulusch*, WM 1991 Beil. Nr 9 zu H. 37, S. 39.
135 Grdl. RGZ 86, S. 90 (92 f); BGHZ 115, S. 286 = NJW 1992, S. 567 = JuS 1992, S. 433 Nr 3; s. *Heymann/Emmerich*, § 378 Rn 28 f.
136 S. insbes. *v. Caemmerer* und *Esser/Weyers*, aaO; *Medicus* II, § 75 I 3 (S. 36 f); *Paulusch*, WM 1991 Beil. Nr 9, S. 39; *Reinicke/Tiedtke*, S. 188 ff, *Schlechtriem*, Tz. 82c; zurückhaltend hingegen *Heymann/Emmerich*, § 378 Rn 28 ff; *Walter*, § 5 IV 2 c (S. 258 f).
137 BGHZ 115, S. 286 = NJW 1992, S. 567 = JuS 1992, S. 433 Nr 3.
138 Weil sich nämlich der Anwendungsbereich der Ausnahme für genehmigungsunfähige Lieferungen auf aliud-Fälle beschränkt (*Heymann/Emmerich*, § 378 Rn 33).
139 S. im einzelnen *Heymann/Emmerich*, § 378 Rn 34-42 m. zahlr. Nachw.; *Schlechtriem*, Tz. 82c.

Hinter der Auseinandersetzung um die aliud-Problematik beim Gattungskauf steht 68
letztlich das Bemühen, in allen besonders schwerwiegenden Fallgestaltungen zum
Schutze des Käufers auf die Nichterfüllungsregeln (§§ 320 ff) ausweichen zu können, vor allem, um die sonst unvermeidliche Anwendung der zu kurzen Verjährungsfrist des § 477 zu vermeiden. Man sollte deshalb offen aussprechen, daß in
sämtlichen Fällen einer **groben** Abweichung der Lieferung von den Vereinbarungen
der Parteien, in denen § 477 schon nach seinem Grundgedanken nicht paßt[140], eben
ein aliud anzunehmen ist, so daß dann an die Stelle der §§ 459 ff, 480 die allgemeinen
Verjährungs- und Nichterfüllungsregeln treten[141]. Für die danach erforderliche
Abgrenzung kann die bisherige Praxis zu § 378 HGB erste Fingerzeige geben.

> Eine **grobe** Abweichung der Lieferung von den Vereinbarungen der Parteien liegt 69
> jedenfalls vor, wenn mit dem Besitz der Ware für den Käufer oder seine Kunden
> Gefahren verbunden sind[142], weiter, wenn die Ware nach Gesetz oder Verkehrssitte
> schlechthin unverkäuflich ist sowie schließlich, wenn sie mit der vereinbarten Warengattung schlechthin nichts mehr gemein hat, so daß sie schon auf den ersten Blick für
> die Zwecke des Käufers absolut ungeeignet ist. Die oben angeführten Beispiele zeigen,
> daß der Sache nach heute letztlich sämtliche Theorien auf diese Grenzziehung hinauslaufen.

VI. Rechte des Käufers

1. *Nachbesserung und Nachlieferung*

a) *Gesetzliche Regelung*

Wenn der Käufer eine mangelhafte Sache geliefert erhalten hat, wird sein Interesse 70
beim Stückkauf häufig in erster Linie auf Beseitigung der Mängel und beim Gattungskauf auf Nachlieferung einer einwandfreien Sache gerichtet sein. Dieses Interesse hat das Gesetz jedoch nur beim Gattungskauf als legitim anerkannt, während
für den Stückkauf – im Gegensatz namentlich zur Miete (§ 536) und zum Werkvertrag (§ 633) – ein Nachbesserungsanspruch des Käufers ausdrücklich abgelehnt
wurde. Die hierfür maßgeblichen Überlegungen[143] sind jedoch heute obsolet[144].
Deshalb bestehen jetzt keine Bedenken mehr dagegen, grundsätzlich auch dem
Stückkäufer als Teil seines Erfüllungsanspruchs bei Lieferung einer mangelhaften
Sache einen Nachbesserungsanspruch zuzubilligen[145].

---

140 S. Motive Bd. II, S. 238.
141 Ebenso *Wank*, JuS 1990, S. 95 (97 f).
142 S. den Glykol-Fall (o. Fn 131).
143 Motive Bd. II, S. 224 ff.
144 S.o. Rn 5; anders aber zB *Erman*, JZ 1960, S. 41; *Köhler*, JZ 1984, S. 393; *Reinicke/Tiedtke*,
     S. 172.
145 Ebenso insbes. *Beinert*, Wesentliche Vertragsverletzung und Rücktritt, 1979, S. 219 ff; *Peters*,
     JZ 1978, S. 92; *Westhelle*, Nichterfüllung und positive Vertragsverletzung, 1978, S. 96 ff;
     ebenso jetzt grdl. der österr. OGH SZ Bd. 63 (1990 I) Nr. 37, S. 189 (198 ff).

§ 4

b) Vertraglicher Anspruch

71 aa) In der Praxis ist es weithin üblich geworden, die gesetzlichen Gewährleistungsrechte des Käufers in den Geschäftsbedingungen des Verkäufers durch einen Nachbesserungsanspruch zu ersetzen. Das Gesetz beschränkt sich für diesen Fall in dem 1976 in das BGB eingefügten § **476a** auf die Bestimmung, daß die Nachbesserung dann grundsätzlich **unentgeltlich** zu erfolgen hat, daß m.a.W. sämtliche mit der Nachbesserung verbundenen Kosten im Zweifel vom Verkäufer zu tragen sind. Zu diesen Kosten gehören insbesondere auch die Aufwendungen, die zur Auffindung der Schadensursache notwendig sind[146]. In den AGB der Verkäufer kann nichts anderes bestimmt werden (§ 11 Nr 10 lit. c AGBG).

72 bb) Auf das vertragliche Nachbesserungsrecht kann in einzelnen Beziehungen **Werkvertragsrecht** (§§ 633, 634 und 639) entsprechend angewandt werden. Der Käufer darf den Mangel folglich erst dann auf Kosten des Verkäufers selbst beseitigen, wenn der Verkäufer mit der Mangelbeseitigung in Verzug ist; nach Verzugseintritt kann er vom Verkäufer außerdem einen Vorschuß in Höhe der zur Mängelbeseitigung erforderlichen Aufwendungen verlangen[147]. Die Verjährung des Nachbesserungsanspruchs (§ 477) ist analog § 639 Abs. 2 gehemmt, solange der Verkäufer eine Nachbesserung versucht[148]. Die ursprünglichen Käuferrechte (§ 462) leben wieder auf, wenn die Nachbesserung unmöglich ist, wenn sie vom Verkäufer verweigert oder ungebührlich verzögert wird oder wenn sich selbst der zweite Nachbesserungsversuch als vergeblich erweist[149].

2. *Wandelung*

a) Überblick

73 Unter den gesetzlichen Rechten, die der Käufer nach § 462 bei Lieferung einer mangelhaften Sache hat, steht die Wandelung, dh die Rückgängigmachung des Kaufs, an der Spitze. Der Sache nach entspricht sie weitgehend einem Rücktrittsrecht des Käufers. Sie ist jedoch vom Gesetz als bloßer **Anspruch** des Käufers gegen den Verkäufer ausgestaltet worden, womit man vor allem erreichen wollte, daß der Käufer nicht von vornherein an die von ihm getroffene Wahl eines bestimmten Rechtsbehelfs gebunden ist; außerdem wollte man konstruktiv eine Verjährung der Gewährleistungsrechte ermöglichen, da das BGB eine Verjährung nur bei Ansprüchen, nicht hingegen bei Gestaltungsrechten kennt (s. §§ 194 Abs. 1 und 477).

74 Für die Durchführung der Wandelung verweist § 467 im wesentlichen auf Rücktrittsrecht. § 465 fügt hinzu, daß die Wandelung vollzogen ist, wenn sich der Verkäufer auf Verlangen des Käufers mit ihr einverstanden erklärt. Weitere Einzelheiten der Wandelung ergeben sich aus den §§ 468 bis 470.

---

146 BGHZ 113, S. 251 (261) = NJW 1991, S. 1604.
147 § 633 Abs. 3 BGB; BGH, LM Nr 96 zu § 459 BGB = NJW 1990, S. 901; LM Nr 82 zu § 633 BGB = NJW 1991, S. 1882; LM Nr 84 zu § 633 BGB = NJW 1992, S. 3297.
148 S. im einzelnen BGH, LM Nr 40 zu § 477 = NJW 1984, S. 1525; LM Nr 44 aaO = NJW 1988, S. 254.
149 S. § 634 Abs. 2 BGB, § 11 Nr 10 lit. b ABGB sowie zB OLG Nürnberg, BB 1983, S. 212; OLG Köln, NJW 1987, S. 2520.

b) Vertrags- und Herstellungstheorie

Literatur: *Köhler*, JuS 1979, S. 422; *Kupisch*, AcP 170 (1971), S. 479; *Medicus* II, § 74 III 3; *Reinicke/Tiedtke*, S. 133 ff; *Walter*, § 5 II 6a (S. 180 ff).

Die eigenartige gesetzliche Regelung der Wandelung in den §§ 462 und 467 hat Anlaß zu einem alten Theorienstreit über das „Wesen" der Wandelung gegeben. Hervorzuheben sind die Vertragstheorie, die modifizierte Vertragstheorie und die Herstellungstheorie. Sie unterscheiden sich vornehmlich danach, ob der Käufer bei Vorliegen eines Mangels vom Verkäufer (qua Wandelung) sofort Rückzahlung des Kaufpreises (so die Herstellungstheorie) oder zunächst nur Einverständnis mit der Wandelung und erst nach deren Erklärung Rückzahlung verlangen kann (so die Vertragstheorie). Die modifizierte Vertragstheorie deckt sich zwar im Ergebnis mit der Herstellungstheorie, sieht aber in dem auf Klage des Käufers auf Rückzahlung ergehenden Urteil ein (verdecktes) Gestaltungsurteil. 75

Die Rechtsprechung hat sich in diesem Streit bisher nicht endgültig festgelegt. Im Ergebnis folgt sie jedoch weitgehend der **Herstellungstheorie**. Das hat den Vorteil, daß der Käufer bei Vorliegen eines Mangels **sofort** auf Rückzahlung oder Herabsetzung des Kaufpreises klagen kann. Jede andere Lösung verbietet sich in der Tat bereits aus prozeßökonomischen Überlegungen[150]. 76

Von diesem Standpunkt aus hat der in dem § 465 vorgesehene **Vollzug** der Wandelung in erster Linie die Funktion, das bis dahin bestehende Wahlrecht des Käufers zwischen den Rechtsbehelfen der §§ 462 und 463 für die Zukunft auszuschließen. Bis zum Vollzug der Wandelung durch Einverständnis des Verkäufers (oder Rechtskraft des Urteils) kann der Käufer folglich immer noch von einem der verschiedenen Rechtsbehelfe der §§ 462 und 463 zu einem anderen, zB von der Wandelung zum Schadensersatzanspruch übergehen. Nach diesem Zeitpunkt ist er hingegen an die einmal getroffene Wahl gebunden. 77

c) Rücktrittsrecht

Durch § 467 ist das Wandelungsrecht des Käufers, obwohl an sich ein bloßer Anspruch, im wesentlichen dem Rücktrittsrecht unterstellt worden. Das bedeutet vor allem, daß in der Zeit **vor** Vollzug der Wandelung die §§ 350 und 351 zu beachten sind, während sich die Haftung des Käufers in der Folgezeit allein nach § 347 richtet. Die Wandelung wird somit zwar nicht dadurch ausgeschlossen, daß die Kaufsache vor Vollzug der Wandelung durch „Zufall" untergegangen ist (§ 350), wohl aber dadurch, daß der Käufer in dieser Zeit eine wesentliche Verschlechterung oder den Untergang der Kaufsache „verschuldet" hat (§ 351). 78

Wann in diesem Sinne **Zufall** und wann ein Verschulden des Käufers anzunehmen ist, ob zB der Käufer, der sein gerade erworbenes Auto normal gebraucht und dadurch den unvermeidlichen Risiken des Straßenverkehrs aussetzt, schuldhaft iS des § 351 handelt, 79

---

150 RGZ 58, S. 423 (425); BGHZ 29, S. 148 (152 ff) = NJW 1959, S. 620; BGHZ 85, S. 367 = NJW 1983, S. 390 = JuS 1983, S. 392 Nr 8.

§ 4

ist umstritten. Nach wohl überwiegender Meinung schadet es dem Käufer nicht, wenn er das Fahrzeug sogar noch **nach** Endeckung des Mangels bis zum Vollzug der Wandelung weiter benutzt, selbst wenn es infolgedessen bei einem Unfall beschädigt oder zerstört wird, weil die weitere Benutzung des Fahrzeugs allemal billiger als die Beschaffung eines Ersatzfahrzeugs sei. Eine Ausnahme wird nur gemacht, wenn der Käufer den Unfall zu vertreten hat[151].

d) Abwicklung

80 Nach Vollzug der Wandelung (§ 465) muß der Verkäufer den Kaufpreis Zug um Zug gegen Rückgabe der Kaufsache und Nutzungsersatz seitens des Käufers zurückzahlen (§§ 467, 346 bis 348). Der Nutzungsersatz wird idR durch bloße Aufteilung des Kaufpreises auf die voraussichtliche Nutzungsdauer der Sache berechnet[152]. Hatte der Käufer eine **gebrauchte** Sache in Anrechnung auf den Kaufpreis dem Verkäufer geliefert, so muß er außerdem nach der Wandelung diese Sache zurücknehmen[153].

e) Vertragskosten

81 Nach dem (häufig übersehenen) § 467 S. 2 ist der Verkäufer verpflichtet, dem Käufer die Vertragskosten zu ersetzen. Diese Vorschrift wird allgemein weit ausgelegt, so daß hierunter außer den Kosten des Vertragsabschlusses zB auch sämtliche Kosten fallen, die der Käufer in Erfüllung des Vertrages aufgewendet hat oder die ihm sonst notwendigerweise entstanden sind, um den bestimmungsgemäßen Gebrauch der Sache machen zu können. Beispiele sind Transport-, Einbau- und Montagekosten[154].

3. Minderung

82 Neben der Wandelung räumt das Gesetz dem Käufer in den §§ 462, 463 und 480 ein Minderungsrecht ein. Die Minderung besteht nach § 472 Abs. 1 in der Herabsetzung des Kaufpreises in dem Verhältnis, in dem zur Zeit des Verkaufs der Wert der Sache in mangelfreiem Zustand zu dem wirklichen Wert gestanden hatte[155]. Decken sich Kaufpreis und objektiver Wert der Sache, so kann die Minderung auch einfach durch Abzug der Reparaturkosten vom Kaufpreis erfolgen[156].

---

151 So insbes. BGH, LM Nr 7 zu § 157 (Gd) BGB = NJW 1992, S. 170 (171); s. dazu Leistungsstörungen, § 10 IV 2 (S. 126 ff).
152 BGHZ 115, S. 47 = NJW 1991, S. 2484.
153 BGHZ 89, S. 126 = NJW 1984, S. 429 = JuS 1984, S. 302 Nr 3; s. *Medicus* II, § 76 II 1 (S. 40 f).
154 Grdl. BGHZ 87, S. 104 = NJW 1983, S. 1479 = JuS 1983, S. 715 Nr 5; *Roussos*, BB 1986, S. 10; *Walter*, § 5 II 6a, ee (S. 190 ff).
155 D.h. nach der Formel alter Preis : neuer Preis = Wert der mangelfreien Sache : Wert der mangelhaften Sache.
156 BGH, LM Nr 1 zu § 472 BGB = NJW 1961, S. 1860.

4. Schadensersatz

Einen Schadensersatzanspruch wegen Nichterfüllung billigt das Gesetz dem Käufer 83 (anstelle von Wandelung oder Minderung) nur unter den engen Voraussetzungen der §§ 463 und 480 Abs. 2 zu. In diesen Fällen kann der Käufer seinen Schaden auf zweierlei Weise berechnen: Er kann einmal bei dem nun einmal durchgeführten Vertrag stehen bleiben und sich darauf beschränken, die schadensrechtlichen Konsequenzen daraus zu ziehen. Dieser sog. **kleine** Schadensersatzanspruch umfaßt namentlich die Reparaturkosten sowie den Ersatz des danach etwa noch verbleibenden Minderwerts der Sache[157]. Eine Begrenzung auf die Höhe des Kaufpreises besteht dabei nicht. Fehlt der Sache zB eine zugesicherte Eigenschaft, bei deren Vorliegen sie um ein Vielfaches wertvoller wäre als von den Parteien der Berechnung des Kaufpreises zugrunde gelegt, so muß auch dieser Schaden ersetzt werden.[158]

Statt dieses „kleinen" Schadensersatzanspruchs kann der Käufer auch, ohne hierfür 84 ein besonderes Interesse nachweisen zu müssen, durch Geltendmachung des sog. **großen** Schadensersatzanspruchs zur Vertragsliquidierung schreiten, vorausgesetzt, daß er noch zur Rückgabe der Sache imstande ist[159]. Obwohl er damit dasselbe wie mit der Wandelung erreicht, kann er dann Schadensersatz wegen Nichterfüllung des ganzen Vertrags verlangen, so daß er so zu stellen ist, wie er bei ordnungsmäßiger Erfüllung des Vertrages (jetzt) gestanden hätte[160]. Als Mindestschaden umfaßt der große Schadensersatzanspruch dabei immer den schon gezahlten Kaufpreis sowie sämtliche Vertragskosten (entsprechend § 467 S. 2) einschließlich der nutzlos gewordenen **Aufwendungen** des Käufers.[161]. Der Käufer kann außerdem Ersatz des ihm entgangenen Gewinns (§ 252) sowie aller anderen sog. Mangelfolgeschäden an seinem sonstigen Vermögen verlangen[162]. Das gilt auch im Falle des Fehlens zugesicherter Eigenschaften (§§ 463 S. 1 und 480 S. 2), jedenfalls, wenn mit der Zusicherung gerade ein Schutz des Käufers gegen derartige Mangelfolgeschäden bezweckt zwar[163].

---

157   ZB BGH, LM Nr 44 zu § 463 BGB = NJW 1983, S. 1424; LM Nr 53 aaO = NJW 1989, S. 2534.
158   BGH, LM Nr 17 zu § 249 (E) BGB = NJW 1993, S. 2103 „Burra-Bild".
159   BGHZ 115, S. 286 = NJW 1992, S. 567 = JuS 1992, S. 433 Nr 3.
160   BGHZ 29, S. 148 (151) = NJW 1959, S. 620; BGHZ 114, S. 193 (196) = NJW 1991, S. 2277; BGH, LM Nr 2 zu § 326 (Eb) BGB = NJW 1979, S. 811 = JuS 1979, S. 442 Nr 5; LM Nr 53 zu § 463 BGB = NJW 1989, S. 2534; s. *Jakobs*, JuS 1974, S. 341; *Köhler*, JuS 1979, S. 496.
161   S. ausführlich BGHZ 114, S. 193 (196 ff) = NJW 1991, S. 2277.
162   S. den **Tierseuche-Fall 6**.
163   Zu dieser sog. Schutzzwecktheorie s. zB BGHZ 50, S. 200 = NJW 1968, S. 1962 = JuS 1968, S. 482 Nr 1; BGHZ 59, S. 158 = NJW 1972, S. 1706 = JuS 1972, S. 725 Nr 5 „Braunfäule-Fall" *Hüffer*, JuS 1973, S. 606; *H. Schack*, AcP 185, S. 333 (357 ff).
164   BGH, LM Nr 3 zu § 460 BGB = NJW 1978, S. 2240.

§ 4

5. Ausschlußtatbestände

Literatur: *H. Köhler*, JZ 1989, S. 761

85 Die Gewährleistungsrechte des Käufers sind in verschiedenen Fällen kraft Gesetzes ausgeschlossen. Der wichtigste Fall findet sich in § 460 S. 1, nach dem der Verkäufer einen Mangel der verkauften Sache nicht zu vertreten hat, wenn ihn der Käufer bereits bei Vertragsabschluß positiv **gekannt** hat; gleich steht nach § 460 S. 2 grundsätzlich grobe Fahrlässigkeit, außer wenn der Verkäufer den Mangel arglistig verschwiegen oder die Abwesenheit des Fehler zugesichert hat. § 460 stellt eine abschließende Regelung dar, neben der in anderen Fällen für eine Schadensteilung zu Lasten des Käufers aufgrund des § 254 kein Raum ist[164].

86 Erfährt der Käufer später einen Mangel, so muß er sich seine Rechte wegen des Mangels bei der Annahme der Sache vorbehalten; andernfalls verliert er ebenfalls sämtliche Gewährleistungsrechte (§ 464). Hingegen trifft ihn grundsätzlich **keine Prüfungspflicht**; eine Ausnahme gilt nur für den beiderseitigen Handelskauf aufgrund der wichtigen §§ 377 und 378 HGB. Der Ausgleich für die nach dem BGB fehlende Prüfungspflicht des Käufers liegt in der im Interesse des Verkäufers angeordneten kurzen Verjährungsfrist des § 477.

VII. Verjährung

Literatur: *Reinicke/Tiedtke*, S. 146 ff; *Tiedtke*, NJW 1988, S. 2578; *Walter*, § 5 II 8 (S. 237 ff).

1. § 477

a) Bedeutung

87 Kaufverträge sind typischerweise auf eine schnelle Abwicklung angelegte Massengeschäfte des täglichen Lebens. Für solche Rechtsgeschäfte wäre die lange Regelverjährungsfrist des § 195 unpassend. Deshalb bestimmt § 477, daß die Gewährleistungsrechte des Käufers, außer wenn der Verkäufer den Mangel geradezu arglistig verschwiegen hat, bei beweglichen Sachen in sechs Monaten von der Ablieferung und bei Grundstücken in einem Jahr von der Übergabe an verjähren[165]. Damit ist namentlich eine rasche Auseinandersetzung der Parteien bezweckt, zumal sich längere Zeit nach Übergabe häufig nicht mehr sicher feststellen läßt, wann ein Mangel tatsächlich entstanden ist.

88 Die Verjährungsfrist beginnt beim Kauf beweglicher Sachen mit der **Ablieferung** der Sache beim Käufer (§ 477 Abs. 1 S. 1). Mit Rücksicht auf den Zweck der

---

165 Die Fristberechnung richtet sich im einzelnen nach den §§ 187-193 (BGH, LM Nr 47 zu § 477 BGB = NJW-RR 1989, S. 629).

Regelung ist das der Zeitpunkt, in dem die fragliche Sache dergestalt in den unmittelbaren Besitz des Käufers gelangt ist, daß er sie nunmehr untersuchen kann. Der Käufer muß folglich grundsätzlich die Verfügungsmacht über die Sache erlangt haben. Hierfür wird idR Übergabe der Sache an ihn erforderlich sein[166].

> Nach Ablieferung der Ware tritt die Verjährung ohne Rücksicht darauf ein, ob der Käufer den Mangel erkannt hat. Selbst wenn der Käufer den Mangel innerhalb der kurzen Verjährungsfristen des § 477 überhaupt nicht erkennen konnte, lehnen es die Gerichte doch durchweg ab, den Verjährungsbeginn auf den Zeitpunkt der Erkennbarkeit des Mangels oder des Schadens hinauszuschieben[167]. 89

b) Ausnahmen

Die kurzen Verjährungsfristen des § 477 Abs. 1 können außer durch Klageerhebung (§ 209) auch durch die Beantragung eines selbständigen Beweisverfahrens unterbrochen werden (§ 477 Abs. 2). Außerdem kann der Käufer, sofern er nur die Mängelanzeige rechtzeitig an den Verkäufer abgesandt hat, nach Vollendung der Verjährung immer noch die Bezahlung des Kaufpreises insoweit verweigern, wie er hierzu aufgrund der Wandelung oder der Minderung berechtigt wäre (§ 478 Abs. 1 S. 1). Nach § 479 Abs. 1 kann der Käufer bei rechtzeitiger Absendung der Mängelanzeige schließlich noch mit einem etwaigen Schadensersatzanspruch aufgrund der §§ 463 S. 1 und 480 S. 2 selbst nach Eintritt der Verjährung aufrechnen, in Abweichung von § 390 S. 2 jedoch nur gegen den Kaufpreisanspruch, nicht hingegen gegen andere Forderungen des Verkäufers[168]. 90

c) Ansprüche aus Wandelung oder Minderung

§ 477 betrifft allein die Ansprüche des Käufers **auf** Wandelung, Minderung, Schadensersatz oder Nachlieferung aus den §§ 459, 462, 463 und 480. Davon zu trennen sind sämtliche Ansprüche des Käufers **aus** vollzogener Wandelung oder Minderung (§ 465). Für sie gilt nicht mehr § 477, so daß es insoweit bei den allgemeinen Verjährungsfristen verbleibt[169]. 91

d) Entsprechende Anwendung

Die Vorschrift des § 477 wird mit Rücksicht auf ihren Zweck auf eine Reihe verwandter Ansprüche entsprechend angewandt. Das gilt namentlich für Ansprüche aus cic und aus positiver Vertragsverletzung, sofern sie nur im weitesten Sinne 92

---

166 S. BGH, LM Nr 45 zu § 477 BGB = NJW 1988, S. 2608; vgl im übrigen *Heymann/Emmerich*, HGB, § 377 Rn 10 ff.
167 ZB BGHZ 88, S. 130 = NJW 1983, S. 2697 = JuS 1984, S. 60 Nr 4; BGH, LM Nr 73 zu § 459 BGB = NJW 1984, S. 1955 = JuS 1984, S. 972 Nr 6; str.; s. *Medicus* II, § 74 III 4 (S. 26 f).
168 So BGHZ 88, S. 130 (142 f) = NJW 1983, S. 2697; BGH, LM Nr 7 zu § 479 BGB = NJW 1988, S. 1018; str.
169 ZB BGH, LM Nr 13 zu EKG = NJW-RR 1987, S. 1338.

§ 4, § 5

mit den Eigenschaften der Kaufsache zusammenhängen[170], weiter für vertraglich dem Käufer eingeräumte Ansprüche auf Nachbesserung oder auf Nachlieferung[171] sowie sogar für Ansprüche aus einer Garantie des Herstellers, die dieser zusätzlich neben dem Kaufvertrag mit dem Händler dem Käufer gewährt[172].

2. Garantie

93 Durch Vertrag können die Gewährleistungsrechte des Käufers nicht nur beschränkt, sondern auch erweitert werden. Dies geschieht häufig durch eine sog. Garantie des Verkäufers, deren Bedeutung je nach den Abreden der Parteien von einer bloßen Verlängerung der Verjährungsfrist entsprechend § 477 Abs. 1 S. 2 bis zur Übernahme der Gewähr für den Eintritt eines bestimmten zukünftigen Erfolges reichen kann[173].

§ 5 KONKURRENZEN

Literatur: *Emmerich*, in: Festschr. f. Jahr, 1993, S. 267; *ders.*, Leistungsstörungen, §§ 5 III 2 c, 21 I 1 a (S. 52, 219 ff); *Esser/Weyers*, § 6; *Gillich*, Nichterfüllung und Sachmängelgewährleistung, 1984; *H. Honsell*, Jura 1979, S. 184; *U. Huber*, AcP 177 (1977), S. 281; *Köhler*, JA 1982, S. 152; *ders./Fritzsche*, JuS 1990, S. 16; *Pfeiffer*, JuS 1989, S. 357; *Rebe/Rebell*, JA 1978, S. 544, 605; *Reinicke/Tiedtke*, S. 205 ff; *Schlechtriem*, Tz. 87 ff; *Westhelle*, Nichterfüllung und positive Vertragsverletzung, 1978; *Walter*, § 5 II 6c (S. 198 ff).

I. Anfechtung

1 Wenn die Kaufsache mangelhaft ist, können sich Käufer wie Verkäufer über die Beschaffenheit der Sache geirrt haben. Für beide kann sich deshalb im Einzelfall die Frage stellen, ob sie nicht besser den Vertrag anfechten sollten.

1. Käufer

2 Das BGB unterscheidet in den §§ 119 und 123 verschiedene Anfechtungstatbestände. Es sind dies der Inhalts- und der Erkärungsirrtum (§ 119 Abs. 1), der Irrtum über verkehrswesentliche Eigenschaften der Sache (§ 119 Abs. 2) sowie die arglisti-

---

170 ZB BGH, LM Nr 47 zu § 823 (Ac) BGB = NJW 1990, S. 908 = JuS 1990, S. 579 Nr 4.
171 BGHZ 79, S. 117 (121) = NJW 1981, S. 867.
172 BGHZ 78, S. 369 = NJW 1981, S. 275; BGH, LM Nr 33 zu § 477 BGB = NJW 1981, S. 2248.
173 S. Tengelmann, NJW 1966, S. 2195; *Hj. Weber*, JuS 1972, S. 9 (14 f).

gen Täuschung und die Drohung (§ 123). Alle diese Fälle können im Einzelfall mit den §§ 459 ff zusammentreffen. Wie hier zu verfahren ist, ist umstritten

a) §§ 119 Abs. 1, 123 BGB

Unproblematisch ist die Rechtslage nur hinsichtlich der sich aus den §§ 119 **Abs. 1** und 123 ergebenden Anfechtungsrechte. Es steht fest, daß diese Rechte des Käufers durch die Sonderregelung der §§ 459 ff nicht verdrängt werden. Der Käufer, der vom Verkäufer arglistig getäuscht worden ist, hat deshalb die Wahl zwischen der Anfechtung (§ 123 Abs. 1), der Wandelung oder Minderung (§ 462), dem Schadensersatzanspruch wegen Nichterfüllung (§ 463 S. 2) sowie den Ansprüchen aus unerlaubter Handlung[1]. Das Wahlrecht besteht solange, wie nicht ein endgültiger Zustand geschaffen worden ist. Selbst wenn der Käufer zunächst Wandelung oder Schadensersatz verlangt hat, kann er immer noch nachträglich den Kaufvertrag nach § 123 Abs. 1 anfechten[2].

b) § 119 Abs. 2 BGB

Anders wird die Rechtslage idR hinsichtlich der Anfechtung wegen eines Irrtums über verkehrswesentliche Eigenschaften der Kaufsache beurteilt, da nach überwiegender Meinung die §§ 459 ff jedenfalls für die Zeit **nach** Gefahrübergang (s. § 459 Abs. 1) eine Anfechtung nach § 119 Abs. 2 ausschließen. Der Käufer soll hierdurch vor allem daran gehindert werden, über die Irrtumsanfechtung die kurzen Verjährungsfristen des § 477 zu überspielen (s. § 121). In der Zeit **vor** Gefahrübergang (in der nach dem Wortlaut der §§ 459 und 480 die Gewährleistungsregeln noch nicht eingreifen) läßt die Rechtsprechung hingegen – unter Widerspruch eines Teils des Schrifttums – die Anfechtung nach § 119 Abs. 2 zu[3].

Diese Meinung erscheint wenig interessengerecht, da durch sie die Käuferrechte ohne Not noch über den ohnehin schon (zu) engen Rahmen des Gesetzes hinaus verkürzt werden. Eine „Umgehung" der §§ 459 ff ist (entgegen der hM) von der Zulassung der Anfechtung nach § 119 Abs. 2 schon deshalb nicht zu befürchten, weil den Käufer im Falle der Anfechtung nach § 122 eine Schadensersatzpflicht trifft. Im Interesse der dringend gebotenen Verbesserung des Käuferschutzes sollte daher die Anfechtung nach § 119 Abs. 2 gleichfalls neben den §§ 459 ff zugelassen werden.

---

1   S. § 823 Abs. 2 BGB in Verb. mit § 263 StGB und § 826 BGB (s. u. Rn 20).
2   BGHZ 110, S. 220 (222) = NJW 1990, S. 1106.
3   S. im einzelnen BGHZ 16, S. 54 (57) = NJW 1955, S. 340; BGHZ 34, S. 32 = NJW 1961, S. 772; BGHZ 63, S. 369 (376 f) = NJW 1975, S. 970; BGHZ 78, S. 216 (218 f) = NJW 1981, S. 224; BGH, NJW 1979, S. 160 (161); LM Nr 29 zu § 119 BGB = NJW 1988, S. 2597 = JuS 1989, 59 Nr 5 „Leibl-Bild".

§ 5

2. Verkäufer

6   Wenn die Kaufsache entgegen den Vorstellungen des Verkäufers mangelhaft ist, könnte der Verkäufer ebenfalls auf die Idee kommen, den Kaufvertrag nach § 119 Abs. 2 anzufechten, um sich seiner Haftung aufgrund der §§ 459 ff zu entziehen. Eine solche Anfechtung wäre jedoch mißbräuchlich und ist daher unbeachtlich. Der Verkäufer kann nur dann anfechten, wenn er sich über wertbildende Faktoren der Kaufsache geirrt und diese deshalb als **weniger** wertvoll angesehen hat, als sie tatsächlich ist, wenn er zB ein wertvolles Original als billige Kopie verkauft hat[4].

II. §§ 320 ff BGB (vgl. §4 R7)

1. Anwendbarkeit

7   Der Verkäufer ist beim Stückkauf wie beim Gattungskauf zur Lieferung einer mangelfreien Sache verpflichtet[5]. Verstößt er durch die Lieferung einer mangelhaften Sache gegen diese Pflicht, so stellt sich die Frage, ob der Käufer auf die Rechte aus den §§ 459 ff beschränkt ist oder auf die allgemeinen Nichterfüllungsregeln zurückgreifen kann, die in vieler Hinsicht günstiger für ihn als die besonderen Gewährleistungsregeln sind (vergleiche die §§ 325 und 326 mit den §§ 459, 462 und 463).

8   Die überwiegende Meinung gestattet dem Käufer nur in engen Grenzen den Rückgriff auf die §§ 325 bis 327.[6] Dabei wird jedoch übersehen, daß sich die §§ 320 ff in ihren Voraussetzungen und Folgen grundlegend von den Gewährleistungsregeln der §§ 459 bis 480 BGB unterscheiden, so daß tatsächlich gar kein Konkurrenzverhältnis vorliegt.

2. Folgerungen

a) § 320 BGB (beim Stückkauf P. nach Erfüllungstheorie)

9   Wenn der Verkäufer dem Käufer eine mangelhafte Sache anbietet, darf der Käufer diese selbst im Falle eines Stückkaufs zurückweisen, ohne in Annahmeverzug zu geraten (s. §§ 293, 294, 297); außerdem kann er die Bezahlung des Kaufpreises verweigern (§ 320). Das ist unstreitig für die Zeit **vor** Übergabe der Kaufsache, während in der Zeit nach Übergabe überwiegend in den §§ 459 ff eine die Einrede des nichterfüllten Vertrages (§ 320) ausschließende Sonderregelung gesehen wird[7]. Für eine solche Einschränkung der Käuferrechte besteht jedoch, wie gezeigt (o. Rn 8), kein Anlaß[8]. Der Sache nach erkennt dies heute auch die Rechtsprechung an, da sie dem Käufer in der Zeit nach Übergabe der Sache wenigstens die allgemeine

---

4 Grdl. BGH (vorige Fn) „Leibl-Bild"; dazu kritisch H. *Köhler/Fritzsche*, JuS 1990, S. 16 (18 f).
5 S. zur Erfüllungstheorie im Gegensatz zur sog. Gewährleistungstheorie o. § 4 Rn 8 f.
6 S. zB *Reinicke/Tiedtke*, S. 218 ff.
7 BGHZ 10, S. 242 (248) = NJW 1953, S. 1505; BGHZ 113, S. 232 (235) = NJW 1991, S. 1048 = JuS 1991, S. 600 Nr 4.
8 S. im einzelnen *Emmerich*, in: MünchKomm, § 320 Rn 8 ff.

§ 5

Mängeleinrede zubilligt, die sich jedoch tatsächlich weder in den Voraussetzungen noch in den Folgen von der Einrede des nichterfüllten Vertrages unterscheidet[9].

b) §§ 324-326 BGB

Befindet sich der Verkäufer in Verzug, so kann der Käufer nach § 326 vorgehen, dh dem Verkäufer eine Nachfrist zur Beseitigung des Mangels setzen und für den Fall des fruchtlosen Ablaufs der Nachfrist die Erfüllung des Vertrages ablehnen[10]. Ebenso anwendbar ist § 325, wenn der Verkäufer vor oder nach Übergabe der Sache einen Mangel der Sache schuldhaft herbeiführt[11]. Hingegen entfallen sämtliche Käuferrechte, wenn der Käufer den Mangel zu vertreten hat (**§ 324**). 10

III. Culpa in contrahendo

1. Bereits durch die bloße Aufnahme von Vertragsverhandlungen wird zwischen den Parteien ein gesetzliches Schuldverhältnis begründet, aus dem sich je nach den Umständen des Einzelfalles für beide Parteien Schutz- und Aufklärungspflichten ergeben können[12]. Das gilt grundsätzlich auch für den Kaufvertrag. Gerade die klassischen Fälle der Haftung aus cic betrafen die Haftung des Verkäufers für die Verkehrssicherheit seiner Räume[13]. 11

2. Besonderheiten gelten lediglich hinsichtlich der **Aufklärungspflichten** des Verkäufers über **Eigenschaften** der Kaufsache. Eine verbreitete Meinung entnimmt hier der Bestimmung des § 463 S. 2, daß daneben für eine weitergehende Haftung des Verkäufers wegen der Verletzung vorvertraglicher Aufklärungspflichten, für die grundsätzlich leichte Fahrlässigkeit genügt (§ 276 Abs. 1), kein Raum sei, weil andernfalls der Käufer die vom Gesetzgeber bewußt angeordnete Beschränkung der Gewährleistungsrechte des Käufers in einer Vielzahl von Fällen durch den Rückgriff auf die allgemeine Verschuldenshaftung des Verkäufers aus cic „umgehen" könnte[14]. Dieser Gesichtspunkt – Verhinderung einer Umgehung der §§ 459 ff – ist hier indessen ebensowenig tragfähig wie schon im Bereich der Irrtumsanfechtung (o. Rn 5). Es besteht kein Anlaß, (ausgerechnet) die Rechte des Käufers aus cic bei Verletzung vorvertraglicher Aufklärungspflichten durch den Verkäufer gegenüber dem bei allen sonstigen Verträgen inzwischen erreichten Standard einzuschränken. 12

---

9 Grdl. BGHZ 113, S. 232 (235) = NJW 1991, S. 1048 = JuS 1991, S. 600 Nr 4 m. Nachw.
10 Ebenso BGH, LM Nr 13 zu § 346 BGB (Bl. 3 R) = WM 1984, S. 936 (938); anders die überwiegende Meinung.
11 ZB OLG Düsseldorf, NJW-RR 1992, S. 87 (88); s. im übrigen u. Rn 15.
12 Wegen der Einzelheiten s. Leistungsstörungen, § 5 (S. 37 ff).
13 RGZ 78, S. 239 „Linoleumrolle"; BGHZ 66, S. 51 = NJW 1976, S. 712 = JuS 1976, S. 465 Nr 3 „Gemüseblatt"; BGH, LM Nr 13 zu § 276 (Fa) BGB = NJW 1962, S. 31 = JuS 1962, S. 116 Nr 2 „Bananenschale".
14 Vgl zB BGHZ 60, S. 319 = NJW 1973, S. 1234 = JuS 1973, S. 721 Nr 7 usw bis BGHZ 114, S. 263 = NJW 1991, S. 2556 = JuS 1991, S. 857 Nr 5; BGH, LM Nr 50 zu § 463 BGB = NJW-RR 1988, S. 348 = JuS 1988, S. 650 Nr 4; LM Nr 117 zu § 276 (Fa) BGB = NJW 1991, S. 1673.

§ 5

Der Verkäufer haftet daher ebenso wie jeder andere Schuldner für die Verletzung vorvertraglicher Aufklärungspflichten aus cic[15].

IV. Positive Vertragsverletzung

> **Literatur:** Zuletzt *Emmerich*, in: Festschr. f. Jahr, S. 267; *Knöpfle*, NJW 1990, S. 2497; *Th. Walter*, Das Verhältnis der gewährleistungsrechtlichen Schadensersatzansprüche im Kauf-, Miet- und Werkvertragsrecht zu dem Schadensersatzanspruch wegen positiver Vertragsverletzung, 1990.

13 Im **Tierseuche-Fall 6**, einem schon vor fast zweitausend Jahren von Ulpian[16] eingehend erörterten Fall, sind die Voraussetzungen der §§ 463 und 480 Abs. 2 für einen Schadensersatzanspruch des K offenbar nicht erfüllt. Deshalb stellt sich hier die Frage, ob K nicht wenigstens Schadensersatz von V verlangen kann, sofern dieser schuldhaft gehandelt hat, indem er es etwa versäumte, das verkaufte Schaf vor seiner Lieferung auf ansteckende Krankheiten zu untersuchen. In Betracht kommen dann namentlich Ansprüche aus positiver Vertragsverletzung (§ 276) oder aus Delikt (dazu u. Rn 20 ff).

14 Mit positiver Vertragsverletzung bezeichnet man heute die allgemeine Verschuldenshaftung jedes Schuldners im Rahmen schon bestehender vertraglicher oder gesetzlicher Schuldverhältnisse[17]. Diese Haftung trifft an sich auch den Verkäufer, woraus sich indessen im Einzelfall Kollisionen mit den §§ 459 ff ergeben, für die bisher noch keine allseits befriedigenden Lösungen gefunden worden sind. Im wesentlichen geht es um die folgenden drei Fallgruppen:

1. Schuldhafte Herbeiführung eines Mangels

15 Wenn der Verkäufer **nach** Vertragsabschluß schuldhaft einen Mangel der Kaufsache herbeiführt oder (im Falle eines Gattungskaufs) schuldhaft eine mangelhafte Sache auswählt, steht seine Haftung außer Frage. Entgegen der überwiegenden Meinung ist es freilich nicht nötig, die Haftung des Verkäufers hier auf positive Vertragsverletzung zu stützen; anwendbar sind vielmehr unmittelbar die §§ 325 und 326 (o. Rn 10).

2. Verletzung von Nebenpflichten

16 Ebensowenig umstritten ist die Haftung des Verkäufers im Falle der schuldhaften Verletzung vertraglicher Nebenpflichten, wobei vor allem an Beratungs-, Instruktions- und Untersuchungspflichten zu denken ist. Die Lieferung einer unvollständigen oder unrichtigen Bedienungsanleitung macht den Verkäufer ebenso ersatzpflichtig wie die Unterlassung des Hinweises auf besondere Gefahren, die mit der Bedienung technischer Gerätschaften verbunden sind. In diesen Fällen ist nicht die Haftung des Verkäufers das Problem, sondern die vorausgehende Frage, **wie weit**

---

15 S. *Emmerich*, in: Festschr. f. Jahr, S. 267 (271 f, 274 ff m. Nachw.).
16 D 19, 1, 13 pr.
17 S. eingehend Leistungsstörungen, §§ 20-23 (S. 214 ff); *Schünemann*, JuS 1987, S. 1.

der Kreis derartiger Beratungs-, Instruktions-, Warn- und Untersuchungspflichten gezogen werden kann, ohne den Verkäufer übermäßig zu belasten. Die Praxis tendiert hier zwar zu einer ständigen Ausdehnung der Beratungspflichten, ist jedoch bei der Anerkennung von Untersuchungspflichten des Verkäufers bisher ausgesprochen zurückhaltend[18].

3. Mangel- und Mangelfolgeschäden

a) Als eigentlich problematisch erweisen sich damit „nur" die Fälle einer Schädigung des Käufers gerade **durch** die Lieferung einer mangelhaften Sache[19]. Für diese Fälle wollten die Gesetzesverfasser an sich die Möglichkeit des Käufers, Schadensersatz zu verlangen, auf die wenigen in den §§ 463 und 480 Abs. 2 geregelten Fallgestaltungen beschränken. Das hat sich indessen als zu eng erwiesen, so daß man heute entscheiden muß, ob man die allgemeine Verschuldenshaftung des Verkäufers neben den §§ 459 ff uneingeschränkt zulassen oder, wie immer, nach der Art des Schadens oder der Schadensverursachung differenzieren will.

Die Rechtsprechung hat sich für die zweite Lösung entschieden und trennt deshalb zwischen unmittelbaren und mittelbaren Schäden. Allein die §§ 459 ff sind anwendbar, wenn der Schaden in unmittelbarem Zusammenhang mit den Sachmängeln steht, während wegen sog. mittelbarer Schäden, namentlich also wegen aller Schäden des Käufers an seinen sonstigen Rechtsgütern, zusätzliche Schadensersatzansprüche des Käufers aus positiver Vertragsverletzung zugelassen werden[20]. In unserem **Tierseuche-Fall 6** ist folglich die Haftung des V für die Ansteckung der Herde des K unproblematisch, sofern ihn ein Verschulden trifft (§ 276 Abs. 1).

b) Hinter der geschilderten Praxis steht letztlich die Unterscheidung zwischen Mangel- und Mangelfolgeschäden. Diese Unterscheidung ist jedoch ausgesprochen schwierig und unsicher. Auch sachlich ist nicht einzusehen, warum die entfernten Mangelfolgeschäden gegenüber unmittelbaren Mangelschäden privilegiert werden sollen; eher liegt die gegenteilige Annahme nahe. Entgegen der Rechtsprechung ist deshalb daran festzuhalten, daß die kein Verschulden voraussetzenden Gewährleistungsrechte des Käufers die allgemeine Verschuldenshaftung des Verkäufers nicht ausschließen[21].

§ 5

17

18

19

V. Deliktsrecht

Literatur: *U. Bälz,* Zum Strukturwandel des Systems zivilrechtlicher Haftung, 1991; *Ganter,* JuS 1984, S. 592; *Harrer,* Jura 1984, S. 80; *H. Herrmann,* GRUR 1985, S. 896;

---

18 S. Leistungsstörungen, § 21 I 1 a, dd (S. 222 ff m. Nachw.)
19 Vgl unseren **Tierseuche-Fall 6.**
20 S. statt aller BGHZ 60, S. 9 = NJW 1973, S. 276 = JuS 1973, S. 318 Nr 6 usw bis BGHZ 107, S. 249 = NJW 1989, S. 2118 = JuS 1989, S. 1015 Nr 8; BGH, WM 1994, 1119; grdl. RG, DR 1941, S. 637 (638) = HRR 1941 Nr 225 „Bongossi-Holz".
21 S. *Emmerich,* aaO, S. 270 ff; ebenso OGH SZ Bd. 63 (1990 I) Nr. 37, S. 189 (198 ff).

§ 5

Hager, AcP 184 (1984), S. 413; *Lang*, Zur Haftung des Warenlieferanten bei weiterfressenden Mängeln, 1980; *Nickel*, VersR 1984, S. 318; *Pfeiffer*, JuS 1989, S. 357; *Rauscher*, JuS 1987, S. 14; *Reinicke/Tiedtke*, S. 243 ff; *dies.*, NJW 1986, S. 10; *Schmidt-Salzer*, BB 1983, S. 543; *Walter*, § 9 IV 4a (S. 425 ff).

20 Das Deliktsrecht steht an sich selbständig neben der Haftung des Verkäufers für Sachmängel aufgrund der §§ 459 ff. Erfüllt das Verhalten des Verkäufers zugleich einen Deliktstatbestand, so hat der Käufer die Wahl, ob er gegen den Verkäufer nach Kaufrecht oder nach Deliktsrecht vorgehen will. Deshalb kann der Käufer im Falle seiner arglistigen Täuschung zB zwischen den Rechten aus den §§ 462 und 123 sowie aus Deliktsrecht wählen.[22] Ebenso ist die Rechtslage, wenn der Verkäufer zugleich Hersteller ist. Die dann gegebenenfalls eingreifende Produzentenhaftung des Verkäufers als Hersteller aufgrund des § 823 ist gleichfalls unabhängig von der Verkäuferhaftung aufgrund der §§ 459 ff.[23] Umstritten ist die Rechtslage lediglich hinsichtlich derjenigen Schäden, die an der Kaufsache selbst und im unmittelbaren Zusammenhang damit eintreten. In diesen Fällen muß man unterscheiden.

21 Die bloße Lieferung einer mangelhaften Sache ist noch keine Eigentumsverletzung (§ 823 Abs. 1). Dasselbe gilt im Regelfall, wenn die mangelhafte Kaufsache in eine umfassendere sog. Gesamtsache eingefügt wird und dort lediglich eine **Funktionsstörung**, jedoch keine Beschädigung der Gesamtsache hervorruft[24].

22 Anders verhält es sich hingegen in den Fällen der **Substanzverletzung**. Zu denken ist hier vor allem an Fälle, in denen eine im übrigen einwandfreie (Gesamt-)Sache nach ihrer Lieferung infolge der Mängel eines untergeordneten Einzelteils zerstört wird (sog. „Weiterfressen" des Schadens). In derartigen Fällen tendiert die neuere Praxis zunehmend zum Rückgriff auf das Deliktsrecht neben den §§ 459 ff, sofern der Schaden nicht mit dem bloßen nach § 472 zu ermittelnden Minderwert der Sache infolge des Mangels stoff- oder deckungsgleich ist (dann nur §§ 459 ff), sondern darüber hinausgeht. **Stoffgleichheit** in diesem Sinne wird namentlich angenommen, wenn sich in dem Schaden nur das vertragliche Nutzungs- oder Äquivalenzinteresse des Käufers realisiert, hingegen verneint, wenn **zusätzlich** das allgemeine Integritätsinteresse des Käufers hinsichtlich seiner **anderen** Rechtsgüter tangiert wird, das in jedem Fall Schutz nach § 823 Abs. 1 genießt. Daneben finden freilich noch andere Abgrenzungskriterien Verwendung[25].

23 Der BGH hat aufgrund der genannten Kriterien eine ergänzende deliktische Haftung des Verkäufers wegen Schäden der Kaufsache zB bejaht im Falle der Beschädigung eines Kraftfahrzeugs bei einem Unfall, der auf mangelhaften Reifen oder auf einem schadhaften Gaszug beruht[26]. Ebenso soll es zu beurteilen sein, wenn eine komplizierte

---

22 § 823 Abs. 2 BGB in Verb. mit § 263 StGB und § 826 BGB; s. o. Rn 3.
23 S. u. § 22 III (S. 300 ff).
24 S. BGH, NJW 1992, S. 41 = VersR 1990, S. 1283 „Baustromverteiler" mit abl. Anm. *Foerste*, NJW 1992, S. 27; OLG Frankfurt, BB 1991, S. 2248.
25 Insbes. BGHZ 86, S. 256 = NJW 1983, S. 810 = JuS 1983, S. 466 Nr 4 „Gaszug-Fall" usw bis BGHZ 117, S. 183 = NJW 1992, S. 1225 = JuS 1992, S. 793 Nr 6 „Kondensator-Fall".
26 BGHZ 86, S. 256 = NJW 1983, S. 810 = JuS 1983, S. 466 Nr 4; BGH, LM Nr 28 zu § 477 BGB = NJW 1978, S. 2241 = JuS 1979, S. 214 Nr 5 „Hinterreifen"; *Kraft*, JuS 1980, S. 408.

Maschine infolge des Ausfalls eines einzelnen Schalters explodiert[27] oder wenn wegen der mangelhaften Befestigung eines Ölablaßrohres der Motor beschädigt wird, der den gekauften Kompressor antreibt[28]. Bei Lieferung mangelhafter Korken für Weinflaschen wurde hingegen differenziert: Während die Kosten des deshalb nötig gewordenen Umfüllens des Weins in neue Flaschen als stoffgleich mit dem Mangelunwert angesehen wurden, soll die dadurch verursachte Verfärbung des Weins (die seine Unverkäuflichkeit zur Folge hat) als selbständige Eigentumsverletzung zu qualifizieren sein, die die Ersatzpflicht des Verkäufers nach § 823 Abs. 1 nach sich zieht[29].

§ 6 SONDERFORMEN

Fall 7: V verkauft dem K unter Eigentumsvorbehalt einen Kraftwagen. Der Kaufpreis soll in zehn gleichen Raten bezahlt werden. Als K mit mehreren Raten in Verzug gerät, erwirkt V gegen ihn einen Vollstreckungstitel und läßt den Pkw pfänden. Welche Rechte hat K, wenn V den Pkw in der Versteigerung selbst ersteht oder sich nach § 825 ZPO überweisen läßt? Ändert sich etwas, wenn statt des V ein Dritter den Pkw ersteigert?

Fall 8: K hatte von dem Gebrauchtwagenhändler V einen Mercedes gekauft und einen Teil des Kaufpreises angezahlt. Zur Finanzierung des Restes gewährte ihm die Bank B, die V die erforderlichen Antragsformulare überlassen hatte, ein Darlehen. K verpflichtete sich gegenüber der B zur Rückzahlung des Darlehens in zehn Raten und zur Sicherungsübereignung des Wagens. In den Geschäftsbedingungen der Bank heißt es, der Verkäufer sei nicht ihr Erfüllungsgehilfe, sondern Beauftragter des Käufers; Darlehensvertrag und Kaufvertrag seien rechtlich selbständig, so daß Einwendungen aus dem Kaufvertrag dem Darlehensanspruch der Bank nicht entgegengehalten werden könnten. Wie ist die Rechtslage, wenn V den dem K verkaufte Wagen überhaupt nicht liefern kann, wenn er den K über die bisherige Fahrleistung des Wagens getäuscht hat oder wenn der Wagen einen Mangel aufweist?

I. Vorbehaltskauf

Literatur: *Baur/Stürner*, Sachenrecht, 16. Aufl. (1992), § 59; *Brox*, JuS 1984, S. 657; *Bülow*, Recht der Kreditsicherheiten, 3. Aufl. (1993), Tz. 568 ff (S. 145 ff); *Eichenhofer*, AcP 185 (1985), S. 162; *Esser/Weyers*, § 9 I; *Flume*, Allg. Teil II, 4. Aufl. (1992), § 42; *Grunsky*, JuS 1984, S. 497; *H. Honsell*, JuS 1981, S. 705; *Kupisch*, JZ 1976, S. 417; *Larenz* Bd. II/1, § 43 II; *Loewenheim*, JuS 1981, S. 721; *Medicus*, Bürgerliches Recht, § 20; *Reinicke/Tiedtke*, S. 346 ff; *Walter*, § 10 (S. 442 ff); *Hj. Weber*, Sicherungsgeschäfte, 3. Aufl. (1986), §§ 9 f (S. 112 ff).

---

27 BGHZ 67, S. 359 = NJW 1977, S. 379 = JuS 1977, S. 471 Nr 2.
28 Grdlg. BGH, LM Nr 40 zu § 823 (Ac) BGB = NJW 1985, S. 2420 = JuS 1985, S. 812 Nr 6 „Schwimmschalter".
29 BGH, LM Nr 47 zu § 823 (Ac) BGB = NJW 1990, S. 908 = JuS 1990, S. 579 Nr 4.

§ 6

1. Bedeutung

1   Die wirtschaftliche Bedeutung des Eigentumsvorbehaltes läßt sich am besten an **Fall 7** verdeutlichen: K war hier nicht in der Lage, sofort bei Übergabe des Pkw den vollen Kaufpreis zu bezahlen. Der Verkäufer mußte folglich vorleisten, wenn er nicht überhaupt auf den Vertrag verzichten wollte. Es liegt jedoch auf der Hand, daß dadurch die Kaufpreisforderung des V gefährdet werden kann. Deshalb wird V versuchen, sich gegen eine etwaige Zahlungsunfähigkeit seines Vertragspartners zu sichern. Zu diesem Zwecke könnte er sich zB eine andere Sache des K verpfänden lassen (§§ 1204 ff); oder er könnte von K verlangen, ihm einen Bürgen für die Kaufpreisforderung zu stellen (§ 765). Indessen sind beide Wege in aller Regel nicht gangbar. Deshalb bleibt in solchen Fällen dem Verkäufer häufig nichts anderes übrig, als die verkaufte Sache selbst als Sicherheit zu verwenden.

2   Diesem Zweck dient bei beweglichen Sachen in erster Linie der sog. Eigentumsvorbehalt[1]. Schuldrechtlich bedeutet seine Vereinbarung nach § 455 vor allem, daß der Verkäufer in Abweichung von den §§ 326 Abs. 1 und 454 im Zweifel sofort zum Rücktritt berechtigt ist, sobald der Käufer mit der Zahlung des Kaufpreises in Verzug gerät. Hingegen liegt die sachenrechtliche Wirkung des Eigentumsvorbehalts vornehmlich darin, daß die Übereignung der Sache nur unter der aufschiebenden Bedingung der vollständigen Zahlung des Kaufpreises erfolgt (§§ 158, 929).

2. Begründung

3   Um seine volle Wirkung entfalten zu können, muß der Eigentumsvorbehalt bereits **im Kaufvertrag** vereinbart sein. Das kann durch Individualabrede oder durch Bezugnahme auf die Geschäftsbedingungen des Verkäufers geschehen, da eine sog. Vorbehaltsklausel in AGB grundsätzlich als unbedenklich gilt (§§ 3, 9 AGBG)[2]. Probleme tauchen hingegen auf, wenn der Verkäufer den Eigentumsvorbehalt erst **nachträglich** einseitig bei der Übergabe erklärt. Hierdurch kann er zwar den sofortigen Übergang des Eigentums auf den Käufer verhindern, sofern der Vorbehalt für den Käufer erkennbar ist[3]; aber der Käufer braucht sich darauf nicht einzulassen, sondern kann Erfüllung durch unbedingte Übereignung verlangen (§ 433 Abs. 1 S. 1), vorausgesetzt, daß er bereit und in der Lage ist, sofort den vollen Kaufpreis zu zahlen (§ 320 Abs. 1)[4]. Kann oder will er dies nicht, nimmt er aber gleichwohl die ihn vom Verkäufer angebotene Sache an, so kommt hierdurch noch nachträglich konkludent ein Vorbehaltskauf zustande (§ 305). Das ist selbst dann noch möglich, wenn der Käufer zuvor schon unbedingtes Eigentum erworben hatte[5].

---

1   Während bei Grundstücken, bei denen mit Rücksicht auf § 925 Abs. 2 ein Eigentumsvorbehalt ausgeschlossen ist, der noch offenstehende Kaufpreisrest ohne weiteres durch Eintragung einer Hypothek oder Grundschuld auf dem verkauften Grundstück gesichert werden kann.
2   *H. Honsell*, JuS 1981, S. 705 (706).
3   BGH, LM Nr 34 zu § 455 BGB = NJW 1979, S. 213; LM Nr 49 aaO = JZ 1989, S. 808.
4   *H. Honsell*, JuS 1981, S. 705 (707 f).
5   *Reinicke/Tiedtke*, S. 349 ff; *Walter*, § 10 II 3 (S. 451 ff); anders zB *Paulusch*, WM 1991 Beil. 9 zu H. 37, S. 35.

3. Erlöschen

Der Eigentumsvorbehalt ist nur ein vorübergehendes Sicherungsmittel des Verkäufers, das aus zahlreichen Gründen seine Wirkung einbüßen kann. Der wichtigste Erlöschensgrund ist natürlich der Bedingungseintritt infolge voller Bezahlung des Kaufpreises (§ 455). Eine Leistung an Erfüllungs Statt steht dabei der Erfüllung gleich, nicht aber eine bloße Leistung erfüllungshalber[6]. Hat der Käufer für den Kaufpreis einen Wechsel akzeptiert, so tritt folglich die Bedingung erst ein, wenn er den Wechsel einlöst[7].

4

Der Eigentumsvorbehalt erlischt außerdem durch die Weiterveräußerung der Sache, sofern sie dem Käufer vom Verkäufer im ordnungsmäßigen Geschäftsbetrieb gestattet worden war (§ 185 Abs. 1). Weitere Erlöschensgründe sind eine vertragliche Aufhebung des Eigentumsvorbehalts[8], ein Verzicht des Verkäufers auf ihn sowie eine Verfügung des Käufers über die Sache zugunsten eines Gutgläubigen (§ 932 Abs. 1). Schließlich geht der Eigentumsvorbehalt idR noch unter, wenn der Käufer die unter Eigentumsvorbehalt erworbene Sache zu einer neuen Sache verarbeitet (§ 950), so daß er über sie dann frei verfügen kann[9].

5

4. Schuldrechtliche Auswirkungen

a) Erfüllung

Da der Käufer erst mit Bedingungseintritt infolge vollständiger Bezahlung des Kaufpreises Eigentum erwirbt (§ 455), ist zweifelhaft, ob der Verkäufer bereits mit Übergabe der Sache erfüllt hat (§ 362). Die Praxis verneint dies idR und folgert daraus, der Verkäufer brauche seine Rechtsverschaffungspflicht erst bei Bedingungseintritt zu erfüllen, so daß der Käufer vorher wegen etwaiger Rechte Dritter grundsätzlich keine Ansprüche aus den §§ 434 und 440 herleiten könne[10].

6

Diese Praxis erscheint wenig interessengerecht, da nichts die Vorstellung hindert, daß die Erfüllung schon in der bedingten Übereignung der Sache liegt, so daß der Käufer vom Verkäufer **sofort** Erfüllung der Rechtsverschaffungspflicht verlangen kann.[11] Für den Kaufer hätte dies den großen Vorteil, daß im Konkurs des Verkäufers kein Raum mehr für die Anwendung des § 17 KO ist, so daß der Konkursverwalter nicht die Befugnis besitzt, die Sache von dem vertragstreuen Käufer zurückzufordern.[12]

7

---

6 BGHZ 96, S. 182 = NJW 1986, S. 424 = JuS 1986, S. 311 Nr 4.
7 *H. Honsell*, JuS 1981, S. 705 (708).
8 BGHZ 92, S. 280 (288 ff) =NJW 1985, S. 376.
9 BGH, LM Nr 49 zu § 455 BGB = JZ 1989, S. 808.
10 BGH, LM Nr 13 zu § 455 BGB = NJW 1961, S. 1252 (1253); *Walter*, S. 460 f.
11 *Honsell*, JuS 1981, S. 705 (708 f, 712 m Nachw.); *Brox*, JuS 1984, S. 657 (667 f).
12 So aber die Rechtsprechung, zB RGZ 140, S. 156 (160); BGHZ 98, S. 160 (168 ff) = NJW 1986, S. 2948; BGH, LM Nr 6 zu § 17 KO = NJW 1962, S. 2296; zum Konkurs des Käufers s. u. Rn 11.

§ 6

b) Verzug des Käufers

8   aa) Im Verhältnis der Kaufvertragsparteien wird der Eigentumsvorbehalt in aller Regel erst praktisch, wenn der Käufer in Verzug gerät. Der Verkäufer hat dann die Wahl: Er kann einmal nach § 326 vorgehen und dann gegebenenfalls **Schadensersatz** wegen Nichterfüllung fordern. Das hat vor allem zur Folge, daß der Käufer sein Besitzrecht einbüßt, so daß der Verkäufer jetzt außerdem Herausgabe seiner Sache vom Käufer verlangen kann (§§ 985, 986)[13]. Jedoch muß er sich dann deren Wert auf seinen Ersatzanspruch anrechnen lassen.

9   Wählt der Verkäufer hingegen den **Rücktritt**, so greift (als Ausnahme von § 454) ergänzend § **455** ein, nach dem der Verkäufer im Zweifel schon dann ohne weiteres zurücktreten kann, wenn sich der Käufer nur in Verzug befindet. Voraussetzung des Rücktritts (nicht des Schadensersatzanspruchs!) ist hier folglich – in Abweichung von § 326 Abs. 1 – lediglich Zahlungsverzug des Käufers, nicht hingegen zusätzlich die Setzung einer Nachfrist in Verbindung mit einer Ablehnungsandrohung.

10 bb) Probleme ergeben sich aus der gesetzlichen Regelung nach **Verjährung** der Kaufpreisforderung, da der Käufer jetzt nicht mehr in Verzug geraten kann (sog. Heilung des Verzugs)[14], so daß der Verkäufer auch nicht mehr zurücktreten kann (lies § 455). Deshalb liegt der Schluß nahe, der Käufer erlange jetzt ein endgültiges, dh vom Verkäufer nicht mehr beeinflußbares Besitzrecht an der Sache. Diese Konsequenz wird indessen von der durchaus hM[15] unter Berufung auf einen Analogieschluß zu § 223 Abs. 2 abgelehnt. Die Folge ist, daß der Verkäufer jetzt immer noch seine Sache zurückverlangen kann, um auf den Käufer einen Druck zur Bezahlung der (an sich verjährten) Forderung auszuüben. Kommt der Käufer diesem Verlangen nicht nach, so muß der Verkäufer freilich bei Rücknahme der Sache den schon gezahlten Kaufpreis nach Abzug einer Nutzungsentschädigung an den Käufer zurückzahlen[16].

5. Die Stellung des Käufers vor Bedingungseintritt

a) Vollstreckung in die Sache

11 Bis zum Bedingungseintritt ist der Verkäufer noch Eigentümer der Sache, so daß er sich gegen eine Zwangsvollstreckung der Gläubiger des Käufers in die Kaufsache mit der Drittwiderspruchsklage wehren kann (§ 771 ZPO)[17]. In dieser Position liegt gerade seine Sicherung für den Fall des Rücktritts (§ 455), da er als Eigentümer wenigstens die

---

13 RGZ 141, S. 259 (261); 144, S. 62 (65 f); BGHZ 54, S. 214 (216) = NJW 1970, S. 1733.
14 Leistungsstörungen, § 16 VI 2 (S. 173 ff).
15 BGHZ 34, S. 191 (193 ff); 48, S. 249 (250) = NJW 1967, S. 1808; BGHZ 70, S. 96 = NJW 1978, S. 416 = JuS 1978, S. 563 Nr 5; BGH, LM Nr 35 zu § 455 BGB = NJW 1979, S. 2195 (2196) für den Abzahlungskauf.
16 § 242; *Reinicke/Tiedtke*, S. 359; anders offenbar BGH, LM Nr 35 zu § 455 BGB = NJW 1979, S. 2195 (2196 aE).
17 ZB BGHZ 54, S. 214 (218 f) = NJW 1970, S. 1733.

Gewißheit hat, die Kaufsache, wenn auch möglicherweise entwertet, wiederzubekommen. Fällt der Käufer in Konkurs, so hat der Konkursverwalter des Käufers das Wahlrecht des § 17 KO; dem Verkäufer steht hingegen ein Aussonderungsrecht nach § 43 KO zu[18].

b) Anwartschaftsrecht

aa) Das Gesetz läßt den Käufer in der Zeitspanne vor dem Bedingungseintritt nicht ohne Schutz; seine Position, die auf Erwerb des Vollrechts angelegt ist, wird vielmehr durch die §§ 160 bis 162 umfassend gegen jede einseitige nachträgliche Beeinträchtigung seitens des Verkäufers geschützt. Dies bedeutet, daß der Käufer bereits **vor** Bedingungseintritt über eine rechtlich gesicherte Position verfügt, die allgemein Anwartschaft oder auch Anwartschaftsrecht genannt wird. 12

Der Schutz der Anwartschaft des Käufers auf Erwerb des Vollrechts ist in den letzten Jahren ständig ausgebaut worden, so daß sich dieses Recht mittlerweile in manchen Beziehungen dem Vollrecht annähert[19]. So kann der Käufer zB schon vor Bedingungseintritt über sein Anwartschaftsrecht – als Berechtigter – nach den §§ 929 ff verfügen. Die Folge ist dann, daß bei Bedingungseintritt das Eigentum **unmittelbar** vom Verkäufer auf den Erwerber der Anwartschaft übergeht[20]. Allerdings erfassen gesetzliche Pfandrechte (zB § 559) ebenso wie Hypotheken (§ 1120) auch bloße Anwartschaften des Käufers, so daß der Erwerber gegebenenfalls nur ein belastetes Recht erwirbt[21]. 13

Diese Verselbständigung der Anwartschaft darf jedoch nicht darüber hinwegtäuschen, daß sie gleichwohl in eigentümlicher Weise mit dem zugrunde liegenden Kaufvertrag verknüpft bleibt. Die Anwartschaft erlischt daher, wenn der Verkäufer zurücktritt (§ 455) oder wenn der Käufer den Vertrag anficht oder wandelt oder die Parteien das Anwartschaftsrecht aufheben. Einen Schutz des Anwartschaftserwerbers gegen die hierin liegende Schwäche des von ihm erworbenen Rechts gibt es nicht.[22] 14

bb) Die Anwartschaft des Käufers ist als sonstiges Recht iS des § 823 Abs. 1 anerkannt. Gegen Dritte genießt der Vorbehaltskäufer daher nicht nur Besitzschutz (§§ 858 ff), sondern auch – neben dem Vorbehaltsverkäufer und Eigentümer – Deliktschutz[23]. 15

---

18 S. *Walter*, § 10 III 2 b (S. 467 f).
19 Vgl statt aller *Marotzke*, Das Anwartschaftsrecht – ein Beispiel sinnvoller Rechtsanwendung?, 1977; *Medicus*, § 20; *Müller-Laube*, JuS 1993, S. 529; *Reinicke/Tiedtke*, S. 365 ff.
20 BGHZ 20, S. 88 (bes. 98 ff); 34, S. 374 (377); 54, S. 319 (330) = NJW 1970, S. 2212; BGHZ 75, S. 221 = NJW 1980, S. 175 = JuS 1980, S. 224 Nr 6; aA noch RGZ 140, S. 223.
21 S. BGHZ 35, S. 85; 54, S. 319 (331) = NJW 1970, S. 2212; BGH, LM Nr 3 zu § 559 BGB = NJW 1965, S. 1475 = JuS 1965, S. 409 f Nr 2 m. Nachw.; *Brox*, JuS 1984, S. 657 (662 ff).
22 S. BGHZ 75, S. 221 = NJW 1980, S. 175 = JuS 1980, S. 224 Nr 6 m. Nachw.; BGHZ 92, S. 280 (289 ff) = NJW 1985, S. 376; *Loewenheim*, JuS 1981, S. 721.
23 BGHZ 55, S. 20 (25 f); *Müller-Laube*, JuS 1993, S. 529.

§ 6

II. Abzahlungskauf und VerbrKrG

Literatur: *P. Bülow*, Verbraucherkreditgesetz, 2. Aufl. (1993); *ders.*, NJW 1991, S. 129; *Bruchner/Ott/Wagner-Wieduwilt*, VerbrKrG, 1992; *Emmerich*, JuS 1991, S. 705; *Hadding/Hopt* (Hrsg.), Das neue Verbraucherkreditgesetz, 1991; *Lwowski/Peters/Gößmann*, VerbrKrG, 1993; *Münstermann/Hannes*, Verbraucherkreditgesetz, 1991; *Reifner*, Handbuch des Kreditrechts, 1991; *Reinicke/Tiedtke*, S. 425 ff; *Fr.J. Scholz*, Verbraucherkredit-Verträge, 2. Aufl. (1992); *P. Ulmer/Habersack*, VerbrkrG, 1992; *Graf von Westphalen/Emmerich/Kessler*, Verbraucherkreditgesetz, 1991.

16 In **Fall 7** hatten V und K vereinbart, daß K den Kaufpreis nicht auf einmal, sondern in zehn gleichen Raten bezahlen solle. Folglich handelte es sich bei dem Vertrag um einen Abzahlungskauf. Bei derartigen Verträgen sind die Käufer besonders schutzbedürftig. Deshalb hatte der Gesetzgeber hier bereits vor Inkrafttreten des BGB in dem AbzG von 1894 einige Sondervorschriften zum Schutze der Käufer erlassen, die auch nach Inkrafttreten des BGB bestehen blieben. An ihre Stelle ist mittlerweile das VerbrKrG von 1990 getreten, bei dessen Verabschiedung wiederum (bedauerlicherweise) darauf verzichtet worden ist, die Vorschriften ins BGB einzuordnen, wohin sie eigentlich gehören.

1. Geschichte

17 Das VerbrKrG hat verschiedene Quellen. Zu nennen ist hier an erster Stelle die Verbraucherkreditrichtlinie vom 22. Dezember 1986[24] idF der Änderungsrichtlinie vom 22.Februar 1990[5]. Das VerbrKrG stellt jedoch keine bloße Umsetzung dieser Richtlinien ins deutsche Recht dar; vielmehr enthält das Gesetz – über die Richtlinie hinaus – auch Vorschriften über den Verzugsschaden (§ 11) sowie über die Kreditvermittlung (§§ 15-17). Zugleich wurde das ganze AbzG in das neue VerbrKrG eingearbeitet. 1993 ist das Gesetz sodann erstmals in einzelnen Beziehungen geändert worden.[26]

18 Der Anwendungsbereich des VerbrKrG ist wesentlich weiter als der des früheren AbzG. Während dieses lediglich den klassischen Abzahlungskauf sowie einige gleichstehende Abreden regelte, erfaßt das VerbrKrG heute sämtliche Verbraucherkredite im weitesten Sinne, neben dem herkömmlichen Abzahlungskauf daher insbesondere auch alle Geldkredite einschließlich namentlich der verbreiteten Ratenkredite. Der Standort des VerbrKrG ist infolgedessen jetzt weniger im Kaufrecht als im Darlehensrecht. Wegen der großen praktischen Bedeutung der Materie soll hier gleichwohl ein kurzer Überblick über die auf den Abzahlungskauf bezüglichen Vorschriften des VerbrKrG gegeben werden (s. im übrigen u. § 8 VI).

---

24 ABl. 1987 Nr L 42/48
25 ABl. Nr L 61/14.
26 BGBl I, S. 509; dazu zB *P. Bülow*, NJW 1993, S. 1617; *Drescher*, WM 1993, S. 1445; *Scholz*, BB 1993, S. 1161; *Graf v. Westphalen*, ZIP 1993, S. 476.

2. Anwendungsbereich

a) Persönlicher Anwendungsbereich

Nach § 1 Abs. 1 VerbrKrG gilt das Gesetz für sämtliche Kredit- und Kreditvermittlungsverträge zwischen gewerblich oder beruflich tätigen Kreditgebern (und Kreditvermittlern) auf der einen Seite und (nur) natürlichen Personen auf der anderen Seite, außer wenn der Kredit nach dem Inhalt des Vertrages für ihre **bereits ausgeübte** gewerbliche oder selbständige berufliche Tätigkeit bestimmt ist. Lediglich die sog. Existenzgründungsdarlehen werden vom Gesetz erfaßt, freilich nur bis zu einer Obergrenze von 100 000,- DM (§ 3 Abs. 1 Nr 2 VerbrKrG). Für die Abgrenzung zwischen der Existenzgründung, die unter das Gesetz fällt, und der späteren Ausübung der gewerblichen oder selbständigen beruflichen Tätigkeit, die nicht mehr geschützt ist, kommt es dabei auf den Zeitpunkt der Ladeneröffnung, der Aufnahme der Produktion oder des Beginns des Angebots von Dienstleistungen an.[27]

19

b) Sachlicher Anwendungsbereich

aa) Der sachliche Anwendungsbereich des Gesetzes ergibt sich in erster Linie aus seinen § 1 Abs. 2. Er umfaßt danach sämtliche Kreditverträge, dh alle Verträge, durch die ein (gewerblicher) Kreditgeber einem Verbraucher einen entgeltlichen Kredit in der Form eines Darlehens, eines Zahlungsaufschubs oder einer sonstigen Finanzierungshilfe gewährt oder zu gewähren verspricht. Den hier allein interessierenden Abzahlungskauf erfaßt das Gesetz durch die Einbeziehung jeder Form eines Zahlungsaufschubs.

20

> bb) Verschiedene Modifikationen ergeben sich aus den §§ 2 und 3 des Gesetzes. § 2 **VerbrKrG** erstreckt zunächst nach dem Vorbild des alten § 1c AbzG den Anwendungsbereich der §§ 4, 7 und 8 des Gesetzes zT auf Verträge, die die Lieferung von Sachen in Teilleistungen oder wiederkehrende Leistungen zum Gegenstand haben, womit den Verbrauchern in solchen Fällen namentlich ihr Widerrufsrecht (§ 7 aaO) erhalten werden sollte. **Beispiele** sind der Verkauf mehrbändiger Lexika, Zeitschriftenabonnements[28], Bierlieferungsverträge einschließlich des Beitritts zu solchen Verträgen[29] sowie Franchiseverträge, wenn sie nach ihrem ganzen Inhalt zum wiederkehrenden Bezug von Sachen verpflichten[30].

21

cc) Einschränkungen des Anwendungsbereichs ergeben sich aus dem Katalog des § 3 VerbrKrG. Wichtig sind davon im vorliegenden Fall nur die Bagatellklausel des § 3 Abs. 1 Nr 1, nach der das Gesetz auf alle Abzahlungskäufe mit einem Barpreis bis zu 400,- DM keine Anwendung findet, sowie die Bestimmung der Nr 3 aaO, wonach außerdem Stundungsvereinbarungen bis zu drei Monaten aus dem Anwen-

22

---

27 OLG Hamm, NJW-RR 1992, S. 3179.
28 BGH, LM Nr 13 zu § 1b AbzG = NJW 1987, S. 124; LM Nrn. 10 und 11 zu § 1c AbzG = WM 1990, S. 613 und NJW-RR 1990, S. 562.
29 BGHZ 78, S. 248; 79, S. 127; 109, S. 314 = NJW 1990, S. 567.
30 BGHZ 97, S. 351 = NJW 1986, S. 1988; OLG Hamm, NJW-RR 1992, S. 3179.

§ 6

dungsbereich des Gesetzes ausgeklammert sind. Bei derartigen kurzfristigen Abzahlungskäufen genießt der Verbraucher heute mithin keinen zusätzlichen Schutz mehr.

3. Schriftform

23 Das VerbrKrG bezweckt einen Schutz der Verbraucher in erster Linie durch ihre umfassende **Information** über sämtliche auf sie zukommenden Belastungen und Verpflichtungen (§ 4). Ausnahmen bestehen jedoch ua für Versandgeschäfte (§ 8 Abs. 1 aaO), sofern bei ihnen eine ausreichende Information der Verbraucher bereits auf andere Weise sichergestellt ist.

Für Abzahlungskäufe besteht jetzt Schriftformzwang (§ 4 Abs. 1 S. 1 VerbrKrG). Das Gesetz bestimmt zugleich in § 4 Abs. 1 S. 4 Nr 2, welche Angaben die Vertragsurkunde mindestens enthalten muß. Hervorzuheben sind der Barzahlungspreis, der Teilzahlungspreis, Betrag, Zahl und Fälligkeit der einzelnen Teilzahlungen (Raten) sowie der effektive Jahreszins.

24 Bei einem Verstoß gegen das Schriftformerfordernis des § 4 des Gesetzes ist der Vertrag grundsätzlich nichtig (§ 6 Abs. 1 VerbrKrG; § 125 BGB). Von dieser Regel gibt es jedoch verschiedene Ausnahmen. Insbesondere werden Sachkredite (Abzahlungskäufe) – trotz des Formverstoßes – mit **Übergabe** der Sache doch wirksam (§ 6 Abs. 3 aaO). Außerdem ist in diesem Fall der Barzahlungspreis mit dem gesetzlichen Zinssatz zu verzinsen, sofern lediglich die Angabe des Teilzahlungspreises oder des effektiven Jahreszinses in der Urkunde fehlt (§ 6 Abs. 3 S. 2 aaO).

4. Widerrufsrecht

25 § 7 VerbrKrG räumt den Verbrauchern bei sämtlichen Abzahlungskäufen ein Widerrufsrecht binnen einer Woche ein. Sonderregelungen finden sich für Versandgeschäfte in § 8 Abs. 2 sowie für verbundene Geschäfte in § 9 Abs. 2 des Gesetzes.

26 Die **Widerrufsfrist** beträgt eine Woche, wobei die Frist erst zu laufen beginnt, wenn der Verbraucher ordnungsgemäß über sein Widerrufsrecht belehrt worden ist[31]. Fehlt es an einer ordnungsmäßigen Belehrung des Verbrauchers, so erlischt das Widerrufsrecht erst nach beiderseitiger vollständiger Erfüllung, spätestens jedoch ein Jahr nach Abgabe der Willenserklärung des Verbrauchers (§ 7 Abs. 2 S. 3 aaO). Bis dahin ist der Vertrag folglich schwebend unwirksam, so daß keine Partei Erfüllung oder Schadensersatz wegen Nichterfüllung verlangen kann.[32] Der Widerruf muß schriftlich erfolgen, wobei zur Wahrung der Frist die rechtzeitige Absendung des Widerrufs genügt (§ 7 Abs. 1 und 2 aaO). Die Rechtsfolgen des Widerrufs ergeben sich aus dem entsprechend anwendbaren § 3 HausTWG (§ 7 Abs. 4 VerbrKrG).

---

31 S. im einzelnen § 7 Abs. 2 S. 1 und 2 und dazu BGHZ 119, S. 283 (296 f) = NJW 1993, S. 64; OLG Stuttgart, NJW 1992, S. 3245.
32 BGHZ 119, S. 283 (298) = NJW 1993, S. 64.

5. Kündigung und Rücktritt

Bei Zahlungsverzug des Käufers hat der Verkäufer die Wahl zwischen Kündigung und Rücktritt (§§ 12 und 13). Beide Rechtsbehelfe unterscheiden sich dadurch, daß die Kündigung nur für die Zukunft wirkt (§ 12), während durch einen Rücktritt nach § 13 der Vertrag in ein Abwicklungsverhältnis verwandelt wird. Die Regel dürfte bei Abzahlungskäufen der Rücktritt des Verkäufers bilden, so daß sich die weiteren Ausführungen im wesentlichen auf diesen Fall beschränken können. 27

a) Voraussetzungen

Die Voraussetzungen des Rücktrittsrechts ergeben sich aus § 13 Abs. 1 in Verb. mit § 12 Abs. 1 VerbrKrG. Es sind dies erstens ein Verzug des Verbrauchers mit mindestens zwei aufeinanderfolgenden Teilzahlungen (Raten) ganz oder teilweise und mit mindestens 10%, bei einer Laufzeit des Vertrages über drei Jahre mit 5% des Teilzahlungspreises sowie zweitens der fruchtlose Ablauf einer zweiwöchigen Nachfrist in Verbindung mit einer Ablehnungandrohung. Ob der Verbraucher mit den genannten Beträgen in Verzug ist, beurteilt sich hierbei nach den §§ 284, 285 und 279 BGB. Keine Rücktrittsvoraussetzung ist hingegen das in § 12 Abs. 1 S. 2 VerbrKrG zusätzlich vorgeschriebene Gesprächsangebot des Kreditgebers. 28

Die Ausübung des Rücktrittsrechts richtet sich nach den §§ 349 und 356 BGB. Der Rücktritt erfolgt mithin durch einseitige empfangsbedürftige Willenserklärung gegenüber dem Verbraucher. 29

b) Rechtsfolgen

Durch den Rücktritt wird der Kaufvertrag in ein Abwicklungsverhältnis umgestaltet, dessen Inhalt sich gemäß § 13 Abs. 2 S. 1 VerbrKrG nach den §§ 346 ff BGB richtet. Folglich kann der Verkäufer vom Käufer unter bestimmten Voraussetzungen Schadensersatz wegen einer Verschlechterung, des Untergangs oder einer aus einem anderen Grund eintretenden Unmöglichkeit der Herausgabe des empfangenen Gegenstandes sowie Nutzungsersatz verlangen (§ 347 BGB). Die Höhe der Nutzungsvergütung orientiert sich in erster Linie an dem üblichen Mietzins für Sachen der fraglichen Art. Bei längerem Gebrauch der Sache kann daher die Nutzungsvergütung sehr hoch sein; die Obergrenze bildet auf jeden Fall der Kaufpreis[33]. 30

c) Rücknahme der Sache

Nach § 13 Abs. 3 S. 1 VerbrKrG gilt es grundsätzlich als Ausübung des Rücktrittsrechts, wenn der Verkäufer aufgrund des ihm vorbehaltenen Eigentums die verkaufte Sache wieder an sich genommen hat. Zum Verständnis dieser auf den ersten Blick 31

---

[33] S. BGHZ 19, S. 330 (333 ff) = NJW 1956, S. 418; BGHZ 44, S. 237 (239 ff) = NJW 1966, S. 446 = JuS 1966, S. 124 Nr 4; BGHZ 94, S. 226 = NJW 1985, S. 1544.

§ 6

überraschenden Bestimmung muß man sich folgendes vergegenwärtigen: Bei Zahlungsverzug des Käufers hat der Verkäufer, abgesehen von der hier nicht weiter interessierenden Kündigung (§ 12 VerbrKrG), die Wahl zwischen dem Rücktritt, dem Schadensersatzanspruch wegen Nichterfüllung (§ 326 Abs. 1 BGB) und dem Anspruch auf Ersatz des bloßen Verzugsschadens (§ 286 Abs. 1 BGB), wobei er aber Rückgabe der Sache grundsätzlich nur verlangen kann, wenn er sich für den Rücktritt entscheidet. Das ist der Grund, weshalb das Gesetz – zum Schutz des Käufers – bei einer Rücknahme der Sache durch den Verkäufer einfach unterstellt, daß er sich dann eben offenkundig für den Rücktritt entschlossen hat[34].

32 Der Begriff der Wiederansichnahme wird in § 13 Abs. 3 S. 1 VerbrKrG ebenso wie in den früheren § 5 AbzG üblicherweise ganz **weit** ausgelegt[35]. Deshalb wird die Rücktrittsfiktion bereits ausgelöst, wenn der Verkäufer vom Käufer ernstlich und endgültig die Herausgabe der Sache verlangt oder Klage auf Herausgabe erhebt[36]. Gleich steht die Herausgabe der Sache an einen Dritten **auf Veranlassung** des Verkäufers[37]. Sendet der Käufer die Sache hingegen ausschließlich aus **eigenem** Antrieb an den Verkäufer zurück oder gibt er einfach den Besitz an ihr auf, so liegt mangels Veranlassung durch den Verkäufer keine Wegnahme durch diesen vor, die die Rücktrittsfiktion auslösen könnte[38].

33 Besondere Schwierigkeiten bereitet die zutreffende Qualifizierung einer **Vollstreckung** in die Sache. In der Regel wird angenommen, daß zwar noch nicht die bloße Pfändung der Sache die Rücktrittsfiktion auslöst, selbst wenn der Gerichtsvollzieher dem Käufer die Sache wegnimmt, wohl aber jede Verwertung der Sache, und zwar ohne Rücksicht darauf, ob ein Dritter oder der Verkäufer selbst die Sache ersteht oder ob sich der Verkäufer die gepfändete Sache nach § 825 ZPO zu Eigentum überweisen läßt[39].

34 Im **Fall 7** gilt mithin jedenfalls die Verwertung der Sache durch V als Rücktritt vom Kaufvertrag, so daß die Kaufpreisforderung, derentwegen V die Zwangsvollstreckung betreibt, erlischt. V muß außerdem die schon empfangenen Raten bis auf die ihm gebührende Nutzungsentschädigung an den K zurückzahlen (§ 13 Abs. 2 VerbrKrG). Daraus folgt, daß K jetzt wegen des nachträglichen Fortfalls der titulierten Forderung Vollstreckungsgegenklage gegen V mit dem Antrag erheben kann, die Zwangsvollstreckung für unzulässig zu erklären (§ 767 ZPO). Kommt die Klage zu spät, weil die Zwangsvollstreckung inzwischen beendet ist, so ändert dies nichts an der Verpflichtung des V zur Rückzahlung der Raten abzüglich der ihm gebührenden Nutzungsentschädigung, worauf der Erlös der Sache zu verrechnen ist (§ 812 Abs. 1 S. 1 Fall 2).

---

34 *Müller-Laube*, JuS 1982, S. 797.
35 S. *Graf v. Westphalen/Emmerich*, § 13 Rn 38 ff m. Nachw.
36 BGHZ 55, S. 59 = NJW 1971, S. 191; BGHZ 91, S. 37 (46) = NJW 1984, S. 1754 (1755) = JuS 1984, S. 890 Nr 5.
37 BGH, LM Nr 24 zu § 5 AbzG = NJW 1984, S. 2294.
38 BGHZ 45, S. 111 = NJW 1966, S. 972; BGH, LM Nr 9 zu § 5 AbzG = WM 1961, S. 597.
39 BGHZ 15, S. 171 und S. 241; 19, S. 326; 22, S. 123; 39, S. 97 = NJW 1963, S. 763; BGHZ 55, S. 59 = NJW 1971, S. 191; s. dazu kritisch *H. Honsell*, JuS 1981, S. 705 (711 f); *Müller-Laube*, JuS 1982, S. 797 (803 ff).

III. Verbundene Geschäfte

Literatur: *Frh. Marschall von Bieberstein*, Das Abzahlungsgeschäft und seine Finanzierung, 1959; *ders.*, Gutachten zur Reform des finanzierten Abzahlungskaufs, 1980; *Emmerich*, JuS 1971, S. 273; *ders.*, Verbundene Geschäfte im VerbrKrG, in: *Hadding/Hopt*, Das neue VerbrKrG, 1991, S. 67; *Gundlach*, Konsumentenkredit und Einwendungsdurchgriff, 1979; *Habersack*, ZHR 156 (1992), 45; *Hadding*, Gutachten für den 53. DJT, 1980; *Hörter*, Der finanzierte Abzahlungskauf, 1969; *Reinicke/Tiedtke*, S. 452 ff; *dies.*, ZIP 1992, S. 217; *Vollkommer*, in: Festschr. f. Merz, 1992, S. 595.

In **Fall 7** hatte der Verkäufer V die Finanzierung des Kaufvertrages selbst übernommen, während in **Fall 8** der V nicht über das erforderliche Kapital verfügte, um seine zahlreichen Ratengeschäfte selbst finanzieren zu können. Er hatte deshalb seinen Käufer K an die Bank B verwiesen, die K ein Darlehen zur Bezahlung des Kaufpreisrestes an V gewährte. K mußte sich dagegen verpflichten, das Darlehen in Raten an die Bank zurückzuzahlen und ihr als Sicherheit sofort das Eigentum an der Kaufsache zu übertragen. Bei diesem sog. B-Geschäft haftet idR neben dem Käufer auch der Verkäufer als selbstschuldnerischer Bürge oder aufgrund eines Schuldbeitritts für die Rückzahlung des Darlehens.

1. Überblick

Kennzeichen des finanzierten Abzahlungskaufs, vom Gesetz in § 9 Abs. 1 heute verbundenes Geschäft genannt, ist die Aufteilung des „an sich" einheitlichen Kaufvertrags auf **zwei** rechtlich selbständige Verträge, den Kaufvertrag mit dem Verkäufer und den Darlehensvertrag mit der das Geschäft finanzierenden Bank. Der Käufer läuft deshalb in derartigen Fällen stets Gefahr, das Darlehen selbst dann an die Bank zurückzahlen zu müssen, wenn der Verkäufer überhaupt nicht oder doch nur mangelhaft liefert und eine Rechtsverfolgung gegen ihn auf Schwierigkeiten stößt. Außerdem droht ihm hier regelmäßig noch der Verlust des Schutzes durch die besonderen für den Abzahlungskauf geltenden Vorschriften, jedenfalls im Verhältnis zur Bank.

Eine gesetzliche Regelung dieser Fragen findet sich jetzt erstmals in den §§ 9, 10 Abs. 2 und 13 Abs. 3 S. 2 VerbrKrG. An der Spitze steht in § 9 Abs. 1 eine Definition der verbundenen Geschäfte. Sodann regelt § 9 Abs. 2 die Voraussetzungen und Folgen eines Widerrufs, während sich die Regelung des Einwendungsdurchgriffs in § 9 Abs. 3 findet.

2. Anwendungsbereich

Kauf- und Kreditvertrag bilden nach § 9 Abs. 1 S. 1 VerbrKrG ein verbundenes Geschäft, wenn der Kredit der Finanzierung des Kaufpreises dient und beide Verträge als **wirtschaftliche Einheit** anzusehen sind. Nach S. 2 aaO ist dies insbesondere anzunehmen, wenn der Kreditgeber sich bei der Vorbereitung oder dem Abschluß des Kreditvertrages der Mitwirkung des Verkäufers bedient. § 9 Abs. 4 aaO erstreckt den Begriff der verbundenen Geschäfte außerdem auf Kredite, die zur

§ 6

Finanzierung des Entgelts für eine andere Leistung als die Lieferung einer Sache gewährt werden; erfaßt werden hiermit namentlich finanzierte Dienstleistungen wie zB Ehemäklerverträge. Ausgeschlossen vom Anwendungsbereich des § 9 VerbrKrG sind jedoch finanzierte Spekulationsgeschäfte (§ 3 Abs. 2 Nr 4 VerbrKrG).

39 Mit der Definition der verbundenen Geschäfte in § 9 Abs. 1 und 4 VerbrKrG wollte der Gesetzgeber an die bisherige Rechtsprechung zum finanzierten Abzahlungskauf anknüpfen. In dieser wurde bisher die Eigenart finanzierter Geschäfte durchweg darin gesehen, daß bei ihnen die beiden „verbundenen Verträge" in Wirklichkeit eine wirtschaftliche Einheit bilden. Damit ergab sich die Notwendigkeit, die finanzierten Geschäfte von sonstigen nicht nur rechtlich, sondern auch wirtschaftlich selbständigen Kauf- und Darlehensverträgen abzugrenzen. Paradigma sind die sog. **Personalkredite**, die sich der Käufer „auf eigene Faust" zur Finanzierung beliebiger Anschaffungen besorgt.

40 Die **Abgrenzung** der Personalkredite von den Finanzierungsgeschäften ist schwierig, da leicht zu handhabende Unterscheidungskriterien nicht zur Verfügung stehen. Die Praxis unter dem AbzG stellte zuletzt darauf ab, ob nach den Umständen des Einzelfalls sämtliche Beteiligten mit dem Ziel zusammenwirken, dem Käufer den Erwerb eines bestimmten Gegenstandes gegen Ratenzahlung zu ermöglichen. Dazu war es erforderlich, daß die Verträge derart in einem **Bedingungszusammenhang** stehen, daß kein Vertrag ohne den anderen abgeschlossen worden wäre. Die Rechtsprechung orientierte sich dabei an bestimmten **Verbindungselementen**, worunter man objektive und subjektive Merkmale verstand, die (mit wechselndem Gewicht) in ihrem Zusammenwirken auf das Vorliegen eines finanzierten Geschäfts hindeuten sollten[40]. Das wichtigste **objektive** Verbindungselement war eine intensive Zusammenarbeit zwischen Bank und Verkäufer, namentlich aufgrund einer sog. Rahmenvereinbarung.

41 Ebenso dürfte im wesentlichen die Rechtslage unter dem VerbrKrG (§ 9) zu beurteilen sein[41]. Dafür spricht einmal die objektive Verbindungselemente ganz in den Vordergrund rückende Formulierung des § 9 Abs. 1 VerbrKrG, zum anderen die betonte Absicht des Gesetzgebers, an die bisherige Rechtsprechung des BGH anzuknüpfen. Die Frage der wirtschaftlichen Einheit von Kauf- und Darlehensvertrag ist mithin weiterhin jedenfalls vorrangig nach **objektiven** Kriterien zu beurteilen, wobei entsprechend den Regelbeispielen des § 9 Abs. 1 S. 2 VerbrKrG die irgendwie manifestierte **Zusammenarbeit** von Kreditgeber und Verkäufer im Vordergrund zu stehen hat.[42]

42 Insgesamt dürfte der Anwendungsbereich des § 9 VerbrKrG heute sehr weit sein. Unter der Voraussetzung, daß der Darlehensvertrag überhaupt unter die §§ 1 bis 3 VerbrKrG fällt, gehören deshalb zu den verbundenen Geschäften – außer dem her-

---

40 Vgl zB BGHZ 83, S. 301 = NJW 1982, S. 1694 = JuS 1982, S. 856 Nr 2; BGHZ 91, S. 9 (11) = NJW 1984, S. 1755 = JuS 1984, S. 716 Nr 3; BGHZ 91, S. 37 (43) = NJW 1984, S. 1754 = JuS 1984, S. 890 Nr 5; BGHZ 95, S. 350 (354 f) = NJW 1986, S. 43.
41 S. eingehend *Emmerich*, § 9 Rn 37 ff.
42 Für die alleinige Maßgeblichkeit derartiger objektiver Merkmale zB *Reinicke/Tiedtke*, ZIP 1992, S. 217 (222); *Habersack*, ZHR 156 (1992), S. 45 (50f).

kömmlichen finanzierten Abzahlungskauf – zB noch finanzierte Ehemakler- oder Unternehmenskaufverträge[43], finanzierte Arbeitnehmerbeteiligungen und Mitarbeiterverträge[44], finanzierte Franchisingverträge[45] sowie sogar finanzierte Werkverträge über Fertighäuser[46] und Bauträgerverträge[47].

3. Vertragsabschluß

a) Auf den Kreditvertrag findet bei verbundenen Geschäften in vollem Umfang das VerbrKrG Anwendung. Das ist wichtig vor allem wegen der **Formvorschrift des § 4** sowie wegen des Widerrufsrechts des Verbrauchers nach § 7 des Gesetzes (u. Rn 44). Wenn der Verkäufer die Verhandlungen über den Abschluß des Darlehensvertrages für die Bank geführt hat, ist er als Abschlußgehilfe der Bank zu behandeln, so daß er nicht als Dritter iS des **§ 123 Abs. 2 BGB** gilt. Die Folge ist, daß der vom Verkäufer arglistig getäuschte Käufer den Kaufvertrag und den Darlehensvertrag anfechten kann[48]. Die Rückabwicklung beider Verträge richtet sich dann nach Bereicherungsrecht (§§ 812, 818).

43

b) Für den **Widerruf** des Kreditvertrages gilt allein § 7 VerbrKrG (o. Rn 25 f). Bei verbundenen Geschäften zieht er aber automatisch auch die Unwirksamkeit des verbundenen Kaufvertrages nach sich. Das Gesetz erreicht dies dadurch, daß die Wirksamkeit des Kaufvertrages aufschiebend bedingt von dem Unterbleiben des rechtzeitigen Widerrufs des Kreditvertrages ist. In der Widerrufsbelehrung muß der Verbraucher auf diese Auswirkung des Widerrufs ausdrücklich hingewiesen werden (§§ 7 Abs. 2 S. 2, 9 Abs. 2 S. 2 VerbrKrG).[49]

44

> Die **Rechtsfolgen** des Widerrufs beurteilen sich in erster Linie nach § 7 Abs. 4 VerbrKrG und damit nach § 3 HausTWG (o. Rn 26). Ergänzend bestimmt S. 4 des § 9 Abs. 2 VerbrKrG, daß dann, wenn der Nettokreditbetrag dem Verkäufer bereits zugeflossen ist, der Kreditgeber im Verhältnis zum Verbraucher hinsichtlich der Rechtsfolgen des Widerrufs in die Rechte und Pflichten des Verkäufers aus dem Kaufvertrag eintritt. Hierdurch wird erreicht, daß der Kreditgeber sogar zur Rückzahlung einer etwaigen Anzahlung des Verbrauchers an den Verkäufer Zug um Zug gegen Rücknahme der Sache verpflichtet ist. Das Risiko der Auseinandersetzung mit dem Verkäufer wird damit im Falle des Widerrufs in vollem Umfang auf den Kreditgeber, dh die finanzierende Bank verlagert.

45

---

43 BGH, LM Nr 211 zu § 242 (Cd) BGB = NJW 1978, S. 1427 = JuS 1978, S. 633 Nr 7; LM Nr 285 zu § 242 (Cd) BGB = NJW 1987, S. 1813.
44 BGHZ 72, S. 92 = NJW 1978, S. 2145 = JuS 1979, S. 60 Nr 3; BGH, LM Nr 92 zu § 134 BGB = NJW 1980, S. 1514.
45 OLG Schleswig, NJW 1988, S. 3024.
46 BGH, LM Nr 4 zu § 7 AGBG = NJW 1986, S. 3199.
47 BGH, LM Nr 1 zu § 7 AGBG = NJW 1984, S. 2816.
48 ZB BGHZ 33, S. 302 = NJW 1961, S. 164; BGHZ 47, S. 233 = NJW 1967, S. 1028 = JuS 1967, S. 422 Nr 2.
49 S. dazu OLG Düsseldorf, NJW 1993, S. 741 = WM 1993, S. 1179 (1180).

§ 6

4. Einwendungsdurchgriff

46 Die verbundenen Geschäfte sind durch die Aufspaltung des an sich einheitlichen wirtschaflichen Vorgangs auf zwei rechtlich getrennte Verträge gekennzeichnet. Dies erweist sich für den Käufer dann als besonders gefährlich, wenn ihm aufgrund des Kaufvertrages Einwendungen gegen den Verkäufer zustehen, zB, weil er den Kaufvertrag mit Erfolg gewandelt oder angefochten hat. Hielte man sich hier streng an die äußerliche Trennung der beiden Verträge, so wäre die Folge, daß der Käufer das Darlehen an die Bank selbst dann zurückzahlen müßte, wenn er aus dem Kaufvertrag vom Verkäufer nichts oder fast nichts erhalten hat. Deshalb stellt sich hier die Frage, ob der Käufer etwaige Einwendungen aus dem Kaufvertrag trotz der rechtlichen Trennung beider Verträge unter bestimmten Voraussetzungen doch der Bank entgegensetzen kann (sog. Einwendungsdurchgriff).

Die frühere Rechtsprechung zu diesem Fragenkreis war uneinheitlich und widersprüchlich[50]. Deshalb bestimmt jetzt § 9 Abs. 3 S. 1 VerbrKrG ausdrücklich, daß der Verbraucher die Rückzahlung des Kredits verweigern kann, soweit Einwendungen aus dem verbundenen Kaufvertrag ihn gegenüber dem Verkäufer zur Verweigerung seiner Leistung berechtigen. Anders verhält es sich nur bei Verträgen, bei denen der finanzierte Kaufpreis 400,- DM nicht überschreitet, sowie bei Einwendungen, die auf einer zwischen dem Verkäufer und dem Verbraucher **nach** Abschluß des Kreditvertrages vereinbarten Vertragsänderung beruhen (§ 9 Abs. 3 S. 2). Der Einwendungsdurchgriff ist außerdem **subsidiär**, wenn der Verbraucher selbst an dem verbundenen Kaufvertrag festhalten will, indem er wegen eines Mangels der gelieferten Sache (nur) Nachbesserung oder Ersatzlieferung verlangt. In diesem Fall kann er daher die Rückzahlung des Kredits erst verweigern, wenn die Nachbesserung oder die Ersatzlieferung fehlgeschlagen ist (§ 9 Abs. 3 S. 3 VerbrKrG).

47 In allen anderen Fällen, namentlich also bei Nichtigkeit des Kaufvertrages, können die Einwendungen dem Kreditgeber **sofort** entgegengesetzt werden. Dasselbe gilt bei Mängeln der gelieferten Sache, wenn der Verbraucher deshalb den Kaufvertrag ganz oder teilweise liquidieren will, indem er Wandelung, Minderung oder Schadensersatz verlangt. Die Folge ist, daß dann jedenfalls für die **Zukunft** die Verpflichtung des Käufers zur Rückzahlung des Kredits entfällt oder doch (im Falle der Minderung) entsprechend herabgesetzt wird. Noch offen ist, ob der Käufer, wenn er sich für die Wandelung entscheidet, außerdem die Möglichkeit hat, von der Bank **Rückzahlung** der bereits gezahlten Raten, die sich jetzt als grundlos erbracht erweisen, zu verlangen. Für die Zulassung dieses sog. **Rückforderungsdurchgriffs** spricht vor allem die Vorschrift des § 813 Abs. 1[51].

---

50   S. zB BGHZ 95, S. 330 = NJW 1986, S. 43 = JuS 1986, S. 227 Nr 3 m. Nachw.
51   S. *Emmerich*, § 9 Rn 101 ff; anders die überwiegende Meinung.

IV. Haustürgeschäfte

1. Zweck

Das Gesetz über den Widerruf von Haustürgeschäften und ähnlichen Geschäften, das sog. Haustürwiderrufsgesetz (HausTWG) von 1986, stellt neben dem VerbrKrG die zweite Säule des Verbraucherschutzes in Deutschland dar. Das Gesetz beruht ebenso wie das VerbrKrG auf einer Richtlinie der Europäischen Gemeinschaft[52]. Sein **Zweck** besteht in erster Linie darin, die typische Unterlegenheit des Verbrauchers bei Haustürgeschäften durch die Einräumung eines Widerrufsrechts auszugleichen[53].

48

2. Anwendungsbereich

Der Anwendungsbereich des HausTWG umfaßt sämtliche Verträge über entgeltliche Leistungen (§ 1 Abs. 1). Er beschränkt sich mithin nicht streng auf Kaufverträge, sondern erstreckt sich auch auf alle sonstigen gegenseitigen Verträge sowie auf Bürgschaftsverträge.[54] Unanwendbar ist das Gesetz hingegen, wenn der Käufer nicht besonders schutzbedürftig ist (§ 6 HausTWG). Das Gesetz nimmt dies an, wenn der Verkäufer im privaten Bereich tätig wird, wenn zB zwischen Privatleuten Kaufverträge über gebrauchte Gegenstände abgeschlossen werden, sowie dann, wenn der Käufer den Kaufvertrag in Ausübung einer selbständigen Erwerbstätigkeit vereinbart.

49

3. Voraussetzungen des Widerrufsrechts

Ein Widerrufsrecht des Käufers besteht nicht generell bei allen Haustürgeschäften, sondern nur in drei vom Gesetz in § 1 Abs. 1 im einzelnen umschriebenen Situationen. Außerdem sind durch § 1 Abs. 2 aaO bestimmte Geschäfte von dem Widerrufsrecht wieder ausgenommen worden.

50

a) Die drei Fälle

Dem Käufer steht nach § 1 Abs. 1 Nr 1 HausTWG ein Widerrufsrecht zunächst dann zu, wenn er zu dem Vertragsabschluß durch mündliche Verhandlungen an seinem Arbeitsplatz oder im Bereich einer Privatwohnung bestimmt worden ist. Dies ist der klassische Fall des Haustürgeschäftes. Gleich stehen nach der Nr 2 aaO Vertragsabschlüsse anläßlich einer vom Verkäufer oder von einem Dritten in dessen Interesse durchgeführten Freizeitveranstaltung, wobei vor allem an sog. Kaffeefahr-

51

---

52 Richtlinie vom 20.12.1985 (ABl. Nr L 372/21).
53 S. die eingehende Begründung (BT-Dr. 10/2876), S. 6 ff; BGHZ 109, S. 127 (133) = NJW 1990, S. 181; BGHZ 110, S. 308 (309) = NJW 1990, S. 1732.
54 BGH, LM Nr 12 zu HWiG = NJW 1993, S. 1594 (1595) gegen die bisherige Praxis; s. *Wassermann*, JuS 1992, S. 908.

§ 6

ten zu denken ist. Schließlich räumt das Gesetz dem Käufer ein Widerrufsrecht noch ein, wenn er im Anschluß an ein überraschendes Ansprechen auf der Straße zum Vertragsschluß bestimmt wurde, womit man verschiedenen besonders aggressiven Direktvertriebsmethoden begegnen wollte (Nr 3 aaO).

b) Ausnahmen

52 Das Widerrufsrecht ist ausgeschlossen, wenn einer der Fälle des § 1 Abs. 2 HausTWG vorliegt. Das Widerrufsrecht entfällt danach zunächst, wenn im Falle des § 1 Abs. 1 Nr 1 (mündliche Verhandlungen am Arbeitsplatz oder im Bereich einer Privatwohnung) die mündlichen Verhandlungen auf einer **vorhergehenden Bestellung** des Käufers beruhen (§ 1 Abs. 2 Nr 1 HausTWG). Es handelt sich hierbei um den wichtigsten Ausnahmefall, der jedoch von den Gerichten zum Schutze der Verbraucher ganz eng ausgelegt wird.[55]

53 Das Widerrufsrecht des Käufers entfällt außerdem bei Bagatellgeschäften, bei denen das Entgelt 80,– DM nicht übersteigt, sowie im Falle der notariellen Beurkundung des Vertrages, dies mit Rücksicht auf die Belehrungspflicht des Notars (§ 1 Abs. 2 Nrn. 2 und 3 HausTWG).

4. Rechtsfolgen

54 Die Ausübung des Widerrufsrechts und seine Rechtsfolgen regelt das Gesetz in den §§ 2 bis 4. Für Haustürgeschäfte besteht hiernach zwar kein Schriftformzwang; die Widerrufsfrist von einer Woche (§ 1 Abs. 1) beginnt jedoch erst, wenn der Kunde schriftlich über sein Widerrufsrecht belehrt worden ist (§ 2 Abs. 1 S. 2); andernfalls erlischt das Widerrufsrecht erst einen Monat nach beiderseitiger vollständiger Erfüllung des Vertrages (§ 2 Abs. 1 S. 4).

55 Die Rechtsfolgen des Widerrufs sind in § 3 des Gesetzes geregelt worden. Hervorzuheben ist lediglich, daß der Käufer für die Überlassung des Gebrauchs eine Nutzungsentschädigung an den Verkäufer zahlen muß (§ 3 Abs. 3).

V. Kauf nach und auf Probe, Wiederkauf und Vorkauf

1. Kauf nach und auf Probe

56 Das BGB kennt als Sonderformen des Kaufs vor allem den Kauf nach und auf Probe. Bei dem Kauf nach Probe gelten die Eigenschaften der Probe als zugesichert (§ 494). Dagegen handelt es sich bei dem Kauf auf Probe um einen durch die Billigung des Käufers aufschiebend bedingten Kauf, wobei die Billigung im Belieben des Käufers steht.

---

55 BGHZ 109, S. 127 (131 ff) = NJW 1990, S. 181; BGHZ 110, S. 308 (309 ff) = NJW 1990, S. 1732; BGH, LM Nr 5 zu § 55 GewO = NJW 1989, S. 584.

2. Wiederkauf

Als weitere Sonderform regelt das Gesetz in den §§ 497 ff den Wiederkauf. Unter dem Wiederkaufsrecht ist der „Vorbehalt" des Rückkaufs durch den Verkäufer zu verstehen. Der Wiederkauf wird überwiegend als aufschiebend bedingter Kauf angesehen[56]; dh der Rückkaufvertrag wird bereits bei Abschluß des ersten Kaufvertrages – aufschiebend bedingt – abgeschlossen. Bedingung ist die wiederum in das Belieben des Verkäufers gestellte Erklärung, daß er das Wiederkaufsrecht ausübe (§ 497 Abs. 1). Der Käufer und Wiederverkäufer muß dann den Gegenstand an seinen Vertragspartner, den Verkäufer und Wiederkäufer, herausgeben, insbesondere also ihm die verkaufte Sache zurückübereignen (§ 498 Abs. 1).

57

3. Vorkauf

Der sog. Vorkauf wird idR als ein gleich in doppelter Weise aufschiebend bedingter Kauf konstruiert (§ 504). Die erste Bedingung besteht in dem Abschluß eines gültigen Kaufvertrages durch den aus dem Vorkaufsrecht Verpflichteten mit einem Dritten. Die zweite Bedingung ist die Ausübung des Vorkaufsrechts durch den Berechtigten (§ 505 Abs. 1). Die Folge ist, daß sich der Verpflichtete dann möglicherweise **zwei** gültigen Kaufverträgen gegenübersieht (§ 505 Abs. 2), die er beide erfüllen muß, sofern er nicht bei Abschluß des ersten Kaufvertrages Vorsorge für den Fall getroffen hat, daß der Vorkaufsberechtigte sein Recht ausübt.

58

VI. Internationale Kaufverträge

Literatur: *v. Caemmerer/Schlechtriem*, Kommentar zum einheitlichen UN-Kaufrecht – CISG –, 1990; *Reinhart*, UN-Kaufrecht, 1991; *Schlechtriem* (Hrsg.), Einheitliches Kaufrecht und nationales Obligationenrecht, 1987; *I. Schwenzer*, NJW 1990, S. 602.

1. Geschichte

Bei grenzüberschreitenden oder internationalen Kaufverträgen bestimmt sich das anzuwendende Recht in erster Linie nach den Vereinbarungen der Parteien, hilfsweise nach den Regeln des internationalen Privatrechts. Wegen der damit häufig verbundenen Schwierigkeiten wurden bereits 1964 in Den Haag zwei internationale Übereinkommen zur Einführung eines Einheitlichen Gesetzes über den Abschluß von internationalen Kaufverträgen über bewegliche Sachen **(EAG)** sowie zur Einführung eines Einheitlichen Gesetzes über den internationalen Kauf beweglicher Sachen **(EKG)** abgeschlossen. Beide Verträge waren zwar für Deutschland am 16.4.1974 in Kraft getreten[57]; sie galten jedoch nur im Verhältnis zu wenigen anderen Staaten, so daß insgesamt das Ziel einer internationalen Kaufrechtsvereinheitlichung letztlich doch verfehlt wurde.

59

---

56 BGHZ 38, S. 369 (371 f) = NJW 1963, S. 709.
57 Gesetze v. 17.7.1973 (BGBl. I, S. 856, 868).

§ 6

60 Im Rahmen der UNO wurde deshalb 1980 ein weiteres Übereinkommen über Verträge für den internationalen Warenkauf abgeschlossen. Dieses sog. **CISG**[58] wurde von Deutschland im Jahre 1989 ratifiziert[59] und ist am 1. Januar 1991 in Kraft getreten; zugleich wurden EAG und EKG für Deutschland aufgehoben. Auch zahlreiche andere Staaten haben das einheitliche UN-Kaufrecht mittlerweile ratifiziert, so daß ihm insgesamt ein weit größerer Erfolg als den beiden Haager-Abkommen von 1964 beschert ist und die Verwirklichung des Ziels einer weitgehenden Rechtsvereinheitlichung im Kaufrecht erstmals in greifbare Nähe rückt.

61 Der Anwendungsbereich des UN-Kaufrechts beschränkt sich auf internationale Kaufverträge über Waren, dh über bewegliche Sachen, erfaßt diese Verträge aber umfassend mit Ausnahme der reinen Konsumentenkaufverträge (Art. 1 und 2). Für alle genannten Verträge enthält das Abkommen eine geschlossene Regelung der wichtigsten mit dem Abschluß und der Durchführung von Kaufverträgen zusammenhängenden Fragen.

2. Inhalt

62 Das UN-Kaufrecht bringt zunächst Vorschriften über den Abschluß von Kaufverträgen (Art. 14-24) und regelt sodann eingehend die Pflichten beider Parteien sowie im Anschluß hieran jeweils die Rechtsbehelfe der anderen Partei bei einer Verletzung dieser Pflichten. Von zentraler Bedeutung für das Verständnis der ganzen Regelung ist die Unterscheidung zwischen wesentlichen und nichtwesentlichen Vertragsverletzungen, da Käufer wie Verkäufer namentlich zur Vertragsaufhebung nur bei wesentlichen Vertragsverletzungen berechtigt sind (Art. 25). Den Abschluß der Regelung bilden Vorschriften über den Schadensersatzanspruch (Art. 74 ff). Aus ihnen ergibt sich, daß das Abkommen zwar nicht auf dem Verschuldensprinzip beruht (s. § 276 BGB), aber auch keine reine Garantiehaftung eingeführt hat.

63 Die Pflichten des **Verkäufers** ergeben sich im einzelnen aus den Art. 31 ff. Hervorzuheben ist, daß die Freiheit der gelieferten Sache von Sach- und Rechtsmängeln nach dem UN-Kaufrecht zu den Leistungspflichten des Verkäufers gehört (Art. 35 und 41), so daß der Käufer im Falle der Schlechterfüllung (unter bestimmten zusätzlichen Veraussetzungen) Erfüllung durch Ersatzlieferung oder Nachbesserung verlangen kann (Art. 46 ff). Voraussetzung ist jedoch, daß der Käufer den Mangel rechtzeitig gerügt hat (Art. 43 f). Der Anspruch auf Ersatzlieferung setzt ebenso wie das Recht zur Vertragsaufhebung idR voraus, daß es sich um eine wesentliche Vertragsverletzung handelt (Art. 46 Abs. 2, 49). Ohne Rücksicht darauf hat der Käufer daneben stets das Recht, Schadensersatz zu verlangen und den Kaufpreis zu mindern (Art. 45, 50, 74 ff). Anders als im deutschen Recht schließt keiner der genannten Rechtsbehelfe den anderen grundsätzlich aus (Art. 45 Abs. 2).

---

58 Convention on Contracts for the International Sale of Goods.
59 BGBl. II, S. 586.

Der **Käufer** ist ebenso wie im deutschen Recht (§ 433 Abs. 2 BGB) zur Zahlung des Kaufpreises und zur Abnahme der Ware verpflichtet (Art. 53). Bei einer Verletzung dieser Pflicht kommen wiederum, gegebenenfalls unter zusätzlichen Voraussetzungen, die uns schon bekannten Rechtsbehelfe Erfüllungsanspruch, Vertragsaufhebung und Schadensersatzanspruch in Betracht (Art. 61 ff). Hinzuweisen ist schließlich noch auf die besonderen Vorschriften über den Gefahrübergang, in denen das UN-Kaufrecht vom Versendungskauf als Regelfall ausgeht (Art. 66 ff).

64

VII. Andere Veräußerungsverträge

Der Kauf ist zwar der wichtigste, aber nicht der einzige Veräußerungsvertrag. Andere vom BGB geregelte Veräußerungsverträge sind der Tausch und die Schenkung.

65

1. Tausch

Während das Wesen des Kaufs in dem Austausch von Sachen gegen Geld besteht, ist Tausch der Austausch von Sachen gegen Sachen. Durch § 515 ist der Tausch in jeder Hinsicht dem Kauf gleichgestellt worden. Seine praktische Bedeutung ist in einer funktionierenden Wirtschaft gering.

66

2. Schenkung

a) Kauf und Tausch sind entgeltliche Veräußerungsverträge (§§ 433, 515). Ist der Veräußerungsvertrag hingegen unentgeltlich, so liegt eine Schenkung vor. Ihr Wesen besteht nach § 516 in der Bereicherung des Beschenkten durch die Zuwendung eines Vermögensgegenstandes seitens des Schenkers, vorausgesetzt, daß sich die Parteien dabei über die Unentgeltlichkeit der Zuwendung **einig** sind. Keine Schenkungen sind daher insbesondere der bloße Verzicht auf einen Vermögenserwerb zugunsten eines anderen (§ 517), die Leihe (§ 598), das zinslose Darlehen (§ 607), die unentgeltliche Leistung von Diensten (§ 662), die Erfüllung sog. Naturalobligationen (s. §§ 656 Abs. 1 S. 2, 762 Abs. 1 S. 2) sowie die Ausstattung (§ 1624). Denn in allen diesen Fällen fehlt es an einem der Schenkungsmerkmale.

67

b) Wie beim Kauf muß man (die sofort erfüllte) Handschenkung von dem bloßen Schenkungsversprechen unterscheiden. Für das letztere ist zum Schutze des Schenkers gegen Übereilung notarielle **Beurkundung** vorgeschrieben (§ 518).

68

c) Die **Haftung** des Schenkers ist beschränkt auf Vorsatz und grobe Fahrlässigkeit (§ 521)[60]. Rechts- und Sachmängel hat er sogar idR nur bei Arglist zu vertreten (§§ 523, 524). In bestimmten Fällen kann er außerdem die Erfüllung verweigern (§ 519) oder das Geschenk zurückfordern (§ 528). Schließlich hat er ein Widerrufsrecht bei grobem Undank des Beschenkten (§§ 530-534).

69

---

60 Dazu grdl. BGHZ 93, S. 23 = NJW 1985, S. 794 = JuS 1985, S. 553 Nr 2; BGHZ 107, S. 156 (159) = NJW 1989, S. 2122.

§ 6

70 d) **Sonderformen** der Schenkung sind die Schenkung unter Auflage (§§ 525-527) und die gemischte Schenkung. Eine solche liegt vor, wenn sich die Parteien über die partielle Unentgeltlichkeit der Zuwendung einig sind. Die Behandlung derartiger Verträge ist schwierig[61]. Einheitslösungen scheiden wohl aus; vielmehr sollte vorrangig auf die von den Parteien verfolgten Zwecke abgestellt werden. Hiernach ist sodann zu entscheiden, ob im Einzelfall besser Kauf- oder Schenkungsrecht paßt.

Lösungsskizze zu Fall 8:

1. Alternative: a) Ein Rücktrittsrecht des nicht belieferten K gegenüber V ergibt sich aus den §§ 440 Abs. 1, 433 Abs. 1 und 325, da V seine Verpflichtung, dem K die verkaufte Sache zu übergeben und zu übereignen, nicht mehr erfüllen kann. Für die Rückabwicklung des Kaufvertrages gelten die §§ 327, 346 ff.

b) Von der Bank B kann der K Rückzahlung der von ihm schon bezahlten Raten nur verlangen, wenn sich sein Rücktritt von dem Kaufvertrag auf den Darlehensvertrag auswirkt. Dies ist der Fall, weil beide Verträge eine wirtschaftliche Einheit bilden (§ 9 Abs. 1 VerbrKrG), so daß Raum für den Einwendungsdurchgriff ist (§ 9 Abs. 3 S. 1 VerbrKrG). Der Einwendungsdurchgriff berechtigt den K freilich an sich nur, die weitere Rückzahlung des Kredits zu verweigern. Ein Rückforderungsdurchgriff hinsichtlich der schon **gezahlten** Raten könnte nur auf § 813 Abs. 1 S. 1 gestützt werden (dagegen die hM).

2. Alternative: K kann den Kaufvertrag wandeln oder mindern, wenn der Wagen mangelhaft ist (§§ 459 Abs. 1, 462). Für die Abwicklung gilt im Falle der Wandelung Rücktrittsrecht (§§ 467, 346 ff). Diese Rechtsbehelfe beziehen sich jedoch zunächst lediglich auf den Kaufvertrag. Wegen des Einwendungs- und des Rückforderungsdurchgriffs s. oben 1b.

3. Alternative: Ist der Käufer K durch den Verkäufer V, zB durch Zurückstellen des Kilometerzählers, arglistig getäuscht worden, so wird K vor allem versuchen, den Kaufvertrag sowie den Darlehensvertrag mit der Bank nach § 123 Abs. 1 anzufechten, weil er dann von der Bank die von ihm schon gezahlten Raten zurückverlangen kann (s. §§ 142 Abs. 1, 812 Abs. 1 S. 1). Voraussetzung ist aber, daß der Verkäufer V nicht als Dritter iS des § 123 Abs. 2 S. 1 anzusehen ist. Dafür spricht, daß er als Abschlußgehilfe für die Bank die Verhandlungen über den Darlehensvertrag mit dem Käufer geführt hat.

Die Ausübung des Anfechtungsrechtes durch den Käufer K hat zur Folge, daß beide Verträge als von Anfang an nichtig anzusehen sind (§ 142 Abs. 1), so daß Bank wie Käufer die schon erbrachten Leistungen gemäß § 812 Abs. 1 S. 1 zurückfordern können. Die Rückabwicklung gestaltet sich jedoch hier schwierig, weil die Leistung der Bank darin besteht, daß sie den K auf dessen „Anweisung" hin durch Auszahlung der Darlehensvaluta an den Verkäufer V von seiner Kaufpreisschuld gegenüber V befreit hat. Indessen beschränkt sich infolge der Nichtigkeit auch des Kaufvertrages (§§ 123 Abs. 1, 142 Abs. 1) die Bereicherung des K auf seinen Bereicherungsanspruch gegen V (§ 818 Abs. 3), so daß er nur verpflichtet ist, der Bank gegen Rückzahlung der von ihm schon geleisteten Raten seinen Bereicherungsanspruch gegen V abzutreten[62].

---

61 S. insbes. BGHZ 30, S. 120 = NJW 1959, S. 1363; BGHZ 107, S. 156 (158) = NJW 1989, S. 2122.
62 Sog. Kondiktion der Kondiktion im Falle des Doppelmangels; s. dazu unten § 16 IX 3b (S. 223) sowie *Graf v. Westphalen/Emmerich*, § 9 Rn 97 ff m. Nachw.

TEIL II

Gebrauchsüberlassungsverträge

§ 7 MIETE

Literatur: *Barthelmess*, Zweites Wohnraumkündigungsschutzgesetz – Miethöhegesetz, 4. Aufl. (1994); *Bub/Treier*, Handbuch der Geschäfts- und Wohnraummiete, 2. Aufl. (1993); *Emmerich/Sonnenschein*, Mietrecht, 2. Aufl. (1981) (zitiert: Mietrecht); *dies.*, Miete, 6. Aufl. (1991) (zitiert: Miete); *Gitter*, Gebrauchsüberlassungsverträge, 1988; *W. Köhler*, Handbuch der Wohnraummiete, 3. Aufl. (1988); *Mittelstein*, Die Miete nach dem Rechte des dt. Reiches, 4. Aufl. (1932); *Roquette*, Das Mietrecht des BGB, 1966; *Schmidt-Futterer/Blank*, Wohnraumschutzgesetze, 6. Aufl. (1988); *Sternel*, Mietrecht, 3. Aufl. (1988); *Wolf/Eckert*, Handbuch des gewerblichen Miet- und Pachtrechts, 6. Aufl. (1991).

Fall 9: Der V hatte dem M 1980 in seinem Hause eine Wohnung vermietet, in der zuvor der X lange Zeit gewohnt hatte, ohne jemals Schönheitsreparaturen durchzuführen. In dem Formularmietvertrag war bestimmt, daß der M die laufenden Schönheitsreparaturen nach einem dem Vertrag beigefügten Fristenplan durchzuführen hat und daß er sich bei Auszug vor Fälligkeit der einzelnen Schönheitsreparaturen anteilig an den Kosten der zukünftig erforderlich werdenden Schönheitsreparaturen beteiligen muß. Im Jahre 1986 zog M wieder aus, ohne die nach dem Fristenplan inzwischen fällig gewordenen Schönheitsreparaturen durchgeführt zu haben. V verlangt deshalb Schadensersatz in Höhe von 10 000,– DM, die nach dem Gutachten eines Sachverständigen zur Renovierung der Wohnung erforderlich sind. Mit Recht? Wie ist die Rechtslage, wenn M schon 1982 wieder ausgezogen ist?

Fall 10: Frau M hatte 1979 schriftlich von V in dessen Haus einen Laden und eine Wohnung gemietet. 1990 veräußerte V sein Haus an den W. Noch aus der Zeit vor 1979 befand sich in den von der M gemieteten Ladenräumen eine unverschlossene Rauchrohröffnung. Aus ihr ausströmende heiße Gase verursachten 1992 einen Brand, bei dem die Schwester der M, die in dem Laden angestellte S, verletzt und außerdem ein Teil des Lagers der M zerstört wurde. Außerdem verbrannten in dem Lager der M Sachen, die ihr ihre Schwester S zum Betrieb des Geschäfts zur Verfügung gestellt hatte. M und S verlangen Schadensersatz von W.

I. Begriff und Abgrenzung

Im Anschluß an die Veräußerungsverträge (§§ 433 bis 534) regelt das BGB in den §§ 535 bis 610 die Gebrauchsüberlassungsverträge, wobei es im einzelnen zwischen der Miete (§§ 535 bis 580a), der allgemeinen Pacht (§§ 581 bis 584b), der Landpacht (§§ 585 bis 597), der Leihe (§§ 598 bis 606) und dem Darlehen (§§ 607 bis 610) trennt. Alle diese Verträge sind im Gegensatz zu den Veräußerungsverträgen auf die bloße Überlassung des **Gebrauchs** eines Gegenstandes **auf Zeit** gerichtet. Im übrigen muß man unterscheiden:

1

§ 7

2 Sämtliche Verträge, die die **unentgeltliche** vorübergehende Nutzung von Sachen und Rechten zum Gegenstand haben, fallen unter den Begriff der **Leihe** (s. § 598). Daher ist die unentgeltliche Überlassung von Sachen zum vorübergehenden Gebrauch an einen anderen in keinem Fall Schenkung, sondern immer Leihe, schon, weil die Schenkung zu den Veräußerungsverträgen gehört[1]. Entgeltliche Verträge dieser Art können hingegen (nur) entweder Miete oder Pacht sein.

3 Bei der Abgrenzung von Miete und Pacht ist zu beachten, daß **Gegenstand** eines Mietvertrages allein bewegliche und unbewegliche Sachen, Sachteile und Sachgesamtheiten sein können, während Rechte als Gegenstand eines Mietvertrages ausscheiden[2]. Verträge über die entgeltliche vorübergehende Nutzung fremder **Rechte** sind daher durchweg Pachtverträge und niemals Miete. Das bekannteste Beispiel sind die verbreiteten Lizenzverträge, die folglich unter die §§ 581 ff fallen.

4 Sind Gegenstand des Vertrages hingegen Sachen, Sachteile oder Sachgesamtheiten, so liegt Miete vor, wenn dem Gläubiger nur der vorübergehende **Gebrauch** gestattet ist (§ 535), während es sich um Pacht handelt, wenn dem Gläubiger zusätzlich das Recht zur **Fruchtziehung** eingeräumt ist (§ 581 Abs. 1). Die Überlassung bereits fertig eingerichteter Räume zum Betrieb eines Unternehmens ist daher (entgegen der landläufigen Meinung) idR Pacht und nicht etwa Miete, da hier dem Gläubiger zusätzlich zum Gebrauch der Räume die Fruchtziehung durch Betrieb eines Unternehmens in den dafür geeigneten Räumen erlaubt ist.

II. Geschichte

1. Westdeutschland

a) Vom Mietnotrecht zum sozialen Mietrecht

5 Die soziale und wirtschaftliche Bedeutung der Miete steht der des Kaufvertrages kaum nach. In besonderem Maße gilt dies für die Wohnraummiete, da nach wie vor mehr als die Hälfte der deutschen Bevölkerung zur Miete wohnt. Dies hat seit 1917 zu einer Fülle gesetzgeberischer Interventionen in- und außerhalb des BGB geführt, mit denen der Gesetzgeber auf die Wohnraumverknappung nach den beiden Weltkriegen reagierte. Die Folge war ein zuletzt selbst für den Fachmann nur noch schwer zu überschauendes Mietschutzrecht, dessen Kern in einem umfassenden Kündigungsschutz aufgrund des Mieterschutzgesetzes (MSchG), in einer hoheitlichen Erfassung und Verteilung des gesamten Wohnraums sowie in einem generellen Mietpreisstopp bestand.

6 Dieses Notrecht ist in den Jahren nach 1960, als man in Deutschland noch an die Kraft der Marktwirtschaft glaubte, zunächst Schritt für Schritt aufgrund des sog. **Lücke-Plans** bis auf wenige Reste wieder abgebaut worden. Die Aufhebung des alten Mietnotrechts bedeutete hierbei nicht etwa die Rückkehr zur uneingeschränkten Vertragsfreiheit nach Maßgabe des BGB; vielmehr trat jetzt an die Stelle des

---

1 BGHZ 82, S. 354 = NJW 1982, S. 820; BGH, LM Nr 4 zu § 598 BGB = NJW 1985, S. 1553.
2 Vgl § 581 Abs. 1 gegenüber § 535.

Mietnotrechts das neue sog. **soziale Mietrecht**, das durch eine deutliche Verstärkung der Position des Mieters gegenüber dem früheren Rechtszustand gekennzeichnet ist.

Die damit verbundene partielle Freigabe des Wohnungsmarktes führte jedoch in einzelnen Gebieten zu erheblichen Mietpreissteigerungen, so daß sich der Gesetzgeber entschloß, den Mieterschutz in neuem Gewande ab 1975[3] unbefristet wieder einzuführen. In den Folgejahren ist der Mieterschutz ständig weiter ausgebaut worden, zuletzt durch das 4. Mietrechtsänderungsgesetz von 1993[4]. Zugleich ist auch von den Gerichten die Position des Mieters im Verhältnis zum Vermieter immer mehr verstärkt worden, bis hin zur Anerkennung seines Besitzrechts als „Eigentum im Sinne des Art. 14 GG" durch das BVerfG ebenfalls im Jahre 1993.[5] Der Gesetzgeber plant außerdem weitere schwerwiegende Eingriffe in den Mietwohnungsmarkt. Diese Eingriffe machen neuerdings auch vor der gewerblichen Miete nicht mehr halt, die bisher von der Fürsorge des sich zunehmend sozialistisch gebärdenden Gesetzgebers zum Segen aller Beteiligten weitgehend verschont geblieben war.[6]

b) Preisbindung

Der Gesetzgeber hat den Mietwohnungsbau seit 1950 durch Subventionen und Steuervergünstigungen in ganz ungewöhnlichem Maße gefördert. Rechtsgrundlage ist heute vor allem das zweite Wohnungsbaugesetz idF von 1990[8]. Der Preis für die Inanspruchnahme dieser öffentlichen Mittel besteht nach dem Wohnungsbindungsgesetz[8] in einer spürbaren Beschränkung der Vertragsfreiheit des Vermieters, da öffentlich geförderte Wohnungen nur an bestimmte einkommensschwache Mieter und nur zur sog. Kostenmiete vermietet werden dürfen.

c) Prozeßrecht

Nach § 23 Nr 2 lit a GVG in Verb. mit § 29a ZPO sind für sämtliche Rechtsstreitigkeiten aus Wohnraummietverhältnissen die Amtsgerichte am Ort der Wohnung ausschließlich zuständig, um die Belastung der Mietvertragsparteien mit Prozeßkosten in Grenzen zu halten. Die Folge ist, daß Streitigkeiten über Wohnraummietverhältnisse ohne Rücksicht auf den Streitwert stets bereits bei den Landgerichten enden. Deshalb hat der Gesetzgeber 1980 das Rechtsinstitut des Rechtsentscheides eingeführt (§ 541 ZPO). Die Landgerichte müssen solche Rechtsentscheide der Oberlandesgerichte einholen, wenn es sich um eine mietrechtliche Frage von grundsätzlicher Bedeutung handelt. Das OLG sowie ggf der BGH entscheiden dann allein über die ihnen vorgelegte Rechtsfrage.

---

3 Zweites WKSchG vom 18.12.1974 (BGBl. I, S. 3603).
4 BGBl. I, S. 1257.
5 BVerfGE 89, S. 1 (5 ff) = NJW 1993, S. 2035 = JuS 1993, S. 961 Nr 2; dazu sehr kritisch zB *Emmerich*, DWW 1993, S. 313 (319 ff).
6 S. den neuen § 565 Abs. 1a idF des Änderungsgesetzes vom 29.10.1993 (BGBl. I, S. 1838).
7 BGBl I, S. 1730 idF von 1993 (BGBl. I, S. 912).
8 BGBl. 1982 I, S. 972 idF von 1992 (BGBl. I, S. 1398, 1525).

§ 7

2. Mitteldeutschland

10   In den neuen Ländern ist die Mietrechtsentwicklung völlig anders als in Westdeutschland verlaufen. Das alte Mietnotrecht hatte hier im Grunde unverändert bis zur Wiedervereinigung am 3. Oktober 1990 fortbestanden. Hinzu kamen wiederholte rigorose Enteignungsaktionen, die dazu geführt haben, daß sich mittlerweile knapp zwei Drittel der Wohnungen in staatlichem Besitz befinden, woran sich bisher kaum etwas geändert hat. Die Auswirkungen aller dieser Maßnahmen namentlich auf den Wohnungsbestand waren verheerend.

11   Durch den Einigungsvertrag ist deshalb vom Tag der Wiedervereinigung ab das Mietrecht des BGB und seiner Nebengesetze mit einigen (schwerwiegenden) Modifikationen in den neuen Ländern in Kraft gesetzt worden[9]. Hervorzuheben sind die radikale Beschränkung des Kündigungsrechts des Wohnraumvermieters sowie die nur wenig eingeschränkte Mietpreisbindung auf dem bisherigen Niveau. Die Einzelheiten ergeben sich aus dem neuen § 11 MHRG, der eine Verordnungsermächtigung für die Bundesregierung enthält, die es ihr ermöglichen soll, die extrem niedrigen sog. Bestandsmieten schrittweise an das Marktniveau heranzuführen. Die ersten derartigen Verordnungen sind inzwischen ergangen.[10] Für Mitte 1995 ist die endgültige Aufhebung des Mietpreisrechts geplant. Nach den bisherigen Erfahrungen ist jedoch Skepsis angebracht.

III. Erscheinungsformen

12   Die Mietverträge bieten kein einheitliches Bild; vielmehr muß man vor allem die Miete beweglicher und unbeweglicher Sachen und innerhalb der letzteren die Wohnraummiete und die gewerbliche Miete unterscheiden. Die Abgrenzung der Wohnraummiete von der gewerblichen oder Geschäftsraummiete richtet sich ausschließlich nach den von den Parteien verfolgten **Zwecken**. Wohnraummiete ist nur anzunehmen, wenn zum privaten Aufenthalt von Menschen geeignete Räume gerade für diesen Zweck vermietet werden[11]. Deshalb handelt es sich zB um gewerbliche Miete und nicht etwa um Wohnraummiete, wenn die Anmietung von Räumen zum Zweck deren Weitervermietung, zB an die Mitarbeiter des Mieters, erfolgt[12].

---

9   Wegen der Einzelheiten s. Art. 232 § 2 EGBGB idF des Einigungsvertrages (mit späteren Änderungen).
10 Erste Grundmietenverordnung vom 17.6.1991 (BGBl. I, S. 1269), zweite Grundmietenverordnung vom 27.7.1992 (BGBl. I, S. 1416) sowie Betriebskostenumlageverordnung vom 17.6.1991 (BGBl. I, S. 1270).
11 RGZ 124, S. 4 (6); BGHZ 94, S. 11 (14 ff) = NJW 1985, S. 1772 = JuS 1985, S. 642 Nr 4 m. Nachw.
12 BGHZ 84, S. 90 = NJW 1982, S. 1696 = JuS 1982, S. 777 Nr 5; BGHZ 94, S. 11 = NJW 1985, S. 1772 = JuS 1985, S. 642 Nr 4; BGH, LM Nr 45 zu § 249 (Bb) BGB = NJW 1988, S. 486; vgl auch § 564b Abs. 7 Nr 5 idF von 1990 (BGBl. I, S. 932).

Schwierigkeiten ergeben sich hieraus namentlich bei den **Mischmietverhältnissen**. 13
Man versteht darunter die gleichzeitige Vermietung von Wohnräumen und gewerblich genutzten Räumen, zB einer Gastwirtschaft mit Wohnung. In solchen Fällen kommt es vor allem darauf an, worauf nach dem wirklichen Willen der Parteien das Schwergewicht ihrer Beziehungen liegt. Wohnraummiete kann in ihnen nur angenommen werden, wenn die verschiedenen Verwendungszwecke für die Parteien mindestens **gleichwichtig** sind[13].

IV. Vertragsabschluß

1. Allgemeines

a) Für den Abschluß eines Mietvertrages gelten grundsätzlich keine Besonderheiten. Der Vertrag ist idR schon zustande gekommen, sobald sich die Parteien nur über den Gegenstand und die Dauer des Vertrages sowie über den Mietzins geeinigt haben. Wenn nichts anderes vereinbart ist, umfaßt der Mietzins – als sog. Bruttomiete – dann auch sämtliche **Nebenkosten**. Besonderheiten gelten insoweit lediglich für die Heizkosten, weil hier die sog. **Heizkostenverordnung** von 1981 idF von 1989[14] generell die verbrauchsabhängige Heizkostenabrechnung eingeführt hat, um den Mieter zum Energiesparen zu veranlassen. Von diesem Fall abgesehen ist jedoch eine besondere Vereinbarung erforderlich, wenn über die Nebenkosten getrennt abgerechnet werden soll (vgl § 546 BGB; § 4 MHRG). 14

b) Wenn **mehrere** Personen gemeinsam eine Wohnung mieten, sind sie grundsätzlich Gesamtschuldner[15]. Die Folge ist, daß der Vermieter den Mietern dann lediglich gemeinsam kündigen kann und daß die Mieter gleichfalls nicht jeder für sich, sondern nur zusammen eine Kündigung aussprechen können, da der Vertrag für alle Beteiligten eine Einheit bildet. Wichtig ist dies namentlich für sog. Wohngemeinschaften. 15

2. Form

a) Für Mietverträge bestehen grundsätzlich keine Formvorschriften. Eine (wichtige) Ausnahme gilt aufgrund des § 566 lediglich für Grundstücksmietverträge einschließlich namentlich der Wohnraummietverträge (§ 580), sofern sie für eine längere Zeit als ein Jahr vereinbart werden. Mit dem Schriftformerfordernis verfolgt das Gesetz hier vor allem den Zweck, es dem nach § 571 in den Mietvertrag eintretenden Grundstückserwerber zu ermöglichen, sich über den Umfang der auf ihn übergehenden Pflichten zu unterrichten[16]. Das Schriftformerfordernis umfaßt deshalb **sämtliche Abreden** der Parteien, aus denen sich nach ihrem Willen der 16

---

13 S. insbes. BGH, LM Nr 106 zu § 535 BGB = NJW-RR 1986, S. 877 = JuS 1986, S. 908 Nr 3 m. zahlr. Nachw.
14 BGBl. I, S. 115.
15 Wegen der Einzelheiten s. Miete, Vorbem. 55 ff vor §§ 535, 536.
16 S. zB BGHZ 72, S. 394 (399) = NJW 1979, S. 369 = JuS 1979, S. 367 Nr 4; BGHZ 81, S. 46 (50 ff) = NJW 1981, S. 2246.

§ 7

Vertrag zusammensetzen soll, und zwar einschließlich aller Nebenabreden. Dasselbe gilt für etwaige Änderungen des Vertrages sowie für den Eintritt eines neuen Mieters[17].

17 b) Ein Verstoß gegen § 566 hat – abweichend von § 125 – nicht die Nichtigkeit des Vertrages zur Folge. Jedoch gilt der Mietvertrag dann als für unbestimmte Zeit geschlossen, so daß er spätestens nach Ablauf des ersten Jahres mit der gesetzlichen Frist kündbar ist (§ 566 S. 2).

V. Pflichten des Vermieters

1. Hauptleistungspflichten

18 Für den Vermieter ergeben sich aus dem Mietvertrag aufgrund der §§ 535 und 536 zwei Hauptleistungspflichten:

a) Überlassungspflicht

19 Der Mieter hat als erstes einen Anspruch auf Überlassung der Sache in mangelfreiem Zustand (§ 535 S. 1). Dies bedeutet für den Regelfall, aber nicht notwendig, daß ihm die Sache zu unmittelbarem Besitz zu übergeben ist[18] und daß etwa vorhandene Mängel vorher vom Vermieter beseitigt werden müssen. Kommt der Vermieter diesen Pflichten nicht nach, so hat der Mieter den Erfüllungsanspruch; außerdem kann er nach den §§ 320 ff vorgehen.

b) Erhaltungspflicht

20 Gleichberechtigt neben der Überlassungspflicht steht die Erhaltungspflicht des Vermieters (§ 536). Sie bedeutet, daß er die Mietsache während der ganzen Vertragsdauer in einem zum vertragsmäßigen Gebrauch geeigneten Zustand erhalten muß. Dazu gehört auch, daß der Vermieter sämtliche Störungen des Mieters im vertragsmäßigen Gebrauch unterlassen muß, so daß er zB nicht im selben Haus andere Räume ausgerechnet an einen Konkurrenten des Mieters vermieten darf[19]; außerdem muß er von Dritten ausgehende Störungen wie zB übermäßigen Lärm der Mitmieter oder Nachbarn abwehren[20]. Der Vermieter muß weiter die vermietete Sache regelmäßig auf etwaige Mängel untersuchen. Schließlich ist er noch verpflichtet, alle

---

17 BGHZ 40, S. 255 (262 ff) = NJW 1964, S. 395; BGHZ 65, S. 49 (52 f) = NJW 1975, S. 1653; BGHZ 72, S. 394 (397 ff) = NJW 1979, S. 369 = JuS 1979, S. 367 Nr 4.
18 BGHZ 65, S. 137 (139 ff) = NJW 1976, S. 105; BGH, LM Nr 120 zu § 535 BGB = NJW-RR 1989, S. 589; NJW-RR 1993, S. 178.
19 BGHZ 70, S. 79 = NJW 1978, S. 585 = JuS 1978, S. 348 Nr 6 m. Nachw.; OLG Frankfurt, NJW-RR 1986, S. 396; OLG Hamm, NJW-RR 1988, S. 911; OLG Karlsruhe, NJW-RR 1990, S. 1234.
20 BGHZ 99, S. 182 = NJW 1987, S. 831 = JuS 1987, S. 489 Nr 3; BGH, LM Nr 8 zu § 536 BGB = BB 1966, S. 427.

während der Vertragsdauer auftretenden Mängel der Sache, die der Mieter nicht zu vertreten hat (s. §§ 324, 548), zu beseitigen (sog. Instandsetzungspflicht). In allen diesen Beziehungen hat der Mieter ebenfalls den Erfüllungsanspruch (§ 536), so daß er bei Leistungsstörungen wiederum nach den §§ 320 ff vorgehen kann.

2. Der vertragsmäßige Gebrauch

a) Überblick

Die genaue Abgrenzung der Rechte und Pflichten der Mietvertragsparteien richtet sich zuvörderst nach dem Mietvertrag in Verbindung mit der Verkehrssitte (§§ 133, 157, 535). Die dem Mieter hiernach zustehenden Rechte werden üblicherweise unter dem Stichwort vertragsmäßiger Gebrauch zusammengefaßt. Mangels ausdrücklicher abweichender Regelungen gehören hierzu bei Wohnraummietverträgen zB: die Aufnahme der nächsten Angehörigen in die Wohnung im Gegensatz zu der auf eine gewisse Dauer angelegten Aufnahme anderer Personen, die unter § 549 fällt[21], die Benutzung von Kellern und Böden, Fluren, Treppen und Eingängen, die Benutzung moderner Haushaltsgeräte einschließlich Waschmaschinen, die Aufstellung von Rundfunk- und Fernsehgeräten, der Anschluß an das Kabelnetz der Bundespost oder die Aufstellung einer Parabolantenne, vorausgesetzt, daß dem Vermieter hierdurch nicht die Belastung mit Kosten droht,[22] ein Telefonanschluß, die Beleuchtung und Reinigung aller Flure und Treppen sowie die Musikausübung im normalen Rahmen. Hingegen überschreitet der Mieter die Grenzen des ihm erlaubten vertragsmäßigen Gebrauchs, wenn er durch übermäßigen Lärm Mitmieter und Dritte stört, wenn er große Tiere wie zB Hunde in der Wohnung hält[23] oder wenn er die vermietete Sache beschädigt oder gefährdet (s. § 548).

b) Heizpflicht

Wenn eine Wohnung mit Heizung vermietet wird, gehört die ordnungsgemäße Beheizung aller Räume zu dem dem Mieter vom Vermieter geschuldeten vertragsmäßigen Gebrauch. Der Vermieter muß folglich heizen, sobald die Zimmertemperatur unter 20° C absinkt; sog. Heizperioden sind dem deutschen Recht fremd.

> Nach dem BGB (§§ 535 Abs. 2, 546) sind mit dem Mietzins grundsätzlich sämtliche Leistungen des Vermieters einschließlich der Heizung der Räume abgegolten. An Stelle dieser sog. Warmmiete ist jedoch inzwischen für die gesamte Raummiete aufgrund der bereits erwähnten HeizkostenVO von 1981 die **Kaltmiete** vorgeschrieben, so daß jetzt

---

21 BGHZ 40, S. 252 (254); 92, S. 213 = NJW 1985, S. 130 = JuS 1985, S. 233 Nr 5; BGH, NJW 1993, S. 2528; OLG Hamm, OLGZ 1982, S. 481 = NJW 1982, S. 2876 = JuS 1983, S. 222 Nr 8; BayObLGZ 1983, S. 228 = NJW 1984, S. 60; BayObLGZ 1983, S. 285 = WuM 1984, S. 13.
22 BVerfG, NJW 1993, S. 1252; 1994, S. 1147; OLG Frankfurt, NJW 1992, S. 2490; OLG Karlsruhe, WuM 1993, S. 525.
23 S. OLG Hamm, OLGZ 1981, 74 = WuM 1981, S. 53 (54); BGH, LM Nr 35 zu § 9 (Bb) AGBG = NJW 1993, S. 1061.

§ 7

stets neben der Miete noch gesondert über die Heizkosten abzurechnen ist. Die vom Mieter geschuldeten Heizkosten sind deshalb erst fällig, wenn der Vermieter hierüber ordnungsgemäß, verständlich und nachprüfbar abgerechnet hat[24].

VI. Pflichten des Mieters

1. Mietzins

24 Hauptleistungspflicht des Mieters ist die Pflicht zur Entrichtung des Mietzinses (§ 535 S. 2). Der Mietzins wird idR in Geld bestehen; notwendig ist dies jedoch nicht[25]. Auch Dienstleistungen kommen etwa als Gegenleistung des Mieters in Betracht; ein Beispiel ist der verbreitete Hausmeistervertrag.

a) § 554 BGB

25 Kommt der Mieter mit seiner Zahlungspflicht in Verzug, so gelten grundsätzlich die §§ 284 ff und 326. Jedoch wird nach Übergabe der Mietsache an den Mieter das Rücktrittsrecht des Vermieters bei Verzug des Mieters (§ 326) durch das Recht zur fristlosen Kündigung des Vertrages verdrängt (§ 554). Voraussetzung dieses Kündigungsrechts ist, daß der Mieter entweder an zwei aufeinanderfolgenden Terminen mit der Entrichtung eines erheblichen Teils des Mietzinses in Verzug ist oder daß er in einem längeren Zeitraum mit der Entrichtung des Mietzinses für zwei Monate in Verzug gerät. Die Kündigung wird jedoch unwirksam, wenn der Mieter aufrechnen konnte und unverzüglich nach Kündigung aufrechnet oder wenn bei Wohnraum der Vermieter nachträglich befriedigt wird. Die Kündigung schließt Schadensersatzansprüche des Vermieters wegen der vom Mieter zu vertretenden vorzeitigen Beendigung des Vertrags nicht aus[26].

b) § 554a BGB

26 Neben § 554 bleibt § 554a anwendbar. Folglich kann der Vermieter bei Zahlungsverzug des Mieters, selbst wenn die Voraussetzungen des § 554 nicht erfüllt sind, doch immer noch nach § 554a kündigen, freilich grundsätzlich erst nach vorheriger Abmahnung des Mieters. Beispiele sind eine ständige unpünktliche Zahlung des Mietzinses, wiederholte grundlose Abzüge seitens des Mieters sowie eine ernstliche Erfüllungsverweigerung[27].

---

24 BGHZ 113, S. 188 (192 ff) = NJW 1991, S. 836; BGH, LM Nr 21 zu § 259 BGB = NJW 1982, S. 573.
25 S. BGH, LM Nr 2 zu § 69 KO = NJW 1976, S. 2264; LM Nr 120 zu § 535 BGB = NJW-RR 1989, S. 589.
26 BGHZ 82, S. 121 (129 f) = NJW 1982, S. 870; BGHZ 95, S. 39 (43 ff) = NJW 1985, S. 2253; BGH, LM Nr 12 zu § 554 BGB = NJW 1984, S. 2687.
27 BGH, LM Nr 1 zu § 554b BGB = WM 1969, S. 625; LM Nr 42 zu § 242 (Cd) BGB = NJW-RR 1988, S. 87.

2. Nebenpflichten

a) Obhutspflicht

Außer der Zahlungspflicht trifft den Mieter noch eine Reihe weiterer Pflichten, die jedoch grundsätzlich nicht im Austauschverhältnis mit den Pflichten des Vermieters stehen, so daß auf ihre Verletzung durch den Mieter nicht die §§ 320 ff, sondern nur die §§ 275 ff und 284 ff oder die Regeln über die positive Vertragsverletzung anzuwenden sind. Die wichtigste dieser Pflichten ist die Obhutspflicht, die ihre gesetzliche Ausprägung in der **Anzeigepflicht** des § 545 gefunden hat. Der Mieter ist hiernach verpflichtet, dem Vermieter unverzüglich alle neu auftauchenden Mängel oder Gefahren für die Sache anzuzeigen, widrigenfalls er sich ersatzpflichtig macht. Voraussetzung der Anzeigepflicht ist jedoch, daß der Mieter den Mangel überhaupt erkannt oder nur infolge grober Fahrlässigkeit verkannt hat[28]. 27

Aufgrund seiner Obhutspflicht muß der Mieter außerdem die ihm überlassenen Sachen des Vermieters sorgfältig und pfleglich behandeln und nach Möglichkeit vor Schäden bewahren. Dazu gehört ua die Reinigung und Lüftung der gemieteten Räume. Unterläßt er zB eine ausreichende Lüftung, etwa um Heizkosten zu sparen, so kann er wegen der dadurch verursachten Feuchtigkeitsschäden nicht nach § 537 mindern (§ 324), sondern ist im Gegenteil selbst schadensersatzpflichtig[29]. 28

b) Abnahmepflicht

Den Mieter trifft anders als den Käufer (s. § 433 Abs. 2) grundsätzliche keine Abnahme- oder Gebrauchspflicht. Er ist zum vertragsmäßigen Gebrauch der Sache nur berechtigt, nicht jedoch verpflichtet (s. § 552). Abweichende Vereinbarungen sind zwar möglich, aber offenbar selten. 29

c) Einhaltung der Grenzen des vertragsmäßigen Gebrauchs

Der Mieter ist verpflichtet, die Grenzen des vertragsmäßigen Gebrauchs einzuhalten. Verstößt er gegen diese Pflicht, so kann der Vermieter nach Abmahnung Unterlassung verlangen (§ 550) oder fristlos kündigen, sofern seine Rechte durch das Verhalten des Mieters erheblich verletzt werden (§ 553). Bei Verschulden des Mieters kann er außerdem Schadensersatz fordern, wobei sich der Mieter ein Verschulden seiner Angehörigen und Angestellten sowie des Untermieters zurechnen lassen muß (§§ 278, 549 Abs. 3). 30

d) Duldungspflicht

aa) Bei der Raummiete muß der Mieter nach § 541a sämtliche Einwirkungen des Vermieters auf die Mietsache dulden, die zur Erhaltung der Räume oder des Gebäudes 31

---

28 BGHZ 68, S. 281 (284 ff) =NJW 1977, S. 1236.
29 S. zB OLG Celle, ZMR 1985, S. 10; die Einzelheiten sind str.

§ 7

erforderlich sind, wodurch dem Vermieter vor allem die Erfüllung seiner Erhaltungspflicht (§ 536) ermöglicht werden soll. Das Gesetz hat daher hier in erster Linie Maßnahmen des Vermieters zur Verhütung oder Beseitigung von Schäden im Auge[30]. Den Gegensatz bilden die Verbesserungsmaßnahmen des § 541b sowie bloße Veränderungen der Mietsache, bei denen sich eine Duldungspflicht des Mieters nur im Einzelfall unter besonderen Umständen aus § 242 ergeben kann.

32 bb) Eine Duldungspflicht des Mieters besteht nach dem 1982 in das Gesetz eingefügten **§ 541b** außerdem bei sog. Modernisierungsmaßnahmen des Vermieters, worunter alle Maßnahmen fallen, durch die objektiv der Gebrauchs- und Substanzwert der gemieteten Räume oder des Gebäudes insgesamt erhöht wird[31]. Beispiele sind der Einbau einer Heizung, die Ersetzung einfacher Fenster durch isolierverglaste Fenster, der Einbau sanitärer Anlagen sowie der Anschluß an das Kabelfernsehnetz der Bundespost.

33 Der Gesetzgeber fördert derartige Modernisierungsmaßnahmen nach Möglichkeit. Dem Vermieter ist deshalb durch § 3 MHRG gestattet worden, die Modernisierungskosten in bestimmtem Umfang auf die Mieter abzuwälzen (s. u. Rn 118). Dies gilt auch schon in den neuen Ländern (§ 11 Abs. 2 MHRG).

34 Die Duldungspflicht des Mieters entfällt, wenn die Maßnahmen für ihn oder seine Familie, etwa wegen der damit verbundenen Belästigungen oder wegen der zu erwartenden Mietzinserhöhung, **unzumutbar** sind. Dies bedeutet, daß in jedem Einzelfall eine umfassende Interessenabwägung erforderlich ist, wobei für die Gerichte die dem Mieter drohende Mietzinserhöhung im Vordergrund steht. Diese bleibt nach § 541b Abs. 1 S. 3 nur dann unberücksichtigt, wenn durch die fraglichen Maßnahmen des Vermieters die Räume in einen „**allgemein üblichen**" Zustand versetzt werden sollen. Gemeint ist damit der „gängige Standard", der sich nach dem Zustand von ungefähr zwei Dritteln der Gebäude derselben Baualtersklasse in einem Bundesland richtet.[32] Wann immer also der Vermieter sein Haus dem so definierten Standard anpassen will, muß der Mieter die fraglichen Maßnahmen unbedingt dulden, selbst wenn damit eine für ihn im Einzelfall unzumutbare Mietzinserhöhung verbunden sein sollte.

35 Die Duldungspflicht des Mieters setzt die rechtzeitige **Mitteilung** der geplanten Maßnahmen durch den Vermieter voraus (§ 541b Abs. 2 S. 1). Ohne rechtzeitige und vollständige Mitteilung wird die Duldungspflicht des Mieters nicht fällig. Aufgrund der Mitteilung erlangt der Mieter außerdem ein besonderes Kündigungsrecht (§ 541b Abs. 2 S. 2). Der Vermieter muß schließlich dem Mieter sämtliche **Aufwendungen** infolge der Maßnahmen wie z.B Umzugs-, Reinigungs- und Reparaturkosten ersetzen (§ 541b Abs. 3).

---

30 BGH, LM Nr 1 zu § 541a BGB = NJW 1972, S. 723; KG, WuM 1985, S. 248.
31 KG, NJW 1985, S. 2301 = JuS 1985, S. 992 Nr 7; NJW 1986, S. 137 = JuS 1986, S. 230 Nr 5; NJW-RR 1988, S. 1420 = WuM 1988, S. 389.
32 BGHZ 117, S. 217 = NJW 1992, S. 1386 = JuS 1992, S. 694 Nr 3 m. Nachw.

3. Schönheitsreparaturen

Literatur: *Emmerich*, JuS 1986, S. 16; *ders.*, in: Festschr. für Bärmann und Weitnauer, 1990, S. 233; *Finger*, WuM 1987, S. 293; *Glaser*, Das Recht der Schönheitsreparaturen, 3. Aufl. (1982); *ders.*, ZMR 1986, S. 109; 1989, S. 1; *Oske*, Schönheitsreparaturen, 4. Aufl. (1993); *Sonnenschein*, JZ 1988, S. 100.

a) Schuldner

Unter den Schönheitsreparaturen versteht man das Tapezieren, Anstreichen oder Kalken der Wände und Decken, das Streichen von Fußböden, Heizkörpern, Heizrohren und Innentüren sowie der Fenster und Außentüren von innen[33]. Die Verpflichtung zur Vornahme aller dieser Maßnahmen obliegt an sich nach den §§ 536 und 548 dem Vermieter. Abweichende Vereinbarungen sind jedoch möglich und in Individualverträgen unbedenklich zulässig. Umstritten ist hingegen, ob die Schönheitsreparaturen auch durch Formularvertrag auf den Mieter abgewälzt werden können. **36**

Gegen die Zulässigkeit von Abwälzungsklauseln in Formularverträgen spricht an sich § 9 Abs. 2 AGBG in Verb. mit den §§ 536 und 548. Gleichwohl läßt die Rechtsprechung derartige Klauseln grundsätzlich zu, weil sie seit langem weithin üblich geworden sind[34]. Uneingeschränkt gilt dies freilich nur für die **während** der Mietzeit des betreffenden Mieters anfallenden Schönheitsreparaturen, wobei es aber keinen Unterschied macht, ob dem Mieter seinerzeit eine renovierte oder unrenovierte Wohnung übergeben worden war, sofern nur die Fristen für die Schönheitsreparaturen erst mit Anfang des Mietverhältnisses zu laufen beginnen, so daß dem Mieter die Abnutzung durch den Vormieter nicht zugerechnet wird[35]. **37**

Die danach maßgeblichen **Fristenpläne** stellen idR auf einen fünf- bis sechsjährigen Turnus für die Renovierung der Wohnräume und auf einen zwei- bis dreijährigen Turnus für die Renovierung der Küche und der Bäder ab. Zusätzliche Probleme ergeben sich hieraus, wenn der Mieter **vor** Fälligkeit der einzelnen Schönheitsreparaturen auszieht. Durch Formularvertrag kann er dann jedenfalls nicht verpflichtet werden, über den Fristenplan hinaus bei seinem Auszug die Wohnung erneut vollständig zu renovieren[36]. Hingegen gelten sog. **Abgeltungsklauseln**, durch die der Mieter „nur" anteilig an den Kosten der noch nicht fälligen Schönheitsreparaturen beteiligt wird, neuerdings als zulässig, und zwar selbst bei Übergabe einer nichtrenovierten Wohnung, sofern nur die Fristen für die Schönheitsreparaturen erst bei Übergabe der Wohnung zu laufen beginnen[37]. **38**

---

33 ZB BGHZ 92, S. 363 (368) = NJW 1985, S. 480; BGH, ZMR 1980, S. 378 (380).
34 Grdl. BGHZ 92, S. 363 (367 f) = NJW 1985, S. 480 = JuS 1985, S. 311 Nr 3; BGHZ 101, S. 253 (261 ff) = NJW 1987, S. 2575 = JuS 1987, S. 909 Nr 8; BGHZ 105, S. 71 (76 ff) = NJW 1988, S. 2790 = JuS 1989, S. 62 Nr 8; BGH, NJW 1993, S. 532; dagegen *Emmerich*, aaO.
35 BGHZ 101, S. 253 = NJW 1987, S. 2575 = JuS 1987, S. 909 Nr 8; BGHZ 105, S. 71 = NJW 1988, S. 2790 = JuS 1989, S. 62 Nr 8.
36 BGH, NJW 1993, S. 532; OLG Stuttgart, NJW-RR 1989, S. 520.
37 So BGHZ 105, S. 71 = NJW 1988, S. 2790 = JuS 1989, S. 62 Nr 8.

§ 7

39 Hat der Mieter entsprechend dem üblichen Fristenplan die Schönheitsreparaturen durchgeführt, so ist er bei Vertragsende, sofern die Parteien nicht zusätzlich eine Abgeltungsklausel vereinbart haben, nicht erneut zur Vornahme der Schönheitsreparaturen verpflichtet, selbst wenn inzwischen die Dekoration schon wieder abgewohnt ist[38]. Es trifft daher nicht zu, daß sich die Räume in jedem Fall bei Vertragsende (zumindest) in einem solchen Zustand befinden müßten, daß dem Vermieter eine sofortige Weitervermietung möglich ist[39].

b) Schadensersatzanspruch

40 Wenn der Mieter die Verpflichtung zur Vornahme der Schönheitsreparaturen vertraglich übernommen hat, handelt es sich um eine Hauptleistungspflicht, die gleichberechtigt neben seiner Verpflichtung zur Mietzinszahlung steht[40]. Folglich kann der Vermieter von dem Mieter nur unter den Voraussetzungen des § 326 Schadensersatz verlangen, sofern der Mieter auszieht, ohne die geschuldeten Schönheitsreparaturen durchgeführt zu haben.

41 Der **Schaden** des Vermieters wird idR in dem ihm entgehenden Gewinn aus einer andernfalls sofort möglichen, günstigen Weitervermietung der Wohnung bestehen. Der Schaden entfällt jedoch, wenn es dem Vermieter gelingt, die Wohnung anderweitig zu vermieten und dabei die nötigen Schönheitsreparaturen auf den neuen Mieter abzuwälzen, da es sich von selbst verstehen sollte, daß der Vermieter die Schönheitsreparaturen nicht zweimal, nämlich von dem alten **und** von dem neuen Mieter verlangen kann[41].

4. Sonstige Reparaturen

42 Die Schönheitsreparaturen stellen nur einen Ausschnitt aus der allgemeinen Instandhaltungs- und Instandsetzungpflicht des Vermieters dar (§ 536). Ebenso wie für die Schönheitsreparaturen stellt sich daher für die anderen Reparaturen die Frage, ob sie im Mietvertrag auf den Mieter abgewälzt werden können. Durch Individualvertrag ist dies in der Tat jederzeit möglich. Anders ist die Rechtslage hingegen bei **Formularverträgen**. Hier folgt für die Wohnraummiete bereits aus § 9 Abs. 2 Nr 1 AGBG, daß die Instandhaltungs- und Instandsetzungspflicht des Vermieters als Hauptleistungspflicht grundsätzlich klauselfest ist. Eine Ausnahme gilt lediglich für **Bagatellschäden** an solchen Teilen des Mietobjekts, die der Mieter häufig benutzt und die deshalb seinem ständigen Zugriff ausgesetzt sind, vorausgesetzt, daß in der Klausel zugleich **Obergrenzen** für die einzelnen Schäden und für

---

38 S. BGH, WM 1982, S. 333.
39 So aber BGHZ 49, S. 56 (58) = NJW 1968, S. 491; vgl auch BGHZ 85, S. 267 (273 f) = NJW 1983, S. 446 = JuS 1983, S. 391 Nr 7.
40 BGHZ 77, S. 301 (304 f) = NJW 1980, S. 2347; BGHZ 85, S. 267 (273) = NJW 1983, S. 446; BGHZ 92, S. 363 (371) = NJW 1985, S. 480; BGHZ 104, S. 6 (10) = NJW 1988, S. 1778.
41 Anders freilich BGHZ 49, S. 56 (61 ff) = NJW 1968, S. 491 = JuS 1968, S. 288 Nr 4; OLG Hamburg, OLGZ 1984, S. 106.

die Gesamtbelastung in einem Jahr festgelegt werden. Diese Obergrenzen belaufen sich im Augenblick auf ungefähr 100 bis 150,– DM für jeden einzelnen Schaden und auf 6 bis 8% der Jahresbruttomiete als Höchstbetrag für das gesamte Jahr.[42]

Alle weitergehenden Klauseln sind von der Rechtsprechung verworfen worden. Das gilt insbesondere für sog. **Beteiligungsklauseln**, nach denen der Mieter bei größeren Schäden wenigstens einen Teil des Schadens tragen muß, sowie für **Vornahmeklauseln**, aufgrund derer der Mieter verpflichtet sein soll, die abgewälzten Reparaturen zunächst selbst durchführen zu lassen. 43

VII. Mängelhaftung

In **Fall 10** drohten dem Mieter bereits bei Vertragsabschluß im Jahre 1979 dadurch erhebliche Gefahren, daß sich in seinen Räumen eine unverschlossene Rauchrohröffnung befand. Deshalb stellt sich hier die Frage, welche Rechte der Mieter hat, wenn sich die Mietsache nicht in einem zum vertragsmäßigen Gebrauch geeigneten Zustand befindet. Diese Frage beantwortet das Gesetz in den Vorschriften der §§ 537 bis 544, die durchweg das Bestreben erkennen lassen, dem Mieter einen möglichst umfassenden Schutz angedeihen zu lassen. 44

1. Fehler

a) Überblick

Für die Mängelhaftung beim Kauf ist vor allem die Unterscheidung zwischen Rechts- und Sachmängeln kennzeichnend, da das Gesetz dem Verkäufer einer Spezies eine „echte" Nichterfüllungshaftung nur bei Rechtsmängeln, nicht hingegen bei Sachmängeln auferlegt hat[43]. Ganz anders hingegen bei der Miete, bei der der Vermieter nach § 536 auch für die Freiheit der Mietsache von Sachmängeln einzustehen hat. Folgerichtig unterscheidet das Gesetz in den §§ 537 und 541 nicht zwischen Sach- und Rechtsmängeln; vielmehr richten sich die Rechtsfolgen in beiden Fällen nach den §§ 537, 538 und 542. 45

b) Sachmängel

Der Begriff des Sachmangels ist in § 537 Abs. 1 derselbe wie in § 459[44]. Die Mietsache ist folglich fehlerhaft, wenn sie zum Vertragszweck untauglich ist, wobei Maßstab hier allein der zum vertragsmäßigen Gebrauch geeignete Zustand der Sache ist. Jede ungünstige Abweichung der Mietsache von der danach erforderlichen Beschaffenheit bildet einen Fehler[45]. 46

---

42 BGHZ 108, S. 1 (9 ff) = NJW 1989, S. 2247 = JuS 1989, S. 839 Nr 5; BGHZ 118, S. 194 (197) = NJW 1992, S. 1759 = JuS 1992, S. 794 Nr 7.
43 S. insbes. die §§ 437, 440 und 459 ff und dazu o. §§ 2 und 4.
44 Wegen der Einzelheiten s. deshalb o. § 4 Rn 16 ff.
45 ZB BGH, LM Nr 28 zu § 537 BGB = NJW 1982, S. 696; LM Nr 44 aaO = NJW-RR 1991, S. 204; WM 1991, S. 736 = NJW-RR 1991, S. 970.

§ 7

47 Die wichtigsten Fehler sind **Baumängel** aller Art. Handelt es sich um einen gewerblichen Mietvertrag, so müssen die Räume außerdem zur Aufnahme gerade des bezweckten Gewerbebetriebs geeignet sein, wozu es zB gehört, daß die Böden und Decken die notwendige Tragfähigkeit aufweisen[46] und daß der Aufnahme des geplanten Betriebs keine privatrechtlichen oder öffentlich-rechtlichen Hindernisse entgegenstehen[47]. Denn öffentlich-rechtliche Bebauungs- oder Benutzungsverbote, durch die der Mieter am vertragsmäßigen Gebrauch der Mietsache gehindert wird, stellen ebenfalls einen Sachmangel dar, vorausgesetzt, daß sie auf der Beschaffenheit oder der Lage der Mietsache beruhen und ihre Ursache nicht lediglich in den persönlichen Verhältnissen des Mieters haben.

48 Weitere Beispiele für Sachmängel sind Störungen des Mieters durch **Immissionen** wie Gerüche oder Lärm aus der Nachbarschaft, wobei es keine Rolle spielt, ob der Vermieter überhaupt in der Lage ist, diese Störquellen zu beseitigen. Selbst wenn also der Vermieter gegen den störenden Straßenlärm oder gegen den Lärm von Baustellen in der Nachbarschaft nichts unternehmen kann, bleibt davon doch das Minderungsrecht des Mieters aufgrund des § 537 unberührt[48].

c) *Rechtsmängel*

49 Rechtmängel stehen nach § 541 Sachmängeln gleich, **sofern** durch das Recht eines Dritten dem Mieter der vertragsmäßige Gebrauch der Sache ganz oder zT entzogen wird. Darunter fallen sämtliche dinglichen oder obligatorischen privaten Rechte Dritter, durch die der Mieter (tatsächlich) in dem ihm zustehenden vertragsmäßigen Gebrauch gestört wird[49]. Voraussetzung ist daher, daß das Recht des Dritten geltend gemacht wird, da andernfalls keine Störung des Mieters vorliegt[50]. Wird das Recht des Dritten jedoch ausgeübt, so spielt es keine Rolle, ob dem Mieter mit Rücksicht darauf die Sache von vornherein nicht überlassen oder erst später wieder ganz oder zum Teil entzogen wird[51].

50 Die wichtigsten hierher gehörenden Fälle sind das Eigentum oder der Nießbrauch eines Dritten an der Mietsache. Aber auch die mehrfache Vermietung derselben Sache macht den Vermieter nach § 541 ersatzpflichtig, wenn der glückliche erste Mieter dem zweiten Mieter mit Rücksicht auf sein Besitzrecht die Herausgabe der Sache verweigert[52].

---

46 BGH, LM Nr 11 zu § 537 BGB = MDR 1964, S. 229; LM Nr 12/13 aaO = MDR 1964, S. 915.
47 ZB RGZ 79, S. 92; 157, S. 363; BGHZ 68, S. 294 (296) = NJW 1977, S. 1285 = JuS 1977, S. 763 Nr 7; BGH, NJW-RR 1992, S. 267.
48 BayObLGZ 1987, S. 36 = NJW 1987, S. 1950 = JuS 1987, S. 823 Nr 4; OLG München, WuM 1993, S. 607.
49 ZB BGHZ 63, S. 132 (138) = NJW 1975, S. 44; BGHZ 114, S. 277 (280) = NJW 1991, S. 3280.
50 BGH, LM Nr 35 zu § 242 (Bc) BGB = NJW-RR 1987, S. 526; LM Nr 31 zu § 571 BGB = NJW-RR 1989, S. 77.
51 BGH, LM Nr 3 zu § 541 BGB = NJW 1961, S. 917; LM Nr 27 zu § 325 BGB = NJW 1991, S. 3277.
52 BGH, LM Nr 3 zu § 541 BGB = ZMR 1961, S. 227; LM Nr 4 aaO = ZMR 1962, S. 175; LM Nr 127 zu § 322 ZPO = NJW-RR 1990, S. 701.

2. Rechtsfolgen

a) Zurückbehaltungsrecht

Wenn ein Sach- oder Rechtsmangel vorliegt, kann der Mieter in erster Linie vom Vermieter Erfüllung durch Beseitigung des Mangels verlangen (§ 536). Solange der Vermieter diesem Verlangen des Mieters nicht nachgekommen ist, hat der Mieter außerdem das Recht, den Mietzins ganz oder zT nach § 320 zurückzubehalten, um einen Druck auf den Vermieter zur Beseitigung der Mängel auszuüben[53]. Mit der Minderung nach § 537 (u. Rn 52) hat dies nichts zu tun.

51

b) Minderung

Beseitigt der Vermieter den Mangel nicht, so wird der Mieter ganz oder teilweise von der Verpflichtung zur Zahlung des Mietzinses befreit, je nachdem, ob durch den Mangel die Tauglichkeit der Sache zum Vertragszweck ganz oder teilweise aufgehoben wird (§ 537 Abs. 1). Die Minderung tritt hier anders als nach Kaufrecht (s. §§ 462, 472) kraft Gesetzes, dh von selbst ein.

52

c) Schadensersatzanspruch

In drei Fällen kann der Mieter nach § 538 bei Vorliegen eines Rechts- oder Sachmangels vom Vermieter außerdem Schadensersatz verlangen, und zwar zunächst, wenn der Mangel schon bei Abschluß des Vertrages vorhanden war, ohne Rücksicht darauf, ob den Vermieter ein Verschulden trifft oder nicht, zweitens, wenn der Mangel später infolge eines Umstandes entsteht, den der Vermieter zu vertreten hat, sowie drittens, wenn der Vermieter mit der Beseitigung des Mangels in Verzug ist. Den Vermieter trifft mithin in Abweichung von § 306 eine echte **Garantiehaftung** dafür, daß die Sache wenigstens bei Vertragsabschluß fehlerfrei ist. Voraussetzung ist allein, daß in dem maßgeblichen Zeitpunkt bereits die Ursachen der späteren Schädigung vorliegen, während der Mangel selbst noch nicht hervorgetreten zu sein braucht. Erst recht ist nicht erforderlich, daß schon ein Schaden entstanden ist, so daß der Vermieter auch die Gefahr geheimer Mängel trägt[54].

53

Wenn der Vermieter mit der Beseitigung von Mängeln in **Verzug** ist, wozu idR eine Mahnung des Mieters erforderlich ist (§§ 284, 536), kann der Mieter den Mangel selbst beseitigen und Ersatz der erforderlichen Aufwendungen verlangen (§ 538 Abs. 2); davon umfaßt wird der Anspruch auf Zahlung eines Vorschusses[55]. Beseitigt der Mieter hingegen Mängel, bevor der Vermieter in Verzug geraten ist, so handelt

54

---

53 BGHZ 84, S. 42 (45 f) = NJW 1982, S. 2242; BGH, LM Nr 7 zu § 448 ZPO = NJW 1989, S. 3222 (3224).
54 S. BGHZ 49, S. 350 = NJW 1968, S. 885 = JuS 1968, S. 335 Nr 3; BGHZ 63, 333 (335) = NJW 1975, S. 645; BGHZ 68, S. 294 = NJW 1977, S. 1285 = JuS 1977, S. 763 Nr 7.
55 BGHZ 56, S. 136 (141) = NJW 1971, S. 1450; KG, NJW-RR 1988, S. 1039.

§ 7

er auf eigene Gefahr, so daß er weder nach § 538 Abs. 2 noch nach § 547 Ersatz seiner Aufwendungen verlangen kann.

55 In **Fall 10** waren nach dem Gesagten die Voraussetzungen für eine Haftung des V und nach 1990 des W aus § 538 (in Verb. mit § 571) gegeben, da der fragliche Mangel schon bei Vertragsabschluß im Jahre 1979 vorgelegen hatte, so daß die Mieterin M Schadensersatz wegen Nichterfüllung verlangen kann. Dieser Anspruch umfaßt außer dem eigentlichen Erfüllungsinteresse sämtliche sog. Mangelfolgeschäden an Gesundheit, Eigentum und Vermögen des Mieters. Folglich hat die M ohne Rücksicht auf ein Verschulden des V oder des W einen Anspruch gegen W auf Schadensersatz wegen der Zerstörung ihrer Sachen durch den Brand. Dieselben umfassenden Schadensersatzansprüche stehen der S zu, die auf der Seite der Mieterin in den Schutzbereich des Mietvertrages einbezogen ist, da die Mieterin ihr gegenüber aufgrund des Arbeitsvertrages zu Schutz und Fürsorge verpflichtet ist (§§ 328, 618)[56].

d) Ausschlußtatbestände

56 Die Ansprüche des Mieters wegen Mängeln der Mietsache sind unter denselben Voraussetzungen ausgeschlossen wie die Ansprüche des Käufers wegen Sachmängeln[57]. Ein vertraglicher Ausschluß der Mieterrechte ist gleichfalls grundsätzlich möglich (§ 540). Lediglich das Minderungsrecht des Mieters kann bei der Wohnraummiete weder ausgeschlossen noch eingeschränkt werden (§ 537 Abs. 3). Dasselbe gilt für sein Zurückbehaltungsrecht aus § 320 (§§ 9 Abs. 2, 11 Nr 2, 24 AGBG). Im übrigen läßt die Praxis jedoch namentlich bei der gewerblichen Miete grundsätzlich Haftungsausschlußklauseln zu[58].

VIII. Sicherung des Vermieters

1. Vermieterpfandrecht

a) Voraussetzungen

57 Das Gesetz hat die Vermieter von Grundstücken und Räumen hinsichtlich ihrer Mietzins- und Schadensersatzansprüche als besonders schutzbedürftig angesehen. Es hat ihnen deshalb ein gesetzliches besitzloses Pfandrecht an den eingebrachten Sachen ihrer Mieter gewährt (§§ 559, 580). Gegenstand des Pfandrechtes sind jedoch allein die Sachen, die gerade dem Mieter gehören, nicht etwa auch die Sachen seiner Familienangehörigen. Ausgenommen sind außerdem alle unpfändbaren Sachen (§ 559 S. 3)[59]. Die praktische Bedeutung des Vermieterpfandrechts scheint heute nur

---

56 S. BGHZ 49, S. 350 (354) = NJW 1968, S. 885 = JuS 1968, S. 335 Nr 3; BGH, LM Nr 77 zu § 328 BGB = NJW 1985, S. 489.
57 § 539 in Verb. mit den §§ 460 und 464; s. dazu o. § 4 Rn 85.
58 ZB BGH, ZMR 1992, S. 241; OLG Frankfurt, NJW-RR 1987, S. 656; OLG München, ZMR 1987, S. 16; BayObLGZ 1984, S. 299 (302 f) = NJW 1985, S. 1716.
59 Zum Vermieterpfandrecht an der Anwartschaft des Mieters bei Erwerb unter Eigentumsvorbehalt s.o. § 6 Rn 13.

noch gering zu sein; an seine Stelle ist vielmehr als Sicherungsmittel des Vermieters weithin die Kaution getreten (u. Rn 61 ff).

b) Schutz

Der Vermieter kann zum Schutze seines Pfandrechts der Entfernung der Sache von dem Grundstück widersprechen, außer wenn die Entfernung im regelmäßigen Betrieb des Geschäfts des Mieters oder entsprechend den gewöhnlichen Lebensverhältnissen erfolgt oder wenn die zurückbleibenden Sachen zu seiner Sicherung ausreichen (§ 560). Beispiele für eine danach zulässige Entfernung und damit Enthaftung von Sachen sind bei einem Geschäft die Veräußerung von Waren, die tägliche Entfernung der Tageskasse[60] oder die Ausfahrt von Geschäftsfahrzeugen. 58

> Soweit der Vermieter der Entfernung der Sachen nach § 560 widersprechen darf, steht ihm außerdem ein erweitertes Selbsthilferecht gegen den Mieter zu, wenn dieser die Sachen fortschaffen will; sind die Sachen bereits entfernt, so kann der Vermieter Zurückschaffung der Sachen verlangen (§ 561). Der Mieter ist jedoch berechtigt, die Ausübung des Pfandrechts durch Sicherheitsleistung abzuwenden (§ 562). 59

c) Verwertung

Die Verwertung der belasteten Sachen richtet sich nach den Vorschriften über das Vertragspfandrecht (§ 1257, 1233 ff). Der Pfandverkauf durch den Vermieter setzt jedoch voraus, daß er sich im Besitz der Sachen befindet. Fehlt es hieran, so muß der Vermieter nach § 1233 Abs. 2 vorgehen. Ist die Sache durch einen Dritten gepfändet worden, so kann der Vermieter gemäß § 805 ZPO nur vorzugsweise Befriedigung aus dem Erlös verlangen, wobei die Beschränkung des § 563 für Mietzinsrückstände zu beachten ist. 60

2. Kaution

Mit Rücksicht auf die zunehmende Bedeutung der Kaution als Sicherungsmittel des Vermieters hat der Gesetzgeber 1982 die wichtigsten mit solchen Abreden zusammenhängenden Fragen in dem neuen § 550b geregelt. § 550b gilt an sich für sämtliche Sicherheitsleistungen des Mieters; ganz im Vordergrund des Interesses steht jedoch die verbreitete Barkaution, weshalb sich die folgenden Ausführungen auf diese beschränken werden. 61

Die Barkaution darf nach § 550b Abs. 1 S. 1 maximal das Dreifache einer Monatsmiete betragen, wobei der Mieter berechtigt ist, die Kaution in drei monatlichen Raten, beginnend mit dem Mietverhältnis, zu zahlen (§ 550b Abs. 1 S. 3). Der Vermieter ist verpflichtet, den Betrag verzinslich auf einem treuhänderischen oder Anderkonto anzulegen, wobei die Zinsen dem Mieter zustehen und die Sicherheit 62

---

60 OLG Braunschweig, OLGZ 1980, S. 239.

§ 7

erhöhen (§ 550b Abs. 2). Der Mieter hat einen klagbaren Anspruch gegen den Vermieter auf eine dem Gesetz entsprechende Anlage der Kaution; er kann außerdem vom Vermieter jederzeit Auskunft über die Anlage des Betrags verlangen.

63 Die vom Gesetz in § 550b Abs. 2 vorgeschriebene Anlage des Kautionsbetrages auf einem Treuhandkonto hat für den Mieter den Vorteil, daß sich das Pfandrecht der Banken nicht auf den Betrag erstreckt. Er kann außerdem nach § 771 ZPO intervenieren, wenn Gläubiger des Vermieters in den Betrag vollstrecken wollen. Im Konkurs des Vermieters hat der Mieter schließlich nach § 43 KO ein Aussonderungsrecht, so daß er insgesamt rundum geschützt ist[61].

64 Während des Mietverhältnisses kann sich der Vermieter wegen seiner offenen Forderungen gegen den Mieter jederzeit aus dem Kautionsbetrag befriedigen und sodann Wiederauffüllung der Sicherheit verlangen[62]. Nach Beendigung des Mietverhältnisses muß der Vermieter binnen einer angemessenen Frist, die idR auf drei bis sechs Monate bemessen wird, mit dem Mieter über seine noch offenen Forderungen und die Kaution abrechnen. Versäumt er diese Frist, so wird der Anspruch des Mieters auf Rückzahlung der Kaution fällig[63].

IX. Schutz des Mieters gegen Dritte

1. Eintritt des Erwerbers

a) Zweck

65 Die Miete ist vom BGB als obligatorisches, nicht als dingliches Recht konstruiert worden, so daß der Mieter kein gegenüber jedermann wirkendes Besitzrecht hat. Die Folge müßte an sich sein, daß er bei jeder Veräußerung der Mietsache sein Besitzrecht gegen den Erwerber einbüßt („Kauf bricht Miete"). Das war in der Tat nach gemeinrechtlichen Vorbildern die Lösung der 1. Kommission gewesen. Dagegen hatte sich jedoch in der Öffentlichkeit sofort ein derartiger Sturm der Empörung erhoben, daß die 2. Kommission entsprechend zahlreichen Partikularrechten im scharfen Gegensatz zur 1. Kommission für die Grundstücks- und die Raummiete die Parömie „Kauf bricht nicht Miete" zum Gesetz erhob (§§ 571, 580).

66 § 571 bestimmt, daß der Erwerber im Augenblick des Eigentumsübergangs ohne weiteres und ohne Rücksicht auf seine Gut- oder Bösgläubigkeit in jeder Hinsicht an Stelle des Veräußerers in den Mietvertrag eintritt, so daß ihm von diesem Augenblick an auch die Mietzinsen gebühren. Abweichende Vereinbarungen sind nur mit Zustimmung des Mieters möglich.

---

61 BayObLGZ 1988, S. 109 = NJW 1988, S. 1796; OLG Düsseldorf, NJW-RR 1988, S. 782; OLG Hamburg, NJW-RR 1990, S. 213; OLG München, ZMR 1990, S. 413.
62 BGH, LM Nr 43 zu § 581 BGB = NJW 1981, S. 976; OLG Hamburg, NJW-RR 1988, S. 651.
63 S. BGHZ 84, S. 345 = NJW 1992, S. 2186; BGHZ 101, S. 244 (250 f) = NJW 1987, S. 2372.

b) Voraussetzungen

Der Eintritt des Erwerbers in den Mietvertrag setzt dreierlei voraus. Erste Voraussetzung ist **Identität** des Eigentümers, des Vermieters und des Veräußerers; § 571 findet also nur Anwendung, wenn der Vermieter zugleich der das Grundstück veräußernde Eigentümer ist[64]. Zweite Voraussetzung ist die **Veräußerung** des Grundstücks, dh der Übergang des Eigentums auf den Erwerber aufgrund eines privatrechtlichen Vertrages. Solange das Eigentum nicht übergegangen ist, bleibt der Grundstücksveräußerer Vermieter. Dritte Voraussetzung des § 571 ist schließlich, daß dem Mieter das Grundstück im Augenblick der Veräußerung bereits übergeben worden war. In der Zeit vor **Übergabe** kommt ein Übergang des Mietverhältnisses auf den Erwerber nur ausnahmsweise unter den engen Voraussetzungen des § 578 in Betracht.

67

c) Rechtsfolgen

Sind die Voraussetzungen des § 571 Abs. 1 erfüllt, so tritt der Erwerber während der Dauer seines Eigentums an Stelle des bisherigen Vermieters in sämtliche sich aus dem Mietverhältnis ergebenden Rechte und Pflichten ein. Er muß folglich den Mietvertrag mit dem Inhalt hinnehmen, den er im Augenblick des Eigentumsübergangs hatte; ob er die sich hieraus für ihn ergebenden Verpflichtungen kannte, spielt keine Rolle[65].

68

> In **Fall 10** wurde daher nach der Veräußerung im Jahre 1990 der Mietvertrag ohne weiteres zwischen dem Grundstückserwerber W und der Mieterin M fortgesetzt. Folglich übernahm W auch die Garantiehaftung des V für diejenigen Mängel, die schon bei Abschluß des Mietvertrages zwischen dem V und der M 1979 vorhanden gewesen waren, vorausgesetzt, daß der Schaden erst während seines Eigentums eingetreten ist; für frühere Schäden haftet hingegen der Veräußerer V allein weiter[66]. W muß somit der Mieterin M und deren Schwester S ohne Rücksicht auf ein Verschulden Ersatz für deren Schäden leisten (§§ 571 Abs. 1, 538 Abs. 1).

69

2. *Vorausverfügungen*

Zum Schutze des Erwerbers hat das Gesetz in den §§ 573 bis 575 der Wirksamkeit von Vorausverfügungen des Vermieters über den Mietzins, namentlich also einer Abtretung der Mietzinsansprüche, ebenso wie der Wirksamkeit etwaiger Vorausleistungen des Mieters enge Grenzen gezogen. Denn der Erwerber soll nicht verpflichtet sein, dem Mieter den Gebrauch der Sache zu belassen, ohne wenigstens den Mietzins für diese Zeit verlangen zu können.

70

---

64 BayObLGZ 1981, S. 343 = NJW 1982, S. 451; OLG Karlsruhe, OLGZ 1981, S. 207 = NJW 1981, S. 1278.
65 Deshalb die Formvorschrift des § 566!
66 BGHZ 49, S. 350 (352) = NJW 1968, S. 885 = JuS 1968, S. 335 Nr 3; BGH, WarnR 1972 Nr 284.

§ 7

71 Eine Ausnahme gilt lediglich für **Baukostenzuschüsse**: Sie wirken zum Schutze des Mieters ohne Rücksicht auf die §§ 573 bis 575 grundsätzlich auch gegen den Grundstückserwerber, sofern folgende Voraussetzungen erfüllt sind: Die ursprünglichen Mietvertragsparteien müssen sich über die Anrechnung dieser Leistungen auf den Mietzins einig gewesen sein; die Leistungen waren außerdem von vornherein zum Ausbau des Mietgrundstücks bestimmt gewesen; und der Wert des Grundstücks ist noch im Augenblick des Eigentumsübergangs auf den Erwerber gerade infolge der Mieterleistungen tatsächlich erhöht, so daß diese (mittelbar) auch dem Erwerber zugute kommen[67].

3. Nachträgliche Belastung

72 Die §§ 571 ff sind entsprechend anwendbar bei nachträglicher Belastung des Grundstücks mit einem Recht durch den Vermieter, sofern durch die Ausübung dieses Rechts dem Mieter der vertragsmäßige Gebrauch entzogen wird (§ 577). Hierunter fällt vor allem die Belastung des Grundstücks mit einem Nießbrauch oder einem Wohnrecht.

X. Beendigung des Mietverhältnisses

1. Überblick

73 Mietverhältnisse sind Dauerschuldverhältnisse, die sich nicht durch beiderseitige Erfüllung von selbst erledigen, sondern in jedem Fall eines besonderen Beendigungsgrundes bedürfen. Die wichtigsten Beendigungsgründe sind neben dem jederzeit möglichen Aufhebungsvertrag die Vereinbarung eines festen Endtermins sowie die Kündigung, wobei das Gesetz zwischen der ordentlichen und der außerordentlichen Kündigung und innerhalb der letzteren weiter zwischen der befristeten und der fristlosen außerordentlichen Kündigung unterscheidet.

74 Ein Aufhebungsvertrag ist selbst bei Wohnraummietverhältnissen jederzeit möglich (§ 305). Sämtliche anderen Beendigungsgründe sind hingegen vom Gesetz hinsichtlich ihrer Voraussetzungen und Folgen eingehend geregelt worden, wobei zwischen der gewerblichen Miete und der Wohnraummiete unterschieden werden muß. Während bei der gewerblichen Miete eine ordentliche Kündigung des Vermieters auch rein tatsächlich nach wie vor nahezu unbeschränkt möglich ist, ist bei der Wohnraummiete die ordentliche Kündigungsmöglichkeit des Vermieters inzwischen weitgehend beseitigt. Im besonderen Maße gilt das in den neuen Ländern, wo de facto ein Kündigungsverbot besteht. Unbeschränkt zulässig ist überall lediglich die außerordentliche fristlose Kündigung, namentlich nach § 554 bei Zahlungsverzug des Mietes.

---

67 BGHZ 37, S. 346 (349f) = NJW 1962, S. 1860; BGHZ 53, S. 35 (38) = NJW 1970, S. 93.

2. Zeitablauf

Die Mietvertragsparteien können jederzeit einen Endtermin für das Mietverhältnis festsetzen. Dann endet der Vertrag ohne weiteres zu diesem Termin (§ 564 Abs. 1). Ohne Einschränkungen gilt dies heute freilich nur noch für die Geschäftsraummiete, während bei der Wohnraummiete der Mieter nach § 564c Abs. 1 spätestens zwei Monate vor dem Endtermin durch schriftliche Erklärung vom Vermieter die Fortsetzung des Vertrages auf unbestimmte Zeit verlangen kann. Der Vermieter kann dann dieses Verlangen nur unter denselben Voraussetzungen ablehnen, die ihn sonst zur ordentlichen Kündigung nach § 564b berechtigen. Kommt der Vermieter dem Fortsetzungsverlangen des Mieters nicht nach, so muß der Mieter auf Zustimmung des Vermieters zur Verlängerung des Mietverhältnisses klagen. 75

> Eng begrenzte Ausnahmen von diesem Mieterschutz finden sich für verschiedene Mietverhältnisse in dem 1993 ein wenig erweiterten § 564c Abs. 2. Zu beachten ist daneben jedoch in jedem Fall noch § 556b, der die Sozialklausel des § 556a auch auf befristete Wohnraummietverträge ausdehnt. 76

3. Ordentliche Kündigung

a) Überblick

> Ist das Mietverhältnis auf unbestimmte Zeit eingegangen, so bedarf es einer Kündigung durch eine der beiden Parteien, um es zu beenden (§ 564 Abs. 2). Die wichtigste Kündigungsform ist die sog. ordentliche Kündigung unter Einhaltung der gesetzlichen oder vertraglichen Kündigungsfrist (§ 565). 77

Während früher das Instrument der ordentlichen Kündigung beiden Parteien uneingeschränkt zur Verfügung stand, kann der **Vermieter** seit 1971 im Gegensatz zum Mieter bei Wohnraummietverträgen nur noch kündigen, wenn er ein **berechtigtes Interesse** an der Kündigung hat (§ 564b Abs. 1). Dies ist nach § 564b Abs. 2 insbesondere der Fall, wenn der Mieter seine Pflichten schuldhaft nicht unerheblich verletzt (Nr 1 aaO), wenn der Vermieter die Räume für sich oder seine Familie als Wohnung benötigt (Nr 2 aaO) oder wenn er durch die Fortsetzung des Mietverhältnisses an einer angemessenen wirtschaftlichen Verwertung des Grundstücks gehindert würde und dadurch erhebliche Nachteile erlitte (Nr 3 a.a.O). Der Mieter kann jedoch nach der bereits erwähnten **Sozialklausel** des § 556a der Kündigung widersprechen, wenn sie für ihn eine übermäßige Härte bedeutete. 78

> Besonderheiten gelten in den **neuen Ländern**: Während eine Kündigung nach § 564b Abs. 2 Nr 3 hier ganz ausgeschlossen ist, ist eine Kündigung wegen Eigenbedarfs des Vermieters vorerst nur unter ganz engen, von den Gerichten tatsächlich nie bejahten Voraussetzungen möglich (Art. 232 § 2 Abs. 2 und 3 EGBGB). Im Ergebnis hat die Bundesregierung damit an dem alten Kündigungsverbot aus der Zeit des SED-Regimes nahezu unverändert festgehalten. Man bezeichnet dies als „sozial". 79

Die Kündigung muß **schriftlich** erfolgen, damit der Mieter alle genannten Rechte tatsächlich wahrnehmen kann. Aus demselben Grund muß sie begründet werden und einen Hinweis auf § 556a enthalten (§§ 564a, 564b Abs. 3). Bestimmmte Miet- 80

§ 7

verhältnisse sind jedoch in unterschiedlichem Umfang vom Mieterschutz **ausgenommen**. Dies gilt namentlich für Einliegerwohnungen, für Wohnungen, die nur zum vorübergehenden Gebrauch vermietet sind, sowie für Wohnraum, der Teil der vom Vermieter selbst bewohnten Wohnung ist (s. im einzelnen die §§ 556a Abs. 8, 564b Abs. 4 und 7 und 565 Abs. 3).

b) Eigenbedarf

81 Der mit Abstand wichtigste Kündigungsgrund (in Westdeutschland) ist heute der sog. Eigenbedarf iS des § 564b Abs. 2 Nr 2. Eine Kündigung ist hiernach berechtigt, wenn der Vermieter die Räume als Wohnung für sich, für die zu seinem Hausstand gehörenden Personen oder für seine Familienangehörigen benötigt.

82 Die Auslegung der Nr 2 des § 564b Abs. 2 BGB war von Anfang an lebhaft umstritten, da Mieter- und Vermieterinteressen hier besonders heftig aufeinanderprallen, zumal in jedem Einzelfall auch die Ausstrahlungen der Eigentumsgarantie des Grundgesetzes (Art. 14 Abs. 1) berücksichtigt werden müssen. Dies hat dem BVerfG Anlaß gegeben, in einer Vielzahl von Entscheidungen seine Vorstellungen über einen gerechten Interessenausgleich zwischen Vermietern und Mietern zu präzisieren[68]. Im Grunde hat damit das BVerfG zumindest auf diesem Gebiet eindeutig die ihm an sich gar nicht zustehende Rolle eines Revisionsgerichts in Wohnungsmietsachen übernommen und damit den BGH fast völlig aus dieser Rolle verdrängt, zumal nach Anerkennung des Besitzrechts des Wohnungsmieters als „Eigentum im Sinne des Art. 14 Abs. 1 GG"[69].

83 Der Wunsch des Eigentümers, sein Haus selbst zu nutzen, muß bei der Auslegung des § 564b Abs. 2 Nr 2 grundsätzlich respektiert werden, sofern der Vermieter für seinen Wunsch **vernünftige und nachvollziehbare Gründe** anführen kann[70]. Anders verhält es sich nur, wenn der Vermieter den Wunsch zur eigenen Nutzung seines Hauses überhaupt nicht ernsthaft verfolgt, wenn er seinen (legitimen) Wohnbedarf in einer anderen freigewordenen Wohnung desselben Hauses ohne weiteres befriedigen kann oder wenn er sonst **mißbräuchlich** handelt, etwa, weil der von ihm geltend gemachte Wohnbedarf weit überhöht ist oder weil die gekündigte Wohnung die Nutzungswünsche des Vermieters offenkundig überhaupt nicht zu erfüllen vermag. Der Sache nach müssen die Gerichte hier mithin eine weite Mißbrauchs- oder besser Plausibilitätsprüfung hinsichtlich des Nutzungswunsches des Vermieters anstellen. Von den Instanzgerichten werden die Gewichte dabei häufig sehr stark zugunsten der Mieterseite verschoben, wodurch sich das BVerfG immer wieder zum Eingreifen genötigt sieht, um zu verhindern, daß die gleichberechtigten

---

68 S. insbes. BVerfGE 68, S. 361 = NJW 1985, S. 2633; BVerfGE 79, S. 292 = NJW 1989, S. 970 = JuS 1989, S. 669 Nr 7; BVerfGE 83, S. 82 = NJW 1991, S. 157 = JuS 1991, S. 328 Nr 1; BVerfG, NJW 1988, S. 1075 = JuS 1988, S. 651 Nr 4; BVerfGE 89, S. 1 (5 ff) = NJW 1993, S. 2035 = JuS 1993, S. 961 Nr 2; BVerfG NJW 1994, S. 308; 1993, S. 1637; 1994, S. 309 und 310; 1994, S. 435.
69 BVerfGE 89, S. 1 (5 ff) = NJW 1993, S. 2035 = JuS 1993, S. 961 Nr 2.
70 So BGHZ 103, S. 91 = NJW 1988, S. 904 = JuS 1988, S. 651 Nr 4.

Interessen der Vermieterseite schließlich völlig unberücksichtigt bleiben (wie es den Vorstellungen vieler selbsternannter sog. „Sozialpolitiker" entspricht).

c) Schadensersatzansprüche des Mieters

Wenn der Vermieter wegen Eigenbedarfs kündigt (§ 564b Abs. 2 Nr 2), wird der Mieter häufig ausziehen, ohne es auf einen Rechtsstreit ankommen zu lassen. Stellt sich dann später heraus, daß der vom Vermieter behauptete Eigenbedarf in Wirklichkeit gar nicht vorlag oder doch noch vor Auszug des Mieters wieder weggefallen war, so stellt die deshalb unberechtigte Kündigung des Vermieters eine positive Vertragsverletzung dar, die den Vermieter zum Ersatz aller Schäden verpflichtet, die der Mieter durch den Umzug in eine möglicherweise teurere Wohnung erlitten hat[71]. 84

4. Außerordentliche befristete Kündigung

a) Überblick

Von einer außerordentlichen befristeten Kündigung spricht man, wenn eine Partei bei Mietverhältnissen, die für eine bestimmte Zeit eingegangen sind, sowie bei Mietverhältnissen auf unbestimmte Zeit unter Abkürzung der längeren vertraglichen Kündigungsfrist aus einem besonderen Grund ausnahmweise vorzeitig unter Einhaltung der gesetzlichen Kündigungsfrist kündigen kann[72]. Will der **Vermieter** bei Wohnraummietverhältnissen von diesen besonderen Kündigungsgründen Gebrauch machen, so müssen freilich zugleich die besonderen Kündigungsvoraussetzungen des § 564b erfüllt sein. 85

Die wichtigsten Fälle, in denen eine außerordentliche befristete Kündigung in Betracht kommt, sind für den Mieter die Ankündigung von Modernisierungsmaßnahmen (§ 541b Abs. 2 S. 2), die Verweigerung der Erlaubnis zur Untervermietung (§ 549 Abs. 1 S. 2), die Versetzung (§ 570) und eine Mietzinserhöhung nach dem MHRG (§ 9 Abs. 1 MHRG) sowie für beide Parteien der Tod des Mieters (§§ 569 ff) und die Vereinbarung eines Mietverhältnisses für eine längere Zeit als dreißig Jahre (§ 567). 86

b) Insbesondere § 549 BGB

aa) Allgemeines

Nach § 549 Abs. 1 ist der Mieter ohne Erlaubnis des Vermieters nicht berechtigt, den Gebrauch der gemieteten Sache einem Dritten zu überlassen, insbesondere die Sache weiter zu vermieten (sog. Untermiete). Im Falle der Erlaubnisverweigerung hat der Mieter jedoch ein außerordentliches befristetes Kündigungsrecht, es sei denn, in der Person des Dritten liege ein wichtiger Grund vor. 87

---

71 BGHZ 89, S. 296 = NJW 1984, S. 1028; OLG Karlsruhe, NJW 1982, S. 54 = JuS 1982, S. 461 Nr 5.
72 Zur Berechnung der Kündigungsfristen in diesen Fällen s. im einzelnen § 565 Abs. 5 BGB.

§ 7

88 Hintergrund dieser auf den ersten Blick verblüffenden Regelung ist die Erwägung des Gesetzgebers, die Miete sei grundsätzlich ein persönliches, von gegenseitigem Vertrauen getragenes Rechtsverhältnis, so daß sich der Vermieter nicht gegen seinen Willen einen anderen Mieter aufdrängen zu lassen brauche[73]. Daraus wird allgemein gefolgert, daß die Abtretung der Mieterrechte an einen Dritten gleichfalls nur mit Zustimmung des Vermieters möglich ist (§ 399). Zu dem Eintritt eines neuen Mieters an Stelle oder neben dem bisherigen Mieter in den Vertrag ist ohnehin stets die Mitwirkung des Vermieters nötig (§ 305).

89 Verweigert der Vermieter die hiernach erforderliche Zustimmung zur Überlassung der Mietsache an einen Dritten, so kann der Mieter kündigen, außer wenn in der Person des Dritten ein **wichtiger Grund** vorliegt, der die Verweigerung der Erlaubnis rechtfertigt. Dies ist immer der Fall, wenn dem Vermieter nach den Umständen des Einzelfalls die Überlassung des Gebrauchs seiner Sache an einen Dritten nicht zuzumuten ist, namentlich, weil davon eine Überbelegung der vermieteten Wohnung droht[74].

90 Anders ist die Rechtslage nach § 549 Abs. 2 nur bei der **Wohnraummiete**, da der Mieter hier einen **Anspruch** auf die Erlaubnis des Vermieters hat, wenn für ihn nach dem Abschluß des Mietvertrages ein **berechtigtes Interesse** entstanden ist, einen Teil des Wohnraums einem Dritten zum Gebrauch zu überlassen. Dafür genügt jedes vernünftige Interesse des Mieters einschließlich bloßer wirtschaftlicher und persönlicher Interessen, dh jeder einleuchtende vernünftige Grund, sofern er nur **nach** Vertragsabschluß entstanden und mit der Rechtsordnung vereinbar ist[75]. Dies wird idR ganz **weit** ausgelegt. Beispiele sind die Aufnahme naher Angehöriger sowie die Verkleinerung der Familie durch den Tod oder den Auszug einzelner Familienangehöriger. Der Anspruch des Mieters auf Erlaubniserteilung durch den Vermieter entfällt jedoch, wenn dem Vermieter die Aufnahme eines Dritten durch den Mieter aufgrund einer umfassenden Interessenabwägung nicht mehr zugemutet werden kann (s. § 549 Abs. 2 S. 1 Halbs. 2).

bb) Untermiete

91 Hauptanwendungsfall des § 549 ist die verbreitete Untermiete. Untermietverträge sind, da der Vermieter nicht zugleich der Eigentümer des Mietobjekts zu sein braucht, normale Mietverträge, für die im Verhältnis zwischen Mieter und Untermieter keine Besonderheiten gelten. Ohne Erlaubnis des Vermieters stellt freilich die Untervermietung durch den Mieter nach § 549 Abs. 1 eine Vertragsverletzung dar, gegen die der Vermieter nach den §§ 550 und 553 vorgehen kann, außer, wenn der Mieter ein Recht auf Erlaubniserteilung nach § 549 Abs. 2 hatte[76].

---

73 Protokolle Bd. II, S. 182 ff.
74 BGHZ 89, S. 308 (313 ff) = NJW 1984, S. 1032; OLG Celle, OLGZ 1990, S. 88 (94).
75 Grdl. BGHZ 92, S. 213 (218 ff) = NJW 1985, S. 130 = JuS 1985, S. 233 Nr 5.
76 BayObLGZ 1990, S. 301 = NJW-RR 1991, S. 461; OLG Frankfurt, NJW-RR 1989, S. 10.

Selbst nach Erlaubniserteilung durch den Vermieter entstehen grundsätzlich **keine** vertraglichen Beziehungen zwischen Untermieter und Hauptvermieter[77]. Gleichwohl erlangt der Vermieter, wenn der **Hauptmietvertrag**, aus welchen Gründen immer, endet, einen quasivertraglichen Herausgabeanspruch gegen den Untermieter (§ 556 Abs. 3), so daß an sich der Untermieter mit dem Ende des Hauptmietvertrages stets sein Besitzrecht einbüßt. Unberührt bleiben jedoch seine Ersatzansprüche aus § 541 gegen den Untervermieter und Hauptmieter, wenn ihm durch den Hauptvermieter der Besitz der Mietsache nach § 556 Abs. 3 oder nach § 985 entzogen wird[78].

92

Die Rechtsstellung des Untermieters ist nach dem Gesagten ausgesprochen schwach. Das ist um so problematischer, als sich in letzter Zeit die Untermiete auch bei der Wohnraummiete immer mehr durchsetzt. Die Folge war eine breite Diskussion über einen etwaigen **Bestandsschutz** für den Untermieter, in der schon lange gefordert wurde, analog den §§ 571 und 1056 spätestens nach Beendigung des Untermietvertrages direkte **vertragliche** Beziehungen zwischen dem Untermieter und dem Hauptvermieter anzuerkennen, weil es nur so möglich sei, dem Untermieter den vom Gesetz gewollten Kündigungsschutz zugute kommen zu lassen. Diesen Vorschlägen hat sich mittlerweile der Gesetzgeber aufgrund entsprechender Vorgaben des BVerfG[79] (nur) für die Fälle der gewerblichen Zwischenvermietung bei der Wohnraummiete durch die Einfügung des neuen § 549a in das BGB angeschlossen. Für die genannten Fälle bestimmt deshalb jetzt § 549a Abs. 1 im Anschluß an § 571, daß der Hauptvermieter bei Beendigung des Hauptmietvertrages automatisch anstelle des Zwischenvermieters in den Untermietvertrag als neuer Vermieter eintritt.

93

5. Außerordentliche fristlose Kündigung

a) Allgemeines

Die zweite Form der außerordentlichen Kündigung ist die fristlose Kündigung, die nur möglich ist, wenn einer Partei aus besonderem Anlaß die Fortsetzung des Mietverhältnisses nach den ganzen Umständen nicht mehr zuzumuten ist, so daß eine **sofortige** Lösung der Vertragsbeziehung nötig ist (§ 242).

94

Die wichtigsten Fälle der fristlosen Kündigung sind für beide Parteien im Gesetz geregelt (u. Rn 96 ff). Dadurch wird jedoch die allgemeine Kündigung aus wichtigem Grunde, die bei jedem Dauerschuldverhältnis möglich ist, nicht ausgeschlossen. Sie greift immer ein, wenn einer Partei die Fortsetzung des Vertrages nicht mehr zuzumuten ist, insbesondere, weil das gegenseitige Vertrauensverhältnis so stark erschüttert ist, daß eine gedeihliche Zusammenarbeit der Parteien nicht mehr zu

95

---

77 BGHZ 70, S. 327 = NJW 1978, S. 833; BGHZ 79, S. 232 = NJW 1981, S. 865 = JuS 1981, S. 537 Nr 5.
78 S. BGHZ 63, S. 132 (137 ff) = NJW 1975, S. 44; BGHZ 79, S. 232 = NJW 1981, S. 865; BGH, LM Nr 1 zu § 542 BGB = ZMR 1960, S. 10.
79 BVerfGE 84, S. 177 = NJW 1991, 2272 = JuS 1991, S. 958 Nr 3; BVerfG, NJW-RR 1993, S. 332; NJW 1993, S. 2601 = JuS 1994, S. 168 Nr 3; s. im übrigen Voraufl., S. 120 f.

§ 7

erwarten ist. Das gilt auch für Wohnraummietverhältnisse[80]. So verhält es sich zB, wenn der Mieter seine Vertragspflichten total vernachlässigt oder die Erfüllung des Vertrages ernstlich und endgültig verweigert.

b) §§ 542 und 544 BGB

96 Der Mieter kann zunächst nach § 542 fristlos kündigen, wenn ihm der vertragsmäßige Gebrauch der gemieteten Sache ganz oder zum Teil nicht rechtzeitig gewährt oder wieder entzogen wird. Voraussetzung ist jedoch idR, daß der Vermieter zuvor eine ihm vom Mieter bestimmte angemessene Frist zur Abhilfe fruchtlos verstreichen ließ (§ 542 Abs. 2). Unter § 542 fallen namentlich sämtliche Rechts- und Sachmängel, so daß hier das Kündigungsrecht des Mieters dieselbe Funktion wie die Wandelung beim Kauf erfüllt.

97 Der Mieter kann nach § 544 außerdem dann fristlos kündigen, wenn die Wohnung so beschaffen ist, daß ihre Benutzung mit einer erheblichen Gefährdung der Gesundheit des Mieters, seiner Angehörigen oder seiner Mitarbeiter verbunden ist. In derartigen Fällen sind natürlich stets zugleich die Voraussetzungen des § 542 erfüllt. Im Unterschied zu § 542 setzt hier die Kündigung indessen nicht eine vorherige Fristsetzung zur Abhilfe durch den Vermieter voraus.

c) §§ 553, 554 BGB

98 Der Vermieter ist zur fristlosen Kündigung nach § 553 berechtigt, wenn der Mieter ungeachtet einer Abmahnung einen vertragswidrigen Gebrauch der Sache fortsetzt, der die Rechte des Vermieters in erheblichem Maße verletzt. Gesetzliche Beispiele sind die Gefährdung der Sache durch Vernachlässigung der dem Mieter obliegenden Sorgfalt sowie die unbefugte Untervermietung. Weitere Beispiele sind schwere Verstöße gegen die Hausordnung, die Aufnahme eines Gewerbebetriebs in bloßen Wohnräumen oder größere bauliche Veränderungen des Mieters.

99 Der wichtigste außerordentliche Kündigungsgrund für den Vermieter ist der Zahlungsverzug des Mieters. Die Einzelheiten ergeben sich aus **§ 554 BGB** (o. Rn 25 f).

d) § 554a BGB

100 **Jede** Partei kann den Mietvertrag fristlos kündigen, wenn der andere Teil seine Verpflichtungen schuldhaft in solchem Maße verletzt, insbesondere den Hausfrieden so nachhaltig stört, daß ihr die Fortsetzung des Mietverhältnisses nicht mehr zuzumuten ist (§ 554a). Beispiele sind Belästigungen des anderen Vertragsteils, namentlich durch schwere Beleidigungen, weiter Tätlichkeiten, übermäßiger Lärm, Streitereien und Zänkereien sowie die Ausübung der Gewerbsunzucht und vergleichbare Fallgestaltungen (s. auch schon oben Rn 26).

---

80 BGH, LM Nr 1 zu § 554b = MDR 1969, S. 657.

6. Rechtsfolgen

a) Rückgabe

Die wichtigste Rechtsfolge der Vertragsbeendigung ist die Verpflichtung des Mieters zur Rückgabe der gemieteten Sache (§ 556 Abs. 1). Dies bedeutet, daß der Mieter unmittelbar nach Beendigung des Mietverhältnisses dem Vermieter den unmittelbaren Besitz an der Mietsache wieder verschaffen muß. Keine Rolle spielt, in welchem Zustand sich die Sache befindet. Ist sie verwahrlost, so kann der Vermieter deshalb gegebenenfalls Schadensersatz verlangen; er darf jedoch nicht ihre Rücknahme ablehnen, will er nicht in Annahmeverzug geraten[81]. Der Mieter hat seine Rückgabepflicht so lange nicht erfüllt, wie er die Mietsache dem Vermieter ganz oder teilweise vorenthält, indem er etwa ihm gehörige Sachen in den gemieteten Räumen zurückläßt oder Einrichtungen, mit denen er die gemietete Sache versehen hat, nicht beseitigt.

101

b) Vorenthaltung

Solange der Mieter seine Rückgabepflicht (o. Rn 101) nicht vollständig erfüllt hat, ist er nach § 557 zur Fortzahlung des vereinbarten Mietzinses verpflichtet. Unerheblich ist, ob der Mieter überhaupt noch im Besitz der Mietsache ist und ob ihm die Herausgabe möglich ist. Er ist deshalb nach § 557 selbst dann zur Fortzahlung des Mietzinses verpflichtet, wenn er die Sache untervermietet hat und der Untermieter die Herausgabe ablehnt[82]. Der Anspruch des Vermieters auf Nutzungsentschädigung entfällt jedoch, wenn der Mieter ein Zurückbehaltungsrecht hat[83].

102

> § 557 BGB regelt nur den dem Vermieter im Falle der Vorenthaltung seiner Sache stets zustehenden Mindestschaden. Deshalb bleiben weitergehende Schadensersatzansprüche des Vermieters aus Verzug des Mieters mit der Rückgabe ebenso unberührt wie etwaige Bereicherungsansprüche[84]. Einschränkungen gelten jedoch zum Schutze des Mieters bei der Wohnraummiete (§ 557 Abs. 2 und 3).

103

c) Vertragsverlängerung

Wenn der Mieter den bisherigen Mietgebrauch trotz der Beendigung des Mietverhältnisses unverändert fortsetzt, ohne daß der Vermieter auf sofortiger Räumung besteht, könnte es zu einem längeren vertragslosen Zustand kommen. Um dies zu verhindern, fingiert der (häufig übersehene) § 568 in solchem Fall die Verlängerung des Mietverhältnisses auf unbestimmte Zeit, sofern nicht eine Partei binnen einer Frist von zwei Wochen widerspricht. Der Widerspruch ist eine einseitige empfangs-

104

---

81 BGHZ 86, S. 204 = NJW 1983, S. 1049.
82 BGHZ 90, S. 145 = NJW 1984, S. 1527.
83 BGHZ 65, S. 56 = NJW 1975, S. 1773.
84 § 557 Abs. 1 S. 2; BGHZ 44, S. 241 = NJW 1966, S. 248 = JuS 1966, S. 204 Nr 4; BGHZ 68, S. 307 (309 f) = NJW 1977, S. 1335; ; BGH, LM Nr 2 zu § 597 BGB = NJW 1968, S. 197 = JuS 1968, S. 184 Nr 2.

§ 7

bedürftige Willenserklärung, die ohne weiteres schon mit der Kündigung verbunden werden kann.

7. Verjährung

105   Ebenso wie beim Kaufvertrag (§ 477) ordnet das Gesetz bei der Miete in § 558 im Interesse einer schnellen Abwicklung der Beziehungen der Parteien kurze Verjährungsfristen für die beiderseitigen Ansprüche an. Das gilt gleichermaßen für die Ersatzansprüche des Vermieters wegen Veränderung oder Verschlechterung der vermieteten Sache wie für die Ansprüche des Mieters auf Ersatz von Verwendungen, wobei die Verjährung der Ersatzansprüche des Vermieters mit Rückgabe der Mietsache, die der Ansprüche des Mieters mit Beendigung des Mietverhältnisses beginnt.

106   § 558 wird entsprechend seinem Zweck allgemein **weit** ausgelegt. Der Rechtsgrund, auf dem die Ansprüche des Vermieters beruhen, spielt daher ebensowenig eine Rolle wie der Zeitpunkt, zu dem die Ansprüche entstanden sind. § 558 erfaßt aus diesem Grunde auch sämtliche konkurrierenden vertraglichen und gesetzlichen Ansprüche des Vermieters wegen einer Beschädigung der Mietsache. Beispiele sind die Ersatzansprüche des Vermieters wegen vertragswidrig unterlassener Schönheitsreparaturen[85] sowie konkurrierende Deliktsansprüche[86]. Ausgeklammert sind lediglich Ansprüche des Vermieters wegen einer völligen Zerstörung der Mietsache, weil dann von einer bloßen Beschädigung iS des § 558 nicht mehr die Rede sein kann[87], sowie Ansprüche wegen der Beschädigung ganz anderer Sachen des Vermieters, die mit der Mietsache nichts zu tun haben[88].

107   Die Verjährungsfrist beginnt auf der Seite des Vermieters, sobald er die Mietsache zurückerhalten hat. Dazu ist erforderlich, daß er die unmittelbare Herrschaft über das Mietobjekt in einer Weise zurückerlangt, die ihm die Untersuchung der Sache auf etwaige Mängel erlaubt, während es auf die rechtliche Vertragsbeendigung insoweit nicht ankommt. Dazu wird in aller Regel die Rückgabe der Sache an den Vermieter erforderlich sein[89].

XI. MHRG

1. Überblick

108   Durch das MHRG von 1974 ist für Wohnraummietverhältnisse die Änderungskündigung des Vermieters mit dem Ziel der Mietzinserhöhung durch verschiedene

---

85 BGHZ 86, S. 71 (77 f) = NJW 1983, S. 679; BGH, LM Nr 7 zu § 558 BGB = NJW 1965, S. 151; LM Nr 36 zu § 558 BGB = NJW 1987, 2072.
86 BGHZ 93, S. 64 (66 f) = NJW 1985, S. 798; BGHZ 98, S. 235 (237 f) = NJW 1987, S. 187.
87 BGHZ 49, S. 278 = NJW 1968, S. 694.
88 BGH, NJW 1994, S. 251.
89 BGH, LM § 558 BGB Nr 45 = NJW 1991, S. 2416 (2418); LM aaO Nr 46 = NJW 1992, S. 687.

Mieterhöhungsverfahren aufgrund der §§ 2 bis 7 dieses Gesetzes ersetzt worden. Im Mittelpunkt des Gesetzes steht die Vorschrift des § 2 MHRG, nach der der Vermieter grundsätzlich einmal im Jahr eine Erhöhung des Mietzinses auf das Niveau der ortsüblichen Vergleichsmiete verlangen kann. Einen Anspruch auf Mietzinserhöhung hat der Vermieter außerdem noch bei Modernisierungsmaßnahmen (§ 3 MHRG) sowie bei einer Erhöhung der Nebenkosten oder der Finanzierungskosten (§§ 4 und 5 MHRG). Alle diese Vorschriften sind zugunsten des Mieters zwingend. Die Parteien werden hierdurch jedoch nicht daran gehindert, sich außerhalb des MHRG im Einzelfall vertraglich über eine Änderung des Mietzinses zu einigen (§ 10 Abs. 1 MHRG). Zulässig bleiben außerdem die Vereinbarung sog. Staffelmieten (§ 10 Abs. 2 MHRG) sowie seit 1993 die einer Wertsicherungsklausel im Rahmen des § 3 des Währungsgesetzes (§ 10a MHRG). In den neuen Ländern findet das MHRG bisher nur in engen Grenzen Anwendung (s. im einzelnen § 11 des Gesetzes).

Bestimmte Wohnraummietverhältnisse, bei denen der Mieter typischerweise nicht besonders schutzbedürftig ist, sind von der Anwendung des MHRG ausgenommen (§ 10 Abs. 3 MHRG). Keine Anwendung findet das MHRG außerdem auf preisgebundenen Wohnraum (§ 10 Abs. 3 Nr 1 MHRG), weil hier der Vermieter nach dem Wohnungsbindungsgesetz ohnehin nur die sog. Kostenmiete verlangen darf. 109

2. § 2 MHRG

Nach § 2 MHRG hat der Vermieter einmal jährlich einen Anspruch auf Erhöhung des Mietzinses auf das Niveau der sog. ortsüblichen Vergleichsmiete. 110

a) Voraussetzungen

Die ganze Regelung des § 2 MHRG beruht auf dem Vergleich zweier Größen, des vereinbarten sog. Ausgangsmietzinses und der ortsüblichen Vergleichsmiete. Die Differenz ist der Erhöhungsbetrag, sofern er nicht die Kappungsgrenze von höchstens 20 oder 30% in drei Jahren überschreitet. 111

Ausgangsmietzins ist der von den Parteien tatsächlich vereinbarte Mietzins. Ist dies eine sog. Brutto- oder Warmmiete, so kommt als Vergleichsmaßstab ebenfalls nur die ortsübliche Brutto- oder Warmmiete in Betracht[90]. Vergleichsmaßstab ist die ortsübliche **Vergleichsmiete**. Man versteht darunter die am Markt für vergleichbare Wohnungen in derselben Gemeinde durchschnittlich tatsächlich gezahlten Mietzinsen[91]. Es handelt sich dabei um eine empirische Größe, bei deren Ermittlung freilich nur Daten aus den letzten vier Jahren berücksichtigt werden dürfen (sog. Aktualisierung des Vergleichsmietenbegriffs). 112

---

90 OLG Stuttgart, NJW 1983, S. 2329; OLG Hamburg, WuM 1984, S. 24.
91 BVerfGE 37, S. 132 (143) = NJW 1974, S. 1499 = JuS 1974, S. 733 Nr 2; BVerfGE 53, S. 352 (358) = NJW 1980, S. 1617 = JuS 1980, S. 755 Nr 1; BayObLGZ 1981, S. 105 = NJW 1981, S. 1219 = JuS 1981, S. 921 Nr 9; BayObLGZ 1981, S. 214 = NJW 1981, S. 2259.

§ 7

113 Wegen der großen Schwierigkeiten, die idR mit der Ermittlung der Vergleichsmiete verbunden sind, greifen die Gerichte, wo immer möglich, auf sog. **Mietspiegel** der Gemeinden zurück. Mietspiegel sind von den Gemeinden, meistens in Zusammenarbeit mit den Verbänden der Vermieter und der Mieter, aufgestellte Übersichten über die in der Gemeinde tatsächlich gezahlten Mietzinsen, wobei innerhalb der Wohnungen idR nach Baualtersklassen, Ausstattung und Wohnlage differenziert wird.

114 Weitere Voraussetzungen für den Anspruch des Vermieters auf Erhöhung des Mietzinses sind die Einhaltung der sog. Wartefrist von einem Jahr (§ 2 Abs. 1 Nr 1 MHRG) sowie die Beachtung der sog. Kappungsgrenze von 20 bzw 30% in drei Jahren (§ 2 Abs. 1 Nr 3 MHRG idF von 1993). Durch beide Regelungen sollen nach Möglichkeit übermäßige Mietzinssprünge in kurzen Zeitabständen verhindert werden.

b) Durchsetzung

115 Sind die genannten Voraussetzungen erfüllt, so hat der Vermieter gegen den Mieter einen **Anspruch** auf Abänderung des Mietvertrages durch Erhöhung des vereinbarten Mietzinses auf das Niveau der ortsüblichen Vergleichsmiete. Den Anspruch muß der Vermieter schriftlich geltend machen und begründen, um dem Mieter eine erste grobe Nachprüfung des Erhöhungsverlangens daraufhin zu ermöglichen, ob das Verlangen des Vermieters plausibel und nicht etwa geradezu willkürlich ist (§ 2 Abs. 2 MHRG). Mit Rücksicht auf diesen ganz beschränkten Zweck dürfen an die **Begründung** des Erhöhungsverlangens keine übertriebenen Anforderungen gestellt werden[92].

116 Die wichtigsten **Begründungsmittel** zählt das Gesetz selbst in § 2 Abs. 2 MHRG auf. Es sind dies der Reihe nach die Bezugnahme auf einen für die betreffende Gemeinde aufgestellten Mietspiegel, die Beifügung eines Sachverständigengutachtens oder der Hinweis auf mindestens drei Vergleichswohnungen.

117 Nach Zugang eines ordnungsmäßig begründeten Erhöhungsverlangens hat der Mieter zwei Monate Zeit, um sich zu überlegen, ob er dem Verlangen des Vermieters nachkommen soll oder nicht (sog. **Zustimmungsfrist** des § 2 Abs. 3 S. 1 MHRG). Lehnt der Mieter ab, so kann der Vermieter binnen zweier weiterer Monate nach Ablauf der Zustimmungsfrist auf Zustimmung des Mieters Klage erheben (§ 2 Abs. 3 S. 1 MHRG). Die Zulässigkeit der **Zustimmungsklage** setzt voraus, daß ihr ein wirksames, ordnungsmäßig begründetes Erhöhungsverlangen vorausgegangen ist. Jedoch kann seit 1982 das Erhöhungsverlangen noch während des Rechtsstreits nachgeholt werden. Gibt das Gericht der Zustimmungsklage des Vermieters statt, so richtet sich die Fälligkeit des erhöhten Mietzinses nach § 2 Abs. 4 MHRG.

---

92 Grdl. BVerfGE 49, S. 244 (249 f) = NJW 1979, S. 31 = JuS 1979, S. 514 Nr 4; BVerfGE 53, S. 352 = NJW 1980, S. 1617 = JuS 1980, S. 755 Nr 1; BVerfGE 79, S. 80 = NJW 1989, S. 969; BGHZ 84, S. 92 = NJW 1982, S. 2867 = JuS 1983, S. 148 Nr 9; BGHZ 89, S. 284 (291 ff) = NJW 1984, S. 1032.

3. § 3 MHRG

Eine weitere Möglichkeit zur Mietzinserhöhung eröffnet § 3 MHRG dem Vermieter, wenn er die Wohnung modernisiert hat. Voraussetzung ist lediglich, daß der Mieter nach § 541b BGB zur Duldung der fraglichen Maßnahme verpflichtet war[93]. Ist dies der Fall, so kann der Vermieter nach Abschluß der Modernisierungsarbeiten den jährlichen Mietzins einseitig um 11% der von ihm aufgewandten Modernisierungskosten erhöhen (s. § 3 Abs. 3 und 4 MHRG). Umlagefähig sind nur die reinen Baukosten des Vermieters einschließlich aller Baunebenkosten, nicht jedoch die Finanzierungskosten sowie die vom Mieter oder von der öffentlichen Hand übernommenen Kosten (§ 3 Abs. 1 S. 3-7 MHRG).

118

Lösungsskizze zu Fall 9:

1. Ansprüche des Vermieters V bei Auszug des Mieters im Jahre 1986: Anspruchsgrundlage ist § 326, da die Durchführung der vom Mieter vertraglich übernommenen Schönheitsreparaturen eine Hauptleistungspflicht darstellt.

a) Die formularvertragliche Abwälzung der Schönheitsreparaturen wird heute von der Rechtsprechung allgemein gebilligt, und zwar selbst bei Übergabe einer unrenovierten Wohnung sowie bei Vereinbarung einer Abgeltungsklausel für den Fall des Auszugs des Mieters vor Fälligkeit der Schönheitsreparaturen.

b) Die Fälligkeit der Schönheitsreparaturen ergibt sich daraus, daß der Mieter den dem Vertrag beigefügten Fristenplan nicht eingehalten hat, sondern ausgezogen ist, ohne jemals Schönheitsreparaturen durchgeführt zu haben.

c) Der Vermieter V hat dem Mieter jedoch bisher keine Nachfrist in Verbindung mit einer Ablehnungsandrohung gesetzt (§ 326 Abs. 1), so daß sein Schadensersatzanspruch davon abhängt, ob hier ausnahmsweise eine Nachfristsetzung entbehrlich ist (§ 326 Abs. 2). Das ist nur der Fall, wenn in dem Auszug des Mieters eine ernstliche und endgültige Erfüllungsverweigerung gesehen werden kann. In unserem Fall ist dafür nichts ersichtlich.

2. Rechtslage bei Auszug des Mieters schon im Jahre 1982: Die Rechtsprechung billigt heute sog. Abgeltungsklauseln selbst bei Übergabe einer unrenovierten Wohnung, sofern nur die Renovierungsfristen erst mit der Übergabe der Wohnung zu laufen beginnen. Deshalb kann hier in der Tat V von M eine Beteiligung an den Kosten der erst später fällig werdenden Renovierungskosten verlangen.

§ 8 SONSTIGE GEBRAUCHSÜBERLASSUNGSVERTRÄGE

Zu den Gebrauchsüberlassungsverträgen zählen aus dem BGB außer der Miete (o. § 7) noch die Pacht, die Leihe und das Darlehen; darüber hinaus gehört hierher noch eine große Zahl nicht geregelter Verträge, unter denen die Beherbergungsverträge, die Automatenverträge und das Leasing herausragen.

1

---

[93] OLG Hamm, NJW 1981, S. 1622 = JuS 1981, S. 767 Nr 4; KG, NJW-RR 1988, S. 1420 = ZMR 1988, 422.

§ 8

I. Beherbergungsverträge

2   Die Beherbergungsverträge sind im Kern Mietverträge, wenn auch häufig gemischt mit verschiedenen anderen Verträgen wie Kauf, Verwahrung, Dienst- oder Werkvertrag. Dies hat für den Gast den großen Vorteil, daß ihm die strenge verschuldensunabhängige Haftung des Hoteliers aus § 538 für anfängliche Mängel zugute kommt[1]. Demgegenüber steht bei den **Krankenhausaufnahmeverträgen** die Behandlung des Patienten und damit das dienstvertragliche Element so sehr im Vordergrund, daß es sich bei ihnen in erster Linie um Dienstverträge, wenn auch mit starken mietvertraglichen Einschlägen handelt[2].

II. Leasing

> Literatur: *Berger*, Typus und Rechtsnatur des Herstellerleasings, 1988; *Ebenroth*, JuS 1978, S. 588; 1985, S. 425; *Emmerich*, JuS 1990, S. 1; *Esser/Weyers*, § 24 II (S. 199 ff); *Gitter*, Gebrauchsüberlassungsverträge, § 11 (S. 277 ff); *Grunsky* (Hrsg.), Grundfragen des Finanzierungsleasings, 1990 = AcP 190, S. 203; *Flume*, Leasing, 1972; *Koch*, Störungen beim Finanzierungsleasing, 1981; *Larenz* II, § 63 II (S. 449 ff); *Frh. v. Marschall*, Leasingverträge im Handelsverkehr, 1980; *Martinek*, Moderne Vertragstypen Bd. I, 1991, §§ 3-8; *Medicus* II, § 122 II (S. 276 ff); *Papapostolou*, Die Risikoverteilung beim Finanzierungsleasing über bewegliche Sachen, 1987; *Reinicke/Tiedtke*, Kaufrecht, S. 470 ff; *Schlechtriem*, Tz. 250 ff (S. 110 ff); *Graf v. Westphalen*, Der Leasingvertrag, 4. Aufl. (1992).

1. Überblick

3   Zwischen Kauf und Miete entwickelt sich in jüngster Zeit nach ausländischen Vorbildern immer stärker das sog. Leasing als neues Finanzierungsinstrument. Der Sache nach handelt es sich bei ihm um eine vornehmlich steuer- und bilanzrechtlich bedingte Verbindung von Elementen des Kaufs und der Miete.

2. Erscheinungsformen

4   Es gibt sehr unterschiedliche Erscheinungsformen des Leasings. Unter juristischen Gesichtspunkten hat man vor allem das Operatingleasing und das Finanzierungsleasing zu unterscheiden.

---

[1] ZB RGZ 169, S. 84; BGHZ 63, S. 333 (336 f) = NJW 1975, S. 645; BGHZ 71, S. 175 (177) = NJW 1978, S. 1426.
[2] BGHZ 2, 94 (96); 4, 138 (148ff) = NJW 1952, S. 382.

a) Operatingleasing

Unter Operatingleasing versteht man die entgeltliche Überlassung von Investitionsgütern entweder für eine im voraus bestimmte kurze Vertragsdauer oder auf unbestimmte Zeit mit der Möglichkeit der Kündigung seitens des Leasingnehmers. Derartige Verträge sind normale Mietverträge, für die keine Besonderheiten gelten[3]. Das gilt auch für das sog. Hersteller- oder **Händlerleasing**, bei dem der Lieferant selbst die Finanzierung des Absatzes seiner Produkte durch den Abschluß von Leasingverträgen übernimmt[4]. Damit darf nicht das sog. **markengebundene Leasing** verwechselt werden, bei dem als Leasinggeber eine Finanzierungsgesellschaft des Herstellers auftritt, da diese Sonderform des Leasings dem Finanzierungsleasing gleich steht[5].

b) Finanzierungsleasing

Das Finanzierungsleasing ist vor allem durch die Einschaltung eines die Finanzierung des Geschäfts übernehmenden Dritten, des sog. **Leasinggebers** in die Vertragsbeziehungen gekennzeichnet. Die wirtschaftliche Ausgangssituation ist daher beim Finanzierungsleasing identisch mit der beim finanzierten Abzahlungskauf[6]. Die rechtliche Konstruktion ist jedoch eine andere, da hier an die Stelle von Kauf- und Darlehensvertrag der eine Leasingvertrag zwischen dem Leasingnehmer und dem Leasinggeber tritt, der seinerseits den idR zuvor vom Leasingnehmer selbst ausgesuchten Gegenstand vom Hersteller erwirbt, um ihn anschließend an den Leasingnehmer vermieten zu können.

Auf Finanzierungsleasingverträge mit Verbrauchern findet das **VerbrKrG** grundsätzlich Anwendung (§ 1 Abs. 2 VerbrKrG). Ausgenommen sind nach § 3 Abs. 2 Nr 1 lediglich einzelne Vorschriften des Gesetzes; hervorzuheben sind die besonderen Formerfordernisse des § 4 Abs. 1 S. 4 und 5, § 6 über die Rechtsfolgen bei Formverstößen sowie § 13 Abs. 3 des Gesetzes, wonach es grundsätzlich als Rücktritt gilt, wenn bei verbundenen Geschäften der Kreditgeber die Sache zurücknimmt.

> Innerhalb des Finanzierungsleasings unterscheidet man je nach dem Gegenstand des Vertrages das Mobilien- und das Immobilienleasing. Im Vordergrund des Interesses steht das **Mobilienleasing**, auf das sich dementsprechend die folgenden Ausführungen beschränken werden.

c) Vollamortisationsverträge

Je nach der vorgesehenen Vertragsdauer trennt man innerhalb der Finanzierungsleasingverträge weiter zwischen Voll- und Teilamortisationsverträgen. Vollamorti-

---
3 Anders BGHZ 111, S. 84 (96) = NJW 1990, S. 1785.
4 S. *Emmerich*, JuS 1990, S. 1 (3).
5 BGHZ 97, S. 65 (75) = NJW 1986, S. 1335.
6 S. dazu o. § 6 Rn 35 ff.

§ 8

sationsverträge sind solche, die von vornherein über 90% der betriebsgewöhnlichen Nutzungsdauer laufen[7], wodurch sichergestellt wird, daß während der Vertragsdauer an den Leasinggeber sämtliche Finanzierungsmittel einschließlich eines Gewinn- und Risikozuschlags zurückfließen.

d) Teilamortisationsverträge

10   Bei den Teilamortisationsverträgen hat der Leasingnehmer abweichend von Vollamortisationsverträgen (o. Rn 9) nach Ablauf einer festen Grundmietzeit von mindestens 40% und höchstens 90% der betriebsgewöhnlichen Nutzungsdauer idR ein ordentliches **Kündigungsrecht**, bei dessen Ausübung er jedoch eine Ausgleichs- oder **Abschlußzahlung** in Höhe der durch die bis dahin gezahlten Leasingraten nicht gedeckten Kosten des Leasinggebers erbringen muß, abzüglich der ersparten Kosten sowie 90% des vom Leasinggeber erzielten Veräußerungserlöses. Der Sache nach sind damit diese Verträge ebenfalls auf eine volle Amortisation der Kosten des Leasinggebers angelegt. Die Rechtsprechung nimmt aus diesem Grund an, daß die Verpflichtung des Leasingnehmers zur Erbringung einer Ausgleichzahlung iF der Kündigung zum notwendigen Inhalt jedes Teilamortisationsvertrages gehört[8].

3. Rechtsnatur

11   Das Finanzierungsleasing steht auf der Mitte zwischen Kauf und Miete, so daß die zutreffende rechtliche Einordnung der Finanzierungsleasingverträge als Kaufverträge, Mietverträge oder atypische Verträge Schwierigkeiten bereitet. Die überwiegende Meinung hat sich in diesem Streit inzwischen für ihre Qualifizierung als Mietverträge entschieden, so daß bei der rechtlichen Behandlung solcher Fragen, die in den Geschäftsbedingungen der Leasinggeber nicht geregelt sind, sowie vor allem bei der Inhaltskontrolle gegenüber den AGB der Leasinggeber von den §§ 535 ff auszugehen ist[9].

4. Vertragsabschluß

12   Der Leasingvertrag wird idR, wenn auch nicht notwendig und nicht immer unter Vermittlung des Lieferanten abgeschlossen, der mit einer oder mehreren Leasinggesellschaften bei der Finanzierung des Absatzes seiner Produkte zusammenarbeitet. Daraus ergibt sich die Frage, wie weit der Leasinggeber an etwaige Zusagen des Lieferanten gebunden ist, selbst wenn der Lieferant keine Vertretungsmacht für den Leasinggeber besitzt.

---

7   Die Mindestdauer von 40% und die Höchstdauer von 90% der betriebsgewöhnlichen Nutzungsdauer des Vertragsgegenstandes beruhen bei Finanzierungsleasingverträgen auf den verschiedenen Erlassen des BMF, deren genaue Beachtung die Voraussetzung der steuerlichen Anerkennung des Leasings ist.
8   S. BGHZ 95, S. 39 (48ff) = NJW 1985, S. 2253; BGHZ 111, S. 237 = NJW 1990, S. 2377.
9   ZB BGHZ 112, S. 65 = NJW 1990, S. 3016; BGHZ 118, S. 282 = NJW 1992, S. 2150.

Die Tendenz geht zwar deutlich dahin, den Leasinggeber nach Möglichkeit an Zusagen der Lieferanten zu binden. Indessen ist die rechtliche Basis solcher Bindung noch ganz unsicher[10]. Von Fall zu Fall kommt außerdem eine Haftung des Leasinggebers aus cic in Betracht, wenn er sich bei Abschluß des Vertrages des Lieferanten als seines Verhandlungsgehilfen bedient und dieser etwaige Aufklärungs- oder Hinweispflichten gegenüber dem Leasingnehmer verletzt[11].

5. Gefahrtragung

Ebenso wie bei jedem anderen Schuldvertrag muß bei der Miete der Mieter als Sachleistungsgläubiger die Leistungsgefahr tragen (§ 275), während die Gegenleistungsgefahr den Vermieter trifft (§§ 323, 537), so daß der Mieter frei wird, wenn die Mietsache durch Zufall untergeht oder beschädigt wird. Im Gegensatz hierzu wird jedoch bei den Finanzierungsleasingverträgen die Gegenleistungsgefahr in aller Regel auf den Leasingnehmer abgewälzt. Obwohl damit der Leasingvertrag entgegen dem Leitbild der Miete im Ergebnis wieder deutlich dem Kauf angenähert wird (s. § 446), billigt die Praxis doch bisher überwiegend mit Rücksicht auf die bloße Finanzierungsfunktion des Leasings diese Gefahrverteilung[12].

6. Leistungsstörungen

Die bei Leasingverträgen übliche Abwälzung sämtlicher nur denkbaren Risiken auf die Leasingnehmer durch die Geschäftsbedingungen der Leasinggeber hat zur Folge, daß die Situation des Leasingnehmers besonders prekär ist, wenn es zu Leistungsstörungen kommt.

a) Unmöglichkeit

Der Leasingnehmer wird frei, wenn sich die Lieferung des Leasingobjekts als unmöglich erweist. Handelt es sich um einen Fall anfänglicher objektiver Unmöglichkeit, so folgt dies bereits aus den §§ 306 und 139; bei nachträglicher Unmöglichkeit ergibt sich dasselbe aus den §§ 275, 323, 325 und 278[13]. Außerdem hat der Leasingnehmer dann das Kündigungsrecht aus § 542; dieses Recht ist für ihn vor allem bei bloßen Teillieferungen des Leasinggebers bedeutsam[14].

---

10 S. BGHZ 104, S. 392 = NJW 1988, S. 2463; BGH, LM Nr 70 zu § 123 BGB = NJW 1989, S. 287; OLG Düsseldorf, NJW 1988, S. 1331; MDR 1988, S. 1055.
11 BGHZ 95, S. 170 = NJW 1985, S. 2285 = JuS 1985, S. 909 Nr 5.
12 ZB BGH, LM Nr 102 zu § 278 BGB = NJW 1988, S. 198; zur Kritik s. *Emmerich*, JuS 1990, S. 1 (5); zT anders für Kfz-Leasingverträge auch BGHZ 116, S. 178 = NJW 1992, S. 683; BGH, LM Nr 14 zu § 9 (Bb) AGBG = NJW 1987, S. 377 = JuS 1987, S. 233 Nr 3.
13 BGHZ 96, S. 103 (107 ff) = NJW 1986, S. 179.
14 BGH, LM Nr 27 zu § 536 BGB = NJW 1988, S. 204; LM Nr 18 zu § 542 BGB = NJW 1993, S. 122.

§ 8

b) Verzug des Leasinggebers

17 Das Risiko der Lieferungsverzögerung kann gleichfalls nicht uneingeschränkt auf den Leasingnehmer abgewälzt werden[15]. Dem Leasingnehmer bleibt vielmehr immer das Recht, gegen den Leasinggeber nach § 326 vorzugehen. Der Leasinggeber ist lediglich befugt, im kaufmännischen Verkehr seine Haftung dadurch zu beschränken, daß er seine eigenen Schadensersatzansprüche aus § 326 gegen den Lieferanten an den Leasingnehmer abtritt.

c) Mängel

aa) Abtretungskonstruktion

18 Kennzeichnend für das Mietrecht ist die strenge Nichterfüllungshaftung des Vermieters für sämtliche Sach- und Rechsmängel nach Maßgabe der §§ 537 bis 543[16]. Die hieraus resultierenden Rechte des Mieters sind indessen nach überwiegender Meinung mit dem „Wesen" eines Leasingvertrages unvereinbar, weshalb es meistens gebilligt wird, daß die Leasinggeber ihre eigene Mängelhaftung durch die bloße **Abtretung** ihrer Gewährleistungsrechte gegen den Lieferanten an den Leasingnehmer ersetzen[17]. Voraussetzung ist lediglich, daß die Abtretung der Gewährleistungsrechte umfassend und unbedingt ist; fehlt es hieran, so behält der Leasingnehmer die Gewährleistungsrechte aus den §§ 537 bis 543[18].

19 Diese sog. Abtretungskonstruktion hat zur Folge, daß die **Durchsetzung** der Gewährleistungsrechte aus dem Kaufvertrag zwischen Lieferant und Leasinggeber Sache des Leasingnehmers ist, so daß dieser zB – anders als bei der Miete – an die kurze Verjährungsfrist des § 477 gebunden ist. Wenn sich der Lieferant mit der vom Leasingnehmer erklärten Wandelung oder Minderung nicht einverstanden erklärt, muß der Leasingnehmer außerdem gegen ihn Klage erheben. An ein in diesem Rechtsstreit ergehendes Urteil ist der Leasinggeber gebunden[19].

20 Kommt es auf diese Weise zur Wandelung oder Minderung des Kaufvertrages (zwischen Leasinggeber und Lieferant), so entfällt zugleich rückwirkend die „Geschäftsgrundlage" des Leasingvertrages. Der Leasingnehmer wird daher im Falle der Wandelung ebenfalls frei, während er nach einer Minderung nur noch entsprechend herabgesetze Leasingraten schuldet; in den Geschäftsbedingungen der Leasinggeber kann nichts anderes bestimmt werden[20]. Im Falle der Wandelungsklage endet zudem

---

15 §§ 9 Abs. 2 Nr 1, 11 Nr 8 und 24 AGBG; BGH, LM Nr 18 zu § 542 BGB = NJW 1993, S. 122; OLG Hamm, ZMR 1979, S. 109 (111).
16 S.o. § 7 Rn 44 ff.
17 Zur Kritik s. *Emmerich*, JuS 1990, S. 1 (5 ff).
18 BGHZ 109, S. 139 = NJW 1990, S. 314; BGH, LM Nr 15 zu § 9 (Bb) AGBG = NJW 1987, S. 1072; WM 1994, S. 208.
19 BGHZ 81, S. 298 = NJW 1982, S. 105 = JuS 1982, S. 138 Nr 5; BGHZ 114, S. 57 (62) = NJW 1991, S. 1746.
20 ZB BGHZ 94, S. 44 (48 f) = NJW 1985, S. 1535; BGHZ 94, S. 180 = NJW 1985, S. 1547 = JuS 1985, S. 910 Nr 6; BGHZ 97, S. 135 = NJW 1986, S. 1744 = JuS 1986, S. 649 Nr 4; BGHZ 109, S. 139 = NJW 1990, S. 314; BGHZ 114, S. 57 (61 f) = NJW 1991, S. 1746.

die Zahlungspflicht des Leasingnehmers nicht erst mit Rechtskraft des Urteils[21], sondern spätestens mit Klageerhebung[22].

bb) Insolvenzrisiko

Die Abtretungskonstruktion ist für den Leasingnehmer vor allem bei einem Vermögensverfall des Lieferanten gefährlich, weil er dann nicht mehr mit Aussicht auf Erfolg gegen den Lieferanten vorgehen kann. Daraus resultiert die Frage, wer das sog. Insolvenzrisiko des Lieferanten tragen muß. In den Geschäftsbedingungen der Leasinggeber wird dieses Risiko meistens auf den Leasingnehmer abgewälzt. Derartige Klauseln sind jedoch mit § 9 Abs. 2 Nr 1 AGBG unvereinbar, weil der Leasingnehmer dadurch gerade in den besonders kritischen Fällen rechtlos gestellt würde[23]. Deshalb ist der Leasingnehmer in solchen Fällen (ausnahmsweise) berechtigt, sich gegenüber dem Zahlungsverlangen des Leasinggebers **direkt** auf die Mängel des Leasingobjekts zu berufen.

d) Zahlungsverzug

Kommt der Leasingnehmer mit der Zahlung der Leasingraten in Verzug, so kann der Leasinggeber nach § 554 fristlos kündigen und Schadensersatz verlangen[24]. Sein Schaden besteht im Regelfall in den ihm entgehenden Leasingraten, abgezinst auf den Zeitpunkt der Kündigung, jedoch abzüglich eines etwaigen Erlöses aus der Weiterveräußerung oder Weitervermietung der Sache und etwaiger ersparter Kosten und Steuern.

7. Beendigung des Vertrages

Wenn der Leasingvertrag auf unbestimmte Zeit abgeschlossen ist, endet er ebenso wie jeder andere Mietvertrag erst mit der ordentlichen Kündigung des Leasingnehmers und nicht etwa automatisch im Augenblick der vollständigen Amortisation der vom Leasinggeber aufgewandten Kosten[25]. I.d.R. werden Finanzierungsleasingverträge freilich für eine feste Vertragszeit abgeschlossen (§ 564 Abs. 1). Ein ordentliches Kündigungsrecht der Parteien besteht dann grundsätzlich nicht. Eine Ausnahme gilt nur für die sog. Teilamortisationsverträge (o. Rn 10). Möglich bleibt hingegen stets eine außerordentliche Kündigung, zB des Leasingnehmers bei bloßen Teillieferungen des Leasinggebers (§ 542) oder des Leasinggebers bei Zahlungsverzug des Leasingnehmers (§ 554). Für die Abwicklung des Vertragsverhältnisses nach Vertragsende gelten keine Besonderheiten. Namentlich findet auch § 557 Anwendung, so daß der Leasingnehmer die

---

21 So OLG Hamburg, WM 1985, S. 586.
22 BGHZ 97, S. 135 = NJW 1986, S. 1744 = JuS 1986, S. 649 Nr 4.
23 BGHZ 109, S. 139 = NJW 1990, S. 314 = JuS 1990, S. 321 Nr 5; BGHZ 114, S. 57 = NJW 1991, S. 1746.
24 BGHZ 94, S. 195 (215) = NJW 1985, S. 1539; BGHZ 95, S. 39 (44 ff) = NJW 1985, S. 2253.
25 BGH, LM Nr 122 zu § 535 = NJW 1990, S. 247; LM Nr 124 aaO = NJW-RR 1990, S. 182.

§ 8

Leasingraten fortzahlen muß, wenn er über das Vertragsende hinaus die Leasingsache weiter nutzt[26].

III. Automatenverträge

Literatur: *Gitter*, § 9 (S. 220 ff); *v. Olshausen/K. Schmidt*, Automatenrecht, 1972; *Raisch*, BB 1968, S. 526; *Wolf/Eckert*, Handbuch, Tz. 566 ff (S. 444 ff).

24 Die Automatenverträge lassen sich keinem einheitlichen Vertragstypus zuordnen. Das Spektrum reicht von normalen Mietverträgen über den Mietkauf bis hin zu den eigenartigen Automatenaufstellverträgen.

25 Von einem Automatenaufstellvertrag spricht man, wenn ein Gastwirt einem Automatenbesitzer das Recht einräumt, in seiner Gastwirtschaft einen oder mehrere Automaten aufzustellen und daraus seine Waren, nicht also solche des Wirts, zu verkaufen oder Musik- oder Vergnügungsleistungen zu erbringen. Das charakterische Merkmal dieser Verträge ist deshalb die Eingliederung der Automaten in den **fremden** gewerblichen Betrieb, in dem sie aufgestellt sind, so daß es sich bei ihnen um eigenartige nicht geregelte Verträge mit allenfalls untergeordneten mietvertraglichen Elementen handelt[27].

IV. Pacht

1. Überblick

26 Im Anschluß an die Miete regelt das BGB in den §§ 581 ff und 585 ff als weitere Grundtypen entgeltlicher Gebrauchsüberlassungsverträge noch die Pacht und die Landpacht. Die Vorschriften der §§ 585 bis 597 über die Landpacht sind erst 1985 in das BGB eingefügt worden. Gleichzeitig wurde das Landpachtverkehrsgesetz[28] erlassen, aufgrund dessen die zuständigen Behörden unter bestimmten Voraussetzungen ein Recht zur Beanstandung von Landpachtverträgen besitzen. Weitere Sonderregeln gelten für die Kleingartenpacht aufgrund des Bundeskleingartenpachtgesetzes von 1983[29]. Zweck der im Grunde völlig überflüssigen Sonderregelung ist die Gewährleistung eines umfassenden Kündigungsschutzes für Kleingartenpächter.

2. Allgemeine Pacht

27 Die Pacht (§§ 581 bis 584b) ist eine Sonderform der Miete, die sich von der letzteren vor allem durch das Fruchtziehungsrecht des Pächters unterscheidet (§§ 581 Abs. 2,

---

26 BGHZ 107, S. 123 (126 ff) = NJW 1989, S. 1730.
27 BGHZ 47, S. 202 = NJW 1967, S. 1414; BGHZ 51, 55 = NJW 1969, S. 230 = JuS 1969, S. 237 Nr 3; BGHZ 71, S. 80 = NJW 1978, S. 1155; BGH, LM Nr 50 zu § 138 (Bb) BGB = NJW 1983, S. 159; BB 1983, 662.
28 BGBl. I, S. 2075.
29 BGBl. I, S. 210.

99, 100). Gegenstand von Pachtverträgen können deshalb im Gegensatz zur Miete neben Sachen auch Rechte sein; Beispiele sind Patent- und Urheberlizenzverträge.

Das Gesetz behandelt die Pacht im wesentlichen wie die Miete (§ 581 Abs. 2). Sondervorschriften gelten nur für die Verpachtung eines Grundstücks mit Inventar (§§ 582 ff) sowie für die Kündigung von Pachtverträgen (§§ 584 f). 28

3. Landpacht

Die ausführliche Regelung der Landpacht in den §§ 585 bis 597 nach dem Vorbild 29 des alten Landpachtgesetzes von 1952 unterscheidet sich von der der Pacht vor allem dadurch, daß die Gesetzesverfasser hier auf eine Verweisung auf die Miete verzichtet haben. Infolgedessen sahen sie sich genötigt, an zahlreichen Stellen in den §§ 585 ff mietrechtliche Vorschriften zum großen Teil wörtlich zu wiederholen; außerdem finden sich an verschiedenen Stellen ausdrückliche Einzelverweisungen auf das Mietrecht. Die Unterschiede zum Mietrecht sind deshalb bei näherem Zusehen tatsächlich weit geringer, als es angesichts der ausführlichen Regelung im Gesetz zunächst den Anschein hat. Besonders hinzuweisen ist daher lediglich auf die eigenartige Sonderregelung, die der Wegfall der Geschäftsgrundlage in § 593 gefunden hat. Insgesamt ist die Neuregelung durch das Betreben des Gesetzgebers gekennzeichnet, die Landpächter nach Möglichkeit umfassend zu schützen[30].

V. Leihe

Im Gegensatz zu Miete und Pacht ist die Leihe auf die **unentgeltliche** Überlassung 30 einer Sache zum Gebrauch an einen anderen gerichtet (§ 598). Kennzeichnend für sie sind die Obhuts- und die Rückgabepflicht des Entleihers (§§ 601-604). Wie bei den meisten anderen unentgeltlichen Verträgen ist die Haftung des Verleihers demgegenüber beschränkt (§§ 599, 600). Die Begründung eines Leihverhältnisses setzt entgegen der früher hM nicht die Übergabe der Sache voraus. Es ist nicht ersichtlich, was auf dem Boden der Vertragsfreiheit der Wirksamkeit der Verpflichtung entgegenstehen sollte, eine Sache (später) einem anderen leihweise zu übergeben (§ 305).

VI. Darlehen

Literatur: *Staub/Canaris*, HGB, Bankvertragsrecht, 4. Aufl. (1988); *Emmerich*, JuS 1988, S. 925; 1991, S. 705; *Emmerich/Kessler*, Probleme der Konsumentenkredite, 1986; *Meiwes*, Probleme des Ratenkreditvertrages, 3. Aufl. (1988); *Schönle*, Bank und Börsenrecht, 2. Aufl. (1976).

Zum VerbrKrG s. schon oben § 6 Rn 16.

---

30 Vgl die Begr. z. RegE, BT-Dr. 10 (1984)/509.

§ 8

1. Überblick

31 Zu den Gebrauchsüberlassungsverträgen gehört der Sache nach auch das Darlehen. Denn wirtschaftlich gesehen wird dem Darlehensnehmer der **Wert** der hingegebenen Sachen, in aller Regel Geld, nur vorübergehend überlassen. Es steht deshalb dieser Einordnung des Darlehens nicht entgegen, daß der Geldbetrag dem Darlehensnehmer zunächst übereignet wird, da der Darlehensgeber hierfür einen Anspruch auf Rückzahlung derselben Summe erhält (§ 607 Abs. 1).

32 Ebenso wie die Leihe ist das Darlehen heute nicht mehr Real-, sondern Konsensualvertrag. Es bedarf daher nicht der umständlichen Konstruktion eine Darlehensvorvertrages, wenn sich eine Partei verpflichtet, einer andere (demnächst) ein Darlehen zu gewähren (vgl auch § 610).

33 Die wirtschaftliche Bedeutung von Darlehensverträgen kann man überhaupt nicht überschätzen. Das Funktionieren einer modernen Wirtschaft hängt zu einem guten Teil von ihrer ausreichenden und preiswerten Kreditversorgung ab. Angesichts dessen hätte man eigentlich eine ausführliche gesetzliche Regelung der Darlehensverträge im BGB oder HGB erwarten dürfen. Tatsächlich beschränkt sich jedoch das BGB in den §§ 607 bis 610 auf ganz wenige Vorschriften, deren praktische Relevanz zudem gering ist[31]. Seit 1987 enthält das Gesetz außerdem in § 609a ein zwingendes Kündigungsrecht, durch das Darlehensnehmern vor allem bei überteuerten Konsumentenkrediten ermöglicht werden soll, sich vorzeitig aus dem Vertrag zu lösen. Eine ausführliche gesetzliche Regelung wenigstens der Verbraucherkredite findet sich schließlich noch seit 1990 in dem Verbraucherkreditgesetz, über das deshalb hier zunächst ein kurzer Überblick gegeben werden soll[32].

2. VerbrKrG

34 Der Anwendungsbereich des VerbrKrG umfaßt alle entgeltlichen Kredite an einen Verbraucher in Form eines Darlehens, eines Zahlungsaufschubs oder einer sonstigen Finanzierungshilfe (§ 1 Abs. 2) einschließlich der Existenzgründungsdarlehen für Freiberufler oder Kaufleute (§§ 1 Abs. 1, 3 Abs. 1 Nr 2) sowie der grundpfandrechtlich gesicherten Kredite (§ 3 Abs. 2 Nr 2).

35 Für sämtliche genannten Verträge besteht Schriftformzwang (§ 4 Abs. 1 S. 1). Das Gesetz regelt zugleich ausführlich, welche Angaben (mindestens) in der Vertragsurkunde enthalten sein müssen (§ 4 Abs. 1 S. 4 Nr 1). Hervorzuheben sind der Nettokreditbetrag, der Gesamtbetrag der vom Verbraucher zu entrichtenden Teilzahlungen, der Zinssatz und alle Kosten sowie der effektive Jahreszins; ausgenommen sind lediglich die Überziehungskredite (§ 5). Bei einem Verstoß gegen das Schriftformerfordernis ist der Vertrag grundsätzlich nichtig (§ 6 Abs. 1 VerbrKrG; § 125 BGB); er kann jedoch unter bestimmten Voraussetzungen durch Auszahlung

---

31 S. für die Fälligkeit der Zinsen § 608 und für die Kündigung § 609.
32 S. dazu auch schon o. § 6 Rn 16-47.

des Kredits geheilt werden (§ 6 Abs. 2). Der Verbraucher hat außerdem bei allen Kreditverträgen ein Widerrufsrecht (§ 7). Sonderregeln bestehen für den Versandhandel (§ 8) sowie für verbundene Geschäfte[33]. Aus § 10 des Gesetzes folgt schließlich noch, daß die Rechtstellung des Verbrauchers durch die Hingabe von Wechseln oder Schecks in keiner Hinsicht verschlechtert werden darf.

3. Zahlungsverzug

a) Allgemeines

Das Darlehen kann entgeltlich oder unentgeltlich sein, je nachdem, ob der Darlehensnehmer zur Erbringung einer Gegenleistung in Gestalt von Zinsen verpflichtet ist oder nicht. Das entgeltliche Darlehen ist ein gegenseitiger Vertrag iS der §§ 320 ff. Jedoch tritt bei Zahlungsverzug des Darlehensnehmers nach hM an die Stelle des Rücktrittsrechts des Darlehensgebers (§ 326) dessen Recht zur fristlosen Kündigung analog § 628. Außerdem kann der Darlehensgeber dann vom Darlehensnehmer Schadensersatz verlangen (vgl § 628 Abs. 2).

36

Der Schaden des Darlehensgebers wird bei fristloser Kündigung des Vertrages (o. Rn 36) in erster Linie in den ihm entgehenden Zinsen bestehen (§ 252). Die genaue Berechnung dieses Schadens ist jedoch schwierig und war deshalb lange Zeit umstritten[34]. Der BGH hatte sich zuletzt auf den Standpunkt gestellt, daß der Darlehensgeber grundsätzlich nur Schadensersatz in Höhe seiner **durchschnittlichen** Zinserträge verlangen könne[35]. Die Berechnung dieser Durchschnittserträge erwies sich indessen bald in zahlreichen Fällen als praktisch unmöglich. Das ist der Grund, warum sich das VerbrKrG in § 11 für eine abweichende Lösung der Schadensproblematik entschieden hat, die von der Rechtsprechung jetzt auch in anderen vergleichbaren Fällen entsprechend angewandt wird[36].

37

b) §§ 11, 12 VerbrKrG

aa) Das VerbrKrG regelt in den §§ 11 und 12 eingehend die Voraussetzungen und die Folgen einer Kündigung des Kreditgebers bei Zahlungsverzug des Verbrauchers[37]. Die **Voraussetzungen** der Kündigung ergeben sich aus § 12 Abs. 1. Es sind dies erstens ein Verzug des Verbrauchers mit mindestens zwei aufeinanderfolgenden Teilzahlungen ganz oder teilweise und mit mindestens 10%, bei einer Laufzeit des Kreditvertrages über drei Jahre mit 5% des Nennbetrags des Kredits sowie zweitens der fruchtlose Ablauf einer zweiwöchigen Nachfrist in Verbindung mit einer Ab-

38

---

33 § 9; s. dazu bereits eingehend o. § 6 Rn 35 ff.
34 S. die Übersicht bei *Emmerich*, in: Festschr. f. Giger, Bern 1989, S. 173.
35 BGHZ 104, S. 337 = NJW 1988, S. 1967 = JuS 1988, S. 904 Nr 5; BGH, LM Nr 40 zu § 252 BGB = NJW 1988, S. 1971.
36 BGHZ 115, S. 268 = NJW 1992, S. 109 = JuS 1992, S. 256 Nr 5; BGH, WM 1992, S. 1355 (1359); anders für Realkredite BGH, LM Nr 53 zu § 252 BGB = NJW 1992, S. 1620.
37 S. im einzelnen *Emmerich*, JuS 1991, S. 705 (709 f).

§ 8

lehnungsandrohung. Nach der Kündigung vermindert sich dann nach § 12 Abs. 2 die Restschuld um die Zinsen und die sonstigen laufzeitabhängigen Kosten des Kredits, die bei staffelmäßiger Berechnung auf die Zeit nach Wirksamwerden der Kündigung entfallen.

39 bb) Mit der besonderen Regelung des **Verzugsschadens** in § 11 hat der Gesetzgeber in erster Linie bezweckt, einen Beitrag zur Lösung der sog. Schuldturmproblematik zu leisten. Man versteht darunter die den Verbrauchern im Falle des Verzugs infolge der schnell ansteigenden Zinsbelastung drohende Gefahr, immer tiefer in wirtschaftliche Not zu geraten. Um hier gegenzusteuern, hat der Gesetzgeber den Verzugsschaden der Bank in § 11 VerbrKrG ganz bewußt gegenüber dem BGB (§ 288 Abs. 1 S. 2) und der Rechtsprechung des BGH beschränkt. Die gewählte Lösung besteht in einer **Flexibilisierung** der Verzugszinsen durch ihre Bindung an den Diskontsatz der Bundesbank. Die Bank enthält danach im Falle des Zahlungsverzugs des Verbrauchers nur noch eine Verzinsung der jeweils offenen Beträge in Höhe von 5% über dem Bundesbankdiskontsatz („D+5"). Die Regelung wird ergänzt durch eine eigenartige Sonderregelung für rückständige Zinsen nach Eintritt des Verzugs, durch die vor allem der gefürchtete Zinseszinseffekt in Grenzen gehalten werden soll (§ 11 Abs. 2).

4. Sittenwidrigkeit

40 Verbraucherkredite sind häufig besonders teuer. Deshalb praktiziert die Rechtsprechung seit Ende der siebziger Jahre (nur) gegenüber Verbraucherkrediten eine strenge Preiskontrolle auf der Basis des § 138 Abs. 1[38]. Verbraucherkredite gelten danach als sittenwidrig, wenn der vereinbarte Zinssatz, der sog. Effektivzins, den Marktzins, abgelesen an den von der Bundesbank monatlich veröffentlichten sog. Schwerpunktzinsen, um rund 100% übersteigt[39]. Der Darlehensvertrag ist in diesem Fall nach Bereicherungsrecht abzuwickeln (§§ 138, 812 Abs. 1 S. 1). Das bedeutet, daß der Darlehensgeber, die Bank, nur Rückzahlung der Darlehensvaluta, und zwar mit Rücksicht auf § 817 S. 2 nur zu den vereinbarten Terminen, aber keine Zinsen mehr verlangen kann[40], während der Darlehensnehmer einen Anspruch auf sofortige Rückzahlung sämtlicher von ihm zu Unrecht gezahlten Zinsen und Kosten hat.

---

38 S. im einzelnen *Emmerich*, JuS 1988, S. 925.
39 Insbes. BGHZ 80, S. 153; 98, S. 174 = NJW 1986, S. 2564 = JuS 1986, 996 Nr 4; BGHZ 104, S. 102 = NJW 1988, S. 1659; BGHZ 110, S. 336 = NJW 1990, S. 1595; BGHZ 111, S. 117 = NJW 1990, S. 1844 = JuS 1990, S. 759 Nr 5 m. Nachw.
40 Grdl. RGZ 161, S. 52.

TEIL III

Schuldverhältnisse über die Leistung von Diensten
und die Herstellung von Werken

§ 9 DIENSTVERTRAG

Literatur: *Deutsch/Taupitz* (Hrsg.), Haftung der Dienstleistungsberufe, 1993; *A. Lang*, Die neuere Rspr des BGH, WM 1988, Beil. 9 zu H. 46; *Lieb*, Dienstvertrag, in: Gutachten Bd. III, S. 183; *Luig*, Arztvertrag, in: Vertragsschuldverhältnisse, 1974, S. 225; *Lammel*, Verträge auf Interessenwahrung, das., S. 263; *Schiemann*, Der freie Dienstvertrag, JuS 1983, S. 649;

Speziell zum Arbeitsrecht *Brox*, Arbeitsrecht, 10. Aufl. (1991); *Hanau/Adomeit*, Arbeitsrecht, 10. Aufl. (1992); *Lieb*, Schwerpunkte Bd. 10: Arbeitsrecht, 4. Aufl. (1989); *Schaub*, Handbuch des Arbeitsrechts, 7. Aufl. (1992); *Söllner*, Arbeitsrecht, 10. Aufl. (1990); *Zöllner/Loritz*, Arbeitsrecht, 4. Aufl. (1992).

Arzt-Fall 11: Der Arzt Dr. X wird dringend zu dem plötzlich schwer erkrankten, einsam wohnenden Y gerufen. Bei seiner Ankunft nach abenteuerlicher Fahrt muß er jedoch feststellen, daß Y inzwischen verstorben ist. Kann Dr. X Zahlung des üblichen Arzthonorars von den Erben des Y verlangen? Wie, wenn Y noch vor der Ankunft des Dr. X (aus Angst vor dem Arzt) plötzlich wieder gesund wird und keine ärztliche Hilfe mehr benötigt?

Auto-Überführungs-Fall 12: Der Einsatzstudent S wird von der Firma X mit der Überführung eines Kraftfahrzeugs der X von Düsseldorf nach Nürnberg „beauftragt". Auf der Fahrt verschuldet S leicht fahrlässig einen Unfall, bei dem das Kraftfahrzeug zerstört wird. Die X verlangt von S Schadensersatz. Mit Recht?

I. Systematik des Gesetzes

Im Anschluß an die Veräußerungs- und Gebrauchsüberlassungsverträgen hat das BGB in den §§ 611 bis 704 als dritten Grundtypus der Schuldverträge die Verträge über Tätigkeiten für andere geregelt. Anders als die Regelung der zuerst genannten Verträge ist jedoch die der Tätigkeitsverträge im BGB wenig übersichtlich. Das hat viele Gründe. Der wohl wichtigste ist der, daß das Gesetz hier anders als bei Kauf und Miete keinen einheitlichen Grundtypus des entgeltlichen Tätigkeitsvertrages kennt. Erschwerend kommt hinzu, daß sich innerhalb wie außerhalb des BGB noch eine Fülle von Sonderregelungen findet. Um so wichtiger ist es, sich immer wieder die Systematik des Gesetzes klar vor Augen zu führen. 1

Das Gesetz unterscheidet zunächst danach, ob es sich um entgeltliche oder unentgeltliche Verträge handelt. Sämtliche unentgeltlichen Tätigkeitverträge sind Auftragsverträge (§§ 662 ff). Hingegen wird bei den entgeltlichen Tätigkeitsverträgen 2

§ 9

weiter zwischen Dienstverträgen (§§ 611 ff), Werkverträgen (§§ 631 ff) und Reiseverträgen (§§ 651a-651k) getrennt. Hieran schließen sich Sonderregelungen für den Mäklervertrag (§§ 652-656), die Verwahrung (§§ 688-700) und die Einbringung von Sachen bei Gastwirten (§§ 701-704) an. Weitere Sonderformen des Werkvertrags haben ihre Regelung außerhalb des BGB gefunden. Hinzuweisen ist hier namentlich auf die im HGB geregelten Kommissions-, Speditions-, Lager- und Frachtverträge. Daneben gibt es noch zahlreiche Sonderregelungen, von dem merkwürdigen Fernunterrichtsschutzgesetz von 1976[1] bis hin zu internationalen Verträgen über grenzüberschreitende Transporte[2], sowie eine ganze Reihe von häufig fast gesetzesgleich gehandhabten Geschäftsbedingungen für ganze Branchen, unter denen die Bedingungen der Spediteure (ADSp) und die verschiedenen Verdingungsordnungen (VOB, VOL) herausragen.

II. Abgrenzung

1. Arbeitsverträge

3   Innerhalb der Dienstverträge hat man weiter zwischen den freien Dienstverträgen und den Arbeitsverträgen zu unterscheiden. Die Abgrenzung richtet sich nicht nach der von den Parteien freigewählten Bezeichnung, sondern hängt allein von der tatsächlichen Gestaltung ihrer Beziehungen ab. Die genaue Abgrenzung beider Dienstvertragstypen ist deshalb so wichtig, weil für Arbeitsverträge zahlreiche zwingende Sonderregelungen gelten.

4   Arbeitnehmer unterscheiden sich von sonstigen Dienstverpflichteten durch ihre persönliche **Abhängigkeit** oder Unselbständigkeit. Anhaltspunkte dafür sind namentlich die Weisungsgebundenheit des Verpflichteten (vgl § 84 Abs. 1 S. 2 HGB), seine Unterordnung unter eine andere im Dienste des Berechtigten stehende Person, überhaupt seine Einordnung in eine fremde Arbeitsorganisation sowie seine Pflicht zum regelmäßigen Erscheinen an einem festen Arbeitsort oder das Verbot anderer Tätigkeiten[3].

5   In dem Auto-Überführungs **Fall 12** fehlte offensichtlich eine derartige persönliche Abhängigkeit des für die X nur einmal tätigen S. Deshalb ist hier kein Arbeitsvertrag, sondern ein freier Dienstvertrag anzunehmen, auf den allein die §§ 611 ff und nicht etwa ergänzend die besonderen arbeitsrechtlichen Regelungen anzuwenden sind[4]. Dasselbe gilt erst recht für den Arztvertrag in **Fall 11**, da der Patient dem Arzt keinerlei Vorschriften hinsichtlich der Behandlung machen kann. Arztverträge sind daher stets freie Dienstverträge oder (in Ausnahmefällen) Werkverträge (u. Rdnr.9).

---

1   BGBl I, S. 2525; dazu zB *Bartl*, NJW 1976, S. 1993; *H. Dörner*, NJW 1979, S. 241.
2   Die wichtigsten sind CMR und CIM.
3   Vgl statt aller *Lieb*, § 1 (S. 1 ff); *Söllner*, § 3 I (S. 16 ff); *Zöllner/Loritz*, § 4 III 5 (S. 43 ff).
4   BGH, LM Nr 21 zu § 611 BGB = NJW 1963, S. 1100 = JuS 1963, S. 328 Nr 2.

2. Werkverträge

Die gesetzliche Regelung der Dienst- und Werkverträge unterscheidet sich in zahlreichen Punkten. Besonders wichtig sind die Unterschiede hinsichtlich der Haftung des Verpflichteten und hinsichtlich der Gefahrtragung. Die Abgrenzung zwischen diesen beiden Vertragstypen richtet sich in erster Linie danach, ob sich der Schuldner „lediglich" zur Vornahme einer bestimmten Tätigkeit (s. § 611) oder darüber hinaus auch zur Herbeiführung eines Erfolges gerade durch seine Tätigkeit verpflichtet hat (§ 631). Maßgebend ist m.a.W. vor allem, ob nach den Vorstellungen der Parteien die **Tätigkeit** des Verpflichteten als solche oder weitergehend der durch sie herbeizuführende **Erfolg** geschuldet ist, dh ob der Schuldner schon für seine bloße Tätigkeit oder erst für den Erfolg bezahlt wird.

Trotz dieses an sich klaren Ausgangspunkts bereitet die Abgrenzung im Einzelfall oft erhebliche Schwierigkeiten. Der Grund hierfür liegt nicht zuletzt in der Unklarheit des Erfolgsbegriffes des § 631. Denn natürlich schuldet, wie etwa das Phänomen der Akkordarbeit zeigt, der Dienstverpflichtete ebenfalls häufig im Ergebnis einen ganz bestimmten „Erfolg"[5]. In derartigen Zweifelsfällen bleibt häufig nichts anderes übrig, als „vom Ergebnis her" zu argumentieren, dh darauf abzustellen, ob auf den fraglichen Vertrag besser Dienst- oder Werkvertragsrecht „paßt", wobei namentlich der unterschiedlichen Haftung des Schuldners erhebliches Gewicht zukommt. Je schutzbedürftiger der Gläubiger ist, desto eher wird man zur Annahme eines Werkvertrags neigen, dies der wichtigste Grund zB für die heute allseits akzeptierte Einordnung der Architektenverträge als Werkverträge[6]. Auch Mischformen sind denkbar, so daß sich dann die Haftung des Schuldners für einen Teil seiner Leistungen nach Dienstvertragsrecht und für den Rest nach Werkvertragsrecht richtet. So entscheidet die Praxis heute etwa bei zahnprothetischen Leistungen[7]. Schließlich spricht hier noch die Tradition ein gewichtiges Wort. Bestimmte Verträge sind eben „traditionell" Dienstverträge, andere Werkverträge.

3. Organmitglieder

Zu den freien Dienstverträgen gehören zunächst sämtliche Anstellungsverträge mit den Organmitgliedern juristischer Personen, da Vorstände und Geschäftsführer – mangels persönlicher Abhängigkeit – keine Arbeitnehmer sind, sondern im Gegenteil gegenüber den Mitarbeitern der juristischen Person den Arbeitgeber vertreten. Hierdurch wird es jedoch nicht ausgeschlossen, im Einzelfall auf die Dienstverträge der Organmitglieder arbeitsrechtliche Rechtsinstitute entsprechend anzuwenden, soweit die Interessenlage vergleichbar ist. Anerkannt ist dies etwa für die Kündigungsfristen des § 622[8] sowie für die arbeitsrechtliche Einschränkung der Nichtigkeits- und Anfech-

---

5 Vgl in diesem Zusammenhang auch unseren **Auto-Überführungs-Fall 12**.
6 S. u. § 10 Rn 6 ff (S. 151 ff).
7 BGHZ 63, S. 306 = NJW 1975, S. 303 = JuS 1975, S. 330 Nr 6.
8 BGHZ 79, S. 291 (293 f) = NJW 1981, S. 1270; BGHZ 91, S. 217 (220) = NJW 1984, S. 2528.

4. Ärzte

9 Die meisten Verträge mit Freiberuflern sind ebenfalls (freie) Dienstverträge iS der §§ 611 ff. Für die Artzverträge folgt dies bereits aus der einfachen Überlegung, daß sich ein Arzt in aller Regel „nur" zur lege artis durchgeführten Behandlung, nicht hingegen auch zur Heilung des Patienten selbst verpflichten kann. Lediglich Verträge über Operationen werden häufig als Werkverträge eingestuft, wobei dann aber der geschuldete Erfolg wiederum nur in der einwandfreien Durchführung der Operation, nicht hingegen zusätzlich in der Heilung des Patienten besteht, da die Heilung stets von einer Fülle weiterer Faktoren abhängig ist, auf die der Arzt (leider) keinen Einfluß hat[10]. Allenfalls für Verträge über kosmetische Eingriffe kommt – zum Schutze der Patienten – eine andere Beurteilung in Betracht.

III. Abschluß

10 Für den Abschluß freier Dienstverträgen gelten keinerlei Besonderheiten. Hingegen sind bei Arbeitsverträgen einige Sonderregelungen zu beachten. Hervorzuheben ist zunächst § 611a, durch den seit 1980 sämtliche geschlechtsbedingten Benachteiligungen verboten sind. § 611a geht auf die sog. Gleichbehandlungsrichtlinie von 1976[11] zurück. Ein Verstoß des Arbeitgebers gegen das Diskriminierungsverbot hat freilich nicht die Verpflichtung zum Abschluß eines weiteren Arbeitsvertrages mit dem benachteiligten Arbeitnehmer zur Folge, sondern löst lediglich Schadensersatzansprüche des Arbeitnehmers aus, die zudem vom Gesetzgeber durch § 611a Abs. 2 auf den bloßen Vertrauensschaden beschränkt worden sind. Die Folge ist, daß als Schaden des diskriminierten Arbeitnehmers in aller Regel lediglich die nutzlos aufgewandten Bewerbungskosten in Betracht kommen werden.

11 Es ist offenkundig, daß hierin keine ausreichende, weil spürbare Sanktion geschlechtsspezifischer Diskriminierungen von Arbeitnehmern liegt. Vom EuGH[12] ist deshalb die deutsche Regelung ausdrücklich als mit dem Gemeinschaftsrecht unvereinbar gerügt worden. Das BAG[13] hat hieraus den Schluß gezogen, daß zu Unrecht diskriminierten Arbeitnehmern zusätzlich ein Schadensersatzanspruch wegen Verletzung ihres Persönlichkeitsrechts in Höhe eines Monatslohns zusteht.

---

9 Vgl zB BGHZ 65, S. 190 = NJW 1976, S. 145 = JuS 1976, S. 189 Nr 6; *Schiemann*, JuS 1983, S. 649 (652 f).
10 Vgl BGHZ 63, S. 306 = NJW 1975, S. 305 = JuS 1975, S. 330 Nr 6; s. *Medicus* II, § 98 (S. 157 ff).
11 ABl. Nr L 39/40.
12 Slg. 1984, S. 1891 = NJW 1984, S. 2021; Slg. 1984, S. 1921; zu den Konsequenzen s. zB *M. Eckertz-Höfer*, JuS 1987, S. 611.
13 BAGE 61, S. 209 und 219 = NJW 1990, S. 65 und 67.

Eine weitere arbeitsrechtliche Besonderheit ergibt sich aus § 613a: Während normalerweise der Eintritt eines neuen Gläubigers anstelle des bisherigen in ein Schuldverhältnis ein Zusammenwirken aller drei Beteiligten erfordert (§ 305), hat im Arbeitsrecht der Übergang eines Betriebes oder eines Betriebsteils durch Rechtsgeschäft auf einen anderen Inhaber zur Folge, daß der neue Inhaber von selbst in die Rechte und Pflichten aus den im Zeitpunkt des Übergangs bestehenden Arbeitsverhältnissen eintritt. Bezweckt wird damit, den Arbeitnehmern nach Möglichkeit ihren Arbeitsplatz zu erhalten.

IV. Pflichten des Dienstverpflichteten

1. Geschuldete Sorgfalt

Der Dienstvertrag ist vom BGB als gegenseitiger Vertrag ausgestaltet worden, so daß sich die Dienstleistung des Dienstverpflichteten und die Vergütung des Dienstberechtigten als Hauptleistungen iS der §§ 320 ff gegenüberstehen (§§ 611 und 612). Die Dienste sind grundsätzlich in Person zu leisten (§ 613 S. 1).

Welche Dienste konkret geschuldet werden, ergibt sich in erster Linie aus dem Vertrag in Verbindung mit den §§ 157 und 242. Maßgebend sind folglich, soweit die Parteien nichts anderes vereinbart haben, die typischen Verkehrserwartungen, die vor allem durch das jeweilige Berufs- und Standesrecht geprägt werden. Aus § 276 folgt außerdem, daß der Dienstverpflichtete die geschuldete Tätigkeit stets mit der im Verkehr erforderlichen Sorgfalt zu verrichten hat. Das bedeutet, daß sich das Maß der von ihm geschuldeten Sorgfalt allein nach den Fähigkeiten und Kenntnissen eines ordentlichen und gewissenhaften Berufsangehörigen und nicht etwa nach seinen möglicherweise geringeren Fähigkeiten richtet. Die Folge ist, daß die Rechtsprechung bei den selbständigen Dienstverträgen durchweg sehr **hohe** Anforderungen an die von dem Dienstverpflichteten geschuldete Sorgfalt stellt. Dies soll hier am Beispiel der Rechtsanwälte sogleich noch weiter verdeutlicht werden[14].

2. Treuepflicht

Als Pendant zu der Fürsorgepflicht des Dienstberechtigten (u. Rn 32 f) trifft den Dienstverpflichteten nach § 242 mit von Fall zu Fall unterschiedlichem Gewicht die Pflicht, in der gebotenen Weise auf die legitimen Interessen des Dienstberechtigten Rücksicht zu nehmen. Daraus können sich zB je nach den Umständen des Falles die Pflicht zur Abwendung drohender Gefahren, Anzeige- und Verschwiegenheitspflichten sowie ein Konkurrenzverbot ergeben[15].

---

14 Unten Rn 16 ff; s. auch zu den Ärzten unten § 20 Rn 21ff (S. 277 ff).
15 S. insbes. BAGE 6, S. 82 (83); 26, S. 219 (232); BGH, LM Nr 89 zu § 611 BGB = NJW-RR 1989, S. 614 = JuS 1989, S. 668 Nr 5.

§ 9

3. *Rechtsanwälte*

Literatur: *Borgmann/Haug*, Anwaltshaftung, 2. Aufl. (1986); *Henssler*, JZ 1994, S. 178; *U. Hübner*, NJW 1989, S. 5; *A. Lang*, WM 1988 Beil. 9; *Odersky*, NJW 1989, S. 1; *Vollkommer*, Anwaltshaftungsrecht, 1989.

a) Pflichten bei der Rechtsberatung

16 Der Vertrag mit einem Rechtsanwalt ist gewöhnlich ein Dienstvertrag, der eine Geschäftsbesorgung zum Gegenstand hat (§§ 611, 675). Aus ihm ergibt sich deshalb die Pflicht des Anwalts, die Interessen seines Mandanten umfassend wahrzunehmen (§ 276). Dazu gehört zunächst, daß er sich um eine **Aufklärung** des Sachverhalts durch eingehende Befragung des Mandanten bemüht, um so überhaupt feststellen zu können, was dieser „eigentlich" will[16]. Jedoch kann sich der Anwalt dabei grundsätzlich auf die tatsächlichen Angaben seines Mandanten verlassen und braucht diese nicht etwa noch zusätzlich nachzuprüfen[17]. Dies ist vielmehr im Streitfall Sache des Gerichts.

17 Hat der Anwalt dergestalt den (für ihn) maßgebenden Sachverhalt ermittelt, so ist er als nächstes zu einer umfassenden und erschöpfenden **Beratung** seines Mandanten verpflichtet, um ihn nach Möglichkeit vor jeder vermeidbaren Schädigung zu bewahren. Darin eingeschlossen ist die (zentrale) Pflicht, alle unnötige Risiken zu vermeiden; statt dessen muß er vielmehr versuchen, das von dem Mandanten angestrebte Ziel auf dem sichersten Weg zu erreichen[18]. Kommen mehrere Maßnahmen in Betracht, so ist er folglich verpflichtet, den nach dem neuesten Stand der Rechtsprechung sichersten und gefahrlosesten Weg zu wählen, wobei er die gesamte veröffentlichte höchstrichterliche Rechtsprechung zu berücksichtigen hat[19]. Selbstverständlich ist, daß der Anwalt (erst recht) immer haftet, wenn er seinen Mandanten unrichtig berät. Rechtsunkenntnis vermag ihn in keinem Fall zu entschuldigen, selbst wenn er nur ganz abgelegene Vorschriften übersehen hat. Notfalls muß er sich eben vor der Erteilung einer Auskunft sachkundig machen[20].

18 An **Weisungen** seines Mandanten ist der Anwalt zwar grundsätzlich gebunden (§§ 675, 665); er darf diese jedoch niemals blindlings befolgen, sondern muß seinen Mandanten bei erkennbar riskanten Weisungen eindringlich vor den damit verbundenen Gefahren warnen[21]. Wenn der Anwalt mit der Geltendmachung eines Anspruchs beauftragt ist, muß er sich außerdem um die Frage der **Verjährung** kümmern, damit der Anspruch

---

16 BGH, LM Nr 39 zu § 276 (Ci) BGB = NJW 1983, S. 1665.
17 BGH, LM Nr 108 zu § 675 BGB = NJW 1985, S. 1154.
18 So insbes. BGHZ 89, S. 178 = NJW 1984, S. 791; BGHZ 94, S. 380 = NJW 1985, S. 2250; BGHZ 97, S. 372 = NJW 1986, S. 2043 = JuS 1986, S. 910 Nr 5 usw bis BGH, LM Nr 21 zu § 51 BRAO = NJW 1993, S. 1320; NJW 1993, S. 1779 (1780); 1994, S. 1211.
19 BGH, LM Nr 46 zu § 249 (Bb) BGB = NJW 1988, S. 3013; NJW 1993, S. 2799; 1993, S. 3237; 1993, S. 3323 = LM Nr. 194 zu § 675 BGB.
20 Genau **dafür** gibt es Lehrbücher und Kommentare; s. zB BGH, LM Nr 155 zu § 675 BGB = NJW 1990, S. 2882 = JuS 1990, S. 1117 Nr 4; OLG Koblenz, NJW 1989, S. 2699.
21 BGH, LM Nr 42 zu § 282 ZPO (Beweislast) = NJW 1985, S. 264; LM Nr 15 zu § 24 BNotO = WM 1987, S. 1516 (1519 f.).

gegebenenfalls noch rechtzeitig verfolgt wird[22]. Aus denselben Erwägungen heraus ist der Anwalt stets verpflichtet, sich rechtzeitig um die Sicherung der Beweise zu kümmern und zu diesem Zweck gegebenenfalls alsbald ein selbständiges Beweisverfahren einzuleiten, wenn der Verlust wichtiger Beweise droht[23]. Überhaupt trifft ihn ganz allgemein die Pflicht, von sich aus umfassend tätig zu werden, wenn den Interessen seines Mandanten Nachteile drohen[24].

b) Haftung

Verstößt der Anwalt schuldhaft gegen eine der genannten Pflichten, so macht er sich ersatzpflichtig (§§ 276, 282). Durch Fehler anderer, z.B durch Versehen eines beteiligten Notars oder des Prozeßgerichts wird die Kausalität zwischen dem Fehlverhalten des Anwalts und dem eingetretenen Schaden grundsätzlich nicht unterbrochen, da es gerade die Aufgabe des Anwalts ist, solche Fehler Dritter zu verhindern[25]. Ebensowenig kann der Anwalt in der Regel seinem Mandanten ein mitwirkendes Verschulden entgegenhalten, wenn auch dem Mandanten oder anderen von diesem zusätzlich oder später beauftragten Anwälten bei der Verfolgung der fraglichen Ansprüche Fehler unterlaufen sind[26].

19

Im Falle eines schuldhaften Pflichtverstoßes des Anwalts kann der Mandant verlangen, so gestellt zu werden, wie er jetzt bei pflichtgemäßem Verhalten des Anwalts stände[27]. Versäumt der Anwalt zB schuldhaft die Berufungsfrist, so muß er den Mandanten so stellen, als ob er rechtzeitig Berufung eingelegt hätte; wäre dann der Vorprozeß gewonnen worden, wobei darauf abzustellen ist, wie aus der Sicht des **jetzt** zuständigen Gerichts der Prozeß damals richtig zu entscheiden gewesen wäre[28], so kann der Mandant Ausgleich aller Schäden durch den Verlust des Vorprozeßes fordern (§§ 249, 276). Wäre der Vorprozeß hingegen auch bei ordnungsgemäßem Verhalten des Anwalts verloren gegangen, so trifft ihn – mangels Kausalität des Pflichtverstoßes – keine Haftung[29].

20

4. Minderung, Schadensersatz

a) Wenn der Dienstverpflichtete seine Pflichten schuldhaft verletzt, macht er sich nach § 276 aus dem Gesichtspunkt der positiven Vertragsverletzung schadensersatz-

21

---

22 Insbes. BGH, LM Nr 186 zu § 675 BGB = NJW 1993, S. 1779 = JuS 1993, S. 1061 Nr 6; LM Nr 189 zu § 675 BGB = NJW 1993, S. 2045; NJW 1993, S. 2797 = LM Nr. 191 zu § 675 BGB.
23 BGH, LM Nr. 192 zu § 675 BGB = NJW 1993, S. 2676.
24 BGH, LM Nr 104 zu § 278 BGB = WM 1988, S. 382; ebenso für die Prozeßführung BGH, LM Nr 156 zu § 675 BGB = NJW-RR 1990, S. 1241.
25 ZB BGH, LM Nr 156 zu § 675 BGB = NJW-RR 1990, S. 1241; LM Nr 155 zu § 675 BGB = NJW 1990, S. 2882 = JuS 1990, S. 1017 Nr 4.
26 § 254; BGH, LM Nr 186 zu § 675 BGB = NJW 1993, S. 1779 = JuS 1993, S. 1061 Nr 6; zT anders BGH, NJW 1994, S. 1211.
27 BGH, NJW 1988, S. 2880.
28 Nicht also darauf, wie vermutlich das Gericht den Vorprozeß entschieden hätte! (zB BGH, BB 1993, S. 1682 [1684]).
29 ZB BGH, LM Nr 81 zu § 249 (A) BGB = NJW 1987, S. 3255; WM 1988, S. 987 (990 ff); *A. Lang*, S. 6; zur Verjährung s. Leistungsstörungen, § 21 I 2 a, bb (S. 232 f).

§ 9

pflichtig[30]. Der Nachweis eines Schadens, namentlich in Gestalt eines entgangenen Gewinns (§ 252), wird dem Dienstberechtigten freilich häufig schwer fallen. In solchen Fällen hindert jedoch nichts die Vorstellung, daß jede Schlechterfüllung zugleich einen Fall der **Teilunmöglichkeit** darstellt, weil die ordnungsmäßige Leistung jetzt nicht mehr nachgeholt werden kann, so daß der Dienstberechtigte – ohne Rücksicht auf einen etwaigen Schaden – jedenfalls die Gegenleistung mindern kann[31].

22 b) Ob das Gesagte (o. Rn 21) uneingeschränkt auch im Arbeitsrecht gilt, ist fraglich[32]. Eindeutig ist die Rechtslage hier allein in den Fällen der **Nichtleistung** von Arbeit (s. u. Rn 26): Ein Arbeitnehmer, der unentschuldigt der Arbeit fernbleibt, kann keinen Lohn verlangen, da die vorübergehende Nichtleistung mit Rücksicht auf den Fixcharakter von Arbeitsverträgen zur Teilunmöglichkeit führt (§§ 325 Abs. 1 S. 3, 323 Abs. 1 Halbs. 2). Umstritten ist die Rechtslage hingegen bereits in den Fällen der **Schlechtleistung**. Nach überwiegender Meinung soll dann für ein Minderungsrecht des Arbeitgebers kein Raum sein. Für eine derartige Einschränkung der Arbeitgeberrechte besteht indessen kein Anlaß. Auch das Gesetz sieht die Sachlage ganz anders (s. §§ 325 Abs. 1 S. 3; 323 Abs. 1 Halbs. 2).

23 Lebhaft umstritten war außerdem lange Zeit, unter welchen Voraussetzungen der Arbeitnehmer dem Arbeitgeber bei schuldhaften Verstößen gegen seine Arbeitspflicht zum **Schadensersatz** verpflichtet ist. Diese Frage ist inzwischen zugunsten einer **generellen** Haftungsbeschränkung des Arbeitnehmers in Fällen leichter und einfacher Fahrlässigkeit entschieden. Uneingeschränkt ersatzpflichtig ist der Arbeitnehmer heute folglich nur noch in Fällen von grober Fahrlässigkeit und Vorsatz; doch gilt dies nur für das Innenverhältnis zum Arbeitgeber, während es im Außenverhältnis des Arbeitnehmers zu einem geschädigten Dritten bei der vollen Anwendbarkeit des § 823 bleibt[33]. Auf freie Dienstverträge kann diese Praxis ebenfalls nicht übertragen werden, so daß es in unserem Autoüberführungsfall 12 bei der vollen Ersatzpflicht des Einsatzstudenten S bleibt (§§ 325 Abs. 1, 823 Abs. 1, 276 Abs. 1 und 249).

V. Pflichten des Dienstberechtigten

1. Gegenleistung

24 Hauptleistungspflicht des Dienstberechtigten ist die Zahlung der vereinbarten Vergütung (§§ 611, 612 und 614). Es handelt sich hierbei an sich um eine normale

---

30 S. für Rechtsanwälte schon oben Rn 19 f.
31 §§ 323 Abs. 1 Halbs. 2, 472 f; BGH, LM Nr 87 zu § 611 BGB = NJW-RR 1988, S. 420 = JuS 1988, S. 567 Nr 4; LM Nr 91 zu § 611 BGB = NJW 1990, S. 2549; OLG München, NJW-RR 1986, S. 796; ebenso zB *Medicus* II, § 97 II 1 c (S. 150 f); *Schlechtriem*, Tz. 339 (S. 156 f); str.
32 Wegen der Einzelheiten s. Leistungsstörungen, § 21 I 2 a (S. 231 f); *Zöllner/Loritz*, § 18 I u. III (S. 203, 210 f).
33 S. BGHZ 108, S. 305 (307 ff) = NJW 1989, S. 3273; BGH, NJW 1994, S. 856; WM 1994, S. 389 (392 f) = NJW 1994, S. 852 (854 f).

Geldleistungspflicht, bei der gleichwohl einige Besonderheiten zu beachten sind, die ihren Grund vor allem in sozialpolitischen Erwägungen des Gesetzgebers finden.

Hervorzuheben ist zunächst das Verbot aller geschlechtsbedingten Diskriminierungen durch § 612 Abs. 3 („Gleicher Lohn für Frauen und Männer"). Außerdem kann der Dienstverpflichtete nach § 615 bei **Annahmeverzug** des Dienstberechtigten auch Vergütung für die nicht geleisteten Dienste verlangen, ohne zur Nachleistung verpflichtet zu sein („Zeit ist Geld"). Gemäß § 616 Abs. 1 S. 1 verliert der Dienstverpflichtete abweichend von § 323 seinen Vergütungsanspruch weiter selbst dann nicht, wenn er für eine verhältnismäßig nicht erhebliche Zeit ohne Verschulden durch einen in seiner Person liegenden Grund wie zB Erkrankung oder Tod eines nahen Angehörigen an einer Dienstleistung **verhindert** wird. Diese Regelung ist zugunsten von Angestellten zwingend (§ 616 Abs. 2), während bei Arbeitern im Falle der Krankheit inzwischen an ihre Stelle das Lohnfortzahlungsgesetz von 1969 getreten ist (§ 616 Abs. 3). Entsprechende Regelungen finden sich noch in einer Reihe weiterer Gesetze[34]. Wird dem Dienstverpflichteten hingegen die Erbringung seiner Dienste aus einem **anderen** Grunde unmöglich, so verbleibt es grundsätzlich bei der gesetzlichen Regelung der §§ 275 und 323 Abs. 1, nach der er zwar in der Regel frei wird, dafür aber auch den Anspruch auf die Gegenleistung einbüßt. 25

2. *Unmöglichkeit und Annahmeverzug*

Das Gesetz verteilt, wie gezeigt (o. Rn 25), die Gegenleistungsgefahr in den Fällen der Unmöglichkeit und des Annahmeverzugs ganz unterschiedlich. Denn während der Dienstverpflichtete im Regelfall bei Unmöglichkeit ebenso wie jeder andere Schuldner den Anspruch auf die Gegenleistung einbüßt (§§ 323, 325), erhält ihm bei bloßem Annahmeverzug des Dienstberechtigten § 615 grundsätzlich seinen Gegenleistungsanspruch. Die genaue Abgrenzung dieser beiden Fälle, die für alle Dienstverpflichteten offenkundig von erheblicher praktischer Bedeutung ist, hat sich indessen als ausgesprochen schwierig erwiesen. Der Grund hierfür liegt vor allem in dem den meisten Dienstverträgen eigentümlichen Zeitmoment, dh in dem Fixcharakter der Mehrzahl der Dienstleistungen, der zur Folge hat, daß häufig Unmöglichkeit und Annahmeverzug ununterscheidbar ineinander übergehen[35]. 26

Im Zivilrecht greift man meistens zur Abgrenzung von Unmöglichkeit und Annahmeverzug auf die schon vor über siebzig Jahren von *Oertmann* entwickelte sog. **Abstrahierungsformel** zurück, nach der in allen kritischen Fällen von der Mitwirkung des Gläubigers abzusehen und lediglich zu prüfen ist, ob, diese Mitwirkung unterstellt, dem Schuldner die Leistung dann noch möglich wäre oder nicht[36]. Im Arbeitsrecht herrschte hingegen lange Zeit die sog. Sphären- oder besser **Betriebsrisikolehre** vor, die letztlich auf dem Grundgedanken beruht, daß das wirtschaftliche Risiko grundsätz- 27

---

34 S. insbes. § 63 HGB und § 133 c GewO.
35 Wegen aller Einzelheiten s. Leistungsstörungen, § 25 II (S. 276 ff).
36 Insbes. BGHZ 24, S. 91 (96) = NJW 1957, S. 989; BAGE 10, S. 202.

§ 9

lich den Arbeitgeber trifft, so daß er den Lohn selbst dann fortzahlen muß, wenn er mit der Arbeitsleistung seiner Arbeitnehmer nichts mehr anzufangen vermag, weil sein Betrieb, aus welchen Gründen immer, still liegt; Ausnahmen wurden lediglich bei bestimmten Betriebsstörungen infolge von Arbeitskämpfen aufgrund einer Kollektivbetrachtung anerkannt[37]. Neuerdings wendet sich die Rechtsprechung jedoch immer mehr von der Betriebsrisikolehre ab[38], so daß es nicht verwundert, daß die verschiedenen Sphärentheorien jenseits des Arbeitsrechts niemals auf besondere Gegenliebe gestoßen sind.

28 Unmöglichkeit und Annahmeverzug unterscheiden sich nach der Systematik des BGB in erster Linie danach, ob es sich um ihrer Art nach **dauernde** oder bloß **vorübergehende** Leistungshindernisse handelt. Liegt hiernach Unmöglichkeit vor, so ist in der Frage der Verteilung der Gegenleistungsgefahr grundsätzlich von den §§ 323 bis 325 auszugehen. Dadurch wird es jedoch nicht ausgeschlossen, in diesem Rahmen ergänzend die sozialpolitischen Anliegen zu berücksichtigen, die dem § 615 sowie den vergleichbaren anderen Vorschriften zugrunde liegen.

29 In sämtlichen Unmöglichkeitsfällen muß folglich am Anfang der Prüfung die Frage stehen, ob eine Partei die Unmöglichkeit zu vertreten hat. Ist dies der Dienstberechtigte, so behält der Dienstverpflichtete bereits nach **§ 324 Abs. 1** den Anspruch auf die Gegenleistung; hierbei kommt es in erster Linie darauf an, welche Risiken der Dienstberechtigte nach Sinn und Zweck der Abreden der Parteien übernommen hat[39]. Schon auf diesem Weg wird es häufig möglich sein, zu interessengerechten Ergebnissen zu gelangen. Umgekehrt verliert der Dienstverpflichtete auf jeden Fall den Anspruch auf die Gegenleistung, wenn er es ist, der die Unmöglichkeit zu vertreten hat (s. §§ 325 Abs. 1 S. 3, 323 Abs. 1).

30 In den verbleibenden Unmöglichkeitsfällen ist im Rahmen des § 323 vor allem der dem § 645 zugrundeliegende Rechtsgedanke fruchtbar zu machen, daß der Dienstberechtigte jedenfalls dann (ausnahmsweise) die Preisgefahr tragen muß, wenn die Leistung infolge von Umständen unterbleibt, die ihren Grund letztlich in dem von ihm zu stellenden **Leistungssubstrat** im weitesten Sinne haben oder die auf seinen **Weisungen** oder seinen sonstigen Handlungen beruhen und in diesem Sinne zu seiner „Sphäre" gehören. „Leistungssubstrat" ist dabei auch die Person des Gläubigers, wenn sich wie beim Arztvertrag die Leistung des Dienstverpflichteten gerade auf diese bezieht, so daß der Patient sämtliche Gefahren tragen muß, die letztlich mit seiner Person zusammenhängen[40].

31 Für unseren **Arzt-Fall 11** liegt im Falle des Todes des Patienten ebenso wie bei dessen plötzlicher Genesung an sich Unmöglichkeit vor (§§ 275, 323). Indessen handelt es sich

---

[37] Grdl. RGZ 106, S. 272 (275); RAGE 2, S. 74; 15, S. 61; BAGE 3, S. 346; 11, S. 34; 23, S. 512; 24, S. 446; 25, S. 28; 27, S. 311; wegen der Einzelheiten s. *Lieb*, § 7 III 2a (S. 195 ff); *Söllner*, § 32 V (S. 275 f); *Zöllner/Loritz*, § 18 V (S. 214 ff).
[38] S. BAGE 33, S. 140; 33, S. 185; 34, S. 331; 34, S. 355 usw.
[39] BGH, NJW 1980, S. 700 = JuS 1980, S. 296 Nr 4.
[40] Ebenso insbes. BGHZ 60, S. 14 = NJW 1973, S. 318 = JuS 1973, S. 318 Nr 5; BGHZ 77, S. 320 = NJW 1980, S. 2189 = JuS 1981, S. 60 Nr 5; BGHZ 78, S. 352 = NJW 1981, S. 391 = JuS 1981, S. 457 Nr 6; BGHZ 83, S. 197 = NJW 1982, S. 1458 = JuS 1982, S. 696 Nr 5.

in beiden Fällen um Gefahren, die ihren Grund letztlich in der Person des Patienten haben, so daß der Arzt als Dienstverpflichteter hierfür nicht die Preisgefahr zu tragen braucht. Entsprechend den §§ 615 und 645 kann er vielmehr – abweichend von § 323 Abs. 1 – sein volles Honorar verlangen.

3. Fürsorgepflicht

a) Den Dienstberechtigten trifft bereits aufgrund des § 242 ebenso wie den Dienstverpflichteten (o. Rn 15) eine umfassende Treuepflicht gegenüber dem Dienstverpflichteten, hier meistens Fürsorgepflicht genannt. Der Arbeitgeber ist daher verpflichtet, auf das Wohl und Wehe und die berechtigten Interessen seiner Arbeitnehmer Bedacht zu nehmen und Schäden von ihnen abzuwenden[41]. Einzelne Aspekte der Fürsorgepflicht sind bereits im BGB in den §§ 617 bis 619 zwingend geregelt. Aus diesen Vorschriften ergibt sich die allgemeine Pflicht insbesondere des Arbeitgebers, soweit wie irgend möglich für den Schutz des Lebens und der Gesundheit der Arbeitnehmer zu sorgen. Einzelheiten finden sich in einer Vielzahl verstreuter, gesetzlicher und tarifvertraglicher Sonderregelungen bis hin zu den Unfallverhütungsvorschriften der Berufsgenossenschaften. Im Einzelfall kann sich danach die Fürsorgepflicht auch auf das Eigentum der Arbeitnehmer erstrecken[42]. Neuerdings wird aus der Fürsorgepflicht außerdem noch in beschränktem Umfang eine Beschäftigungspflicht des Arbeitgebers abgeleitet[43]. 32

b) Die Fürsorgepflicht ist eine echte Leistungspflicht, so daß der Dienstverpflichtete gegebenenfalls Erfüllung verlangen kann. Außerdem steht ihm im Falle der Nichterfüllung ein **Zurückbehaltungsrecht** zu, so daß der Dienstberechtigte bei dessen Ausübung gegebenenfalls in Annahmeverzug gerät und das vereinbarte Gehalt fortzahlen muß[44]. 33

4. Gleichbehandlungspflicht

Der Arbeitgeber ist zur Gleichbehandlung seiner Arbeitnehmer verpflichtet[45]. Einzelne gesetzliche Ausprägungen dieser Pflicht finden sich in den §§ 611a, 611b und 612a. 34

---

41 Grdl. BAGE 50, S. 202 = NJW 1986, S. 1065.
42 S. zB BAGE 17, S. 229 = NJW 1965, S. 2173 = JuS 1966, S. 84 Nr 11.
43 Grdl. BAGE(GS) 48, S. 122 = NJW 1985, S. 2968; BAGE 50, S. 202 = NJW 1986, S. 1065.
44 S. §§ 615, 273, 298, 320 und dazu zB BAGE 15, S. 174 = NJW 1964, S. 883 = JuS 1964, S. 291 Nr 9.
45 BAGE 36, S. 187 = NJW 1982, S. 461 m. Nachw.

§ 9

VI. Beendigung

1. Überblick

35 Durch einen Dienstvertrag wird ebenso wie durch einen Mietvertrag in aller Regel ein Dauerschuldverhältnis begründet, so daß besondere Vorschriften über die Beendigung des Vertragsverhältnisses erforderlich sind. Etwas anderes gilt nur bei Verträgen über einmalige, sofort abgewickelte Dienstleistungen, die mit Erfüllung des Vertrages durch Erbringung der Dienstleistung von selbst ihr Ende finden.

36 Handelt es sich bei dem Dienstverhältnis um ein Dauerschuldverhältnis, so kommen als Beendigungsgründe in erster Linie ein Aufhebungsvertrag, die Befristung sowie die ordentliche oder außerordentliche Kündigung des Vertrags in Betracht. Die gesetzliche Regelung findet sich in den §§ 620 ff sowie in einer Reihe von arbeitsrechtlichen Sondervorschriften, unter denen dem Kündigungsschutzgesetz von 1951 besondere Bedeutung zukommt. Zweck dieser Sondervorschriften ist durchweg der Schutz der Arbeitnehmer gegen einen Verlust ihres Arbeitsplatzes durch eine sachlich nicht gerechtfertigte Kündigung.

2. Befristung

37 Dienstverträge können auf bestimmte und auf unbestimmte Zeit abgeschlossen werden. Werden sie auf bestimmte Zeit abgeschlossen, so enden sie automatisch mit Eintritt des vereinbarten Endtermins (§ 620 Abs. 1). Vorher ist dann nur eine fristlose Kündigung aus wichtigem Grunde nach den §§ 626 und 627 möglich.

38 Einschränkungen gelten – über den Wortlaut des § 620 Abs. 1 hinaus – für Arbeitsverträge, um zu verhindern, daß durch die Vereinbarung befristeter Arbeitsverträge der Kündigungsschutz „umgangen" wird. Deshalb verlangt die Rechtsprechung heute für die Befristung von Arbeitsverträgen im Regelfall einen sachlichen Grund[46].

3. Ordentliche Kündigung

39 Dienst- und Arbeitsverträge, die für unbestimmte Zeit eingegangen sind, können von beiden Parteien jederzeit ordentlich gekündigt werden (§ 620 Abs. 2), wobei das Gesetz in den §§ 621 und 622 die Kündigungsfristen für freie Dienstverträge und für Arbeitsverträge unterschiedlich regelt. Bei Arbeitsverträgen beläuft sich hiernach die Kündigungsfrist heute einheitlich für Arbeiter und Angestellte auf vier Wochen zum Fünfzehnten oder zum Ende eines Kalendermonats (§ 622 Abs. 1). Diese Regelung beruht auf dem sog. Kündigungsfristengesetz von 1993[47], das nötig geworden war, weil das BVerfG die frühere Regelung, die durch unterschiedliche

---

46 Wegen der Einzelheiten s. *Lieb*, § 4 VI (S. 109 ff); *Söllner*, § 34 II (S. 282 ff); *Zöllner/Loritz*, § 21 I 3 (S. 238 ff).
47 BGBl. I, S. 1668.

Kündigungsfristen für Arbeiter und Angestellte gekennzeichnet war, als verfassungswidrig bezeichnet hatte[48].

Ergänzend muß im vorliegenden Zusammenhang noch der besondere **Kündigungsschutz** für Arbeitnehmer berücksichtigt werden, der sich in erster Linie nach dem schon erwähnten Kündigungsschutzgesetz richtet. Eine ordentliche Kündigung des Arbeitgebers ist danach grundsätzlich nur bei Vorliegen sachlicher Gründe möglich.

40

4. Außerordentliche befristete Kündigung

Bei Dienstverträgen muß man ebenso wie bei Mietverträgen innerhalb der außerordentlichen Kündigung die befristete und die fristlose Kündigung unterscheiden. Der einzigen Fall einer außerordentlichen befristeten Kündigung findet sich in § 624, nach dem der Dienstverpflichtete bei allen Verträgen für eine längere Zeit als fünf Jahre nach Ablauf von fünf Jahren mit einer Frist von sechs Monaten kündigen kann.

41

5. Außerordentliche fristlose Kündigung

a) § 626 BGB

Eine außerordentliche fristlose Kündigung ist zunächst bei jedem Dienst- und Arbeitsverhältnis gemäß § 626 aus wichtigem Grunde möglich. Ein solcher ist anzunehmen, wenn Tatsachen vorliegen, aufgrund derer dem Kündigenden unter Berücksichtigung aller Umstände des Einzelfalles und unter Abwägung der Interessen beider Vertragsteile die Fortsetzung des Dienstverhältnisses bis zum Ablauf der Kündigungsfrist oder bis zur vereinbarten Beendigung des Dienstverhältnisses **nicht mehr zugemutet** werden kann. Beispiele sind beharrliche Arbeitsverweigerung, schwere Verstöße gegen die vertraglichen Pflichten, schwerwiegende Beleidigungen des anderen Vertragsteils, Täuschungshandlungen sowie strafbare Handlungen[49]. Die Kündigung muß innerhalb zweier Wochen seit Kenntnis von dem Kündigungsgrund erfolgen und auf Verlangen des Kündigungsgegners schriftlich begründet werden (§ 626 Abs. 2).

42

b) § 627 BGB

Eine fristlose Kündigung ist nach § 627 weiter dann möglich, wenn der Dienstverpflichtete Dienste höherer Art zu leisten hat, die aufgrund besonderen Vertrauens übertragen zu werden pflegen, ohne in einem dauernden Dienstverhältnis mit festen Bezügen zu stehen. Beispiele sind die Dienstverträge mit Ärzten, Rechtsanwälten, Steuerberatern und Wirtschaftsprüfern, die wegen des besonderen Vertrauens, das

43

---

48 Wegen der Einzelheiten s. Voraufl., S. 156 f; *Adomeit/Thau,* NJW 1994, S. 11.
49 Vgl zB *Zöllner/Loritz,* § 22 III 2 (S. 250 ff).

§ 9, § 10

hier zwischen den Parteien erforderlich ist, jederzeit lösbar sein müssen[50]. Eine abweichende Regelung in Geschäftsbedingungen ist daher nicht möglich[51].

c) § 628 BGB

44 Ist der Dienstvertrag aufgrund der §§ 626 oder 627 wirksam fristlos gekündigt, so kann der Dienstverpflichtete wenigstens eine Teilvergütung verlangen (§ 628 Abs. 1 BGB). Der Kündigende hat hingegen einen Schadensersatzanspruch, wenn er zu der Kündigung durch eine schuldhafte Vertragsverletzung des anderen Teils veranlaßt worden ist (§ 628 Abs. 2).

6. Rechtsfolgen

45 a) Nach § 625 gilt ein Dienstverhältnis als auf unbestimmte Zeit verlängert, wenn der Dienstverpflichtete nach Ablauf der Dienstzeit mit Wissen des Dienstberechtigten seine Tätigkeit fortsetzt, ohne daß der Dienstberechtigte unverzüglich widerspricht (vgl § 568).

46 b) Nach der Kündigung muß der Dienstberechtigte, wenn es nicht zu einer Vertragsverlängerung kommt, dem Dienstverpflichteten auf Verlangen angemessene Zeit zum Aufsuchen eines anderen Dienstverhältnisses gewähren (§ 629). Außerdem ist er verpflichtet, ihm auf Wunsch ein **Zeugnis** über das Dienstverhältnis und dessen Dauer auszustellen, das, wenn der Dienstverpflichtete dies verlangt, auf die Leistungen und die Führung des Dienstverpflichteten zu erstrecken ist (§ 630). Das Zeugnis muß objektiv richtig und wahr sein. Die bewußt unrichtige Ausstellung eines Zeugnisses macht den Dienstberechtigten daher gegenüber einem neuen Dienstberechtigten nach § 826 oder aufgrund vertragsähnlicher Grundsätze schadensersatzpflichtig[52].

§ 10 WERKVERTRAG

Literatur: *Gillig*, Nichterfüllung und Sachmängelgewährleistung, 1984; *Koller*, Die Risikozurechnung bei Vertragsstörungen in Austauschverträgen, 1979; *Korintenberg*, Erfüllung und Gewährleistung beim Werkvertrag, 1935; *Huhn*, Probleme des Werkvertragsrechts, in: Vertragsschuldverhältnisse, 1974, S. 199; *ders.*, Der Bauvertrag, aaO, S. 123; *Rümelin*, Dienstvertrag und Werkvertrag, 1905; *Tempel*, Der Architektenver-

---

50 Vgl zB BGH, LM Nr 7 zu § 628 BGB = NJW 1985, S. 41; LM Nr 6 zu § 627 BGB = NJW 1986, S. 373; LM Nr 13 zu § 627 BGB = NJW-RR 1993, S. 374.
51 OLG Koblenz, NJW 1990, S. 3153.
52 S. BGHZ 74, S. 281 = NJW 1979, S. 1882 = JuS 1979, S. 815 Nr 2; BGH, LM Nr 7 zu § 826 (Gb) BGB = NJW 1970, S. 2291 = JuS 1971, S. 155 Nr 4; dazu unser Zeugnis-Fall 26 (u. § 23 Rn 24).

trag, in: Vertragsschuldverhältnisse, 1974, S. 155; *Todt*, Die Schadensersatzansprüche des Käufers, Mieters und Werkbestellers aus Sachmängeln, 1970; *Weyers*, Typendifferenzierung im Werkvertragsrecht, AcP 182 (1982), S. 60.

Zur Reform des Werkvertragsrechts s. insbes. Schuldrechtskommission, Bericht, 1992; *Köhler*, NJW 1984, S. 1841; *Medicus*, JuS 1992, S. 273; *Nicklisch*, JZ 1984, S. 757; *Teichmann*, Gutachten für den 55. DJT, 1984, Bd. I A; *Weyers*, Werkvertrag, in: BMJ, Gutachten Bd. II, S. 1115.

Zum Baurecht s. außerdem *Ganten*, Pflichtverletzung und Schadensrisiko im privaten Baurecht, 1974; *Kaiser*, Das Mängelhaftungsrecht in Baupraxis und Bauprozeß, 7. Aufl. (1992); *Keilholz*, Baurecht, in: BMJ, Gutachten Bd. III, S. 241; *Koeble*, Gewährleistung und Beweissicherung bei Bausachen, 1988; *Locher*, Das private Baurecht, 5. Aufl. (1993); *Schmalzl*, Die Haftung des Architekten und des Bauunternehmers, 4. Aufl. (1980); *Tempel*, Der Bauprozeß, JuS 1979, S. 347, 492, 643, 800 und JuS 1980, S. 42 und 198; *Vygen*, Bauvertragsrecht nach VOB und BGB, 2. Aufl. (1991); *ders./Schubert/Lang*, Bauverzögerung und Leistungsänderung, 1988; *Werner/Pastor*, Der Bauprozeß, 6. Aufl. (1990).

Architekten-Fall 13: Der Architekt A war von dem Bauherrn H mit der Anfertigung der Pläne für den Neubau des H sowie mit der Bauaufsicht beauftragt worden. Den Bauauftrag selbst hatte H an den Bauunternehmer U vergeben. Infolge mangelhafter Arbeit der Leute des U traten an dem Neubau schon kurz nach seiner Fertigstellung so erhebliche Schäden auf, daß H vorübergehend wieder ausziehen mußte. H fragt an, welche Ansprüche ihm gegen U und A, der seine Aufsichtspflicht verletzt hatte, zustehen. A möchte wissen, ob und in welcher Höhe er bei U Regreß nehmen kann, wenn er dem H Schadensersatz leistet.

I. Begriff

In den §§ 631 bis 650 regelt das BGB zunächst als zweiten Grundtypus der entgeltlichen Tätigkeitsverträge den Werkvertrag sowie im Anschluß daran als Sonderformen des Werkvertrages den Werklieferungsvertrag (§ 651) und den Reisevertrag (§§ 651a bis 651k)[1]. Als Werkvertrag bezeichnet das Gesetz in § 631 Abs. 1 solche Verträge, durch die sich der eine Teil, der Unternehmer, zur Herstellung des versprochenen Werks, und der andere Teil, der Besteller, zur Entrichtung der vereinbarten Vergütung verpflichten. Vom Dienstvertrag unterscheidet sich der Werkvertrag vor allem dadurch, daß sein Gegenstand nicht in einer bloßen Tätigkeit des Verpflichteten, sondern darüber hinaus in der Herbeiführung eines bestimmten **Erfolges** besteht[2].

Der geschuldete Erfolg kann beliebiger Art sein (§ 631 Abs. 2). Namentlich spielt es keine Rolle, ob er sich in einem körperlichen Werk niederschlägt oder unkörperlicher Art ist, so daß Verträge über geistige, künstlerische oder wissenschaftliche Leistungen wie zB eine Theateraufführung oder die Anfertigung eines Gutachtens ebenfalls Werkverträge sind. Der Anwendungsbereich des Werkvertragsrechts ist

---

1 Zum Werklieferungsvertrag und zum Reisevertrag s. im einzelnen u. § 11 III und IV (S. 153 ff).
2 Zur Abgrenzung s. schon eingehend o. § 9 II (S. 122 ff).

§ 10

infolgedessen ausgesprochen weit[3]. Beispiele sind Transport- und Beförderungsverträge[4], sämtliche Bau- und Baubetreuungsverträge einschließlich etwa der Fertighausverträge[5], Verträge mit einem Übersetzungsbüro[6], Wartungs- und Reparaturverträge, Tieraufzuchtsverträge[7] sowie die meisten Verträge mit Werbungstreibenden[8].

3 Ein großer Teil der genannten Verträge hat inzwischen eine besondere gesetzliche Regelung außerhalb des BGB gefunden[9], da die §§ 631 ff im wesentlichen auf Verträge zur Herstellung eines körperlichen Werkes zugeschnitten sind. Leitbilder des Gesetzgebers waren im Grunde sogar nur die Reparatur- und Bauverträge, so daß eine Anwendung der §§ 633 bis 650 auf die genannten anderen Werkverträge häufig Schwierigkeiten bereitet. In der Praxis hat dies auch dort, wo spezielle gesetzliche Regelungen fehlen, zur Entwicklung zahlreicher auf die einzelnen Vertragstypen zugeschnittenen Sonderregelungen geführt. Auf manchen Gebieten haben sich diese inzwischen derartig verfestigt, daß sie in umfangreichen, häufig fast gesetzesgleich gehandhabten Klauselwerken zusammengefaßt wurden. Die bekanntesten Beispiele sind die verschiedenen Verdingungsordnungen für Bauverträge (VOB) sowie die Geschäftsbedingungen der Spediteure für Transportverträge (ADSp)[10].

II. Pflichten des Unternehmers

1. Mangelfreie Herstellung

4 Hauptleistungspflicht des Unternehmers ist nach den §§ 633 und 636 die mangelfreie, rechtzeitige Herstellung des versprochenen Werks. Gemäß § 633 Abs. 1 ist das Werk mangelhaft, wenn ihm die zugesicherten Eigenschaften fehlen **oder** es mit Fehlern behaftet ist. Der **Fehlerbegriff** ist hier derselbe wie bei Kauf und Miete, so daß darunter jede negative Abweichung des Werks von der vereinbarten Beschaffenheit fällt[11]. Maßstab ist folglich allein, was der Besteller nach den Abreden der Parteien jeweils verlangen kann[12].

5 Das Werk ist weiter dann mangelhaft, wenn ihm eine **zugesicherte Eigenschaft** fehlt (§ 633 Abs. 1). Der Begriff der Zusicherung ist hier weiter als im Kaufrecht[13]. Denn für die Annahme einer Zusicherung genügt im Werkvertragsrecht bereits jede

---

3 Eine Typenbildung insbes. bei *Weyers*, AcP 182, S. 60 und in: Gutachten Bd. II, S. 1196 ff.
4 S. *Larenz* Bd. II/1, § 53 I (S. 344 f); *Medicus* II, § 103.
5 BGHZ 87, S. 112 = NJW 1983, S. 1489 = JuS 1983, S. 802 f Nr 4; s. u. § 11 I und II (S. 150 ff).
6 OLG Hamm, NJW 1989, S. 2066.
7 BGH, LM Nr 70 zu § 631 BGB = NJW 1991, S. 166 = WM 1990, S. 2050.
8 BGH, LM Nr 5 zu § 644 BGB = NJW 1984, S. 2406; zu den sog. Werkverschaffungsverträgen s. noch eingehend *Fikentscher*, AcP 190 (1990), S. 34.
9 Übersicht bei *Esser/Weyers*, § 31, 4.
10 Zu den VOB s. insbes. *Kaiser*, Mängelhaftungsrecht; *Korbion*, Jura 1979, S. 393, 470.
11 S. o. § 4 Rn 12 ff.
12 ZB BGHZ 91, S. 206 (212 f) = NJW 1984, S. 2457; BGH, LM Nr 97 zu § 549 ZPO = WM 1986, S. 461; *Locher*, § 3, 4.
13 S. §§ 459 Abs. 2, 463 und dazu o. § 4 Rn 39 ff.

vertragliche Einigung der Parteien über die geschuldeten Eigenschaften des Werks; eine zusätzliche Garantieübernahme des Unternehmers ist anders als im Kaufrecht nicht erforderlich. Keine Rolle spielt dabei, ob die fraglichen Eigenschaften nach den Regeln der Technik überhaupt hergestellt werden können oder nicht[14]. Für die Anwendung des § 306 ist insoweit kein Raum.

2. Mehrere Verantwortliche

Zumal an größeren Bauwerken ist häufig eine Vielzahl selbständiger Unternehmer beteiligt, vom Architekten über den Generalunternehmer bis zu verschiedenen Subunternehmern und Handwerkern. In derartigen Fällen bereitet die genaue Abgrenzung der Verantwortungsbereiche der verschiedenen Unternehmer, wenn es später zu Mängeln kommt, oft nicht geringe Schwierigkeiten. Namentlich bedarf dann der Klärung, welche Beteiligten für Vertragsverletzungen anderer Beteiligter einzustehen haben (§ 278) und unter welchen Voraussetzungen sich (umgekehrt) einzelne Beteiligte gegenüber dem Bauherrn zu ihrer Entlastung darauf berufen können, daß die primäre Verantwortung für den aufgetretenen Mangel die vom Bauherrn hinzugezogenen anderen Beteiligten tragen.   6

Die Beantwortung dieser Fragen hängt natürlich in erster Linie von den Abreden aller Beteiligten ab. Ohne besondere Abreden gilt jedoch folgendes: Der Architekt ist hinsichtlich der **Planung** grundsätzlich als Erfüllungsgehilfe des Bauherrn anzusehen, so daß dieser Planungsfehler des Architekten gegenüber dem Unternehmer zu vertreten hat (§ 278). Anders verhält es sich hingegen mit der **Bauaufsicht**. Der Bauunternehmer kann deshalb bei Mängeln seiner Leistung dem Bauherrn nicht entgegenhalten, der Architekt habe seine Aufsichtspflicht verletzt und die Mängel pflichtwidrig nicht verhindert[15]. Ebensowenig sind die sog. **Vorunternehmer** Erfüllungsgehilfen des Bauherrn im Verhältnis zu den Nachunternehmern[16]; diese sind vielmehr stets selbst verpflichtet, die Qualität etwaiger Vorarbeiten anderer Unternehmer zu prüfen, so daß bei Unterlassung solcher Prüfung ihr Werk mangelhaft ist, wenn es infolge der Mängel der Vorarbeiten nichts taugt[17].   7

III. Rechte des Bestellers

1. Überblick

Ein mangelhaftes, weil nicht dem Vertrag entsprechendes Werk braucht der Besteller nicht abzunehmen (§ 640 Abs. 1). Bis zur Beseitigung der Mängel (§ 633 Abs. 2)   8

---

14   BGHZ 54, S. 236 (237 f) = NJW 1970, S. 2021; BGHZ 96, S. 111 = NJW 1986, S. 711 = JuS 1986, S. 312 f Nr 5.
15   BGHZ 95, S. 128 (131) = NJW 1985, S. 2475; BGH, LM Nr 86 zu § 635 BGB = WM 1989, S. 21 (26).
16   BGHZ 95, S. 128 = NJW 1985, S. 2475; BGH, LM Nr 60 zu § 633 BGB = NJW 1987, S. 644; Locher, § 26.
17   BGH, LM Nr 61 zu § 633 BGB = NJW 1987, S. 643.

§ 10

kann er außerdem unter Berufung auf § 320 Abs. 1 die Bezahlung der Vergütung verweigern[18]. Unter zusätzlichen Voraussetzungen kann er schließlich noch Wandelung, Minderung und Schadensersatz verlangen (§§ 634 und 635), dies freilich grundsätzlich nur in den kurzen Verjährungsfristen des § 638.

9   Ergänzend gelten die kaufrechtlichen Regeln über die Rechtsmängelhaftung[19], soweit der Unternehmer ausnahmsweise zur Übereignung des von ihm aus eigenem Material hergestellten Werks an den Besteller verpflichtet ist oder zur vollständigen Erfüllung durch den Unternehmer eine Verschaffung von Rechten gehört[20]. Ebenso verhält es sich, wenn der Besteller an der vertragsmäßigen Nutzung des vom Unternehmer gelieferten Werks durch Schutzrechte Dritter gehindert wird[21].

2. Nachbesserung

a) Rechtsnatur

10   Der Besteller hat nach § 633 Abs. 1 einen Anspruch auf mangelfreie Herstellung des Werks. Kommt der Unternehmer dieser Pflicht nicht nach, so kann der Besteller Beseitigung der Mängel verlangen (§ 633 Abs. 2 S. 1). Bei diesem Nachbesserungsanspruch handelt es sich um den ursprünglichen Erfüllungsanspruch[22]. Der Anspruch entfällt jedoch bei Unmöglichkeit der Mängelbeseitigung (§ 275) sowie dann, wenn die Nachbesserung mit einem unverhältnismäßigen Aufwand verbunden wäre (§ 633 Abs. 2 S. 3), dh wenn der Aufwand in keinem vernünftigen Verhältnis zu dem Erfolg der Maßnahme für den Besteller stände[23].

b) Neuherstellung

11   Eine Nachbesserung macht nur Sinn, solange sie überhaupt geeignet ist, die Mängel des Werks zu beseitigen. Ist dies hingegen nicht möglich, so tritt an ihre Stelle der Anspruch des Bestellers auf Erfüllung durch **Neuherstellung** des Werks[24]. Entgegen einer verbreiteten Meinung spielt es dabei keine Rolle, ob der Besteller das Werk bereits abgenommen hat oder nicht (§ 640 Abs. 1). Der Besteller kann vielmehr, da der Anspruch auf Neuherstellung ebenso wie der Nachbesserungsanspruch nur eine besondere Spielart des Erfüllungsanspruchs ist, selbst noch nach Abnahme des Werks Neuherstellung verlangen, wenn nur so eine Beseitigung der Mängel möglich ist[25]. Die Grenze, bis zu der sich der Unternehmer um die Neuherstellung bemühen muß, ergibt sich hierbei aus dem entsprechend anwendbaren § 633 Abs. 2 S. 3 sowie

---

18 S. MünchKomm, § 320 Rn 22-27 m. Nachw.
19 S.o. § 2 Rn 14 ff.
20 *Esser/Weyers*, § 32 I 1 c; *Medicus*, JuS 1992, S. 273.
21 *Broß*, WM 1992, S. 165 (167).
22 ZB BGHZ 26, S. 337 (339 f) = NJW 1958, S. 706; BGHZ 96, S. 111 = NJW 1986, S. 721 = JuS 1986, S. 312 Nr 5; BGH, LM Nr 8 zu § 633 BGB = NJW 1963, S. 805.
23 BGHZ 96, S. 111 = NJW 1986, S. 711.
24 BGHZ 96, S. 111 = NJW 1986, S. 711 = JuS 1986, S. 312 f Nr 5; grdl. *Korintenberg*, aaO.
25 BGH (vorige Fn).

äußerstenfalls aus § 275. Schäden, die der Besteller bei den Versuchen des Unternehmers zur Nachbesserung oder zur Neuherstellung erleidet, muß der Unternehmer dem Besteller ebenfalls ersetzen[26].

c) *Sowiesokosten*

Die Nachbesserung darf nach dem Gedanken der Vorteilsausgleichung nicht zu einer Bereicherung des Bestellers führen. Kosten, die der Besteller „sowieso" zu tragen gehabt hätte, sowie solche Kosten, die er durch falsche Weisungen oder dadurch verursacht hat, daß er dem Unternehmer mangelhafte Pläne zur Verfügung gestellt hat[27], muß der Besteller daher analog den §§ 254 und 278 selbst tragen, und zwar auch dann, wenn sämtliche darauf beruhenden Mängel anläßlich der Nachbesserung von dem Unternehmer gleich mit beseitigt werden. Der Unternehmer hat insoweit ein (eingeschränktes) Zurückbehaltungsrecht analog den §§ 273 und 274[28]. 12

d) *Aufwendungsersatz*

Nach § 633 Abs. 3 darf der Besteller die Mängel (nur) dann selbst beseitigen und Ersatz der dafür erforderlichen Aufwendungen verlangen, **wenn** der Unternehmer mit der Mängelbeseitigung in **Verzug** ist. Hieraus folgt, daß die Nachbesserung nicht nur eine Pflicht, sondern auch ein Recht des Unternehmers ist, jedenfalls, soweit es um die eigentlichen Mangelschäden geht[29], so daß der Besteller zur Fremdnachbesserung auf Kosten des Unternehmers **nur** bei Verzug übergehen darf. Ist der Unternehmer hingegen nicht in Verzug, so kann der Besteller Ersatz für diese Kosten aus keinem rechtlichen Gesichtspunkt verlangen[30]. Den Grund für diese Regelung hat man darin zu sehen, daß in aller Regel der Unternehmer die von ihm zu vertretenden Mängel selbst am billigsten und einfachsten wieder beseitigen kann. 13

Ersatzfähig sind nach § 633 Abs. 3 immer nur die (objektiv) **erforderlichen** Aufwendungen. Den Gegensatz bilden alle unnötigen und übermäßigen Kosten. Die Ersatzpflicht des Unternehmers beschränkt sich daher auf solche Kosten, die nach vernünftiger wirtschaftlicher Betrachtungsweise erforderlich und zweckmäßig sind[31]. 14

Die Regelung des § 633 Abs. 3 bedeutet nicht, daß der Besteller mit den Mängelbeseitigungskosten in Vorlage treten müßte; er hat vielmehr gegen den Unternehmer einen Anspruch auf **Vorschuß** in Höhe der erforderlichen Kosten, über den er nach Durchführung der Arbeiten abrechnen muß. Wird der Vorschuß nicht pünktlich geleistet, so 15

---

26 BGHZ 96, S. 221 (224 f) = NJW 1986, S. 922.
27 Zum Architekten als Erfüllungsgehilfen des Bauherrn s. o. Rn 7.
28 BGHZ 90, S. 344 und 354 = NJW 1984, S. 1676 und 1679 = JuS 1984, S. 808 Nr 4; BGHZ 91, S. 206 = NJW 1984, S. 2457; BGH, LM Nr 86 zu § 635 BGB = NJW-RR 1989, S. 86; *Locher*, § 5, 3; *J. Kohler*, NJW 1993, S. 417 (421 ff).
29 Anders für die Mangelfolgeschäden BGHZ 96, S. 221 = NJW 1986, S. 922; s. auch u. Rn 18.
30 BGHZ 90, S. 344 = NJW 1984, S. 1676 = JuS 1984, S. 808 Nr 4; BGHZ 92, S. 123 = NJW 1984, S. 2573; BGH, LM Nr 50 zu § 633 BGB = WM 1984, S. 892; *H.-J. Seidel*, JZ 1991, S. 391 (392 f).
31 BGH, LM Nr 86 zu § 635 BGB = NJW-RR 1989, S. 86; LM Nr 81 zu § 633 BGB = NJW-RR 1991, S. 789.

§ 10

stehen dem Besteller zusätzlich Verzugszinsen zu[32]. Durch die Forderung eines Vorschusses wird der Besteller nicht daran gehindert, nachträglich noch Schadensersatz zu verlangen; er muß sich dann lediglich den Vorschuß auf seinen Schadensersatzanspruch anrechnen lassen[33].

3. Wandelung und Minderung

16 Der Anspruch des Bestellers auf Nachbesserung entfällt, wenn die Nachbesserung unmöglich ist (§ 275), wenn sie für den Unternehmer unzumutbar ist (§ 633 Abs. 2 S. 3) oder wenn der Besteller dem Unternehmer fruchtlos eine Frist zur Beseitigung der Mängel gesetzt hat (§ 634 Abs. 1 S. 3 Halbs. 2). Statt der Nachbesserung kann der Besteller dann in erster Linie Wandelung oder Minderung verlangen (§ 634 Abs. 1 S. 3). Die Rechtslage entspricht insoweit der beim Kaufvertrag, weshalb § 634 Abs. 4 wegen der Einzelheiten auf das Kaufrecht verweist[34].

17 § 634 beruht auf demselben Grundgedanken wie § 326. Ebenso wie dort (s. § 326 Abs. 2) ist deshalb eine Fristsetzung **entbehrlich**, wenn die Beseitigung des Mangels unmöglich oder unzumutbar ist, wenn sie vom Unternehmer verweigert wird oder wenn die sofortige Geltendmachung des Anspruchs auf Wandelung oder Minderung durch ein besonderes Interesse des Bestellers gerechtfertigt wird[35]. Der Besteller erlangt in diesen Fällen ein Wahlrecht, so daß erst durch dessen Ausübung die Rechtslage endgültig fixiert wird. Macht der Besteller von seinem Wahlrecht hingegen keinen Gebrauch, so hindert den Unternehmer nichts, von seiner ursprünglichen Erfüllungsverweigerung wieder abzugehen und Nachbesserung anzubieten. Die Folge ist, daß dann wieder § 634 Abs. 1 gilt[36].

4. Schadensersatz

a) Voraussetzungen

18 aa) Nach § 635 kann der Besteller „statt der Wandelung oder Minderung" Schadensersatz wegen Nichterfüllung verlangen, wenn der Unternehmer den Mangel des Werks zu vertreten hat. Aus dieser Formulierung wird überwiegend der Schluß gezogen, daß der Schadensersatzanspruch ebenso wie Wandelung und Minderung grundsätzlich eine fruchtlose **Fristsetzung** nach § 634 Abs. 1 voraussetzt[37]. Eine solche ist nur entbehrlich in den Fällen des § 634 Abs. 2 (o. Rn 17) sowie bei den sog. Begleitschäden des Mangels, die auch im Falle einer Nachbesserung nicht mehr

---

32 BGHZ 94, S. 330 = NJW 1985, S. 2325.
33 BGHZ 105, S. 103 = NJW 1988, S. 2728.
34 §§ 465-467 und 469-475; dazu o. § 4 Rn 73 ff.
35 § 634 Abs. 2; s. dazu zB BGHZ 92, S. 308 = NJW 1985, S. 381; BGHZ 105, S. 103 = NJW 1988, S. 2778; BGH, NJW 1983, S. 1731; NJW-RR 1990, S. 786.
36 BGH, LM Nr 93 zu § 635 BGB = NJW-RR 1990, S. 1300.
37 BGHZ 26, S. 337 (339) = NJW 1958, S. 706; BGHZ 27, S. 215 (218) = NJW 1958, S. 1284; anders zB *H. Jakobs*, JuS 1974, S. 341; *ders.*, in: Festschr. f. Beitzke, 1979, S. 67; *Peters*, JZ 1977, S. 458.

beseitigt werden könnten wie zB ein infolge des Mangels dem Besteller bereits entgangener Gewinn[38].

bb) Zweite Voraussetzung des Schadensersatzanspruchs ist, daß der Unternehmer den Mangel zu vertreten hat. Was der Unternehmer (als Schuldner) zu **vertreten** hat, ergibt sich in erster Linie aus den §§ 276 bis 279. Danach ist er namentlich für jede schuldhafte, weil unsorgfältige Herbeiführung des Mangels verantwortlich, wobei das Verschulden bereits in der Übernahme von Aufgaben liegen kann, zu deren Erfüllung ihm, wie er wissen mußte, die nötigen Mittel oder Kenntnisse fehlen (§ 276). Auf ein etwaiges Unvermögen oder das Fehlen der erforderlichen Mittel kann er sich hierbei in aller Regel nicht berufen (vgl § 279). Der Unternehmer hat den Mangel außerdem zu vertreten, wenn dem Werk im Sinne des § 633 Abs. 1 eine zugesicherte Eigenschaft fehlt[39] oder wenn er für die Fehlerfreiheit des Werks ausdrücklich oder konkludent eine Garantie übernommen hat[40].

cc) Letzte Voraussetzung des Schadensersatzanspruchs des Bestellers ist, daß er das mangelhafte Werk bereits **abgenommen** hat, weil er vorher schwerlich gerade durch Mängel des Werks geschädigt werden kann[41]. Fügt der Unternehmer dem Besteller schon vor Abnahme auf andere Weise Schäden zu, so handelt es sich entweder um eine positive Vertragsverletzung oder um einen Fall der Teilunmöglichkeit nach § 325 Abs. 1 S. 2[42].

b) Umfang

Der Schadensersatzanspruch aus § 635 geht stets auf Geldersatz, weil der Nachbesserungsanspruch jetzt gerade ausgeschlossen ist[43], und umfaßt das gesamte **positive Interesse** des Bestellers, so daß der Besteller so zu stellen ist, wie er jetzt bei ordnungsmäßiger, dh mangelfreier Erfüllung seitens des Unternehmers gestanden hätte, so daß er gegebenenfalls auch unter im einzelnen freilich umstrittenen Voraussetzungen Ersatz für entgangene Gebrauchsmöglichkeiten verlangen kann[44].

Im Rahmen des § 635 hat der Besteller ebenso wie beim Kaufvertrag[45] die **Wahl** zwischen dem großen und dem kleinen Schadensersatzanspruch. Er kann folglich jederzeit, ohne ein besonders Interesse geltend machen zu müssen, das mangelhafte Werk zurückweisen und Schadensersatz wegen Nichterfüllung des Vertrags insgesamt verlangen. Entscheidet sich der Besteller hingegen für den kleinen Schadens-

---

38 BGH, LM Nr 95 zu § 635 BGB = NJW-RR 1991, S. 533; NJW-RR 1990, S. 786 (787).
39 Vgl § 463 S. 1; BGHZ 96, S. 111 = NJW 1986, S. 711 = JuS 1986, S. 312 Nr 5.
40 BGH, WM 1973, S. 1322; 1982, S. 849.
41 RGZ 62, S. 210 (214); BGH, LM Nr 19 zu § 635 BGB = NJW 1969, S. 838; anders zB *Peters*, JZ 1977, S. 643.
42 OLG Düsseldorf, OLGZ 1978, S. 202 = JuS 1978, S. 780 Nr 3.
43 § 634 Abs. 1 S. 3 Halbs. 2; BGHZ 61, S. 28 (29 f) = NJW 1973, S. 1457; BGHZ 61, S. 369 (371 f) = NJW 1974, S. 143; BGHZ 99, S. 81 = NJW 1987, S. 645 = JuS 1987, S. 491 Nr 4.
44 S. im einzelnen BGHZ 96, S. 124 = NJW 1986, S. 427 = JuS 1986, S. 313 Nr 6; BGH(GS) 98, S. 212 = NJW 1987, S. 50 = JuS 1987, S. 574 Nr 7.
45 S. o. § 4 Rn 83 f.

§ 10

ersatzanspruch, so kann er entweder Ersatz des Minderwertes des Werks infolge der Mängel oder aber entsprechend § 249 S. 2 den zur Beseitigung der Mängel erforderlichen Geldbetrag fordern, den letzteren sogar dann, wenn er das Werk inzwischen bereits weiterveräußert hat[46].

5. Verjährung

23 Die Gewährleistungsrechte des Bestellers aus den §§ 633 bis 635 verjähren nach § 638 in kurzen Fristen. In zahlreichen Fällen haben sich diese Fristen als zu kurz erwiesen. In Literatur und Rechtsprechung finden sich deshalb vielfältige Versuche, den offenbar mißglückten § 638 zu „umgehen". Besonders wichtig ist das Ausweichen auf Ansprüche aus positiver Vertragsverletzung, die nicht dem § 638 unterfallen, sondern in der Frist des § 195 verjähren (dazu u. Rn 27 ff). § 638 gilt außerdem nicht für konkurrierende Deliktsansprüche des Bestellers, die selbständig nach § 852 BGB verjähren[47].

6. Verzug

a) Vor Abnahme

24 Der Unternehmer muß nicht nur mangelfrei, sondern auch **pünktlich** leisten. Folglich kann der Besteller bei Verzug des Unternehmers mit der Herstellung des Werks nach § 326 vorgehen (§ 636 Abs. 1 S. 2). Voraussetzung ist allerding, daß der Unternehmer die Verzögerung zu vertreten hat (§ 285). Fehlt es hieran, so ist kein Raum für die Anwendung des § 326.

25 Das BGB hat die Fälle der vom Schuldner **nicht** zu vertretenden Leistungsverzögerung – entgegen seiner ursprünglichen Absicht – nicht allgemein geregelt[48]. Für Werkverträge findet sich jedoch (ausnahmsweise) in § 636 Abs. 1 S. 1 eine Sonderregelung, weil der Besteller ein besonders dringendes Interesse daran hat, alsbald Klarheit über das weitere Schicksal des Vertrages zu erlangen. Deshalb billigt ihm das Gesetz hier ausnahmsweise ein **Rücktrittsrecht** nach Fristsetzung zu, selbst wenn der Unternehmer die Verzögerung nicht zu vertreten hat.

b) Nach Abnahme

26 Anders wird die Rechtslage idR **nach Abnahme** des Werks durch den Besteller beurteilt, da nach überwiegender Meinung jetzt die §§ 633 ff sämtliche anderen

---

46 BGHZ 99, S. 81 = NJW 1987, S. 645 = JuS 1987, S. 491 Nr 4; vgl dazu *Köhler*, JZ 1987, S. 247; *Schulze*, NJW 1987, S. 3097.
47 BGHZ 61, S. 203 = NJW 1973, S. 1752; einschränkend BGHZ 96, S. 221 = NJW 1986, S. 922; s. *B. Grunewald*, JZ 1987, S. 1098.
48 Wegen der Einzelheiten s. Leistungsstörungen, § 19 II (S. 212 f).

Vorschriften über Leistungsstörungen verdrängen[49]. Indessen besteht kein Anlaß zu einer derartigen Beschränkung der Bestellerrechte, so daß § 326 auch auf den Verzug des Unternehmers mit der Mängelbeseitigung anwendbar ist[50].

7. Positive Vertragsverletzung

Wie schon ausgeführt (o. Rn 23), gelten nach überwiegender Meinung die kurzen Verjährungsfristen des § 638 nicht für Schadensersatzansprüche des Bestellers aus positiver Vertragsverletzung. Die deshalb nötige Abgrenzung zwischen den Ansprüchen aus § 635 und denen aus positiver Vertragsverletzung ist bisher nicht befriedigend gelöst[51]. 27

Die Rechtsprechung geht heute idR davon aus, daß unter die §§ 635 und 638 sämtliche Schäden fallen, die dem Werk unmittelbar anhaften, weil es wegen des Mangels unbrauchbar, wertlos oder minderwertig ist, weiter der dem Besteller infolge des Mangels entgangene Gewinn sowie schließlich noch solche Folgeschäden, die **eng und unmittelbar** mit dem Mangel zusammenhängen. Hingegen soll der Besteller für alle anderen Nachteile, die ihm nur als **weitere** Folgen des Mangels, namentlich an seinen sonstigen Rechtsgütern entstanden sind, Schadensersatz aus positiver Vertragsverletzung in der Regelverjährungsfrist des § 195 verlangen können[52]. 28

Die Abgrenzung zwischen diesen verschiedenen Schadensformen ist ausgesprochen schwierig. Der BGH hat bisher lediglich klargestellt, daß sich der Anwendungsbereich des § 638 grundsätzlich auf Schäden an dem Werk selbst beschränkt (sog. lokales Element), so daß eine Ausdehnung auf die engen Mangelfolgeschäden lediglich in Ausnahmefällen in Betracht kommt, sofern dies nach dem auf eine angemessene Risikoverteilung zielenden Gesetzeszweck angebracht erscheint[53]. Im übrigen hat sich der BGH auf den Standpunkt zurückgezogen, weitere Klarheit könne nur durch die Entwicklung von **Fallgruppen** erzielt werden. 29

Eine derartige Fallgruppe bilden zB die Leistungen von **Architekten**. Mängel ihrer Planungen werden heute allgemein als Mängel des Bauwerks behandelt, so daß der Ersatzanspruch des Bestellers gegen den Architekten zwar aus § 635 herzuleiten ist, aber erst in der fünfjährigen Frist des § 638 Abs. 1 Fall 3 verjährt[54]. Ähnlich weit wird der Anwendungsbereich der §§ 635 und 638 bei Bauwerkverträgen abgesteckt, da zu den Bauwerkmängeln nicht nur sämtliche Kosten der Beseitigung der Mängel, sondern auch der etwaige Minderwert des Gebäudes infolge der Mängel, der Mietausfall, die 30

---

49 ZB BGHZ 62, S. 83 (86 f) = NJW 1974, S. 551 = JuS 1974, S. 455 Nr 2.
50 S. dazu Leistungsstörungen, § 18 II 2 b (S. 191 f).
51 Vgl zum ganzen eingehend Leistungsstörungen, § 21 I 1 c (S. 225 ff).
52 Grdl. BGHZ 58, S. 85 = NJW 1972, S. 625 = JuS 1972, S. 341 Nr 4; BGHZ 67, S. 1 = NJW 1976, S. 1502 = JuS 1977, S. 191 Nr 4; BGHZ 115, S. 32 = NJW 1991, S. 2418 = JuS 1992, S. 76 Nr 5.
53 Insbes. BGHZ 115, S. 32 = NJW 1991, S. 2418 = JuS 1992, S. 76 Nr 5 m. Nachw.
54 BGHZ 37, S. 341 (343 f) = NJW 1962, S. 1764; BGHZ 48, S. 257 = NJW 1967, S. 2259 = JuS 1968, S. 139 Nr 6; BGHZ 48, S. 310 = NJW 1968, S. 43 = JuS 1968, S. 141 Nr 9; BGHZ 51, S. 190 (192) = NJW 1969, S. 419 = JuS 1969, S. 238 Nr 5.

§ 10

Kosten eines Gutachtens zur Feststellung der Mängel, die Kosten eines Umzugs in ein anderes Gebäude sowie die Mietkosten für eine Ersatzwohnung gerechnet werden[55].

31 Hingegen soll es sich zB um entfernte Mangelfolgeschäden handeln, wenn in einem Juwelierladen eine Alarmanlage so mangelhaft eingebaut wird, daß sie von Dieben umgangen werden kann[56]. Bei Verträgen über unkörperliche Werke wie namentlich Gutachten lehnt die Rechtsprechung gleichfalls in der Regel die Anwendung des § 635 ab, einfach weil hier die durch eine mangelhaft Leistung verursachten Schäden gewöhnlich erst lange nach Ablauf der Verjährungsfrist des § 638 hervorzutreten pflegen, so daß bei einer Anwendung der §§ 635 und 638 der Besteller weitgehend rechtlos gestellt würde[57].

32 Bereits diese wenigen Beispiele dürften deutlich machen, daß sich hier in Wirklichkeit eine **reine Billigkeitsrechtsprechung** entwickelt, die immer dann auf die allgemeine Verschuldenshaftung des Unternehmers (§ 276) zurückgreift, wenn ihr, aus welchen Gründen immer, die Verjährungsfristen des § 638 als zu kurz erscheinen. Unter diesen Umständen wäre es offenbar eine in jeder Hinsicht vorzugswürdige Lösung, wenn die Praxis endlich den Mut zu einer offenen Korrektur des § 638 aufbrächte und den Lauf der dort geregelten, offenkundig in zahlreichen Fällen zu kurzen Verjährungsfristen zum Schutze des Bestellers immer erst mit dessen **Kenntnis** von dem Schaden beginnen ließe, womit sich alle Abgrenzungsprobleme mit einem Schlage erledigten.

IV. Vergütungspflicht

33 Der Besteller ist in erster Linie zur Zahlung der vereinbarten Vergütung verpflichtet, wobei es keine Rolle spielt, ob die Vergütungspflicht ausdrücklich vereinbart ist (§ 631 Abs. 1) oder sich – wie bei den meisten freien Berufen – einfach aus den Umständen ergibt (§ 632). Auf die Vergütungspflicht des Bestellers finden die §§ 320 ff Anwendung, so daß der Unternehmer bei Zahlungsverzug des Bestellers nach § 326 vorgehen kann. Nur ergänzend greifen noch einige werkvertragliche Sonderregelungen ein.

1. Fälligkeit

34 Wenn die Parteien nichts anderes vereinbart haben, wird die Vergütung mit Abnahme des Werks fällig (§ 641). Solange der Unternehmer dem Besteller nicht eine ordnungsmäßige Rechnung erteilt hat, wird diesem jedoch idR ein Zurückbehaltungsrecht zugebilligt, so daß er bis zur Rechnungserteilung nicht in Verzug geraten

---

55 ZB BGHZ 46, S. 238 = NJW 1967, S. 340; BGH, LM Nr 12 zu § 13 (E) VOB/B = NJW 1986, S. 428; Locher, § 5, 2.
56 BGHZ 115, S. 32 = NJW 1991, S. 2418 = JuS 1992, S. 76 Nr 5.
57 ZB BGHZ 67, S. 1 (8 ff) = NJW 1976, S. 1502 = JuS 1977, S. 191 f Nr 4; BGHZ 87, S. 239 = NJW 1983, S. 2078.

kann[58]. Der Besteller kann außerdem nach § 320 die Zahlung verweigern, wenn das Werk Mängel aufweist und er sich seine Rechte bei der Abnahme vorbehalten hat (§ 640 Abs. 2). Die Erhebung der Einrede des nichterfüllten Vertrages führt freilich nach Abnahme des Werks gegenüber der Zahlungsklage des Unternehmers nur noch zur Verurteilung des Bestellers zur Zahlung Zug um Zug gegen Nachbesserung, während sie vor Abnahme des Werks die Klageabweisung zur Folge hat[59].

2. Preisgefahr

a) Übergang mit Abnahme

Der Unternehmer trägt nach § 644 Abs. 1 bis zur Abnahme des Werks durch den Besteller die Preisgefahr. Preisgefahr ist die Gefahr, den Anspruch auf die Gegenleistung bei Unmöglichwerden der eigenen Leistung, hier bei Untergang des (noch nicht abgenommenen) Werks, einzubüßen. Der Sache nach besagt somit § 644 Abs. 1, daß bis zur Abnahme das Schicksal des möglicherweise sogar schon fertiggestellten Werks den Besteller grundsätzlich nicht berührt. Die Folgen eines etwaigen Untergangs des Werks trägt vielmehr bis dahin allein der Unternehmer. Eine ganz andere Frage ist hingegen, ob der Unternehmer durch den Untergang des Werks vor Abnahme auch **frei** wird. Diese Frage beurteilt sich allein nach § 275 und dürfte daher im Regelfall zu verneinen sein; dh der Unternehmer muß trotz des Untergangs des Werks und trotz des Verlusts des Anspruchs auf die Gegenleistung für das untergegangene Werk erneut tätig werden (§ 631).

35

Diese für den Unternehmer sehr ungünstige Rechtslage ändert sich erst mit Abnahme des Werks (§ 644 Abs. 1 S. 1). Selbst wenn der Unternehmer dann ausnahmsweise noch nicht voll erfüllt hatte, weil er sich etwa das Eigentum an dem Werk bis zur vollständigen Bezahlung vorbehalten hatte, geht ihn doch jetzt das Schicksal der Sache nichts mehr an, so daß der Besteller fortan selbst bei Untergang des Werks vor voller Erfüllung zur Bezahlung des Werklohns verpflichtet bleibt (vgl für den Kauf § 446).

36

b) Vorzeitiger Gefahrübergang

Die geschilderte Gefahrverteilung zwischen Besteller und Unternehmer kann im Einzelfall zu unbilligen Ergebnissen führen. Das Gesetz hat deshalb an verschiedenen Stellen einen vorzeitigen Übergang der Preisgefahr auf den Besteller angeordnet. Nach dem Gesagten bedeutet dies, daß in diesen Fällen der Unternehmer sogar durch einen Untergang des Werks noch **vor** Abnahme seinen Vergütungsanspruch ganz oder teilweise nicht mehr einbüßt. Die wichtigsten Fälle ergeben sich aus den §§ 324, 644 und 645:

37

---

58 § 273 BGB; OLG Celle, NJW 1986, S. 327; *Locher*, §§ 6, 7; 31, 8.
59 S. statt aller BGHZ 62, S. 83 (87) = NJW 1974, S. 551 = JuS 1974, S. 455 Nr 2; BGHZ 90, S. 344 = NJW 1984, S. 1676 = JuS 1984, S. 808 Nr 4; MünchKomm, § 320 Rn 22 f m. Nachw.

§ 10

38 aa) Schon nach § 324 trägt der Besteller die Preisgefahr, wenn **er** die Unmöglichkeit der Erfüllung zu vertreten hat oder wenn er sich in Annahmeverzug befindet. Das gilt uneingeschränkt auch für den Werkvertrag (§ 644 Abs. 1 S. 2). Der Annahmeverzug spielt hier sogar eine besondere Rolle wegen der für Werkverträge typischen Mitwirkungspflichten des Bestellers (s. dazu im einzelnen u. Rn 45 f).

39 bb) Die Preisgefahr geht außerdem dann vorzeitig auf den Besteller über, wenn der Unternehmer das fertiggestellte Werk auf Verlangen des Bestellers nach einem anderen Orte als dem Erfüllungsort **versendet**. Maßgebender Zeitpunkt für den Gefahrübergang ist dann der Zeitpunkt der Übergabe des fertiggestellten Werks an die Transportperson (§ 644 Abs. 2 in Verb. mit § 447).

40 cc) Der Unternehmer behält schließlich dann noch nach **§ 645 Abs. 1** seinen Vergütungsanspruch, wenn das Werk vor der Abnahme infolge eines Mangels des vom Besteller gelieferten Stoffes oder infolge einer von dem Besteller für die Ausführung erteilten Anweisung untergegangen, verschlechtert oder unausführbar geworden ist, ohne daß ein Umstand mitgewirkt hat, den der Unternehmer zu vertreten hat. Hierin kommt ein allgemeiner Rechtsgedanke zum Ausdruck. Deshalb muß der Besteller – über den zu engen Wortlaut des § 645 Abs. 1 hinaus – außerdem die Gefahr aller derjenigen Leistungshindernisse tragen, die ihren Grund letztlich in dem von ihm zu stellenden **Leistungssubstrat** im weitesten Sinne haben oder die auf seine Weisungen oder auf seine sonstigen Handlungen zurückgehen und in diesem Sinne zu der von ihm zu verantwortenden „Sphäre" gehören[60]. Er bleibt daher zur Bezahlung wenigstens einer Teilvergütung verpflichtet, wenn das Werk aus einem der genannten Gründe untergeht oder wenn dem Unternehmer die Leistung aus einem derartigen Grund sogar insgesamt unmöglich wird.

3. Sicherheiten

a) § 647 BGB

41 Zur Sicherung seines Vergütungsanspruchs gewährt das Gesetz dem Unternehmer in § 647 ein **Pfandrecht** an den von ihm hergestellten oder ausgebesserten beweglichen Sachen des Bestellers, sofern er an ihnen unmittelbaren Besitz erlangt. Es handelt sich dabei um ein gesetzliches Pfandrecht, bei dem nach § 1257 ein gutgläubiger Erwerb an bestellerfremden Sachen ausgeschlossen ist[61]. Die Praxis behilft sich deshalb idR mit sog. Pfandklauseln in den Geschäftsbedingungen der Unternehmer, dh mit der vertraglichen Bestellung eines Faustpfandrechts an den dem Unternehmen vom Besteller übergebenen Sachen, da dieses Pfandrecht auch gutgläubig an bestellerfremder Sachen erworben werden kann[62].

---

60 Vgl schon o. für den Dienstvertrag § 9 Rn 30 f.
61 So jedenfalls BGHZ 34, S. 153 = NJW 1961, S. 502.
62 S. §§ 1205, 1207; BGHZ 68, S. 323 = NJW 1977, S. 1240.

b) § 648 BGB

Ein Pfandrecht kennt das BGB nur an beweglichen Sachen. Deshalb gibt das Gesetz dem Bauwerkunternehmer in § 648 statt dessen einen **Anspruch** auf Einräumung einer **Sicherungshypothek** an dem Baugrundstück des Bestellers. Denselben Anspruch haben Architekten[63]. Voraussetzung ist freilich, daß das Werk mängelfrei ist[64]. Der Schutz, den diese Regelung den Bauwerkunternehmern bietet, ist jedoch nur bescheiden, da die Durchsetzung des Anspruchs auf Bestellung einer Sicherungshypothek umständlich ist und das endlich erstrittene Urteil häufig zu spät kommt. Deshalb ist 1993 den Bauwerkunternehmern zusätzlich durch den neuen § 648a unter bestimmten Voraussetzungen ein Anspruch auf Sicherheitsleistung durch den Besteller für die von ihnen zu erbringenden Vorleistungen eingeräumt worden[65].

42

V. Sonstige Bestellerpflichten

1. Abnahmepflicht

Literatur: *Böggering*, JuS 1978, S. 519; *Hager*, Die Gefahrtragung beim Kauf, 1982; *Jakobs*, AcP 183 (1983), S. 145; *Lorenz*, in: Festschr. f. Ferid, 1975, S. 579; *Locher*, § 4.

Bei jedem Werkvertrag hat der Unternehmer ein erhebliches Interesse daran, daß das von ihm hergestellte Werk alsbald vom Besteller abgenommen wird. Denn von der Abnahme hängt die Fälligkeit seines Vergütungsanspruchs ab (§ 641 Abs. 1 S. 1); außerdem geht erst mit der Abnahme die Preisgefahr auf den Besteller über (§ 644 Abs. 1 S. 1); und schließlich beginnt mir ihr auch die Verjährung der Gewährleistungsrechte des Bestellers zu laufen (§ 638 Abs. 1 S. 2). Das Gesetz hat deshalb in § 640 Abs. 1 dem Unternehmer ausdrücklich einen **Anspruch** auf die Abnahme zugebilligt. Verstößt der Besteller gegen diese Pflicht, so kann der Unternehmer nach § 326 vorgehen, da hier anders als im Regelfall beim Kauf die Abnahmepflicht als Hauptleistungspflicht anerkannt ist[66].

43

Unter der Abnahme des Werks wird heute überwiegend die körperliche Hinnahme des Werks verbunden mit der Erklärung verstanden, daß der Besteller das Werk als im wesentlichen vertragsgemäß anerkenne[67]. Voraussetzung ist, daß das Werk bereits vollendet ist, weil vorher eine Abnahme im Sinne einer Billigung des Werks naturgemäß ausscheidet[68]. Wo hingegen wie bei den meisten Reparaturleistungen eine Billigung der Werkleistung ungebräuchlich ist, genügt für die Abnahme bereits

44

---

63 BGHZ 51, S. 190 = NJW 1969, S. 419 = JuS 1969, S. 238 Nr 5.
64 BGHZ 68, S. 180 (183 ff) = NJW 1977, S. 947.
65 BGBl. I, S. 509; dazu zB *Slapricar/Wiegelmann*, NJW 1993, S. 2903; *Weber*, WM 1994, S. 725.
66 ZB RGZ 171, S. 297 (300); BGH, LM Nr 21 zu § 631 BGB = NJW 1972, S. 99.
67 ZB BGHZ 48, S. 257 (262 f) = NJW 1967, S. 2259 = JuS 1968, S. 139 Nr 6; BGHZ 61, S. 42 (45) = NJW 1973, S. 1792; BGHZ 83, S. 181 = NJW 1982, S. 1387; BGH, NJW 1994, S. 942 (943).
68 BGH, LM Nr 14 zu § 640 BGB = NJW 1993, S. 1063 = WM 1993, S. 561.

§ 10

die bloße körperliche Hinnahme des Werks, während dort, wo auch eine körperliche Hinnahme unüblich oder unmöglich ist, an die Stelle der Abnahme je nach der Verkehrsübung einfach die bloße Billigung der Leistung oder deren Vollendung tritt (§ 646); Beispiele sind die Beförderung von Personen oder geistige Leistungen.

2. *Mitwirkungspflichten*

Literatur: *Hüffer*, Leistungsstörungen durch Gläubigerhandeln, 1976; *Müller-Foell*, Die Mitwirkung des Bestellers beim Werkvertrag, 1982; *Nicklisch*, BB 1979, S. 533.

45   Dem Unternehmer ist häufig eine Herstellung des Werks ohne Mitwirkung des Bestellers nicht möglich[69]. In derartigen Fällen stellt sich immer wieder die Frage, welche Möglichkeiten der Unternehmer hat, wenn der Besteller die nötige Mitwirkung unterläßt.

46   Auszugehen ist hier davon, daß der Besteller durch die Unterlassung der gebotenen Mitwirkung jedenfalls idR ohne weiteres in **Annahmeverzug** gerät, womit bereits die Preisgefahr auf ihn übergeht (§§ 295, 296, 644 Abs. 1 S. 2, 324 Abs. 2; s. o. Rn 38). Außerdem kommt das Gesetz hier dem Unternehmer noch zusätzlich dadurch entgegen, daß er in diesem Fall **neben** dem Werklohn eine angemessene **Entschädigung** für seine Verluste durch die Verzögerung verlangen kann (§ 642). Eine weitere Verbesserung seiner Rechtsstellung ergibt sich daraus, daß er bei Annahmeverzug des Bestellers gemäß § 643 nach Fristsetzung kündigen kann; in diesem Fall behält er nach § 645 Abs. 1 S. 2 einen Anspruch auf **Teil**vergütung.

47   Die geschilderte Regelung hat sich gleichwohl in zahlreichen Fällen nicht als ausreichend zum Schutz der legitimen Interessen des Unternehmers erwiesen. Die Rechtsprechung tendiert deshalb in wachsendem Maße dahin, zum Schutze des Unternehmers diesem jedenfalls bei schweren Verstößen des Bestellers gegen seine Mitwirkungspflichten sofort den **vollen** Anspruch auf die Gegenleistung zuzubilligen[70].

3. *Fürsorgepflicht*

48   Bei einem Werkvertrag kann es ebenso wie bei einem Dienstvertrag dazu kommen, daß sich der Unternehmer zur Ausführung des übertragenen Werks in den Gefahrenbereich des Bestellers begeben muß. In derartigen Fällen trifft den Besteller ebenso wie den Dienstberechtigten entsprechend § 618 eine Fürsorgepflicht, so daß er verpflichtet ist, die Räume, in denen der Unternehmer tätig werden muß, gefahrlos einzurichten und dessen Eigentum nach Möglichkeit vor Diebstahl oder Beschädigung zu schützen[71]. Bei Verstößen des Bestellers gegen diese Pflicht haben der

---

69   Schulbeispiel: Die Anprobe eines Maßanzugs beim Schneider.
70   S. die §§ 162, 242; BGHZ 11, S. 80 (83 ff) = NJW 1954, S. 229; BGHZ 50, S. 175 = NJW 1968, S. 1873 = JuS 1968, S. 580 Nr 3; BGH, LM Nr 46 zu § 305 BGB = NJW-RR 1988, S. 1396; NJW 1990, S. 3008; OLG Düsseldorf, NJW 1991, S. 3040.
71   ZB OLG Karlsruhe, NJW-RR 1991, S. 1245.

Unternehmer und seine Angehörigen die besonders weitgehenden Ansprüche aufgrund des § 618 Abs. 3 in Verb. mit den §§ 842 bis 846 BGB[72].

VI. Kündigung

Durch Werkverträge wird häufig eine langfristige Zusammenarbeit der Parteien begründet, so daß der Besteller eine Möglichkeit besitzen muß, sich unter bestimmten Voraussetzungen vorzeitig wieder von dem Vertrag zu lösen. Deshalb bestimmt § 649, daß er den Vertrag bis zur Vollendung des Werks jederzeit kündigen kann, unbeschadet freilich seiner Verpflichtung zur Bezahlung der vereinbarten Vergütung. Anders nur, wenn sich der Unternehmer einer schweren Vertragsverletzung schuldig gemacht hat, da der Besteller dann unabhängig von § 649 aus wichtigem Grunde kündigen und Schadensersatz verlangen kann (§§ 242, 276). In diesem Fall beschränkt sich die Verpflichtung des Bestellers darauf, die bereits erbrachten mangelfreien Leistungen des Unternehmers zu bezahlen, während er für die Zukunft frei wird[73]. 49

Der Besteller kann außerdem kündigen, wenn er dem Unternehmer den Auftrag aufgrund eines **Kostenvoranschlags** erteilt hat und sich später herausstellt, daß der Voranschlag vermutlich wesentlich überschritten werden dürfte; der Unternehmer kann dann nach Kündigung des Bestellers nur eine Teilvergütung beanspruchen (§§ 650, 645 Abs. 1). Anders jedoch, wenn der Unternehmer die Einhaltung des Kostenvoranschlags (ausnahmsweise) garantiert hat. 50

§ 11 BESONDERE ERSCHEINUNGSFORMEN DES WERKVERTRAGS

Paradigmata der gesetzlichen Regelung des Werkvertrags in den §§ 631 bis 650 waren, wie bereits ausgeführt (o. § 10 Rn 1 ff), im Grunde nur die Bauwerk- und die Reparaturverträge. Schon das Gesetz enthält deshalb mit dem Werklieferungsvertrag (§ 651), dem Reisevertrag (§§ 651a ff), dem Mäklervertrag (§§ 652 ff) und der Verwahrung (§§ 688 ff) Sonderregelungen für verschiedene Erscheinungsformen des Werkvertrags. Weitere Sonderregelungen finden sich in großer Zahl außerhalb des BGB. Daneben haben sich in der Vertragspraxis noch andere Vertragstypen herausgebildet, für die hier als Beispiele die Bauträger- und Architektenverträge noch kurz näher beleuchtet werden sollen.

---

72 Grdl. RGZ 159, S. 268 (270 f); BGHZ(GS) 5, S. 62 (66 f) = NJW 1952, S. 458 BGHZ 26, S. 365 (370 f) = NJW 1958, S. 710.
73 ZB BGHZ 31, S. 224 (229) = NJW 1960, S. 431; BGHZ 45, S. 372 (375) = NJW 1966, S. 1713; BGH, LM Nr 23 zu § 649 BGB = NJW 1993, S. 1972.

§ 11

I. Bauträgerverträge

Literatur: *Brych/Pause*, Bauträgerkauf und Baumodelle, 1989; *Locher/Köble*, Baubetreuungs- und Bauträgerrecht, 1982; *Locher*, § 39; *Medicus* II, § 102 II, *ders.*, JuS 1992, S. 273; *Reithmann/Brych/Mannhart*, Kauf vom Bauträger und Bauherrenmodelle, 6. Aufl. (1992).

1. Rechtsnatur

1 Bauträgerverträge nennt man Verträge, durch die sich eine Partei zur Errichtung eines Hauses oder einer Eigentumswohnung auf einem von **ihr** zu beschaffenden Grundstück, also nicht auf einem dem Besteller bereits gehörenden Grundstück verpflichtet. Obwohl derartige Verträge Elemente von Kaufverträgen, Werkverträgen und Geschäftsbesorgungsverträgen enthalten[1], steht hier doch die Eigentumsverschaffung an dem Grundstück nicht so sehr im Vordergrund, daß der Vertrag einheitlich als Kaufvertrag behandelt werden müßte; vielmehr gilt für die Herstellungspflicht des Bauträgers **Werkvertragsrecht**, und zwar ohne Rücksicht darauf, wie weit der Bau bei Vertragsabschluß bereits fortgeschritten war, weil aus der Sicht des Bestellers stets die Herstellungspflicht des Bauträgers und damit dessen Haftung nach den §§ 633 ff die Hauptsache ist[2]. Die Geschäftsbedingungen des Bauträgers können nichts abweichendes bestimmen[3].

2. Inhaltskontrolle

a) Abtretungskonstruktion

2 In der Bauträgerbranche ist es üblich, die Bestellerrechte formularmäßig nach Möglichkeit zu beschränken. Dem ist die Rechtsprechung in den letzten Jahren mit zunehmender Schärfe entgegengetreten. Ein genereller Ausschluß der Bestellerrechte wird seitdem bei Verträgen über **neue** Häuser oder Wohnungen nicht mehr zugelassen[4]. Nachdem sich dies herumgesprochen hatte, verlegten sich die Bauträger darauf, ihre Haftung durch die Abtretung ihrer eigenen Gewährleistungsrechte gegen ihre Subunternehmer zu ersetzen.

3 Diese sog. Abtretungskonstruktion scheitert heute idR schon an § 11 Nr 10 lit. a. AGBG. Und selbst dort, wo sie noch zulässig ist, darf sie doch niemals zu einer **endgültigen** Freizeichnung des Bauträgers führen. Dessen Haftung lebt vielmehr

---

1 BGHZ 96, S. 275 = NJW 1986, S. 925.
2 BGHZ 62, S. 251 = NJW 1974, S. 1135 = JuS 1974, S. 589 Nr 2; BGHZ 68, S. 372 = NJW 1977, S. 1336 = JuS 1977, S. 828 Nr 2; BGHZ 87, S. 112 = NJW 1983, S. 1489 = JuS 1983, S. 802 f Nr 4; BGHZ 101, S. 350 = NJW 1988, S. 135 = JuS 1988, S. 311 Nr 6; BGHZ 108, S. 164 = NJW 1989, S. 2748 = JuS 1990, S. 141 f Nr 6; str.
3 BGHZ 74, S. 258 (269 f) = NJW 1979, S. 2207.
4 ZB BGHZ 98, S. 100 = NJW 1986, S. 2824 = JuS 1987, S. 65 Nr 3; BGH, LM Nr 63 zu § 633 BGB = NJW-RR 1987, S. 1035.

wieder auf, wenn der Besteller aus den abgetretenen Ansprüchen von den Subunternehmern keine Befriedigung zu erlangen vermag oder wenn die abgetretenen Ansprüche bereits verjährt waren; dasselbe gilt (erst recht), wenn dem Bauträger, etwa als Bauunternehmer oder als Architekt, selbst Fehler unterlaufen sind[5]. Außerdem können die Besteller aufgrund des Bauträgervertrages nach § 670 vom Bauträger Aufwendungsersatz verlangen, wenn sie vergeblich versucht haben, die ihnen abgetretenen Gewährleistungsrechte des Bauträgers gegen die Subunternehmer, namentlich die Handwerker durchzusetzen[6].

b) Nachbesserungsrecht, Verjährung

Durch die Beschränkung auf einen bloßen Nachbesserungsanspruch dürfen die Besteller gleichfalls nicht rechtlos gestellt werden. Ihnen muß deshalb bei Fehlschlagen der Nachbesserung stets wenigstens das Minderungsrecht erhalten bleiben[7]. Der Unternehmer und Bauträger muß zudem immer die Kosten der Nachbesserung selbst tragen[8]. 4

Eine Abkürzung der Verjährungsfristen des § 638 durch die Geschäftsbedingungen der Bauträger ist ebenfalls nur in engen Grenzen zulässig[9]. Abschlagszahlungen dürfen durch die Geschäftsbedingungen der Bauträger schließlich immer nur entsprechend dem Baufortschritt, nicht hingegen in weiterem Umfang vorgeschrieben werden[10]. 5

II. Architektenverträge

1. Rechtsnatur

Der Architekt schuldet nach dem üblichen Architektenvertrag[11] neben der Anfertigung der Pläne, einer echten Werkleistung, mit der Bauaufsicht auch reine Tätigkeiten, so daß dienstvertragliche Elemente nicht zu übersehen sind. Auf den ersten Blick handelt es sich deshalb bei den Architektenverträgen an sich um normale 6

---

5 BGHZ 62, S. 251 = NJW 1974, S. 1135 = JuS 1974, S. 589 Nr 2; BGHZ 70, S. 193 = NJW 1978, S. 634; BGHZ 92, S. 123 = NJW 1984, S. 2573 usw bis BGH, LM Nr 80 zu § 633 BGB = NJW-RR 1991, S. 342.
6 BGHZ 92, S. 123 = NJW 1984, S. 2573.
7 § 11 Nr 10 lit. b AGBG; zB BGHZ 62, S. 83 = NJW 1974, S. 551 = JuS 1974, S. 455 Nr 2; BGHZ 70, S. 240 (243) = NJW 1978, S. 814; BGH, LM Nr 33 zu § 633 BGB = NJW 1979, S. 2095.
8 § 633 Abs. 2 S. 2 in Verb. mit § 476a; § 11 Nr 10 lit. c AGBG; BGH, LM Nr 33 zu § 633 BGB = NJW 1979, S. 2095.
9 § 11 Nr 10 lit. f AGBG; BGHZ 90, S. 273 = NJW 1984, S. 1750; BGHZ 96, S. 129 = NJW 1986, S. 315; BGH, LM Nr 83 zu § 636 BGB = NJW 1987, S. 2743; s. aber für die VOB § 23 Abs. 2 Nr 5 AGBG und dazu BGHZ 107, S. 75 = NJW 1989, S. 1602.
10 BGH, LM Nr 4 zu § 7 AGBG = WM 1986, 1054.
11 S. die Honorarordnung für Architekten und Ingenieure (HOAI) von 1976 (BGBl. I, S. 2805) idF von 1984 (BGBl. I, S. 984) (mit späteren Änderungen); den Mustervertrag für Architekten von 1978 (Bundesanzeiger 1979 Nr 219).

§ 11

gemischte Verträge. Daher rührt es, daß ihre rechtliche Einordnung umstritten ist[12]. Überwiegend werden sie jedoch heute als reine **Werkverträge** qualifiziert, und zwar deshalb, weil sich die Leistung des Architekten letztlich immer in der mangelfreien Herstellung des Bauwerks niederschlagen soll, so daß zum Schutze der Auftraggeber ihre strenge verschuldensunabhängige Haftung nach den §§ 633 ff unabdingbar ist[13].

2. Pflichten

7   Der Architekt ist als Sachwalter des Bauherrn zur umfassenden Wahrung dessen Interessen verpflichtet. Dazu gehört insbesondere die sorgfältige Auswahl des Bauunternehmers und der Handwerker, die Vermeidung unnötiger Kosten, die Nachprüfung aller Rechnungen sowie, sobald sich Mängel zeigen, die umfassende Untersuchung der Ursachen und des Umfangs der Mängel, um dem Bauherrn zu ermöglichen, rechtzeitig die nötigen Abwehrmaßnahmen zu ergreifen und seine Rechte gegen die Verantwortlichen durchzusetzen. Soweit zu den Mängeln eigene Fehler des Architekten beigetragen haben, darf er außerdem hierauf keine Rücksicht nehmen, sondern muß diese dem Bauherrn ebenfalls offenlegen, widrigenfalls er sich ersatzpflichtig macht, so daß er sich dann vor allem nicht mehr auf Verjährung berufen kann[14].

3. Gesamtschuldner

8   Soweit hiernach der Architekt neben dem Bauunternehmer für Mängel des Hauses verantwortlich ist, sind beide als Gesamtschuldner anzusehen, so daß der Bauherr wählen kann, wen er in Anspruch nehmen will[15]. Der Ausgleich im Innenverhältnis zwischen Architekt und Bauunternehmer richtet sich dann nach den §§ 426, 254[16]. Für unseren **Architektenfall 13** bedeutet dies, daß der Architekt A im Falle seiner Inanspruchnahme durch den Bauherrn H aufgrund der §§ 634 Abs. 2 und 635 einen Ausgleichsanspruch gegen U aufgrund der §§ 426 und 254 erwirbt, wobei sich die Verteilung des Schadens im Innenverhältnis vor allem danach richtet, wer den Schaden überwiegend verursacht hat. Das dürfte hier U sein.

---

12   S. *Jakobs*, in: Festschr. f. Ballerstedt, 1975, S. 355; *Schiemann*, JuS 1983, S. 649 (651); *Tempel*, JuS 1964, S. 346; 1973, S. 414.
13   BGHZ 31, S. 224 (227 f) = NJW 1960, S. 431; BGHZ 82, S. 100 = NJW 1982, S. 438 = JuS 1982, S. 382 Nr 7; BGHZ 83, S. 181 (184) = NJW 1982, S. 1287; s. *Locher*, § 21, 2.
14   BGHZ 71, S. 155 (147 ff) = NJW 1978, S. 1311; BGHZ 92, S. 251 (258) = NJW 1985, S. 328; *Locher*, §§ 22-28; *U. Hübner*, NJW 1989, S. 4; *Ordersky*, NJW 1989, S. 1.
15   § 421 S. 1; BGHZ(GS) 43, S. 227 = NJW 1965, S. 1175.
16   BGH (vorige Fn); BGHZ 39, S. 261 = NJW 1963, S. 1401 = JuS 1963, S. 451 Nr 4; BGHZ 58, S. 216 = NJW 1972, S. 942 = JuS 1972, S. 601 Nr 7; BGH, LM Nr 31 zu § 426 BGB = NJW 1971, S. 752 = JuS 1971, S. 427 Nr 5; *Locher*, § 26.

III. Werklieferungsvertrag

Literatur: *Craushaar*, in: Festschr. f. Korbion, 1986, S. 27; *Hager*, Die Gefahrtragung beim Kauf, 1982; *Larenz* Bd. II/1, § 53 IV (S. 375 ff); *Medicus* II, § 100; *ders.*, JuS 1992, S. 273.

Der Werklieferungsvertrag ist eine Sonderform des Werkvertrages, bei dem sich der Unternehmer zur Herstellung des Werks aus von **ihm** zu beschaffenden Stoffen verpflichtet. Handelt es sich dabei um eine **vertretbare** Sache, so liegt nach § 651 ein gewöhnlicher Kaufvertrag vor, da es bei diesem offenkundig keine Rolle spielt, ob der Warenhersteller seine Produkte schon vor oder erst nach ihrer Herstellung verkauft[17]. Ist hingegen der Vertrag auf eine **nichtvertretbare** Sache gerichtet, so erlangt ihre Herstellung eigenständige Bedeutung, so daß das Gesetz im wesentlichen Werkvertragsrecht für anwendbar erklärt (§ 651 Abs. 1 S. 2 Halbs. 2). Reine Werkverträge sind schließlich sämtliche Bau- und Baubetreuungsverträge einschließlich der Fertighausverträge, weil hier das Grundstück des Bestellers iS des § 651 Abs. 2 stets als Hauptsache gilt[18].

9

IV. Reisevertrag

Literatur: *Bartl*, Reiserecht, 2. Aufl. (1981); *Brender*, Das reisevertragliche Gewährleistungsrecht und sein Verhältnis zum allgemeinen Recht der Leistungsstörungen, 1985; *Eckert*, Die Risikoverteilung im Pauschalreiserecht, 1988; *Esser/Weyers*, § 34b; *Führich*, Reiserecht, 1990; *Isermann*, Reisevertragsrecht, 2. Aufl. (1991); *Larenz* Bd. II/1, § 53 V (S. 379 ff); *Löwe*, Das neue Pauschalreiserecht, 1981; *Medicus* II, § 101; *J. Neuner*, Der Reisevermittlungsvertrag, AcP 193 (1993), S. 1; *Schlechtriem*, Tz. 406 ff (S. 183 ff); *Teichmann*, JZ 1979, S. 737; *ders.*, Die Entwicklung der Rechtsprechung zum Reiserecht, JZ 1993, S. 823, 990; *Tempel*, JuS 1984, S. 81; *Tonner*, Der Reisevertrag, 2. Aufl. (1986); *ders.*, Reiserecht in Europa, 1992; *ders.*, Die Entwicklung des Reisevertragsrechts, AcP 189 (1989), S. 122; *Wolter*, AcP 183 (1983), S. 35; – unter den Kommentierungen der §§ 651a ff BGB sind hervorzuheben *Schwerdtner*, in: Staudinger, BGB, 12. Aufl. (1983); *Tonner und Wolter*, in: MünchKomm zum BGB, 2. Aufl. (1988).

1. Geschichte

Reiseveranstaltungs- oder Reiseverträge wurden bis zum Inkrafttreten des sog. Reisevertragsgesetzes von 1979[19] überwiegend als normale Werkverträge iS der §§ 631 ff angesehen, ganz gleich, ob sich der Veranstalter lediglich zur Vermittlung fremder Leistungen oder auch zu deren Erbringung verpflichtet hatte. Zum Schutze der Kunden wurde dabei in allen Zweifelsfällen das letztere angenommen, damit sie es bei Leistungsstörungen nur mit einem einzigen deutschen Vertragspartner zu tun hatten[20].

10

---

17 ZB BGH, LM Nr 58 zu § 638 BGB = NJW 1986, S. 1927.
18 BGHZ 87, S. 112 = NJW 1983, S. 1489 = JuS 1983, S. 802 f Nr 4 m. Nachw.
19 BGBl. I, S. 509; s. dazu den Ausschußbericht, BT-Dr. 8 (1978)/2343.
20 BGHZ 60, S. 14 = NJW 1973, S. 318 = JuS 1973, S. 318 Nr 5 „Teneriffa-Reise"; BGHZ 61, S. 275 = NJW 1974, S. 37 = JuS 1974, S. 255 Nr 5 „Ferienhaus"; s. Voraufl., S. 178 f.

§ 11

11 Die mit dieser Rechtsprechung verbundene Rechtsunsicherheit hielt der Gesetzgeber für so schwerwiegend, daß er sich in den siebziger Jahren zu einer gesetzlichen Regelung entschloß, die sich jetzt in den §§ 651a bis 651l findet. Die Neuregelung ist am 1. Oktober 1979 in Kraft getreten. Eine Änderung dieser Vorschirften wurde erstmals erforderlich, nachdem im Jahre 1990 die Verabschiedung der Richtlinie über Pauschalreisen gelungen war[21], die an sich bis Ende 1992 in das deutsche Recht umzusetzen gewesen war. Nach bewährtem Muster legte die Bundesregierung jedoch erst im Jahre 1993 den Entwurf eines Gesetzes zur Durchführung dieser Richtlinie vor[22]. Dieses Gesetz ist 1994, also mit fast zweijähriger Verspätung in Kraft getreten.

2. Begriff

12 Wie schon betont (o. Rn 10), muß man Reisevermittlungs- und Reiseveranstaltungsverträge unterscheiden. Bei den **Reisevermittlungsverträgen** beschränkt sich die Verpflichtung des Vertragspartners des Kunden, typischerweise eines Reisebüros, darauf, diesem bestimmte Reiseleistungen, zB eine Flug- oder Schiffsreise zu verschaffen[23]. Solche Verträge haben Ähnlichkeit mit Maklerverträgen, unterscheiden sich von diesen jedoch durch die Verpflichtung des Reisebüros zur sorgfältigen Auswahl eines Leistungserbringers, zB einer Flug- oder Schiffahrtsgesellschaft. Es handelt sich deshalb bei ihnen um normale Geschäftsbesorgungsverträge mit Dienstvertragscharakter (§§ 675, 611).

13 Von den bloßen Reisevermittlungsverträgen unterscheiden sich die eigentlichen **Reiseveranstaltungsverträge** (oder kürzer: Reiseverträge) dadurch, daß hier der Vertragspartner des Kunden, meistens Veranstalter genannt, **selbst** die Erbringung der fraglichen Reiseleistungen verspricht, so daß die eigentlichen Leistungserbringer wie die Fluggesellschaft oder der Hotelier nur seine Erfüllungsgehilfen sind (§ 278). Zum Schutze des Kunden ist nach § 651a Abs. 2 im Zweifel ein derartiger Reiseveranstaltungsvertrag und nicht nur ein bloßer Reisevermittlungsvertrag anzunehmen. Dies ändert jedoch nichts daran, daß es letztlich immer eine Frage der Auslegung ist, was im Einzelfall tatsächlich vorliegt.

14 Nach § 651a Abs. 1 S. 1 kann an sich ein Reisevertrag nur angenommen werden, wenn sich der Veranstalter zur Erbringung einer **Gesamtheit**, dh einer Mehrheit von Reiseleistungen wie Transport, Unterbringung und Verpflegung verpflichtet. Deshalb war lange Zeit umstritten, wie Verträge über die Erbringung nur **einer** derartigen Reiseleistung zu beurteilen sind. Paradigma sind die verbreiteten **Ferienhausverträge**. Wegen der Gleichheit der Interessenlage wird jedoch heute allgemein auch auf derartige Verträge die gesetzliche Regelung der §§ 651a ff entsprechend angewandt[24]. Nach dem

---

21 ABl. Nr L 158/59 = EuZW 1990, S. 413; dazu *Tonner,* EuZW 1990, S. 409.
22 BT-Dr. 12/5354 = BR-Dr. 190/93; Ausschußbericht, BT-Dr. 12/7013, 7334; *Eckert,* Betr. 1994, S. 1069; *Führich,* EuZW 1993, S. 347. Bei Drucklegung war das Gesetz schon verabschiedet, aber noch nicht verkündet.
23 Ausführlich *Neuner,* AcP 193, S. 1 ff.
24 Grdlg. BGHZ 119, S. 152 = NJW 1992, S. 3158 = JuS 1993, S. 252 Nr 6; BGH, WM 1992, S. 1956; ebenso schon BGH, LM Nr 7 zu § 651 f BGB = NJW 1985, S. 906 = JuS 1985, S. 729 Nr 5.

Gesagten (o. Rn 13) ändert dies jedoch nichts daran, daß derartige Verträge auch reine Vermittlungsverträge sein können, wenn dies eindeutig klargestellt wird (§ 651a Abs.2). Außerdem versteht es sich von selbst, daß die direkte Miete einer Ferienwohnung vom Eigentümer Miete und sonst nichts ist; für die Anwendung der §§ 651a ff ist in allen derartigen Fällen kein Raum[25].

3. Abschluß

Beim Abschluß eines Reiseveranstaltungsvertrages treffen den Veranstalter umfassende **Informationspflichten**. Die Einzelheiten ergeben sich aus dem neuen § 651a Abs. 5 in Verb. mit der Verordnung über die Informationspflichten von Reiseveranstaltern, die genau vorschreibt, welche Angaben ein etwaiger Reiseprospekt zu enthalten hat, welche Informationen dem Kunden vor Vertragsabschluß zu geben sind und welchen Inhalt die nach Vertragsabschluß vorgeschriebene Reisebestätigung haben muß. Verboten sind insbesondere sämtliche irreführenden und unvollständigen Angaben[26].

15

Wird der Vertrag wie in der Regel über ein (selbständiges) **Reisebüro** abgeschlossen, so binden den Veranstalter grundsätzlich auch mündliche Zusicherungen des Reisebüros, selbst wenn sie über den Prospekt hinausgehen, da das Reisebüro insoweit als Handelsvertreter für den Veranstalter tätig wird[27]. Aus demselben Grund kann der Kunde seine Ersatzansprüche aufgrund der §§ 651c und 651f gegenüber dem Reisebüro – als Vertreter des Veranstalters – fristwahrend geltend machen[28].

16

4. Inhalt

a) Prospekt, Reisebestätigung

Der Inhalt des Reiseveranstaltungsvertrages richtet sich zunächst nach den Abreden der Parteien (§§ 305, 651a). Da es jedoch typischerweise viel Streit hierüber zwischen den Parteien gibt, verlangt das Gesetz jetzt, wie schon erwähnt (o. Rn 15), ganz genaue Angaben in dem etwaigen Reiseprospekt sowie vor allem in der bei oder unverzüglich nach Vertragsabschluß dem Kunden auszuhändigenden Reisebestätigung[29]. Reisebestätigung und Prospekt sind folglich die wichtigsten Erkenntnisquellen für den Inhalt des Vertrages. Individuelle Abreden der Parteien haben aber in jedem Fall den Vorrang.

17

---

25 OLG München, ZMR 1993, S. 524; LG Ravensburg, ZMR 1993, S. 226; *Schopp*, ZMR 1992, S. 365.
26 Ebenso § 3 UWG; wegen der Einzelheiten s. *Führich*, EuZW 1993, S. 347 ff; zur bisherigen Praxis s. Vorauf., S. 179.
27 BGHZ 82, S. 219 = NJW 1982, S. 377 = JuS 1982, S. 299 Nr 6; BGH, LM Nr 4 zu § 651g BGB = NJW 1980, S. 488; str., anders zB *Tempel*, JuS 1984, S. 81 (82 ff).
28 BGH, LM Nr 4 zu § 651g BGB = NJW 1988, S. 488.
29 Wegen der Einzelheiten s. die §§ 1 und 3 der VO über die Informationspflichten von Reiseveranstaltern.

§ 11

b) Vorauszahlungen, Preiserhöhungen

18 Den Reisepreis schuldet der Kunde an sich frühestens bei Antritt der Reise (s. §§ 640, 641). Die statt dessen in den Geschäftsbedingungen der Veranstalter üblicherweise vorgesehene **Vorauszahlung** des Kunden ist nur zulässig (§ 9 Abs. 2 AGBG), wenn dem Kunden zugleich sämtliche Reisepapiere und Dokumente ausgehändigt werden und der Kunde damit unmittelbare Ansprüche gegen die Leistungsträger erwirbt[30].

19 Nachträgliche **Preiserhöhungen** – ein weiterer „klassischer" Streitpunkt – sind nur noch in engen Grenzen zulässig, die sich im einzelnen aus § 11 Nr 1 AGBG und dem neuen § 651a Abs. 3 ergeben[31]. Bei hiernach noch zulässigen Preiserhöhungen hat der Kunde außerdem ebenso wie bei sonstigen wesentlichen Vertragsänderungen ein besonderes Rücktrittsrecht; statt dessen kann er aber auch ebenso wie bei einer Stornierung der Reise die Teilnahme an einer anderen gleichwertigen Reise verlangen, sofern von dem Veranstalter angeboten (§ 651a Abs. 4 nF).

c) Ersetzungsbefugnis

20 Nach Vertragsabschluß hat der Kunde eine Ersetzungsbefugnis, da er statt seiner einen Dritten als Teinehmer an der Reise bezeichnen kann (§ 651b). Der Kunde und der dritte Ersatzmann haften in diesem Fall als Gesamtschuldner für den Reisepreis (§ 651b Abs. 2 nF).

d) Insolvenzsicherung

21 Mehrere Zusammenbrüche von Reiseveranstaltern aus jüngster Zeit haben deutlich gemacht, wie dringend eine Sicherung der Kunden gegen die Gefahren ist, die für sie mit der Insolvenz ihres Veranstalters verbunden sind. Die Pauschalreiserichtlinie schreibt deshalb die Einführung einer Insolvenzsicherung vor. Es war vor allem der Streit über die nähere Ausgestaltung dieses Sicherungssystems, die die Verabschiedung des deutschen Anpassungsgesetzes immer wieder verzögert hat. Der Bundesrepublik drohen deshalb erhebliche Schadensersatzansprüche, da nach der Rechtsprechung des EuGH ein Mitgliedstaat aus Amtshaftung in Anspruch genommen werden kann, wenn er die Umsetzung einer Richtlinie verzögert und den Bürgern dieses Staates dadurch Schäden entstehen[32]. Die Einzelheiten der schließlich 1994 eingeführten Insolvenzsicherung ergeben sich aus dem neuen § 651k.

5. Kündigung

22 Vor Antritt der Reise kann der **Kunde** den Vertrag gemäß § 651i jederzeit kündigen. Der Veranstalter hat dann nur noch Anspruch auf eine angemessene Entschädigung.

---

30 BGHZ 100, S. 157 = NJW 1987, S. 1931; BGH, LM Nr 3 zu § 9 (Bi) AGBG = NJW 1986, S. 1613.
31 S. im einzelnen *Führich*, EuZW 1993, S. 347 (349f).
32 Grdlg. EuGH Slg. 1991, S. 4403 (4413 ff) = EuZW 1991, S. 758 = NJW 1992, S. 165 „Francovich".

§ 11

Beide Parteien haben außerdem ein Kündigungsrecht, wenn die Reise infolge bei Vertragsabschluß nicht voraussehbarer **höherer Gewalt** erheblich erschwert, gefährdet oder beeinträchtigt wird (§ 651j). Höhere Gewalt in diesem Sinne liegt nach Meinung des BGH nur vor, wenn es sich um ein von außen kommendes, keine betrieblichen Zusammenhänge aufweisendes, in diesem Sinne unvermeidbares und unverschuldetes Ereignis handelt, das **nicht** zum Risikobereich einer Partei gehört[33]. Beispiele sind unvoraussehbare Ereignisse wie Kriege, innere Unruhen, Epidemien und Katastrophen[34], **nicht** jedoch ein Streik des Personals des Leistungsträgers, da derartige Vorkommnisse in den Risikobereich des Veranstalters fallen[35]. Unanwendbar ist § 651j außerdem, wenn das an sich als höhere Gewalt zu qualifizierende Ereignis zugleich einen **Mangel** der Reiseleistung zur Folge hat, da in diesem Fall die für den Kunden günstigere Regelung des § 651e den Vorrang hat[36].

6. Haftung des Veranstalters

a) Überblick

Den Kern der gesetzlichen Regelung bilden die unnötig komplizierten Vorschriften über Mängel der Reiseleistung (§§ 651c–651h). Der Reisende kann hiernach in erster Linie **Abhilfe** verlangen, zB durch eine bessere Unterkunft (§ 651c). Außerdem ist während der Dauer des Mangels, dh bis zur Abhilfe durch den Veranstalter, der Reisepreis **gemindert** (§ 651d); Voraussetzung ist freilich eine Anzeige des Mangels bei dem Veranstalter (§ 651d Abs. 2). Bei schweren Mängeln oder bei Unzumutbarkeit der Reisefortsetzung infolge des Mangels kann der Reisende statt dessen auch nach § 651e den Vertrag **kündigen**. Schließlich steht ihm noch bei Verschulden des Veranstalters ein **Schadensersatzanspruch** zu (§ 651 f).

23

> Für die Ansprüche des Reisenden aus den §§ 651c bis 651f (Abhilfe, Minderung, Rückzahlung des Reisepreises nach Kündigung und Schadensersatz) gelten nach dem vielfach übersehenen § 651g kurze Ausschluß- und Verjährungsfristen, an denen die Rechte der Kunden häufig scheitern. Doch sind diese Fristen nicht auf konkurrierende Deliktsansprüche anzuwenden[37].

24

b) Konkurrenzen

> Reiseverträge sind wegen der zeitlichen Gebundenheit der von dem Veranstalter geschuldeten Leistungen in aller Regel absolute Fixgeschäfte. Die Folge ist, daß hier

25

---

33 BGHZ 100, S. 185 (188) = NJW 1987, S. 1938; BGHZ 109, S. 224 = NJW 1990, S. 572 = JuS 1990, S. 501 Nr 6 „Tschernobyl"; sehr str., s. *Führich*, EuZW 1993, S. 347 (350); *Teichmann*, JZ 1993, S. 823 (827f).
34 BGHZ 109, S. 224 = NJW 1990, S. 572 = JuS 1990, S. 501 Nr 6 für das Reaktorunglück in Tschernobyl.
35 BGHZ 100, S. 185 = NJW 1987, S. 1938 „Nil Concorde"; anders eine verbreitete Meinung.
36 BGHZ 85, S. 50 (56 ff) = NJW 1983, S. 33 „Mauritius"; BGH, LM Nr 4 zu § 651e BGB = NJW-RR 1990, S. 1334 „Gilbert"; ebenfalls str.
37 BGHZ 103, S. 297 = NJW 1988, S. 1380 = JuS 1988, S. 737 Nr 7 „Balkonbrüstung".

§ 11

häufig Mängel der einzelnen Reiseleistungen die vollständige oder partielle Unmöglichkeit der Reise nach sich ziehen, sofern wegen des Mangels die Reise von vornherein nicht angetreten werden kann oder doch später vorzeitig abgebrochen werden muß. In diesen Fällen ist umstritten, ob sich die Rechte des Kunden nach den allgemeinen Vorschriften, dh namentlich nach den §§ 323 bis 325, oder nach den §§ 651c ff richten[38].

26 Die Rechtsprechung hatte in diesen Fällen ursprünglich häufig zur Annahme von Unmöglichkeit tendiert. Heute wird hingegen den § 651c ff bei sämtlichen Störungen der Reise nach Vertragsabschluß, die nicht ausschließlich ihre Ursache in der Person des Kunden haben, der generelle **Vorrang** vor allen anderen Vorschriften über Leistungsstörungen zugebilligt[39]. Unberührt bleibt aber stets die deliktische Haftung des Veranstalters, namentlich bei Verletzung seiner Verkehrssicherungspflicht, zB durch Zurverfügungstellung eines Hotels, das nicht den bei uns üblichen Sicherheitsstandards entspricht[40].

c) Mangel

27 Kernbegriff der Materie ist der Reisemangel, der in § 651c Abs. 1 in sachlicher Übereinstimmung mit den §§ 459, 537 und 633 definiert wird, so daß hier ebenso wie im Kauf-, Miet- und Werkvertragsrecht grundsätzlich von dem **subjektiven Fehlerbegriff** auszugehen ist[41]. Die Reise ist daher mangelhaft, wenn sie negativ von dem Standard abweicht, der durch die Reisebestätigung und den Prospekt, durch besondere Zusagen des Veranstalters sowie durch ihren Charakter, zB als Erholungsurlaub, Abenteuerreise oder Kongreßbesuch definiert wird. So verhält es sich zB, wenn das gebuchte Hotel belegt ist, so daß der Kunde in einem Ausweichquartier untergebracht werden muß[42], wenn das Hotel nicht beheizt werden kann oder von Ungeziefer befallen ist[43] sowie, wenn eine Kundin entgegen dem Vertrag in einem Doppelzimmer zusammen mit einem Mann untergebracht wird[44].

d) Abhilfe, Minderung

28 Liegt ein Mangel der genannten Art vor, so kann der Kunde zunächst nach § 651c Abs. 2 Abhilfe verlangen. Dies wird in aller Regel, soweit vorhanden, gegenüber der örtlichen Reiseleitung, sonst gegenüber dem Veranstalter geschehen[45]. Außerdem wird der Reisepreis gemindert, wenn und solange nicht Abhilfe geleistet worden ist

---

38 Wegen der Einzelheiten s. *Tempel*, JuS 1984, S. 81 (88 ff); *Wolter*, AcP 183, S. 35.
39 Grdl. BGHZ 97, S. 255 = NJW 1986, S. 1748 = JuS 1986, S. 651 Nr 5; BGHZ 100, S. 185 (187) = NJW 1987, S. 1938 „Nil Concorde".
40 BGHZ 103, S. 297 = NJW 1988, S. 1380 = JuS 1988, S. 737 Nr 7 (für ein spanisches Hotel, bei dem die Balkonbrüstung nicht befestigt war).
41 ZB *Teichmann*, JZ 1993, S. 823 (825 ff); enger *Tempel*, JuS 1984, S. 81 (84 ff); *Wolter*, § 651c Rn 7 ff.
42 OLG Düsseldorf, NJW-RR 1986, S. 1175.
43 LG Dortmund, NJW-RR 1986, S. 1174; LG Hannover, MDR 1985, S. 496.
44 LG Frankfurt, NJW 1984, S. 806.
45 S. im einzelnen *Teichmann*, JZ 1993, S. 990 (991).

(§ 651d Abs. 1). Voraussetzung ist, daß durch den Mangel die Reise tatsächlich beeinträchtigt wird und daß der Mangel der örtlichen Reiseleitung oder dem Veranstalter **angezeigt** wurde (§ 651d Abs. 2). § 651g fügt hinzu, daß der Kunde die genannten Rechte (Abhilfe und Minderung) ebenso wie die Kündigung (§ 651e) und den Schadensersatzanspruch (§ 651f; s. dazu u. Rn 31 f) innerhalb eines Monats nach der vertraglich vorgesehenen Beendigung der Reise gegenüber dem Reiseveranstalter **geltend** machen muß, eine häufig übersehene zusätzliche Anspruchsvoraussetzung[46].

Die **Mängelanzeige** (§ 651d Abs. 2) kann jederzeit formlos am Urlaubsort vorgenommen werden[47]. Daher genügt auch die bloße Überreichung einer Mängelliste an die örtliche Reiseleitung, an den Veranstalter oder an das Reisebüro als dessen Vertreter[48]. Mit der Mängelanzeige kann außerdem die **Geltendmachung** der Kundenrechte iS des § 651g gegenüber dem Veranstalter verbunden werden, so daß dann nach Rückkehr des Kunden eine erneute Geltendmachung zur Fristwahrung nicht mehr erforderlich ist[49]. Eine besondere Form ist für die Anmeldung der Rechte ebenfalls nicht vorgeschrieben; insbesondere ist nicht etwa eine Klageerhebung des Kunden zur Fristwahrung erforderlich.

29

Die **Minderung** tritt ebenso wie bei der Miete (§ 537 Abs. 1) kraft Gesetzes ein und besteht in einer verhältnismäßigen Herabsetzung des Reisepreises im Ausmaß der Beeinträchtigung der Reise durch den Mangel. Die Berechnung ist schwierig. Einzelne Gerichte richten sich deshalb nach sog. Minderungstabellen[50].

30

e) Kündigung, Schadensersatz

Wird die Reise infolge des Mangels erheblich beeinträchtigt, so hat der Kunde außerdem ein Kündigungsrecht, das jedoch im Regelfall voraussetzt, daß der Kunde dem Veranstalter zunächst vergeblich eine **Frist** zur Abhilfe gesetzt hat (§ 651e). Schließlich kann der Kunde noch Schadensersatz verlangen, wenn der Veranstalter den Mangel zu vertreten hat, wobei er für die einzelnen Leistungsträger nach § 278 einstehen muß (§ 651f nF). Dieser Schadensersatzanspruch setzt trotz des unklaren Wortlauts des Gesetzes gleichfalls eine Mängelanzeige oder ein Abhilfeverlangen des Kunden am Reiseort voraus[51]. Außerdem muß der Anspruch nach § 651g gegenüber dem Veranstalter rechtzeitig geltend gemacht werden (s. o. Rn 29).

31

Nach § 651f Abs. 2 kann der Kunde bei Vereitelung oder erheblicher Beeinträchtigung der Reise zusätzlich eine angemessene **Entschädigung** in Geld wegen nutzlos aufgewendeter Urlaubszeit verlangen. Bei diesem Anspruch dürfte es sich um einen der Fälle handeln, in denen abweichend von § 253 ausnahmsweise ein Ersatz des

32

---

46 Wegen der Einzelheiten hier zB *Teichmann*, JZ 1993, S. 990 ff.
47 BGHZ 90, S. 363 = NJW 1984, S. 1752; BGH, LM Nr 4 zu § 651g BGB = NJW 1988, S. 488.
48 S. LG Frankfurt, NJW 1988, S. 1219; LG Berlin, NJW-RR 1989, S. 1213.
49 BGH, LM Nr 4 zu § 651g BGB = NJW 1988, S. 488.
50 S. *Tempel*, NJW 1985, S. 97; *Isermann*, NJW 1988, S. 873 (877f); *Teichmann* (o. Fn 46).
51 BGHZ 92, S. 177 = NJW 1985, S. 132.

§ 11

immateriellen Schadens in Betracht kommt⁵². Die Bemessung dieses Schadens richtet sich nach den Umständen des Einzelfalls⁵³.

7. Abweichende Vereinbarungen

33 Die gesetzliche Regelung ist zugunsten des Kunden zwingend (§ 651l nF). Abweichungen zum Nachteil des Kunden durch die Geschäftsbedingungen des Veranstalters sind nur im Rahmen des § 651h sowie des AGBG möglich. Die in § 651h Abs. 1 in bestimmten Fällen zugelassene Beschränkung der Haftung des Veranstalters auf den dreifachen Reisepreis gilt nur für Sachschäden, nicht für Körperschäden, und außerdem allein für die vertraglichen Ansprüche des Kunden, nicht hingegen für konkurrierende Deliktsansprüche, so daß die Delikthaftung des Veranstalters überhaupt nicht beschränkt werden kann⁵⁴.

V. Auslobung

34 Unter der Auslobung versteht man die **einseitige** Aussetzung einer Belohnung für die Vornahme einer bestimmten Handlung, zB für die Rückführung eines entlaufenen Hundes (§ 657). Wer den Hund zurückbringt, kann dann die Belohnung verlangen, selbst wenn er von der Auslobung nichts wußte. Die Auslobung ist deshalb der wichtigste Fall, in dem entgegen § 305 ein rechtsgeschäftliches Schuldverhältnis nicht durch Vertrag, sondern bereits durch eine einseitige Willenserklärung begründet wird⁵⁵. Eine bedeutsame Sonderform der Auslobung stellt das sog. Preisausschreiben des § 661 dar.

VI. Maklervertrag

Literatur: *Dyckerhoff*, Das Recht des Immobilienmaklers, 9. Aufl. (1986); *Medicus* II, § 106; *P. Schwerdtner*, Maklerrecht, 4. Aufl. (1992); *Tempel*, Maklerrecht, in: Vertragsschuldverhältnisse, 1974, S. 367.

1. Zivilmakler

35 a) Die Maklerverträge, die eine erhebliche wirtschaftliche Bedeutung haben, sind zT im HGB (§§ 93 ff), zT im BGB (§§ 652-656) geregelt. Zivilmakler sind vor allem

---

52 S. im einzelnen *Bendref*, NJW 1986, S. 1721; *Isermann*, Reisevertragsrecht, S. 141 ff; *Medicus* II, § 101 III 2 c (S. 183 f); *W. Müller*, NJW 1987, S. 882; *Recken*, WM 1987, S. 889; *Teichmann*, JZ 1993, S. 990 (994).
53 S. insbes. BGHZ 85, S. 168 = NJW 1983, S. 218; BGH, LM Nr 3 zu § 651f BGB = NJW 1983, S. 35.
54 BGHZ 100, S. 157 (180 ff) = NJW 1987, S. 1931.
55 S. dazu Motive Bd. II, S. 175 f; *Medicus* II, § 109 (S. 216).

die Grundstücks- und die Wohnungsmakler. In erster Linie für sie haben daher die §§ 652 bis 655 Bedeutung. Daneben gilt für sie noch eine Reihe von Sonderregeln, von denen die §§ 15 bis 17 VerbrKrG, das Wohnungsvermittlungsgesetz von 1971[56], der § 34c GewO und die auf dessen Grundlage ergangene Makler- und Bauträger-VO[57] hervorzuheben sind. Zweck dieser Sondervorschriften ist durchweg ein umfassender Verbraucherschutz. Eine gesetzliche Neuregelung der Materie ist schon lange geplant, bisher aber an den divergierenden Interessen der Beteiligten gescheitert.

b) Der Maklervertrag[58] ist im Zweifel entgeltlich (§ 653). Gleichwohl ist der Maklervertrag vom Gesetz nicht als gegenseitiger Vertrag konstruiert worden, da den Makler grundsätzlich **keine** Tätigkeitspflicht trifft. Es ist vielmehr allein Sache des Maklers, ob er tätig werden will oder nicht. Wird er aber tätig, so steht ihm trotzdem der Maklerlohn, die sog. Provision nach § 652 nicht ohne weiteres, sondern nur unter zusätzlichen Voraussetzungen zu. Erforderlich ist zunächst, daß der Auftraggeber einen (wirksamen) Vertrag mit einem Dritten abgeschlossen hat, wozu er trotz der Bemühungen des Maklers nach dem Gesetz nicht verpflichtet ist. Außerdem muß noch hinzukommen, daß der Abschluß gerade auf der Tätigkeit des Maklers beruht; diese muß m.a.W. **kausal** für den Vertragsabschluß geworden sein. Dasselbe gilt zwingend für Wohnungsvermittler aufgrund des § 2 WohnungsvermittlungsG. 36

Es liegt nahe, daß die Makler auf vielfältige Weise versuchen, die für sie ungünstige gesetzliche Regelung durch ihre Geschäftsbedingungen zu ihrem Vorteil abzuändern. Beispiele sind der sog. Allein- oder Festauftrag. Die Gerichte stehen jedoch zu Recht derartigen Klauseln in Maklergeschäftsbedingungen überaus kritisch gegenüber. 37

2. Ehemaklerverträge

Besonderheiten gelten für Ehemakler- oder Heiratsvermittlungsverträge, da nach § 656 durch das Versprechen eines Lohnes für den Nachweis der Gelegenheit zur Eingehung einer Ehe oder für die Vermittlung des Zustandekommens einer Ehe eine Verbindlichkeit nicht begründet wird; jedoch kann das aufgrund des Versprechens Geleistete nicht deshalb zurückgefordert werden, weil durch solche Verträge eine Verbindlichkeit nicht begründet wird. 38

Der Grund für diese eigenartige, auch auf den zweiten Blick nur schwer verständliche Regelung liegt einmal in der (abwegigen) Vorstellung der Gesetzesverfasser, die Ehemakelei sei sittenwidrig, zum anderen in der Annahme, Klagen aus Ehemaklerverträgen müßten zu anstößigen und peinlichen Eingriffen in die Intimsphäre der Eheleute führen. Obwohl alle diese Erwägungen heute längst obsolet sind, wird doch § 656 nach wie vor als wirksam behandelt[59]. Alle Pläne zu einer Neuregelung sind bisher gescheitert. 39

---

56 BGBl. I, S. 1745 idF von 1993 (BGBl. I, S. 1257)
57 Vom 11.6.1975 (BGBl. I, S. 1351).
58 Das Gesetz spricht immer vom Mäklervertrag (heute unüblich).
59 BVerfGE 20, S. 31 = NJW 1966, S. 1211.

§ 11

40 Die Ehemakler versuchen verständlicherweise auf zahlreichen Wegen, der gesetzlichen Regelung auszuweichen. Allgemein üblich ist zunächst die Forderung von Vorschüssen schon bei Vertragsabschluß. Ein anderer ebenso beliebter Ausweg ist der Abschluß von **Eheanbahnungsdienstverträgen,** die sich von den eigentlichen Ehemaklerverträgen des § 656 vor allem dadurch unterscheiden, daß hier die Ehemakler echte Tätigkeitpflichten übernehmen. Die rechtliche Behandlung dieser Verträge ist umstritten. Von einer verbreiteten Meinung werden sie uneingeschränkt den §§ 611 ff unterstellt. Der BGH tendiert hingegen für den Regelfall zur entsprechenden Anwendung des § 656, schon, um sonst naheliegende Umgehungen des § 656 zu verhindern[60]. Im übrigen findet jedoch Dienstvertragsrecht und damit zB auch § 627 Anwendung, so daß beide Parteien jederzeit kündigen können[61]. Durch AGB kann nichts anderes bestimmt werden[62].

41 Besonders überzeugend ist diese Lösung nicht: Wenn man akzeptiert, daß § 656 eine verfehlte und durch die gesellschaftliche Entwicklung längst überholte Vorschrift ist, besteht nicht der geringste Anlaß, sie obendrein noch entsprechend auf Eheanbahnungsdienstverträge anzuwenden.

VII. Verwahrung

1. Allgemeines

42 Durch den Verwahrungsvertrag wird der Verwahrer verpflichtet, eine ihm von dem Hinterleger übergebene bewegliche Sache für diesen aufzubewahren (§ 688). Der Vertrag kann unentgeltlich oder entgeltlich sein (§§ 689, 690, 699). Im zweiten Falle handelt es sich um einen gegenseitigen Vertrag. Eine handelsrechtliche Sonderform ist das Lagergeschäft der §§ 416 ff HGB.

43 Äußerlich weist der Verwahrungsvertrag manche Ähnlichkeiten mit der Miete auf. Die Interessenlage ist jedoch bei ihm eine ganz andere. Während nämlich bei der Miete die Überlassung der Sache im Interesse des Mieters erfolgt (der deshalb dafür in Form des Mietzinses eine Gegenleistung zahlen muß), liegt bei der Verwahrung die Überlassung gerade im Interesse des Hinterlegers, der von der Sorge für die Sache entlastet werden will. Daher ist auch, sofern die Verwahrung entgeltlich ist, der Hinterleger und nicht etwa der Verwahrer zur Zahlung der Vergütung verpflichtet[63].

44 Aus dieser Interessenlage folgt, daß den Verwahrer die Pflicht trifft, in gewissem Umfang die Vermögensinteressen des Hinterlegers wahrzunehmen. Er schuldet deshalb nicht nur die Aufbewahrung der ihm übergebenen Sachen durch die Ge-

---

60 Grdl. BGHZ 87, S. 309 = NJW 1983, S. 2817 = JuS 1984, S. 58 Nr 3; BGHZ 106, S. 341 = NJW 1989, S. 1479; BGHZ 112, S. 122 = NJW 1990, S. 2550; BGH, LM Nr 5 zu § 656 BGB = NJW 1986, S. 927.
61 BGHZ 106, S. 341 = NJW 1989, S. 1479; BGHZ 112, S. 122 = NJW 1990, S. 2550; BGH, LM Nr 9 zu § 627 BGB = NJW 1987, S. 2808.
62 BGH (vorige Fn).
63 BGHZ 3, S. 200 (202) = NJW 1951, S. 957; ausführlich *Medicus* II, § 107 I (S. 209 ff).

währung von Raum, sondern ihn trifft auch eine Obhutspflicht hinsichtlich der Sachen (s. im einzelnen §§ 691-698).

2. Unregelmäßige Verwahrung

Eine praktisch wichtige Sonderform der Verwahrung ist der sog. unregelmäßige Verwahrungsvertrag, bei dem das Eigentum an den hinterlegten Sachen auf den Verwahrer übergeht. Äußerlich ist deshalb die Situation hier ähnlich wie beim Darlehen (§ 607). Während jedoch das Darlehen dem Interesse des Darlehensnehmers dient (der deshalb dafür idR als Gegenleistung Zinsen zahlen muß), steht hier das Interesse des Hinterlegers (oder besser Anlegers) im Vordergrund, der vorübergehend sein Geld günstig unterbringen will. Das Gesetz nimmt jedoch auf diesen Unterschied in § 700 keine Rücksicht, sondern ordnet grundsätzlich die Anwendung von Darlehensrecht auch auf die unregelmäßige Verwahrung an. Hauptbeispiel sind die Verträge über Geldeinlagen bei Banken einschließlich des Girovertrages[64]; denn auch bei ihm kann der Kontoinhaber jederzeit (das ist entscheidend für die Abgrenzung zum echten Darlehen) Auszahlung seines Guthabens verlangen.

45

VIII. Einbringung von Sachen bei Gastwirten

Im Anschluß an die Verwahrung regelt das Gesetz noch in den §§ 701 bis 704 die Haftung von Gastwirten, die gewerbsmäßig Fremde zur Beherbergung aufnehmen, für die von ihren Gästen eingebrachten (nicht notwendigerweise diesen gehörenden) Sachen. Es handelt sich dabei um eine **gesetzliche** Einstandspflicht, die **neben** die Haftung des Wirts aus dem etwaigen Beherbergungsvertrag tritt[65].

46

Die Haftung setzt **kein Verschulden** voraus und ist grundsätzlich zwingend, aber der Höhe nach beschränkt. Gleichsam zum Ausgleich gewährt das Gesetz in § 704 dem Gastwirt ein gesetzliches Pfandrecht an den eingebrachten Sache seiner Gäste. Keine Anwendung findet die Regelung jedoch auf bloße Schank- und **Speisewirte**, so daß diese Gastwirte nicht nach § 701 für die Entwendung der Garderobe ihrer Gäste haften[66]. Dies schließt aber natürlich nicht eine vertragliche Haftung des Gastwirts aus[67].

47

---

64 *Esser/Weyers*, § 38 III 1; *Häuser*, in: Gutachten II, S. 1317; *Medicus* II, § 108 IV (S. 212 f).
65 BGHZ 63, S. 65 = NJW 1974, S. 1818; BGHZ 63, S. 333 (336 ff) = NJW 1975, S. 645; wegen der Einzelheiten s. *Hohloch,* JuS 1984, S. 357.
66 BGH, LM Nr 13 zu § 688 BGB = NJW 1980, S. 1096.
67 ZB BGH (vorige Fn); KG, MDR 1984, S. 846.

§ 12 AUFTRAG

Literatur: *Isele*, Geschäftsbesorgung, 1935; *Lammel*, Verträge auf Interessenwahrung, in: Vertragsschuldverhältnisse, 1974, S. 259; *A. Lang*, Die neuere Rechtsprechung des BGH, WM 1988, Beil. 9 zu H. 46; *Musielak*, Entgeltliche Geschäftsbesorgung, in: Gutachten Bd. III, S. 1209.

Fall 14: Der Handelsvertreter A benötigt einen neuen Wagen. Da er aber keine Zeit hat, sich einen Wagen auszusuchen, bittet er den Kraftfahrzeugmeister B ihm für höchstens 6000,– DM einen gebrauchten Wagen zu besorgen. B sagt zu; auf dem Weg zu dem Gebrauchtwagenhändler V fällt B indessen hin und zerreißt sich die Hose. Dadurch verliert er jede Lust an der Ausführung des Auftrags und überredet deshalb seinen Freund C, einen Wagen für A zu erwerben. Obwohl C nicht viel von Autos versteht, kommt er der Bitte des B nach. Als B den von C erworbenen Wagen bei A abliefert, erzählt er ihm den ganzen Sachverhalt. A nimmt den Wagen zwar an, behält sich aber Ersatzansprüche vor, falls C ungünstig eingekauft haben sollte. Tatsächlich fällt der Wagen schon wenig später wegen eines Motorschadens aus. A muß sich daher für einige Zeit einen Wagen mieten. B bestreitet nicht, daß er den Schaden bemerkt und auf einer Reparatur bestanden hätte, zu der V jetzt nicht mehr verpflichtet ist, weil alle Gewährleistungsansprüche gegen ihn ausgeschlossen sind. Welche Ansprüche haben A und B?

I. Begriff

1   Unter einem Auftrag ist nach § 662 ein Vertrag zu verstehen, durch den sich eine Partei, der Beauftragte, verpflichtet, ein ihm von dem anderen Teil, dem Auftraggeber, übertragenes Geschäft für diesen unentgeltlich zu besorgen. Der Begriff des Geschäfts wird in diesem Zusammenhang üblicherweise ganz **weit** ausgelegt, so daß darunter jede beliebige Tätigkeit tatsächlicher oder rechtsgeschäftlicher Art in fremdem Interesse fällt[1]. Der Auftrag (oder besser Auftragsvertrag) bildet folglich – als unentgeltlicher Vertrag – das Gegenstück zu den entgeltlichen Dienst- und Werkverträgen. Einen gesetzlich geregelten Sonderfall des Auftrags stellt der Kreditauftrag des § 778 dar[2].

2   Die Bedeutung der §§ 662 ff erschöpft sich nicht in der Regelung der seltenen unentgeltlichen Auftragsverträge, sondern reicht tatsächlich wesentlich weiter, da die Rechtsordnung an zahlreichen Stellen, in denen sich aus einem bestimmten Rechtsverhältnis (ua) Interessenwahrungspflichten ergeben, zur näheren Verdeutlichung dieser Pflichten ebenfalls auf Auftragsrecht verweist[3]. Auf demselben Grundgedanken beruht § 675 (s. u. Rn 18 f). Die Vorschriften der §§ 662 bis 674

---

1   ZB BGHZ 16, S. 265 (266) = NJW 1955, S. 785; BGHZ 56, S. 204 (207) = NJW 1971, S. 1404; anders bei § 675 BGB, s. u. Rn 18.
2   S. dazu im einzelnen u. § 14 Rn 7.
3   Vgl für den Verein und damit für sämtliche Kapitalgesellschaften § 27 Abs. 3 BGB, für alle Personengesellschaften § 713 BGB in Verb. mit den §§ 105 Abs. 2 und 161 Abs. 2 BGB, für die Stiftung § 86 BGB, für die Testamentsvollstreckung § 2218 BGB, für Vormundschaft und Pflegschaft die §§ 1835 Abs. 1 und 1915 Abs. 1 BGB usw.

enthalten mithin im Grunde das Muster für die nähere Ausgestaltung aller **treuhänderischen** Verhältnisse.

II. Abschluß

Für den Abschluß des Auftragsvertrages gelten an sich keine Besonderheiten. Sonderregelungen finden sich lediglich in den praktisch wenig bedeutsamen Vorschriften des § 663 BGB und des § 360 HGB[4]. 3

Der Auftragsvertrag muß – als „echter", dh beiderseits bindender Vertrag – vor allem von den bloßen **Gefälligkeitsverhältnissen** abgegrenzt werden, aus denen sich, anders als aus einem Auftrag (s. § 662!), keine Leistungspflichten ergeben, weil die Parteien keine rechtliche Bindung gewollt haben. Indizien, die auf das Vorliegen eines Bindungswillens hinweisen, sind – neben den Abreden der Parteien – namentlich die wirtschaftliche Bedeutung der Angelegenheit für den Auftraggeber und die damit verbundenen Risiken für den Beauftragten[5]. 4

Der Auftrag als Regelung des Innenverhältnisses zwischen dem Auftraggeber und dem Beauftragten muß außerdem von einer etwaigen **Bevollmächtigung** des Beauftragten im Außenverhältnis unterschieden werden, die erforderlich ist, wenn der Beauftragte gegenüber Dritten mit rechtsgeschäftlicher Wirkung für den Auftraggeber tätig werden soll. Beides wird zwar häufig zusammentreffen, muß aber nach dem Gesetz streng getrennt werden (s. § 168). 5

III. Pflichten des Beauftragten

Der Beauftragte ist vor allem verpflichtet, den Auftrag sorgfältig auszuführen (§§ 662, 276). Er muß deshalb umfassend auf die Interessen des Auftraggebers Rücksicht nehmen und alles ihm Mögliche und Zumutbare tun, um die Interessen des Auftraggebers zu wahren und zu verwirklichen (§ 242). Soll er zB ein Grundstück verkaufen, so muß er sich um einen möglichst hohen Preis bemühen und darf keinesfalls unter dem Preis verkaufen, den der Käufer zu akzeptieren bereit ist[6]. 6

Bei der Durchführung des Auftrags ist der Beauftragte zwar grundsätzlich an **Weisungen** des Auftraggebers gebunden; unter bestimmten Voraussetzungen darf er jedoch von ihnen, wenn dies im Interesse des Auftraggebers liegt, abweichen (s. § 665). Ihn trifft, da er die Interessen des Auftraggebers umfassend zu wahren hat, außerdem eine Auskunfts- und Rechnungslegungspflicht (§ 666). Aus demselben Grund muß er nach § 667 alles herausgeben, was er aus der Geschäftsbesorgung erlangt hat, wozu sogar Schmiergelder gehören können, die er von einem Dritten 7

---

4 S. dazu zB *Schlechtriem*, Tz. 431 ff.
5 S. im einzelnen BGHZ 21, S. 102 (106 ff) = NJW 1956, S. 1212; BGHZ 56, S. 204 (208 ff) = NJW 1971, S. 1404.
6 ZB BGH, LM Nr 28 zu § 662 BGB = NJW 1982, S. 1752.

§ 12

erhalten hat⁷. Der Beauftragte ist schließlich noch verpflichtet, Gelder des Auftraggebers zu verzinsen, wenn er sie für sich verwendet (§ 668).

8   Jede leicht fahrlässige Verletzung einer dieser Pflichten macht den Beauftragten ersatzpflichtig (§ 276). Eine Haftungsmilderung kennt das Gesetz hier – trotz der Unentgeltlichkeit des Vertrages – wegen des treuhänderischen Charakter solcher Verhältnisse nicht. Aus ihm erklärt sich auch das sog. **Substitutionsverbot** des § 664 Abs. 1 S. 1, nach dem es dem Beauftragten im Zweifel verboten ist, die Ausführung des Auftrags einem Dritten zur **selbständigen** Erledigung anstelle des Beauftragten zu übertragen⁸. Die Hinzuziehung von unselbständigen Gehilfen ist dem Beauftragten hingegen in aller Regel unbenommen ist (§§ 664 Abs. 1 S. 2, 278).

9   Der Verstoß gegen das Substitutionsverbot ist eine positive Vertragsverletzung, die den Beauftragten für alle daraus resultierenden Schäden des Auftraggebers verantwortlich macht (§ 276). Daher kann in unserem Handelsvertreterfall 14 der A von B wegen dessen Verstoßes gegen das Substitutionsverbot Ersatz aller seiner Schäden infolge des Motorschadens an dem von B (über C) besorgten Wagen verlangen (§§ 664 Abs. 1 S. 1, 662, 276 Abs. 1, 249 und 251 Abs. 1).

IV. Pflichten des Auftraggebers

1. Aufwendungsersatz

10 Der Auftrag ist zwar ein unentgeltlicher Vertrag, aber keine Schenkung. Deshalb kann der Beauftragte Vorschuß verlangen, wenn zur Durchführung des Auftrags Aufwendungen erforderlich sind (§ 669). Nach Ausführung des Auftrags hat er außerdem einen Anspruch auf Ersatz derjenigen Aufwendungen, die er den Umständen nach für erforderlich halten durfte (§ 670).

11 Notwendige Aufwendungen iS des § 670 sind alle **freiwilligen** Opfer des Beauftragten zur Durchführung des Auftrages, die aus der Sicht eines vernünftigen Menschen (objektiv) erforderlich sind und die von der Rechtsordnung gebilligt werden. Den Gegensatz bilden auf der einen Seite die (unfreiwilligen) Schäden des Beauftragten (dazu u. Rn 12) und auf der anderen Seite unnötige, weil überflüssige, oder sonst zu mißbilligende Aufwendungen. Ersatzfähig sind daher bei einem Kaufauftrag zB die Reisekosten und der von dem Beauftragten verauslagte Kaufpreis, nicht hingegen von ihm an die Mitarbeiter des Verkäufers gezahlte Schmiergelder⁹. Auch für seine Arbeitszeit kann der Beauftragte im Regelfall keinen Ersatz fordern, da der Auftrag ein unentgeltlicher Vertrag ist, bei einer Vergütung der eingesetzten Arbeitszeit aber zu einem normalen gegenseitigen Vertrag würde¹⁰.

---

7 BGHZ 39, S. 1 = NJW 1963, S. 649 = JuS 1963, S. 244 Nr 2; BGH, LM Nr 28 zu § 662 BGB = NJW 1982, S. 1752; LM Nr 30 zu § 667 BGB = NJW-RR 1987, S. 1380.
8 S. zB BGH, LM Nr 1 zu § 664 BGB = NJW 1952, S. 257; LM aaO Nr 2 = NJW 1993, S. 1704 (1705).
9 BGHZ 37, S. 258 (263 f) = NJW 1962, S. 2010; BGH, LM Nr 12 zu § 670 BGB = NJW 1965, S. 293; BB 1978, S. 1415 (1416).
10 Im einzelnen str., s. *Dorn,* JZ 1964, S. 93; *Esser/Weyers,* § 35 II 2; H. *Köhler,* JZ 1985, S. 359; *Medicus* II, § 104 III 1 c (S. 198); *Schlechtriem,* Tz. 439.

2. Schadensersatz

Die geschilderte Regelung (o. Rn 11) kann im Einzelfall zu unbilligen Ergebnissen führen. War zB für beide Parteien erkennbar, daß mit der Durchführung des Auftrags die Gefahr bestimmter Schäden verbunden ist, so muß der Beauftragte von dem Auftraggeber, sei es analog § 670, sei es aufgrund des § 242, auch Ersatz verlangen können, wenn sich später tatsächlich dieses Risiko verwirklicht. Anwendbar sind dann auch die §§ 844 und 845, wenn der Beauftragte bei der Durchführung des Auftrags sein Leben verliert. Hat er besonders unvorsichtig gehandelt, so kann jedoch nach § 254 sein Ersatzanspruch gemindert sein[11].

12

Die **Abgrenzung** der hiernach ersatzfähigen Schäden bereitet häufig erhebliche Schwierigkeiten. Keinen Ersatz kann der Beauftragte jedenfalls für solche Schäden verlangen, die er eher zufällig bei der Durchführung des Auftrags erleidet und in denen sich letztlich nur das allgemeine Lebensrisiko realisiert, das jedermann selbst tragen muß[12]. Auch versteht es sich von selbst, daß der Beauftragte solche Schäden selbst tragen muß, deren Risiko er ausdrücklich oder nach dem Sinn des Vertrages übernommen hat. Für unseren Handelsvertreterfall 14 folgt hieraus, daß der Beauftragte B von A nur Ersatz des von ihm verauslagten Kaufpreises, nicht jedoch Ersatz wegen der Beschädigung seiner Kleidung verlangen kann, weil sich in dem Sturz nicht eine mit einem derartigen Auftrag typischerweise verbundene besondere Gefahr, sondern allein das allgemeine Lebensrisiko verwirklicht hat.

13

3. Fürsorgepflicht

Auf den Auftrag sind die §§ 618 und 619 entsprechend anwendbar. Den Auftraggeber trifft daher unter den dort genannten Voraussetzungen eine Fürsorgepflicht gegenüber dem Beauftragten[13].

14

V. Beendigung des Auftrags

Der Auftrag findet im Regelfall sein Ende mit der Erfüllung der beiderseitigen Pflichten (§ 362). In unserem **Fall 14** endeten daher die von B übernommenen Pflichten trotz dessen Verstoßes gegen das Substitutionsverbot (§ 664 Abs. 1 S. 1), als A den Wagen als Erfüllung annahm und dadurch zugleich das von C als Vertreter ohne Vertretungsmacht abgeschlossene Geschäft genehmigte (§§ 177, 362 Abs.1).

15

Der Auftrag kann grundsätzlich jederzeit von dem Auftraggeber widerrufen und von dem Beauftragten gekündigt werden (§ 671, entsprechend § 627). Er erlischt

16

---
11 BGHZ 7, S. 30 (34) = NJW 1952, S. 1249; BGHZ 38, S. 270 = NJW 1963, S. 390 = JuS 1963, S. 199 Nr 1; BGHZ 89, S. 153 = NJW 1984, S. 789; BGHZ 92, S. 270 (271) = NJW 1985, S. 429; *Larenz* Bd. II/1, § 56 III (S. 417 ff); *Medicus* II, § 104 II 1 b (S. 197 f); *Schlechtriem*, Tz. 440 f (S. 197 f).
12 Insbes. BGH, LM Nr 69 zu § 823 (C) BGB = NJW 1993, S. 2234 (2235) = JuS 1993, S. 1060 Nr 5.
13 BGHZ 16, S. 265 (267 ff) = NJW 1955, S. 785.

§ 12

außerdem im Zweifel mit dem Tode des Beauftragten (§ 673), nicht jedoch mit dem Tode des Auftraggebers (§ 672). Das Vertrauen des Beauftragten auf den Fortbestand des Auftrags wird im Rahmen des § 674 geschützt.

VI. Entgeltliche Geschäftsbesorgung

17   Nach § 675 findet auf einen Dienst- oder Werkvertrag, der eine Geschäftsbesorgung zum Gegenstand hat, ergänzend Auftragsrecht Anwendung; ausgenommen sind lediglich das Verbot des Substitution (§ 664) und das jederzeitige Kündigungsrecht beider Parteien (§ 671).

1. Begriff

18   a) Die Geschäftsbesorgungsverträge sind Dienst- oder Werkverträge, die sich von anderen Verträgen dieser Art (nur) dadurch unterscheiden, daß sie gerade eine Geschäftsbesorgung zum Gegenstand haben (§ 675). Die genaue Abgrenzung der Geschäftsbesorgungsverträge von den übrigen Dienst- und Werkverträgen ist umstritten. Der Grund liegt in der Unklarheit des Geschäftsbegriffs im Auftragsrecht. Denn faßt man diesen Begriff in § 675 ebensoweit wie in § 662 (s.o. Rn 1), so fallen mit Notwendigkeit sämtliche Dienst- oder Werkverträge zugleich unter § 675. Da dies indessen offenkundig nicht der Sinn des Gesetzes ist, bleibt nichts anderes übrig, als den Begriff hier **enger** als in § 662 zu verstehen und im wesentlichen auf selbständige Tätigkeiten wirtschaftlicher Art in fremdem Interesse zu beschränken[14]. Dahinter steht die Überlegung, daß das Gesetz in § 675 erkennbar nur solche Verträge im Auge hat, für die die Pflicht zur Wahrnehmung fremder Vermögensinteressen kennzeichnend ist, die m.a.W. **treuhänderischen** Charakter haben.

19   b) Der Anwendungsbereich des § 675 ist groß[15]. Uns bereits bekannte Beispiele von Geschäftsbesorgungsverträgen sind außer dem Rechtsanwaltsvertrag[16] namentlich die Bauträger- und Architektenverträge[17]. Weitere hierher gehörende Fälle sind die Verträge mit Steuerberatern und Wirtschaftsprüfern sowie mit Vermögens- oder Anlageberatern, außerdem die Bankverträge einschließlich etwa der Giroverträge und der Verträge mit den Kreditkartenunternehmen[18] sowie die Handelsvertreter- und die Kommissionsverträge. Denn alle diese Verträge bringen – in unterschiedlichem Umfang – die Pflicht mit sich, fremde Vermögensinteressen wahrzunehmen. Nicht hierher gehören hingegen die Arztverträge.

---

14   S. zB BGHZ 45, S. 223 (228 f) = NJW 1966, S. 1452; *Larenz* Bd. II/1, § 56 V (S. 421 ff); *Medicus* II, § 105 II (S. 201 f); *Musielak*, in: Gutachten Bd. II, S. 1209 (1220ff).
15   Ausführlich *Musielak*, in: Gutachten Bd. II, S. 1209 (1215f, 1234 ff).
16   S. o. § 9 Rn 16 ff.
17   S. o. § 11 Rn 1 und 6 ff.
18   BGHZ 84, S. 371 = NJW 1982, S. 2193; BGHZ 91, S. 221 = NJW 1984, S. 2460; BGH, WM 1994, S. 832 (834).

2. Gesetzliche Regelung

a) Die praktische Bedeutung der Geschäftsbesorgungsverträge ist erheblich. Um so auffälliger ist ihre stiefmütterliche Behandlung durch das BGB in § 675, in dem sich das Gesetz im Grunde auf einen pauschalen Verweis auf das Auftragsrecht beschränkt hat. Verständlich ist diese mißglückte Regelung im Grunde nur vor dem Hintergrund der komplizierten Entstehungsgeschichte des § 675, auf die hier jedoch nicht näher eingegangen werden kann[19].

b) Sämtliche Geschäftsbesorgungsverträge sind nach § 675 zunächst und in erster Linie Dienst- oder Werkverträge. Dies bedeutet, daß sich ihre rechtliche Behandlung primär nach den §§ 611 oder 631 ff zu richten hat[20]. § 675 kommt daneben lediglich die Bedeutung zu, daß **zusätzlich** zu dem Dienst- oder Werkvertragsrecht in einzelnen Beziehungen wegen der für die genannten Verträge charakteristischen Interessenwahrungspflichten des Verpflichteten Auftragsrecht Anwendung findet. Hervorzuheben sind namentlich die Bindung des Verpflichteten, zB der Bank, an die Weisungen des Berechtigten (§ 665), die umfassende Auskunfts- und Rechenschaftspflicht des Verpflichteten (§ 666)[21] sowie seine Herausgabepflicht aufgrund des § 667.

c) Nicht in Bezug genommen sind in § 675 allein die §§ 664 und 671 Abs. 1. Für § 671 Abs. 1 folgt dies einfach aus dem Vorrang der Vorschriften des Dienst- oder Werksvertragsrechts über die Vertragsbeendigung. Das Substitutionsverbot (§ 664) ergibt sich für Dienstverträge ebenfalls bereits aus § 613 S. 1. Auch sonst steht von Fall zu Fall nichts einer entsprechenden Anwendung des § 664 auf Geschäftsbesorgungsverträge im Wege[22]. In unserem **Fall 14** wäre daher das Ergebnis kein anderes gewesen, wenn A dem B für seine Bemühungen ein Honorar versprochen gehabt hätte; es liegt auf der Hand, daß der Pflichtenkanon des B bei Entgeltlichkeit des Vertrags nicht kleiner als bei Unentgeltlichkeit sein kann (§§ 631, 662, 664, 675).

VII. Ratserteilung

Literatur: *Bohrer*, Die Haftung des Dispositionsgaranten, 1980; *Emmerich*, Leistungsstörungen, § 5; *H. Honsell*, JuS 1976, S. 621; *K. Huber*, in: Festschr. f. v. Caemmerer, 1987, S. 359; *U. Hübner*, NJW 1989, S. 5; *Jost*, Vertragslose Auskunfts- und Beratungshaftung, 1991; *Köndgen*, Selbstbindung ohne Vertrag, 1981; *Larenz* Bd. II/1, § 56 VI; *Lorenz*, in: Festschr. f. Larenz, 1973, S. 575; *Musielak*, Haftung für Rat, Auskunft und Gutachten, 1974; *Schlechtriem*, Tz. 425 ff (S. 190 ff); *Hans Stoll*, in: Festschr. f. Flume Bd. I, 1978, S. 741; *Strauch*, JuS 1992, 897.

---

19 Wegen der Einzelheiten s. *Musielak*, in: Gutachten Bd. III, S. 1219 (1218 ff).
20 S. *Schlechtriem*, Tz. 451 ff (S. 200f).
21 Vgl zB für den Girovertrag BGH, LM Nr 115 zu § 675 BGB = NJW 1985, S. 2699 = JuS 1985, S. 989 Nr 4.
22 BGH, LM Nr 1 zu § 664 BGB = NJW 1952, S. 257.

§ 12

1. § 676 BGB

23 Nach § 676 begründet die bloße Erteilung eines Rats, einer Empfehlung oder, wie zu ergänzen ist, einer Auskunft noch keine Haftung für die Schäden, die sich bei ihrer Befolgung ergeben, freilich unbeschadet der Haftung aus Vertrag oder Delikt. Damit ist (nur) gesagt, daß Ratschläge, Empfehlungen und Auskünfte für sich allein noch keine Rechtsgeschäfte sind, sondern der außerrechtlichen, gesellschaftlichen Sphäre angehören, so daß sie eine Haftung allein bei Vorliegen weiterer zusätzlicher Voraussetzungen begründen können, wobei sowohl an vertragliche wie an deliktische Ansprüche zu denken ist. Näherer Betrachtung bedürfen hiervon lediglich vertragliche und vertragsähnliche Ansprüche.

2. Vertrag

24 Eine Haftung für falsche Auskünfte oder Ratschläge kann sich nach dem Gesagten (o. Rn 23) zunächst aus einem bereits **bestehenden** Vertrag ergeben. Es versteht sich zB von selbst, daß Rechtsanwälte, Steuerberater und Wirtschaftsprüfer ihren Mandanten haften, wenn sie ihnen schuldhaft unrichtige Ratschläge oder Auskünfte erteilen (§§ 611, 675, 276). In Ausnahmefällen ist es außerdem denkbar, daß bereits durch die bloße Erfüllung der Bitte um Erteilung eines Rats oder einer Auskunft ein hierauf gerichteter Vertrag **zustandekommt**. Die Praxis nimmt dies insbesondere dann an, wenn der Anfragende die gewünschte Auskunft oder den erbetenen Rat, für den anderen Teil erkennbar, zur Grundlage wesentlicher Vermögensdispositionen machen will und der andere Teil für die Auskunft oder den Rat besonders sachkundig ist oder wenn er doch an der Angelegenheit selbst wirtschaftlich interessiert ist[23].

25 Mit dieser Begründung wird namentlich häufig die Haftung der Banken für Auskünfte bejaht, die sie Dritten, die nicht ihre Kunden sind, zB über die Deckung eines Schecks oder die Kreditwürdigkeit einer Person erteilen[24]. Auch für unrichtige Anlageempfehlungen können die Banken unter diesem Gesichtspunkt verantwortlich sein[25]. Insgesamt ist jedoch bei der Annahme eines derartigen „Auskunftsvertrages" große Zurückhaltung geboten, weil hier immer die Gefahr besteht, daß lediglich nachträglich ein Vertrag fingiert wird, um zu der gewünschten Haftung des die Auskunft oder den Rat Erteilenden zu gelangen[26].

---

23 Vgl zB BGHZ 49, S. 167 = NJW 1968, S. 588 = JuS 1968, S. 240 Nr 5; BGHZ 61, S. 176 = NJW 1973, S. 1923; *Lang*, WM 1988, Beil. 9, S. 17 f.
24 ZB BGH, LM Nr 39 zu § 676 BGB = NJW 1990, S. 513; *Canaris*, Bankvertragsrecht, 4. Aufl. (1988), Tz. 75 ff.
25 BGHZ 100, S. 117 = NJW 1987, S. 1815.
26 S. statt aller *Strauch*, JuS 1992, S. 897 (898 f).

3. Cic

a) Eine Haftung für unrichtige Auskünfte und Ratschläge kann sich außerdem aus cic ergeben, da im Rahmen von Vertragsverhandlungen in zunehmendem Maße die Pflicht der besser informierten Partei anerkannt wird, die andere über sämtliche für ihren Vertragsentschluß wesentlichen Umstände sachgerecht aufzuklären. Dieselben Aufklärungspflichten können unter zusätzlichen Voraussetzungen (neben den Parteien) auch Vertreter und sonstige sog. **Sachwalter** treffen, sofern der andere Teil gerade ihnen, namentlich wegen ihrer herausragenden Sachkunde oder Vertrauenswürdigkeit, ein besonderes Vertrauen entgegenbringt oder wenn sie selbst an dem Abschluß des Vertrages ein unmittelbares, eigenes wirtschaftliches Interesse haben[27].

26

b) Die Sachwalterhaftung namentlich von Rechtsanwälten, Steuerberatern und Wirtschaftsprüfern verselbständigt sich in jüngster Zeit zunehmend, so daß hier verschiedentlich bereits die Entwicklung einer neuen besonderen Vertrauenshaftung „zwischen Vertrag und Delikt" diagnostiziert worden ist[28]. Beispiele sind die von der Rechtsprechung entwickelte Prospekthaftung der verschiedenen letztlich hinter Anlagegesellschaften stehenden Personen sowie die gelegentlich angenommene Haftung von Rechtsanwälten, Steuerberatern und Wirtschaftsprüfern für die Richtigkeit der von ihnen angefertigten Gutachten oder Testate nicht nur gegenüber ihren Vertragspartnern, sondern auch gegenüber Dritten, für die letztlich die Gutachten oder Testate bestimmt waren[29].

27

§ 13 GESCHÄFTSFÜHRUNG OHNE AUFTRAG

Literatur: *Gursky*, AcP 185 (1985), S. 13; *Helm*, Geschäftsführung ohne Auftrag, in: BMJ (Hrsg.), Gutachten Bd. III, S. 335; *Medicus*, Bürgerliches Recht, §§ 17 und 18; *Oppermann*, AcP 193 (1993), S. 497; *Schubert*, AcP 178 (1978), S. 125; *Schwerdtner*, Jura 1982, S. 593 und 642; *Seiler*, in: Festschr. f. Hübner, 1985, S. 239; *H. Stoll*, in: Festgabe für Weitnauer, 1980, S. 411; *Wittmann*, Begriff und Funktionen der Geschäftsführung ohne Auftrag, 1981; *Wollschläger*, Die Geschäftsführung ohne Auftrag, 1976; *ders.*, JA 1979, S. 57, 126 und 182.

Selbstaufopferungs-Fall 15: Dem Kraftfahrer G läuft plötzlich der unerkannt geisteskranke S, der sich auf einem Spaziergang befindet, in die Fahrbahn. G kann deshalb dem S nur noch dadurch ausweichen, daß er seinen Wagen in den Straßengraben lenkt. Dabei wird das Auto des G völlig zerstört; G selbst erleidet erhebliche Verletzungen. Er verlangt jetzt Schadensersatz von dem vermögenden S. Wie wäre es, wenn es sich bei S nicht um einen geisteskranken Spaziergänger, sondern um einen Selbstmörder gehandelt und G dies erkannt hätte?

---

27 S. Leistungsstörungen, § 5 V (S. 67 ff).
28 S. *Emmerich*, Jura 1987, S. 561 m. Nachw.
29 S. MünchKom, Vor § 275 Rn 191-193.

§ 13

I. Überblick

1. In den §§ 677 bis 687 regelt das Gesetz im Anschluß an den Auftrag noch das **gesetzliche** Schuldverhältnis der Geschäftsführung ohne Auftrag[1] sowie im Zusammenhang damit noch die verwandten Fälle der Geschäftsanmaßung (§ 687 Abs. 2) und der irrtümlichen Führung eines fremden Geschäfts als eigenes (§ 687 Abs. 1). Der Grund für diese überraschende Einordnung der GoA unter den vertraglichen Schuldverhältnissen ist allein der Umstand, daß bei der berechtigten GoA ein dem Auftrag inhaltlich entsprechendes, jedoch eben gesetzliches Schuldverhältnis entsteht (s. die §§ 681 und 683).

2. Innerhalb der GoA hat man weiter die Fälle der berechtigten und der unberechtigten GoA zu unterscheiden. Die Voraussetzungen der berechtigten GoA ergeben sich in erster Linie aus den §§ 677 und 683. Fehlt es an diesen Voraussetzungen, so ist das Eingreifen des Geschäftsführers rechtswidrig mit der Folge, daß ihn eine strenge Haftung trifft (§ 678); anders verhält es sich lediglich in den Fällen der §§ 680 oder 682. Im übrigen richten sich die Rechtsfolgen dann nach Delikts- und Bereicherungsrecht (§ 684 S. 1).

3. Der Anwendungsbereich der GoA ist in den letzten Jahren durch die Rechtsprechung immer weiter ausgedehnt worden, weil in sämtlichen Fällen, in denen jemand im Interessenkreis eines anderen tätig wird, die §§ 683 und 670, jedenfalls auf den ersten Blick, einen bequemen Weg zur Konstruktion von Regreßansprüchen eröffnen. Das Rechtsinstitut der GoA droht infolgedessen langsam sämtliche Konturen einzubüßen. Diese Entwicklung ist zwar in der Literatur auf verbreitete Kritik gestoßen[2]; ein Ende ist jedoch nicht abzusehen[3].

II. Berechtigte Geschäftsführung ohne Auftrag

1. Auftragslose Geschäftsführung

4. Eine GoA kann nach § 677 nur angenommen werden, wenn jemand „ein Geschäft für einen anderen besorgt", ohne dazu beauftragt oder sonst dazu berechtigt zu sein. Erste Voraussetzung jeder GoA ist damit eine Geschäftsbesorgung für einen anderen ohne Auftrag oder sonstige Berechtigung dazu, wobei das Gesetz mit dem zuletzt genannten Merkmal lediglich auf besondere und damit vorrangige andere Ausgleichsordnungen verweist. Mehr ist damit nicht gesagt, so daß sonstige Eingriffsrechte, zB aus Besitz (s. § 859), nichts an der Anwendbarkeit der Regeln über die GoA ändern (vgl § 904 S. 2).

---

1 Im folgenden immer GoA abgekürzt.
2 S. zB *Esser/Weyers*, § 46 II 2 (S. 394 ff); *Gursky*, Jura 1969, S. 103; ders., AcP 185, S. 13 (25 ff); *Hauss*, in: Festg. f. Weitnauer, 1980, S. 333; *Larenz* Bd. II/1, § 57 I a (S. 439 ff); *Medicus*, Bürgerliches Recht, § 17 II 3 (Tz. 410 ff); *Schwark*, JuS 1984, S. 321; zust. hingegen zB *Wollschläger*, GoA.
3 S. *A. Lang*, WM 1988, Beil. 9, S. 18 ff.

a) Geschäft

Der Begriff des Geschäfts ist in § 677 derselbe wie in § 662[4] und umfaßt folglich sämtliche fremdnützigen Handlungen rechtsgeschäftlicher oder tatsächlicher Art. Rettungshandlungen zugunsten Dritter, zB der Einbruch in das brennende Haus des verreisten Nachbarn, sind, wie namentlich § 680 zeigt, sogar die „klassischen" Anwendungsfälle der GoA, so daß auch die Selbstaufopferung eines Kraftfahrers zur Rettung eines Passanten wie in unserem **Fall 15** ohne Bedenken als Geschäftsbesorgung iS des § 677 eingestuft werden kann[5].

b) Fremdgeschäftsführungswillen

aa) Bedeutung

Die GoA setzt nach § 677 weiter voraus, daß die Geschäftsbesorgung gerade „**für** einen anderen" erfolgt. Hieraus ergibt sich, daß zu den Voraussetzungen der GoA auch ein subjektives Element gehört, das meistens Fremdgeschäftsführungswillen genannt wird. Die Bedeutung dieses Tatbestandsmerkmals erhellt vor allem aus der Vorschrift des § 687 Abs. 1, nach der eine GoA ausgeschlossen ist, wenn der Geschäftsführer der irrigen Meinung ist, es handele sich bei dem fremden Geschäft um ein eigenes. Aus Abs. 2 dieser Vorschrift folgt zugleich, daß sogar das bloße Bewußtsein, ein fremdes Geschäft zu führen, noch keine GoA schafft, solange nicht ein entsprechender **Wille** hinzukommt (vgl aber auch § 686).

bb) Feststellung

Die Feststellung des Fremdgeschäftsführungswillens, dh des Willens, gerade **für** einen anderen tätig zu werden, bereitet häufig Schwierigkeiten. Üblicherweise unterscheidet man deshalb verschiedene **Fallgruppen**, in denen vorrangig die Annahme einer GoA in Betracht kommt. Wichtig ist vor allem die Unterscheidung objektiv und subjektiv fremder Geschäfte. Als **objektiv** fremde Geschäfte gelten solche, die schon ihrem Inhalt nach (in erster Linie) einen anderen angehen und deshalb ohne weiteres zu einem fremden Interessenkreis gehören, so daß ihre Durchführung prinzipiell der Sorge eines anderen obliegt. Beispiele sind die Rettung eines anderen aus Gefahren für Leib und Leben[6], die Rettung des Eigentums eines anderen vor dessen Zerstörung sowie die Bezahlung fremder Schulden. In solchen Fällen ist häufig die **Vermutung** gerechtfertigt sein, daß der Täter mit Fremdgeschäftsführungswillen gehandelt hat[7].

Anders hingegen bei den **subjektiv** fremden Geschäften, unter denen man solche Geschäfte versteht, die ihrem äußeren Erscheinungsbild nach an sich neutral sind

---

4 S.deshalb o. § 12 Rn 1.
5 BGHZ 38, S. 270 = NJW 1963, S. 390 = JuS 1963, S. 199 Nr 1; BGHZ 43, S. 188 = NJW 1965, S. 1271 = JuS 1965, S. 366 Nr 5; BGHZ 92, S. 270 = NJW 1985, S. 492.
6 BGHZ 92, S. 270 = NJW 1985, S. 492.
7 ZB BGHZ 98, S. 235 (240) = NJW 1987, S. 187; *Medicus* II, § 124 I 3 b (S. 288).

§ 13

und deshalb durchaus auch Eigengeschäfte des Geschäftsführers darstellen können. Derartige Geschäfte werden zu fremden erst durch den (hier nicht zu vermutenden) Willen des Geschäftsführers, sie für einen anderen zu führen.

9   Die Abgrenzung der subjektiv fremden Geschäfte von der Eigengeschäftsführung ist namentlich dann schwierig, wenn der Geschäftsführer mit seinen Maßnahmen **zugleich eigene** Interessen verfolgt oder gar eigene Pflichten erfüllt. Obwohl nun in diesen Fällen alles für die Annahme spricht, daß der (angebliche) Geschäftsführer allein im eigenen Interesse tätig wird, während ihm altruistische Motive idR ganz fern liegen dürften, bejaht die Rechtsprechung doch selbst hier häufig einen Fremdgeschäftsführungswillen, um sich so den Zugang zu den §§ 683, 670 zu eröffnen[8]. Dies ist indessen allenfalls dann gerechtfertigt, wenn der Fremdgeschäftsführungswillen irgendwie nach außen hervorgetreten ist[9].

10 Deshalb kann auch die häufig festzustellende Tendenz der Praxis, bei **Nichtigkeit** eines Dienst- oder Werkvertrags zur Abwicklung des Verhältnisses einfach auf die Regeln über die GoA zurückzugreifen[10], keine Billigung finden. Wer aufgrund eines vermeintlich wirksamen Vertrages tätig wird, verfolgt damit grundsätzlich allein den Zweck, seinen vertraglichen Pflichten nachzukommen; für einen Fremdgeschäftsführungswillen ist daneben kein Raum. Die Abwicklung solcher Verhältnisse hat sich folglich allein nach Bereicherungsrecht zu richten[11].

cc) *Geschäftsfähigkeit*

11 Die GoA setzt als gesetzliches (nicht vertragliches) Schuldverhältnis keine Geschäftsfähigkeit auf der Seite des Geschäftsführers voraus; insbesondere ist hier kein Raum für die Anwendung der §§ 104 ff[12]. Jedoch haftet ein in der Geschäftsfähigkeit beschränkter Geschäftsführer zu seinem Schutz nur nach Bereicherungs- und Deliktsrechts (§ 682).

c) *Beispiele*

12 Unbedenklich ist die Annahme einer GoA nach dem Gesagten (o. Rn 7 ff) allein in den Fällen, in denen der Geschäftsführer eindeutig aus **altruistischen** Motiven tätig wird. Beispiele sind Hilfeleistungen bei Gefahr[13], etwa Hilfsmaßnahmen in Seenot[14] oder im Falle eines verbrecherischen Überfalls[15], sowie das Abwenden drohender

---

8   ZB BGHZ 16, S. 12 (16) = NJW 1955, S. 257; BGHZ 54, S. 157 (160) = NJW 1970, S. 1841; BGHZ 82, S. 323 (330) = NJW 1982, S. 875; BGHZ 98, S. 235 (240) = NJW 1987, S. 187; BGH, LM Nr 27 zu § 677 BGB = NJW 1985, S. 2756; *Lang*, WM 1988, Beil. 9, S. 18; *Schlechtriem*, Tz. 611 (S. 262 f); – dagegen mit Recht *Beuthien*, JuS 1987, S. 841; *Esser/Weyers*, § 46 II 2c, *Gursky*, AcP 185, S. 13 (36 ff); *Medicus* II, § 124 III 1 (S. 293 f); ders., Bürgerliches Recht, § 17 II 3 (Tz. 411 f).
9   BGHZ 40, S. 28 (31) = NJW 1963, S. 1825.
10 So zB BGHZ 37, S. 258 (262 f) = NJW 1962, S. 2010; BGHZ 39, S. 87 (90) = NJW 1963, S. 950; BGH, LM Nr. 32 zu § 677 BGB = NJW 1993, S. 3196 m. Nachw.
11 S. *Larenz*, S. 441; *Medicus* II, § 124 I 4 (S. 289); *Schlechtriem*, Tz. 613 (S. 264).
12 S. statt aller *Schlechtriem*, Tz. 620 (S. 666); str.
13 BGHZ 92, S. 270 = NJW 1985, S. 492.
14 BGHZ 67, S. 368 (371 f) = NJW 1977, S. 530.
15 BGHZ 52, S. 115 (116) = NJW 1969, S. 1665.

Gefahren, zB durch das Anhalten eines unbeleuchteten gefährlichen Fahrzeugs[16]. In vielen anderen Fällen, in denen die Praxis ebenfalls GoA bejaht hat, lag hingegen tatsächlich nicht mehr vor als die gleichzeitige Berührung **eigener und fremder** Interessenkreise, woraus dann ohne weiteres auf einen Fremdgeschäftsführungswillen des Geschäftsführers geschlossen wurde. So wurde zB entschieden bei Hilfsmaßnahmen der Feuerwehr durch Löschung eines von Bundesbahnlokomotiven verursachten Waldbrandes[17] oder durch Bergung eines umgestürzten Tankwagens[18] sowie bei der Beseitigung gefährlicher Straßenverschmutzungen durch die Straßenbaubehörden[19] oder von Schäden an Kraftfahrzeugen durch eine Werkstatt, wenn für die Schäden eindeutig eine andere Werkstatt verantwortlich ist[20].

Für die **Selbstaufopferung** im Straßenverkehr[21] folgt aus dem Gesagten, daß ein Fremdgeschäftsführungswille hier nur dann angenommen werden kann, wenn der sich aufopfernde Fahrer nicht zur Rettung verpflichtet war, weil ein etwaiger Unfall für ihn ein unabwendbares Ereignis iS des § 7 Abs. 2 StVG gewesen wäre. Denn nur dann stellt die Rettungshandlung für ihn (ausnahmsweise) ein objektiv fremdes Geschäfts dar, so daß die Vermutung eines Fremdgeschäftsführungswillens gerechtfertigt ist. Wäre hingegen der Fahrer für den Unfall nach § 7 Abs. 1 StVG oder gar wegen Verschuldens nach § 823 BGB verantwortlich gewesen, so ist die Rettungshandlung im wesentlichen ein eigenes Geschäft des Fahrers mit dem Ziel, die Belastung mit Schadensersatzansprüchen zu vermeiden, so daß für die Annahme einer GoA zugunsten des Geretteten kein Raum mehr ist[22]. **13**

2. Interesse und Wille des Geschäftsherrn

a) Grundsatz

Zweite regelmäßig erforderliche Voraussetzung der berechtigten GoA ist nach § 683 S. 1, daß die Übernahme der Geschäftsführung dem Interesse **und** dem wirklichen oder mutmaßlichen Willen des Geschäftsherrn entspricht. **Beides** muß mithin vorliegen, damit eine berechtigte GoA angenommen werden kann, wobei der (geäußerte oder vermutete) Wille des Geschäftsherrn in jedem Fall den Vorrang hat. Hat er sich die Geschäftsführung verboten, so muß diese daher unterbleiben, mag der Wille des Geschäftsherrn, objektiv gesehen, auch noch so unvernünftig sein. Nur wenn sich sein Wille nicht feststellen läßt, kommt es statt dessen auf seinen mutmaßlichen Willen an, der sich idR, aber nicht notwendig mit seinen objektiv verstandenen Interessen decken wird. **14**

---

16 BGHZ 43, S. 188 (190 f) = NJW 1965, S. 1271 = JuS 1966, S. 366 Nr 5.
17 BGHZ 40, S. 28 (30 f) = NJW 1963, S. 1825.
18 BGHZ 63, S. 167 (169) = NJW 1975, S. 207.
19 BGHZ 65, S. 354 (357 f) = NJW 1976, S. 619.
20 BGH, LM Nr 50 zu § 133 (C) BGB = NJW 1982, S. 2235.
21 Vgl unseren **Fall 15**.
22 S. BGHZ 38, S. 270 = NJW 1963, S. 390 = JuS 1963, S. 199 Nr 1; *Berg*, JuS 1975, S. 681 (685); *Esser/Weyers*, § 46 II 2 c; *Hagen*, NJW 1966, S. 1893; *Medicus*, Bürgerliches Recht, § 17 II 3 (Tz. 411 f); *G. Reinicke*, JuS 1964, S. 420 (426 f).

§ 13

b) Ausnahmen

15   In zwei Fällen sind das Interesse und der Wille des Geschäftsherrn unbeachtlich. Der erste Fall ergibt sich aus § 684 S. 2, nach dem die GoA dann berechtigt ist, wenn sie vom Geschäftsherrn nachträglich genehmigt wird. Das versteht sich auf dem Boden der Privatautonomie im Grunde von selbst. Der zweite hierher gehörende Fall findet sich in § 679, nach dem ein der Geschäftsführung entgegenstehender Wille des Geschäftsherrn unbeachtlich ist, wenn ohne die Geschäftsführung eine Pflicht des Geschäftsherrn, deren Erfüllung im öffentlichen Interesse liegt, oder eine gesetzliche Unterhaltspflicht des Geschäftsherrn nicht rechtzeitig erfüllt würden (s. auch § 683 S. 2). Beispiele sind der Schutz des öffentlichen Verkehrs vor unmittelbar drohenden Gefahren, die Rettung von Menschen in akuter Not sowie die Erfüllung der Unterhaltspflicht der Eltern gegenüber ihren Kindern durch einen Dritten[23].

16   Fraglich ist, ob die Rettung eines **Selbstmörders**[24] über § 679 als GoA erfaßt werden kann, da die Gesetzesverfasser die Erfüllung bloßer sittlicher Pflichten für die Anwendung des § 679 gerade nicht genügen lassen wollten[25]. Der der Rettung entgegenstehende Wille des Selbstmörders kann deshalb nur dann vernachlässigt werden, wenn man ihn zugleich als sittenwidrig qualifiziert (§ 138 Abs. 1)[26].

3. Rechtsfolgen

17   Die berechtigte GoA hat verschiedene Rechtsfolgen. Sie ist zunächst ein Rechtfertigungsgrund für etwaige Eingriffe des Geschäfsführers in die Rechtsgüter des Geschäftsherrn. Vor allem aber begründet sie zwischen den Parteien ein auftragsähnliches gesetzliches Schuldverhältnis, aus dem sich für beide Beteiligten Rechte und Pflichten ergeben.

a) Pflichten des Geschäftsführers

18   Der Geschäftsführer muß das Geschäft sorgfältig führen, und zwar so, wie es dem Interesse **und** dem wirklichen oder mutmaßlichen Willen des Geschäftsherrn entspricht (§ 677). Sobald es tunlich ist, muß er außerdem die Übernahme der Geschäftsführung dem Geschäftsherrn anzeigen und dessen Entschließung abwarten (§ 681 S. 1). Der Geschäftsherr kann sich daher jederzeit die weitere Geschäftsführung eines anderen verbitten, so daß er selbst bei der GoA letztlich stets „Herr des Geschäfts" bleibt.

---

23 S. in diesem Zusammenhang aber auch § 685 Abs. 2.
24 Vgl die **zweite Variante** unseres **Selbstaufopferungs-Falles 15**.
25 Protokolle Bd. II, S. 738.
26 So zB BayObLGZ 1968, S. 200 = MDR 1968, S. 920 = VersR 1968, S. 951; *Berg,* JuS 1975, S. 681 (686); *Schlechtriem,* Tz. 619; kritisch *Esser/Weyers,* § 46 II 3 b; *Maurer,* JuS 1970, S. 561; *Medicus* II, § 124 II 1 c (S. 291).

Die weiteren Pflichten des Geschäftsführers entsprechen weitgehend denen eines rechtsgeschäftlich Beauftragten (s. § 681 S. 2 in Verb. mit den §§ 666-668). Den Geschäftsführer trifft daher namentlich eine Auskunfts- und Rechenschaftspflicht sowie eine Herausgabepflicht (§§ 666 und 667). Jeder schuldhafte Verstoß gegen die genannten Pflichten macht ihn schadensersatzpflichtig (§ 276). Nur wenn die Geschäftsführung die Abwendung einer dem Geschäftsherrn drohenden Gefahr bezweckt, beschränkt sich seine Haftung auf Vorsatz und grobe Fahrlässigkeit (§ 680; vgl auch § 682 und dazu o. Rn 11).

19

b) Pflichten des Geschäftsherrn

Hauptpflicht des Geschäftsherrn ist seine Pflicht zum Aufwendungsersatz (§ 683 S. 1 in Verb. mit § 670). Der Begriff der Aufwendungen wird hier ebensoweit wie in § 670 verstanden[27]. Er umfaßt daher alle freiwilligen Vermögensopfer des Geschäftsführers zur Durchführung des Geschäfts, soweit sie objektiv notwendig sind. Dazu gehört hier entsprechend § 1835 Abs. 2 auch eine angemessene Vergütung für die von dem Geschäftsführer geleistete Arbeit[28]. Darüber hinaus kann der Geschäftsführer Ersatz für solche Schäden verlangen, die aus Gefahren entspringen, die typischerweise mit der Durchführung eines derartigen Geschäfts verbunden sind[29]. Der Aufwendungsersatzanspruch entfällt jedoch, wenn der Geschäftsführer von vornherein nicht die Absicht hatte, Aufwendungsersatz zu verlangen (§ 685).

20

III. Unberechtigte Geschäftsführung ohne Auftrag

Von einer unberechtigten GoA spricht man, wenn die Voraussetzungen des § 683 S. 1 nicht vorliegen und der Geschäftsherr die Geschäftsführung auch nicht genehmigt (§ 684 S. 2). In solchen Fällen ist kein Raum für die Anwendung der Vorschriften über die berechtigte GoA (§§ 677, 681, 683); die Geschäftsführung muß vielmehr, weil rechtswidrig, unterbleiben.

21

Wird der Geschäftsführer gleichwohl tätig, so haftet er auf jeden Fall aus Delikt. Außerdem trifft ihn, wenn er bei der Übernahme der Geschäftsführung fahrlässig gehandelt hat, eine strenge Haftung für sämtliche Schäden des Geschäftsherrn aufgrund des § 678. Diese Haftung entfällt nur unter den engen Voraussetzungen der §§ 680 und 682[30]. Im übrigen richtet sich die Abwicklung des Verhältnisses zwischen den Beteiligten nach Bereicherungsrecht (§ 684 S. 1). Umstritten ist, ob es sich dabei um eine Rechtsgrund- oder Rechtsfolgenverweisung handelt. Die besseren Gründe sprechen hier wohl für die Annahme einer Rechtsgrundverweisung[31]. Auf keinen Fall haftet aber der Geschäftsherr für aufgedrängte Bereicherungen, zB für Aufwendungen des Geschäftsführers, die ihm nichts nutzen[32].

22

---

27 S. deshalb o. § 12 Rn 11 ff.
28 *Medicus* II, § 124 II 2 a (S. 292); *Schlechtriem*, Tz. 624 (S. 268).
29 ZB *Esser/Weyers*, § 46 II 4 c; *Genius*, AcP 173 (1973), S. 481.
30 BGH, LM Nr 2 zu § 680 BGB = NJW 1972, S. 475.
31 S. *Schlechtriem*, Tz. 628 f (S. 269); anders zB OLG Hamm, NJW-RR 1991, S. 1303 f.
32 *Medicus* II, § 124 II 3 a (S. 293).

§ 13

IV. Unechte Geschäftsführung

23 § 687 regelt im Anschluß an die GoA noch zwei Fälle, in denen mangels Fremdgeschäftsführungswillens an sich gar keine GoA vorliegt. Der erste Fall ist die irrtümliche Führung eines objektiv fremden Geschäfts als eigenes (§ 687 Abs. 1), der zweite die sog. Geschäftsanmaßung (§ 687 Abs. 2). Praktische Bedeutung hat allein der zuletzt genannte Fall.

24 1. Eine **Geschäftsanmaßung** liegt vor, wenn jemand ein fremdes Geschäft als sein eigenes behandelt, obwohl er weiß, daß er dazu nicht berechtigt ist, dh wenn der Geschäftsführer ein objektiv fremdes Geschäft bewußt allein im eigenen Interesse führt. Beispiele sind die Nutzung fremder Sachen und Rechte sowie der Verkauf oder die Vermietung fremder Sachen. Nicht hierher gehören hingegen Eingriffe in vertragliche Alleinvertriebsrechte oder Wettbewerbsverbote, die nicht gegen Dritte wirken[33].

25 2. In den Fällen der Geschäftsanmaßung liegt in aller Regel eine unerlaubte Handlung vor (§ 823), so daß der Berechtigte Schadensersatz verlangen kann; daneben dürften häufig die Voraussetzungen der Eingriffskondiktion (§ 812 Abs. 1 S. 1 Fall 2) erfüllt sein[34]. Keine dieser beiden Anspruchsgrundlagen eröffnet dem Berechtigten jedoch den Zugriff auf den von dem Verletzer **erzielten Gewinn** (s. §§ 252, 818 Abs. 2). Das ist besonders mißlich, wenn der Berechtigte, wie häufig bei Eingriffen in gewerbliche Schutzrechte oder Urheberrechte, außerstande ist, den ihm selbst entgangenen Gewinn zu beziffern. Vor allem in solchen Fällen erlangt die durch § 687 Abs. 2 S. 1 begründete **Gewinnhaftung** des Eingreifers praktische Bedeutung (s. §§ 681 S. 2, 667). Macht der Geschäftsherr diesen Anspruch auf Gewinnherausgabe geltend, so schuldet er zum Ausgleich dem unechten Geschäftsführer Aufwendungsersatz bis zur Höhe seiner Bereicherung[35].

---

33 BGH, LM Nr 13 zu § 687 BGB = NJW 1984, S. 2411; LM Nr 14 aaO = NJW 1988, S. 3018; str.; anders zB *H. Roth*, in: Festschr. f. Niederländer, 1991, S. 361 (379 ff).
34 S. u. § 17 Rn 2 ff.
35 Das ist der Sinn der mißverständlichen Verweisung auf § 684 S. 1 in § 687 Abs. 2 S. 2; s. *Esser/Weyers*, § 46 IV 2 b; *Larenz*, S. 453; *Medicus* II, § 124 III 2 (S. 294); *Schlechtriem*, Tz. 634 (S. 271).

TEIL IV

Sichernde und bestärkende Verträge

§ 14 BÜRGSCHAFT

Literatur: *Bülow*, Recht der Kreditsicherheiten, 3. Aufl. (1993); *Staub/Canaris*, Bankvertragsrecht, 4. Aufl. (1988); *Hadding*, Bürgschaft und Garantie, in: BMJ, Gutachten Bd. III, S. 571; *Henssler*, Risiko als Vertragsgegenstand, 1994; *N. Horn*, Bürgschaften und Garantien, 5. Aufl. (1991); *B. Kleiner*, Die Abgrenzung der Garantie von der Bürgschaft und anderen Vertragstypen, 1972; *Kübler*, Feststellung und Garantie, 1967; *Nörr/Scheyhing*, Sukzessionen, 1983; *Reinicke/Tiedtke*, Gesamtschuld und Schuldsicherung, 2. Aufl (1988); *Rottnauer*, Die Mobiliarkreditsicherheiten, 1992; *Reifner*, Handbuch des Kreditrechts, 1991, § 42; *Hj. Weber*, Sicherungsgeschäfte, 3. Aufl. (1986).

Bürgschafts-Fall 16: 1. Kaufmann S hatte auf sein Konto bei der X-Bank mehrere Schecks in Höhe von insgesamt 38 000,- DM gezogen, obwohl keine Deckung vorhanden war. Deshalb verweigerte die X-Bank zunächst die Einlösung der Schecks, änderte jedoch später ihre Haltung aufgrund einer Intervention des Minderkaufmanns B, eines Geschäftspartners des S, der ihr telefonisch erklärte, er mache sich „stark" dafür, daß bis zum Ende der Woche Deckung für die Schecks beigeschafft werde. Kurz danach übernahm der B auch noch für eine Kaufpreisforderung des Fabrikanten G gegen den S in Höhe von 5000,- DM schriftlich die selbstschuldnerische Bürgschaft. S geriet später in Vermögensverfall; Zahlungen sind von ihm nicht mehr zu erwarten. Kann die X-Bank von B die Zahlung der 38 000,- DM fordern? Kann auch G von B die Zahlung von 5000,- DM nebst 10% Zinsen seit dem Tag verlangen, an dem S in Verzug geraten ist? G behauptet, er sei zur Aufnahme eines zu 10% verzinslichen Darlehens gezwungen gewesen, als die Zahlung des S ausblieb. Kann B demgegenüber einwenden, die von G gelieferte Ware sei mangelhaft gewesen?

2. B zahlt den von G geforderten Betrag. Als er später erfährt, daß sich vor ihm auch noch der A für dieselbe Schuld des S gegenüber dem G verbürgt hatte, fordert er von A Zahlung desjenigen Betrages, den er selbst an G gezahlt hat. Hätte B gegen den A auch dann Ansprüche, wenn er erst 2000,- DM an G gezahlt hat?

I. Überblick

Die sog. sichernden und bestärkenden Verträge bilden neben den Veräußerungsverträgen, den Gebrauchsüberlassungsverträgen, den Tätigkeitsverträgen und der Gesellschaft den fünften Grundtypus der vom BGB geregelten schuldrechtlichen Verträge. Hierher gehören neben der Bürgschaft (§§ 765 bis 777) insbesondere noch der Kreditauftrag (§ 778), der Vergleich (§ 779) sowie das Schuldversprechen und das Schuldanerkenntnis (§§ 780 bis 782).

1

§ 14

2   Das BGB hat die Bürgschaft in den §§ 765 bis 777 vor allem deshalb verhältnismäßig ausführlich geregelt, weil sie die Grundform der sog. **Personal**sicherheiten ist, früher oft auch Interzessionen genannt. Den Gegensatz bilden die **Real**sicherheiten, namentlich in Gestalt des Pfandrechts oder der Sicherungsübereignung, die von den Gläubigern wegen ihrer größeren Sicherheit häufig den Personalsicherheiten vorgezogen werden. Von einer generellen Überlegenheit der Realsicherheiten gegenüber den Personalsicherheiten kann indessen keine Rede sein. Man denke nur an Bürgschaften oder Garantien des Staates oder der Banken.

II. Abgrenzung

1. Garantievertrag

> **Literatur:** *Bülow*, Tz. 1067 ff (S. 304 ff); *Hadding*, S. 682 ff; *Horn*, aaO; *Reinikke/Tiedtke*, S. 105 ff; *Schlechtriem*, Tz. 565 ff (S. 245); *Weber*, S. 62 ff; *Weth*, AcP 189 (1989), S. 303 (307 ff).

3   Als Garantie oder Garantievertrag werden (formlose) Verträge bezeichnet, durch die sich der eine Teil, der Garant, gegenüber dem anderen Teil, dem Garantieempfänger, verpflichtet, für das Eintreten eines bestimmten in der Zukunft liegenden Erfolges wie zB der Erfüllung einer Forderung einzustehen. Eine sog. Forderungsgarantie ist daher ohne weiteres geeignet, dieselbe Funktion wie eine Bürgschaft zu übernehmen. Rechtlich bestehen jedoch erhebliche Unterschiede. Während nämlich die Bürgschaft grundsätzlich akzessorisch und subsidiär ist (s. u. Rn 19 ff), wird durch die Garantie eine **selbständige**, dh von der gesicherten Forderung unabhängige, eigene, primäre Leistungspflicht des Garanten begründet, so daß der Garantieempfänger von ihm Bezahlung verlangen kann, wann immer die „gesicherte" Forderung nicht pünktlich erfüllt wird[1]. Das gilt grundsätzlich selbst dann, wenn die gesicherte Forderung nicht entstanden oder mit Einreden oder Einwendungen behaftet ist. Auf die Verpflichtung des Garanten zur Erfüllung der Garantie hat dies alles keinen Einfluß, sofern die Parteien nicht ausnahmsweise etwas vereinbart haben.

4   Garantien sind für den Garanten ausgesprochen gefährlich. Sie sollten deshalb nur dort angenommen werden, wo sich aus den Umständen eindeutig ein entsprechender Verpflichtungswille des Versprechenden ergibt[2]. In unserem **Fall 16** dürfte diese Voraussetzung nach den ganzen Umständen jedoch (ausnahmsweise) erfüllt sein, so daß die Bank, nachdem sich das garantierte Risiko (fehlende Deckung der Schecks) verwirklicht hat, von B Zahlung verlangen kann[3].

---

1 ZB BGH, LM Nr 43 zu § 249 (Bb) BGB = NJW 1985, S. 2941.
2 S. zB BGH, LM Nr 23 zu § 305 BGB = NJW 1981, S. 2295.
3 Ebenso BGH, LM Nr 13 zu § 765 BGB = NJW 1967, S. 1020.

2. Schuldbeitritt

Literatur: *Bülow*, Tz. 1092 ff (S. 312 ff); *Nörr/Scheyhing*, § 31 (S. 407 ff); *Reinikke/Tiedtke*, S. 103 ff.

a) Der Schuldbeitritt, auch Schuldmitübernahme oder kumulative Schuldübernahme genannt, unterscheidet sich ebenso wie die Garantie vor allem dadurch von der Bürgschaft, daß durch ihn eine neue **selbständige**, dh im Gegensatz zur Bürgschaft nichtakzessorische Verpflichtung des Beitretenden **neben** der des ursprünglichen Schuldners begründet wird. Die Verpflichtung des Beitretenden ist daher nur in ihrer **Entstehung**, nicht hingegen in ihrem Fortbestand von der Verpflichtung des anderen Schuldners abhängig. Beide sind folglich Gesamtschuldner, so daß sich, sobald der Beitritt einmal wirksam geworden ist, beide Verpflichtungen nach § 425 durchaus unterschiedlich entwickeln können[4].

b) Im Gegensatz zur Bürgschaft (§ 766) ist der gesetzlich nicht geregelte Schuldbeitritt jederzeit **formlos** möglich (§ 305)[5]. Daraus darf indessen nicht der Schluß gezogen werden, daß in sämtlichen Fällen, in denen bei einer Interzession die Form des § 766 nicht beachtet worden ist, dann eben ein (formlos möglicher) Schuldbeitritt anzunehmen ist; vielmehr kommt diese Annahme grundsätzlich nur in Betracht, wenn der Beitretende deutlich ein **eigenes** wirtschaftliches Interesse an der Erfüllung der gesicherten Forderung hat[6]. Fehlt es hieran, so ist von der (formbedürftigen) Bürgschaft als der gesetzlichen Regelform der Haftung für fremde Schuld auszugehen[7].

3. Kreditauftrag

Kreditauftrag nennt man den Vertrag, durch den sich jemand (entgeltlich oder unentgeltlich) gegenüber einem anderen verpflichtet, einem Dritten im eigenen Namen und auf eigene Rechnung Kredit zu gewähren (§ 778). Es handelt sich dabei um einen Auftrag oder um eine Geschäftsbesorgung (§§ 662, 675), so daß sich die Beziehungen der Beteiligten in erster Linie nach Auftragsrecht richten. Für den Kreditauftrag gilt daher ebenfalls nicht die Formvorschrift des § 766. Von den anderen Formen der Personalsicherheit unterscheidet er sich durch die **Verpflichtung** des Beauftragten zur Kreditgewährung an den Dritten, an der der Auftraggeber idR ein eigenes Interesse haben wird[8]. Im Unterschied zum Auftrag kann jedoch der aus einem Kreditauftrag Verpflichtete weder einen Vorschuß noch Aufwendungsersatz verlangen (§§ 669, 670); vielmehr haftet ihm nach § 778 der Auftraggeber lediglich für die Erfüllung der Darlehensschuld durch den Dritten wie ein Bürge.

---

4 ZB BGH, LM Nr 71 zu § 607 BGB = NJW 1985, S. 252; OLG Hamm, NJW 1988, S. 3022; *Weber*, S. 61 ff.
5 ZB RGZ 50, S. 160 (162); BGH, LM Nr 15 zu § 766 BGB = NJW 1972, S. 576.
6 ZB BGH, LM Nr 15 zu § 765 BGB = NJW 1968, S. 2332; LM Nr 12 zu § 414 BGB = WM 1985, S. 1417; *Bülow*, Tz. 1094 (S. 313); *Horn*, S. 4 ff; *Medicus* II, § 113 II 2 c (S. 239); *Tiedtke*, ZIP 1986, S. 69 (71).
7 *Bülow*, Tz. 680 (S. 179).
8 S. *Esser/Weyers*, § 40 V 2; *Reinicke/Tiedtke*, S. 108 f.

§ 14

III. Zustandekommen

1. Vertrag zwischen Gläubiger und Bürge

8 a) Das Wesen der Bürgschaft besteht nach § 765 in der Übernahme der selbständigen Verpflichtung des Bürgen, dem Gläubiger für die Erfüllung der Verbindlichkeit eines Dritten, des sog. Hauptschuldners einzustehen. Die Bürgschaft wird mithin durch einen Vertrag zwischen dem Bürgen und dem Gläubiger begründet, an dem der Schuldner grundsätzlich nicht beteiligt ist[9]. Im Regelfall stellt die Bürgschaft mithin einen einseitig verpflichtenden Vertrag zu Lasten des Bürgen dar, aus dem sich keine Verpflichtungen des Gläubigers ergeben, auch nicht zur Aufklärung des Bürgen über das mit der Bürgschaft verbundene Risiko, weil sich darüber jeder selbst informieren muß[10]. Anders verhält es sich nur, wenn sich der Gläubiger (ausnahmsweise) zur Zahlung einer Gegenleistung für die Übernahme der Bürgschaft seitens des Bürgen verpflichtet. In diesem Fall bildet die Bürgschaft einen normalen gegenseitigen Vertrag.

9 b) An dem Abschluß des Bürgschaftsvertrages ist der Hauptschuldner nach dem Gesagten (o. Rn 8) im Regelfall nicht beteiligt. Dies bedeutet zugleich, daß der Gläubiger aus der bloßen Zusage eines Dritten gegenüber dem **Schuldner**, für ihn eine Bürgschaft zu übernehmen, grundsätzlich keine Rechte herleiten kann. Anders jedoch, wenn die Abreden zwischen dem Schuldner und dem Dritten ausnahmsweise als Vertrag zugunsten des Gläubigers interpretiert werden können (§§ 328 Abs. 1, 765 Abs. 1); in diesem Fall ist dann auch die Formvorschrift des § 766 zu beachten[11].

2. Form

10 Bürgschaften sind (wie alle Interzessionen) ausgesprochen gefährlich. Das kommt schon in dem alten Rechtssprichwort: „Den Bürgen sollst du würgen" sehr deutlich zum Ausdruck. Auch Goethe versäumte es deshalb nicht, seinen Sohn August in einem Brief vom 19. September 1816 dringend davor zu warnen, jemals eine Bürgschaft zu übernehmen, und sei es für seinen besten Freund[12].

11 An dieser den meisten Menschen gar nicht bewußten Gefährlichkeit von Bürgschaften hat sich bis heute nichts geändert. Das Gesetz hat deshalb in § 766 S. 1 (nur) für die Bürgschaftserklärung des Bürgen (nicht also für deren Annahme durch den Gläubiger) Schriftform vorgeschrieben. Ausnahmen gelten lediglich für Vollkaufleute aufgrund der §§ 350 und 351 HGB. Außerdem wird durch die Erfüllung der Hauptverbindlichkeit seitens des Bürgen ein etwaiger Formmangel nach § 766 S. 2 geheilt (vgl § 313 S. 2).

---

9 *Bülow*, Tz. 670 (S. 175 f).
10 S. Leistungsstörungen, § 5 III 2 c, cc (S. 56 f).
11 BGH, LM Nr 36 zu § 328 BGB = NJW 1984, S. 2088; *Weber*, S. 15, 18.
12 Briefe, Hamburger Ausgabe Bd. III Nr 1068, S. 367 f.

a) Umfang

Das Schriftformerfordernis hat in erster Linie **Warnfunktion**. Zu Recht achtet die Rechtsprechung deshalb hier zum Schutze des Bürgen vor Übereilung strikt auf die genaue Einhaltung der Schriftform (§ 126), so daß zB eine Bürgschaft weder durch Telegramm noch durch Telefax übernommen werden kann[13]. Aus der Bürgschaftsurkunde muß sich außerdem immer im einzelnen die Person des Gläubigers, der Verbürgungswille sowie die verbürgte Hauptschuld mit hinlänglicher Deutlichkeit ergeben[14]. Unklarheiten oder Widersprüche in der Bürgschaftsurkunde können zwar durch Auslegung beseitigt werden, sofern sich für den „wirklichen" Willen der Parteien wenigstens Andeutungen in der Urkunde finden. Wenn es jedoch selbst hieran fehlt, ist die Bürgschaft mangels Einhaltung der gesetzlichen Form nichtig, selbst wenn sich die Parteien tatsächlich über den Inhalt des Bürgschaftsvertrages einig gewesen sein sollten[15]. Hingegen sind Abreden, durch die die Bürgschaft entgegen der Bürgschaftsurkunde **eingeschränkt** werden, jederzeit formlos möglich, weil dadurch der Bürge nur begünstigt wird[16].

12

b) Globalbürgschaften

Globalbürgschaften sind Bürgschaften, durch die der Bürge die Haftung für **sämtliche** Forderungen des Gläubigers aus einer bestimmten Geschäftsverbindung zu dem Schuldner übernimmt. Die Rechtsprechung ließ solche die Bürgen besonders belastenden Abreden bisher idR unter Berufung auf § 765 Abs. 2 zu. Als Ausgleich wurde dem Bürgen lediglich das Recht zugebilligt, das Bürgschaftsverhältnis nach einer bestimmten Zeit, freilich unter angemessener Berücksichtigung der Interessen des Gläubigers zu kündigen[17].

13

> Diese Praxis kann keine Billigung finden. Wie immer man die fraglichen, üblicherweise von Banken verwandten Klauseln auslegt, es bleibt dabei, daß der Bürge hier letztlich auf unbestimmte Zeit ein nahezu unbegrenztes Risiko eingeht. Deshalb fehlt es bei den Globalbürgschaften tatsächlich an der nötigen Bestimmbarkeit der gesicherten Forderung, so daß sie unwirksam sind[18]. Diese Auffassung setzt sich immer mehr durch.

14

---

13 BGHZ 24, S. 297 = NJW 1957, S. 1275; BGHZ 121, S. 224 (229 ff) = NJW 1993, S. 1126 = LM Nr 26 zu § 766 BGB.
14 S. BGHZ 26, S. 142 (146) = NJW 1958, S. 217; BGHZ 76, S. 187 = NJW 1980, S. 1459; BGH, LM Nr 21 zu § 133 (A) BGB = NJW-RR 1987, S. 1138; LM Nr 24 zu § 766 BGB = NJW 1993, S. 724; LM Nr 25 zu § 766 BGB = NJW 1993, S. 1261.
15 BGH, LM Nr 20 zu § 766 BGB = NJW 1989, S. 1484; LM Nr 22 zu § 766 BGB = NJW 1992, S. 1448; eingehend *Tiedtke*, WM 1989, S. 737; *ders.*, ZIP 1990, S. 413; *Reinicke/Tiedtke*, S. 110 ff.
16 BGH, WM 1986, S. 11; *Tiedtke* (vorige Fn).
17 BGH, LM Nr 38 zu § 765 BGB = NJW 1985, S. 848; LM Nr 19 zu § 766 BGB = NJW 1986, S. 928; LM Nr 71 zu § 607 BGB = NJW-RR 1990, S. 1265; LM Nr 70 zu § 765 BGB = NJW 1990, S. 1909.
18 *Horn*, S. 47 ff; *ders.*, in: Festschr. f. Merz, 1992, S. 217; *Tiedtke*, ZIP 1986, S. 149 (150 f); 1990, S. 413 (414).

§ 14

c) Sonstige Erweiterungen

15 Das Schriftformerfordernis erstreckt sich auf sämtliche Erweiterungen der Bürgenhaftung über den gesetzlichen Rahmen hinaus, so daß zB bei der selbstschuldnerischen Bürgschaft auch der Verzicht auf die Einrede der Vorausklage schriftlich erfolgen muß[19]. Schwierigkeiten ergeben sich hieraus namentlich bei **Nichtigkeit** der Hauptforderung, etwa wegen eines Verstoßes gegen § 138, weil dann zweifelhaft ist, ob die Bürgschaft jetzt wenigstens die verbleibende Bereicherungsforderung des Gläubigers sichert. Die Frage ist nur zu bejahen, wenn die Parteien eine entsprechende Vereinbarung getroffen haben[20]. In allen anderen Fällen dürfte die Erstreckung der Bürgenhaftung auf die Bereicherungsansprüche des Gläubigers indessen dem Willen des Bürgen widersprechen[21].

d) Übergabe der Urkunde

16 Das Gesetz verlangt in § 766 S. 1 nicht nur die schriftliche Abfassung, sondern ausdrücklich auch die entsprechende „Erteilung der Bürgschaftserklärung". Deshalb ist zusätzlich erforderlich, daß die Bürgschaftsurkunde dem Gläubiger übergeben wird, damit der Bürgschaftsvertrag zustande kommt[22]. Dies kann freilich auch bereits vor Begründung der Hauptverbindlichkeit geschehen. Selbst eine blanko unterzeichnete Bürgschaftsurkunde begründet daher die Haftung des Bürgen, vorausgesetzt, daß sie anschließend vom Gläubiger abredegemäß ausgefüllt wird. Anders hingegen bei abredewidriger Ausfüllung; der Bürge haftet dann grundsätzlich auch nicht in dem ursprünglich vorgesehenen Umfang[23]. Nur im Einzelfall kann sich etwas anderes aus Rechtsscheingesichtspunkten ergeben[24].

3. Sittenwidrigkeit

17 Mit Bürgschaften wird viel Mißbrauch getrieben, dem die Gerichte bisher nicht mit dem nötigen Nachdruck entgegengetreten sind. Ein besonders „trauriges" Kapitel sind die in jüngster Zeit lebhaft diskutierten Bürgschaften der in der Regel vermögens- und häufig auch einkommenslosen Angehörigen von Bankschuldnern. Erweist sich hier der Schuldner später als zahlungsunfähig, so kann der Rückgriff der Bank auf die Angehörigen für diese zur Folge haben, daß sie auf Jahrzehnte, wenn nicht lebenslang ihr gesamtes Einkommen, soweit es die Pfändungsfreigrenzen übersteigt, an die Bank abführen müssen.

---

19 § 773 Abs. 1 Nr 1; BGH, LM Nr 1 zu § 773 BGB = NJW 1968, S. 2332.
20 BGH, LM 34 zu § 3 AGBG = NJW 1992, S. 1234 = WM 1992, S. 135.
21 Anders häufig die Praxis, zB BGH, LM Nr 49 zu § 765 BGB = NJW 1987, S. 2076; dagegen mit Recht *Tiedtke*, ZIP 1990, S. 413 (414 f).
22 BGHZ 121, S. 224 (228f) = NJW 1993, S. 1126.
23 BGH, LM Nr 18 zu § 766 BGB = NJW 1984, S. 798.
24 S. *Bülow*, Tz. 681 (S. 179).

Trotz dieser verheerenden Auswirkungen hatte die Rechtsprechung derartige Bürgschaften zunächst überwiegend gebilligt[25]. Diese Praxis hat indessen zu Recht nicht die Billigung des BVerfG gefunden, das demgegenüber mit Nachdruck die Notwendigkeit einer **Inhaltskontrolle** in derartigen Fällen betont, so daß Bürgschaften einkommens- und vermögensloser Angehöriger in Zukunft häufig an § 138 Abs. 1 BGB scheitern dürften[26].

18

IV. Akzessorietät

Literatur: *Bülow*, Tz. 696 ff (S. 183 ff); *Hadding*, S. 619 ff; *Medicus* II, § 113 II 1; *ders.*, JuS 1971, S. 497; *Reinicke/Tiedtke*, S. 119 ff; *K. Schmidt*, in: Festschr. f. Serick, 1992, S. 329; *Weber*, S. 23 ff; *ders.*, JuS 1971, S. 553.

1. Grundsatz

Die Bürgschaft unterscheidet sich von der Garantie und dem Schuldbeitritt vor allem dadurch, daß der Bürge nur für eine **fremde** Schuld einstehen will. Die Bürgenschuld ist deshalb in ihrer Entstehung, ihrem Fortbestand, ihrem Umfang und in ihrer Durchsetzbarkeit von der Hauptverbindlichkeit abhängig; sie ist, wie man sagt, an diese angelehnt oder akzessorisch[27]. Dies kommt an verschiedenen Stellen des Gesetzes deutlich zum Ausdruck:

19

Bereits die Entstehung der Bürgenschuld ist davon abhängig, daß die Hauptverbindlichkeit wirksam entsteht (§ 765). Nach § 767 Abs. 1 S. 1 richtet sich außerdem der Umfang der Verpflichtung des Bürgen nach dem **jeweiligen** Bestand der Hauptverbindlichkeit, so daß die Bürgschaft mit der Hauptverbindlichkeit abnehmen oder wachsen kann. Der Bürge kann weiter die dem Hauptschuldner zustehenden Einreden geltend machen (§ 768) und die Leistung verweigern, solange der Schuldner anfechten oder der Gläubiger aufrechnen kann (§ 770). Schließlich geht noch nach § 401 die Bürgschaft mit der Abtretung der Hauptforderung automatisch auf den neuen Gläubiger über. Wird der Übergang der Bürgschaft ausgeschlossen, so erlischt sie folgerichtig, da sie nicht selbständig fortbestehen kann[28]. Aus demselben Grunde ist eine selbständige Abtretung der Rechte aus der Bürgschaft nicht möglich[29].

20

---

25 Insbes. BGHZ 106, 235 = NJW 1989, S. 830 = JuS 1989, S. 491 Nr 5 „Söhnefall"; BGH, LM Nr 74 zu § 765 BGB = NJW 1991, S. 2015 = JuS 1991, S. 856 Nr 4 „Studentenfall"; enger freilich schon BGH, LM Nr 8 zu § 55 GewO = NJW 1991, S. 923 = JuS 1991, S. 510 Nr 4 „Griechenfall"; BGHZ 120, S. 272 = NJW 1993, S. 322 = JuS 1993, S. 340 Nr 5 alle m. Nachw.
26 Grdlg. BVerfG, NJW 1994, 36 = JuS 1994, S. 251 Nr. 1; ebenso jetzt BGH, NJW 1994, S. 676 u. 680; dazu *Grün*, WM 1994, S. 713; *Pape*, ZIP 1994, S. 515; *H. Honsell*, NJW 1994, S. 565.
27 S. bes. *Medicus*, aaO; ebenso BGHZ 115, S. 177 (183) = NJW 1991, 3025: „strenge Akzessorietät".
28 BGHZ 115, S. 177 (181 ff) = NJW 1991, S. 3025.
29 BGHZ 115, S. 177 (180, 183) = NJW 1991, S. 3025.

§ 14

21 Hieraus folgt vor allem, daß sich die Bürgenschuld, wenn die Hauptverbindlichkeit durch Verschulden oder Verzug des Hauptschuldners erweitert oder verändert wird, ebenfalls entsprechend erweitert oder verändert (§ 767 Abs. 1 S. 2). Der Bürge haftet daher zB für Schadensersatzansprüche des Gläubigers wegen Nichterfüllung, für eine etwaige Vertragsstrafe, die der Schuldner verwirkt hat[30], sowie für sämtliche Kosten der Rechtsverfolgung des Gläubigers (§ 767 Abs. 2). Für unseren Bürgenfall 16 bedeutet dies, daß der Bürge B in der Abwandlung auch für den Verzugsschaden des G in Gestalt dessen Belastung mit Kreditzinsen in Höhe von 10% haften muß (§§ 767 Abs. 1 S. 2, 286 Abs. 1 und 288 Abs. 2).

2. Einreden

a) § 768 BGB

22 Der Bürge kann grundsätzlich sämtliche dem Hauptschuldner zustehenden Einreden geltend machen; ein Verzicht des Hauptschuldners auf die Einreden wirkt nicht gegen ihn (§ 768). Zu denken ist hier vor allem an die Einreden der Verjährung (§ 222), des nichterfüllten Vertrages (§§ 320, 273) und der Stundung. Dasselbe gilt für sonstige rechtshindernde oder rechtsvernichtende Einwendungen.

23 Eine Unterbrechung der Verjährung der Hauptforderung ist allein durch eine Klage gegen den Hauptschuldner, nicht durch eine Klage gegen den Bürgen möglich[31]. Verzichtet der Hauptschuldner in diesem Prozeß auf die Verjährungseinrede oder ergeht trotz Verjährung der Hauptforderung ein Versäumnisurteil, so ändert dies nichts an der Befugnis des Bürgen, sich auf die eingetretene Verjährung zu berufen, da aus der Akzessorietät der Bürgschaft keine Rechtskrafterstreckung folgt. Ein Urteil in dem Prozeß des Gläubigers gegen den Hauptschuldner wirkt daher nicht gegen den Bürgen, wohl aber zu seinen Gunsten, sofern die Klage des Gläubigers gegen den Hauptschuldner rechtskräftig abgewiesen worden ist[32].

b) § 770 BGB

24 Der Bürge ist nicht befugt, etwaige Gestaltungsrechte des Hauptschuldners, zB ein Anfechtungs-, Aufrechnungs-, Kündigungs- oder Rücktrittsrecht auszuüben. Das Gesetz verleiht ihm statt dessen in § 770 ein **Leistungsverweigerungsrecht**, solange der Hauptschuldner noch anfechten oder der Gläubiger aufrechnen kann. Dasselbe gilt, wenn und solange der Schuldner aufrechnen, wandeln oder mindern kann oder ihm ein sonstiges Gestaltungsrecht zusteht[33]. In unserem Bürgschaftsfall 16 hat daher der Bürger B ein Leistungsverweigerungsrecht gegenüber dem Fabrikanten G, solange der Schuldner S wegen der Mängel der von G gelieferten Waren noch wandeln oder mindern kann (§§ 770, 459 Abs. 1, 462).

---

30 BGH, LM Nr 18 zu § 667 BGB = NJW 1982, S. 2305.
31 BGHZ 76, S. 222 = NJW 1980, S. 1460.
32 S. § 768 Abs. 2 BGB; BGHZ 76, S. 222 (230 f) = NJW 1980, S. 1460; BGH, LM Nr 4 zu § 768 = NJW 1970, S. 279; *Weber*, S. 37 f.
33 Vgl *Bülow*, Tz. 711 (S. 187); *Esser/Weyers*, § 40 III 5; *Reinicke/Tiedtke*, S. 125 f; *Schlechtriem*, Tz. 553 (S. 240); *Tiedtke*, ZIP 1990, S. 413 (417 f).

3. Ausnahmen

Die Akzessorietät der Bürgschaft kann in Konflikt mit elementaren Sicherungsinteressen des Gläubigers geraten. Das Gesetz hat dem für bestimmte Fälle durch eine Einschränkung der Akzessorietät Rechnung getragen[34]. Hieraus folgt der allgemeine Grundsatz, daß der Bürge **selbständig** forthaftet, wenn die Hauptschuld aus Gründen untergeht oder ermäßigt wird, die letztlich auf dem Vermögensverfall des Schuldners beruhen[35]. Ein Beispiel ist die Löschung einer juristischen Person, für deren Verbindlichkeiten sich ein Dritter verbürgt hat, ohne Konkurs wegen Vermögenslosigkeit nach dem Löschungsgesetz von 1934. Trotz Untergangs der Hauptschuld haftet hier der Bürge selbständig fort[36].

25

4. Erlöschen [37]

Die Schuld des Bürgen erlischt vor allem durch Erfüllung seitens des Bürgen (§ 362). Hierbei muß der Bürge auf die Interessen des Schuldners in der gebotenen Weise Rücksicht nehmen, so daß er verpflichtet ist, die Berechtigung des Gläubigers sowie das Bestehen von Einwendungen zu prüfen. Ist die Hauptforderung zB offenbar verjährt, so darf er nicht an den Gläubiger zahlen, widrigenfalls er seinen Rückgriffsanspruch aus dem Innenverhältnis verwirkt[38].

26

Die Verpflichtung des Bürgen erlischt außerdem mit Erlöschen der gesicherten Hauptforderung; das ist eine notwendige Auswirkung ihrer Akzessoriätet, dh ihrer Abhängigkeit von dem Fortbestand der Hauptverbindlichkeit[39]. Ein weiterer Erlöschensgrund ergibt sich aus § 776 für den Fall, daß der Gläubiger eine Sicherheit aufgibt, die auf den Bürgen im Falle seiner Zahlung nach § 774 übergegangen wäre. Das Gesetz will hierdurch in erster Linie eine nachträgliche Verschlechterung der Position des Bürgen durch einseitige Maßnahmen des Gläubigers verhindern. Deshalb ist die Praxis, die die formularmäßige Abbedingung des § 776 durchweg billigt[40], nicht unbedenklich[41]. In bestimmten Fällen, namentlich bei Globalbürgschaften und in vergleichbaren Fällen, kann der Bürge außerdem die Bürgschaft unter angemessener Berücksichtigung der Interessen des Gläubigers für die Zukunft kündigen, um seine Haftung angemessen zu begrenzen[42]. Die Beweislast für alle

27

---

34 Vgl für die beschränkte Erbenhaftung § 768 Abs. 1 S. 2 sowie für den Zwangsvergleich § 193 S. 2 KO und § 82 Abs. 2 S. 1 VergleichsO; s. *Bülow*, Tz. 701 f (S. 184f); *Weber*, S. 29.
35 BGHZ 82, S. 323 (326 ff) = NJW 1982, S. 875; BGH, LM Nr 87 zu § 765 BGB = NJW 1993, S. 1917 = WM 1993, S. 1080 (1082).
36 BGHZ 82, S. 323 = NJW 1982, S. 875.
37 S. dazu *Bülow*, Tz. 683 f (S. 180 f).
38 BGHZ 95, S. 375 (385) = NJW 1986, S. 310; s.u. Rn 32 ff.
39 S. zB BGHZ 82, S. 323 (326 ff) = NJW 1982, S. 875; OLG Hamburg, NJW 1986, S. 1691; *Weber*, S. 35 f.
40 S. BGHZ 78, S. 137; 95, S. 350 = NJW 1986, S. 43; etwas enger BGH, LM Nr 17 zu § 366 BGB = NJW-RR 1986, S. 518.
41 *Hammen*, WM 1988, S. 1809.
42 S. schon o. Rn 13; außerdem BGH, LM Nr 71 zu § 607 BGB = NJW 1986, S. 252 (253); LM Nr 87 zu § 765 BGB = WM 1993, S. 1080 (1082).

§ 14

diese Einreden und Einwendungen trägt der Bürge, während die Entstehung der Hauptforderung und der Bürgschaft gegebenenfalls der Gläubiger beweisen muß[43].

V. Subsidiarität

1. Einrede der Vorausklage

28 Die Bürgschaft ist nach dem Gesetz nicht nur akzessorisch, sondern auch subsidiär. Damit wird zum Ausdruck gebracht, daß der Bürge grundsätzlich erst **hinter**, nicht neben dem Hauptschuldner (etwa als Gesamtschuldner) haftet. Der Bürge hat deshalb solange die Einrede der Vorausklage[44], wie der Gläubiger nicht vergeblich die Zwangsvollstreckung gegen den Hauptschuldner versucht hat (§§ 771, 772). Dasselbe gilt, wenn sich der Gläubiger aufgrund eines Pfandrechts oder eines sonstigen Sicherungsrechtes aus einer beweglichen Sache befriedigen kann (§ 772 Abs. 2; s. außerdem die §§ 773 Abs. 3 und 776).

2. Ausschluß

29 In bestimmten Fällen ist die Einrede der Vorausklage ausgeschlossen (s. § 773 sowie die §§ 349 und 351 HGB). Der wichtigste Fall ist der Verzicht des Bürgen auf die Einrede der Vorausklage (§ 773 Abs. 1 Nr 1). Man spricht dann von einer **selbstschuldnerischen** Bürgschaft. Sie bildet heute aufgrund der Geschäftsbedingungen der Banken durchaus die Regel. Auch die selbstschuldnerische Bürgschaft bleibt freilich akzessorisch[45]. Eine nichtakzessorische Bürgschaft gibt es nicht; es handelt sich dann vielmehr um eine Garantie oder um einen Schuldbeitritt.

VI. Verhältnis des Bürgen zum Hauptschuldner

1. Innenverhältnis

30 Die Bürgschaft wird durch einen Vertrag zwischen Gläubiger und Bürge begründet, so daß man von der Bürgschaft das Innenverhältnis zwischen dem Bürgen und dem Hauptschuldner unterscheiden muß. Da das letztere grundsätzlich keinen Einfluß auf die Bürgschaft hat, kann man diese durchaus auch als „abstrakt" bezeichnen[46].

31 Das Innenverhältnis zwischen Bürge und Hauptschuldner kann unterschiedlich ausgestaltet sein. Meistens wird ein Auftrag oder eine Geschäftsbesorgung vorliegen, wenn sich der Bürge auf eine Bitte des Hauptschuldners hin verbürgt hat (§§ 662, 675). Hat der Bürge den Vertrag mit dem Gläubiger hingegen ohne Abspra-

---

43 *Tiedtke*, ZIP 1990, S. 413 (419).
44 Dh der vorherigen „Ausklagung" des Schuldners.
45 BGHZ 76, S. 222 (226 f) = NJW 1980, S. 1460.
46 Ebenso *Weber*, S. 23.

che mit dem Hauptschuldner abgeschlossen, so wird im Innenverhältnis meistens berechtigte Geschäftsführung ohne Auftrag vorliegen. Genausogut ist es aber auch möglich, daß die Übernahme der Bürgschaft eine Schenkung des Bürgen an den Hauptschuldner darstellt oder daß der Bürge doch von vornherein auf einen Rückgriff bei dem Hauptschuldner verzichtet (§ 685 Abs. 1).

2. Rückgriffsanspruch

Wenn der Bürge den Gläubiger befriedigt, wird er idR bei dem Hauptschuldner Rückgriff nehmen wollen. Das Gesetz eröffnet ihm hierzu **zwei** verschiedene Wege. Der erste ergibt sich aus § 774, der zweite im Regelfall aus dem Innenverhältnis (o. Rn 30 f). 32

a) Forderungsübergang

Nach § 774 Abs. 1 geht die Forderung des Gläubigers gegen den Hauptschuldner kraft Gesetzes auf ihn über, **soweit** er den Gläubiger befriedigt. Mit der Forderung erwirbt der Bürge dann außerdem kraft Gesetzes sämtliche Nebenrechte und Sicherheiten (§§ 412 und 401). Dies gilt freilich nur für die akzessorischen Sicherungsrechte, nicht hingegen zB für eine Sicherungsabtretung oder eine Sicherungsübereignung[47]. Solche Rechte müssen deshalb zusätzlich vom Gläubiger an den Bürgen abgetreten werden, worauf dieser analog den genannten Vorschriften einen Anspruch hat[48]. 33

Voraussetzung des Forderungsübergangs auf den Bürgen ist, daß die Zahlung zur endgültigen Befriedigung des Gläubigers führt. Es kommt deshalb nicht zum Forderungsübergang, wenn der Bürge lediglich unter Vorbehalt der Rückforderung zahlt[49] oder wenn in den Geschäftsbedingungen des Gläubigers bestimmt ist, daß etwaige Leistungen des Bürgen als bloße Sicherheitsleistungen gelten, die (vorerst) nicht zur Erfüllung der Hauptforderung führen. Obwohl durch derartige Klauseln namentlich in den Geschäftsbedingungen der Banken die Bürgen ganz erheblich benachteiligt werden, halten sie die Gerichte doch (zu Unrecht) für wirksam[50]. 34

b) Innenverhältnis

Die zweite Rückgriffsmöglichkeit des Bürgen ergibt sich aus dem Innenverhältnis, wenn hier ein Auftrag, eine Geschäftsbesorgung oder eine Geschäftsführung vorliegt (§§ 670, 675, 683 S. 1). Die beiden Forderungen des Bürgen, die übergegangene Hauptforderung sowie der Aufwendungsersatzanspruch aus dem Innenverhältnis, stehen sich dann grundsätzlich **selbständig** gegenüber. Dies hat für den Bürgen 35

---

47 S. BGH 35, S. 172; 92, S. 374 = NJW 1985, S. 614; BGH, WM 1986, S. 670.
48 BGHZ 35, S. 172; 92, S. 374 = NJW 1985, S. 614; BGHZ 110, S. 41 (43 ff) = NJW 1990, S. 903.
49 BGHZ 86, S. 267 = NJW 1983, S. 1111.
50 BGHZ 92, S. 374 = NJW 1985, S. 614; dagegen zutreffend *Tiedtke*, ZIP 1990, S. 413 (424 f).

§ 14

namentlich dann große Vorteile, wenn die übergegangene Hauptforderung bereits verjährt ist oder doch ihre Verjährung unmittelbar bevorsteht.

36 Eine wesentliche Einschränkung der Selbständigkeit beider Forderungen folgt jedoch aus § 774 Abs. 1 S. 3, nach dem die Einwendungen des Hauptschuldners aus dem Innenverhältnis unberührt bleiben und deshalb nicht nur dem Aufwendungsersatzanspruch, sondern auch der übergegangenen Hauptforderung entgegengesetzt werden können. Gegenüber dem Rückgriffsanspruch des Bürgen kann daher der Hauptschuldner immer noch einwenden, die Übernahme der Bürgschaft sei eine Schenkung gewesen oder der Bürge habe doch von vornherein keinen Rückgriff nehmen wollen (§ 685), mag sich der Bürge nun auf die übergegangene Forderung oder auf den Aufwendungsersatzanspruch aus dem Innenverhältnis stützen.

c) *Ausgleich zwischen mehreren Sicherungsgebern*

37 Zusätzliche Probleme tauchen auf, wenn die Sicherheiten, die nach den §§ 774 Abs. 1, 412 und 401 mit der Hauptforderung auf den Bürgen übergehen, nicht von dem Hauptschuldner, sondern von einem **Dritten** stammen, da für diesen Fall das Gesetz bei Befriedigung des Gläubigers durch den Dritten ebenfalls idR einen Übergang der Forderung, und zwar diesmal mit der Bürgschaft, auf den Dritten anordnet[51]. Doch kann dies schwerlich bedeuten, daß immer derjenige, der zufällig als erster den Gläubiger befriedigt, dann bei den anderen Mithaftenden aufgrund der auf ihn übergegangenen Sicherheiten Regreß nehmen kann. Als Lösung kommt deshalb nur entweder ein genereller Vorrang des Bürgen entsprechend § 776[52] oder eine anteilige Mithaftung aller Personen, die Sicherheiten gestellt haben, entsprechend den §§ 774 Abs. 2 und 426 in Betracht. In dieser lange umstrittenen Frage hat sich die Rechtsprechung mittlerweile für die zweite Lösung entschieden[53].

VII. Sonderformen

Literatur: *Bülow,* Tz. 738 ff (S. 195 ff); *Esser/Weyers,* § 40 V 1; *Horn,* S. 14, 44 ff; *Staudinger/Horn,* Vorbem. 11 ff vor § 765; *Medicus* II, § 113 VI (S. 244 ff); *Pecher,* in: MünchKom., § 765 Rn 42–67; *Reinicke/Tiedtke,* S. 116 ff; *Weber,* § 5 (S. 48 ff); ders., JuS 1972, S. 9; *St. Weth,* AcP Bd. 189 (1989), S. 303.

38 Die geschilderte Regelung der Bürgschaft ist nicht zwingend und kann deshalb von den Beteiligten weitgehend abgeändert werden. In der Praxis haben sich infolgedessen zahlreiche Sonderformen der Bürgschaft entwickelt, von denen das Gesetz – neben der schon behandelten selbstschuldnerischen Bürgschaft – lediglich die Mitbürgschaft und die Zeitbürgschaft regelt.

---

51 S. zB die §§ 1225, 1143 Abs. 1 (mit Verweisung auf § 774), 412 und 401.
52 S. zB *Bülow,* Tz. 145, 737 (S. 44f, 194); *Tiedtke,* ZIP 1990, S. 413 (426).
53 Grdl. BGHZ 108, S. 179 (183 ff) = NJW 1989, S. 2530; BGH, LM Nr 72 zu § 242 (Be) BGB = NJW-RR 1991, S. 170; LM Nr 89 zu § 426 BGB = NJW-RR 1991, S. 499; LM Nr 6 zu § 776 BGB = NJW 1992, S. 3228; ebenso zB *Esser/Weyers,* § 40 IV 3 (S. 352); *Leonhard* Bd. II, S. 226; *Medicus* II, § 113 V 2 a (S. 244); *Schlechtriem,* Tz. 563 (S. 244); *Weber,* S. 36 f.

1. Mitbürgschaft

a) Ausgleichspflicht

Von einer Mitbürgschaft spricht man, wenn sich mehrere Personen dem Gläubiger **gleichrangig** für dieselbe Schuld verbürgen. Sie haften dann mangels abweichender Vereinbarungen als Gesamtschuldner, mögen sie sich gemeinschaftlich oder durch getrennte Verträge verbürgt haben (§§ 427, 769). Der Ausgleich zwischen ihnen in ihrem Innenverhältnis richtet sich folglich in jedem Fall nach § 426 (§ 774 Abs. 2), so daß auf den leistenden Mitbürgen die Forderung des Gläubigers gegen den Hauptschuldner in voller Höhe übergeht (§ 774 Abs. 1 S. 1), während er dessen Forderungen gegen die übrigen Mitbürgen nur in der Höhe erwirbt, in der er von ihnen nach § 426 Ausgleich fordern kann.

39

> Grundsatz ist ein Ausgleich nach Köpfen; jedoch können die Beteiligten etwas anderes vereinbaren. Die Ausgleichspflicht entsteht schon mit der Begründung der Mitbürgschaft, so daß jeder Mitbürge von den anderen, solange er noch nicht gezahlt hat, **Befreiung** in der Höhe verlangen kann, in der ihm die anderen nach einer Leistung ausgleichspflichtig sind[54]. Auch durch bloße Teilleistungen erwirbt ein Mitbürge daher einen Ausgleichsanspruch gegen die übrigen Mitbürgen entsprechend deren Quote[55]. In unserem Bürgschaftsfall 16 kann folglich der Bürge B in jedem Fall von dem Mitbürgen A Ausgleich in Höhe der Hälfte der von ihm erbrachten Leistungen fordern.

40

b) Teilbürgen

Wenn sich mehrere Personen nur für Teilbeträge der Hauptforderung verbürgen, handelt es sich nur dann um eine Mitbürgschaft, wenn sich die Teilbeträge decken. Anders hingegen, falls sich die einzelnen Bürgschaften auf **verschiedene** Teilbeträge der Hauptverbindlichkeit beziehen. In diesem Fall hat daher der einzelne Teilbürge nach einer Zahlung keine Rückgriffsansprüche gegen die übrigen Teilbürgen.

41

2. Zeitbürgschaft

a) Die Bürgschaft kann wie jedes Rechtsgeschäfts unter einer Bedingung oder Befristung übernommen werden (§§ 158, 163). Dies kann einmal bedeuten, daß der Bürge – zeitlich unbegrenzt – für sämtliche Forderungen des Gläubigers gegen den Hauptschuldner haften soll, die bis zu dem vereinbarten Endtermin entstehen. Statt dessen kann die Befristung aber auch die Bedeutung haben, daß die Bürgschaft erlöschen soll, wenn der Gläubiger den Bürgen nicht bis zu dem vereinbarten Endtermin in Anspruch genommen hat. Im Zweifelsfall dürfte das letztere gemeint sein[56]. § 777 bezieht sich gleichfalls nur auf diesen Fall.

42

---

54 BGH, LM Nr 18 zu § 774 BGB = NJW 1986, S. 3131; LM Nr 19 zu § 774 BGB = NJW 1987, S. 374; LM Nr 24 zu § 774 BGB = NJW 1992, S. 2286.
55 BGHZ 23, S. 361 = NJW 1957, S. 747; BGH, LM Nr 18 zu § 774 BGB = NJW 1986, S. 3131.
56 S. zB BGH, LM Nr 9 zu § 777 BGB = NJW 1988, S. 908; OLG Hamm, NJW 1990, S. 54; *Reinicke/Tiedtke*, S. 118; *Tiedtke*, ZIP 1990, S. 413 (421 f).

§ 14

43 b) § 777 bestimmt, daß der Gläubiger bei der Zeitbürgschaft zur Wahrung seiner Rechte idR nicht mehr zu tun braucht, als nach Fristablauf unverzüglich gegen den Schuldner nach § 772 durch Klageerhebung vorzugehen. Bei einer selbstschuldnerischen Bürgschaft genügt dafür auch schon die bloße **Anzeige** der Inanspruchnahme vor oder unmittelbar nach Fristablauf[57]. Der Umfang der Bürgschaft richtet sich dann nach dem Stand der Hauptverbindlichkeit bei Ablauf der vereinbarten Frist[58]. Voraussetzung ist jedoch, daß die Hauptschuld während der Zeit, für die die Zeitbürgschaft übernommen wurde, überhaupt **fällig** wird[59]. Sind diese Voraussetzungen erfüllt, so hat die rechtzeitige Anzeige die Wirkung, daß sich die ursprüngliche Zeitbürgschaft für die Zukunft in eine zwar dem Umfang nach beschränkte, aber nicht mehr befristete Bürgschaft verwandelt[60].

3. Nachbürgschaft

44 Der Nachbürge verbürgt sich dem Gläubiger gegenüber im Gegensatz zum Mitbürgen nicht für die Hauptschuld, sondern für die Bürgenschuld des sog. Vorbürgen. Die Folge ist, daß im Falle der Inanspruchnahme der Bürgen zwar nicht der Vorbürge bei dem Nachbürgen, wohl aber der Nachbürge bei dem Vorbürgen ebenso wie bei dem Schuldner in vollem Umfang Regreß nehmen kann. Befriedigt der Nachbürge den Gläubiger, so gehen daher analog § 774 die Hauptforderung des Gläubigers **und** dessen Forderung gegen den Vorbürgen auf ihn über[61].

4. Rückbürgschaft

45 Der Rückbürge verbürgt sich dem **Bürgen** gegenüber für die Erfüllung dessen Rückgriffsanspruchs gegen den Hauptschuldner. Die Entstehung der Rückbürgschaft setzt deshalb voraus, daß der Bürge überhaupt solchen Rückgriffsanspruch gegen den Hauptschuldner hat[62]. Befriedigt der Rückbürge den Bürgen, so erwirbt er nach § 774 den Ersatzanspruch des Bürgen gegen den Hauptschuldner und außerdem die Hauptforderung selbst.

5. Ausfallbürgschaft

46 Der Ausfallbürge übernimmt die Bürgschaft nur für den restlichen Betrag, den der Gläubiger weder durch sorgfältiges Vorgehen gegen den Schuldner noch durch die Verwertung anderer Sicherheiten zu erlangen vermag[63]. Bei ihm ist die Subsidiarität

---

57 BGHZ 76, S. 81 (83 ff) = NJW 1980, S. 830.
58 OLG Karlsruhe, WM 1985, S. 770.
59 BGHZ 91, S. 349 = NJW 1984, S. 2461; BGH, LM Nr 10 zu § 777 BGB = NJW 1989, S. 1856.
60 BGH, LM Nr 5 zu § 777 BGB = NJW 1983, S. 750.
61 BGHZ 73, S. 94 (96) = NJW 1979, S. 415.
62 BGHZ 95, S. 375 (379 ff) = NJW 1986, S. 310; BGH, WM 1989, S. 433.
63 BGH, LM Nr 25 zu § 765 BGB = NJW 1979, S. 646; LM Nr 68 zu § 765 BGB = WM 1989, S. 1855.

der Bürgschaft folglich auf die Spitze getrieben, so daß seine Verpflichtung durch den Ausfall des Gläubigers bei dem Schuldner aufschiebend bedingt ist[64].

6. Höchstbetragsbürgschaft

Bei der Höchstbetragsbürgschaft, die vor allem im Bankverkehr als Sicherheit für Kontokorrentkredite Bedeutung erlangt hat, haftet der Bürge „lediglich" bis zu einem bestimmten, im voraus festgelegten Höchstbetrag, wobei es von den Abreden der Parteien abhängt, ob die Nebenforderungen der Bank in den Höchstbetrag einzurechnen sind oder nicht. Werden die Nebenforderungen nicht eingerechnet, so bedeutet dies, daß der Höchstbetrag nur eine Beschränkung der Hauptforderung, nicht aber der damit verbundenen Nebenforderungen einschließlich namentlich der Zinsen darstellt. Im Ergebnis kann dadurch der tatsächliche Umfang der Bürgenhaftung weit über den vereinbarten Höchstbetrag hinausgehen[65]. Eine derartige Ausdehnung der Bürgenhaftung durch die Geschäftsbedingungen der Banken kann jedoch überraschend iS des § 3 AGBG sein und ist dann unwirksam[66].

47

7. Bürgschaft auf erstes Anfordern

> **Literatur:** *P. Bydlinski*, WM 1990, S. 1401; 1991, S. 257; *Horn*, S. 78 ff; *ders.*, NJW 1980, 2153; *Jedzig*, WM 1988, S. 1469; *Reinicke/Tiedtke*, S. 133 ff; *Tiedtke*, ZIP 1986, S. 69 (72 f); 1990, S. 413 (422 f); *St. Weth*, AcP Bd. 189 (1989), S. 303.

a) Begriff

Als weitere Sonderform der Bürgschaft hat sich namentlich im Bankverkehr die Bürgschaft auf erstes Anfordern entwickelt, bei der die Grenze zur Garantie flüssig wird. Ihr Zweck ist es, dem Gläubiger eine jederzeit liquide Sicherheit zu verschaffen. Der Bürge muß deshalb hier grundsätzlich bereits auf die bloße Aufforderung des Gläubigers hin unbedingt zahlen, ohne dem Gläubiger irgendwelche Einreden oder Einwendungen, sei es aufgrund der Bürgschaft, sei es aufgrund der Hauptschuld, entgegensetzen zu dürfen[67]. Nicht erforderlich ist, daß der Gläubiger etwa zugleich den Bestand der gesicherten Hauptforderung schlüssig behauptet; es genügt vielmehr, daß er dasjenige erklärt, was in dem Vertrag als Voraussetzung der Bürgschaft festgelegt ist[68].

48

> Die mit derartigen Bürgschaften für den Bürgen verbundene Gefahren sind offenkundig. Sie haben dem BGH Anlaß gegeben, ihre Zulässigkeit auf Banken zu beschrän-

49

---

64 S. *Horn*, S. 16; *Reinicke/Tiedtke*, S. 117; *Weber*, S. 54 f.
65 S. *Horn*, S. 45 ff.
66 OLG Nürnberg, NJW 1991, S. 232 = WM 1991, S. 985.
67 Insbes. BGH, LM Nr 69 zu § 765 BGB = NJW-RR 1989, S. 1324.
68 BGH, NJW 1994, S. 380 = WM 1994, S. 106.

ken[69]. Andere Personen können daher (merkwürdigerweise) keine Bürgschaften auf erstes Anfordern mehr übernehmen (wohl aber möglicherweise noch weitergehende Garantien).

b) Schranken

50 Die Rechte des Gläubigers aus einer Bürgschaft auf erstes Anfordern finden ebenso wie alle anderen Rechte ihre Grenze an dem für jedermann geltenden Verbot des Rechtsmißbrauchs (§ 242). Folglich besteht, wenn die fehlende Berechtigung des Gläubigers offenkundig ist, wenn zB die Hauptforderung eindeutig verjährt ist, keine Zahlungspflicht des Bürgen; er kann und muß dann vielmehr im Interesse des Hauptschuldners die Zahlung verweigern. Die Anforderungen der Praxis an die Annahme eines derartigen Mißbrauchs sind freilich durchweg sehr streng[70]. Auch dies ist nicht unproblematisch[71].

c) Rückforderungsanspruch

51 Die Zahlung des Bürgen auf die Aufforderung des Gläubigers hin ist entsprechend dem Zweck dieses Rechtsinstituts nur vorläufig. Dem Bürgen bleibt daher die Möglichkeit, den gezahlten Betrag zu kondizieren, wenn die gesicherte Hauptforderung tatsächlich nicht bestand oder wenn ihm sonstige Einwendungen gegen die Bürgschaft zustanden (§ 812 Abs. 1 S. 1)[72]. In diesem Rückforderungsprozeß trägt dann der Gläubiger (und nicht etwa der Bürge) die Beweislast für den Bestand der gesicherten Hauptforderung[73].

§ 15 ANERKENNTNIS UND VERGLEICH

Fall 17: 1. Nach einem Zusammenstoß mit Rechtsanwalt B behauptete A, B trage die alleinige Schuld an dem Unfall. Deshalb gab B noch an der Unfallstelle eine schriftliche Erklärung ab, in der er sich verpflichtete, dem A dessen Schaden zu ersetzen. Beide Parteien wollten damit vor allem eine polizeiliche Unfallaufnahme vermeiden. A verlangt jetzt von B Ersatz seiner Reparaturkosten in Höhe von 1000,– DM. B wendet ein, den A treffe ein erhebliches Mitverschulden an dem Unfall, so daß er nur 700,– DM verlangen könne.

---

69 LM Nr 71 zu § 765 BGB = NJW-RR 1990, S. 1265; dagegen *Bydlinski*, aaO.
70 ZB BGHZ 94, S. 167 = NJW 1985, S. 1829; BGH, LM Nr 34 zu § 765 BGB = NJW 1984, S. 923 usw bis BGH, NJW 1994, S. 380 = WM 1994, S. 106.
71 S. einerseits *Reinicke/Tiedtke*, S. 134; *ders.*, ZIP 1990, S. 413 (422 f); andererseits *Weth*, S. 329 ff.
72 BGH, NJW 1994, S. 380 = WM 1994, S. 106.
73 BGH, LM Nr 48 zu § 305 BGB = NJW 1989, S. 1480; LM Nr 69 zu § 765 BGB = NJW-RR 1989, S. 1324.

2. A ist bei dem Unfall leicht verletzt worden. A und B einigen sich deshalb darauf, daß B freiwillig 1500,– DM zahlt und A dafür auf alle zukünftigen Ersatzansprüche gegen B verzichtet. Später entwickelt sich die Verletzung des A indessen wesentlich schlimmer, als zunächst vorauszusehen war, so daß er arbeitsunfähig wird. Kann er jetzt noch Ersatz von B verlangen?

I. Anerkenntnis

Literatur: *O. Bähr*, Die Anerkennung als Verpflichtungsgrund, 3. Aufl. (1894/1970); *W. Baumann*, Das Schuldanerkenntnis, 1992; *M. Coester*, Probleme des Schuldanerkenntnisses, JA 1982, S. 579; *Crezelius*, Betr. 1977, S. 1541; *Kübler*, Feststellung und Garantie, 1967; *Marburger*, Das kausale Schuldanerkenntnis als einseitiger Feststellungsvertrag, 1971; *Wilckens*, AcP 163 (1964), S. 137.

1. Überblick

Zu den sichernden und bestärkenden Verträgen gehören aus dem BGB neben der Bürgschaft insbesondere noch das Schuldversprechen (§ 780), das Schuldanerkenntnis (§ 781) und der Vergleich (§ 779). Hier ist zunächst auf das Schuldversprechen und das Schuldanerkenntnis einzugehen.

Ein Schuldversprechen ist nach § 780 ein Vertrag, durch den eine Leistung in der Weise versprochen wird, daß allein das Versprechen die Verpflichtung „selbständig", dh unabhängig von den Beziehungen der Parteien begründen soll. Davon unterscheidet sich das Schuldanerkenntnis des § 781 nur in der Formulierung, nicht der Sache nach. Denn es läuft im Ergebnis auf dasselbe hinaus, ob jemand eine Leistung schlechthin verspricht oder ob er anerkennt, zu einer Leistung verpflichtet zu sein. Im Vordergrund des Interesses steht hierbei das Schuldanerkenntnis.

Das Gesetz gibt für das Schuldversprechen und das Schuldanerkenntnis in den §§ 780 bis 782 im Grunde lediglich Formvorschriften. Die Regelung weiterer Einzelfragen findet sich erst verstreut über das ganze Gesetz an anderen Stellen[1].

Die §§ 780 bis 782 betreffen allein das sog. selbständige oder konstitutive Schuldversprechen und Schuldanerkenntnis[2]. Davon zu unterscheiden sind das einfache und das deklaratorische Anerkenntis, denen sich die Betrachtung zunächst zuwenden soll.

2. Einfaches Anerkenntnis

Ein einfaches Anerkenntnis liegt vor, wenn jemand (ohne Rechtsfolgewillen) bestätigt, aus einem bestimmten Grund zu einer Leistung verpflichtet zu sein. Dies ist

---

1 S. namentlich die §§ 518 Abs. 1 S. 2, 656 Abs. 2, 762 Abs. 2, 812 Abs. 2, 817 Abs. 2 Halbs. 1 und 821; vgl außerdem noch §§ 350, 351 HGB.
2 Anders jetzt *Baumann*, Schuldanerkenntis.

§ 15

eine bloße **Wissenserklärung** (im Gegensatz zu einer Willenserklärung), der im Prozeß nur die Bedeutung eines Beweisanzeigens zukommt, so daß der Gegenbeweis möglich bleibt, daß die anerkannte Schuld tatsächlich doch nicht besteht[3]. Einfache Anerkenntnisse sind zB die Erklärung des Drittschuldners nach § 840 ZPO[4], das verjährungsunterbrechende Anerkenntnis nach § 208 sowie häufig die unter dem Eindruck eines Unfalls erklärte Übernahme der Schuld an dem Unfall[5]; zwingend ist diese Auslegung indessen nicht[6].

6   In **Fall 17** verbietet sich die Annahme eines einfachen Anerkenntnisses schon deshalb, weil die Parteien mit ihm übereinstimmend den weiteren Zweck verfolgten, einen Rechtsstreit über den Umfang der Ersatzpflicht des B zu vermeiden. Die Erklärung des B, eines Rechtsanwaltes, kann daher nur in dem Sinne verstanden werden, daß ihm durch das Anerkenntnis sämtliche Einwendungen gegen seine von beiden Parteien als möglich vorausgesetzte Ersatzpflicht abgeschnitten werden sollten. Folglich handelte es sich bei der Erklärung des B um ein sog. deklaratorisches Anerkenntnis mit der Folge, daß dem B jetzt der Einwand eines mitwirkenden Verschuldens des A abgeschnitten ist[7].

3. Deklaratorisches Anerkenntnis

a) Begriff

7   Wenn zwischen den Parteien eines Schuldverhältnisses Streit über dessen Bestand oder Inhalt herrscht, können die Beteiligten darüber einen Vergleich schließen (s. u. Rn 22 ff); statt dessen kann aber auch eine Partei auf ihre Einwendungen verzichten und das Schuldverhältnis als mit einem bestimmten Inhalt gültig anerkennen. Dann liegt ein sog. deklaratorisches (oder kausales) Anerkenntnis vor, bei dem es sich der Sache nach in aller Regel um einen Änderungsvertrag handeln dürfte, durch den der Inhalt des Schuldverhältnisses zwischen den Parteien endgültig festgestellt wird (§ 305).

8   Die Reichweite solcher deklaratorischen Anerkenntnisse hängt allein von den Abreden der Parteien ab. Im Regelfall wird es sich so verhalten, daß dem Schuldner durch sein Anerkenntnis (nur) diejenigen Einwendungen abgeschnitten werden, die er zur Zeit der Abgabe des Anerkenntnisses kannte oder mit denen er doch nach den Umständen rechnen mußte, nicht hingegen ihm damals noch unbekannte Einwendungen.

9   Soweit hiernach das Anerkenntnis reicht, ist das Schuldverhältnis für die Zukunft dem Streit der Parteien entrückt und damit auf eine festere Basis als bisher ge-

---

3   BGHZ 66, S. 250 (254 f, 259) = NJW 1976, S. 1259; BGHZ 69, S. 328 = NJW 1978, S. 44; BGH, LM Nr 13 zu § 781 = NJW 1984, S. 799 = JuS 1984, S. 557 Nr 5.
4   BGHZ 69, S. 328 = NJW 1978, S. 44.
5   ZB BGH, LM Nr 13 zu § 781 BGB = NJW 1984, S. 799 = JuS 1984, S. 557 Nr 5.; *Schlechtriem*, Tz. 579 (S. 249f).
6   S. *Lindacher*, JuS 1973, S. 79.
7   S. unten Rn 8f; ebenso KG, NJW 1971, S. 1219 = JuS 1971, S. 601 Nr 6.

stellt[8]. Wegen dieser weitreichenden Wirkung kann solches Anerkenntnis grundsätzlich nur angenommen werden, wenn die Parteien zu seiner Vereinbarung tatsächlich einen besonderen Anlaß hatten[9]. Ein praktisch bedeutsames Beispiel sind die Anerkenntnisse, die die Banken idR von den Schuldnern der ihnen abgetretenen Forderungen verlangen; hier muß jedoch streng darauf geachtet werden, daß die Reichweite des für den Schuldner gefährlichen Anerkenntnisses nicht unnötig ausgedehnt wird[10].

b) Weitergehende Wirkungen

Im Einzelfall kann das deklaratorische Anerkenntnis auch weitergehende, mit einem konstitutiven Anerkenntnis durchaus vergleichbare Wirkungen haben[11]. Dieser Fall tritt ein, wenn durch das Anerkenntnis eine „in Wirklichkeit" nicht oder nicht mehr bestehende Schuld erst selbständig begründet wird, indem der Anerkennende auf rechtshindernde oder rechtsvernichtende Einwendungen verzichtet. 10

Um hier die Grenze zu dem formbedürftigen konstitutiven Anerkenntnis des § 781 nicht ganz verfließen zu lassen, setzt solche Wirkung eines deklaratorischen Anerkenntnisses voraus, daß nach dem zugrundeliegenden Sachverhalt der bestätigte Anspruch überhaupt möglich, dh nicht schlechthin ausgeschlossen war[12]. Außerem können sich die Parteien auf diese Weise nicht über eine auf den §§ 134 oder 138 beruhende Nichtigkeit des bestätigten Schuldverhältnisses hinwegsetzen. Besteht der Nichtigkeitsgrund bei Abgabe des Anerkenntnisses fort, so erfaßt er auch das letztere[13]. 11

4. Konstitutives Anerkenntnis

a) Begriff

Ein konstitutives oder selbständiges Schuldversprechen oder Schuldanerkenntnis liegt nach den §§ 780 und 781 vor, wenn durch den Vertrag die Verpflichtung des Schuldners „selbständig", dh unabhängig, losgelöst von den sonstigen Beziehungen der Parteien begründet werden soll. Die Zulässigkeit derartiger selbständiger oder konstitutiver Schuldanerkenntnisse war noch im gemeinen Recht lebhaft umstritten gewesen. Durch die §§ 780 bis 782 wurde deshalb die Frage (überflüssigerweise) im positiven Sinne geklärt. 12

---

8 So zB BGHZ 104, S. 18 = NJW 1988, S. 1781; BGH, LM Nr 31 zu § 242 (Bd) BGB = NJW-RR 1988, S. 962 f.
9 BGH (vorige Fn); BGHZ 66, S. 250 (253 ff) = NJW 1976, S. 1259; BGH, LM Nr 13 zu § 781 BGB = NJW 1984, S. 799; NJW 1980, S. 1158.
10 S. BGH, LM Nr 11 zu § 404 BGB = NJW 1973, S. 2019; LM Nrn. 7 und 8 zu § 781 BGB = NJW 1971, S. 2220 und 1973, S. 39.
11 Ebenso zB *Schlechtriem*, Tz. 578 (S. 249).
12 BGHZ 66, S. 250 (254) = NJW 1976, S. 1259; BGH, NJW 1980, S. 1158.
13 BGHZ 104, S. 18 = NJW 1988, S. 1781 = JuS 1989, S. 60 Nr 6; anders BAG, AP Nr 2 zu § 781 BGB = BB 1970, 844 = JuS 1971, S. 42 Nr 5.

§ 15

13 In der Praxis begegnen solche Anerkenntnisse heute vor allem in der Bankpraxis, namentlich in Gestalt des Saldoanerkenntnisses im Rahmen von Kontokorrentverhältnissen (§ 355 HGB) sowie etwa als Grundlage von Grundpfandkrediten[14] oder in Form der Gutschriftanzeige durch eine Bank[15]. Außerdem enthalten zB formnichtige eigene Wechsel durchweg zugleich ein wirksames Anerkenntnis[16].

14 Ein konstitutives Anerkenntnis erleichtert dem Gläubiger vor allem die Rechtsverfolgung, da er zur Begründung seiner Klage nur noch den Abschluß des Anerkenntnisvertrages zu beweisen braucht, während die Beweislast für sämtliche Einwendungen aufgrund der §§ 812 Abs. 2 und 821 den Beklagten trifft. Nur wenig überspitzt, kann man deshalb feststellen, daß sich im Prozeß zwischen den Vertragsparteien die Wirkungen des „selbständigen" oder „konstitutiven" Anerkenntnisses in einer bloßen **Beweislastumkehr** zum Nachteil des Anerkennenden erschöpfen[17].

15 Auch solche Beweislastumkehr kann für den Anerkennenden ausgesprochen gefährlich sein. Deshalb darf ein konstitutives Anerkenntnis grundsätzlich nur angenommen werden, wenn der Wille der Parteien eindeutig auf die Begründung einer **neuen** selbständigen Verbindlichkeit des Schuldners gerichtet ist. Es handelt sich dabei um eine häufig nur schwer zu beantwortende **Auslegungsfrage**, für die – neben der Formulierung des Anerkenntnisses – namentlich die von den Parteien verfolgten Zwecke, die Interessenlage und die Verkehrsanschauung maßgebend sind[18]. I.d.R. ist die Rechtsprechung bei der Annahme konstitutiver Anerkenntnisse ausgesprochen zurückhaltend.

b) Form

16 Die §§ 780 bis 781 schreiben für das selbständige oder konstitutive Schuldversprechen und Schuldanerkenntnis auf der Seite des Verpflichteten Schriftform vor, während die Annahme dieser Erklärung durch den anderen Teil formlos erfolgen kann. Die Schriftform ist nur entbehrlich, wenn das Schuldanerkenntnis aufgrund einer Abrechnung oder im Wege des Vergleichs erteilt wird (§ 782) oder wenn der Anerkennende Vollkaufmann ist und das Anerkenntnis auf seiner Seite ein Handelsgeschäft darstellt (§§ 350, 351 HGB).

17 Mit dem Erfordernis der Schriftform für das selbständige Schuldversprechen und Schuldanerkenntnis wird vor allem der Zweck verfolgt, im Interesse der Rechtssicherheit klare Verhältnisse zu schaffen[19]. Weitergehende Formvorschriften, etwa aufgrund der §§ 313 oder 516, haben jedoch den Vorrang, so daß zB notarielle Beurkundung erforderlich ist, wenn das Anerkenntnis ohne Gegenleistung und damit schenkweise

---

14 Beispiele in BGHZ 98, S. 256 (259) = NJW 1987, S. 319; BGH, LM Nr 6 zu § 780 = NJW 1976, S. 567; LM Nr 14 aaO = NJW 1991, S. 286; WM 1992, S. 132.
15 BGH, LM Nr 2 zu § 821 BGB = NJW 1991, S. 2140.
16 § 140; RGZ 48, S. 223 (229 ff); 136, S. 207 (210); OLG Hamm, ZIP 1982, S. 48 m. Nachw.
17 Ebenso zB *Schlechtriem*, Tz. 576 (S. 248); *Medicus* II, § 116 II 1 b und 3 a (S. 254, 256).
18 S. zB BGHZ 66, S. 250 (255 ff) = NJW 1976, S. 1259; BGHZ 69, S. 328 = NJW 1978, S. 44; *Medicus* II, § 116 II 3b (S. 256 f).
19 BGHZ 121, S. 1 (4f) = NJW 1993, S. 584; str.

gegeben wird oder wenn der anerkannte Schuldgrund von den Parteien nur fingiert wird[20].

c) Abstraktheit

Das konstitutive Anerkenntnis ist abstrakt, dh in seiner Gültigkeit von dem zugrundeliegenden Rechtsverhältnis unabhängig. Möglich bleibt jedoch immer noch ein Ausgleich über das Bereicherungsrecht (§ 812 Abs. 2). Das Anerkenntnis kann daher kondiziert werden, wenn es grundlos abgegeben wurde, weil das anerkannte Schuldverhältnis nicht bestand oder nichtig war (§§ 812 Abs. 2, 817 S. 2, 821); anders nur, wenn der Anerkennende dies positiv wußte (§ 814)[21].

18

Besonderheiten gelten für das Anerkenntnis des Ehemaklerlohns oder einer Spiel- und Wettschuld, da hierdurch überhaupt keine Verbindlichkeit begründet wird (§§ 656 Abs. 2, 762 Abs. 2)[22]. Ehemakler können mithin die für sie so nachteilige gesetzliche Regelung auch nicht dadurch umgehen, daß sie sich von ihren Kunden den vereinbarten Ehemaklerlohn zusätzlich anerkennen lassen[23].

19

d) Novation

Das dem Anerkenntnis meistens zugrundeliegende und durch das Anerkenntnis verstärkte Schuldverhältnis bleibt – trotz der Abstraktheit des Anerkenntnisses – grundsätzlich bestehen, so daß der Gläubiger jetzt **zwei** Forderungen nebeneinander hat, für die die Verjährung und die Beweislast durchaus unterschiedlich geregelt sein können (§ 364 Abs. 2).

20

Anders verhält es sich nur, wenn dem Anerkenntnis ausnahmsweise novierende Kraft zukommt. Dann ist ein Rückgriff auf das zugrundeliegende Schuldverhältnis auch nicht mehr auf dem Weg über das Bereicherungsrecht möglich. Vergleichbare Wirkungen können die Parteien dadurch erzielen, daß der Schuldner zugleich mit dem Anerkenntnis auf einzelne oder alle Einwendungen gegen das zugrundeliegende Schuldverhältnis verzichtet, da dies ebenfalls die Wirkung hat, daß ein Bereicherungsanspruch gegenüber dem Anerkenntnis ausgeschlossen ist (§812 Abs. 2)[24].

21

II. Vergleich

Literatur: *Bonin*, Der Prozeßvergleich, 1957; *Bork*, Der Vergleich, 1988; *Ebel*, Berichtung, transactio und Vergleich, 1978; *Esser*, in: Festschr. f. Lehmann, 1956, S. 713; *H. Lehmann*, Der Prozeßvergleich, 1911; *Stötter*, JZ 1963, S. 123; *ders.*, NJW 1967, S. 1111.

---

20 BGH, NJW 1980, S. 1158 m. Nachw.
21 RGZ 86, S. 301 (304); 108, S. 105 (107).
22 S. dazu BGH, LM Nr 3 zu § 762 BGB = NJW 1974, S. 821.
23 S. dazu o. § 11 Rn 38 f.
24 S. dazu RGZ 108, S. 410 (413); BGH, LM Nr 2 zu § 781 BGB = NJW 1963, S. 2316 = JuS 1964, S. 74 Nr 3.

§ 15

1. Begriff

22 Einen Streit über ein Rechtsverhältnis können die Beteiligten außer durch ein Anerkenntnis auch dadurch aus der Welt schaffen, daß beide (ein wenig) nachgeben. Schließen sie hierüber einen Vertrag, so spricht man von einem Vergleich. § 779 Abs. 1 definiert folgerichtig den Vergleich als einen Vertrag, durch den der Streit oder die Ungewißheit der Parteien über ein Rechtsverhältnis im Wege gegenseitigen Nachgebens beseitigt wird; gleich steht nach § 779 Abs. 2 die Unsicherheit über die Verwirklichung eines Anspruchs.

23 Vergleiche sind überaus verbreitet. Ihre wirtschaftliche Bedeutung kann man überhaupt nicht überschätzen. Auch ein Vertrag, durch den sich ein in eine Krise geratener Schuldner zwecks Sanierung mit seinen Gläubigern auf einen Teilverzicht gegen Erfüllung des Rests einigt, fällt zB unter § 779[25]. Eine Sonderform des Vergleichs stellt der verbreitete Prozeßvergleich des § 794 Abs. 1 Nr 1 ZPO dar, da er eine Doppelnatur als materiellrechtlicher Vergleich und Prozeßhandlung aufweist.

2. Rechtsnatur

24 Der Vergleich ist im Regelfall nichts anderes als ein Änderungsvertrag iS des § 305, durch den die Parteien gemeinsam den Inhalt des Schuldverhältnisses oder eines sonstigen Rechtsverhältnisses feststellen[26]. Besondere Formvorschriften bestehen nicht, so daß ein Vergleich grundsätzlich jederzeit formlos abgeschlossen werden kann; etwas anderes gilt nur, wenn eine Partei in dem Vergleich formbedürftige Verpflichtungen übernimmt (s. insbes. die §§ 313 und 518). Erbringen hierzu beide Parteien Leistungen, so handelt es sich bei dem Vergleich um einen gegenseitigen Vertrag[27]. Die Folge ist zB, daß die Gläubiger von einem Sanierungsvergleich zurücktreten können, wenn der Schuldner den darin übernommenen Verpflichtungen nicht nachkommt[28].

3. Voraussetzungen

25 Die Annahme eines Vergleichs setzt nach § 779 Abs. 1 zunächst voraus, daß zwischen den Parteien ein **Streit** oder eine Ungewißheit über ein Rechtsverhältnis besteht, wobei noch hinzukommen muß, daß die Parteien über dieses Rechtsverhältnis verfügen können, so daß zB über den Bestand einer Ehe ein Vergleich nicht abgeschlossen werden kann[29]. Weitere Voraussetzung ist, daß der Streit der Parteien gerade durch **gegenseitiges** Nachgeben beseitigt wird, wofür freilich bereits jedes noch so geringfügige Opfer einer Partei ausreicht. Nur wenn eine Partei überhaupt

---

25 Grdl. BGHZ 116, S. 319 (321 f, 330) = NJW 1992, S. 967 „coop".
26 Ebenso zB *Pecher*, in: MünchKomm, § 779 Rn 20 ff; *Schlechtriem*, Tz. 573 f (S. 247 f); str.
27 BGHZ 116, S. 319 (330 ff) = NJW 1992, S. 967.
28 BGH (vorige Fn).
29 S. *Esser/Weyers*, § 42 II 1 (S. 365).

kein Opfer erbringt, scheidet die Annahme eines Vergleiches aus; es kann sich dann allenfalls um ein deklaratorisches Anerkenntnis der anderen Partei oder um einen Erlaßvertrag handeln.

4. Wirkungen

Durch den Vergleich wird der Streit oder die Ungewißheit der Parteien über das Rechtsverhältnis durch dessen Bestätigung mit dem festgelegten Inhalt beseitigt. Dieser Punkt ist damit für die Zukunft erledigt, so daß jetzt keine Partei mehr auf die „wirkliche" Rechtslage zurückgreifen kann, weil die Parteien sie gerade gemeinsam abgeändert haben (§§ 305, 779 Abs. 1). 26

> Der Vergleich ist im Regelfall **kausal**, so daß die Sicherheiten für die bestätigte Schuld bestehen bleiben und die alten Verjährungsfristen weiter gelten[30]. Dies folgt einfach daraus, daß durch den Vergleich der ursprüngliche Vertrag lediglich abgeändert wird (o. Rn 24, 26). Hierdurch wird es natürlich nicht ausgeschlossen, daß ein Vergleich im Einzelfall weitergehende, dh novierende Kraft besitzt; jedoch handelt es sich dabei um Ausnahmefälle. 27

5. Unwirksamkeit

Der Vergleich ist nach § 779 Abs. 1 unwirksam, wenn der nach seinem Inhalt als feststehend zugrunde gelegte Sachverhalt der Wirklichkeit nicht entspricht und der Streit oder die Ungewißheit bei Kenntnis der Sachlage nicht entstanden wären. Den Gegensatz bildet ein Irrtum über die streitigen und durch den Vergleich gerade bereinigten Punkte[31]; solcher Irrtum begründet grunsätzlich auch kein Anfechtungsrecht nach § 119 Abs. 1 oder 2. Streiten sich die Parteien zB über die Echtheit der Unterschrift unter einer Urkunde, so wird die Wirksamkeit eines Vergleichs, durch den dieser Streit beigelegt wird, durch den Irrtum einer Partei über die Echtheit der Unterschrift nicht berührt[32]. Möglich bleibt aber stets eine Anfechtung des Vergleichs wegen arglistiger Täuschung der einen Partei durch die andere über den fraglichen Punkt (§ 123 Abs. 1). 28

Der Begriff des von den Parteien zugrunde gelegten **Sachverhalts** wird in § 779 Abs. 1 idR weit ausgelegt. Bloße Zukunftserwartungen der Parteien, zB über die wirtschaftliche Entwicklung[33] oder über die Entwicklung von Gesetzgebung und Rechtsprechung[34] gehören jedoch nicht zu dem Sachverhalt iS des § 779 Abs. 1. Ein Rechtsirrtum steht einem Irrtum über den Sachverhalt ebenfalls nur gleich, wenn er einen Irrtum über Tatsachen einschließt[35]. **Beispiele** für den einem Vergleich zugrun- 29

---

30 BGH, LM Nr 55 zu § 779 BGB = NJW-RR 1987, S. 1426.
31 BGH, BB 1975, S. 1455.
32 BGH, LM Nr 18 zu § 138 (Ca) BGB = NJW-RR 1989, S. 1143 = WM 1989, S. 1478.
33 RG, LZ 1926, Sp. 168.
34 RGZ 117, S. 306 (309 f); BGHZ 58, S. 355 (361 f) = NJW 1972, S. 1577.
35 RGZ 112, S. 215 (218 f); BGH, LM Nr 2 zu § 339 HGB = WM 1967, S. 315 = JuS 1967, S. 378 Nr 4.

§ 15

de gelegten Sachverhalt sind die gemeinsame Annahme der Gültigkeit eines Testaments bei Vergleichen über Nachlaßansprüche, die Annahme des Versicherungsschutzes bei einem Vergleich über die Höhe der Versicherungsleistungen[36] oder die Annahme der Inhaberschaft an einer Hypothek bei einem Vergleich über deren Löschung[37].

30 In **Fall 17** scheidet nach dem Gesagten eine Unwirksamkeit des Abfindungsvergleichs aufgrund des § 779 Abs. 1 aus, da das Ausbleiben unvoraussehbarer Spätschäden sicher nicht zu dem von beiden Parteien zugrunde gelegten Sachverhalt gezählt werden kann. In derartigen Fällen kommt es vielmehr in erster Linie darauf an, ob die Parteien bei Abschluß des Vergleichs von bestimmten Vorstellungen über das Ausmaß der vorhandenen Schäden ausgegangen sind, so daß unvoraussehbare Spätschäden von dem Vergleich schon deshalb nicht erfaßt werden sollten. Wenn jedoch der Vergleich nach dem Willen der Parteien derartige Spätschäden ebenfalls mitabgelten sollte, hat es dabei grundsätzlich sein Bewenden, da der Geschädigte damit gerade das Risiko jetzt noch unvoraussehbarer Spätschäden übernommen hat. In besonders krassen Fällen hilft die Praxis freilich dem Verletzten hier doch immer noch mit dem Einwand der unzulässigen Rechtsausübung[38].

---

36 RGZ 112, S. 215.
37 RGZ 114, S. 120.
38 BGH, LM Nr 107 zu § 242 (Bb) BGB = NJW 1984, S. 115; LM Nr 135 aaO = NJW 1991, S. 1535; *Esser/Weyers*, § 43 III 2 b; *Schlechtriem*, Tz. 570.

TEIL V

Ungerechtfertigte Bereicherung

Literatur: *Weitnauer/Schlechtriem/Lorenz/Hager*, Ungerechtfertigte Bereicherung, Grundlagen, Tendenzen, Perspektiven, 1984; *Bälz*, Leistung, Rückgriff, Durchgriff, in: Festschr. f. Gernhuber, 1993, S. 3; *v. Caemmerer*, Bereicherung und unerlaubte Handlung, in: Festschr. f. Rabel Bd. I, 1954, S. 333; *Canaris*, Der Bereicherungsausgleich im Dreipersonenverhältnis, in: 1. Festschr. f. Larenz, 1973, S. 779; *Frieser*, Der Bereicherungswegfall in Parallele zur hypothetischen Schadensentwicklung, 1987; *Hassold*, Zur Leistung im Dreipersonenverhältnis, 1981; *Henke*, Die Leistung, 1991; *H. Honsell*, Rückabwicklung verbotener und sittenwidriger Geschäfte, 1974; *Joerges*, Bereicherungsrecht als Wirtschaftsrecht, 1977 (= Die AG 1976, S. 281 u. 315); *J. Kohler*, Die gestörte Rückabwicklung gescheiterter Austauschverträge, 1989; *Köndgen*, Wandlungen im Bereicherungsrecht, in: Festschr. f. Esser, 1975, S. 55; *D. König*, Ungerechtfertigte Bereicherung, in: Gutachten Bd. II, S. 1515; *ders.* Ungerechtfertigte Bereicherung, 1985; *Koppensteiner/Kramer*, Ungerechtfertigte Bereicherung, 2. Aufl. (1988); *Kötter*, Zur Rechtsnatur der Leistungskondiktion, AcP 153 (1954), S. 193; *Krawielicki*, Grundlagen des Bereicherungsrechts, 1936; *Kupisch*, Gesetzespositivismus im Bereicherungsrecht, 1978; *ders.*, Einheitliche Voraussetzungen des Breicherungsanspruchs, in: 2. Festg. f. v. Lübtow, 1980, S. 501; *ders.*, „Normative Betrachtungsweise, als ob ...", in: Festschr. f. Coing Bd. II, 1982, S. 239; *Loewenheim*, Bereicherungsrecht, 1989; *R. v. Mayr*, Der Bereicherungsanspruch des deutschen bürgerlichen Rechts, 1903; *Medicus*, Bürgerliches Recht, §§ 26-28; *Reeb*, Grundprobleme des Bereicherungsrechts, 1975; *D. Reuter/M. Martinek*, Ungerechtfertigte Bereicherung, 1983; *H. Wieling*, Bereicherungsrecht, 1993; *Schnauder*, JuS 1994, 538; *J. Wilhelm*, Rechtsverletzung und Vermögensentscheidung als Grundlagen und Grenzen des Anspruchs aus ungerechtfertigter Bereicherung, 1973; *Wilburg*, Die Lehre von der ungerechtfertigten Bereicherung nach österreichischem und deutschem Recht, Graz 1934; *J. Wolf*, Der Stand der Bereicherungslehre und ihre Neubegründung, 1980.

§ 16 LEISTUNGSKONDIKTION

Hausbau-Fall 18:

1. Der Grundstückseigentümer E hatte mit dem Bauträger S einen Vertrag abgeschlossen, durch den sich S verpflichtete, dem E ein Haus binnen einer bestimmten Frist zu einem festen Preis zu bauen; die dazu erforderlichen Verträge mit dritten Unternehmen sollte S im eigenen Namen abschließen. Dementsprechend bestellte S bei der Firma D bestimmte Geräte, die die Firma D unmittelbar an die Baustelle des E lieferte und dort einbaute. Kann die Firma D Bezahlung der Geräte von dem Grundstückseigentümer E verlangen, wenn S zahlungsunfähig ist? Wie steht es, wenn S unerkannt geisteskrank war?

2. Wie ist die Rechtslage, wenn S entgegen seiner Vereinbarung mit E den Vertrag mit der Firma D nicht im eigenen Namen, sondern als Vertreter des E in dessen Namen abgeschlossen hat? Kann E einwenden, er habe nur mit S etwas zu tun?

§ 16

> **Flugreise-Fall 19:** Dem knapp achtzehnjährigen M war es gelungen, ohne Flugschein in eine Linienmaschine der Lufthansa nach New York zu gelangen. Da ihm in den USA die Einreise verweigert wurde, beförderte ihn die Lufthansa noch am selben Tag nach Deutschland zurück. Kann die Lufthansa von M Bezahlung des Hinfluges verlangen? Von wem kann sie gegebenenfalls Ersatz der Rückflugkosten beanspruchen?

I. Exkurs: Vorlegung von Sachen

1 In den §§ 809 bis 811 bestimmt das Gesetz verschiedene Fälle, in denen jemand von einem anderen die Vorlegung von Sachen verlangen kann. Praktische Bedeutung hat hiervon allein § 810, nach dem jeder, der ein rechtliches Interesse daran hat, eine in fremdem Besitz befindliche **Urkunde** einzusehen, von dem Besitzer der Urkunde unter bestimmten Voraussetzungen die Gestattung der Einsicht verlangen kann. Die wichtigsten hierher gehörenden Fälle sind die Errichtung der Urkunde in seinem Interesse oder die Beurkundung eines zwischen ihm und einem anderen bestehenden Rechtsverhältnisses in der Urkunde. Aus § 810 ergibt sich zB der Anspruch des aus einer Gesellschaft ausgeschiedenen Gesellschafters auf Einsicht in die Bilanzen seiner früheren Gesellschaft, da er ohne deren Kenntnis seinen Auseinandersetzungsanspruch nicht zu beziffern vermag (s. § 716; § 118 HGB).

II. Überblick

2 Den §§ 812 bis 822 liegt ein klarer Aufbau zugrunde: Das Gesetz benennt in § 812 Abs. 1 S. 1 zunächst mit der condictio indebiti als Hauptfall der Leistungskondiktion und der Bereicherung in sonstiger Weise die beiden Grundformen der ungerechtfertigten Bereicherung. Hierauf baut sodann in den folgenden Vorschriften die Regelung der einzelnen Kondiktionsformen auf. Weitere Erscheinungsformen der Leistungskondiktion sind danach die Bereicherungsansprüche wegen nachträglichen Wegfalls des Rechtsgrundes und wegen Zweckverfehlung (§ 812 Abs. 1 S. 2)[1] sowie der Bereicherungsanspruch wegen gesetz- oder sittenwidrigen Empfangs (§ 817 S. 1)[2]. Auch § 813 gehört in diesen Zusammenhang. Sonderformen der Bereicherung in sonstiger Weise finden sich hingegen in den §§ 816 und 822.

3 Die §§ 814 und 815 regeln hingegen Fälle, in denen die einzelnen Leistungskondiktionen aus besonderen Gründen ausgeschlossen sind (sog. Kondiktionssperren). Im Anschluß hieran bestimmt das Gesetz schließlich noch den Inhalt des Bereicherungsanspruchs für beide Kondiktionsformen (Leistungskondiktion und Bereicherung in sonstiger Weise) übereinstimmend in den §§ 818 bis 820. Grundsätzlich beschränkt sich danach die Herausgabepflicht des Bereicherungsschuldners auf das, was er jeweils noch hat (§ 818 Abs. 1 bis 3); nur unter zusätzlichen Voraussetzungen ist seine Haftung verschärft (§§ 818 Abs. 4, 819 und 820).

---

1 Sog. condictiones ob causam finitam und ob rem.
2 Sog. condictio ob turpem vel iniustam causam.

III. Geschichte

Die heutige Bereicherungslehre geht in ihrem Kern auf **Fr. C.v. Savigny** zurück, der als erster den Versuch unternommen hatte, die verschiedenen überlieferten Kondiktionsformen auf eine feste dogmatische Basis zu stellen[3]. Im Anschluß hieran bemühten sich die Verfasser des BGB ebenfalls vor allem darum, sämtliche Bereicherungsformen nach Möglichkeit auf einen Grundtatbestand zurückzuführen (§ 812 Abs. 1 S. 1), neben dem sich deshalb heute nur noch wenige Sonderfälle im Gesetz finden (o. Rn 2).

Dieser sog. alten **Einheitslehre** folgten zunächst Literatur und Rechtsprechung[4], bis 1934 *Wilburg*[5] und zwanzig Jahre später *v. Caemmerer*[6] die Unterschiede zwischen der Bereicherung durch Leistung und der Bereicherung in sonstiger Weise herausarbeiteten, wobei sie zu dem Ergebnis gelangten, das Gesetz regele in § 812 Abs. 1 tatsächlich zwei ganz verschiedene Fälle mit unterschiedlichen Funktionen (sog. **Trennungslehre**). Seitdem haben sich für diese beiden Fälle die Bezeichnungen Leistungskondiktion und Bereicherung in sonstiger Weise oder (pars pro toto) Eingriffskondiktion allgemein eingebürgert.

> Neuerdings trifft die Trennungstheorie wieder auf zunehmende Kritik (sog. **neue Einheitslehre**)[7]. Richtig hieran ist, daß die Gesetzesverfasser von einem einheitlichen umfassenden Bereicherungstatbestand ausgegangen sind. Ebenso richtig ist aber auch, daß sämtliche Einheitsformeln unvermeidlich unter dem Nachteil leiden, auf einem derart hohen Abstraktionsniveau angesiedelt zu sein, daß ihre praktische Brauchbarkeit zweifelhaft ist. Jedenfalls für Darstellungszwecke empfiehlt sich daher weiterhin die sorgfältige Trennung zwischen der Leistungs- und der Eingriffskondiktion als den beiden Grundformen der Bereicherung[8]. Damit wird nicht geleugnet, daß es nur schwer einzuordnende Grenzfälle gibt[9] und daß beide Kondiktionsformen schon wegen ihrer gemeinsamen Regelung im Gesetz unverkennbar eine enge Verwandtschaft aufweisen.

---

3 System des heutigen Römischen Rechts Bd. V, 1841, S. 523 ff; zur Geschichte s. im übrigen eingehend *Reuter/Martinek*, S. 4 ff; *Loewenheim*, S. 1 ff.
4 Vgl insbes. *Krawielicki* und *R. v. Mayr*, aaO; s. zum folgenden zuletzt auch *Kamionka*, JuS 1992, S. 845 f; *Loewenheim*, S. 6 ff.
5 Die Lehre von der ungerechtfertigten Bereicherung.
6 Festschr. f. Rabel Bd. I, S. 333.
7 ZB *Bälz*, in: Festschr. f. Gernhuber, S. 3 ff; *Frieser*, S. 33 ff; *Knieper*, BB 1991, S. 1578; *Kupisch*, Gesetzespositivismus; *ders.*, JZ 1985, S. 101, 163 ff; *J. Wilhelm*, Rechtsverletzung; *J. Wolf*, S. 102, 153 ff m. Nachw.
8 Ebenso zB *Medicus* II, § 125 I (S. 296 f); *Schlechtriem*, Tz. 635 f (S. 272 f).
9 Vgl den **Flugreise-Fall 19**, in dem man offenbar mit derselben Berechtigung eine Leistung der Lufthansa an den blinden Passagier wie dessen Bereicherung in sonstiger Weise annehmen kann.

§ 16

IV. Funktion

1. Rückabwicklung fehlgeschlagener Leistungsverhältnisse

7 Es herrscht im wesentlichen Übereinstimmung darüber, daß die Hauptaufgabe der Leistungskondiktion in der Rückabwicklung fehlgeschlagener Leistungsverhältnisse besteht[10], wobei die große praktische Bedeutung der Leistungskondiktion im deutschen Recht vor allem auf dem für unser Recht kennzeichnenden Abstraktionsprinzip beruht[11]. Die Leistungskondiktion hat infolgedessen bei uns weithin dieselbe Funktion wie die Vindikation in solchen Rechtsordnungen, die dem Konsensprinzip folgen[12].

2. Erscheinungsformen

8 Das BGB kennt, streng genommen, keinen einheitlichen Grundtatbestand der Leistungskondiktion, da es in den §§ 812 Abs. 1, 813 und 817 S. 1 lediglich vier[13] verschiedene Einzelfälle der Leistungskondiktion geregelt hat, wobei es vor allem römisch-rechtlichen Vorbildern gefolgt ist. Die Unterscheidung dieser einzelnen Kondiktionsformen hat indessen heute im wesentlichen nur noch Bedeutung für die Ausschlußtatbestände (§§ 814, 815, 817 S. 2) sowie für die Fälle der Haftungsverschärfung (§§ 819 Abs. 2, 820), so daß es sachlich durchaus vertretbar ist, im folgenden zunächst immer abgekürzt von „der" Leistungskondiktion zu sprechen. Paradigma ist dabei durchweg die **condictio indebiti** des § 812 Abs. 1 S. 1 Fall 1, die heute geradezu die Rolle der – an sich nicht vorgesehenen – Grundform sämtlicher Leistungskondiktionen übernommen hat. Mit Leistungskondiktion ist daher im folgenden zunächst immer (allein) die condictio indebiti, dh die Leistung auf eine nicht bestehende Schuld gemeint. Auf die Besonderheiten der anderen Kondiktionsformen wird erst im Anschluß daran näher eingegangen (u. Rn 25 ff).

9 Die condictio indebiti – in ihrer Funktion als Grundform der verschiedenen gesetzlich geregelten Kondiktionsformen – setzt nach § 812 Abs. 1 S. 1 voraus, daß jemand durch die Leistungen eines anderen etwas (auf dessen Kosten) ohne rechtlichen Grund erlangt hat. Daraus ergeben sich die wichtigsten Tatbestandsmerkmale der Leistungskondiktion: Sie setzt zunächst voraus, daß jemand etwas, dh einen bestimmten Gegenstand erlangt hat und dadurch (noch) bereichert ist. Diese Bereicherung muß außerdem auf der Leistung eines anderen beruhen. Schließlich ist noch erforderlich, daß die Leistung ohne rechtlichen Grund erfolgte. Die Einzelheiten sind umstritten. Der Streit beginnt bereits bei der Frage, welche Funktion bei der Leistungskondiktion dem zusätzlichen Tatbestandsmerkmal „auf dessen Kosten" zukommt. Kern der Auseinandersetzung sind dabei die verwickelten Mehrpersonenverhältnisse (dazu u. Rn 50 ff).

---

10 ZB *Reuter/Martinek*, S. 75 ff; *Schlechtriem*, Tz. 637 (S. 273); *Weitnauer*, in: Ungerechtfertigte Bereicherung, S. 25 ff.
11 S. dazu schon o. § 1 Rn 21.
12 Paradigma ist die Abwicklung eines fehlgeschlagenen Kaufvertrages nach Leistung seitens des Verkäufers: Während dafür in Deutschland grundsätzlich nur die Leistungskondiktion zur Verfügung steht, kann der Verkäufer in anderen Rechtsordnungen vindizieren.
13 Oder bei gesonderter Zählung des § 813: fünf.

§ 16

V. Gegenstand

1. Etwas

Die Leistungskondiktion soll entsprechend ihrem Zweck (o. Rn 7) nicht einen Schaden des Leistenden ausgleichen (dies ist in erster Linie Aufgabe des Deliktsrechts), sondern eine nach der „schuldrechtlichen Unterlage" grundlose Vermögensvermehrung des Bereicherten rückgängig machen. Als Gegenstand der Leistungskondiktion kommt daher alles in Betracht, was überhaupt im rechtsgeschäftlichen Verkehr geleistet werden kann. Das Gesetz bringt dies durch den ganz allgemeinen Begriff „etwas" in § 812 Abs. 1 S. 1 zum Ausdruck. § 812 Abs. 2 fügt noch hinzu, daß Gegenstand der Leistungskondiktion auch die durch Vertrag erfolgte Anerkennung des Bestehens oder des Nichtbestehens eines Schuldverhältnisses sein kann. Gemeint ist damit das konstitutive Schuldanerkenntnis des § 781, das folglich – eine Konsequenz seiner Abstraktheit – kondiziert werden kann, wenn es ohne Grund gegeben worden ist[14].

10

> Beispiele für Leistungs- und damit Bereicherungsgegenstände sind namentlich das Eigentum und der Besitz an Sachen, die Inhaberschaft von Rechten, die Befreiung von Verbindlichkeiten, Dienstleistungen und Verwendungen sowie die Möglichkeit zum Gebrauch oder zur Nutzung von Sachen und Rechten[15]. In den zuletzt genannten Fällen scheidet freilich eine Herausgabe der Leistungen in Natur aus (u. Rn 12), so daß der Empfänger von vornherein allein zum Wertersatz verpflichtet ist (§ 818 Abs. 2). Der Wert solcher Leistungen wird üblicherweise mit dem Preis gleichgesetzt, zu dem sie im Regelfall nur auf dem Markt zu haben sind[16]. Bei der Nutzung von Sachen ist das der übliche Miet- oder Pachtzins, während bei der grundlosen Inanspruchnahme von Verkehrsleistungen primär von den Tarifpreisen auszugehen ist. Für unseren Flugreisefall 19 bedeutete dies, daß, wenn man hier eine grundlose Leistung der Lufthansa an den M annimmt, dessen Bereicherung durch den Hinflug in dem Preis eines Linienfluges der Lufthansa nach New York bestände[17]. Das Bedenkliche solcher Lösung liegt auf der Hand und hat zu vielfältigen weiteren Überlegungen Anlaß gegeben[18].

11

2. Herausgabepflicht

Die Verpflichtung zur Herausgabe aller genannten Leistungsgegenstände beruht, wie schon hier zu betonen ist, unmittelbar auf § 812 Abs. 1 S. 1 und nicht etwa auf § 818, der nur einige Ergänzungen bringt[19]. Hinzuweisen ist namentlich auf die

12

---

14 S. dazu schon o. § 15 Rn 18 f sowie zB BGH, LM Nr. 5 zu § 138 (Cg) BGB = NJW 1994, S. 187 = WM 1993, S. 2119 (dazu u. Rn 40).
15 S. zB *Koppensteiner/Kramer*, S. 15 f; *Loewenheim*, S. 15 ff; *Reeb*, S. 8 ff.
16 S. im einzelnen u. § 18 III (S. 250 ff).
17 S. BGHZ 55, S. 128 = NJW 1971, S. 609 = JuS 1971, S. 316 Nr 2; dazu zB *Teichmann*, JuS 1972, S. 247; *Roth*, in: Festschr. f. Küchenhoff, 1972, S. 371; *J. Wolf*, S. 161 f.
18 S. im einzelnen u. § 18 III.
19 S. u. § 18 II (S. 248 ff).

§ 16

zusätzliche Pflicht zur Herausgabe der Nutzungen und Surrogate (§ 818 Abs. 1), zum Wertersatz bei Unmöglichkeit der Herausgabe (§ 818 Abs. 2) sowie auf das Erlöschen der Herausgabepflicht bei Wegfall der Bereicherung (§ 818 Abs. 3).

VI. Leistung

13 Die Vermögensvermehrung des Bereicherten, dh die Erlangung eines „etwas" muß nach § 812 Abs. 1 S. 1 durch „Leistung" erfolgt sein, wenn die Leistungskondiktion eingreifen soll. Die Leistung stellt daher das zentrale Tatbestandsmerkmal der Leistungskondiktion dar. Im Mittelpunkt des Interesses steht dabei die Auseinandersetzung zwischen dem sog. natürlichen und dem modernen oder finalen Leistungsbegriff der (noch) herrschenden Meinung.

1. Der moderne Leistungsbegriff

14 Unter einer Leistung wurde früher meistens ganz allgemein jede **bewußte** Mehrung fremden Vermögens verstanden[20]. Dieser natürliche Leistungsbegriff ist jedoch nach dem letzten Krieg weitgehend durch den sog. modernen oder finalen Leistungsbegriff verdrängt worden, nach dem eine Leistung iS des Bereicherungsrechts (nur) jede bewußte **und zweckgerichtete** Vermehrung fremden Vermögens darstellt[21]. Man versprach sich davon vor allem Erleichterungen bei der Lösung der vielfältigen Probleme, die zB mit der Bestimmung der Rechtsgrundlosigkeit der Leistung oder mit dem Bereicherungsausgleich in Mehrpersonenverhältnissen verbunden sind.

15 Der moderne Leistungsbegriff beruht letztlich auf der Überlegung, daß von einer Leistung iS des Gesetzes nur die Rede sein kann, wenn die Vermehrung des fremden Vermögens (durch die Erlangung eines etwas) bewußt erfolgt und dem Willen des Leistenden entspricht, weil es nur dann möglich ist, die jeweilige Güter- oder Wertbewegung, die sog. Zuwendung (im Gegensatz zur Leistung im engeren Sinne) **in Beziehung zu** einem bestimmten Kausalverhältnis zu setzen, wie es nach § 812 Abs. 1 unerläßlich ist, um beurteilen zu können, zwischen welchen Personen die Leistung vorgenommen wurde und ob sie in dieser Beziehung mit Rechtsgrund erfolgt ist oder nicht. Geschieht die Vermehrung fremden Vermögens hingegen durch dritte Personen, gegen den Willen des Entreicherten, unbewußt oder sogar ganz ohne menschliches Zutun, wie es in Ausnahmefällen vorstellbar ist[22], so kann

---

20 S. insbes. *R. v. Mayr*, aaO; ebenso zB heute *Kupisch*, JZ 1985, S. 163 (168 f).
21 ZB BGHZ 40, S. 272 (277) = NJW 1964, S. 399 = JuS 1964, S. 248 Nr 5; BGHZ 48, S. 70 (73) = NJW 1967, S. 1905 = JuS 1967, S. 475 Nr 6; BGHZ 58, S. 184 (188) = NJW 1972, S. 864; BGHZ 68, S. 276 (277); 72, S. 246 (248 f) = NJW 1979, S. 157; insbes. *Kötter*, AcP 153, S. 193; ebenso zB zuletzt *Kamionka*, JuS 1992, S. 845 (846 ff); *Koppensteiner/Kramer*, S. 10 ff; *Loewenheim*, S. 18 ff; *Reuter/Martinek*, S. 80 ff; *Weitnauer*, in: Ungerechtfertigte Bereicherung, S. 29 ff; *Schlechtriem*, ZHR 149, 327 (335 ff); *Schnauder*, AcP 187 (1987), S. 142.
22 **Beispiele:** Die Kühe des A grasen ganz ohne dessen Zutun die saftigen Weiden des erbosten B ab; bei einem Hochwasser wird ein Stück Land von dem Grundstück des B abgerissen und an das des hocherfreuten A angeschwemmt (s. dazu u. § 17 Rn 19).

sie nach dieser Vorstellung nicht mit einem bestimmten Kausalverhältnis verknüpft werden, so daß es keinen Sinn mehr macht, von einer Leistung zu sprechen; vielmehr kann sich dann nur noch die Frage stellen, ob eine Bereicherung in sonstiger Weise vorliegt.

2. Kritik

a) Der „moderne" Leistungbegriff ist in den letzten Jahren von vielen Seiten auf Kritik gestoßen[23]. Der Hauptvorwurf geht dahin, die hM huldige einer extremen Begriffsjurisprudenz, indem sie versuche, die Lösung sämtlicher Probleme der Leistungskondiktion aus ihrer Definition des Leistungsbegriffs abzuleiten. Für alle legitimen Zwecke, die sinnvollerweise mit dem Leistungsbegriff verfolgt werden könnten, reiche es aus, entsprechend dem natürlichen Leistungsbegriff den Anwendungsbereich der Leistungskondiktion auf **bewußte** Vermehrungen fremden Vermögens zu beschränken.

b) Richtig hieran ist, daß dem (modernen) Leistungsbegriff (natürlich) nur die Lösung derjenigen Fallgestaltungen entnommen werden kann, die bei seiner Konzipierung ins Auge gefaßt wurden. Genau dies trifft aber nach wie vor für eine Vielzahl problematischer Fälle namentlich in Mehrpersonenverhältnissen zu, so daß es, zumindest für Darstellungszwecke, unbedenklich ist, bei der Prüfung der häufig schwierigen Frage, ob und zwischen welchen Personen Leistungsbeziehungen bestehen, zunächst bei dem modernen Leistungsbegriff einzusetzen. Man muß sich dabei nur immer bewußt bleiben, daß dieser Begriff lediglich eine Kurzformel für die Lösung bestimmter, bei seiner Aufstellung berücksichtigter Fälle darstellt. Er versagt daher in allen anderen Fällen, wo es dann in der Tat unerläßlich wird, auf die letztlich hinter dem Leistungsbegriff stehenden Wertentscheidungen zurückzugreifen, um so zu sachlich vertretbaren Ergebnissen zu gelangen[24].

VII. Rechtsgrund

Eine Leistung kann nach § 812 Abs. 1 S. 1 nur kondiziert werden, wenn sie „ohne rechtlichen Grund" erfolgt ist, dh wenn der Rechtsgrund der Leistung von vornherein fehlt oder später weggefallen ist. Was aber ist der Rechtsgrund einer Leistung? In dieser Frage, die ebenso umstritten ist wie die nach dem Leistungsbegriff des Gesetzes, stehen sich heute vor allem eine objektive und eine subjektive Lehre gegenüber.

---

23 Vgl insbes. *Canaris*, in: 1. Festschr. f. Larenz, S. 779 und WM 1980, S. 354; *Harder*, JuS 1979, S. 76; *Knieper*, BB 1991, S. 1578; *Kupisch*, Gesetzespositivismus; *ders.*, in: 2. Festg. f. v. Lübtow, S. 501; *ders.*, JZ 1985, S. 101, 163; *J. Wilhelm*, Rechtsverletzung; *ders.*, JuS 1973, S. 1; s. dazu auch die Schilderung bei *Kamionka*, JuS 1992, S. 849 ff.
24 Ebenso BGHZ 66, S. 362 (364) und S. 372 (374) = NJW 1976, S. 1448 und 1449; BGHZ 67, S. 75 (77) = NJW 1976, S. 1845; zu diesen Wertentscheidungen s. insbes. *Canaris*, in: 1. Festschr. f. Larenz, S. 779.

§ 16

1. Rechtsgrundlehren

19 a) Die **objektive** Lehre sieht den Rechtsgrund einer Leistung, wobei zunächst wiederum allein die condictio indebiti des § 812 Abs. 1 S. 1 ins Auge gefaßt werden soll, prinzipiell in dem Kausalverhältnis, auf das hin die Leistung erfolgt, oder genauer: in der mit jedem Kausalverhältnis verbundenen Abrede, aus der sich überhaupt erst ergibt, daß der Leistungsempfänger die Leistung auch tatsächlich behalten darf[25]. Was damit gemeint ist, kann man sich am besten am Beispiel der Handschenkung oder des Handkaufs verdeutlichen: Bei derartigen sofort vollzogenen Schuldverhältnissen fehlt es nach den Vertretern der objektiven Lehre an einem Leistungsanspruch des Käufers oder des Beschenkten. Die Erreichung des Zwecks, diesen Anspruch zu erfüllen, kann daher hier, so wird gelehrt, unmöglich den Rechtsgrund für die Leistung abgeben; dieser bestehe vielmehr einfach in dem Kausalverhältnis, aus dem sich ergibt, daß der Empfänger die Leistung endgültig behalten darf.

20 Anders hingegen die heute überwiegend vertretene **subjektive** Lehre [26]. Nach ihr verfolgt jeder vernünftige Mensch mit der bewußten Vermehrung eines fremden Vermögens durch eine Leistung einen bestimmten **Zweck**. Gerade deshalb spricht man von der Zweckbestimmtheit oder Zweckgerichtetheit einer Leistung. Daraus wird nun der Schluß gezogen, daß es allein die Erreichung oder Verfehlung dieses Zweckes sein kann, die darüber entscheidet, ob die Leistung mit oder ohne Rechtsgrund erfolgt ist. Man spricht deshalb auch von einer Trennung von causa und Obligation bzw von der „Doppelstöckigkeit" des Rechtsgrunds nach der subjektiven Lehre.

21 b) Die praktische Bedeutung der Kontroverse ist gering, da in den meisten Fällen beide Meinungen zu demselben Ergebnis führen. Deutlich ist das vor allem bei sämtlichen Leistungen, die zum Zwecke der Erfüllung einer Verbindlichkeit erbracht werden, da es hier für das Ergebnis offenkundig keine Rolle spielt, ob man nun den Rechtsgrund der Leistung in dem (zu erfüllenden) Kausalverhältnis (so die objektiven Lehren) oder in der Erreichung des Erfüllungszweckes (so die subjektiven Lehren) sieht. In jedem Fall kommt es nur darauf an, ob das Schuldverhältnis, dessen Erfüllung mit der Leistung bezweckt wird, besteht oder nicht. Ist dies der Fall, so ist die Leistung mit Rechtsgrund erbracht worden; andernfalls fehlt es an einem Rechtsgrund, so daß die Leistung kondiziert werden kann. Angesichts dieses Befundes ist es unbedenklich, hier zu Darstellungszwecken mit der überwiegenden Meinung der subjektiven Rechtsgrundlehre zu folgen.

---

25 So insbes. *Kupisch*, in: 2. Festg. f. v. Lübtow, S. 501; *ders.*, JZ 1985, S. 101 (102 ff); *ders.*, NJW 1985, S. 2370; *Schlechtriem*, Tz. 643 f (S. 277 f); s. auch *König*, Ungerechtfertigte Bereicherung, S. 33 ff.

26 S. statt aller *Koppensteiner/Kramer*, S. 15; *Reuter/Martinek*, S. 84 ff; *Loewenheim*, S. 45 ff; *Weitnauer*, in: Ungerechtfertigte Bereicherung, S. 29 ff; *ders.*, JZ 1985, S. 555.

2. Leistungszwecke

Mit einer Leistung können die unterschiedlichsten Zwecke verfolgt werden. Im Interesse der Rechtssicherheit ist es jedoch von vornherein ausgeschlossen, bei der Verfehlung jedes beliebigen Zweckes dem Leistenden einen Bereicherungsanspruch zuzubilligen. Deshalb werden von der Rechtsordnung nur ganz wenige Zwecke tatsächlich als Rechtsgrund einer Leistung im Sinne des § 812 anerkannt, so daß bei ihrer Verfehlung eine Kondiktion in Betracht kommt[27]. Der wichtigste dieser anerkannten Leistungszwecke ist die Erfüllung einer bestehenden Verbindlichkeit, einfach deshalb, weil in der Mehrzahl der Fälle eine Leistung erbracht wird, um eine (angenommene) Schuld zu erfüllen (sog. Leistung **solvendi causa**). Solche Leistung ist folglich rechtsgrundlos, wenn die vermeintlich erfüllte Verbindlichkeit tatsächlich nicht oder nicht mehr besteht, und zwar, wie gezeigt (o. Rn 21), nach jeder Lehre vom Rechtsgrund. Der Anwendungsbereich des Theorienstreits beschränkt sich daher auf die wenigen anderen anerkannten Leistungszwecke.

22

Der Kreis der sonstigen Leistungszwecke ist klein. Die wichtigsten sind: Eine Leistung kann zunächst noch zu dem Zweck erfolgen, gerade dadurch überhaupt erst einen Rechtsgrund für die mit der Leistung bewirkte Vermögensmehrung bei dem Empfänger zu schaffen; Beispiele sind die umstrittenen Fälle der Hand- und Realverträge sowie der Geschäftsführung ohne Auftrag, bei denen es sich in der Tat um Grenzfälle handelt[28]. Schließlich kann mit einer Leistung noch der Zweck verfolgt werden, den Empfänger der Leistung zu einem Tun zu veranlassen, zu dem er rechtlich an sich nicht verpflichtet ist (sog. condictio ob rem iS des § 812 Abs. 1 S. 2 Fall 2; s. dazu u. Rn 31 ff).

23

3. Festlegung

Es bleibt die Frage, wer eigentlich über die jeweils maßgeblichen Leistungszwecke bestimmt. Zwei Antworten sind hier prinzipiell möglich: Man kann sich entweder mit der einseitigen Zweckbestimmung des Leistenden begnügen oder weitergehend eine besondere Zweckvereinbarung der Beteiligten verlangen. Hier dürfte die erste Lösung am meisten den Vorstellungen der Gesetzesverfasser entsprechen, wie namentlich aus § 366 Abs. 1 zu schließen ist. Grundsätzlich genügt daher bereits die **einseitige** Zweckbestimmung des Leistenden, um eine Wertbewegung zu einem bestimmten Kausalverhältnis in Beziehung zu setzen, aus dem sich dann zugleich der für § 812 maßgebliche Rechtsgrund der Leistung ergibt[29].

24

VIII. Erscheinungsformen der Leistungskondiktion

Literatur: *Esser/Weyers*, § 49 (S. 452); *Koch*, Bereicherung und Irrtum, 1973; *Koppensteiner/Kramer*, § 7 (S. 49 ff); *Loewenheim*, S. 47 ff; *Lopau*, Surrogationsansprüche und Bereicherungsrecht, 1971; *Medicus* II, §§ 126, 127 (S. 300 ff); *ders.*, Bürgerliches Recht, § 27 III; *Reeb*, S. 58 ff; *Reuter/Martinek*, §§ 5 und 6 (S. 125-227).

---

27 S. zB *Medicus* II, § 126 II (S. 300 ff).
28 Man spricht hier von Leistungen donandi, credendi und obligandi causa.
29 Ebenso zB *Koppensteiner/Kramer*, S. 14; *Reuter/Martinek*, S. 91 ff; *Weitnauer* (o. Fn 26).

§ 16

1. Condictio indebiti

a) Beispiele

25 Die condictio indebiti greift nach § 812 Abs. 1 S. 1 Fall 1 ein, wenn jemand durch die Leistung eines anderen etwas auf dessen Kosten ohne rechtlichen Grund erlangt hat, dh wenn eine Leistung zur Erfüllung einer nicht bestehenden Verbindlichkeit erbracht wird[30]. Wegen der Einzelheiten kann auf die vorstehenden Ausführungen zur Leistungskondiktion verwiesen werden (o. Rn 10-24). Beispiele der condictio indebiti sind Leistungen auf eine nicht wirksam begründete oder rückwirkend durch Anfechtung wieder beseitigte Schuld (s. § 142 Abs. 1), die Lieferung eines anderen als des geschuldeten Gegenstandes, die Lieferung an die falsche Person sowie die versehentliche Zuvielzahlung, da in jedem dieser Fälle von Anfang an ein Rechtsgrund für die Leistung fehlte, wie immer man im übrigen den Rechtsgrund definieren mag.

b) § 813 BGB

26 Einen Sonderfall der condictio indebiti regelt § 813, nach dem das zum Zwecke der Erfüllung einer Verbindlichkeit Geleistete kondiziert werden kann, wenn dem Anspruch eine **dauernde** Einrede entgegenstand. Den Gegensatz bilden bloß vorübergehende Einreden wie namentlich das Zurückbehaltungsrecht (§ 273) und die Einrede des nicht erfüllten Vertrages (§ 320).

27 Anwendungsfälle des § 813 sind vor allem die Einreden der ungerechtfertigten Bereicherung und der unerlaubten Handlung (§§ 821 und 853), die Einrede der allgemeinen Arglist (§§ 242 und 826) sowie die erbrechtlichen Einreden der §§ 1973, 1990, 2083 und 2345[31]. Unanwendbar ist § 813 hingegen bei Leistungen auf eine verjährte Forderung (s. § 813 Abs. 1 S. 2 in Verb. mit § 222 Abs. 2), bei vorzeitiger Erfüllung einer betagten Verbindlichkeit (§ 813 Abs. 2)[32], bei Bezahlung des Kaufpreises trotz rechtzeitiger Mängelanzeige (s. § 478) sowie bei Leistungen in Verkennung einer Anfechtungs- oder Aufrechnungslage[33], weil hier der Schuldner durchweg nur geleistet hat, was dem Gläubiger letztlich gebührt.

c) § 814 BGB

28 Die condictio indebiti ist nach § 814 ausgeschlossen, wenn der Leistende bei der Leistung gewußt hat, daß er zur Leistung nicht verpflichtet ist, oder wenn die Leistung einer sittlichen Pflicht oder einer auf den Anstand zu nehmenden Rück-

---

30 Von der condictio indebiti wird häufig noch eine sog. condictio sine causa unterschieden (s. zB *D. König*, Ungerechtfertigte Bereicherung, S. 81 ff; *Schlechtriem*, Tz. 650); praktische Bedeutung hat die Unterscheidung heute indessen nicht mehr.
31 S. im einzelnen *Koppensteiner/Kramer*, S. 52; *Reuter/Martinek*, S. 171 ff.
32 S. dazu *Medicus* II, § 127 I 1 (S. 307).
33 Letzteres str., s. *Koppensteiner/Kramer*, S. 53.

sicht entsprach[34]. Diese Kondiktionssperre ist ein besonderer Anwendungsfall des Verbots widersprüchlichen Verhaltens (venire contra factum proprium)[35]. Ihren Ursprung findet sie in der in der gemeinrechtlichen Doktrin lebhaft umstrittenen Frage, ob die Leistungskondiktion einen **Irrtum** des Leistenden voraussetzt. Die Väter des BGB haben dieser Diskussion durch die Regel des § 814 ein Ende gesetzt, nach der die condictio indebiti nur bei **positiver Kenntnis** des Leistenden von dem Fehlen des Rechtsgrundes ausgeschlossen ist. Bloße Zweifel genügen hingegen nicht; durch einen Rechtsirrtum des Leistenden wird seine Kenntnis gleichfalls ausgeschlossen.

Die Kondiktionssperre des § 814 ist entsprechend anwendbar in den Fällen des § 813, weil es sich dabei nur um eine besondere Erscheinungsform der condictio indebiti handelt[36]. Trotz positiver Kenntnis des Leistenden von dem Fehlen eines Rechtsgrunds bleibt die condictio indebiti jedoch – entgegen § 814 – möglich, wenn der Empfänger der Leistung nicht darauf vertrauen konnte, sie behalten zu dürfen. So verhält es sich namentlich, wenn die Leistung unter **Vorbehalt** erfolgt, wenn sie in der erkennbaren Erwartung erbracht wird, ein wirksamer Vertrag werde später zustande kommen[37], sowie, wenn die Leistung auf einen formnichtigen Vertrag in der dem Gegner nicht verborgenen Hoffnung vorgenommen wird, der andere Teil werde seine Leistung ebenfalls erbringen oder die Formnichtigkeit werde doch noch nachträglich geheilt werden[38].

29

2. Condictio ob causam finitam

Die condictio ob causam finitam, der Sache nach ebenso wie § 813 nur ein Anwendungsfall der condictio indebiti, ist nach § 812 Abs. 1 S. 2 gegeben, wenn der Rechtsgrund der Leistung **nachträglich** wegfällt. Der Anwendungsbereich dieser Kondiktionsform ist schmal[39]. Wichtigster Anwendungsfall ist der Eintritt einer auflösenden Bedienung[40]. Weitere Beispiele sind die Fortzahlung von Unterhalt trotz zwischenzeitlichen Wegfalls der Unterhaltspflicht[41] sowie die vorzeitige Auflösung eines Mietvertrages nach Leistung eines noch nicht abgewohnten Baukostenzuschusses seitens des Mieters, so daß der Mieter in dem zuletzt genannten Fall die jetzt noch vorhandene Bereicherung des Vermieters in Gestalt der besseren Vermietbarkeit der Wohnung kondizieren kann[42].

30

---

34   Eingehend dazu *Kohte*, BB 1988, S. 633; *König*, Bereicherung, S. 41 ff.
35   BGH 73, S. 202 (205) = NJW 1979, S. 763; BGHZ 113, S. 98 (105 f) = NJW 1991, S. 560; *Kohte* (vorige Fn).
36   *Koppensteiner/Kramer*, S. 53.
37   BGH, LM Nr 160 zu § 812 BGB = NJW 1983, S. 1905.
38   BGHZ 73, S. 202 (205) = NJW 1979, S. 763; BGH, LM Nr 5 zu § 815 BGB = NJW 1980, S. 451.
39   Dazu ausführlich *Medicus* II, § 126 III (S. 303 f).
40   *Loewenheim*, S. 48; *Schlechtriem*, Tz. 649 (S 279 f); anders *Medicus* (vorige Fn).
41   BGHZ 118, S. 383 = NJW 1992, S. 2415.
42   Weitere Beispiele in BGH, LM Nr 210 zu § 812 BGB = NJW 1990, S. 1789, sowie bei *Reuter/Martinek*, S. 140 f; *Schlechtriem*, JZ 1993, S. 129.

§ 16

3. Condictio ob rem

Literatur: *Battes*, AcP 178 (1978), S. 337; *Esser/Weyers*, § 49 II; *Koppensteiner/Kramer*, S. 55 ff; *Kupisch*, JZ 1985, S. 101 und 163; *Liebs*, JZ 1978, S. 697; *Loewenheim*, S. 48 ff; *Medicus* II, § 126 IV; *ders.*, Bürgerliches Recht, § 27 III 4 (Tz. 691 ff); *Reeb*, S. 60 ff; *Reuter/Martinek*, S. 147 ff; *Söllner*, AcP 163 (1964), S. 20; *Welker*, Bereicherungsausgleich wegen Zweckverfehlung?, 1974; *Weitnauer*, JZ 1985, S. 555.

31   Die sog. condictio ob rem, auch condictio causa data causa non secuta oder Leistungskondiktion wegen Zweckverfehlung genannt, stellt einen eigenartigen Sonderfall der Leistungskondiktion dar. Sie ist nach § 812 Abs. 1 S. 2 Fall 2 gegeben, wenn der mit der Leistung nach dem Inhalt des Rechtsgeschäfts bezweckte Erfolg nicht eintritt.

a) Voraussetzungen

32   Zentrales Merkmal der condictio ob rem ist die Verfehlung des „nach dem Inhalt des Rechtsgeschäfts" bezweckten Leistungserfolges. Man ist sich heute darüber einig, daß diese Formulierung des Gesetzes nicht wörtlich gemeint sein kann, da bei Verfehlung eines rechtsgeschäftlich vereinbarten Leistungszweckes bereits die allgemeine condictio indebiti eingreift, so daß für die condictio ob rem kein eigener Anwendungsbereich bliebe. Gemeint sein kann daher mit der unklaren Formulierung des Gesetzes im Grunde nur eine zumindest **tatsächliche Einigung** der Parteien über einen gemeinsamen Leistungszweck im Gegensatz sowohl zu dessen rechtsgeschäftlicher Fixierung wie zu bloßen einseitigen Erwartungen einer Partei[43].

33   Eine Anwendung der condictio ob rem kommt vor allem in den sog. Vorleistungs- und Veranlassungsfällen in Betracht. In vielen anderen Fällen ist hingegen die Anwendbarkeit der condictio ob rem umstritten und zweifelhaft. Im Schrifttum überwiegt heute deutlich die Tendenz, den Anwendungsbereich dieser Konditionsform nach Möglichkeit einzuschränken.

b) Beispiele

aa) Vorleistungs- und Veranlassungsfälle

34   In den **Vorleistungsfällen** geht es um Leistungen auf einen noch nicht wirksam zustande gekommenen Vertrag mit dem Ziel, den anderen Teil hierdurch zum Vertragsabschluß oder doch zur Erbringung seiner Gegenleistung zu veranlassen[44]. Bei den **Veranlassungsfällen** hat man hingegen Leistungen im Auge, durch die der Empfänger zu einem bestimmten Verhalten veranlaßt werden soll, das entweder überhaupt nicht Gegenstand einer vertraglichen Verpflichtung sein kann oder es doch im Einzelfall tatsächlich nicht ist. Hierher gehört vor allem der Schulfall der Dienstleistungen an eine alte Erbtante in der übereinstimmenden Erwartung der späteren Erbeinsetzung des Neffen. Weitere Beispiele sind umfangreiche Bauarbei-

---

43   ZB BGHZ 108, S. 256 (265) = NJW 1989, S. 2745; BGHZ 115, S. 261 (262 f) = NJW 1992, S. 427 (428); BGH, NJW 1984, S. 233.
44   ZB BGH, LM Nr 5 zu § 815 BGB = NJW 1980, S. 451.

ten auf fremden Grundstück in der begründeten und von dem Grundstückseigentümer gebilligten Erwartung des späteren Eigentumserwerbs an dem Grundstück, etwa im Wege der Erbfolge[45], oder ein Schuldanerkenntnis mit dem von den Beteiligten übereinstimmend verfolgten Zweck, eine Strafanzeige abzuwenden[46]. Unterbleibt in den genannten Fällen später die Erbringung der Gegenleistung oder der Vertragsabschluß oder kommt es wider Erwarten doch nicht zu der Erbeinsetzung oder wird die Strafanzeige doch erstattet, so können nunmehr die sich infolgedessen nachträglich als grundlos erweisenden Leistungen kondiziert werden.

bb) Sonstige Fallgestaltungen

Bis heute nicht geklärt ist die Frage, ob eine Anwendung der condictio ob rem auch noch in anderen Fällen in Betracht kommt. Zweifelhaft ist dies zunächst in den Fällen der sog. **Zweckschenkungen**, durch die der Empfänger zu einem bestimmten Verhalten, namentlich zu einer bestimmten Verwendung des geschenkten Gegenstandes veranlaßt werden soll[47]. Ein weiterer Streitpunkt sind Fälle, in denen die Parteien mit vertraglichen Leistungen vereinbarungsgemäß zusätzliche sog. **angestaffelte Zwecke** verfolgen, die sich später als unerreichbar erweisen. Man denke zB an eine Mietzinssenkung im Hinblick auf die Zustimmung des Mieters zu einer Vertragsverlängerung, der sich der Mieter dann später unter Hinweis auf den Formverstoß des Änderungsvertrages nach § 566 S. 2 wieder entzieht[48].

35

Die Praxis tendiert in den genannten Fällen (o. Rn 35) nach wie vor häufig zur Anwendung der condictio ob rem[49]. Tatsächlich ist in ihnen indessen kein Raum für den Rückgriff auf das Bereicherungsrecht, weil hier durchweg der einzige relevante Leistungszweck, nämlich die Erfüllung der **bestehenden** Verbindlichkeit eingetreten ist[50]. Eine Lösung dieser Fälle ist daher auf anderen Wegen zu suchen, wobei in erster Linie an einen Wegfall der Geschäftsgrundlage zu denken ist[51].

36

c) Ausschluß

Die condictio ob rem ist nach § 815 ausgeschlossen, wenn der Eintritt des Erfolges von Anfang an unmöglich war und der Leistende dies gewußt hat oder wenn der Leistende den Entritt des Erfolges wider Treu und Glauben verhindert hat[52]. Der Anwendungsbereich dieser Kondiktionssperre beschränkt sich auf die condictio ob rem; eine entsprechende Anwendung des § 815 auf die condictio ob causam finitam ist nicht möglich.

37

---

45 BGHZ 108, S. 256 (261 ff) = NJW 1989, S. 2745 (2746).
46 BGH, LM Nr 208 zu § 812 BGB = NJW-RR 1990, S. 827.
47 Für die Anwendung der condictio ob rem hier insbes. BGH, NJW 1984, S. 233.
48 S. BGH, LM Nr 26 zu § 566 BGB = NJW-RR 1986, S. 944 m. Anm. *Schlechtriem*, JZ 1988, S. 854 (858).
49 BGHZ 44, S. 321 = NJW 1966, S. 540; BGH (vorige Fn); LM Nr 71 zu § 812 BGB = NJW 1966, S. 542; LM aaO Nr 78 = NJW 1968, S. 245; LM aaO Nr 112 = NJW 1976, S. 237.
50 Ebenso zB *Loewenheim*, S. 49 f; *Medicus* II, § 126 IV 1 (S. 304); *Schlechtriem*, Tz. 652 f (S. 281 ff).
51 Ebenso jetzt BAGE 52, S. 273 = NJW 1987, S. 918; vgl auch schon BGH, LM Nr 109 zu § 812 BGB = NJW 1975, S. 776.
52 Vgl § 162 Abs. 1; Beispiele in OLG Düsseldorf, NJW-RR 1986, S. 692; OLG München, NJW-RR 1986, S. 13.

§ 16

4. Condictio ob turpem vel iniustam causam

38 Die letzte gesetzlich geregelte Sonderform der Leistungskondiktion ist die sog. condictio ob turpem vel iniustam causam, die nach § 817 S. 1 eingreift, wenn der Zweck einer Leistung derart bestimmt war, daß (nur) der **Empfänger** durch die Annahme der Leistung gegen ein gesetzliches Verbot oder gegen die guten Sitten verstoßen hat[53]. Der Gesetzgeber hatte hier vor allem Fälle wie die einfache Beamtenbestechung des § 331 StGB im Auge, weil man der Auffassung war, in derartigen Fällen treffe der Vorwurf des Gesetzesverstoßes allein den die Leistung annehmenden Beamten, nicht jedoch den Leistenden. Als weitere Beispiele werden heute idR die Zahlung von Lehrgeld entgegen § 5 BBiG[54], Erpressungsgelder und das Abkaufen von Strafanzeigen genannt, da in jedem dieser Fälle nur der Leistungsempfänger, nicht hingegen zugleich der Leistende rechts- oder sittenwidrig handelt[55].

39 Dabei dürfte indessen übersehen sein, daß in der Mehrzahl der genannten Fällen auch das Grundgeschäft nach den §§ 134 oder 138 nichtig ist, so daß ohnehin die condictio indebiti oder doch jedenfalls die condictio ob rem eingreift. Die eigenständige Bedeutung des § 817 S. 1 ist angesichts dessen klein[56]. Sie beschränkt sich im wesentlichen auf den Ausschluß der beiden Kondiktionssperren der §§ 814 und 815, wenn zugleich die Voraussetzungen einer condictio ob turpem vel iniustam causam (§ 817 S. 1) erfüllt sind.

5. Ausschluß bei mißbilligter Leistung (§ 817 S. 2 BGB)

> **Literatur:** *Dauner*, JZ 1980, S. 495; *Fabricius*, JZ 1963, S. 85; *Heck*, AcP 124 (1925), S. 1; *H. Honsell*, Die Rückabwicklung sittenwidriger oder verbotener Geschäfte, 1974; *ders.*, JZ 1975, S. 439; *D. König*, Ungerechtfertigte Bereicherung, S. 125 ff; *Koppensteiner/Kramer*, S. 61 ff; *Loewenheim*, S. 54 ff; *Medicus* II, § 127 II; *ders.*, Bürgerliches Recht, § 27 IV 5 (Tz. 696 ff); *J. Prölss*, ZHR 132 (1969), S. 35; *Reifner*, JZ 1984, S. 637; *Reuter/Martinek*, § 6 V (S. 199 ff).

40 Nach § 817 S. 2 ist die Rückforderung ausgeschlossen, wenn dem Leistenden „gleichfalls" ein Gesetzes- oder Sittenverstoß zur Last fällt, außer wenn die Leistung in der Eingehung einer Verbindlichkeit, dh in einem konstitutiven Schuldanerkenntnis oder einem Wechselakzept bestand; jedoch kann das zur Erfüllung einer solchen Verbindlichkeit Geleistete ebenfalls nicht zurückgefordert werden[57].

---

53 Zum Verstoß auf der Seite des Leitenden s. u. Rn 42.
54 Berufsbildungsgesetz von 1969 (BGBl. I, S. 1112).
55 BAGE 39, S. 226; *Staudinger/Lorenz*, § 817 Rn 8 f; zur Sittenwidrigkeit sog. Schweigeverträge s. insbes. BGH, LM Nr 70 zu § 138 (Bc) BGB = NJW 1991, S. 1046 = JuS 1991, S. 691 Nr 5.
56 Ebenso *Koppensteiner/Kramer*, S. 61; *Loewenheim*, S. 42; *Medicus* II, § 126 II 2 c (S. 302 f); *Schlechtriem*, Tz. 655 (S. 283).
57 Ein Beispiel für diesen nur selten praktisch werdenden Ausnahmetatbestand in BGH, NJW 1994, S. 187 = LM Nr 5 zu § 138 (Cg) „Honorarkonsul": Begebung eines Wechselakzepts zur Sicherung der Ansprüche aus einem sittenwidrigen und deshalb nichtigen Vertrag.

a) Zweck

§ 817 S. 2 bedeutet, daß die Mehrzahl der gesetz- oder sittenwidrigen Geschäfte, sobald eine Partei einmal geleistet hat, nicht mehr rückabgewickelt wird, so daß es im Ergebnis gerade bei der vom Gesetz mißbilligenden Vermögensverschiebung bleibt. Der Grund für diese schon auf den ersten Blick auffällige Regelung ist unklar und umstritten. Früher sah man ihn überwiegend darin, daß der Leistende (nicht aber der Leistungsempfänger) für seinen Gesetzes- oder Sittenverstoß durch den Ausschluß des Rückforderungsanspruchs bestraft werden sollte[58]. Derartige Strafzwecke sind indessen unserem Privatrecht grundsätzlich fremd. Nichts spricht dafür, daß § 817 S. 2 insoweit eine Ausnahme machen sollte. Deshalb bleibt als Zweck des § 817 S. 2 nur noch, den Parteien für ihre anstößigen Geschäfte, mit denen sie sich selbst bewußt außerhalb der Rechtsordnung gestellt haben, den **Rechtsschutz zu verweigern**[59]. Auch diese Überlegung ist freilich wenig überzeugend, so daß nach überwiegender Meinung § 817 S. 2 grundsätzlich eng auszulegen ist[60].

41

b) Anwendungsbereich

Seinem Wortlaut und seiner Stellung nach beschränkt sich der Anwendungsbereich des § 817 S. 2 auf den seltenen Fall der condictio ob turpem vel iniustam causam (o. Rn 38 f). Da die praktische Bedeutung dieser Kondiktionssperre dann jedoch marginal wäre, wird heute ihr Anwendungsbereich auf **sämtliche** Bereicherungsansprüche einschließlich namentlich der condictio indebiti und der condictio ob rem erstreckt[61]. Außerdem betrifft § 817 S. 2 – über seinen mißverständlichen Wortlaut hinaus – nicht nur die Fälle eines beiderseitigen Gesetzes- oder Sittenverstoßes, sondern ebenso die Fälle, in denen **allein dem Leistenden** ein derartiger Verstoß zur Last fällt[62]. Das ist wichtig vor allem für die Fälle des Wuchers und des Monopolmißbrauchs, in denen ein Gesetzes- oder Sittenverstoß nur auf der Seite des Leistenden vorliegt.

42

In unübersehbarem Widerspruch zu diesen ausdehnenden Tendenzen hat es die Praxis jedoch auf der anderen Seite bisher durchweg abgelehnt, § 817 S. 2 auch auf **konkurrierende Ansprüche** aus Delikt oder Eigentum zu erstrecken[63]. Die Rechtsprechung

43

---

58 So zuletzt BGHZ 39, S. 87 = NJW 1963, S. 950 = JuS 1963, S. 28 Nr 3 m. Nachw.
59 So zB BGHZ 35, S. 103 (107) = NJW 1961, S. 1458; BGHZ 44, S. 1 (6) = NJW 1965, S. 1585; BGHZ 118, S. 182 (193) = NJW 1992, S. 2557; *Koppensteiner/Kramer*, S. 63 f; *Medicus* II, § 127 II 4 (S. 310 f); *Reuter/Martinek*, S. 204 ff.
60 ZB BGH, NJW-RR 1990, S. 1521.
61 RGZ(GS) 161, S. 52 (55); BGHZ 35, S. 103 (107) = NJW 1961, S. 1458; BGHZ 44, S. 1 (6) = NJW 1965, S. 1585; enger aber BGHZ 50, S. 90 (92) = NJW 1968, S. 1329; BGHZ 75, S. 299 (305 f) = NJW 1980, S. 452.
62 RGZ(GS) 161, S. 52 (55).
63 Vgl für § 826 BGH, LM Nr 5 zu § 826 (E) BGB = NJW 1992, S. 310; für den Eigentumsherausgabeanspruch (§ 985) BGHZ 39, S. 87 = NJW 1963, S. 950 = JuS 1963, S. 328 Nr 3; BGHZ 41, S. 341 (349 f) = NJW 1964, S. 1791; BGHZ 63, S. 365 = NJW 1975, S. 638 = JuS 1975, S. 396 Nr 7; BGHZ 75, S. 299 (305) = NJW 1980, S. 452; BGH, LM Nr 1 zu § 817 BGB = NJW 1951, S. 643.

§ 16

nimmt dabei bewußt das zugegebenermaßen kaum verständliche Ergebnis in Kauf, daß in den besonders schwerwiegenden Fällen eines Gesetzes- oder Sittenverstoßes, in denen neben dem Grundgeschäft auch das Erfüllungsgeschäft nichtig ist, eine Rückforderung der Leistung über § 985 doch wieder möglich wird, während bei ausschließlicher Nichtigkeit des Grundgeschäftes die Rückforderung an § 817 S. 2 scheitert[64]. Indessen wird hieran im Grund nur deutlich, wie wenig angemessen die Regelung des § 817 S. 2 tatsächlich ist.

44 Für die Anwendung des § 817 S. 2 ist außerdem dort kein Raum, wo nach dem Zweck der jeweiligen Verbotsvorschrift eine Rückforderung des Geleisteten gerade möglich sein muß[65]. Die Rechtsprechung hat hieraus gelegentlich den Schluß gezogen, daß der vorleistende Schwarzarbeiter – trotz des beiderseitigen Gesetzesverstoßes und der daraus resultierenden Nichtigkeit der Abreden der Parteien (§ 134 BGB) – im Regelfall von dem anderen Teil doch nach den §§ 812 Abs. 1 S. 1 und 818 Abs. 2 Wertersatz verlangen könne[66]. Die Praxis ist freilich auch hier nicht einheitlich, da in anderen durchaus vergleichbaren Fallgestaltungen wieder der Vorrang des § 817 S. 2 betont wurde[67]. Abweichend von der früheren Praxis[68] muß sich heute auch der Konkursverwalter § 817 S. 2 entgegenhalten lassen[69].

c) Subjektive Voraussetzungen?

45 Die Auseinandersetzung über den Zweck des § 817 S. 2 strahlt auch auf die weitere Frage aus, welche subjektiven Voraussetzungen erfüllt sein müssen, damit die Kondiktionssperre eingreifen kann. Solange § 817 S. 2 überwiegend als Strafvorschrift interpretiert wurde, lag es nahe, zusätzlich zu verlangen, daß sich der Leistende des Gesetzes- oder Sittenverstoßes bewußt gewesen ist und ihn gewollt hat[70]. Neuerdings begnügt sich die Rechtsprechung hingegen häufig bereits mit einem besonders leichtfertigen Handeln des Leistenden[71]. Aber auch diese Praxis kann keine Billigung finden.

46 § 817 S. 2 weiß nichts von besonderen subjektiven Erfordernissen auf der Seite des Leistenden. Deshalb besteht, seitdem die Vorstellung aufgegeben worden ist, § 817 S. 2 sei eine zivilrechtliche Strafvorschrift, kein Anlaß mehr, hier an subjektiven Erforder-

---

64 Kritisch deshalb zB *Esser/Weyers*, § 49 III 2; *Koppensteiner/Kramer*, S. 63 f; *Medicus* II, § 127 II 5 b (S. 311 f); *Reuter/Martinek*, S. 213 f.
65 BGHZ 36, S. 395 = NJW 1962, S. 955 = JuS 1962, S. 322 Nr 2; BGHZ 41, S. 341 (343) = NJW 1964, S. 1791; BAGE 39, S. 226.
66 BGHZ 111, S. 308 = NJW 1990, S. 2542; dagegen zB *Tiedtke*, Betr 1990, S. 2307.
67 So für die Prüfung eines Jahresabschlusses unter Verstoß gegen § 319 Abs. 2 Nr 5 HGB BGHZ 118, S. 142 (150) = NJW 1992, S. 2021, sowie für die Veröffentlichung sog. Kontaktanzeigen unter Verstoß gegen § 120 Abs. 1 Nr 2 OWiG BGHZ 118, S. 182 (192 f) = NJW 1992, S. 2557; sehr kritisch zu dieser unkontrollierbaren Einzelfallrechtsprechung *Schlechtriem*, Tz. 660a (S. 286); *ders.*, JZ 1993, S. 131.
68 BGHZ 19, S. 338 (340) = NJW 1956, S. 587.
69 BGHZ 106, S. 169 (174 ff) = NJW 1989, S. 580; BGHZ 113, S. 98 (100 f) = NJW 1991, S. 560.
70 So zB BGHZ 50, S. 90 (92) = NJW 1968, S. 1329; BGHZ 75, S. 299 (302) = NJW 1980, S. 452.
71 Insbes. BGH, LM Nr 1 zu § 22 GenG = NJW 1983, S. 1420 = JuS 1983, S. 801 Nr 3; LM Nr 38 zu § 817 BGB = NJW 1993, S. 2108.

nissen festzuhalten[72]; für die Anwendung der Vorschrift genügt vielmehr der objektive Gesetzes- oder Sittenverstoß des Leistenden.

d) Beispiele

Beispiele für die Kondiktionssperre des § 817 S. 2 sind namentlich Leistungen im Rahmen von Bordellpacht- und Bordellkaufverträgen (soweit heute noch als sittenwidrig angesehen), Zuwendungen, mit denen außereheliche Liebesbeziehungen belohnt werden sollen oder mit denen der Zweck verfolgt wird, den Empfänger zu einer gesetzwidrigen Handlung anzustiften[73], Verträge über die Verschaffung öffentlicher Ämter oder Titel[74], weiter etwa Anzeigenaufträge an Zeitungen, mit denen die Leistungen sog. „Modelle" angeboten werden oder mit denen Räumlichkeiten gesucht werden, die zur Ausübung der Prostitution geeignet sind[75], sowie Darlehen für verbotene Glücksspiele[76] und strafbare Schmiergelder[77].

e) Insbesondere das wucherische Darlehen

Besonderheiten gelten für wucherische Darlehen. Denn § 817 S. 2 darf hier, wie immer man seinen Zweck interpretiert, jedenfalls nicht dazu führen, daß der Darlehensbetrag, die sog. Valuta, endgültig dem Bewucherten verbleibt. Deshalb sieht man heute die nach § 817 S. 2 nicht kondizierbare Leistung des Darlehensgebers nicht mehr in der Darlehensvaluta selbst, sondern lediglich in deren **vorübergehender** Überlassung an den Darlehensnehmer, so daß der Darlehensgeber wenigstens die Valuta nach Ablauf der (unwirksam) vereinbarten Zeit unbehindert von § 817 S. 2 zurückfordern kann[78]. Ebenso ist etwa im Falle eines wegen eines Verstoßes gegen die §§ 134 und 138 nichtigen Miet- oder Pachtvertrages zu entscheiden.

Umstritten ist, ob das Gesagte bedeutet, daß der andere Teil, namentlich also der Darlehensnehmer, während der vereinbarten Zeit infolge des § 817 S. 2 das Kapital unentgeltlich nutzen darf oder ob er nach § 818 Abs. 1 zumindest die üblichen Zinsen zahlen muß. Während das Schrifttum überwiegend das letztere annimmt[79], hält die Rechtsprechung daran fest, daß dem Darlehensgeber wegen der Nichtigkeit des Vertrages keine Zinsen gebühren, so daß sich auf einmal das (zunächst) überteu-

---

72 *Koppensteiner/Kramer*, S. 65; *Reuter/Martinek*, S. 211 ff.
73 *H. Honsell*, S. 136 ff.
74 BGH, LM Nr. 5 zu § 138 (Cg) BGB = NJW 1994, S. 187 = WM 1993, S. 2119 „Honorarkonsul".
75 BGHZ 118, S. 182 = NJW 1992, S. 2557 „Kontaktanzeigen".
76 OLG Nürnberg, MDR 1978, S. 669; zu den Voraussetzungen der Sittenwidrigkeit von Darlehen zu Spielzwecken s. zuletzt BGH, LM Nr 5 zu Art. 16 WG = NJW 1992, S. 316 = JuS 1992, S. 260 Nr 10 m. Nachw.
77 OLG Köln, ZMR 1977, S. 148.
78 RGZ(GS) 161, S. 52 (55 ff); für Ratenkredite s. *Emmerich*, JuS 1988, S. 925 (931 f m. Nachw.).
79 Insbes. *Koppensteiner/Kramer*, S. 65 f; *Medicus* II, § 127 II 5 c (S. 312 f); *ders.*, in: Gedächtnisschr. f. Dietz, 1973, S. 61; *Reuter/Martinek*, S. 217 ff.

§ 16

erte Darlehen in ein zinsloses Darlehen verwandelt[80]. Erklärlich ist solche Praxis im Grunde nur mit der offenbar immer noch fortwirkenden Vorstellung einer Straffunktion des § 817 S. 2: Der Wucherer wird für sein verwerfliches Tun dadurch bestraft, daß er jetzt eben überhaupt keine Zinsen bekommt.

IX. Mehrpersonenverhältnisse

Literatur: *Bälz*, in: Festschr. f. Gernhuber, 1993, S. 3; *Canaris*, in: 1. Festschr. f. Larenz, S. 779; *ders.*, WM 1980, S. 354; *Esser/Weyers*, § 48 III (S. 433); *Flume*, NJW 1984, S. 464; 1991, S. 2521; *Hager*, in: Ungerechtfertigte Bereicherung, S. 151; *Gottwald*, JuS 1984, S. 841; *Hadding*, Der Bereicherungsausgleich bei dem Vertrag zu Rechten Dritter, 1970; *Harder*, JuS 1979, S. 76; *Hassold*, Zur Leistung im Dreipersonenverhältnis, 1981; *Joost/Dikoney*, JuS 1988, S. 104; *Kamionka*, JuS 1992, S. 929, *Knieper*, BB 1991, S. 1578; *Köndgen*, in: Festschr. f. Esser, S. 55; *D. König*, Ungerechtfertigte Bereicherung, S. 179 ff; *Koppensteiner/Kramer*, S. 19 ff; *Kupisch*, Gesetzespositivismus im Bereicherungsrecht, 1978; *ders.*, in: 2. Festgabe für v. Lübtow, 1980, S. 501; *ders.*, in: Festschr. f. Coing Bd. II, 1982, S. 239; *ders.*, JZ 1985, S. 101, 163; *Loewenheim*, S. 23 ff; *Lorenz*, JuS 1968, S. 441; *ders.*, JZ 1968, S. 51; *Martinek*, JZ 1991, S. 395; *Medicus* II, § 122; *ders.*, Bürgerliches Recht, § 27 II (Tz. 669 ff); *U. Meyer*, Der Bereicherungsausgleich in Dreiecksverhältnissen, 1979; *Pinger*, AcP 179 (1979), S. 301; *Reeb*, S. 19 ff; *Reuter/Martinek*, S. 385-513; *Schlechtriem*, Tz. 683 ff (S. 295 ff); *ders.*, JZ 1984, S. 509; 1988, S. 855; 1993, S. 26; *ders.*, ZHR 149, S. 327; *Schnauder*, Grundfragen der Leistungskondiktion bei Drittbeziehungen, 1981; *ders.*, AcP 187 (1987), S. 142; *ders.*, JuS 1994, 537; *Seibert*, JuS 1983, S. 591; *Stierle*, Bereicherungsausgleich bei fehlerhafter Banküberweisung, 1980; *Thielmann*, AcP 187 (1987), S. 23; *Weitnauer*, in: Festschr. f. v. Caemmerer, 1978, S. 255; *Wieling*, JuS 1978, S. 801; *G. Witte-Wegmann*, JuS 1975, S. 137; *J. Wilhelm*, Rechtsverletzung und Vermögensentscheidung, 1973; *ders.*, JZ 1994, 585; *J. Wolf*, Der Stand der Bereicherungslehre, S. 164 ff.

1. Einleitung

50 Die eigentlichen Probleme bei der Leistungskondiktion liegen nicht in den noch verhältnismäßig leicht überschaubaren Zweipersonenverhältnissen, sondern in den schwierigen Drei- oder Mehrpersonenverhältnissen, vielfach auch ungenau, aber plastisch Dreiecksverhältnisse genannt, in denen häufig zweifelhaft ist, wer hier eigentlich was an wen geleitet hat[81]. Es ist deshalb kein Zufall, daß man keine „modernen" Bereicherungstheorien benötigte, solange man das Augenmerk in erster Linie auf Zweipersonenverhältnisse richtete. Erst die zunehmende Beschäftigung mit den Dreipersonenverhältnissen führte zu der nicht abreißenden Diskussion über die Grundlagen unseres Bereicherungsrechts. Die praktische Bedeutung dieser Fälle nimmt zudem durch die vermehrte Einschaltung von Leistungsmittlern wie namentlich Banken in Leistungsbeziehungen ständig zu.

---

80 ZB BGH, LM Nr 1 zu § 22 GenG = NJW 1983, S. 1881 = JuS 1983, S. 801 Nr 3 m. Nachw.; LM Nr 38 zu § 817 BGB = NJW 1993, S. 2108 = WM 1993, S. 1323; zust. *Lindacher*, NJW 1985, S. 489; wegen der Einzelheiten s. *Emmerich* (o. Fn 78).
81 *Schlechtriem*, Tz. 685 (S. 297): „Albtraum des Bereicherungsrechts".

Ein **Beispiel** für ein Dreipersonenverhältnis stellt unser **Hausbau-Fall 18** dar, in dem 51
sich der Bauträger S zur Erfüllung seines Vertrages mit dem E der Firma D bedient hat,
die auf entsprechende Weisung des S hin ihre Geräte – in Erfüllung ihres Vertrages mit
S – sofort in den Neubau des E einbaute. Zur Verdeutlichung der verschiedenen
Beziehungen mag die folgende Zeichnung dienen:

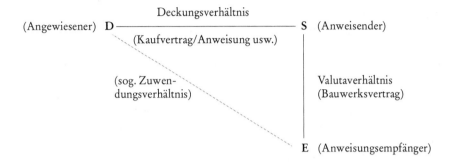

2. *Durchgriffsverbot* [82]

Um die vielfältigen mit den Dreipersonenverhältnissen verbundenen Probleme 52
zutreffend würdigen zu können, muß man sich zunächst vergegenwärtigen, daß es
sich hier häufig um abgekürzte Leistungs- oder Zahlungsketten handelt, für die das
BGB eine klare Entscheidung **gegen** den Bereicherungsdurchgriff enthält. Ausnahmen von diesem sog. bereicherungsrechtlichen Durchgriffsverbot kennt das Gesetz
nur in den Sonderfällen der §§ 816 Abs. 1 S. 2 und 822, dh bei **unentgeltlicher**
Weitergabe des Erlangten. Für den Regelfall gilt daher, daß, wenn A einen Gegenstand an B und B in der Folgezeit denselben Gegenstand an C leistet, A immer nur
einen Bereicherungsanspruch gegen B hat, mag nun in dem Verhältnis A-B allein
oder in beiden Verhältnissen der Rechtsgrund für die Leistung fehlen.

> Im Tatbestand des § 812 Abs. 1 S. 1 deutet auf das Durchgriffsverbot (möglicherweise) 53
> das Merkmal **„auf Kosten"** des Leistenden hin. Früher hatte man daraus vielfach das
> zusätzliche Erfordernis der sog. **Unmittelbarkeit** der Vermögensverschiebung gefolgert und auf diese Weise eine Lösung der Dreipersonenfälle versucht. Inzwischen hat
> sich jedoch im Gefolge der Trennungstheorie und des sog. „modernen" Leistungsbegriffs überwiegend die Auffassung durchgesetzt, daß es bei der Leistungskondiktion
> weder auf das Merkmal der Entreicherung des Leistenden (auf Kosten) noch auf das
> Merkmal der Unmittelbarkeit der Vermögensverschiebung ankommt[83]. Entscheidend
> ist vielmehr allein, zwischen welchen Personen nach dem Willen der Beteiligten etwas
> geleistet worden ist, da es allein der **Wille** der Beteiligten ist, der bestimmte Wertbewegungen zu einzelnen Kausalverhältnissen in Beziehung setzen kann.

---

82 Vgl zum folgenden insbes. grdlg. *Canaris*, in: Festschr. f. Larenz, S. 779; *D. König*, Ungerechtfertigte Bereicherung, S. 179 ff.
83 Statt aller *Medicus* II, § 133 II 4 (S. 342); anders aber zB *Knieper*, BB 1991, S. 1578 (1581 ff).

§ 16

54 Nichts anderes bringt der moderne (finale) Leistungsbegriff zum Ausdruck, der dementsprechend in der Tat nach wie vor in zahlreichen Dreipersonenverhältnissen eine einfache „begriffliche" Lösung erlaubt. Unbestritten ist jedoch, daß es daneben auch eine ganze Reihe zum Teil ausgesprochen eigenartiger (exotischer) Fallgestaltungen gibt, in denen dieser Leistungsbegriff, wie immer man ihn faßt, keine eindeutige Lösung mehr erlaubt. Es besteht heute Übereinstimmung, daß in diesen Fällen nicht mehr ohne eine offene Wertung auszukommen ist, wobei vor allem auf die Sachgründe zurückzugreifen ist, die – aus heutiger Sicht – letztlich das Durchgriffsverbot des BGB rechtfertigen[84].

55 Der **Grund** für das Durchgriffsverbot liegt einmal in der Erwägung, daß A lediglich an B geleistet hat, so daß es bei Fehlschlagen des Leistungszwecks nur billig ist, wenn er sich allein mit B auseinandersetzen muß, zum anderen in der Überlegung, daß B aus seinem Verhältnis zu A und entsprechend C aus seinem Verhältnis zu B Gegenrechte haben können, die sie beide bei einem unmittelbaren Durchgriff des A gegen C verlören. Schließlich ist noch zu beachten, daß, namentlich im Falle einer Vorleistung des A, dieser ausschließlich dem B Kredit gewährt hat, so daß er bei der Rückabwicklung sinnvollerweise auch nur das Insolvenzrisiko des B (und nicht das des C) tragen sollte. Diese drei Gesichtspunkte (genaue Beachtung der Leistungsbeziehungen sowie angemessene Verteilung des Einwendungs- und des Insolvenzrisikos) müssen folglich bei sämtlichen Entscheidungen zu den Dreiecksverhältnissen berücksichtigt werden, jedenfalls, wenn es sich bei ihnen der Sache nach um abgekürzte Leistungsketten handelt.

3. Anweisungsfälle

a) Grundlagen

56 Grundmodell der Dreipersonenverhältnisse sind die Anweisungsfälle, so genannt wegen der naheliegenden Parallele zu der Anweisung der §§ 783 ff. Denn in der Mehrzahl der Fälle geht es hier in der Tat letztlich darum, daß ein Schuldner, der Anweisende S[85], im Deckungsverhältnis den sog. Angewiesenen D auffordert („anweist"), für ihn, den S, eine „abgekürzte" Leistung auf das Valutaverhältnis zu seinem Gläubiger, dem Anweisungsempfänger E, zu erbringen. Von der Möglichkeit hierzu geht das Gesetz selbst ausdrücklich in § 362 Abs. 2 aus. Im Ergebnis stellt sich infolgedessen die sog. Zuwendung des Angewiesenen D an den Empfänger E als Leistung des D an seinen Gläubiger, den Anweisenden S dar (die für S aufgrund einer entsprechenden Ermächtigung der E entgegennimmt) sowie als Leistung des Anweisenden S (mittels des von ihm eingeschalteten D) an seinen Gläubiger, den Anweisungsempfänger E. Oder einfacher: Anstatt daß zunächst der D an S leistet und anschließend der S das von D Empfangene an den E weiterleitet, wendet der D den fraglichen Leistungsgegenstand direkt dem E zu, womit die Beteiligten Zeit und Geld (neudeutsch: Transaktionskosten) sparen.

---

84 So im Anschluß an *Canaris* und *D. König* (o. Fn 82) zuletzt zB *Kamionka*, JuS 1992, S. 929 (931 ff); *Loewenheim*, S. 23 ff; *Medicus* II, § 133 II 1 b (S. 339); *Schlechtriem*, Tz. 685 ff (S. 297 ff).
85 S. zum folgenden unser Schema o. S. 221.

Für die bereicherungsrechtliche Abwicklung ergibt sich hieraus im Regelfall, daß 57
sie den Leistungsbeziehungen im Deckungs- und im Valutaverhältnis zwischen D,
S und E zu folgen hat. Bei einer Unwirksamkeit des Deckungs- oder des Valutaverhältnisses findet daher der Bereicherungsausgleich grundsätzlich **nur** zwischen den
Parteien des betreffenden Verhältnisses, dh entweder zwischen dem Angewiesenen
D und dem Anweisenden S **oder** zwischen dem Anweisenden S und dem Empfänger
E statt. Ein direkter Durchgriff des Angewiesenen D gegen den Empfänger E
scheidet hingegen aufgrund des bereicherungsrechtlichen Durchgriffsverbotes im
Regelfall aus[86].

b) Doppelmangel

Zusätzliche Probleme ergeben sich in den Fällen des Doppelmangels. Gemeint sind 58
damit die Fälle, in denen nicht allein das Deckungs- **oder** das Valutaverhältnis, sondern
beide gleichzeitig unwirksam sind, etwa infolge unerkannter Geisteskrankheit des
anweisenden S. In diesen Fällen ist einmal umstritten, zwischen welchen Personen die
bereicherungsrechtliche Abwicklung vorzunehmen ist, zum anderen, worauf der Bereicherungsanspruch gegebenenfalls gerichtet ist.

aa) Die früher durchaus herrschende Meinung hatte in den Fällen des Doppelman- 59
gels im Interesse der „Vereinfachung der Abwicklung" keine Bedenken gegen den
direkten Durchgriff des Angewiesenen D gegen den Empfänger E[87]. Heute wird
hingegen überwiegend selbst hier nur eine Abwicklung **„über das Dreieck"**, dh im
Valuta- und im Deckungsverhältnis zugelassen[88]. Eine Ausnahme gilt in Analogie
zu § 822 lediglich dann, wenn im Valutaverhältnis zwischen dem Anweisenden S
und dem Empfänger E eine unentgeltliche Zuwendung vorliegt, letztlich mit Rücksicht auf die typische bereicherungsrechtliche Schwäche aller unentgeltlichen Zuwendungen[89].

bb) Folgt man dem, so stellt sich freilich sofort die weitere Frage, worin hier 60
eigentlich die Bereicherung des Anweisenden S besteht. Das Problem rührt daher,
daß sich, genau betrachtet, seine Bereicherung auf seinen eigenen **Bereicherungsanspruch** gegen den Empfänger E beschränkt, so daß er an sich nach § 818 Abs. 1
und 3 lediglich verpflichtet ist, seinerseits diesen Bereicherungsanspruch an den
Angewiesenen D auf dessen Verlangen hin abzutreten (sog. **Kondiktion der Kondiktion**)[90]. Die Folge wäre freilich gerade diejenige Kumulierung von Einwendungs-
und Insolvenzrisiken bei dem Angewiesenen D, die für den Regelfall bei der

---

86 Heute im wesentlichen unstr., s. zB BGHZ 122, S. 46 (52) = NJW 1993, S. 1578; BGH, LM
Nr 185 zu § 812 BGB = NJW 1987, S. 185 m. zahlr. Nachw.
87 Zuletzt BGHZ 36, S. 30 (32) = NJW 1961, S. 2251; BGHZ 58, S. 184 = NJW 1972, S. 184 = JuS
1972, S. 472 Nr 5; OLG Celle, NJW 1992, S. 3178; ebenso insbes. *Canaris*, in: Festschr. f.
Larenz, S. 820 ff.
88 So insbes. BGHZ 48, S. 70 = NJW 1967, S. 1905 = JuS 1967, S. 475 Nr 6; OLG Hamburg, WM
1990, S. 753.
89 ZB BGHZ 88, S. 232 = NJW 1984, S. 483 = JuS 1984, S. 222 Nr 6; *Flume*, NJW 1984, S. 464;
Gottwald, JuS 1984, S. 841; *Koppensteiner/Kramer*, S. 26, 28.
90 ZB *Koppensteiner/Kramer*, S. 28 f.

§ 16

bereicherungsrechtlichen Abwicklung in Dreiecksverhältnissen vermieden werden soll. Im Schrifttum wird deshalb als Ausweg vielfach vorgeschlagen, die Herausgabepflicht des Anweisenden S hier auf den Leistungsgegenstand selbst, sofern noch vorhanden, und sonst auf **Wertersatz** für diesen zu erweitern[91].

61 Dieser Vorschlag wird zwar häufig zu angemessenen Ergebnissen führen, seine Vereinbarkeit mit § 818 Abs. 3 ist und bleibt indessen problematisch. Die Wertersatzpflicht des Anweisenden S kann außerdem im Einzelfall mit vorrangigen anderen Prinzipien kollidieren. Zu denken ist hier namentlich an Fälle einer besonderen Schutzwürdigkeit des Anweisenden, zB bei Geschäftsunfähigkeit des S oder bei seiner arglistigen Täuschung, sowie an Fälle der Sittenwidrigkeit beider Verhältnisse. Folgerichtig verweist auch die Praxis in derartigen Fallgestaltungen den Angewiesenen D zum Schutze des Anweisenden S auf die Kondiktion dessen Bereicherungsanspruchs gegen den Empfänger E[92].

c) *Angenommene Anweisung*

62 Zusätzliche Schwierigkeiten ergeben sich im Falle der „echten" angenommenen Anweisung, weil hier der Anweisungsempfänger E einen unmittelbaren Anspruch gegen den Angewiesenen D erwirbt (§ 784 Abs. 1). In solchen Fällen kann daher nicht ernstlich zweifelhaft sein, daß der Angewiesene D mit der „Zuwendung" an den Empfänger E auch diesem gegenüber eigene Leistungszwecke verfolgt, und zwar einfach deshalb, weil er ihm ebenfalls zur Leistung verpflichtet ist. Gleichwohl wird selbst bei der angenommenen Anweisung überwiegend bei Mängeln des Deckungsverhältnisses ein Durchgriff des Angewiesenen D gegen den Empfänger E abgelehnt und der D statt dessen auf die Kondiktion gegen den Anweisenden S verwiesen. Eine Ausnahme kommt lediglich in Betracht, wenn im Valutaverhältnis eine unentgeltliche Zuwendung vorliegt[93].

d) *Fehlerhafte und fehlende Anweisung*

63 Eine weitere Fallgruppe bilden Leistungen des Angewiesenen D auf eine von ihm nur irrtümlich angenommene oder vom Anweisenden S im Deckungsverhältnis bereits wirksam widerrufene oder sonst unwirksame Anweisung. Für diese komplexen Fälle gibt es keine einheitlichen Lösung; vielmehr muß man hier von Fall zu Fall nach der je unterschiedlichen Schutzbedürftigkeit der Beteiligten und entsprechend den oben

---

91 ZB *Köndgen*, S. 74; *D. König*, S. 209 f; *Kupisch*, in: 2. Festg. f. v. Lübtow, S. 520 ff; *Medicus* II, § 133 II 1 c; *ders.*, Bürgerliches Recht, Tz. 673; *Reuter/Martinek*, S. 407 ff; *Schlechtriem*, Tz. 692.
92 Vgl für die arglistige Täuschung des Anweisenden S BGH, LM Nr 9 zu § 142 BGB (Bl. 4 R) = NJW 1989, S. 2879; für den Fall eines Bodelldarlehens BGH, NJW-RR 1990, S. 750 = WM 1990, S. 799, sowie für den Fall der Geschäftsunfähigkeit des Anweisenden OLG Nürnberg, NJW-RR 1989, S. 1137; anders OLG Celle, NJW 1992, S. 3178 (Durchgriffskondiktion); s. zu diesen Fällen zuletzt zB *Schlechtriem*, JZ 1993, S. 27 f.
93 S. BGHZ 122, S. 46 = NJW 1993, S. 1578 (1579); *Köndgen*, S. 68; *Koppensteiner/Kramer*, S. 30; *Medicus* II, § 133 II 2 b (S. 340); *Reuter/Martinek*, S. 478 ff.

(Rn 55) entwickelten materiellen Gesichtspunkten differenzieren[94]. Ebenso verfährt im Ergebnis die Rechtsprechung[95].

aa) Fehlende Anweisung

Fehlt eine Anweisung ganz, so überwiegt im Regelfall die Schutzbedürftigkeit des (vermeintlichen) Anweisenden S, der tatsächlich mit der ganzen Angelegenheit überhaupt nichts zu tun hat. Folglich kommt hier als angemessene Lösung nur ein **Durchgriff** des „Angewiesenen" D gegen den Empfänger E in Betracht[96]. Hierher gehören die Fälle einer wegen Geschäftsunfähigkeit des Anweisenden S nichtigen Anweisung[97] oder der Fälschung einer Anweisung, zB der Veranlassung einer Überweisung durch einen gefälschten Überweisungsauftrag, so daß das Fälschungsrisiko in derartigen Fällen die Bank tragen muß[98]. Ebenso zu behandeln ist eine versehentliche oder Zuvielzahlung der angewiesenen Bank: Stets kann sich die Bank allein an den Empfänger E halten[99].

64

bb) Widerruf der Anweisung

Anders verhalten sich die Dinge hingegen nach Meinung der Gerichte, wenn tatsächlich eine Anweisung vorliegt und diese lediglich mit Mängeln behaftet oder wirksam widerrufen ist. Paradigma ist die **Schecksperre**. Da hier der Anweisende (immerhin) den Anschein einer Anweisung gesetzt hat, halten die Gerichte den Empfänger E solange für schutzwürdiger als den Anweisende S, wie er **gutgläubig** ist. Ebensolange wird dementsprechend der Angewiesene D auf die Auseinandersetzung mit S verwiesen[100]. Sobald jedoch der Empfänger E **bösgläubig** ist, zB die Schecksperre kennt oder kennen muß, entfällt jeder Anlaß für einen besonderen Vertrauensschutz zugunsten des E, so daß jetzt der unmittelbare Durchgriff des Angewiesenen D gegen ihn zuzulassen ist[101].

65

---

94 Vgl *Canaris*, JZ 1984, S. 627; 1987, S. 201; *Flume*, NJW 1991, S. 2521; *Kamionka*, JuS 1992, S. 929 (931 ff); *Koppensteiner/Kramer*, S. 31 ff; *Loewenheim*, S. 28 ff; *Martinek*, JZ 1991, S. 395; *Medicus* II, § 133 II 2 c (S. 341); *Reuter/Martinek*, S. 417 ff; *Schlechtriem*, JZ 1988, S. 854 (855 f).
95 Zusammenfassend insbes. BGHZ 87, S. 393 = NJW 1983, S. 2499; BGHZ 89, S. 376 = NJW 1984, S. 1348; BGHZ 111, S. 382 = NJW 1990, S. 3194.
96 ZB BGHZ 66, S. 362 und 372 = NJW 1976, S. 1448 und 1449; BGHZ 67, S. 75 = NJW 1976, S. 1845; BGHZ 88, S. 232 = NJW 1984, S. 483; BGH, LM Nr 185 zu § 812 BGB = NJW 1987, S. 185.
97 Grdl. BGHZ 111, S. 382 = NJW 1990, S. 3194 m. Anm. *Flume*, NJW 1991, S. 2521; OLG Celle, NJW 1992, S. 3178.
98 BGH, LM Nr 213 zu § 812 BGB = NJW 1990, S. 1200.
99 BGH (vorige Fn) sowie LM Nr 185 zu § 812 BGB = NJW 1987, S. 185.
100 ZB BGHZ 61, S. 289 (292 ff) = NJW 1974, S. 39 m. Anm. *Wilhelm*, AcP 175 (1975), S. 304; BGHZ 87, S. 393 = NJW 1983, S. 2499; BGHZ 89, S. 376 = NJW 1984, S. 1348; anders überwiegend das Schrifttum.
101 BGHZ 87, S. 246 = NJW 1983, S. 2501; BGHZ 87, S. 393 = NJW 1983, S. 2499; BGHZ 89, S. 376 = NJW 1984, S. 1348; BGH, LM Nr 174 zu § 812 BGB = NJW 1984, S. 2205.

§ 16

e) Sonstige Fälle

66 aa) Nach dem Muster der Anweisungsfälle werden heute nach Möglichkeit sämtliche anderen vergleichbaren Fallgestaltungen beurteilt. Das gilt insbesondere für die **Verträge zugunsten Dritter**: Selbst wenn hier der begünstigte Dritte – in unserem Schema der Empfänger E – einen unmittelbaren Anspruch gegen den Versprechenden D erwirbt (§§ 328 Abs. 1, 334), findet doch die Abwicklung bei Mängeln des Deckungsverhältnisses zwischen dem Versprechenden D und dem Versprechungsempfänger S grundsätzlich nur in diesem Verhältnis statt[102].

67 Wichtiger als diese seltenen Fälle sind freilich die **Ausnahmefälle**, in denen analog § 822 doch ein direkter Durchgriff des Versprechenden D gegen den E zugelassen wird, weil im Valutaverhältnis S – E eine unentgeltliche Zuwendung vorliegt. Es handelt sich dabei meistens um Versorgungsfälle (s. § 331), zB um eine Lebensversicherung zugunsten der Angehörigen des S. Hier ist es offenkundig, daß der Versprechende, die Lebensversicherung D, eigene Leistungszwecke gegenüber den begünstigten Angehörigen (E) des S verfolgt, während der Versprechensempfänger, der Versicherte S, an der Beziehung nicht mehr beteiligt ist und aus ihr auch nichts erlangt hat. Die Folge ist, daß bei Mängeln des Deckungsverhältnisses (des Versicherungsvertrages zwischen D und S) der Versicherer D einen direkten Anspruch gegen die Begünstigten (E) erlangt.

68 bb) Dieser Fall macht zugleich klar, daß die vorstehend entwickelten Regeln über den Bereicherungsausgleich in Mehrpersonenverhältnissen **kein** zwingendes Recht sind, so daß **abweichende Abreden** der Parteien den Vorrang haben[103]. Namentlich hindert sie nichts, bestimmte Wertbewegungen zwischen ihnen in Beziehung zu Rechtsverhältnissen mit oder zwischen Dritten zu setzen, so daß diese bei Störungen in jenen Rechtsverhältnissen zurückabzuwickeln sind, ein häufig übersehener Umstand.

4. Einbaufälle

a) Grundlagen

69 Ein Beispiel für die Einbaufälle ist unser **Hausbau-Fall 18**. Er macht deutlich, daß diese Fälle in ihrer Grundstruktur eine unverkennbare Ähnlichkeit mit den Anweisungsfällen aufweisen (o. Rn 56ff). Denn es ist nicht falsch, wenn man sagt, der Bauträger S habe die Firma D „angewiesen", für ihn an seinen Gläubiger, den Grundstückseigentümer E, durch Einbau der fraglichen Geräte zu „leisten". Mit dieser Zuwendung wollte die Firma D zudem in erster Linie ihren Verpflichtungen aus dem Deckungsverhältnis zwischen ihr und dem Bauträger S nachkommen, während S zugleich mittels der Firma D seine Verpflichtungen aus dem Valutaverhältnis zwischen ihm und dem Grundstückseigentümer E erfüllte.

70 Hieraus folgt, daß es grundsätzlich angemessen ist, auch die bereicherungsrechtliche Abwicklung solcher Dreipersonenverhältnisse nach dem für die Anweisungsfälle

---

102 S. statt aller *D. König*, S. 199 ff; *Koppensteiner/Kramer*, S. 45 f; *Loewenheim*, S. 43 ff.
103 S. dazu insbes. *D. König*, Ungerechtfertigte Bereicherung, S. 212 ff.

entwickelten Muster durchzuführen. Für den Regelfall bedeutet dies den Ausschluß des unmittelbaren Durchgriffs der Firma D gegen den Grundstückseigentümer E[104]. Aus § 951 folgt nichts anderes, da er eine Rechtsgrundverweisung enthält, so daß sich die Voraussetzung des Bereicherungsanspruchs des früheren Eigentümers in den Fällen der § 946 ff immer allein nach den §§ 812 ff richten. Der sachliche Grund für den Ausschluß eines direkten Bereicherungsanspruchs der die Geräte einbauenden Firma D gegen den Grundstückseigentümer E beruht auf dem uns bereits bekannten Prinzip, daß bei abgekürzten Lieferketten im Interesse des Verkehrsschutzes die Abwicklung, sei es nach Vertrags-, sei es nach Bereicherungsrecht allein in den jeweiligen Vertragsbeziehungen zu erfolgen hat[105].

In dieselbe Richtung weist die im Schrifttum immer wieder betonte Parallele zu den §§ 932 ff. Diese macht zugleich deutlich, daß es auch Fallgestaltungen gibt, in denen anders zu entscheiden ist. So verhält es sich namentlich, wenn das Material der Firma D abhanden gekommen ist (§ 935). Handelte es sich zB um der Firma D gestohlenes Material, das der Bauträger S später an den Grundstückseigentümer E veräußert hatte, so kann die Firma D nach Verarbeitung des Materials den Wert immer noch von dem Grundstückseigentümer E kondizieren (§ 951), genauso wie sie vor der Verarbeitung des Materials dieses von dem E nach § 985 herausverlangen konnte[106]. 71

b) Irrtumsfälle

Literatur: *Fr. Baur/M. Wolf,* JuS 1966, S. 393; *Canaris,* in: 1. Festschr. f. Larenz, S. 779 (826 f); *D. König,* S. 227 ff; *Jakobs,* JuS 1973, S. 152; *Koppensteiner/Kramer,* S. 35 f; *Loewenheim,* S. 36 ff; *Reeb,* S. 23 f; *Reuter/Martinek,* S. 451 ff.

In der **zweiten Abwandlung** unseres **Hausbau-Falles 18** meinte die Firma D, in unmittelbaren vertraglichen Beziehungen zu dem Grundstückseigentümer E zu stehen und deshalb diesem gegenüber zur Leistung verpflichtet zu sein, weil der Bauträger S (abredewidrig) ihr gegenüber als Vertreter des E aufgetreten war. Hingegen erschien dem Grundstückseigentümer E aufgrund seiner Abreden mit dem Bauträger S der von der Firma D vorgenommene Einbau der Geräte als Leistung seines Vertragspartners S mittels einer von diesem (als Subunternehmer) herangezogenen Firma D. 72

In diesen sog. Irrtumsfällen ist umstritten, auf wessen Sicht bei der Beurteilung der Leistungsbeziehungen abzustellen ist, auf die des Leistenden, hier der Firma D, oder auf die des Leistungsempfängers, des Grundstückseigentümers E. Hält man die Sicht des Leistenden (D) für maßgeblich, so liegt eine Leistung an E vor mit der Folge, daß D bei ihm kondizieren kann. Anders hingegen bei Zugrundelegung der Sicht des Leistungsempfängers E. 73

---
104 Insbes. BGH, LM Nr 52 zu § 823 (Ac) BGB = NJW-RR 1991, S. 343; zB *D. König,* S. 190 f; *Koppensteiner/Kramer,* S. 106 f; *Loewenheim,* S. 59 ff; *Larenz,* in: Festschr. f. Serick, 1992, S. 255; *Medicus* II, § 133 III 2 b (S. 343 f); *Reeb,* S. 50 ff; *Reuter/Martinek,* S. 458 ff.
105 S. insbes. *D. König,* Ungerechtfertigte Bereicherung, S. 179 ff.
106 Grdl. BGHZ 55, S. 176 = NJW 1971, S. 612 „Jungbullen-Fall"; dazu zB *Loewenheim,* S. 62; *H.P. Westermann,* JuS 1972, S. 18; anders zB *Reuter/Martinek,* S. 399 ff m. Nachw.

§ 16

74 Die Praxis hält hier idR den **Leistungsempfänger** für schutzwürdiger und geht deshalb von dessen Sicht aus[107]. Für die Richtigkeit dieser Lösung spricht vor allem, daß jedenfalls im Regelfall das Risiko des Abschlusses mit einem Vertreter ohne Vertretungsmacht (das ist in unserem Fall der Bauträger S) nicht der angeblich vertretene Grundstückseigentümer E, sondern der Vertragspartner des Vertreters, die Firma D tragen muß, die sich unschwer durch eine Rückfrage bei dem angeblich Vertretenen (E) über die Vertretungsmacht der als ihr Vertreter auftretenden Person (S) informieren konnte (s. §§ 177, 179).

5. Drittleistungen

> **Literatur:** *Canaris*, in: 1. Festschr. f. Larenz, S. 779 (843 ff); *ders.*, NJW 1992, S. 868, 3143; *Esser/Weyers*, § 48 III 4(S. 448); *Flume*, NJW 1991, S. 2521; *Jakobs*, NJW 1992, S. 2524; *Kupisch*, Gesetzespositivismus im Bereicherungsrecht, 1978; *Koppensteiner/Kramer*, S. 38, 41 f; *Loewenheim*, S. 40 ff; *Lorenz*, JuS 1968, S. 441 = AcP 168, S. 286; *ders.*, in: Rechtsvergleichung und Rechtsvereinheitlichung, 1967, S. 270; *Martinek*, JZ 1991, S. 395; *ders.*, NJW 1992, S. 3141; *Medicus*, Bürgerliches Recht, § 27 II 5 (Tz. 684 f); *Köndgen*, in: Festschr. f. Esser, S. 55 (67 f); *Pinger*, AcP 179, S. 301 (326 f); *Reeb*, S. 27 ff; *Reuter/Martinek*, S. 463 ff; *Schlechtriem*, JZ 1993, S. 29; *Weitnauer*, in: Ungerechtfertigte Bereicherung, S. 29 (47 ff); *Wertheimer*, JuS 1992, S. 284; *Wieling*, JuS 1978, S. 81.

a) Zahlung eines Dritten

75 Von den zahlreichen praktisch idR nicht sehr bedeutsamen Fallgestaltungen, die unter dem Stichwort Drittleistungen erörtert werden, interessiert hier vor allem der Fall, daß ein Dritter D **ohne Anweisung** des Schuldners S aufgrund des Deckungsverhältnisses eine Verbindlichkeit des S bei dem Gläubiger E tilgt. Die Möglichkeit hierzu eröffnet ihm die Vorschrift des § 267.

76 aa) In diesen Fällen kommt es vor allem darauf an, ob E tatsächlich eine Forderung gegen S hatte. War dies der Fall **und** entsprach deren Tilgung außerdem dem Willen und dem Interesse des S, so daß es sich um eine berechtigte Geschäftsführung ohne Auftrag handelte (s. §§ 677, 683), so richtet sich der Regreß des Dritten D gegen den Schuldner S allein nach den §§ 683 und 670. Widersprach hingegen (ausnahmsweise) die Schuldtilgung dem Willen des Schuldners S, etwa weil er noch eine aufrechenbare Gegenforderung gegen den Gläubiger E hatte, so verweist der häufig übersehene § 684 den D ohnehin auf die Rückgriffskondiktion gegen den Schuldner S[108]. Fragen der Leistungskondiktion im Verhältnis des Dritten D zu dem Gläubigern E stellen sich mithin in beiden Fällen nicht.

---

107 BGHZ 36, S. 30 = NJW 1961, S. 2251 „Idealheim-Fall"; BGHZ 40, S. 272 (277 ff) = NJW 1964, S. 399 = JuS 1964, S. 248 Nr 5 „Elektroherdefall"; BGHZ 72, S. 246 (249) = NJW 1979, S. 157; BGH, LM Nr 24 zu § 818 Abs. 2 BGB = NJW 1984, S. 1456.
108 S. dazu u. § 17 Rn 52 ff.

bb) Anders erst, wenn die von dem Dritten D getilgte Schuld des S gegenüber dem 77
Gläubiger E tatsächlich **nicht** bestand. In derartigen Fällen ist umstritten, ob sich
der Dritte D entsprechend den §§ 684 und 812 wiederum nur an den sog. Putativschuldner S halten kann[109] oder ob er einen Bereicherungsanspruch gegen den
Putativgläubiger E hat[110]. Richtig dürfte die zweite Lösung sein, der sich mittlerweile
für den Regelfall auch die Rechtsprechung angeschlossen hat[111]. Dafür spricht
einmal die Parallele zu der Behandlung der Fälle einer Leistung auf eine bloß
vermeintliche Anweisung (o. Rn 64), zum anderen die Überlegung, daß der Putativschuldner S hier mit der Leistung des Dritten D an den E im Grunde nichts zu
tun hat, so daß es unbillig ist, ihn in die Abwicklung dieses Verhältnisses einzubeziehen.

cc) Die Rechtslage kompliziert sich noch zusätzlich dadurch, daß häufig die zutreffende **Grenzziehung** zwischen den Drittleistungsfällen und den ganz anders gelösten 78
Anweisungsfällen, in denen, wie gezeigt (o. Rn 56 ff), eine Direktkondiktion des
Zahlenden gegen den Zahlungsempfänger für den Regelfall zugunsten der Abwicklung
„über das Dreieck" abgelehnt wird, unklar ist. Die hier auftauchenden Probleme
hängen mit der Unschärfe des (untechnischen) Anweisungsbegriffs in den Anweisungsfällen zusammen[112]. Ein weiteres nicht minder schwieriges Problem, das im
vorliegenden Zusammenhang immer wieder auftaucht, stellt schließlich noch die Frage
dar, ob der Zahlende seine Tilgungsbestimmung noch **nachträglich** ändern kann[113].

b) Zessionsfälle

Vergleichbare Fragen wie bei der Zahlung eines Dritten an einen Gläubiger ergeben 79
sich in den Fällen einer vom Schuldner **irrtümlich** angenommenen Abtretung der
Forderung durch den Gläubiger an einen Dritten. Zahlt hier der Schuldner an den
vermeintlichen Zessionar, so ist wiederum umstritten, von wem er kondizieren
kann[114]. Richtig dürfte es sein, in diesen Fällen grundsätzlich von einer Kondiktion
des Schuldners gegen den vermeintlichen **Zessionar** auszugehen[115]. Anders ist
hingegen zu entscheiden, wenn eine Abtretung tatsächlich vorlag, die abgetretene
Forderung indessen einredebehaftet war, so daß der Schuldner die Zahlung verweigern konnte. In solchen Fällen vollzieht sich die bereicherungsrechtliche Abwicklung grundsätzlich im Verhältnis zwischen dem Schuldner und dem ursprünglichen

---

109 So zB *Canaris, Köndgen, Reeb* und *Wieling,* aaO; ebenso BGHZ 72, S. 246 = NJW 1979, S. 157
für Leistungen eines Schuldübernehmers, der später von der Schuldübernahme zurückgetreten war.
110 So zB *Jakobs, Loewenheim, Lorenz* und *Reuter/Martinek,* aaO.
111 BGHZ 113, S. 62 (68 ff) = NJW 1991, S. 919 für die Leistung eines Haftpflichtversicherers an
den vermeintlichen Gläubiger seines Versicherungsnehmers; ebenso schon RGZ 60, S. 284
(291 ff).
112 S. zu dieser Problematik insbes. BGH (vorige Fn); *Canaris,* NJW 1992, S. 868, 3143; *Flume,*
NJW 1991, S. 2521; *Jakobs,* NJW 1992, S. 2524; *Martinek,* JZ 1991, S. 395 (397 ff); *ders.,* NJW
1992, S. 3141; *Wertheimer,* JuS 1992, S. 284.
113 S. dazu u. § 17 Rn 55 f.
114 S. zB *D. König,* Ungerechtfertigte Bereicherung, S. 197 ff; *Schlechtriem,* JZ 1993, S. 29 f.
115 BGHZ 113, S. 62 (70) = NJW 1991, S. 919.

§ 16, § 17

Gläubiger, dem Zedenten; so zB, wenn ein Versicherer trotz Leistungsfreiheit an den Zessionar des Versicherungsnehmers zahlt[116].

§ 17 BEREICHERUNG IN SONSTIGER WEISE

Literatur: S.o. bei § 16 sowie *Beuthien*, Leistungen und Aufwendungen im Dreiecksverhältnis, JuS 1987, S. 841; *Büscher*, Der Anwendungsbereich der Eingriffskondiktion im Wettbewerbsrecht, 1992; *Esser/Weyers*, § 50 (S. 461); *Hüffer*, Die Eingriffskondiktion, JuS 1981, S. 263; *Jakobs*, Eingriffserwerb und Vermögensverschiebung, 1964; *Kellermann*, Grundsätze der Gewinnhaftung, 1969; *D. König*, Ungerechtfertigte Bereicherung, S. 157 ff; *Koppensteiner/Kramer*, S. 67 ff; *Loewenheim*, S. 57 ff; *Medicus* II, §§ 130-132; *ders.*, Bürgerliches Recht, § 28 (Tz. 703 ff); *Reeb*, S. 31 ff; *Reuter/Martinek*, §§ 7-9; *Roth*, in: Festschr. f. Küchenhoff, 1972, S. 371; *Schlechtriem*, in: Festschr. f. Hefermehl, 1976, S. 445; *ders.*, Eingriffskondiktion, in: Ungerechtfertigte Bereicherung, 1984, S. 57; *ders.*, JZ 1984, S. 555; 1988, S. 854; 1993, S. 189; *Fr. Schulz*, System der Rechte aus dem Eingriffserwerb, AcP 105 (1909), S. 1; *Thielmann*, AcP 187 (1987), S. 23; *H.P. Westermann*, JuS 1972, S. 18.

Leder-Fall 20: Der D hatte der Firma X einen Posten Leder gestohlen und an die gutgläubige Firma Y veräußert. Dieser gelang es infolge einer vorübergehenden Lederverknappung, das Leder sehr günstig an ihre Abnehmer weiterzuveräußern, die es alsbald in ihren Fabriken verarbeiteten. Die X verlangt jetzt von der Y Herausgabe des gesamten Erlöses.

1 Die verschiedenen Fälle der Bereicherung in sonstiger Weise haben nur das eine gemeinsam, daß die Bereicherung des Kondiktionsschuldners hier nicht auf einer Leistung des Entreicherten beruht. Deshalb spricht man in diesen Fällen häufig auch von Nichtleistungskondiktionen. Erscheinungsformen der Bereicherung in sonstiger Weise sind namentlich die Eingriffskondiktion, die Verwendungs- und die Rückgriffskondiktion. Gesetzlich geregelte Sonderformen der Eingriffskondiktion finden sich in den §§ 816, 822 und 951.

I. Eingriffskondiktion

1. Funktion, Merkmale

2 a) Die Eingriffskondiktion setzt nach § 812 Abs. 1 S. 1 Fall 2 voraus, daß jemand in sonstiger Weise etwas auf Kosten eines anderen ohne rechtlichen Grund erlangt hat. Sie soll folglich sämtliche Vermögensverschiebungen zwischen zwei Personen rückgängig machen, die nicht auf der Leistung des Benachteiligten beruhen, sondern andere Ursachen haben, vorausgesetzt, daß sie von der Rechtsordnung mißbilligt werden. Paradigma ist die unbefugte Nutzung fremder Sachen und Rechte.

---

116 Grdl. BGHZ 105, S. 365 = NJW 1989, S. 900; BGHZ 122, S. 46 = NJW 1993, S. 1578; anders im Einzelfall BGH, LM Nr 197 zu § 812 BGB = NJW 1989, S. 161.

b) Die Eingriffskondiktion ist nach dem Gesagten (o. Rn 2) ein Mittel des allgemeinen **Rechtsgüterschutzes**, mit dem der Berechtigte Übergriffe Dritter in bestimmte ihm von der Rechtsordnung zur ausschließlichen Nutzung zugewiesene Rechtspositionen abwehren kann. Hauptproblem der Materie ist infolgedessen die sachgerechte Abgrenzung der nach § 812 Abs. 1 S. 1 Fall 2 geschützten Rechte von anderen Positionen, in die jedermann im Interesse des freien wirtschaftlichen Verkehrs ohne weiteres eingreifen kann (dazu u. Rn 4 ff). Weitere Voraussetzungen der Eingriffskondiktion sind der Eingriff eines Dritten in eine derartige geschützte Position eines anderen sowie die fehlende Berechtigung des Dritten zu dem Eingriff, durch den er etwas erlangt, was nicht ihm, sondern letztlich dem Inhaber der geschützten Position gebührt[1].

3

2. Geschützte Positionen

Zur Abgrenzung der geschützten Rechtspositionen sind im Schrifttum vor allem zwei Theorien entwickelt worden, die üblicherweise Rechtswidrigkeitstheorie und Lehre vom Zuweisungsgehalt genannt werden[2].

4

a) Rechtswidrigkeitstheorie

Die klassische Rechtswidrigkeitstheorie, begründet 1909 von *Fr. Schulz*[3], knüpfte unter besonderer Betonung der Funktion des Rechtsinstituts (o. Rn 2 f) primär an die Rechtswidrigkeit eines Eingriffs an. Eine Eingriffskondiktion wurde deshalb überall dort gegeben, wo der Berechtigte **Unterlassung** des Eingriffs in seine Rechts- und Gütersphäre verlangen konnte. Die Folge wäre freilich eine nur schwer erträgliche Ausdehnung des Anwendungsbereichs der Eingriffskondiktion gewesen. Deshalb führen die heutigen Vertreter der Rechtswidrigkeitstheorie durchweg noch ergänzende Kriterien zur Abgrenzung der geschützten Rechtspositionen ein, wobei besonderen Anklang die Frage gefunden hat, ob der Verletzte befugt ist, **allein** über die betreffende Position zu disponieren[4].

5

b) Lehre vom Zuweisungsgehalt

aa) Nach der Lehre vom Zuweisungsgehalt, die auf *Heck* zurückgeht[5], ist (nur) derjenige Erwerb kondizierbar, der durch den Eingriff in ein fremdes Recht entge-

6

---

1 S. dazu u. Rn 18, 23 ff; statt aller *Loewenheim*, S. 76 ff.
2 Über den Meinungsstand informieren zB *Haines*, S. 68 ff; *Koppensteiner/Kramer*, S. 70 ff; *Loewenheim*, S. 65 ff; *Reuter/Martinek*, S. 234 ff; *J. Wolf*, S. 50 ff.
3 AcP 105, S. 1 ff.
4 Vgl im einzelnen *Haines*, S. 89, 102 ff; *Jakobs*, aaO; *Kellmann*, S. 110 ff; *Reeb*, S. 37 ff; *J. Wilhelm*, aaO.
5 Schuldrecht, 1929, § 141, 5b.

§ 17

gen dessen Zuweisungsgehalt erlangt wird[6]. Diese Lehre ist heute durchaus herrschend[7]. Umstritten sind jedoch nach wie vor die Kriterien, anhand derer die geschützten Rechtspositionen im einzelnen abzugrenzen sind. Während ein Teil der Lehre hier auf die Notwendigkeit verweist, jeden Einzelfall entsprechend den aus der gesamten Rechtsordnung zu entnehmenden Wertungen sachgerecht zu beurteilen[8], wollen andere entsprechend dem Paradigma des Eigentums vor allem darauf abstellen, ob die fragliche Position inzwischen soweit verfestigt ist, daß der Berechtigte sie selbst „marktmäßig" verwerten kann, namentlich durch Verkauf, Vermietung, Verpachtung oder Lizenzierung[9]. Ergänzende Verwendung findet häufig noch das uns schon von den Rechtswidrigkeitstheorien her bekannte Kriterium des Rechtsschutzmonopols des Berechtigten, dh die Frage, ob der Berechtigte befugt ist, allein über die betreffende Position zu disponieren.

7   Die **Rechtsprechung** hat sich in jüngster Zeit wiederholt ausdrücklich zu der Lehre vom Zuweisungsgehalt bekannt. Der Schutzbereich der Eingriffskondiktion beschränkt sich danach auf solche Rechtspositionen, die nach dem Willen der Rechtsordnung einem Berechtigten zur ausschließlichen Verfügung und Verwertung zugewiesen sind[10]. Den Gegensatz bilden bloße Erwerbs- und Gewinnchancen einschließlich zB von Forschungsergebnissen, sofern diese Gemeingut sind[11].

8   bb) Für die Lehre vom Zuweisungsgehalt spricht vor allem, daß sämtliche Rechtswidrigkeitstheorien Gefahr laufen, den allgemeinen Rechtsgüterschutz mittels der Eingriffskondiktion übermäßig auszudehnen. So kann es zB unmöglich richtig sein, daß jeder Unternehmer, der berechtigt ist, von einem Konkurrenten nach dem UWG oder dem GWB Unterlassung bestimmter Wettbewerbshandlungen zu verlangen, deshalb zugleich befugt sein sollte, die von dem Konkurrenten erzielten Gewinne ganz oder partiell abzuschöpfen. Unterlassungsansprüche und Eingriffskondiktion korrelieren mithin nicht notwendig, so daß es, wie heute nicht mehr bestritten wird, in jedem Fall notwendig ist, zusätzliche Kriterien einzuführen.

9   Freilich macht auch die Zuweisungstheorie in keinem Fall die Frage überflüssig, ob die betreffende Position tatsächlich schutzwürdig ist, weil ihre **ausschließliche Verwertung** von der Rechtsordnung dem Berechtigten zugewiesen ist, oder ob solcher Schutz zu verneinen ist, weil das Interesse der Allgemeinheit an der Freiheit des Wirtschaftsverkehrs jeder Verfestigung der fraglichen Position zu einem Ausschließlichkeitsrecht entgegensteht[12]. Ohne Wertentscheidung im Einzelfall ist da-

---

6   So im Anschluß an *Heck* (vorige Fn) insbes. noch 1934 *Wilburg*, Ungerechtfertigte Bereicherung; sowie sodann *v. Caemmerer*, in: Festschr. f. Rabel Bd. I, S. 333.
7   ZB *Esser/Weyers*, § 50 I 1; *Hüffer*, JuS 1981, S. 263; *Loewenheim*, S. 68 ff; *Medicus* II, § 131 I 4 (S. 333); ders., Bürgerliches Recht, Tz. 709 ff; *Reuter/Martinek*, S. 234, 248 ff; *Schlechtriem*, Tz. 664 ff (S. 288 ff).
8   ZB *Koppensteiner/Kramer*, S. 76 f; *Schlechtriem*, ZHR 149 (1985), S. 327 (332 f).
9   Vgl insbes. *Hüffer*, JuS 1981, S. 263 (265); *Reuter/Martinek*, S. 256 f.
10 BGHZ 82, S. 299 (306) = NJW 1982, S. 1154; BGHZ 99, S. 385 (387 f) = NJW 1987, S. 1631; BGHZ 107, S. 117 (120 ff) = NJW 1990, S. 52; BGH, LM Nr 79 zu § 249 (A) BGB = NJW 1987, S. 771; s. *Schlechtriem*, JZ 1988, S. 854 (858 ff); 1993, S. 189 f.
11 Grdl. BGHZ 107, S. 117 (120 ff) = NJW 1990, S. 52 „Forschungskosten".
12 Vgl *Joerges*, S. 66 ff; *Mestmäcker*, JZ 1958, S. 521.

her hier jenseits der unstreitigen Fälle nicht auszukommen, wobei ein wichtiges Kriterium stets die Frage ist, ob die Rechtsordnung eine „**marktmäßige**" **Verwertung** der fraglichen Position durch den Berechtigten in Gestalt ihrer Veräußerung, Vermietung oder Lizenzierung billigt oder nicht.

c) *Eigentum*

Das umfassendste subjektive Privatrecht ist (noch) das Eigentum (§ 903). Deshalb steht der Schutz des Eigentums und der daraus abgeleiteten beschränkten dinglichen Rechte gegen Eingriffe Dritter mittels der Eingriffskondiktion außer Frage[13]. Die unberechtigte, dh weder durch Vertrag noch durch Gesetz gedeckte Nutzung fremder Sachen ist infolgedessen seit jeher der Schulfall der Eingriffskondiktion gewesen. **Beispiele** sind die übermäßige Benutzung eines fremden Gleisanschlusses[14], der Verbrauch fremder Sachen[15], die unbefugte Nutzung eines fremden Grundstücks als Abstellplatz für Taxen[16], die privatrechtlich nicht gestattete Benutzung einer Garageneinfahrt über ein fremdes Grundstück, selbst wenn sie nach öffentlichem Recht erlaubt ist[17], die unbefugte Lagerung von Erdöl in einer alten Kaligrube tief unter einem fremden Grundstück[18], der übermäßige Abbau von Kies auf einem fremden Grundstück unter Überschreitung einer Grunddienstbarkeit[19] sowie der Entzug des Grundwassers[20], nicht hingegen das Fotografieren eines fremden Hauses und die gewerbliche Verwertung der Aufnahmen, jedenfalls, solange kein Urheberrecht an dem Haus besteht[21].

10

> Die Eingriffskondiktion – als sog. „Rechtsverfolgungsanspruch" – stellt außerdem das gebotene Mittel zum Schutze des Eigentums gegen seine unberechtigte Verwertung in der **Zwangsvollstreckung** gegen Dritte dar. Solche Eingriffe der Vollstreckungsorgane in schuldner**fremde** Sachen sind zwar nach öffentlichem Recht wirksam, ändern aber nichts an der grundlosen Bereicherung des Gläubigers durch Auskehrung des Vollstreckungserlöses, so daß der Eigentümer der schuldnerfremden Sache immer noch den Erlös mit der Eingriffskondiktion herausverlangen kann[22].

11

---

13 Zur Geschichte s. ausführlich *D. König*, Ungerechtfertigte Bereicherung, S. 157 ff.
14 RGZ 97, S. 310; 119, S. 265.
15 BGHZ 14, S. 7 = NJW 1954, S. 1194.
16 BGHZ 20, S. 270 (275) = NJW 1956, S. 1276.
17 BGHZ 94, S. 160 = NJW 1985, S. 1952 m. Anm. *Schlechtriem*, JZ 1988, S. 854 (858).
18 BGH, LM Nr 7 zu § 905 BGB = WM 1981, S. 129.
19 BGH, NJW-RR 1986, S. 874 = WM 1986, S. 492.
20 BayObLGZ 1965, S. 7 = NJW 1965, S. 973 = JuS 1965, S. 322 Nr 2 m. Nachw.
21 BGH, LM Nr 10 zu § 903 BGB = NJW 1989, S. 2251; LG Freiburg, NJW-RR 1986, S. 400; s. dazu *Schlechtriem*, JZ 1988, S. 854 (860); 1993, S. 189 f.
22 ZB BGHZ 32, S. 240 (244 ff) = NJW 1960, S. 1461; BGHZ 100, S. 95 = NJW 1987, S. 1880; BGH, LM Nr 10 zu § 91 ZVG = NJW 1981, S. 1601.

§ 17

d) Sonstige dingliche Rechte

12   Geschützt werden außerdem sämtliche beschränkten dinglichen Rechte, weiter der durch eine Vormerkung gesicherte Auflassungsanspruch[23] sowie sogar der berechtigte **Besitz**, so daß der Mieter oder Pächter gegen jeden, der die ihm überlassenen Räume unberechtigt nutzt, mit der Eingriffskondiktion vorgehen kann[24].

e) Immaterialgüterrechte

13   Ebenso schutzwürdig wie das Eigentum sind die meisten Immaterialgüterrechte, namentlich also das Patent-, Gebrauchsmuster- und Urheberrecht[25]. Dasselbe gilt nach nunmehr hM für das Warenzeichenrecht[26], da dieses entgegen einer früher verbreiteten Meinung[27] durchaus einen positiven vermögensrechtlichen Kern hat, wie schon daran deutlich wird, daß Warenzeichenrechte im Rechtsverkehr in großem Umfang lizenziert werden (s. § 8 WZG). Die Folge ist, daß jeder, der unbefugt eines der genannten Rechte nutzt, zur Zahlung einer angemessenen Lizenzgebühr verpflichtet ist, während der weitergehende Anspruch auf Gewinnherausgabe nur unter zusätzlichen Voraussetzungen, namentlich also bei Verschulden des Eingreifers, in Betracht kommt[28].

f) Persönlichkeitsrechte

14   Aus denselben Erwägungen heraus, die bei dem Warenzeichenrecht zu Bejahung des Schutzes über die Eingriffskondiktion geführt haben (o. Rn 13), ist heute auch die Schutzwürdigkeit der verschiedenen Persönlichkeitsrechte einschließlich des Namensrechtes und des Rechts am eigenen Bild anerkannt. Alle diese Rechte werden im modernen wirtschaftlichen Verkehr mit Billigung der Rechtsordnung umfassend entgeltlich genutzt, so daß es nur billig ist, dem Berechtigten bei einer von ihm nicht gestatteten Verwertung seines Rechts durch einen Dritten Schutz durch das Bereicherungsrecht zuzubilligen. Beispiele sind die Verwertung fremder Bilder oder Namen in der Werbung ohne Erlaubnis des Berechtigten[29].

---

23   BGHZ 99, S. 385 = NJW 1987, S. 1631.
24   BGH, LM Nr 79 zu § 249 (A) BGB = NJW 1987, S. 771.
25   BGHZ 56, S. 317 (320 ff) = NJW 1971, S. 2023 „Gasparone II"; BGHZ 68, S. 90 (92 ff) = NJW 1977, S. 1194; BGHZ 82, S. 299 (305 ff) = NJW 1982, S. 1154; anders noch RGZ 121, S. 258 (261).
26   Grdl. BGHZ 99, S. 244 (246 ff) = NJW 1987, S. 2869 „Chanel Nr 5"; zust. *Koppensteiner/Kramer*, S. 80 f; *Haines*, S. 89 ff; *Loewenheim*, S. 71.
27   Insbes. *Mestmäcker*, JZ 1958, S. 521.
28   S. §§ 687 Abs. 2, 823 Abs. 1; § 97 UrhRG; BGHZ 99, S. 244 (248) = NJW 1987, S. 2869.
29   BGHZ 20, S. 345 (354 f) = NJW 1956, S. 1554 „Paul Dahlke"; BGHZ 81, S. 75 = NJW 1981, S. 2402 „Carrera"; BGH, LM Nr 226 zu § 812 BGB = NJW 1992, S. 2084; s. *Koppensteiner/Kramer*, S. 82; *Loewenheim*, S. 72 f.

g) Sonstige Positionen im Wettbewerb

Umstritten ist die Rechtslage bei Eingriffen in das sog. Recht am Gewerbebetrieb oder in die durch das UWG geschützten Wettbewerbspositionen. Überwiegend wird hier für den Regelfall ein Schutz des Verletzten über die Eingriffskondiktion verneint[30]. In der Tat geht es in der Mehrzahl der hier relevanten Fälle allein um die Verletzung von Normen, die das Verhalten von Unternehmen im Wettbewerb steuern sollen, die aber nicht die Aufgabe haben, allseitig geschützte Positionen der Konkurrenten im Wettbewerb, noch dazu mit positivem vermögensrechtlichen Gehalt zu begründen.

15

In Ausnahmefällen können sich indessen heute auch aus dem UWG so weitgehend verfestigte und verselbständigte Rechtspositionen ergeben, daß hier jetzt ein zusätzlicher Schutz mittels der Eingriffskondiktion zu erwägen ist. Beispiele sind neben den durch § 17 UWG wie Immaterialgüterrechte geschützten Betriebsgeheimnissen vor allem die von der Praxis auf verschiedenen Gebieten aus § 1 UWG hergeleiteten Leistungsschutzrechte[31].

16

h) Forderungsrechte

Bloße Forderungsrechte genießen keinen Schutz mittels der Eingriffskondiktion, da sie nur vom Schuldner, nicht hingegen von Dritten verletzt werden können[32]. Dasselbe wurde bisher überwiegend für vertraglich begründete Ausschließlichkeitsrechte wie etwa ein Alleinvertriebsrecht oder das Recht zur alleinigen Ausnutzung des Gemeindeeigentums zu Werbezwecken angenommen[33]. Indessen zeichnet sich insoweit neuerdings ebenfalls ein Wandel ab[34], seitdem die Rechtsprechung den rechtmäßigen Besitz namentlich des Mieters oder Pächters ebenso mittels der Eingriffskondiktion schützt wie zB ein vertraglich begründetes „Exklusivrecht" zur Vermarktung des Bildes einer berühmten Sängerin[35].

17

3. Eingriff

Die Eingriffskondiktion setzt nach § 812 Abs. 1 S. 1 voraus, daß jemand auf Kosten des Berechtigten durch einen Eingriff in eine der geschützten Positionen (o. Rn 4 ff), zB durch die Nutzung fremden Eigentums, grundlos bereichert worden ist. Zweites

18

---

30 So für das Recht am Gewerbebetrieb BGHZ 71, S. 86 (98 ff) = NJW 1978, S. 1377; BGHZ 107, S. 117 (121) = NJW 1990,S. 52; ebenso *Hüffer*, JuS 1981, S. 263 (265); *Koppensteiner/Kramer*, S. 81 f; *Loewenheim*, S. 70, 72; *Reuter/Martinek*, S. 268, 279 ff; anders zB *Haines*, S. 95 ff m. Nachw.
31 S. *Emmerich*, Das Recht des unlauteren Wettbewerbs, 4. Aufl. (1994), § 9, 4.
32 ZB BGH, LM Nr 79 zu § 249 (A) BGB = NJW 1987, S. 771; LM Nr 233 zu § 812 BGB = NJW 1993, S. 1919 (für bloße Herausgabeansprüche).
33 LG Bonn, NJW 1977, S. 1823.
34 S. *Koppensteiner/Kramer*, S. 83; *Schlechtriem*, JZ 1988, S. 854 (859).
35 BGH, LM Nr 79 zu § 249 (A) BGB = NJW 1987, S. 771; LM Nr 187 zu § 812 BGB = NJW-RR 1987, S. 231.

§ 17

Tatbestandsmerkmal der Eingriffskondiktion ist mithin, daß sich die Bereicherung einer Person auf Kosten des Berechtigten gerade durch einen **Eingriff** vollzogen hat.

19 Der Begriff des Eingriffs wird allgemein ganz **weit** ausgelegt[36]. Denn im Grunde wird mit diesem Tatbestandsmerkmal nur der Unterschied zur Leistungskondiktion betont, so daß ein „Eingriff" im Sinne der Eingriffskondiktion bereits immer dann anzunehmen ist, wenn die Bereicherung nicht auf einer Leistung des Berechtigten beruht. Daher kann ohne weiteres auch der Erwerb kraft Gesetzes, zB durch Verbindung oder Vermischung (§§ 946 ff, 951), oder durch natürliche Vorgänge[37] mit der „Eingriffskondiktion" erfaßt werden. Das Gesetz bringt dies im § 812 Abs. 1 S. 1 durch die ganz allgemeine Formulierung „in sonstiger Weise", dh eben nicht durch Leistung zum Ausdruck.

4. Unmittelbarkeit der Vermögensverschiebung

20 a) Weitere Voraussetzung der Eingriffskondiktion ist nach § 812 Abs. 1 S. 1, daß der Eingreifer gerade „auf Kosten" des Berechtigten bereichert ist. Hieraus war früher verbreitet der Schluß gezogen worden, der Bereicherung des Eingreifers müsse eine **Entreicherung** des Berechtigten entsprechen; beide Vorgänge müßten zudem **unmittelbar** (kausal) miteinander verknüpft sein[38].

21 Diese Meinung ist heute allgemein aufgegeben, da die Eingriffskondiktion genausowenig wie die Leistungskondiktion die Aufgabe hat, einen Verlust auf der Seite des Berechtigten auszugleichen; vielmehr soll sie lediglich grundlose **Vermögensmehrungen** auf der Seite des Bereicherten rückgängig machen[39]. Es spielt daher keine Rolle, ob der Berechtigte selbst jemals in der Lage gewesen wäre, sein Recht zu nutzen[40]. Die Eingriffskondiktion setzt daher auch keine Vermögensverschiebung vom Entreicherten auf den Bereicherten voraus.

22 b) Die Funktion des Merkmals „auf Kosten" in § 812 Abs. 1 S. 1 beschränkt sich folglich auf die Bestimmung der **Parteien** der Kondiktion[41]. In aller Regel sind damit freilich bei der Eingriffskondiktion keine Schwierigkeiten verbunden, weil berechtigt hier durchweg der Inhaber des geschützten Rechtes ist, während die Verpflichtung zur Herausgabe der Bereicherung immer den Eingreifer trifft (o. Rn 19 f). Dadurch werden zugleich etwaige Ansprüche des Berechtigten gegen sonstige Dritte ausgeschlossen, die im weiteren Verlauf aus dem Eingriff des Berechtigten Nutzen gezogen haben (Durchgriffsverbot; s. auch § 822).

---

36 S. zB *Loewenheim*, S. 76 f.
37 Schulfälle: Die Kühe es A grasen die Weiden des B ab (ein in der amerikanischen Praxis viel erörterter Fall); bei einem Hochwasser wird ein Stück Land des A an das Grundstück des B angeschwemmt (ein schon in den Digesten behandelter Fall).
38 S. insbes. *Mestmäcker,* JZ 1958, S. 521; ebenso zB *Knieper*, BB 1991, S. 1578 (1580 ff).
39 ZB BGHZ 81, S. 75 = NJW 1981, S. 2402; *Esser/Weyers*, § 50 I 2 (S. 468 ff); *Reuter/Martinek*, S. 237 ff.
40 S. statt aller *Koppensteiner/Kramer*, S. 84 ff m. Nachw.; Schulfall: Eine unberechtigte Radiosendung (Eingriff!) macht einen unbekannten Song zum „Hit" (ein kalifornischer Fall).
41 Ebenso BGHZ 94, S. 160 = NJW 1985, S. 1952; *Loewenheim*, S. 78 f.

5. Rechtsgrund

Letzte Voraussetzung der Eingriffskondiktion ist nach § 812 Abs. 1 S. 1, daß die Bereicherung des Eingreifers ohne rechtlichen Grund erfolgt ist. Dies ist immer der Fall, wenn die Bereicherung im Widerspruch zu dem Recht steht, in das eingegriffen wurde[42]. 23

a) Vertrag

Der Eingriff ist zunächst gerechtfertigt (so daß eine Eingriffskondiktion ausscheidet), wenn der Berechtigte vertraglich zur Duldung des Eingriffs verpflichtet ist. Es versteht sich von selbst, daß er dann nicht nachträglich die Wirkungen des von ihm selbst gestatteten Eingriffs über die Eingriffskondiktion wieder rückgängig machen kann. 24

Zur Rechtfertigung des Eingriffs iS des § 812 Abs. 1 S. 1 reicht es bereits aus, daß der Berechtigte kraft Vertrages nur **verpflichtet** ist, die dem Eingriff entsprechende Rechtslage herzustellen. Der Mieter, der sich eigenmächtig in den Besitz der ihm vermieteten Räumlichkeiten setzt, mag sich dadurch einer verbotenen Eigenmacht schuldig machen (§ 858); Nutzungsersatz qua Eingriffskondiktion schuldet er hingegen nicht, sondern „nur" Zahlung des vereinbarten Mietzinses (str.). 25

b) Gesetz

Beruht der Erwerb des Eingreifers auf Gesetz, so kann sich die Rechtfertigung des Eingriffs außerdem aus dem betreffenden Gesetz ergeben. In sämtlichen Fällen des gesetzlichen Erwerbs muß deshalb sorgfältig geprüft werden, ob der Erwerb die Rechtfertigung in sich trägt (so daß er nicht nachträglich über die Eingriffskondiktion von demjenigen, der sein Recht eingebüßt hat, wieder rückgängig gemacht werden kann) oder ob die Eingriffskondiktion als Ausgleich für den Rechtsverlust möglich bleibt. 26

An einigen Stellen hat das Gesetz diese Frage bereits selbst entschieden. Hinzuweisen ist hier vor allem auf § 951, aus dem sich ergibt, daß der gesetzliche Erwerb aufgrund der §§ 946 ff durch Verbindung oder Vermischung nicht schon kraft Gesetzes gerechtfertigt ist, so daß dem früheren Eigentümer die Eingriffskondiktion zum Ausgleich bleibt. Umgekehrt zu entscheiden ist hingegen in den Fällen des gutgläubigen Erwerbs aufgrund der §§ 892 f und 932 ff, da es offenkundig ist, daß das Gesetz mit diesen Vorschriften den gutgläubigen Erwerber begünstigen wollte. Damit wäre eine Eingriffskondiktion des früheren Eigentümers unvereinbar[43]; dasselbe folgt zwanglos aus § 816 Abs. 1 S. 1[44]. In zahlreichen anderen Fällen des gesetzlichen Erwerbs ist die Frage der Rechtfertigung und damit der Endgültigkeit des Erwerbs jedoch vom Gesetz bewußt offengelassen worden und dementsprechend umstritten. Eine Entscheidung ist hier immer nur von Fall zu Fall möglich. 27

---

42 S. im einzelnen *Koppensteiner/Kramer*, S. 88 ff; *Reeb*, S. 44 ff.
43 BGHZ 55, S. 176 (177 f) = NJW 1971, S. 612 „Jungbullen-Fall".
44 S. dazu u. Rn 32 ff.

§ 17

6. Subsidiarität der Eingriffskondiktion?

28 In Dreipersonenverhältnissen kann die Leistungskondiktion des Vertragspartners des Bereicherten mit der Eingriffskondiktion eines Dritten zusammentreffen. Besonders häufig tritt diese Konstellation zB in den sog. Einbaufällen auf, die dadurch gekennzeichnet sind, daß ein Lieferant D aufgrund eines Vertrages zB mit einem Bauträger (S) Material direkt bei dem Auftraggeber des Bauträgers, dem Grundstückseigentümer E, in dessen Haus einbaut[45]. Hier beruht die Vermögensvermehrung des Grundstückseigentümers E zwar auf einer Leistung seines Vertragspartners, des Bauträgers S; zugleich sind aber in seinem Verhältnis zu dem Materiallieferanten D die Voraussetzungen der Eingriffskondiktion aufgrund der §§ 951, 946 erfüllt, so daß entschieden werden muß, welche Beziehung hier den Vorrang haben soll, da jedenfalls eine doppelte Verpflichtung des E ausscheidet.

29 Im Schrifttum ist zu diesem Zweck das sog. **Subsidiaritätsprinzip** entwickelt worden, nach dem in Fallgestaltungen der geschilderten Art grundsätzlich der Leistungskondiktion der Vorrang vor der Eingriffskondiktion Dritter gebührt. Deshalb schließt zB in den erwähnten Einbaufällen die etwaige Leistungskondiktion des Bauträgers S gegen den Grundstückseigentümer E eine Eingriffskondiktion des Materiallieferanten D aufgrund der §§ 951 und 812 Abs. 1 S. 1 aus. Man muß jedoch beachten, daß das Subsidiaritätsprinzip eine ganz unterschiedliche Bedeutung hat, je nachdem, ob man dabei die Person des Kondiktionsgläubigers oder die des Kondiktionsschuldners ins Auge faßt.

30 Stellt man auf die Person des Kondiktions**schuldners** ab, so besagt das Subsidiaritätsprinzip, daß derjenige, der durch Leistung bereichert ist, in unserem Beispiel also der Grundstückseigentümer E, nicht zugleich auf sonstige Weise bereichert sein kann[46], so daß er nicht zusätzlich mit einer Eingriffskondiktion Dritter, dh des Materiallieferanten D, belangt werden kann[47]. Anders hingegen wenn man von der Person des **Gläubigers** ausgeht. In diesem Fall bedeutet das Prinzip lediglich, daß derjenige, der eine Leistung erbracht hat, nicht zugleich mit der Eingriffskondiktion gegen Dritte vorgehen kann[48]. Bei solchem Verständnis hätte das Subsidiaritätsprinzip in erster Linie die Aufgabe, das bereicherungsrechtliche Durchgriffsverbot in Bereicherungsketten abzusichern[49].

In jüngster Zeit stößt das Subsidiaritätsprinzip – in beiden Spielarten – auf zunehmende Kritik, nachdem sich herausgestellt hat, daß es verschiedene Fallgestaltungen gibt, in denen es offenbar versagt[50]. Man hat dabei vor allem Fälle im Auge wie den sog. Jungbullen-Fall[51]. An die Stelle des Subsidiaritätsprinzips treten seitdem in

---

45 Vgl unseren Hausbau-Fall 18 und dazu unser Schema (o. S. 221) sowie schon o. § 16 Rn 69 ff.
46 Lies § 812 Abs. 1 S. 1: „... oder ...“!
47 So wiederholt die Rechtsprechung, insbes. BGHZ 40, S. 272 (278) = NJW 1964, S. 399 „Elektroherde"; BGHZ 56, S. 228 (240) = NJW 1971, S. 1750; BGH, WM 1977, S. 1196 (1197); ebenso insbes. *Kötter,* AcP 153, S. 210; *Reuter/Martinek,* S. 399 ff.
48 *Beuthien,* JuS 1987, S. 841 (844 f); *Jakobs,* JuS 1973, S. 152 (155 f); *Wilhelm,* JuS 1973, S. 1.
49 S. dazu o. § 16 Rn 52 f (S. 221).
50 ZB *Hager,* JuS 1987, S. 877; *Koppensteiner/Kramer,* S. 104 ff; *Thielmann,* AcP 187 (1987), S. 23 ff.
51 BGHZ 55, S. 176 = NJW 1971, S. 612; dazu insbes. *H.P. Westermann,* JuS 1972, S. 18.

zunehmendem Maße wertende Überlegungen im Einzelfall, wobei vor allem die Parallele zu den Vorschriften über den Schutz des guten Glaubens in den §§ 932 ff eine zentrale Rolle spielt. Nach anderen soll hingegen das Subsidiaritätsprinzip wenigstens die Bedeutung einer Faustformel haben[52]. Als **Faustformel** mag das Prinzip in der Tat in Dreipersonenverhältnissen taugen, solange man sich nur seiner beschränkten Bedeutung bewußt bleibt.

II. Verfügungen eines Nichtberechtigten (§ 816 BGB)

> Literatur: *Blaschczok*, JuS 1985, S. 88; *v. Caemmerer*, in: Festschr. f. Boehmer, 1954, S. 145; *ders.*, in: Festschr. f. Lewald, 1953, S. 443; *Hadding*, JZ 1966, S. 222; *Jahr*, JuS 1963, S. 397; *Jochem*, MDR 1975, S. 177; *Koppensteiner/Kramer*, S. 91 ff; *D. König*, Ungerechtfertigte Bereicherung, S. 163 f; *Kornblum*, JZ 1965, S. 202; *Loewenheim*, S. 80 ff; *Reeb*, S. 68 ff; *ders.*, JuS 1970, S. 214; *Reuter/Martinek*, § 8 (S. 281 ff); *Thielmann*, AcP 187, S. 23 (28 ff); *Wilckens*, AcP 157 (158/59), S. 399.

Nach § 816 Abs. 1 S. 1 ist ein Nichtberechtigter, der wirksam über einen fremden Gegenstand verfügt hat, dem Berechtigten zur Herausgabe des Erlangten verpflichtet. Erfolgte die Verfügung unentgeltlich, so trifft die Herausgabepflicht statt dessen den Empfänger (§ 816 Abs. 1 S. 2). Eine vergleichbare Regelung für andere Bereicherungsfälle findet sich in dem praktisch wenig bedeutsamen § 822. Schließlich ordnet noch § 816 Abs. 2 eine Herausgabepflicht desjenigen an, an den als Nichtberechtigten vom Schuldner wirksam eine Leistung bewirkt worden ist.

31

1. Entgeltliche Verfügungen

a) Zweck

§ 816 Abs. 1 S. 1 ist ein Sonderfall der Eingriffskondiktion. Er erklärt sich vor allem dadurch, daß der Erwerb kraft guten Glaubens die Rechtfertigung in sich trägt, so daß der frühere Eigentümer jetzt nicht mehr mit der Eingriffskondiktion gegen den gutgläubigen Erwerber vorgehen kann (o. Rn 27). Als Ausgleich billigt ihm das Gesetz deshalb in § 816 Abs. 1 S. 1 eine Eingriffskondiktion gegen den Verfügenden zu, da die Veräußerung einer Sache wirtschaftlich ihrem Verbrauch gleichsteht[53].

32

Der Herausgabeanspruch aus § 816 Abs. 1 S. 1 setzt voraus, daß ein Nichtberechtigter wirksam entgeltlich über einen fremden Gegenstand verfügt. Erstes Tatbestandsmerkmal ist somit, daß überhaupt eine Verfügung über einen fremden Gegenstand vorliegt.

33

---

52 ZB *Esser/Weyers*, § 50 IV; *Hüffer*, JuS 1981, S. 263 (267 f); *Loewenheim*, S. 64; *Medicus* II, § 133 III 2 b (S. 344); *ders.*, Bürgerliches Recht, § 28 V (Tz. 727 ff); *Schlechtriem*, Tz. 693 (S. 302).
53 S. *Medicus* II, § 130 I (S. 325 f).

§ 17

b) Verfügung

34 Unter einer Verfügung versteht man jedes Rechtsgeschäft, durch das, namentlich im Wege der Veräußerung oder Belastung, unmittelbar auf das Recht eingewirkt wird. Den Gegensatz bilden die bloßen Verpflichtungsgeschäfte.

35 In der Regel bereitet die Unterscheidung von Verfügungen und Verpflichtungen keine Schwierigkeiten. Eine Ausnahme macht jedoch eine Reihe von Fällen, in denen umstritten ist, ob in ihnen eine Verfügung im Sinne des § 816 Abs. 1 angenommen werden kann[54]. So verhält es sich zunächst in den uns schon bekannten **Einbaufällen**, wenn der Einbauende widerrechtlich fremdes Material verwendet[55]. In diesen Fällen beruht zwar der Erwerb des Grundstückseigentümers auf Gesetz (§§ 946 ff), so daß es an sich an einer Verfügung im Sinne des § 816 Abs. 1 fehlt. Die Situation ist jedoch vergleichbar mit der bei einer Verfügung über fremde Sachen, soweit hier der Grundstückseigentümer analog § 932 mit Rücksicht auf seine Gutgläubigkeit gegen die Eingriffskondiktion des Materialeigentümers aus § 951 geschützt wird. Deshalb muß dem Materialeigentümer zum Ausgleich ein Anspruch aus § 816 Abs. 1 S. 1 gegen denjenigen zugebilligt werden, der sein Material widerrechtlich in das Grundstück des E eingebaut hat.

36 § 816 Abs. 1 S. 1 ist außerdem auf die **Vermietung** oder Verpachtung fremder Sachen entsprechend anzuwenden[56]. Denn es macht bereicherungsrechtlich keinen Unterschied, ob ein Nichtberechtigter ein fremdes Grundstück wirksam mit einem Wohnrecht oder einem Nießbrauch zugunsten eines anderen belastet (das sind Verfügungen) oder ob er ihm statt dessen die Sache einfach vermietet oder verpachtet. In jedem Fall ist er deshalb über § 816 Abs. 1 S. 1 zur Herausgabe des Miet- oder Pachtzinses verpflichtet, den er unberechtigt auf Kosten des Eigentümers erlangt hat.

c) Wirksamkeit der Verfügung

37 Letzte Voraussetzung der Herausgabepflicht des Nichtberechtigten ist nach § 816 Abs. 1 S. 1 die Wirksamkeit seiner Verfügung gegenüber dem Berechtigten.

38 Die Wirksamkeit der Verfügung kann sich zunächst aus den gesetzlichen Vorschriften in- und außerhalb des BGB über den Schutz des **gutgläubigen Erwerbs** ergeben. Zu denken ist hier natürlich in erster Linie an die §§ 892 f und 932 ff. Aber auch der gutgläubige Erwerb von Wertpapieren gehört hierher. Selbst der lastenfreie Erwerb eines Gegenstandes vom Eigentümer selbst nach § 936 kann Ansprüche aus § 816 Abs. 1 S. 1 auslösen[57].

39 Der Anwendungsbereich des § 816 Abs. 1 S. 1 beschränkt sich jedoch nicht auf diese verhältnismäßig seltenen Fälle. § 816 Abs. 1 greift vielmehr auch ein, wenn die Wirksamkeit der Verfügung lediglich auf einer nachträglichen **Genehmigung** des

---

54 S. statt aller *Loewenheim*, S. 82 ff.
55 S. dazu schon o. § 16 Rn 69 ff sowie zB *Reuter/Martinek*, S. 295 f.
56 Zust. *Koppensteiner/Kramer*, S. 96; anders zB *Loewenheim*, S. 82 f.
57 BGHZ 81, S. 395 = NJW 1982, S. 761.

Berechtigten nach § 185 beruht. Der Berechtigte erhält hierdurch die Möglichkeit, bei Veräußerungsketten auf denjenigen Veräußerer zuzugreifen, der für ihn noch erreichbar ist und von dem er einen etwaigen Erlös herausverlangen kann. Die Genehmigung der Verfügung liegt hierbei idR schon in der Erhebung der Klage auf Herausgabe des Erlöses[58].

> Für unseren **Leder-Fall 20** folgt aus dem Gesagten, daß die Firma X immer noch die an sich wegen § 935 unwirksamen Verfügungen der Firma Y über ihr Leder genehmigen kann. Dem steht hier ausnahmsweise auch nicht entgegen, daß sie im Augenblick der Genehmigung bereits längst das Eigentum infolge der Verarbeitung des Leders durch die Abnehmer der Firma Y nach § 950 verloren hatte, da hier zum Schutze des Eigentümers eine Ausnahme von dem Grundsatz gemacht werden muß, daß eine Verfügung nur genehmigen kann, wer im Augenblick der Genehmigung der Berechtigte ist (§ 185 Abs. 1)[59]. 40

d) Parteien

Der Anspruch aus § 816 Abs. 1. S. 1 steht dem (bisher) Berechtigten zu, der aufgrund der Vorschriften über den Schutz des guten Glaubens oder infolge der Genehmigung der Verfügung sein Recht verloren hat. Verpflichtet ist hingegen derjenige, der im eigenen Namen ohne Befugnis gegenüber dem Berechtigten, (wirksam) über das fremde Recht verfügt, zB die fremde Sache veräußert oder belastet hat[60]. 41

e) Rechtsfolgen

Unter den Voraussetzungen des § 816 Abs. 1 S. 1 ist der Nichtberechtigte zur Herausgabe des „**Erlangten**" verpflichtet. Was darunter zu verstehen ist, ist umstritten. Während nach einer Meinung der Nichtberechtigte entsprechend § 818 Abs. 2 nur Wertersatz in Höhe des „objektiven" Verkehrswertes des Verfügungsobjektes zu leisten braucht[61], muß er nach der durchaus herrschenden Meinung auch einen etwaigen **Gewinn** (als Erlangtes) an den Berechtigten abführen[62]. 42

In dieser alten Kontroverse ist der hM zu folgen, weil in einer Verkehrswirtschaft idR kein Maßstab zur Ermittlung eines von dem individuellen Kaufpreis abweichenden sog. „objektiven" Wertes eines Gegenstandes zur Verfügung steht. Das gilt selbst dann, wenn der Gewinn auf einer besonderen Geschicklichkeit des Nichtberechtigten beruht (vgl § 281). Den möglicherweise selbst zuvor an einen Dritten 43

---

58 S. *Koppensteiner/Kramer*, S. 94; *Jochem*, MDR 1975, S. 177 (181 ff); *Loewenheim*, S. 85; *Merle*, AcP 183 (1983), S. 81; *Medicus* II, § 130 II 1 b (S. 327).
59 BGHZ 56, S. 131 = NJW 1971, S. 1452 = JuS 1971, S. 600 Nr 4; *Loewenheim*, S. 85 f; *Reuter/Martinek*, S. 302 f.
60 Vgl BGHZ 47, S. 128 = NJW 1967, S. 1021; *Jahr*, JuS 1963, S. 397; *Reuter/Martinek*, S. 291 ff.
61 ZB *Loewenheim*, S. 88 f; *Medicus* II, § 130 II 3 a (S. 328 f); ders., Bürgerliches Recht, Tz. 720 ff; *Schlechtriem*, ZHR 149, 327 (333 f).
62 S. BGHZ 14, S. 7 (9 f) = NJW 1954, S. 1194; BGHZ 29, S. 157 (159 ff) = NJW 1959, S. 668; BGHZ 47, S. 128 (129) = NJW 1967, S. 1021; BGHZ 75, S. 203 (206) = NJW 1980, S. 178; *Koppensteiner/Kramer*, S. 121 ff; *Reuter/Martinek*, S. 313 ff.

§ 17

gezahlten Kaufpreis darf der Nichtberechtigte davon nicht abziehen[63]; insoweit muß er sich vielmehr mit seinem Vormann auseinandersetzen (s. §§ 433, 440, 325). Hat der Nichtberechtigte umgekehrt (infolge seiner Ungeschicklichkeit) einen besonders niedrigen Erlös erzielt, so hat es hierbei gleichfalls sein Bewenden. Mehr als er tatsächlich erlangt hat, braucht er in keinem Fall nach § 816 Abs. 1 S. 1 herauszugeben (s. § 818 Abs. 3)[64].

2. *Unentgeltliche Verfügungen*

44 a) Die Anordnung der Herausgabepflicht des Erlagten (§ 816 Abs. 1 S. 1) macht nur solange einen Sinn, wie der Verfügende tatsächlich etwas erlangt hat. Sie versagt hingegen in sämtlichen Fällen einer unentgeltlichen Verfügung. Deshalb bestimmt für diese Fälle § 816 Abs. 1 S. 2, daß dann zum Schutze des Berechtigten die Herausgabepflicht den **Erwerber** trifft. Der Sache nach bedeutet dies, daß der unentgeltliche gutgläubige Erwerb letztlich doch keinen Schutz genießt.

45 b) Umstritten ist, ob den unentgeltlichen Verfügungen in § 816 Abs. 1 S. 2 **rechtsgrundlose** Verfügungen gleichgestellt werden können. Soweit dies bejaht wird, ist dafür vor allem die Überlegung maßgebend, daß es in solchen Fällen ein überflüssiger Umweg sei, den Berechtigten auf die Kondiktion des Bereicherungsanspruchs des Verfügenden zu verweisen[65]. Indessen sprechen gegen die Zulassung des unmittelbaren Durchgriffsanspruchs auf den dritten Erwerber hier letztlich dieselben Erwägungen wie in allen anderen Mehrpersonenverhältnissen. Problematisch ist vor allem, daß dem Dritten bei Zulassung des Durchgriffs sämtliche Einwendungen aus seinem Verhältnis zu dem Verfügenden abgeschnitten würden. Schon deshalb ist hier an der Notwendigkeit der **Doppelkondiktion** festzuhalten. Verlangt deshalb der grundlos Verfügende mit der Leistungskondiktion die Sache von dem gutgläubigen Erwerber heraus, so muß man freilich annehmen, daß das Eigentum dann unmittelbar an den Berechtigten zurückfällt, weil andernfalls der unberechtigt Verfügende auf einmal sogar zum Eigentümer würde[66].

---

63 S. u. § 18 Rn 29 sowie zB OLG Hamm, WM 1987, S. 833; *Loewenheim*, S. 90 f; *Medicus* II, § 130 II 3 b (S. 329).
64 Anders nur unter Berufung auf die allgemeinen Vorschriften der §§ 812 Abs. 1, 818 Abs. 2 *Reuter/Martinek*, S. 325 ff.
65 Sog. Lehre von der Einheitskondiktion, zB BGHZ 37, S. 363 = NJW 1962, S. 1671; BGHZ 47, S. 393 = NJW 1967, S. 1660; dagegen zB *Loewenheim*, S. 93 f; *Medicus* II, § 130 II 3 b (S. 328); *Schlosser*, JuS 1963, S. 141.
66 *Koppensteiner/Kramer*, S. 99; *Loewenheim*, S. 94 f; *Medicus*, JuS 1985, S. 675 (661); *Reeb*, S. 45 ff; *Reuter/Martinek*, S. 337 ff.

3. Leistungen an einen Nichtberechtigten

a) Empfänger

Nach § 816 Abs. 2 kann der Berechtigte kondizieren, wenn der Schuldner an einen Nichtberechtigten ihm gegenüber wirksam geleistet hat. Vorausgesetzt ist dabei, daß der Schuldner an den Nichtberechtigten tatsächlich als an seinen vermeintlichen **Gläubiger** und nicht nur als Zahlstelle des eigentlichen Gläubigers leisten wollte[67]. Dies ist wichtig bei der Einschaltung von Banken in Zahlungsvorgängen, so daß hier § 816 Abs. 2 nur eingreift, wenn die Bank nicht lediglich als Zahlstelle des Gläubigers, sondern selbst als (angeblicher) Gläubiger fungierte[68]. 46

b) Wirksamkeit der Leistung

aa) § 816 Abs. 2 setzt außerdem voraus, daß die Leistung an den Nichtberechtigten (o. Rn 46) dem wirklichen Gläubiger gegenüber **wirksam** ist. Die Wirksamkeit der Leistung kann sich hier (ebenso wie bei Abs. 1 des § 816) zunächst aus Schuldnerschutzbestimmungen wie zB den §§ 407 bis 409 ergeben. Unter § 816 Abs. 2 fallen daher etwa Leistungen an den Zedenten in Unkenntnis der Abtretung (§ 407), Leistungen an den späteren Erwerber einer Forderung bei mehrfachen Abtretungen (§ 408) sowie Leistungen an einen Scheingläubiger aufgrund einer unrichtigen Abtretungsanzeige (§ 409 BGB)[69]. 47

bb) Die Praxis wendet § 816 Abs. 2 nach dem Vorbild des Abs. 1 der Vorschrift außerdem an, wenn der wirkliche Gläubiger nachträglich die Leistung an den Nichtberechtigten **genehmigt**[70]. Die Richtigkeit dieser Meinung folgt bereits – trotz verbreiteter Kritik des Schrifttums[71] – aus § 362 Abs. 2 in Verb. mit § 185. 48

III. Sonstige Fälle

Literatur: *v. Caemmerer*, in: Festschr. f. Rabel Bd. I, 1954, S. 333 (360 ff); *ders.*, in: Festschr. f. Doelle Bd. I, 1963, S. 135; *Esser/Weyers*, § 50 III; *Koppensteiner/Kramer*, S. 101, 166, 204 ff; *Loewenheim*, S. 97 ff; *Medicus* II, § 132; *Reeb*, S. 81 ff; *Reuter/Martinek*, § 9 (S. 371 ff); *Willoweit*, in: Festschr. f. Wahl, 1973, S. 285.

---

67 BGHZ 53, S. 139 =NJW 1979, S. 464 = JuS 1970, S. 356 Nr 5.
68 Einschränkend für den Fall einer nichtigen Globalzession an die Bank BGHZ 72, S. 316 (318 ff) = NJW 1979, S. 371.
69 S. *Koppensteiner/Kramer*, S. 99; *Reuter/Martinek*, S. 349 ff.
70 ZB BGH, LM Nr 38 zu § 816 BGB = NJW 1986, S. 2430; LM Nr 6 zu § 808 BGB = NJW 1986, S. 2104.
71 ZB *Koppensteiner/Kramer*, S. 100 f; *Loewenheim*, S. 96; vermittelnd *Reuter/Martinek*, S. 353 ff.

§ 17

1. Verwendungskondiktion

49 Die Verwendungskondiktion greift ein, wenn jemand ohne Verpflichtung hierzu und ohne Mitwirkung des Eigentümers auf dessen Sachen aus seinem Vermögen Verwendungen macht[72]. Unter Verwendungen sind hierbei sämtliche Aufwendungen zu verstehen, die der Sache zugute kommen. Wird durch sie der Wert der Sachen erhöht, so kann folglich der Verwendende von dem bereicherten Eigentümer der Sachen Wertersatz verlangen (§§ 812 Abs. 1 S. 1, 818 Abs. 2).

a) Anwendungsbereich

50 Der Anwendungsbereich dieser sog. Verwendungskondiktion ist schmal, da in der Mehrzahl der Fälle andere Regelungen den Vorrang haben. So verhält es sich zunächst, wenn die Verwendungen eine **Leistung** an den dadurch bereicherten Eigentümer darstellen, wie es wohl stets der Fall ist, wenn der Verwendende seine fehlende Berechtigung hinsichtlich der Sache kennt; Ausnahmen sind freilich denkbar[73]. Auch in den dann noch verbleibenden Fällen ist für die Verwendungskondiktion kein Raum, soweit Sonderregelungen eingreifen wie namentlich die Geschäftsführung ohne Auftrag[74] oder das Eigentümerbesitzerverhältnis. Denn nach hM schließen die §§ 994 ff im Eigentümerbesitzerverhältnis idR eine Anwendung der §§ 812 ff aus[75].

b) Gegenstand

51 Ebenso umstritten wie der Anwendungsbereich der Verwendungskondiktion ist ihr Gegenstand. In Betracht kommen nach § 818 Abs. 3 sowohl die objektive Wertsteigerung der Sache als auch die von dem Verwendenden gemachten oder die von dem Eigentümer ersparten Aufwendungen. Eng damit zusammen hängt das weitere Problem, wie der Eigentümer vor **aufgedrängten** Bereicherungen geschützt werden kann. Als Ausweg wird hier idR empfohlen, darauf abzustellen, was die fraglichen Verwendungen speziell dem einzelnen Eigentümer der Sache wert sind. Abgelesen werden kann dieser sog. **subjektive Wert** der Verwendungen in erster Linie daran, welche zusätzlichen Einnahmen der Eigentümer aus der durch die Verwendungen verbesserten Sache zu ziehen vermag[76].

---

72 *Lieb*, in: MünchKomm, § 812 Rn 156; *Loewenheim*, S. 99 f.
73 Schulfall: Reparatur des gestohlenen Autos durch den Dieb; weitere Beispiele für den Anwendungsbereich der Verwendungskondiktion in BGH, LM Nr 26 zu § 251 BGB = NJW 1979, S. 2034 (Anlage einer Kiesgrube, die nach behördlichen Eingriffen von einem anderen ausgebeutet wird); OLG Düsseldorf, NJW-RR 1987, S. 531 (Anbau an eine vom Nachbarn errichtete halbscheidige Giebelmauer).
74 S. §§ 677, 683 u. 684 und dazu oben § 13.
75 S. §§ 994 ff und dazu Bd. IV, § 9; anders zu Recht *Loewenheim*, S. 98 ff; *Medicus* II, § 132 I 2 (S. 334).
76 S. bes. *Koppensteiner*, NJW 1971, S. 1769 (1771); *ders./Kramer*, S. 168 f; *Larenz*, in: Festschr. f. v. Caemmerer, 1978, S. 209 (224 ff); *Loewenheim*, S. 101 f; *Medicus*, Bürgerliches Recht, § 33 V 2 (Tz. 899 f).

2. Rückgriffskondiktion

a) Anwendungsbereich

Eine Rückgriffskondiktion kommt in Betracht, wenn jemand fremde Verbindlichkeiten tilgt, ohne hierzu dem Schuldner gegenüber berechtigt oder verpflichtet zu sein. Die Möglichkeit hierzu eröffnet Dritten der § 267, vorausgesetzt, daß der Dritte hierbei aus eigenem Antrieb und nicht auf Weisung des Schuldners gehandelt hat; denn in dem zuletzt genannten Fall liegt in der Schuldtilgung eine Leistung des Dritten an den anweisenden Schuldner im Deckungsverhältnis, wodurch eine Nichtleistungskondiktion ausgeschlossen wird[77]. Aber auch soweit der Dritte aus eigenem Antrieb gehandelt hat, wird er in der Regel versuchen, Rückgriff bei dem Schuldner nehmen zu können. Hierfür kommen verschiedene Ausgleichsverhältnisse in Betracht.

52

In zahlreichen Fällen sieht das Gesetz bereits selbst besondere Abwicklungsmechanismen vor (vgl bes. §§ 268 Abs. 2, 426). Daneben ist dann für eine Rückgriffskondiktion kein Raum. Dasselbe gilt, wenn die Drittleistung den Tatbestand einer **berechtigten** Geschäftsführung ohne Auftrag für den Schuldner erfüllt, da der Dritte in diesem Fall bereits nach den §§ 677, 683 und 670 einen Aufwendungsersatzanspruch gegen den Schuldner erwirbt. Nur wenn ausnahmsweise die in der Schuldtilgung liegende Geschäftsführung dem Willen oder dem Interesse des Schuldners **widerspricht**, kommt daher tatsächlich eine Rückgriffskondiktion in Betracht. Indessen verweist für diese Fälle § 684 ohnehin auf das Bereicherungsrecht, so daß fraglich ist, ob es daneben überhaupt einer eigenen Kategorie der Rückgriffskondiktion bedarf (s.o. § 16 Rn 76).

53

Im Schrifttum wird diese Frage zum Teil verneint[78]. Die Praxis hat hingegen nie gezögert, in derartigen Fällen dem Leistungserbringer Rückgriffsansprüche aus § 812 Abs. 1 S. 1 zuzubilligen. **Beispiele** sind die Tilgung fremder Unterhaltsverbindlichkeiten[79], die Beseitigung von Bauwerksmängeln durch einen Bauträger anstelle der hierzu in erster Linie verpflichteten Handwerker[80], die Beseitigung von Eigentumsstörungen durch den Eigentümer selbst anstelle des Störers[81] sowie die Reparatur eines Kraftfahrzeugs durch eine Werkstatt anstelle des hierzu eigentlich verpflichteten Schädigers[82].

54

---

77 Zu diesen Anweisungsfällen s. schon § 16 Rn 56 ff.
78 ZB *Koppensteiner/Kramer*, S. 102 ff; *Reeb*, S. 83 ff; *Hüffer*, JuS 1981, S. 263 (265 f).
79 BGHZ 43, S. 1 (11 ff) = NJW 1965, S. 581; BGHZ 78, S. 201 ff = NJW 1981, S. 48; BGH, LM Nr 183 zu § 812 BGB = NJW 1986, S. 2700.
80 BGHZ 70, S. 389 (396 ff) = NJW 1978, S. 1375; vgl auch BGHZ 75, S. 299 (303) = NJW 1980, S. 452.
81 BGHZ 97, S. 231 = NJW 1986, S. 2640; OLG Düsseldorf, NJW 1986, S. 2648.
82 BGH, LM Nr 35 zu § 823 (Ac) BGB = NJW 1983, S. 812.

§ 17, § 18

b) Irrtümliche Eigenleistungen

55 Einen umstrittenen Grenzfall stellen die irrtümlichen Eigenleistungen dar. Man denke zB an den Fall, daß eine Versicherung aufgrund vermeintlicher Eintrittspflicht an einen Gläubiger ihres Versicherungsnehmers zahlt. Stellt sich später heraus, daß sie tatsächlich nicht zur Leistung verpflichtet war, so kann sie natürlich bei dem Gläubiger ihres Versicherungsnehmers kondizieren (condictio indebiti nach § 812 Abs. 1 S. 1). Fraglich ist jedoch, ob die Versicherung statt dessen auch befugt ist, nachträglich die irrtümliche Eigenleistung als eine solche auf die tatsächlich bestehende Schuld ihres Versicherungsnehmers zu bestimmen, so daß sie sich anschließend an ihren Versicherungsnehmer mit der Rückgriffskondiktion halten kann. Das ist für die Versicherung namentlich dann interessant, wenn der Gläubiger ihres Versicherungsnehmers inzwischen in Konkurs gefallen ist oder sich sonst auf § 818 Abs. 3 berufen kann.

56 Die Frage ist umstritten[83]. Das Problem rührt vor allem daher, daß der Schuldner bei solcher Vorgehensweise des Dritten Gefahr läuft, etwaige Einwendungen aus seinem Verhältnis zu seinem Gläubiger einzubüßen. Die nachträgliche Tilgungsbestimmung kann daher nur zugelassen werden unter gleichzeitiger entsprechender Anwendung der §§ 404 ff.

c) Gegenstand

57 Die Rückgriffskondiktion geht auf Wertersatz des Schuldners in Höhe seiner Befreiung durch die Drittleistung (§ 818 Abs. 2). In diesem Zusammenhang taucht erneut die uns schon von der Verwendungskondiktion her bekannte Frage auf, wie man den Schuldner dagegen schützen kann, daß sich ihm beliebige Dritte durch die Bezahlung seiner Schulden als Gläubiger aufdrängen. Wie gezeigt (o. Rn 56), ist dies nur durch eine entsprechende Anwendung der §§ 404 ff möglich[84].

§ 18 INHALT UND UMFANG DES ANSPRUCHS

Literatur: S.o. bei den §§ 16 und 17 sowie *v. Caemmerer*, „Mortuus redhibetur", in: 1. Festschr. f. Larenz, 1973, S. 621; *Esser/Weyers*, § 51; *Flessner*, Wegfall der Bereicherung, 1970; *Flume*, Der Wegfall der Bereicherung, in: Festschr. f. Niedermeyer, 1953, S. 103; *Frieser*, Der Bereicherungswegfall in Parallele zur hypothetischer Schadensentwicklung, 1987; *Goetzke*, Subjektiver Wertbegriff, AcP 173 (1973), S. 589; *Hagen*, Zusammenhänge zwischen Schadens- und Bereicherungsrecht, in: (1.) Festschr. f. Lorenz, 1973, S. 867; *D. Höhn*, Die Beeinträchtigung von Rechten durch Verfügungen,

---

83 Für die Zulassung solcher nachträglichen Tilgungsbestimmung BGH, LM Nr 35 zu § 823 (Ac) BGB = NJW 1983, S. 812; LM Nr 183 zu § 812 BGB = NJW 1986, S. 2700; *Loewenheim*, S. 103 ff; dagegen die überwiegende Meinung, zB *Koppensteiner/Kramer*, S. 39; *Medicus* II, § 132 II 1 c (S. 336); *Reuter/Martinek*, S. 466, 473 ff.
84 So zB im Anschluß an *Canaris* (in: 1. Festschr. f. Larenz, S. 799 [845]) *Loewenheim*, S. 108 f; *Medicus* II, § 132 II 2 (S. 336).

1986; *H.H. Jakobs*, Lucrum ex negotiatione, 1993; *D. König*, Ungerechtfertigte Bereicherung, S. 51 ff; *ders.*, Gewinnhaftung, in: 1. Festschr. f. v. Caemmerer, 1978, S. 179; *Koppensteiner*, Bereicherungsrechtlicher Wertersatz, NJW 1971, S. 588, 1769; *ders./Kramer*, S. 110 ff; *Kurz*, Der Besitz als möglicher Gegenstand der Eingriffskondiktion, 1969; *Larenz*, Zur Bedeutung des „Wertersatzes", in: 1. Festschr. f. v. Caemmerer, 1978, S. 209; *Leser*, Der Rücktritt vom Vertrag, 1975; *Lieb*, Nutzungsmöglichkeiten, NJW 1971, S. 1289; *Lorenz*, in: Ungerechtfertigte Bereicherung, 1984, S. 128; *Loewenheim*, Bereicherungsrecht, S. 111 ff; *Medicus*, Ansprüche auf Herausgabe, JuS 1985, S. 657; *ders.*, Die verschärfte Haftung des Bereicherungsschuldners, JuS 1993, S. 704; *Reeb*, S. 90 ff; *Rengier*, Wegfall der Bereicherung, AcP 177 (1977), S. 418; *Reuter/Martinek*, §§ 14-18; *H. Roth*, Gedanken zur Gewinnhaftung, in: Festschr. f. Niederländer, 1991, S. 363.

Autokauf-Fall 21: K hatte von V einen Gebrauchtwagen gekauft, der schon kurz nach der Auslieferung bei einem Unfall schwer beschädigt wurde. Als K jetzt feststellte, daß ihn V durch Zurückstellen des Kilometerzählers über die bisherige Fahrleistung des Wagens getäuscht hatte, focht er den Vertrag wegen arglistiger Täuschung an und verlangte Rückzahlung des vollen Kaufpreises. Darf V einen Abzug in Höhe des an dem Wagen entstandenen Schadens sowie in Höhe einer angemessenen „Nutzungsvergütung" machen?

I. Überblick

§ 818 regelt einheitlich für sämtliche Kondiktionsformen Inhalt und Umfang des Bereicherungsanspruchs entsprechend der ursprünglichen Einheitskonzeption der Gesetzesverfasser[1]. Hieran haben Rechtsprechung und Lehre bis heute trotz der überwiegenden Hinwendung zur Trennungslehre Wilburgs und v. Caemmerers festgehalten[2]. Dies ändert aber nichts daran, daß sich die Unterschiede zwischen den einzelnen Kondiktionsformen naturgemäß auch bei der Bestimmung von Inhalt und Umfang des Anspruchs auswirken[3]. Es ist eben etwas anderes, ob jemand mit der Leistungskondiktion die Rückabwicklung eines gescheiterten Austauschvertrages oder mit der Eingriffskondiktion Schutz gegen Übergriffe Dritter in seine Rechte begehrt.

Die Regelung der §§ 818 bis 822 ist historisch in erster Linie an der condictio indebiti, dem Paradigma der Leistungskondiktion entwickelt worden und läßt sich schon deshalb nicht ohne Modifikationen auf die anderen Kondiktionsformen übertragen[4]. Von daher ist verständlich, daß das Grundkonzept der gesetzlichen Regelung bis heute umstritten geblieben ist. Es geht dabei vor allem um die Frage, welchen „Stellenwert" dem § 818 Abs. 3, dh der Privilegierung des gutgläubigen Bereicherungsschuldners in dem gesetzlichen System zukommt. Nach der einen Meinung, die in den ersten Jahrzehnten nach Inkrafttreten des Gesetzes durchaus herrschend war, stellt diese Privilegierung des gutgläubigen Bereicherungsschuldners den zentralen Punkt der

---

1 S.o. § 16 Rn 5.
2 Anders nur eingehend *Reuter/Martinek*, §§ 14 f (S. 516 ff); im Prinzip zustimmend *Schlechtriem*, Tz. 696 (S. 304); *ders.*, ZHR 149, S. 327 (341 f).
3 S. *D. König*, S. 60.
4 Ausführlich *D. König*, S. 51 ff.

§ 18

gesetzlichen Regelung dar, von dem aus in erster Linie die §§ 818 bis 822 zu interpretieren sind. Die Folge ist vor allem, daß die Bereicherung grundsätzlich auf das **Gesamtvermögen** des Bereicherungsschuldners bezogen wird, so daß er immer nur das herauszugeben hat, was er gerade noch hat[5].

3 Heute überwiegt hingegen eine **gegenstandsorientierte** Betrachtungsweise[6]. In der Tat folgt bereits aus der Formulierung der §§ 812 Abs. 1 S. 1, 813 S. 1, 816 Abs. 1 S. 1 und 817 S. 1, daß Gegenstand des Bereicherungsanspruchs in erster Linie das **Erlangte**, bei der Leistungskondiktion mithin der **Leistungsgegenstand** ist. Durch die §§ 818 bis 822 wird dieses Konzept lediglich in einzelnen Beziehungen erweitert und modifiziert. § 818 Abs. 3 erweist sich aus dieser Sicht als Ausnahmeregelung zum Schutz des gutgläubigen Bereicherungsschuldners, die in mancher Hinsicht wohl zu weit geraten ist und deshalb grundsätzlich restriktiv interpretiert werden sollte.

4 Gegenstand des Bereicherungsanspruchs ist mithin grundsätzlich das Erlangte **in Natur** (sog. bereicherungsrechtliche Naturalrestitution). Nach § 818 Abs. 1 BGB erstreckt sich die Herausgabepflicht des Bereicherungsschuldners **außerdem** auf die von ihm gezogenen Nutzungen und Surrogate. Nur wenn die Herausgabe des Erlangten, der Nutzungen oder der Surrogate nicht möglich ist, tritt nach § 818 Abs. 2 an die Stelle der Herausgabepflicht eine Wertersatzpflicht. Jedoch ist die Herausgabepflicht ebenso wie Wertersatzpflicht des Bereicherungsschuldners ausgeschlossen, soweit er nicht mehr bereichert ist (§ 818 Abs. 3), vorausgesetzt, daß er gutgläubig ist. Anders hingegen im Falle seiner Bösgläubigkeit, da sich dann gemäß § 819 Abs. 1 in Verb. mit § 818 Abs. 4 seine Haftung nach den „allgemeinen Vorschriften" und nicht nach § 818 Abs. 3 richtet. Dieselbe Haftungsverschärfung tritt nach Rechtshängigkeit des Herausgabeanspruchs (§ 818 Abs. 4) sowie in bestimmten Fällen der condictio ob rem und der condictio ob causam finitam ein (§ 820).

II. Gegenstand

1. Das Erlangte

5 Gegenstand des Bereicherungsanspruchs ist, wie gezeigt, in erster Linie das gegenständlich Erlangte (o. Rn 3 f). Bei der Leistungskondiktion kommt mithin als Gegenstand des Bereicherungsanspruchs alles in Betracht, was im Verkehr überhaupt Gegenstand einer Leistung sein kann[7]. Beispiele sind das Eigentum und der Besitz an Sachen, die Begründung oder die Aufhebung von Rechten (s. § 812 Abs. 2), die Nutzung fremder Sachen und Rechte sowie Dienst- und Werkleistungen.

6 Die Form der Herausgabe richtet sich nach der Art des Leistungsgegenstandes[8]. Folglich muß zB das Eigentum zurückübertragen und der Besitz an Sachen zurückgegeben werden. Grundlos erlassene Forderungen sind hingegen neu zu begründen,

---

5 So zuletzt *Frieser*, aaO m. Nachw.
6 S. schon o. § 16 Rn 12.
7 S. *Canaris*, in: Festschr. f Lorenz, 1991, S. 19 (48 ff); *Koppensteiner/Kramer*, S. 116 f; *Loewenheim*, S. 112 ff; *Reuter/Martinek*, S. 530 ff.
8 *Medicus*, JuS 1985, S. 657 (660 f).

während falsche Eintragungen im Grundbuch berichtigt werden müssen. Und wenn der Bereicherungsschuldner den grundlos erlangten Gegenstand belastet hat, muß er eben die Belastungen wieder beseitigen[9].

In vielen Fällen scheidet freilich eine Herausgabe des Erlangten selbst mit Rücksicht auf dessen Natur von vornherein aus. So verhält es sich namentlich bei Dienst- und Werkleistungen sowie bei der Möglichkeit zur Nutzung von Sachen und Rechten. In derartigen Fällen kommt daher allein eine Wertersatzpflicht nach § 818 Abs. 2 in Betracht (dazu u. Rn 11 ff). 7

2. Nutzungen

Die Herausgabepflicht erstreckt sich nach § 818 Abs. 1 auf die vom Bereicherungsschuldner aus dem grundlos erlangten Gegenstand tatsächlich gezogenen Nutzungen. Was darunter zu verstehen ist, ergibt sich aus den §§ 99 und 100. Der Begriff der Nutzungen umfaßt hiernach insbesondere sämtliche Gebrauchsvorteile. Umstritten ist, inwieweit auch die mit einzelnen Gegenständen erzielten Gewinne zu den Nutzungen gezählt werden können. Lediglich für den Fall der Leistung eines Unternehmens ist bisher allgemein anerkannt, daß die mit dem Unternehmen erwirtschafteten Gewinne ebenfalls zu den herauszugebenden Nutzungen gehören[10]. 8

3. Surrogate

Gegenstand des Bereicherungsanspruchs ist außerdem dasjenige, was der Empfänger aufgrund eines erlangten Rechtes oder als Ersatz für die Zerstörung, Beschädigung oder Entziehung des erlangten Gegenstandes erwirbt (§ 818 Abs. 1). Gemeint sind damit sämtliche Surrogate des Bereicherungsgegenstandes, das sog. commodum **ex re**. Beispiele sind der auf ein Los entfallende Gewinn, das zur Erfüllung auf eine Forderung Geleistete, der Erlös eines grundlos bestellten Pfandes sowie Schadensersatz- und Versicherungsleistungen. 9

Umstritten ist, ob zu den Surrogaten außerdem entsprechend § 281 das sog. commodum **ex negotiatione** (im Gegensatz zu dem commodum ex re) gehört, vor allem also der Erlös, der bei der Veräußerung einer grundlos erlangten Sache erzielt wird. Überwiegend wird die Frage bisher noch verneint[11]. Die Folge ist zB, daß im Falle der grundlosen Gewährung eines Darlehens der Darlehensnehmer nicht etwa auch die mit dem Darlehen erworbene Wohnung oder deren Nutzung herauszugeben braucht[12]. 10

---

9 Anders offenbar BGHZ 112, S. 376 = NJW 1991, S. 917; dagegen zutreffend *Reuter*, in: Festschr. f. Gernhuber, 1993, S. 369 ff.
10 Vgl BGHZ 7, S. 208 (218) = NJW 1952, S. 1410; BGHZ 63, S. 365 (368) = NJW 1975, S. 638; *Schwintowski*, JZ 1987, S. 588 (592 f); *H. Roth*, in: Festschr. f. Niederländer, S. 363 ff.
11 RGZ 86, S. 343 (347); 101, S. 389 (391); BGHZ 75, S. 203 (206) = NJW 1980, S. 178; *Frank*, JuS 1981, S. 102 (104); *Höhn*, Beeinträchtigung, S. 106 ff; *D. König*, S. 69; *Loewenheim*, S. 120; *Reuter/Martinski*, S. 549 ff; *H. Roth* (vorige Fn), S. 372 ff; *Schlechtriem*, Tz. 698 (S. 305); kritisch *Medicus* II, § 128 II 2 (S. 315 f); s. ausführlich *H.H. Jakobs*, aaO, S. 101 ff.
12 BGH, LM Nr 104 zu § 134 BGB = NJW 1983, S. 868.

§ 18

III. Wertersatz

11 Nach § 818 Abs. 2 ist der „Wert" zu ersetzen, wenn die Herausgabe des Erlangten wegen dessen Beschaffenheit nicht möglich oder der Empfänger aus einem anderen Grunde zur Herausgabe des Erlangten außerstande ist.

1. Voraussetzungen

12 Wertersatz kommt nach § 818 Abs. 2 zunächst in Betracht, wenn die Herausgabe des Erlangten mit Rücksicht auf dessen Beschaffenheit **unmöglich** ist. Hierher gehören vor allem Bereicherungen infolge grundlos empfangener Dienst- oder Werkleistungen sowie durch die Nutzung fremder Sachen und Rechte. Wertersatz ist außerdem geschuldet, wenn der Empfänger aus einem anderen Grunde zur Herausgabe außerstande ist, dh wenn ihm die Herausgabe des an sich herausgabefähigen Bereicherungsgegenstandes (objektiv oder subjektiv) unmöglich geworden ist (§ 275). Beispiele sind der Untergang des Bereicherungsgegenstandes, dessen Weiterveräußerung[13], die untrennbare Verbindung des Bereicherungsgegenstandes mit anderen wertvolleren Sachen, die aufwendige Bebauung eines Grundstücks oder die vollständige Umgestaltung eines Unternehmens[14].

2. Wertermittlung

13 In den genannten Fällen (o. Rn 12) schuldet der gutgläubige Bereicherungsschuldner nach § 818 Abs. 2 Wertersatz, soweit er noch bereichert ist (§ 818 Abs. 3). Die Berechnung dieses Wertersatzes ist umstritten. Üblicherweise unterscheidet man einen objektiven und einen subjektiven oder besser konkret-individuellen bereicherungsrechtlichen Wertbegriff[15].

a) Wertbegriffe

14 aa) Nach dem überwiegend vertretenen **objektiven** Wertbegriff kommt es nicht darauf an, was das jeweils Erlangte, zB die Dienstleistungen oder die Vorteile des Gebrauchs einer fremden Sache oder eines fremden Rechts, dem Bereicherungsschuldner wert sind; unerheblich ist insbesondere, was er durch diese Vorgänge erspart hat. Der Wertersatz bemißt sich vielmehr allein nach dem **Verkehrswert** solcher Leistungen oder Gebrauchsvorteile. Damit ist (nur) der Betrag gemeint, der am Markt üblicherweise hierfür gezahlt wird[16].

---

13 ZB BGHZ 112, S. 376 (379 f) = NJW 1991, S. 917.
14 ZB BGH, LM Nr 21 zu § 818 Abs. 2 BGB = NJW 1981, S. 2687 = JuS 1982, S. 213 Nr 7.
15 Über den Meinungsstand informieren *Goetzke*, AcP 173, S. 589; *Koppensteiner/Kramer*, S. 155 ff; *Reuter/Martinek*, § 16 III (S. 563 ff).
16 RGZ 147, S. 396 (398); BGHZ 5, S. 197 (201 f) = NJW 1952, S. 697 usw bis BGHZ 70, S. 12 (17 f) = NJW 1978, S. 322; BGHZ 82, S. 299 (305 ff) = NJW 1982, S. 1154; BGHZ 112, S. 376 (381) = NJW 1991, S. 917; *Goetzke* (vorige Fn); *H. Roth*, in: Festschr. f. Niederländer, S. 363

Die Bereicherung besteht hiernach zB im Falle der unbefugten Nutzung fremder **15**
Sachen und Rechte in dem üblichen Miet- oder Pachtzins, bei grundlos erbrachten
Dienst- oder Werkleistungen in der üblichen Vergütung[17], bei Arbeitnehmern daher
in dem Tariflohn[18] sowie schließlich bei allen unberechtigten Eingriffen in fremde
Immaterialgüter- und Persönlichkeitsrechte in der üblichen Lizenzgebühr[19]. Die
wichtigste Konsequenz solchen Verständnisses des § 818 Abs. 2 ist, daß es dem
Schuldner nicht gestattet ist, sich gegenüber dem auf Wertersatz gerichteten Anspruch des Gläubigers nachträglich auf andere für ihn günstigere Alternativen zu
berufen; er muß sich vielmehr an der von ihm selbst freiwillig geschaffenen Lage
festhalten lassen[20].

bb) Es sind nicht zuletzt diese Konsequenzen des objektiven Wertbegriffs, die die **16**
Vertreter des **subjektiven** Wertbegriffs kritisieren[21]. Nach ihnen entspricht es vielmehr allein den Wertungen des Bereicherungsrechts, bei der Wertermittlung auf die
konkrete Situation des betreffenden Bereicherungsschuldners abzustellen und (nur)
zu prüfen, was **ihm** jeweils der fragliche Gegenstand nach seinen persönlichen
Verhältnissen wert war.

b) Stellungnahme

Im Mittelpunkt der Kontroverse zwischen dem objektiven und subjektiven Wert- **17**
begriff steht eine Reihe eigenartiger Fallgestaltungen, in denen in der Tat zum Teil
ohne eine Subjektivierung des Wertbegriffs nicht auszukommen ist. Von diesen
Fällen abgesehen entspricht jedoch der objektive Wertbegriff mehr dem hier zugrunde gelegten gegenständlichen Konzept der Bereicherungshaftung (o. Rn 3 f).
Denn danach richtet sich der Bereicherungsanspruch in erster Linie auf das gegenständlich verstandene Erlangte und damit gegebenenfalls auf dessen objektiven Wert
und nicht etwa entsprechend dem subjektiven Wertbegriff auf die Auswirkungen
des Vorgangs auf die je speziellen Vermögensverhältnisse des Verpflichteten (s. o.
Rn 2). Für den objektiven Wertbegriff spricht im übrigen auch, daß der objektive
Wert eines Gegenstandes (immer noch) wesentlich leichter zu ermitteln ist als der
auf die speziellen Verhältnisse des Bereicherungsschuldners abstellende subjektive
Wert.

Unbestreitbar gibt es indessen Fälle, in denen mit Rücksicht auf vorrangige andere **18**
Wertungen eine **Subjektivierung** des Wertbegriffs geboten ist. Ein Fall dieser Art ist

---

(376 ff); *König,* in: Festschr. f. *v. Caemmerer,* S. 179 (187 f); *Larenz,* das., S. 209; *Loewenheim,* S. 121; *Medicus* II, § 128 III 2; *Reuter/Martinek,* S. 530, 566 ff; *Schlechtriem,* in: Ungerechtfertigte Bereicherung, S. 57 (79 ff).
17 BGH, NJW-RR 1986, S. 155.
18 BAGE 54, S. 232 = NJW 1987, S. 2251.
19 BGHZ 82, S. 299 (305 ff) = NJW 1982, S. 1154.
20 Verbot des venire contra factum proprium, insbes. BGHZ 20, S. 345 (355) = NJW 1956, S. 1554; BGH, LM Nr 142 zu § 812 BGB = NJW 1979, S. 2205 (2206).
21 Insbes. *Esser/Weyers,* § 51 I 4c (S. 492 ff); *Frieser,* Bereicherungswegfall, S. 80 ff; *Hagen,* in: 1. Festschr. f. Larenz, S. 867 (871 ff); *Koppensteiner,* NJW 1971, S. 1769; *Koppensteiner/Kramer,* S. 155 ff; *Reeb,* S. 96, 107, 120 ff.

§ 18

uns bereits bekannt. Gemeint ist das Problem, wie im Rahmen der Verwendungskondiktion der Bereicherungsschuldner, typischerweise der Eigentümer einer Sache, gegen **aufgedrängte Bereicherungen** geschützt werden kann. Wie schon gezeigt, ist dies tatsächlich nur durch eine subjektive Fassung des Wertbegriffs möglich[22]. Der zweite hierher gehörende Fall ist der Schutz Minderjähriger bei Eingriffen in fremde Sachen und Rechten gegen sog. Vertragsfallen.

19 Nutzt zB ein Minderjähriger aufgrund eines nichtigen Mietvertrages eine fremde Sache, so kann seine Bereicherung schwerlich in dem objektiven Mietwert der Sache gesehen werden, weil sonst über § 818 Abs. 2 genau das Ergebnis erreicht würde, das das Gesetz hier durch die Anordnung der Unwirksamkeit des Vertrages vermeiden wollte. In solchen Fällen läßt sich daher ein angemessenes Ergebnis nur dadurch erreichen, daß darauf abgestellt wird, was dem Minderjährigen nach seinen individuellen Verhältnissen die betreffende Leistung wert war, dh was gerade **er** durch die Leistung **erspart** hat. Hätte er bei ordnungsmäßigem Vorgehen, insbesondere bei Mitwirkung des gesetzlichen Vertreters, die fragliche Leistung überhaupt nicht in Anspruch genommen, so entfällt mithin seine Bereicherung.

20 Folgerichtig darf auch in unserem **Flugreise-Fall 19** der Minderjährigenschutz nicht dadurch unterlaufen werden, daß der Minderjährige M trotz des zu seinem Schutz nichtigen Transportvertrages gleichwohl aus Bereicherung verpflichtet wird, der Lufthansa den Verkehrswert der Transportleistung, dh den Tarifpreis zu ersetzen. Nach dem Gesagten ist vielmehr darauf abzustellen, ob der M nach seinen speziellen Verhältnissen durch den Flug etwas erspart hat. Diese Frage ist zu verneinen, wenn er sich bei ordnungsmäßigem Vorgehen den Flug nicht hätte leisten können.

IV. Wegfall der Bereicherung

21 Nach § 818 Abs. 3 ist die Verpflichtung zur Herausgabe oder zum Ersatz des Wertes ausgeschlossen, soweit der Empfänger nicht mehr bereichert ist. Voraussetzung ist jedoch, daß der Bereicherungsschuldner gutgläubig ist, da er bei Bösgläubigkeit nach den §§ 819 Abs. 1 und 818 Abs. 4 wie jeder andere Schuldner „nach den allgemeinen Vorschriften" haftet.

1. Zweck

22 a) § 818 Abs. 3 führt zu einer erheblichen Begünstigung des gutgläubigen Bereicherungsschuldners im Verhältnis zu sonstigen Schuldnern. Dies wird üblicherweise damit gerechtfertigt, daß er, da gutgläubig, auf die Beständigkeit des Erwerbs vertrauen durfte[23]. Deshalb wurde seine Haftung durch § 818 Abs. 3 auf das Ausmaß seiner jeweiligen Bereicherung beschränkt. Nur was er tatsächlich noch hat, sei es dem

---

[22] S. im einzelnen § 17 Rn 51 sowie zB noch *Loewenheim*, S. 122 f; *Medicus* II, § 128 IV 2b (S. 318).
[23] S. zB BGHZ 118, S. 383 (386) = NJW 1992, S. 2415; vgl auch die Begünstigung des gutgläubigen Besitzers durch die §§ 987-993.

Gegenstand, sei es dem Werte nach, sollte er m.a.W. herauszugeben verpflichtet sein[24]. Wie schon ausgeführt (o. Rn 3 f) wird heute jedoch zu Recht überwiegend ein anderes, mehr gegenstandsorientiertes Konzept der Bereicherungshaftung vertreten, das in verschiedener Hinsicht zu einer Einschränkung des § 818 Abs. 3 zwingt[25].

b) Das Ausmaß der Privilegierung des gutgläubigen Bereicherungsschuldners wird bei einem Vergleich mit seiner Haftung nach allgemeinem Schuldrecht deutlich: Danach ist es bekanntlich grundsätzlich der Gläubiger, der die Sachleistungsgefahr tragen muß, da der Schuldner frei wird, wenn ihm die Leistung unmöglich wird (§ 275). Dies gilt indessen nur so lange, wie der Schuldner die Unmöglichkeit nicht im Sinne der §§ 276 bis 279 zu vertreten hat, da in diesem Fall an die die Stelle der Leistungspflicht seine Verpflichtung zum Schadensersatz tritt (§§ 280, 325). 23

Mit dieser Regelung stimmt die Regelung der Haftung des gutgläubigen Bereicherungsschuldners nur im Ausgangspunkt überein, weil auch nach § 818 Abs. 3 grundsätzlich der Bereicherungsgläubiger die Leistungsgefahr zu tragen hat. Denn der Verpflichtete wird frei, wenn seine Bereicherung entfällt, ohne daß er hierfür ein Surrogat erlangt oder Aufwendungen erspart hat (§ 818 Abs. 1 und 2). Während jedoch nach allgemeinem Schuldrecht den Schuldner bereits leichte **Fahrlässigkeit** schadensersatzpflichtig macht (§§ 280, 325), trifft ihm nach Bereicherungsrecht eine vergleichbare Haftung erst bei positiver Kenntnis von der Rechtsgrundlosigkeit des Erwerbs, grundsätzlich also erst bei **Vorsatz** (s. §§ 818 Abs. 4, 819 und 820). Überspitzt kann man daher sagen, daß der Bereicherungsgläubiger nach den §§ 818 Abs. 3, 4, 819 Abs. 1 abweichend vom allgemeinen Schuldrecht die Leistungsgefahr auch bei jedem fahrlässigen Handeln des Bereicherungsschuldners tragen muß. Insoweit unterscheidet sich die bereicherungsrechtliche Haftungsregelung auch in charakteristischer Weise von der Haftungsregelung bei anderen, im übrigen durchaus vergleichbaren Rückabwicklungsverhältnissen (vgl insbes. für den Rücktritt die §§ 346 und 347). 24

2. *Abgrenzung*

Das Gesetz sagt in § 818 Abs. 3 nicht, woran zu messen ist, ob der Bereicherungsschuldner noch bereichert ist, so daß die Frage bis heute umstritten ist. Bei dem früheren weiten Verständnis des § 818 Abs. 3 lag es nahe, insoweit auf die Entwicklung des **Gesamtvermögens** des Bereicherungsschuldners abzustellen (o. Rn 2). Die Folge ist freilich, daß grundsätzlich **sämtliche** Vorgänge im Vermögen des Bereicherungsschuldners bereicherungsmindernd wirken können, sofern sie nur in einem **kausalen** Zusammenhang mit dem Bereicherungsvorgang stehen[26]. Selbst bloße „Zufallsschäden" machen hiervon keine Ausnahme[27]. 25

---

24 Zur Entstehungsgeschichte s. ausführlich *D. König*, Ungerechtfertigte Bereicherung, S. 51 ff.
25 S. zu diesen Zusammenhängen auch *Loewenheim*, S. 123 ff.
26 RGZ 141, S. 310 (312); BGHZ 1, S. 75 (81) = NJW 1951, S. 270; BGHZ 14, S. 7 (9) = NJW 1954, S. 1194; BGHZ 118, S. 383 (386 f) = NJW 1992, S. 2415.
27 Schulfall: Der grundlos geleistete Hund zerbeißt einen wertvollen Teppich bei dem Bereicherungsschuldner (s. u. Rn 29).

253

§ 18

26 Für eine derart weitgehende Begünstigung des Bereicherungsschuldners ist jedoch aus heutiger Sicht kein Anlaß mehr zu erkennen (o. Rn 3 f). Deshalb besteht weithin Übereinstimmung darüber, daß der offenbar zu weit geratene § 818 Abs. 3 eingeschränkt werden muß; fraglich ist nur, wie[28]. Auszugehen ist hier von dem Zweck des § 818 Abs. 3 (o. Rn 22). Er zeigt, daß als bereicherungsmindernd grundsätzlich nur solche Aufwendungen anerkannt werden können, die gerade **im Vertrauen** auf die Beständigkeit und Unwiderruflichkeit des vermeintlichen Erwerbs gemacht worden sind, nicht hingegen bloße Zufallsschäden, die der Bereicherungsschuldner – als Teil seines allgemeinen Lebensrisikos – daher selbst tragen muß.

3. Beispiele

27 a) Zumindest bei der Leistungskondiktion wird der gutgläubige Empfänger nach dem Gesagten frei, wenn der Bereicherungsgegenstand untergeht, ohne daß er dafür ein Surrogat erhält (§ 818 Abs. 1) **und** ohne daß er sonst noch um den Wert des Gegenstandes bereichert ist (§ 818 Abs. 2). Bei überhöhten Unterhaltszahlungen wird der Empfänger mithin frei, sobald er das Geld restlos verbraucht hat[29]. Dasselbe gilt allgemein, wenn sich der Bereicherungsschuldner durch die empfangene Leistung zu Aufwendungen verleiten läßt, die er sonst nicht gemacht hätte, wenn er zB das grundlos erlangte Geld sinnlos verpraßt oder verspielt[30]. Anders verhält es sich hingegen, wenn er durch die Benutzung oder Verwendung des Bereicherungsgegenstandes Aufwendungen erspart hat, zu denen er auch sonst verpflichtet gewesen wäre[31], in unserem Beispiel also, wenn er die überhöhten Unterhaltszahlungen zur Bezahlung seiner Schulden verwendet[32].

28 b) Bereicherungsmindernd wirken außerdem die meisten Aufwendungen für den **Erwerb** und die **Erhaltung** des Bereicherungsgegenstandes einschließlich der Verwendungen und der Kosten der Rückabwicklung. Beispiele sind Aufwendungen und Verwendungen des Bereicherungsschuldners, die er sonst nicht gehabt hätte[33], zB die Kosten der Bebauung eines grundlos empfangenen Grundstücks[34], die Kosten der Fruchtziehung gegenüber dem Anspruch auf Herausgabe der Nutzungen[35] sowie Transport- und Maklerkosten oder Zölle und Steuern[36].

29 c) **Nicht** abzugsfähig sind dagegen bloße Zufallsschäden, die der erlangte Gegenstand im sonstigen Vermögen des Bereicherungsschuldners verursacht[37], sowie im Falle der

---

28 Vgl im einzelnen *Koppensteiner/Kramer*, S. 129 ff; *Loewenheim*, S. 129 ff; *Medicus* II, § 128 IV 3; *Reeb*, S. 115 ff; *Reuter/Martinek*, S. 589 ff.
29 BGHZ 118, S. 383 (386 ff) = NJW 1992, S. 2415.
30 BGHZ 55, S. 128 (132) = NJW 1971, S. 609 „Flugreise"; anders im Einzelfall OLG Hamm, NJW-RR 1991, S. 155; s. dazu *Schlechtriem*, JZ 1993, S. 189.
31 Eingehend *Frieser*, Bereicherungswegfall; dagegen *Kohler*, WM 1988, S. 885.
32 BGHZ 118, S. 383 (386 f) = NJW 1992, S. 2415.
33 BGH, BB 1983, S. 1498 (1499).
34 BGH, NJW 1980, S. 1789 (1790).
35 BGH, WM 1983, S. 674 (676).
36 S. *Reuter/Martinek*, S. 592, 621 ff.
37 Also in unserem Schulfall (o. Fn 27) der Wert des von dem Hund zerbissenen Teppichs.

Verfügung eines Nichtberechtigten (§ 816 Abs. 1) der vom Nichtberechtigten an einen Dritten gezahlte Kaufpreis, und zwar einfach deshalb, weil der Nichtberechtigte vor der Verfügung ebenfalls nicht berechtigt gewesen war, mit Rücksicht auf den Kaufpreis die Herausgabe der Sache zu verweigern (§ 985)[38].

4. Durchführung

Soweit hiernach Kosten und Aufwendungen bereicherungsmindernd berücksichtigt werden, bedeutet dies nicht etwa, daß eine Saldierung des Wertes des Bereicherungsgegenstandes gegen die berücksichtigungsfähigen Abzugsposten vorzunehmen wäre. Es bleibt vielmehr bei der Verpflichtung des Bereicherungsschuldners zur Herausgabe des Bereicherungsgegenstandes, nur daß der Bereicherungsschuldner jetzt Zug um Zug gegen die Herausgabe des Gegenstandes Wertersatz für die genannten bereicherungsmindernden Posten verlangen kann[39].

30

V. Gegenseitige Verträge

Literatur: *J. Braun*, JuS 1981, S. 813; *Beuthien*, Jura 1979, S. 532; *Canaris*, in: Festschr. f. Lorenz, 1991, S. 19; *Diesselhorst*, Die Natur der Sache als außergesetzliche Rechtsquelle, die Saldotheorie als Beispiel, 1968; *Flume*, in: Festschr. f. Niedermeyer, S. 103; *Frieser*, Bereicherungswegfall, S. 164 ff; *Th. Honsell*, JZ 1980, S. 802; *J. Kohler*, Die gestörte Rückabwicklung gescheiterter Austauschverträge, 1989, S. 158 ff; *D. König*, Ungerechtfertigte Bereicherung, S. 81 ff; *Koppensteiner/Kramer*, S. 136, 180 ff; *Leser*, Der Rücktritt vom Vertrag, 1975; *Loewenheim*, S. 132 ff; *Medicus* II, § 129; *ders.*, Bürgerliches Recht, § 12 I 3 (Tz. 224 ff); *Reeb*, S. 123 ff; *Reuter/Martinek*, S. 595 ff; *Weintraud*, Die Saldotheorie, 1931; *Wieling*, AcP 169 (1969), S. 137; *ders.*, JuS 1973, S. 397.

1. Überblick

Die Begünstigung des Bereicherungsschuldners durch § 818 Abs. 3 wirkt sich vor allem bei der Abwicklung gegenseitiger Verträge mittels der Leistungskondiktion aus. Dies wird deutlich, wenn man sich die Unterschiede zwischen einer Abwicklung nach den §§ 275 und 323 und nach den §§ 818 Abs. 3 und 812 Abs. 1 vergegenwärtigt: Wird ein Vertrag nach den §§ 275 und 323 Abs. 1 abgewickelt, so ist die Folge, daß der Schuldner bei von keiner Seite zu vertretender Unmöglichkeit der Leistung zwar frei wird, dafür aber auch den Anspruch auf die Gegenleistung einbüßt. Hingegen führte die uneingeschränkte Anwendung der §§ 812 Abs. 1 und 818 Abs. 3 in einem derartigen Fall dazu, daß der (nach § 818 Abs. 3 ebenfalls frei gewordene) Bereicherungsschuldner den Anspruch auf die Gegenleistung aufgrund des § 812 Abs. 1 behielte. Im Falle eines nichtigen Kaufvertrages könnte der Käufer daher zB den Kaufpreis auch dann noch zurückverlangen, wenn er selbst nicht mehr in der Lage ist, die Kaufsache dem Verkäufer zurückzugeben.

31

---

38 S. schon o. § 17 Rn 43.
39 BGH, LM Nr 30 zu § 138 (Bc) BGB = NJW 1980, S. 2301; NJW 1980, S. 1789 (1790).

§ 18

32 Solches Ergebnis überrascht. Es steht nicht nur in einem auffälligen Widerspruch zu dem durch die §§ 446 und 644 angeordneten Gefahrübergang, sondern widerspricht auch der Risikoverteilung, die sich für den Fall des Rücktritts oder der Wandelung des Käufers und damit für einen durchaus vergleichbaren Fall aus den §§ 350, 351 und 467 ergibt. Denn hier schließt § 351 den Rücktritt oder die Wandelung des Käufers jedenfalls dann aus, wenn der Käufer den Untergang der Kaufsache zu vertreten hat. Es ist unter diesen Umständen nur schwer verständlich, warum die Rechtslage bei einer Abwicklung aufgrund des Bereicherungsrechts nach den §§ 812 und 818 Abs. 3 so grundsätzlich anders sein sollte, und zwar um so weniger, als der Käufer häufig sogar die Wahl zwischen den verschiedenen Abwicklungsmechanismen hat, etwa im Falle arglistiger Täuschung seitens des Verkäufers[40].

33 Die angedeuteten Schwierigkeiten haben ihre Ursache letztlich darin, daß § 818 Abs. 3 offenkundig in erster Linie auf **einseitige** Leistungsverhältnisse zugeschnitten ist. Es besteht daher heute weitgehend Übereinstimmung darüber, daß hier ohne eine Korrektur des Gesetzes nicht auszukommen ist; umstritten sind aber nach wie vor Art und Richtung der erforderlichen Gesetzeskorrektur. Die Auseinandersetzung stand früher vor allem im Zeichen des Streits zwischen der Zweikondiktionen- und der Saldotheorie, während heute verbreitet nach neuen Lösungen Ausschau gehalten wird.

2. Zweikondiktionentheorie

34 a) Die **Zweikondiktionentheorie** wollte in ihrer ursprünglichen Fassung an der durch § 818 Abs. 3 angeordneten Verteilung von Leistungs- und Gegenleistungsgefahr bei der Abwicklung gegenseitiger Verträge festhalten[41]. In unserem Beispiel bedeutete dies, wie gezeigt, daß der Käufer bei Nichtigkeit des Vertrages den Kaufpreis zurückfordern könnte, während er selbst nichts mehr herauszugeben bräuchte. Hingegen nehmen die heutigen Anhänger der Zweikondiktionentheorie in derartigen Fällen idR eine Wertersatzpflicht des Käufers in offener Korrektur des § 818 Abs. 3 an oder lehnen dann eine Rückabwicklung sogar ganz ab[42].

35 b) In dieselbe Richtung weist die in jüngster Zeit von Canaris entwickelte sog. **Theorie der Gegenleistungskondiktion**[43]. Danach ist ebenfalls grundsätzlich von § 818 Abs. 3 auszugehen, dieser jedoch sachgemäß entsprechend den Wertungen der §§ 350 und 351 einzuschränken, so daß der Bereicherungsschuldner nach § 818 Abs. 2 zum Wertersatz verpflichtet ist, soweit ihm der Verlust des Bereicherungsgegenstandes zuzurechnen ist, dies freilich nur bis zu einer „Opfergrenze", die durch die Höhe der von ihm erbrachten Gegenleistung bestimmt wird, sowie vorbehaltlich abweichender Wertungen derjenigen Normen, auf denen die Unwirksamkeit des Vertrages jeweils beruht. Die Folge ist ein differenziertes System von

---

40 Hier kann der Käufer entweder anfechten mit der Folge der Abwicklung nach Bereicherungsrecht (§§ 123, 142, 812, 818), wandeln (§§ 463 S. 2, 464) oder Schadensersatz verlangen (§§ 463 S. 2, 823 Abs. 2, 826, 249).
41 *Oertmann*, DJZ 1915, Sp. 1063; *v. Tuhr*, in: Festschr. f. Bekker, 1907, S. 293; *ders.*, DJZ 1916, Sp. 582.
42 *Lieb*, in: MünchKomm, § 818 Rn 94 ff; *Koppensteiner/Kramer*, S. 181 ff.
43 In: Festschr. f. Lorenz, S. 19, bes. 60 ff; zustimmend *Medicus* II, § 129 II 2 (S. 324 f).

Ausnahmen und Gegenausnahmen, das in jedem Einzelfall ein sachgerechte Beurteilung der Risikoverteilung zwischen den Parteien erlaubt. Im Ergebnis decken sich damit die Ergebnisse, zu denen die „modernen" Varianten der Zweikonditionentheorie führen, in vieler Hinsicht mit denen der sog. Saldotheorie, jedenfalls nach heutigem Verständnis.

3. Saldotheorie

a) Bedeutung

Die Saldotheorie, die bereits in der Zeit vor Inkrafttreten des BGB entwickelt worden ist, hängt unmittelbar mit dem früheren Verständnis der bereicherungsrechtlichen Haftung zusammen (o. Rn 2). Denn sie läuft im Kern darauf hinaus, daß die geringerwertige Leistung, in dem Beispielsfall also die des Verkäufers, grundsätzlich nur als bereicherungsmindernder Abzugsposten (in casu gegenüber dem Anspruch des Käufers auf Rückzahlung des Kaufpreises) berücksichtigt wird[44]. Der Bereicherungsanspruch des Käufers geht daher in solchem Fall von vornherein nur auf den **Überschuß** seiner Leistung über die des Verkäufers, so daß – in Abweichung von § 818 Abs. 3 – keine Partei mehr in der Lage ist, die ganze von ihr erbrachte Leistung ohne Rücksicht darauf zurückzufordern, daß sie die Gegenleistung, hier die Kaufsache, der anderen Partei nicht mehr zurückgewähren kann. Denn ohne Rücksicht auf das Schicksal dieser Leistung bei ihr ist ihr Anspruch eben von vornherein nur auf den Überschuß des Wertes ihrer Leistung über den der Leistung des Gegners, dh des Verkäufers gerichtet. Der Sache nach bedeutet damit die Saldotheorie nichts anderes als eine **Korrektur** der in bestimmten Fällen als verfehlt angesehenen Gefahrtragungsregel des § 818 Abs. 3[45].

36

Die so verstandene Saldotheorie funktioniert einigermaßen befriedigend nur unter ganz bestimmten Bedingungen. Voraussetzung ist vor allem, daß die beiderseitigen Leistungen bereits ausgetauscht sind **und** daß sich zwischen ihnen eine Wertdifferenz feststellen läßt, die dann als sog. Saldo der alleinige Gegenstand des Bereicherungsausgleichs ist. Sie versagt hingegen bei einseitigen Vorleistungen sowie dann, wenn solche Wertdifferenz, dh ein Saldo nicht zu ermitteln ist, weil die Parteien die ausgetauschten Leistungen als gleichwertig angesehen haben, wie es gerade bei Austauschverträgen häufig der Fall sein wird. Die Saldotheorie ist außerdem unanwendbar, wenn sie entgegen dem Schutzzweck vorrangiger Normen zur faktischen Aufrechterhaltung des Vertrages führte. Unter allen diesen Gesichtspunkten haben inzwischen die Ausnahmen von der Saldotheorie ein derartiges Gewicht erlangt, daß sie die Geltung dieser Theorie selbst in Frage zu stellen beginnen – mit der schon erwähnten Konsequenz einer zunehmenden Rückwendung der Literatur zu der herkömmlichen Zweikonditionentheorie (o. Rn 34 f).

37

---

44 Zuletzt BGHZ 72, S. 252 (254) = NJW 1970, S. 160; BGHZ 78, S. 216 (222) = NJW 1981, S. 224; BGHZ 116, S. 251 (256 f) = NJW 1992, S. 1037.
45 Vgl die Beispiele bei *J. Braun*, JuS 1981, S. 813.

§ 18

b) Durchführung

aa) Gleichartige Leistungen

38 Die Rückabwicklung gegenseitiger Verträge nach der Saldotheorie ist problemlos nur, wenn es sich um gleichartige Leistungen handelt, weil in diesem Fall (sofern feststellbar) lediglich ein Anspruch der einen Partei gegen die andere auf den Überschuß, den sog. Saldo besteht. Eine Aufrechnung ist hierzu nicht erforderlich; die Saldierung tritt vielmehr von selbst kraft Gesetzes ein[46]. Die Folge ist dann ein **einseitiger** Bereicherungsanspruch der um den Saldo entreicherten Partei gegen die andere, der in aller Regel auf Geld gehen wird (§ 818 Abs. 2), so daß hier in der Tat für den Regelfall eine Entreicherung nicht mehr vorstellbar ist.

bb) Ungleichartige Leistungen

39 Bei ungleichartigen Leistungen erfolgt die Rückabwicklung in der Weise, daß diejenigen Partei, die um den Saldo entreichert ist, Rückgabe ihrer Leistung nur **Zug um Zug** gegen Rückgabe der Gegenleistung des anderen Teils fordern darf. Ist sie hierzu nicht mehr in der Lage, so muß sie in Abweichung von § 818 Abs. 3 Wertersatz leisten. Die Folge ist, daß es dann wieder zur automatischen Saldierung kommt. Diese Beschränkung des Bereicherungsanspruchs tritt gleichfalls automatisch ein. Es bedarf dazu nicht etwa der Ausübung eines Zurückbehaltungsrechtes durch den Gegner; vielmehr muß der Bereicherungsgläubiger von vornherein selbst die Rückgabe der von ihm empfangenen Leistung oder Wertersatz Zug um Zug gegen die Rückgewähr seiner Leistung anbieten[47].

cc) Berücksichtigungsfähige Posten

40 Bei der **rechnerischen Saldierung** der beiderseitigen Leistungen sind auf beiden Seiten sämtliche bereicherungsmindernden oder -erhöhenden Posten zu berücksichtigen. Wichtig ist dies vor allem für Aufwendungen des Käufers auf den Kaufgegenstand (§ 818 Abs. 3), während umgekehrt von ihm aus dem Kaufgegenstand gezogene Nutzungen einschließlich etwaiger Gebrauchsvorteile seine Bereicherung erhöhen (§ 818 Abs. 1)[48].

4. Vorleistungen

41 Die Saldotheorie versagt, wie bereits betont (o. Rn 37), zunächst bei Vorleistungen einer Partei, weil es hier – mangels beiderseitiger Leistungsbewirkung – nichts zu saldieren gibt. Nach der früher hM wurde deshalb der Käufer frei, wenn der Verkäufer vorgeleistet hatte und der Kaufgegenstand bei ihm anschließend untergeht (§ 818

---

46 BGH, NJW 1988, S. 3011.
47 BGHZ 72, S. 252 (255 ff) = NJW 1979, S. 160; BGH, LM Nr 100 zu § 812 BGB = NJW 1973, S. 613; LM Nr 11 aaO = NJW 1963, S. 1870 = JuS 1964, S. 36 Nr 2; LM Nr 12 aaO = NJW 1964, S. 39 = JuS 1964, S. 121 Nr 4; *Esser/Weyers*, § 51 II 3 b.
48 Anders neuerdings unter Betonung der Umstände des Einzelfalles BGHZ 116, S. 251 (256 f) = NJW 1992, S. 1037; dagegen zB *Canaris*, JZ 1992, S. 1115; *J. Kohler*, NJW 1992, S. 3145.

Abs. 3). Dies bedeutete der Sache nach, daß die Gefahrverteilung zwischen den Parteien letztlich von dem unter diesem Gesichtspunkt doch rein zufälligen Umstand abhing, wann der Sachleistungsgläubiger, in unserem Beispiel also der Käufer, seine Gegenleistung erbringt; denn er steht sich um so besser, je länger er die Gegenleistung zurückbehält.

Um dieses wenig angemessene Ergebnis zu vermeiden, wird neuerdings auch bei Vorleistungen immer häufiger eine Berücksichtigung der (überhaupt noch nicht erbrachten) Gegenleistung bei der „Abrechnung" gefordert. Erreichbar ist dieses Ziel freilich nur, sofern man dem Verkäufer in derartigen Fällen entsprechend § 818 Abs. 2 einen Wertersatzanspruch gegen den Käufer zubilligt, jedenfalls, sofern dieser den Untergang der Vorleistung des Verkäufers zu vertreten hat, etwa im Sinne des § 351[49]. **42**

5. Minderjährige

Ebenso wie in den Vorleistungsfällen (o. Rn 41f) tritt die Zweikondiktionentheorie jedenfalls dann an die Stelle der Saldotheorie, wenn die letztere entgegen dem Schutzzweck vorrangiger Normen zur faktischen Aufrechterhaltung des Vertrages führte. Bedeutung hat dies vor allem in den Fällen, in denen sich die Unwirksamkeit des Vertrages aus den §§ 105 oder 107 ergibt. Würde zB ein von den gesetzlichen Vertretern nicht genehmigter Kraftfahrzeugmietvertrag mit einem Minderjährigen nach der Saldotheorie abgewickelt, so müßte dieser entgegen dem Schutzzweck des § 107 im Ergebnis doch für die vorübergehende Benutzung des gemieteten Kraftfahrzeuges den üblichen Mietzins zahlen. Dies ist inakzeptabel. Deshalb kann hier der Minderjährige immer noch einwenden, er sei um die empfangene Gegenleistung nicht mehr bereichert, weil er zB nichts erspart hat[50]. **43**

6. Arglistige Täuschung

Umstritten ist, ob in den Fällen arglistiger Täuschung mit Rücksicht auf die besondere Schutzbedürftigkeit des Getäuschten gleichfalls eine Aufgabe der Saldotheorie zugunsten der Zweikondiktionentheorie erforderlich ist. Die Praxis nimmt dies idR an und gestattet deshalb dem arglistig getäuschten Käufer die Rückforderung des Kaufpreises nach Bereicherungsrecht selbst dann, wenn er seinerseits die schon empfangene Kaufsache nur in völlig entwertetem Zustand oder überhaupt nicht mehr zurückgeben kann[51]. Für **44**

---

49 Grdlg. *Canaris*, in: Festschr. f. Lorenz, S. 19 (23 ff); *Flume*, in: Festschr. f. Niedermeyer, S. 103; zust. zB *J. Braun*, JuS 1981, S. 813 (816); *Reuter/Martinek*, S. 599 ff; *Reeb*, S. 124 f; *Koppensteiner/Kramer*, S. 188 f.
50 § 818 Abs. 3; s.o. Rn 18 ff sowie BGH, ZIP 1994, 954; *Canaris*, in: Festschr. f. Lorenz, S. 19 (35 ff); *Koppensteiner/Kramer*, S. 184; *D. König*, S. 89 ff.
51 BGHZ 53, S. 144 = NJW 1970, S. 656 = JuS 1970, S. 300 Nr 6; BGHZ 57, S. 137 = NJW 1972, S. 36 = JuS 1972, S. 215 Nr 7; BGHZ 72, S. 252 (254 ff) = NJW 1979, S. 160; BGHZ 78, S. 216 (222 ff) = NJW 1981, S. 224; BGH, LM Nr 8 zu § 141 BGB = NJW 1985, 2579; OLG Karlsruhe, NJW-RR 1992, S. 1144.

§ 18

den **Autokauf-Fall 21** bedeutete dies, daß der arglistig getäuschte K von dem Autohändler V Rückzahlung des Kaufpreises in voller Höhe verlangen könnte, obwohl er selbst den Wagen nur noch in entwertetem Zustand zurückgeben kann.

45 Die geschilderte Praxis hat in der Literatur eine lebhafte Diskussion ausgelöst[52]. In ihr überwiegt deutlich die Kritik. Dieser Kritik ist schon deshalb zuzustimmen, weil die uneingeschränkte Anwendung der Zweikondiktionentheorie in den genannten Fällen eindeutig Straffunktion hätte und obendrein mit den Wertungen des Gesetzes, wie sie sich vor allem aus den §§ 350 und 351 ergeben, im Widerspruch steht:

46 Für die geschilderten Fälle (einschließlich unseres Autokauf-Falles 21) ist charakteristisch, daß der Käufer die Wahl zwischen verschiedenen Rechtsbehelfen und namentlich zwischen der Anfechtung und der Wandelung hat. Entscheidet er sich für die Wandelung, so sind die §§ 350 und 351 zu beachten (§ 467), so daß die Wandelung ausgeschlossen ist, wenn er den Untergang der Kaufsache „**verschuldet**" hat (§ 351). Es ist aber nicht gut vorstellbar, daß die Rechtslage schlagartig nach Bereicherungsrecht (§ 818 Abs. 3) gänzlich anders zu beurteilen sein sollte, wenn er sich statt dessen für die Anfechtung entscheidet. Auf dem Weg über die Anfechtung kann er deshalb gleichfalls nicht die Rückzahlung des vollen Kaufpreises erreichen, sofern er den Untergang der Kaufsache zu vertreten hat.

47 Was der Käufer in diesem Sinne (entsprechend § 351) zu vertreten hat, ist noch nicht endgültig geklärt[53]. Hier genügt die Bemerkung, daß der Käufer und Bereicherungsschuldner gemäß § 818 Abs. 3 jedenfalls frei wird, wenn der Untergang der Kaufsache auf Mängeln der Sache beruht oder auf Umstände wie höhere Gewalt zurückzuführen ist. Anders verhält es sich hingegen, wenn er den geleisteten Gegenstand bewußt endgültig seinem Vermögen einverleibt und dadurch freiwillig den hiermit typischerweise verbundenen Risiken aussetzt, indem er sich etwa mit der erworbenen Auto an dem Straßenverkehr beteiligt, ohne Vorsorge gegen Schäden, namentlich durch eine Kaskoversicherung zu treffen.

VI. Haftungsverschärfung

48 Ein Schutz des Bereicherungsschuldners gegen eine über seine jeweilige Bereicherung hinausgehende Belastung (§ 818 Abs. 3) ist nur angebracht, solange er gutgläubig ist und deshalb mit dem Fortbestand der Bereicherung rechnen darf, nicht mehr hingegen, sobald er bösgläubig ist (o. Rn 22). Deshalb bestimmt § 819 Abs. 1 in Verbindung mit § 818 Abs. 4, daß der Bereicherungsschuldner dann verschärft „nach den allgemeinen Vorschriften" haftet. Gleich steht eine Reihe weiterer Fälle (s. §§ 818 Abs. 4, 819 Abs. 2 und 820).

---

52 S. insbes. *Canaris*, in: Festschr. f. Lorenz, S. 19 (41 ff); *v. Caemmerer*, in: 1. Festschr. f. Larenz, 1973, S. 621; *Frieser*, S. 205 ff; *H. Honsell*, JuS 1982, S. 810; *U. Huber*, JuS 1972, S. 439; *Kohler*, WM 1988, S. 885 (888 ff); *Koppensteiner/Kramer*, S. 183 ff; *Medicus*, Bürgerliches Recht, Tz. 228 ff; *Reeb*, S. 116 ff; *Reuter/Martinek*, S. 608 ff.
53 S. im einzelnen Leistungsstörungen, § 10 IV 2 (S. 127 ff); *Canaris* (vorige Fn).

1. Voraussetzungen

a) Eine Haftungsverschärfung hat das Gesetz in vier verschiedenen Fällen angeordnet. Der erste ist die **Rechtshängigkeit** des Herausgabeanspruchs (§ 818 Abs. 4). Der Grund für die Haftungsverschärfung in diesem Fall ist leicht zu erkennen: Spätestens mit Zustellung der Klage (§ 253 ZPO) muß der Bereicherungsschuldner damit rechnen, daß er die Bereicherung wieder herauszugeben hat, so daß jetzt für seine fernere Begünstigung kein Anlaß mehr besteht. Erforderlich ist daher gerade die Erhebung der Leistungsklage aus § 812 selbst, während eine bloße Feststellungsklage nicht genügt[54].

49

b) Weitere Fälle der Haftungsverschärfung sind die **Kenntnis** des Bereicherungsschuldners von der Rechtsgrundlosigkeit des Erwerbs (§ 819 Abs. 1), der gesetz- oder sittenwidrige Erwerb (§ 819 Abs. 2) sowie bestimmte Tatbestände der condictio ob causam finitam und der condictio ob rem (§ 820)[55]. Der bei weitem wichtigste dieser Fälle ist der des § 819 Abs. 1.

50

§ 819 Abs. 1 setzt **positive Kenntnis** von der Rechtsgrundlosigkeit des Erwerbs voraus; grobe Fahrlässigkeit genügt nicht[56]. Ebensowenig reicht die bloße Kenntnis der Tatsachen, aus denen sich die Rechtsgrundlosigkeit des Erwerbs ergibt; die Kenntnis muß vielmehr, wenigstens in groben Zügen, auch die betreffenden Rechtsfolgen umfassen[57]. Gleich steht der Fall, daß sich für jeden Vernünftigen unter den gegebenen Umständen die Kenntnis der Rechtsfolgen geradezu aufdrängen mußte. Unter diesen Umständen kann sich dann auch der Bereicherungsschuldner nicht mehr darauf berufen, daß er gleichwohl auf die Endgültigkeit des Erwerbs vertraut habe[58]. Der Darlehensnehmer ist gleichfalls niemals gutgläubig, da er weiß, daß er später (leider) die Valuta zurückzahlen muß[59]. Beruht die Nichtigkeit des Vertrages auf einer wirksamen Anfechtung, so genügt schließlich bereits die Kenntnis von der Anfechtbarkeit des Geschäfts (§ 142 Abs. 2).

51

Ist der Bereicherte vertreten worden, so kommt es gemäß § 166 Abs. 1 grundsätzlich auf die Kenntnis seines **Vertreters** oder der sonstigen Personen an, die ihn in den fraglichen Beziehungen repräsentieren[60]. Das gilt uneingeschränkt auch für Minderjährige[61]. Entgegen einer verbreiteten Meinung[62] darf man hier nicht etwa zwischen der Leistungs- und der Eingriffskondiktion unterscheiden und auf die letztere entsprechend die §§ 827 bis 829 anwenden, weil die Folge eine dem Bereicherungsrecht sonst fremde Schadensersatzpflicht des Minderjährigen wäre.

52

---

54 BGHZ 93, S. 183 = NJW 1985, S. 1074; BGHZ 118, S. 383 (390 ff) = NJW 1992, S. 2415; str.
55 S. zu diesen Fällen zB *Loewenheim*, S. 137 f.
56 Anders nur *Koppensteiner/Kramer*, S. 143 für die Eingriffskondiktion.
57 BGHZ 118, S. 383 (392) = NJW 1992, S. 2415 (2417).
58 ZB BGH, LM Nr 185 zu § 812 BGB = NJW 1987, S. 185.
59 BGH, WM 1985, S. 89 (90); OLG Hamm, NJW 1981, S. 877 f u. 993 f.
60 Vgl für Eheleute BGHZ 83, S. 293 (295 ff) = NJW 1982, S. 1585; OLG Hamm, WM 1985, S. 1290; zust. *Reuter/Martinek*, S. 645 ff.
61 *Esser/Weyers*, § 51 III 1a (S. 507); *Loewenheim*, S. 137 f; *Reeb*, S. 126 f; *Reuter/Martinek*, S. 653 ff; ein Beispiel in BGH, LM Nr 5 zu § 819 BGB = MDR 1977, S. 388.
62 Im Anschluß an BGHZ 55, S. 128 (136 f) = NJW 1971, S. 609 = JuS 1971, S. 316 Nr 2 zB *Koppensteiner/Kramer*, S. 144; *Schlechtriem*, Tz. 706 (S. 308).

§ 18

2. Umfang

53 In allen genannten Fällen richtet sich die Haftung des Bereicherungsschuldners gemäß § 818 Abs. 4 nach den „allgemeinen Vorschriften". Was darunter zu verstehen ist, ist offen. Die hM folgt hier aus dem Kontext des § 818 Abs. 4, daß das Gesetz damit die allgemeinen Vorschriften über die Haftung nach **Rechtshängigkeit** in Bezug nehme, dh die §§ 291 und 292 in Verb. mit den §§ 987 ff[63]. Dies ist indessen nicht zwingend und läßt sich auch nicht ausnahmslos durchführen. Deshalb ist davon auszugehen, daß mit den „allgemeinen Vorschriften" in § 818 Abs. 4 nicht nur die §§ 291 und 292, sondern eben **sämtliche** Vorschriften des Allgemeinen Teils des Schuldrechts gemeint sind, soweit sie hier überhaupt einschlägig sein können, in erster Linie mithin die §§ 275 ff[64].

54 Für die Anwendung des § 818 Abs. 3 ist folglich jetzt kein Raum mehr; an seine Stelle tritt vielmehr § **275**, so daß ein Untergang des Bereicherungsgegenstandes den Bereicherungsschuldner fortan nur noch befreit, wenn ihn an dem Untergang kein Verschulden trifft; andernfalls haftet er nach § **280**. Außerdem gilt (spätestens) ab der Haftungsverschärfung § **281**, so daß der Bereicherungsschuldner nunmehr auch das commodum ex negotiatione herauszugeben hat[65]. Ebenso ist von diesem Zeitpunkt ab § **279** anwendbar mit der Folge, daß Geldansprüche im Augenblick der Haftungsverschärfung umfangmäßig endgültig fixiert werden[66]. Schließlich kann der Bereicherungsschuldner ab Haftungsverschärfung auch in **Verzug** geraten, so daß er dann sogar für Zufall haftet (§ 287)[67].

---

63 Ausführlich *Medicus*, JuS 1993, S. 705 ff; ebenso zB *Loewenheim*, S. 139 f; *Koppensteiner/Kramer*, S. 148 ff.
64 BAGE 10, S. 176 (181); 11, S. 202 (205); ebenso i. Erg. BGHZ 75, S. 203 (207 ff) = NJW 1980, S. 178; BGHZ 83, S. 293 = NJW 1982, S. 1585; zust. nur für die Leistungskondiktion zB *Reuter/Martinek*, S. 635 ff.
65 BGHZ 75, S. 203 (207 ff) = NJW 1980, S. 178; BGHZ 83, S. 293 (300) = NJW 1982, S. 1585; *Medicus*, JuS 1993, S. 705 (707).
66 BGHZ 83, S. 293 (299 f) = NJW 1982, S. 1585; dagegen *Medicus*, JuS 1993, S. 705 (709).
67 BGH (vorige Fn); *Medicus*, JuS 1993, S. 705 (707).

TEIL VI
Unerlaubte Handlungen

§ 19 EINLEITUNG

Literatur: *Bälz*, Zum Strukturwandel des Systems zivilrechtlicher Haftung, 1991; *v. Bar*, Verkehrspflichten, 1980, *ders.*, Deliktsrecht, in: Gutachten Bd. II, S. 1681; *Brüggemeier*, Deliktsrecht, 1986; *Canaris*, Schutzgesetze – Verkehrspflichten, in: 2. Festschr. f. Larenz, 1983, S. 27; *v. Caemmerer*, Wandlungen des Deliktsrechts, in: Hundert Jahre deutsches Rechtsleben, DJT-Festschr. Bd. II, 1960, S. 49; *Deutsch*, Fahrlässigkeit und erforderliche Sorgfalt, 1963; *ders.*, Haftungsrecht Bd. I, 1976; *ders.*, Unerlaubte Handlungen, Schadensersatz und Schmerzensgeld, 2. Aufl. (1993); *Fraenkel*, Tatbestand und Zurechnung bei § 823 Abs. 1 BGB, 1979; *Geigel/Schlegelmilch*, Der Haftpflichtprozeß, 21. Aufl. (1993); *Kötz*, Deliktsrecht, 5. Aufl. (1991); *Kreuzer*, Prinzipien des deutschen außervertraglichen Haftungsrechts, in: Festschr. f. Lorenz, 1991, S. 123; *Kupisch/Krüger*, Deliktsrecht, 1983; *R. Lang*, Normzweck und duty of care, 1983; *Medicus*, Bürgerliches Recht, §§ 24, 25; *Picker*, Forderungsverletzung und cic, AcP 183 (1983), S. 369; *Schiemann*, Argumente und Prinzipien bei der Fortbildung des Schadensrechts, 1981; *Schlechtriem*, Vertragsordnung und außervertragliche Haftung, 1972; *ders.*, Vertragliche und außervertragliche Haftung, in: Gutachten Bd. II, S. 1591; *Schmiedel*, Deliktsobligationen nach deutschem Kartellrecht 1974; *H. Stoll*, Das Handeln auf eigene Gefahr, 1961; *ders.*, Kausalzusammenhang und Normzweck im Deliktsrecht, 1968; *Weyers*, Unfallschäden, 1971; *Wussow*, Das Unfallhaftpflichtrecht, 13. Aufl. (1985).

Arzt-Fall 22: Die siebzehnjährige X litt unter der Bildung häßlicher Warzen an ihren Händen. Sie konsultierte deshalb den Facharzt Dr. Y, der die Warzen mit Röntgenstrahlen behandelte. Er versäumte dabei, die X darauf hinzuweisen, daß diese Behandlung mit gewissen, wenn auch seltenen Risiken verbunden ist; außerdem vergaß er, der X zu sagen, daß sie die bestrahlten Stellen während und nach der Behandlung vor bestimmten Reizen schützen müsse, weil sich sonst in Ausnahmefällen Geschwüre im Bereich der bestrahlten Stellen bilden können. Tatsächlich entwickelten sich bei der X nach der Bestrahlung derartige Geschwüre. Die X verlangt Schadensersatz. Wie, wenn die X schwanger war und infolge der Bestrahlung ihr Kind später mit schweren Mißbildungen zur Welt kommt?

Kabel-Fall 23: Im Auftrag der Stadt K. führte der Bauunternehmer U Baggerarbeiten durch. Entgegen der Bauordnung kümmerte er sich nicht um den Schutz der in dem Bereich der Baustelle verlegten Stromkabel. So kam es, daß sein Baggerführer X ein Kabel zerriß, durch das der Betrieb des A mit Strom versorgt wurde. Infolge des Stromausfalls mußte der A seinen Betrieb mehrere Tage stillegen, wodurch ihm ein hoher Schaden entstand, für den er von U und X Ersatz verlangt. Wie ist die Rechtslage, wenn infolge der Stromunterbrechung bei A ein Brutapparat ausfällt, wodurch mehrere tausend Eier in dem Brutapparat verderben?

Fernsehansagerin-Fall 24: In der von der X-Verlags GmbH herausgegebenen Illustrierten „St." erschien eine äußerst kritische Artikelserie ua über die Fernsehansagerin

§ 19

B, in der es hieß, die B gehöre in ein zweitklassiges Tingeltangel, sie sehe aus „wie eine ausgemolkene Ziege". Außerdem wurde bei den Lesern durch entsprechende Formulierungen und Fotografien der Eindruck erweckt, die B sei sexuell abartig veranlagt. Die B wurde infolge dieser Angriffe entlassen. Sie verlangt von dem Herausgeber X und von dem verantwortlichen Redakteur Y Schadensersatz sowie ein Schmerzensgeld, da die Angriffe jeder Grundlage entbehrten.

Schwarzfahrer-Fall 25: A hatte seinen Wagen für die Nacht verschlossen vor seinem Haus abgestellt, indessen vergessen, das Lenkradschloß einzurasten. In der Nacht brach der achtzehnjährige B das Kraftfahrzeug auf und fuhr damit, obwohl er keinen Führerschein besaß, in angetrunkenem Zustand davon. Wenig später fiel er dem Polizisten P auf, der den B anhielt und aufforderte, seine Papiere zu zeigen. B fuhr daraufhin aus Furcht, verhaftet zu werden, mit Vollgas an und verletzte dadurch den P schwer. P verlangt Schadensersatz von A und von dessen Haftpflichtversicherung. (Von B ist nichts zu holen.)

Zeugnis-Fall 26: Der A hatte den zuvor bei dem B ausgeschiedenen Buchhalter S eingestellt. S hatte dabei ein Zeugnis des B vorgelegt, in dem es hieß, S habe sich als Buchhalter bewährt und sei auch im übrigen sehr erfolgreich gewesen. Tatsächlich hatte jedoch S bei B erhebliche Unterschlagungen begangen, die der B verschwiegen hatte, um dem S ein Fortkommen bei anderen Arbeitgebern zu ermöglichen. B wollte dadurch erreichen, daß S in die Lage versetzt werde, seine Schulden bei ihm abzudecken. S beging auch bei dem A Unterschlagungen großen Stils, für die A von B Schadensersatz fordert.

I. Schaden und Schadensverlagerung

1   Wenn jemand einen Schaden erleidet, muß er ihn grundsätzlich selbst tragen („casum sentit dominus"). Die Verlagerung dieses Schadens auf einen anderen bedarf daher stets eines besonderen Grundes, der es erlaubt, letztlich ihm und nicht dem Geschädigten den Schaden zuzurechnen, so daß er ihn dem Geschädigten ersetzen muß[1].

2   Moderne Rechtsordnungen kennen stets verschiedene derartige Zurechnungsgründe, sog. Haftungsprinzipien, die eine Schadensverlagerung auf Dritte erlauben (s. u. Rn 10 ff). Das mit weitem Abstand wichtigste dieser Haftungsprinzipien ist das sog. Verschuldensprinzip, nach dem es grundsätzlich nur rechtswidriges und schuldhaftes Verhalten eines Menschen rechtfertigt, diesem eine Ersatzpflicht für den Schaden aufzuerlegen, den ein anderer erlitten hat.

II. Keine Generalklausel

3   1. Sobald sich eine Rechtsordnung für das Verschuldensprinzip entschieden hat, stellt sich als nächstes die Frage, ob die Haftung bereits an jede rechtswidrige und schuldhafte Schädigung eines anderen anknüpfen soll oder ob noch zusätzliche (qualifizierende) Umstände hinzutreten müssen, um eine Haftung auszulösen. Die meisten ausländischen Rechtsordnungen haben sich im Anschluß an die Art. 1382

---

1   S. statt aller *Deutsch*, Unerlaubte Handlungen, § 1 (Tz. 1 ff).

und 1383 des französischen Code civil Napoleons für die zuerst genannte Lösung, dh für die Einführung einer deliktischen *Generalklausel* entschieden[2]. So heißt es zB in § 1295 Abs. 1 des österreichischen ABGB: „Jedermann ist berechtigt, von dem Beschädiger den Ersatz des Schadens, welchen dieser ihm aus Verschulden zugefügt hat, zu fordern; der Schaden mag durch Übertretung einer Vertragspflicht oder ohne Beziehung auf einen Vertrag verursacht worden sein". Sachlich übereinstimmend lautet Art. 41 Abs. 1 des schweizerischen Obligationenrechts: „Wer einem anderen widerrechtlich Schaden zufügt, sei es mit Absicht, sei es aus Fahrlässigkeit, wird ihm zum Ersatze verpflichtet"[3].

> Deliktische Generalklauseln haben unbestreitbar erhebliche Vorteile, da sie der Rechtsprechung eine flexible Anpassung des Deliktsrechts an die sich wandelnden sozialen und wirtschaftlichen Verhältnisse erlauben[4]. Darüber dürfen jedoch nicht die mit ihnen verbundenen Nachteile übersehen werden. Denn da es sich von selbst versteht, daß nicht jede fahrlässige Schädigung eines anderen eine Ersatzpflicht auslösen kann, machen Generalklauseln in jedem Fall schwierige Überlegungen zur Abgrenzung der erlaubten von den verbotenen Schädigungen erforderlich, wobei dann in diesem Rahmen weitgehend dieselben Überlegungen Gewicht erlangen, wie sie uns im geltenden deutschen Recht begegnen werden[5].

4

2. In großen Teilen des Deutschen Reichs galt vor Inkrafttreten des BGB ebenfalls eine deliktische Generalklausel[6]. Es verwundert deshalb nicht, daß noch im ersten Entwurf zum BGB im Anschluß an die genannten Vorbilder eine Generalklausel vorgesehen war[7]. In den weiteren Beratungen ist man jedoch wegen der genannten Probleme, die mit jeder Generalklausel verbunden sind, hiervon wieder abgekommen und zu dem für das deutsche Recht heute kennzeichnenden System der deliktsrechtlichen *Einzeltatbestände* übergegangen, modifiziert durch partielle Generalklauseln wie namentlich § 826 und § 1 UWG.

5

Die Gesetzesverfasser wollten hierdurch in erster Linie die mit jeder deliktsrechtlichen Generalklausel verbundene richterliche Freiheit bei der Abgrenzung von Handlungsspielräumen vermeiden. Einen weiteren wichtigen Vorteil des Systems der Einzeltatbestände sah man in dessen Beitrag zur Rechtssicherheit, da man annahm, daß zumindest im Regelfall die gesetzlichen Einzeltatbestände dem Richter einen festen Anhalt zur Beurteilung der Rechtswidrigkeit menschlicher Verhaltensweisen geben könnten[8].

6

---

2 Art. 1382 C. civ.: Tout fait quelconque de l'homme, qui cause à autrui un dommage, oblige celui par la faute duquel il est arrivé, à le reparer.
3 Ebenso zB noch Art. 2043 des italienischen Codice civile von 1942 sowie das anglo-amerikanische Recht.
4 Vgl zum folgenden insbes. *Canaris*, in: 2. Festschr. f. Larenz, S. 27; *Medicus* II, § 35 (S. 347 ff); *Picker*, AcP 183, S. 369 (461 ff).
5 Vgl zB für das schweizerische Recht *Th. Guhl*, Das Schweizerische Obligationsrecht, 8. Aufl. (1991), §§ 24 ff (S. 173 ff); für das österreichische Recht *Rummel/Reischauer*, ABGB, 2. Aufl. (1984), § 1295 Rn 5 ff.
6 Vgl für Preußen ALR I 6 §§ 10 ff; ebenso in den linksrheinischen Gebieten aufgrund des dort geltenden Code civil.
7 S. E I § 704 und dazu Motive Bd. II, S. 724 ff.
8 S. Prot. Bd. II, S. 566 ff.

§ 19

III. Einteilung

7 Die in- und außerhalb des BGB geregelten deliktsrechtlichen Einzeltatbestände lassen sich im wesentlichen in drei Gruppen einteilen: Ganz im Vordergrund steht die Haftung für *verschuldetes Unrecht*; hierher gehören aus dem BGB die Grundtatbestände der §§ 823 und 826 sowie noch die §§ 824 und 825. Charakteristisch für diese Fälle ist die volle Beweislast des Geschädigten für den gesamten Deliktstatbestand einschließlich des Verschuldens des Täters.

8 In einer Reihe weiterer Fälle wird das *Verschulden* des Täters *vermutet*. Dazu zählen aus dem BGB neben den wichtigen §§ 831 und 832 noch die §§ 833 S. 2, 834 und 836 bis 838 sowie aus dem StVG der § 18.

9 Unsere Rechtsordnung enthält schließlich noch eine Gruppe von Tatbeständen, in denen das Gesetz ganz auf ein Verschulden und möglicherweise sogar auf eine Handlung des Täters verzichtet. Diese sog. *Gefährdungshaftung* ist immer dort angeordnet worden, wo eine typischerweise mit besonderen Gefahren verbundene Tätigkeit trotz dieser Risiken wegen ihrer sozialen Nützlichkeit nicht verboten werden konnte. Den Ausgleich bildet dann die Gefährdungshaftung für die genannten Risiken. Aus dem BGB gehören hierher die Fälle der §§ 231 und 833 S. 1. Der Schwerpunkt der Gefährdungshaftung findet sich jedoch außerhalb des BGB.

IV. Haftungsprinzipien

Literatur: *Brüggemeier*, S. 38 ff; *Deutsch*, Haftungsrecht I, S. 22 ff; *ders.*, Unerlaubte Handlungen, Tz. 1 ff; *ders.*, JZ 1968, S. 721; *Kötz*, S. 2 ff; *Kreuzer*, in: Festschr. f. Lorenz, S. 123 ff; *Larenz*, JuS 1965, S. 373.

10 Der Überblick über die verschiedenen deliktsrechtlichen Tatbestände macht deutlich, daß das deutsche Deliktsrecht im wesentlichen von zwei Haftungsprinzipien beherrscht wird. Im Vordergrund steht, wie schon betont, das sog. *Verschuldensprinzip*, nach dem Zurechnungsgrund grundsätzlich nur eine rechtswidrige und schuldhafte Schädigung eines anderen ist. Jedoch wird das Verschuldensprinzip in dem Maße, in dem die Risiken der modernen technischen Entwicklung zunehmen, von dem Grundsatz der *Gefährdungshaftung* überlagert.

11 Das deutsche Deliktsrecht kennt daneben noch weitere Haftungsprinzipien. Hervorzuheben ist namentlich der Grundsatz der Haftungsersetzung durch *Versicherungsschutz*. Verwirklicht ist dieser Grundsatz bei uns schon seit langem auf dem Gebiet des Unfallversicherungsschutzes, da hier durch die RVO (§§ 636 ff) die deliktische Haftung des Arbeitgebers für den Arbeitsunfall gegenüber den Arbeitnehmern bereits vor Inkrafttreten des BGB 1884 im Zuge der Bismarckschen Sozialreformen durch den Unfallversicherungsschutz ersetzt worden ist[9].

---

9 Zur Geschichte s. *E. R. Huber*, Deutsche Verfassungsgeschichte Bd. IV, 1969, S. 1195 ff.

§ 19

V. Handlung

Im Bereich der Verschuldenshaftung folgt der Deliktsaufbau durchweg dem klassischen strafrechtlichen Schema, so daß man stets, und zwar auch bei der schulmäßigen Prüfung eines Falles, sorgfältig Tatbestand, Rechtswidrigkeit und Schuld zu unterscheiden hat[10]. Der Tatbestand umfaßt hierbei die durch die einzelnen Deliktsnormen umschriebene Rechtsgutverletzung, die kausal auf eine menschliche Handlung zurückgehen muß. Denn allein solche Handlung bildet die Brücke, die es erlaubt, den einer Person zugefügten Schaden einem anderen zuzurechnen.

12

Erste Haftungsvoraussetzung ist mithin das Vorliegen einer menschlichen Handlung, auf die kausal eine bestimmte Rechtsgutverletzung zurückgeführt werden kann. Unter einer Handlung wird hierbei – im weitesten Sinne – jedes menschliche Verhalten verstanden, das der Bewußtseinskontrolle und Willenslenkung unterliegt und in diesem Sinne zumindest beherrschbar ist; mehr ist im Zivilrecht nicht erforderlich[11]. An einer Handlung fehlt es dagegen, wenn es sich um unwillkürliche Bewegungen handelt, die auf physischem Zwang oder auf Reflexen auf fremde Einwirkungen beruhen, sowie wenn der Täter bewußtlos ist[12].

13

VI. Rechtswidrigkeit

> **Literatur:** *Brüggemeier*, S. 85 ff; *Deutsch*, Unerlaubte Handlungen, §§ 7-9; *ders.*, Haftungsrecht Bd. I, S. 190 ff; *ders.*, Fahrlässigkeit und erforderliche Sorgfalt, 1963; *Medicus* II, § 136 II (S. 350 ff); *Münzberg*, Verhalten und Erfolg als Grundlagen der Rechtswidrigkeit und Haftung, 1966; *Schlechtriem*, Tz. 768 ff (S. 333 ff).

1. Erfolgs- oder Verhaltensunrecht

a) Die tatbestandsmäßige Handlung (o. Rn 12 f) muß außerdem rechtswidrig sein, wenn sie eine Haftung des Täters auslösen soll. Rechtswidrigkeit bedeutet ein *Unwerturteil* der Rechtsordnung über die betreffende Handlung. Die Voraussetzungen dieses Unwerturteils sind neuerdings lebhaft umstritten. Die Auseinandersetzung steht vor allem im Zeichen des Gegensatzes zwischen der Lehre vom Erfolgsunrecht und vom Verhaltensunrecht.

14

Von Erfolgsunrecht spricht man, wenn bereits die bloße Erfüllung des Tatbestandes, dh die Herbeiführung des tatbestandsmäßigen Erfolgs durch eine menschliche Handlung grundsätzlich als rechtswidrig gilt, sofern nicht im Einzelfall ein Rechtfertigungsgrund eingreift (u. Rn 18 f). Nach der Lehre vom Verhaltensunrecht

15

---

10 S. statt aller *Deutsch*, Unerlaubte Handlungen, § 2 (Tz. 11 ff).
11 BGHZ 23, S. 90 (93) = NJW 1957, S. 674; BGHZ 39, S. 103 (106 ff) = NJW 1963, S. 953; BGHZ 98, S. 135 = NJW 1987, S. 121 = JuS 1987, S. 405 Nr 4 m. Nachw.
12 S. aber § 827 S. 1 und dazu insbes. BGHZ 98, S. 135 = NJW 1987, S. 121 = JuS 1987, S. 405 Nr 4.

§ 19

bedarf hingegen, die Annahme der Rechtswidrigkeit einer Handlung in jedem Fall einer positiven Begründung durch den Nachweis der Verletzung einer bestimmten Verhaltenspflicht. Dahinter steht die Überzeugung, daß sich die Rechtsordnung mit ihren Geboten und Verboten immer nur an menschliche Verhaltensweisen richten und deshalb nur über diese ein Unwerturteil aussprechen kann.

16 b) Auf die Einzelheiten dieser Diskussion ist hier nicht näher einzugehen. Für unsere Zwecke genügt die Feststellung, daß die Lehre vom Erfolgsunrecht für alle praktischen Zwecke in der Mehrzahl der Fälle immer noch das richtige trifft, soweit es um die Verletzung klar umschriebener Einzeltatbestände geht, etwa um die Verletzung des Körpers oder des Eigentums eines Menschen. In derartigen Fällen wird durch die bloße Tatbestandserfüllung nach wie vor die Rechtswidrigkeit des Eingriffs, wie man sagt, „indiziert", so daß sich die Prüfung darauf beschränken kann, ob nicht im Einzelfall ein Rechtfertigungsgrund eingreift (u. Rn 18 f).

17 Daneben gibt es freilich auch Fälle, in denen heute keine Rede mehr davon sein kann, durch die bloße Tatbestandserfüllung werde die Rechtswidrigkeit des Eingriffs indiziert. Die wichtigsten dieser Fälle sind auf der einen Seite sämtliche „offenen" Tatbestände, dh die gesetzlichen und richterrechtlich geschaffenen Generalklauseln wie zB § 826 oder die Verletzung des allgemeinen Persönlichkeitsrechts, und auf der anderen Seite die Unterlassungsdelikte, die gerade im Deliktsrecht eine zentrale Rolle spielen (Stichwort: Verkehrspflichten). In allen diesen Fällen bedarf in der Tat die Bejahung der Rechtswidrigkeit des Eingriffs stets zusätzlich einer *positiven Begründung* durch den Nachweis einer objektiven Sorgfaltsverletzung des Täters, etwa durch die Verletzung einer besonderen Handlungspflicht.

2. Rechtfertigungsgründe

18 a) Die Rechtswidrigkeit des Eingriffs ist ausgeschlossen, wenn ein Rechtfertigungsgrund eingreift, namentlich, wenn der Täter in Notwehr gehandelt hat (§ 227) oder wenn die Voraussetzungen des rechtfertigenden Notstandes oder der Selbsthilfe vorliegen (§§ 228 und 229). Nimmt der Täter hingegen nur irrtümlich eine Notwehrlage an, so bleibt seine Tat rechtswidrig; er handelt dann jedoch möglicherweise schuldlos, wenn der Irrtum nicht auf Fahrlässigkeit beruht[13].

19 Weitere Rechtfertigungsgründe für Eingriffe in die Rechte eines anderen sind insbesondere noch die berechtigte Geschäftsführung ohne Auftrag[14] sowie die Einwilligung des Verletzten. Da die Einwilligung ihre größte Bedeutung im Rahmen der Arzthaftung hat, soll sie dort näher beleuchtet werden[15].

20 b) Besonderheiten gelten bei *Sportverletzungen:* Sie lösen jedenfalls dann keine Haftung aus, wenn sich der Täter streng an die Regeln gehalten hat. Aber auch bei

---
13 § 276 Abs. 1; BGH, LM Nr 7 zu § 227 BGB = NJW 1987, S. 2509 = JuS 1988, S. 77 Nr 13 m. Nachw.; *Kuchinke*, in: Festschr. f. Krause, 1990, S. 327 (333 f).
14 S. dazu schon oben § 13 Rn 4 ff.
15 S. unten § 20 Rn 19 f.

einer geringfügigen Überschreitung der Regeln, wie sie ständig vorkommt, kann von Fall zu Fall die Haftung ausgeschlossen sein, jedenfalls unter dem Gesichtspunkt fehlenden Verschuldens[16].

VII. Verschulden

Letzte Haftungsvoraussetzung ist, daß der Täter schuldhaft, dh vorsätzlich oder fahrlässig gehandelt hat (s. insbes. § 823 Abs. 1). Wann dies der Fall ist, beurteilt sich nach § 276. Hier ist nur auf zwei Punkte näher einzugehen. 21

1. Deliktsfähigkeit

Schuldhaft kann nur handeln, wer zurechnungsfähig ist. Aus Delikt haftet daher allein, wer deliktsfähig ist. Die Einzelheiten ergeben sich aus den §§ 827 bis 829. Die Deliktsfähigkeit Jugendlicher im Alter zwischen sieben und achtzehn Jahren hängt hiernach namentlich davon ab, ob sie die zur Erkenntnis ihrer Verantwortlichkeit erforderliche Einsicht besitzen (§ 828 Abs. 2 S. 1). Dies beurteilt sich danach, ob sie nach ihrer geistigen Entwicklung fähig sind, das Unrecht ihrer Tat und ihre allgemeine Verpflichtung zur Ersatzleistung zu erkennen[17]. 22

2. Billigkeitshaftung (§ 829 BGB)

Literatur: *Deutsch*, Haftungsrecht, S. 198 ff; *ders.*, Unerlaubte Handlungen, § 11 III (Tz. 139 ff). 23

Entfällt die Haftung eines Täters mangels Deliktsfähigkeit, so kommt in Ausnahmefällen eine sog. Billigkeitshaftung nach § 829 in Betracht. Voraussetzung ist vor allem, daß der Täter an sich, wenn man einmal von seiner mangelnden Deliktsfähigkeit absieht, den gesamten Tatbestand eines der §§ 823 bis 826 erfüllt hat[18]. Seine Ersatzpflicht hängt dann nach § 829 von den Umständen und insbesondere von den Verhältnissen der Beteiligten ab. Maßgebend sind namentlich Art und Schwere der Verletzung, das Maß der immer noch vorhandenen Einsichtsfähigkeit des Täters sowie die beiderseitigen Vermögensverhältnisse, wobei auch ein etwaiger Haftpflichtversicherungsschutz des Täters zu berücksichtigen ist[19].

---

16 Grdl. BGHZ 63, S. 140 (142 ff) = NJW 1975, S. 109 = JuS 1975, S. 463 Nr 5; *E. Scheffen*, NJW 1990, S. 2658.
17 ZB RGZ 53, S. 157 (158 f); BGHZ 39, S. 281 = NJW 1963. 1609 = JuS 1963, S. 450 Nr 3.
18 Weitergehend BGHZ 23, S. 90 = NJW 1957, S. 674; BGHZ 39, S. 281 = NJW 1963, S. 1609 = JuS 1963, S. 450 Nr 3.
19 Die Einzelheiten sind str.; s. zuletzt BGHZ 76, S. 279 = NJW 1980, S. 1623.

§ 19, § 20

VIII. Entwicklung

24 Das von den Vätern des BGB konzipierte System tatbestandlich genau umschriebener deliktsrechtlicher Einzeltatbestände gehört seit langem der Geschichte an, da sich bereits wenige Jahre nach Inkrafttreten des Gesetzes herausgestellt hatte, daß das gesetzliche System entgegen den Erwartungen der Gesetzesverfasser tatsächlich doch bedenkliche Schutzlücken aufwies. Die Rechtsprechung sah sich deshalb alsbald genötigt, das gesetzliche System der Einzeltatbestände aufzulockern und auszuweiten. Diesem Zweck diente in erster Linie die Entwicklung dreier neuer partieller Generalklauseln.

25 Diese Generalklauseln sind das allgemeine Persönlichkeitsrecht, das sog. Recht am eingerichteten und ausgeübten Gewerbebetrieb sowie die Haftung für die Verletzung sog. Verkehrspflichten. Außerdem hat die Rechtsprechung dem Geschädigten in vielen Fällen durch Beweiserleichterungen geholfen. Auch dadurch ist im Ergebnis, wie etwa die Beispiele der Arzt- und der Produzentenhaftung zeigen, die Deliktshaftung erheblich ausgeweitet worden. Nimmt man noch die ständige Ausdehnung der Gefährdungshaftung hinzu, so kann man ohne Übertreibung feststellen, daß unser heutiges Deliktsrecht auf vielen Gebieten nur noch den Namen mit dem Deliktsrecht gemein hat, das den Vätern des BGB seinerzeit vorgeschwebt hat.

§ 20 LEBENSGÜTER

1 Nach § 823 Abs. 1 BGB macht sich zunächst schadensersatzpflichtig, wer schuldhaft und rechtswidrig das Leben, den Körper, die Gesundheit oder die Freiheit eines anderen verletzt.

I. Leben

1. Tötung

2 Verletzung des Lebens bedeutet Tötung. Ersatzansprüche haben dann naturgemäß nur die Hinterbliebenen nach den §§ 844 und 845. Geht aber dem Eintritt des Todes eine Körperverletzung voraus, so können durchaus auch eigene Ersatzansprüche des später verstorbenen Opfers aufgrund der §§ 823, 842 und 847 hinzutreten, soweit sie vererblich sind.

2. Unterlassene Tötung (fehlgeschlagene Abtreibung)

Literatur: *Brüggemeier,* Tz. 197 ff (S. 139 ff); *Deutsch,* NJW 1993, S. 2361; 1994, S. 776; *Esser,* ArztR 1981, S. 260 und 295; *ders.,* MedR 1983, S. 57; *G. Fischer,* JuS 1984, S. 434; *Franzki,* VersR 1990, S. 1181; *H. Lange,* Haftung für neues Leben?, 1990; *G. Müller,* NJW 1984, S 1799; *Schiemann,* JuS 1980, S. 710; *Stürner,* VersR 1984, S. 305; *ders.,* JZ 1986, S. 122; *Weibl,* NJW 1987, S. 1503; *Zimmermann,* JZ 1981, S. 89.

a) Rechtsprechung

Die „moderne" Entwicklung hat es mit sich gebracht, daß heutzutage auch die unterlassene Tötung eines Lebewesens, sprich die unterbliebene oder mißglückte Abtreibung eines noch nicht geborenen Kindes Schadensersatzansprüche nach sich ziehen kann, seitdem der Gesetzgeber mit § 218a StGB die Abtreibung praktisch freigegeben hat. Um zu verhindern, daß eine mißglückte oder unterbliebene Abtreibung eines Kindes sanktionslos bleibt, hat die Rechtsprechung seither in einer Vielzahl unterschiedlicher Fallgestaltungen Schadensersatzansprüche der durch die Geburt eines Kindes „geschädigten" Eltern bejaht. Diese Rechtsprechung ist zwar im Schrifttum auf verbreitete Kritik gestoßen und auch vom BVerfG ausdrücklich abgelehnt worden[1]. Gleichwohl hat der BGH an ihr festgehalten[2].

Eine Ersatzpflicht des Arztes soll zB in Betracht kommen, wenn er sich zur Sterilisation eines Elternteils verpflichtet hat, diese aber fehlschlägt, vorausgesetzt, daß das Kind den Eltern nach ihrer Familienplanung tatsächlich „unerwünscht" ist[3], wenn er bei einer Untersuchung die Gefahr einer schweren Schädigung des Kindes infolge einer Infektion der Mutter übersehen und deshalb die Eltern über die Möglichkeit eines Schwangerschaftsabbruchs falsch beraten hat[4], wenn er eine genetische Beratung der Eltern übernimmt und diese falsch berät, so daß die Ehefrau, die dies gerade verhindern wollte, ein schwerbehindertes Kind zur Welt bringt[5], wenn er die Eltern über die Gefahr der Geburt eines mongoloiden Kindes falsch berät, so daß die Eltern auf eine sonst mögliche Abtreibung verzichten[6], weiter sogar dann, wenn ein Schwangerschaftsabbruch mißlingt, so daß das Kind trotz aller Bemühungen des Arztes und der Eltern doch zur Welt kommt[7], sowie, wenn er nach dem Fehlschlag der ersten Abtreibung die Eltern hierüber nicht informiert oder bei Zweifeln eine gebotene Nachuntersuchung unterläßt, so daß eine mögliche zweite

---
1 BVerfGE 88, S. 203 = NJW 1993, S. 1751 (1763 f) „Zweites Abtreibungsurteil".
2 BGH, NJW 1994, S. 788 = JuS 1994, S. 608 Nr 4; zust. *Deutsch,* NJW 1993, S. 2361; 1994, S. 776.
3 BGHZ 76, S. 249 und 259 = NJW 1980, S. 1450 und 1452 = JuS 1980, S. 757 Nr 3; enger BGH, LM Nr 140 zu § 823 (Aa) BGB = NJW 1992, S. 2961 unter Hinweis auf § 254.
4 BGHZ 86, S. 240 = NJW 1983, S. 1371 = JuS 1983, S. 632 Nr 5.
5 BGH, NJW 1994, S. 788 m. zust. Anm. *Deutsch,* NJW 1994, S. 776.
6 BGHZ 89, S. 95 = NJW 1984, S. 658 = JuS 1984, S. 642 Nr 4; BGH, LM Nr 34 zu § 276 (Ca) BGB = NJW 1987, 2923.
7 BGH, LM Nr 71 zu § 847 BGB = NJW 1985, S. 671 = JuS 1985, S. 480 Nr 7.

§ 20

Abtreibung unterbleibt[8]. Der Arzt soll außerdem haften, wenn er eine Zwillingsschwangerschaft nicht erkennt, so daß nur eines der beiden Kinder abgetrieben wird, das andere hingegen zur Welt kommt[9], oder wenn das Kind infolge Fehlern bei der Entbindung mit schweren Gesundheitsschäden geboren wird[10], nicht aber, wenn sich eine Ehefrau gerade mit den Ziel behandeln läßt, endlich Kinder zu bekommen, und dann wider Erwarten Vierlinge geboren werden[11].

5   In den genannten Fällen soll der Ersatzanspruch der Eltern den gesamten *Unterhaltsschaden* umfassen, jedenfalls, wenn sich später tatsächlich die Gefahr für Mutter oder Kind verwirklicht hat, der die Abtreibung zulässigerweise begegnen sollte; außerdem kann die Mutter in aller Regel ein Schmerzensgeld wegen der Belastung mit der ungewollten Schwangerschaft verlangen[12]. Hingegen wird ein *eigener* Schadensersatzanspruch des mit schweren Schäden geborenen Kindes abgelehnt[13]. Außerdem verneint die Praxis eine Haftung der Mutter gegenüber dem Erzeuger des Kindes für die Unterhaltskosten, wenn sie entgegen den Abreden mit dem Erzeuger keine empfängnisverhütenden Maßnahmen ergriffen hatte[14].

b) Kritik

6   Die geschilderte Praxis des BGH ist, wie schon angedeutet (o. Rn 3), im Schrifttum auf zum Teil lebhafte Kritik gestoßen und vom BVerfG ausdrücklich abgelehnt worden, weil Kinder keinen Schaden darstellen könnten, so daß auch die Belastung der Eltern mit der Unterhaltspflicht gegenüber einem Kind nicht als Schaden qualifiziert werden dürfe[15]. Der BGH hält demgegenüber daran fest, daß es in den genannten Fällen lediglich darum gehe, die auf einer Vertragsverletzung beruhende zusätzliche Belastung der Eltern mit Unterhaltspflichten auszugleichen, wogegen nach dem ganzen System des BGB keine Bedenken bestünden[16]. Gleichwohl bleibt das anstößige Ergebnis, daß letztlich doch die Geburt eines Kindes als Schadensquelle für die Eltern angesehen wird. Das erscheint im Lichte der Art. 1 und 2 GG wenig angemessen.

---

8 BGHZ 95, S. 199 = NJW 1985, S. 2752 = JuS 1986, S. 154 Nr 5; BGH, LM Nr 81 zu § 823 (Aa) BGB = NJW 1985, S. 2749.
9 OLG Stuttgart, NJW 1987, S. 2934.
10 BGHZ 96, S. 360 = NJW 1986, S. 1542.
11 OLG Hamburg, NJW 1993, S. 795.
12 BGHZ 96, S. 360 = NJW 1986, S. 1542; BGH, LM Nr 72 zu § 249 (A) BGB = NJW 1984, S. 2625.
13 Keine Haftung für wrongful life im deutschen Recht: BGHZ 86, S. 240 = NJW 1983, S. 1371 = JuS 1983, S. 632 Nr 5; BGHZ 89, S. 95 = NJW 1984, S. 658 = JuS 1984, S. 642 Nr 4; *Fischer,* JuS 1984, S. 434.
14 BGHZ 97, S. 372 = NJW 1986, S. 2043 = JuS 1986, S. 910 Nr 5.
15 BVerfGE 88, S. 203 = NJW 1993, S. 1751 (1763f).
16 BGH, NJW 1994, S. 788.

II. Körper und Gesundheit

1. Begriff

§ 823 Abs. 1 schützt weiter Leben und Gesundheit jedes Menschen. Beide Begriffe werden ganz weit ausgelegt. Eine Körperverletzung bildet deshalb jeder Eingriff in die körperliche Integrität, der zu einer Störung der körperlichen, geistigen oder seelischen Lebensvorgänge führt[17], während eine Gesundheitsverletzung schon in jedem Vorgang gesehen wird, der dazu führt, daß ein Mensch physisch oder psychisch erkrankt, so daß jede Hervorrufung oder Steigerung eines vom normalen Gesundheitszustands abweichenden Zustandes ausreicht, ohne Rücksicht darauf, ob bereits Schmerzen oder sonstige Krankheitssymptome aufgetreten sind[18].

> Deshalb stellt bereits die „bloße" Infektion mit einer schweren Krankheit wie zB Aids eine Körperverletzung dar, selbst wenn die Krankheit noch nicht ausgebrochen ist[19]. Dasselbe wird neuerdings sogar für die Beschädigung von abgetrennten Körperteilen angenommen, sofern diese nur in den Körper zurückkehren sollen, sowie für die Vernichtung konservierten Spermas, womit aber die Grenze des Vertretbaren endgültig (längst) überschritten sein dürfte[20]. Hingegen reicht die bloße Verursachung von Schmerz und Trauer nicht für die Annahme einer Gesundheitsverletzung aus, solange ihnen nicht pathologische Prozesse zugrunde liegen, die medizinisch faßbar sind[21].

2. Dauer

Der Schutz der körperlichen Integrität des Menschen beginnt nicht erst mit seiner Geburt, sondern schon mit dem Augenblick der Zeugung, so daß Verletzungen des Kindes im Mutterleib ebenfalls ersatzpflichtig machen. In Ausnahmefällen kann außerdem bereits eine Schädigung der Mutter noch vor Zeugung des Kindes, zB ihre Ansteckung mit einer übertragbaren Krankheit, zu eigenen Ersatzansprüchen des Kindes führen, wenn es infolgedessen mit einer schweren Krankheit zur Welt kommt[22].

---

17 S. zB zuletzt BGH, NJW 1994, S. 127 = JuS 1994, S. 351 Nr 6 „Sperma-Urteil".
18 ZB BGHZ 8, S. 243 (247 f) = NJW 1953, S. 417 „Lues"; BGHZ 114, S. 284 = NJW 1991, S. 1948 = JuS 1991, S. 959 Nr 5 „Aids-Infektion".
19 BGHZ 114, S. 284 (vorige Fn).
20 So BGH, NJW 1994, S. 127 = JuS 1994, S. 351 Nr 6; dagegen zu Recht *Laufs/Reiling*, NJW 1994, S. 775.
21 ZB BGH, LM Nr 109 zu § 823 (Aa) BGB = NJW 1989, S. 2317.
22 Vgl für die Infektion der Mutter mit Lues noch vor Zeugung des Kindes BGHZ 8, 243 = NJW 1953, S. 417; für einen Schock der Mutter während der Schwangerschaft BGHZ 93, S. 351 = NJW 1985, S. 1390 = JuS 1985, S. 727 Nr 3.

§ 20

3. Schutzzweck

a) Begriff

10 Zwischen unmittelbarer und mittelbarer Kausalität wird im deutschen Recht sowenig wie zwischen psychisch und physisch vermittelter Kausalität unterschieden. Die Folge kann eine nur schwer erträgliche Ausdehnung der Ersatzpflicht gegenüber Dritten sein, wie namentlich an den vieldiskutierten Schock-, Verfolgungs- und Nothilfefällen deutlich wird. Bei den Schockfällen geht es um Schäden, die jemand bei dem Anblick eines Unfalls von Angehörigen oder bei der Nachricht von einem derartigen Unfall erleidet, während man bei den sog. Verfolgungsfällen die Fälle im Auge hat, in denen eine Person bei der Verfolgung eines deliktischen Täters Schäden erleidet. In den Nothilfefällen geht es schließlich um Verletzungen Dritter bei Hilfsmaßnahmen, die durch das deliktische Verhalten eines anderen notwendig geworden sind.

11 In allen genannten Fällen kann an der Kausalität des Delikts des ersten Täters für die späteren Schäden der genannten dritten Personen kein Zweifel bestehen, da es ohne die unerlaubte Handlung des Täters zu diesen Schäden nicht gekommen wäre (sog. sine-qua-non-Formel). Gleichwohl liegt es auf der Hand, daß hier Schranken gezogen werden müssen, will man eine unkontrollierte Ausdehnung der deliktischen Haftung vermeiden.

12 Diesem Zweck diente früher in erster Linie die bekannte Adäquanztheorie, die heute jedoch wegen der Unbestimmtheit der von ihr verwandten Maßstäbe nur noch auf wenig Gegenliebe stößt. Ihre Aufgabe hat deshalb mittlerweile weithin die sog. *Schutzzwecklehre* (oder auch: Lehre vom Rechtswidrigkeitszusammenhang) übernommen, nach der, kurz gesagt, eine Ersatzpflicht nach § 823 Abs. 1 voraussetzt, daß zwischen den aufgetretenen Schäden und der verletzten Norm bei wertender Betrachtungsweise ein Zurechnungszusammenhang in dem Sinne besteht, daß die Schäden noch vom *Schutzzweck* der verletzten Norm umfaßt werden. Fehlt es hieran, so handelt es sich letztlich um *Zufallsschäden*, die zum allgemeinen Lebensrisiko gehören, das jeder Mensch selbst tragen muß[23]. Die genaue Grenzziehung bereitet freilich nach wie vor erhebliche Schwierigkeiten. Das gilt zumal für die erwähnten Schockschäden, bei denen die genaue Abgrenzung des geschützten Personenkreises und der erfaßten psychischen Störungen immer noch nicht befriedigend gelöst ist[24].

---

23 Vgl zuletzt zB BGHZ 107, S. 359 = NJW 1989, S. 2616 = JuS 1990, S. 143 Nr 7 (für schwere Körperschäden infolge der Erregung bei der Auseinandersetzung mit dem Täter nach einem Unfall); BGH, LM Nr 64 zu § 823 (C) BGB = NJW 1990, S. 2885 = JuS 1991, S. 152 Nr 4; LM Nr 69 zu § 823 (C) BGB = NJW 1993, S. 2234 = JuS 1993, S. 1060 Nr 5.
24 Wegen der Einzelheiten s. BGHZ 56, S. 163 = NJW 1971, S. 1883 = JuS 1971, S. 657 Nr 8; BGH, LM Nr 66 zu § 823 (Aa) BGB = NJW 1984, S. 1405; LM Nr 56 zu § 823 (C) BGB = NJW 1986, S. 777; LM Nr 147 zu § 823 (Aa) BGB = NJW 1993, S. 1525.

b) Beispiele

In den Nothilfe- und Verfolgungsfällen wird ein Zurechnungszusammenhang zwischen den Schäden der eingreifenden Personen und dem deliktischen Verhalten des Täters in der Regel bejaht, wenn der Täter in zurechenbarer Weise eine Situation geschaffen hat, in der sich der später Geschädigte zu seinem Tun geradezu *herausgefordert* fühlen durfte, vorausgesetzt, daß zwischen dem damit verbundenen Risiko und der Schwere der Tat ein angemessenes Verhältnis besteht[25]. Hinzu kommen muß außerdem, daß sich in dem Unfall die gesteigerte Gefahrenlage ausgewirkt hat, für die der Täter verantwortlich ist, und nicht nur das allgemeine Lebensrisiko, das jeder selbst tragen muß. Die Haftung des Täters setzt schließlich noch voraus, daß er überhaupt erkennen konnte, daß er von einem Dritten verfolgt wird. Seine Haftung entfällt hingegen, wenn der Entschluß des Verfolgers mit Rücksicht auf die dabei eingegangenen Risiken ganz unvernünftig war[26]. Wenn der Täter nach einem Delikt mit einem Kraftfahrzeug flieht, haftet er folglich für einen Unfall, den die ihn verfolgenden Polizeibeamten infolge seiner Fahrweise erleiden, außer, wenn er überhaupt nicht erkennt und auch nicht erkennen konnte, daß er von der Polizei verfolgt wird[27].

III. Freiheit

Als Freiheitsverletzung iS des § 823 Abs. 1 gilt allein die Entziehung der körperlichen Bewegungsfreiheit sowie die Nötigung zu einer Handlung durch Drohung, Zwang oder Täuschung, während alle anderen Eingriffe in die Entschließungsfreiheit des Menschen heute als Verletzungen des allgemeinen Persönlichkeitsrechts erfaßt werden. Paradigma ist die Veranlassung einer behördlichen Freiheitsentziehung, zB durch eine rechtswidrige Anzeige oder durch die zumindest grobfahrlässige oder leichtfertige Erstattung eines falschen Gutachtens in einem gerichtlichen Verfahren[28].

IV. Arzthaftung

Literatur: *Deutsch*, NJW 1978, S. 1657; 1979, S. 1905; 1980, S. 1305; 1993, S. 1506; *A. Eser* (Hrsg.), Recht und Medizin, 1990; *Geigel/Schlegelmilch*, Kap 14 Rn 211 ff (S. 416 ff); *Geiß*, Arzthaftpflichtrecht, 2. Aufl. (1993); *Giesen*, Arzthaftungsrecht, 1990; *ders.*, Wandlungen des Arzthaftungsrechts, 1983; *Kern*, NJW 1994, S. 757; *Laufs*, Arztrecht, 5. Aufl. (1993); *ders.*, NJW 1984, S. 1383; 1990, S. 1505; 1991, S. 1516; 1992, S. 1529; 1993, S. 1497; *Rieger*, Lexikon des Arztrechts, 1984.

---

25 S. hierzu *v. Caemmerer*, DAR 1970, S. 291; *v. Mohrenfels*, JuS 1979, S. 775; *Nützel*, Die Rechtsstellung des Nothelfers, 1968.
26 RGZ 29, S. 120; 50, S. 219 (222 f); 164, S. 125 (126); BGHZ 57, S. 25 = NJW 1971, S. 1980 = JuS 1972, S. 101 Nr 5; BGHZ 101, S. 215 = NJW 1987, S. 2925 = JuS 1988, S. 153 Nr 5 „Nierenfall"; BGH, LM Nr 69 zu § 823 (C) BGB = NJW 1993, S. 2234 = JuS 1993, S. 1060 Nr 5 (Sturz eines gehbehinderten Feuerwehrmannes nach Abschluß der Löscharbeiten aus Anlaß einer Brandstiftung).
27 BGH, LM Nr 24 zu § 823 (Bc) BGB = NJW 1981, S. 750; LM Nr 64 zu § 823 (C) BGB = NJW 1990, S. 2885 = JuS 1991, S. 152 Nr 4.
28 BVerfGE 49, S. 304; BGH, LM Nr 40 zu Art. 1 GG = NJW 1989, S. 2941.

§ 20

1. Überblick

15 Die Arzthaftung wird in Deutschland traditionell in erster Linie deliktsrechtlich konzipiert, obwohl Arzt und Patient in aller Regel ein Dienstvertrag verbindet, und zwar selbst dann, wenn der Patient in der gesetzlichen Krankenversicherung pflichtversichert ist[29]. Dieser Vorrang der Deliktshaftung findet seinen Grund vor allem in § 847. Inhaltlich unterscheiden sich vertragliche und deliktische Haftung des Arztes nicht; aus beiden Haftungsgrundlagen ergeben sich vielmehr für die Ärzte grundsätzlich dieselben (strengen) Sorgfaltsanforderungen.

16 Die grundlegende Weichenstellung für die deliktsrechtliche Haftung des Arztes geschah bereits im vorigen Jahrhundert durch die Qualifizierung der nicht durch eine Einwilligung des Patienten gedeckten ärztlichen Behandlung als *Körperverletzung*[30]. Daraus ergab sich nach Inkrafttreten des BGB zwanglos die Haftung des Arztes aus § 823 Abs. 1, wenn er ohne wirksame Einwilligung des Patienten zur Behandlung schreitet[31]. Trotz massiver Kritik des Schrifttums hat die Rechtsprechung seitdem daran festgehalten, daß jede ärztliche Behandlung, die nicht durch eine wirksame Einwilligung des Patienten gedeckt ist, eine schuldhafte Körperverletzung darstellt und deshalb die Haftung des Arztes nach § 823 Abs. 1 auslöst[32].

17 Die zweite Weichenstellung zu unserem heutigen Arzthaftungsrecht folgte nahezu automatisch aus der ersten: Da es kein ärztliches Behandlungsrecht gibt, sich der Arzt vielmehr in jedem Fall vor Beginn der Behandlung der Einwilligung des Patienten versichern muß, erlangte die *Aufklärung* des Patienten über die Chancen und Risiken der Behandlung zentrale Bedeutung für die Arzthaftung. Denn einwilligen kann der Patien nur in etwas, was er überhaupt kennt, worüber er m.a.W. hinreichend informiert, aufgeklärt worden ist. Versäumt der Arzt solche Aufklärung des Patienten, so ist die vom Patienten erklärte Einwilligung in die ärztliche Behandlung unwirksam – mit der Konsequenz der Haftung des Arztes für alle negativen Folgen der Behandlung für den Patienten.

18 Das Ergebnis dieser Entwicklung war eine für das deutsche Arzthaftungsrecht kennzeichnende *Zweispurigkeit* der Haftung: Der Arzt haftet nicht nur – selbstverständlich – für sämtliche Behandlungsfehler, sondern auch für eine Verletzung der Aufklärungspflicht, und zwar selbst bei einer lege artis durchgeführten Behandlung. Und weil sich naturgemäß die Verletzung der Aufklärungspflicht leichter als ein Behandlungsfehler nachweisen läßt, spielt in Arzthaftungsprozessen die Verletzung der Aufklärungspflicht als Anspruchsgrundlage nahezu dieselbe Rolle wie Behandlungsfehler, ein gewiß nicht in jeder Hinsicht befriedigendes Ergebnis.

---

29 S. o. § 9 Rn 9.
30 RGSt 25, S. 375 von 1884.
31 Grdl. RGZ 68, S. 431 (433 ff) von 1908.
32 Wegen aller Einzelheiten s. *Brüggemeier*, Tz. 629 ff (S. 386 ff).

2. Einwilligung

Die Einwilligung ist – von Notfällen abgesehen – Voraussetzung der Rechtmäßigkeit jeder ärztlichen Behandlung. Sie besteht in der Zustimmung des *informierten* Patienten zu der ihm vom Arzt vorgeschlagenen Behandlung. Es handelt sich dabei nicht um eine rechtsgeschäftliche, sondern um eine rechtsgeschäftsähnliche Erklärung[33], so daß im Einzelfall auch noch nicht vollgeschäftsfähige Personen wirksam in einen ärztlichen Eingriff einwilligen können, sofern sie nur über die nötige geistige und sittliche Reife verfügen, um die Tragweite des Eingriffs und der Einwilligung in ihn richtig einzuschätzen[34].

19

> Bei Jugendlichen im Alter von noch nicht achtzehn Jahren wird es freilich hieran in aller Regel fehlen, so daß der Arzt vor ihrer Behandlung stets verpflichtet ist, die Einwilligung der personensorgeberechtigten Eltern einzuholen (§ 1631 Abs. 1). Die Einwilligung nur eines Elternteils, zB in eine Operation reicht nicht aus. IdR darf der Arzt freilich darauf vertrauen, daß der einwilligende Elternteil von dem anderen dazu ermächtigt ist; doch gilt dies nicht bei besonders schweren Operationen[35]. Für unseren **Arztfall 22** folgt hieraus, daß Dr. Y der X schon deshalb schadensersatzpflichtig ist, weil eine wirksame Einwilligung der X in die Bestrahlung, einen Eingriff in ihre körperliche Integrität, nicht vorliegt (§ 823 Abs. 1). Die Schadensersatzpflicht des Dr. Y besteht auch gegenüber dem Kind der X, da bereits der sog. nasciturus gegen Schädigungen durch Dritte im Mutterleib geschützt wird (o. Rn 9).

20

3. Aufklärung

Literatur: *Brüggemeier*, Tz. 689 ff (S. 413 ff); *Deutsch*, NJW 1982, S. 2585; *Heilmann*, NJW 1990, S. 1513; *Kern/Laufs*, Die ärztliche Aufklärungspflicht, 1983; *Laufs*, Arztrecht; *ders.*, NJW 1974, S. 2025; 1990, S. 1505 (1507 f); 1991, 1516 (1523 f); *Müller-Dietz*, JuS 1989, S. 280; *H. Schmid*, NJW 1984, S. 2601.

a) Umfang

Der Patient muß wissen, worein er einwilligt. Deshalb muß ihn der Arzt vor der Einwilligung in der gebotenen Weise über die mit der Behandlung und dem Eingriff verbundenen Chancen und Risiken aufklären. Maßstab ist das Informationsbedürfnis des „verständigen" Patienten in der jeweiligen konkreten Situation. Wichtig sind hierbei neben dem Zustand und dem allgemeinen Bildungs- und Wissensstand des Patienten insbesondere die Häufigkeit und die Schwere bestimmter Risiken. Insgesamt genügt es, wenn dem Patienten „*im großen und ganzen*" ein zutreffendes Bild von Schwere und Risiko des Eingriffs verschafft wird. Wünscht der Patient weitere

21

---

33 S. im einzelnen *Belling*, Familie und Recht (FuR) 1990, S. 68; *Heilmann*, NJW 1990, S. 1513 (1518); *Kothe,* AcP 185 (1985), S. 105
34 BGHZ 29, S. 33 = NJW 1959, S. 811; BGH, LM Nr 28 zu § 823 (Aa) BGB = NJW 1972, S. 335 = JuS 1972, S. 283 Nr 4; LM Nr 52 zu § 823 (Ah) BGB = NJW 1974, S. 1947 = JuS 1975, S. 121 Nr 7.
35 Grdl. BGHZ 105, S. 45 = NJW 1988, S. 2946.

§ 20

Informationen, so ist es seine Sache, hiernach gezielt zu fragen. Ohne besondere Fragen der Patienten erstreckt sich hingegen die Aufklärungspflicht nicht auf solche Risiken des Eingriffs, die derart selten oder im Verhältnis zu den Heilungschancen so unbedeutend sind, daß sie bei einem verständigen Menschen für den Entschluß zur Einwilligung in den Eingriff nicht mehr ernsthaft ins Gewicht fallen[36].

22 Die Aufklärungspflicht besteht grundsätzlich auch bei sog. vitalindizierten Eingriffen, die zur Lebensrettung unerläßlich sind[37], sowie bei diagnostischen oder kosmetischen Eingriffen, bei denen die Aufklärungspflicht sogar besonders weitgeht, da solche Eingriffe niemals dringend sind[38]. Die Aufklärungspflicht erstreckt sich außerdem zB auf die ernsthafte Möglichkeit, daß eine Erweiterung der Operation erforderlich wird[39], weiter auf das besondere Risiko einer Infektion bei einer Injektion, mit dem kein Patient zu rechnen braucht[40], sowie schließlich auf die Dringlichkeit einer Operation: Wenn eine Operation unaufschiebbar ist, muß der Arzt dies dem Patienten ganz nachdrücklich vor Augen führen, und zwar so rechtzeitig, daß der Patient sich noch frei zu entscheiden vermag[41].

23 Keine Aufklärungspflicht besteht hingegen hinsichtlich der allgemeinen Risiken, die mit jeder Operation unvermeidlich verbunden und deshalb jedermann bekannt sind[42]. Sie entfällt außerdem in allen Notsituationen sowie dann, wenn der Aufklärung zwingende therapeutische Erwägungen entgegenstehen.

b) Behandlungsmethode

24 Die Wahl der Behandlungsmethode unter mehreren gleichermaßen in Betracht kommenden Methoden ist grundsätzlich allein Sache des Arztes als des hierfür kompetenten Fachmannes. Anders freilich schon wieder, wenn mit den verschiedenen Methoden eindeutig unterschiedliche Risiken und Heilungschancen verbunden sind. Vor allem bei der Wahl unsicherer Außenseitermethoden muß der Patient daher vorher umfassend über die Vor- und Nachteile der alternativen Methoden informiert werden[43].

---

36 Aus der unübersehbaren Rechtsprechung s. zB BGHZ 29, S. 46 = NJW 1959, S. 811; BGHZ 29, S. 176 = NJW 1959, S. 814; BGHZ 88, S. 248 = NJW 1984, S. 655 = JuS 1984, S. 556 Nr 3 usw bis BGH, NJW 1994, S. 793.
37 BGHZ 90, S. 103 = NJW 1984, S. 1397 = JuS 1984, S. 809 Nr 5.
38 BGHZ 90, S. 96 = NJW 1984, S. 1385; BGH, LM Nr 28 zu § 823 (Aa) BGB = NJW 1972, S. 335 = JuS 1972, S. 283 Nr 4; NJW 1991, S. 2349.
39 BGH, NJW 1993, S. 2372.
40 BGHZ 106, S. 391 = NJW 1989, S. 1533 = JuS 1989, S. 756 Nr 5.
41 BGH, LM Nr 120 zu § 823 (Aa) BGB = NJW 1990, S. 2928; LM aaO Nr 139 = NJW 1992, S. 2351.
42 BGH, LM Nr 83 zu § 823 (Aa) BGB = NJW 1986, S. 780; LM Nr 126 aaO = NJW 1991, S. 1541 (1542: Wundinfektion).
43 Grdl. BGHZ 102, S. 86 = NJW 1988, S. 763; BGHZ 106, S. 153 = NJW 1989, S. 1538; BGHZ 113, S. 297 = NJW 1991, S. 1535 usw bis BGH, NJW 1993, S. 1524 (1525).

c) *Beweislast*

Ein zentraler Punkt in allen Arzthaftungsprozessen ist die Verteilung der Beweislast. Hier gilt, daß der Patient (nur) die Beweislast für die Kausalität zwischen dem ärztlichen Eingriff und dem eingetretenen Schaden trägt, während es grundsätzlich Sache des Arztes ist, die Erfüllung der Aufklärungspflicht zu beweisen, wobei jedoch keine übertriebenen Anforderungen an den Entlastungsbeweis des Arztes gestellt werden dürfen[44]. Der Arzt kann außerdem einwenden, daß der Patient auch bei ordnungsmäßiger Aufklärung in den Eingriff eingewilligt hätte, weil jede andere Entscheidung unvernünftig gewesen wäre[45]. Die Beweislast für diesen Einwand trifft jedoch ebenfalls den Arzt, wobei strenge Anforderungen gestellt werden[46].

d) *Umfang der Haftung*

Steht die Verletzung der Aufklärungspflicht fest, so haftet der Arzt grundsätzlich für *sämtliche* schädlichen Folgen des Eingriffs für den Patienten[47], selbst wenn sich später ein ganz anderes Risiko verwirklicht, hinsichtlich dessen an sich keine Aufklärungspflicht bestand. Ausnahmen werden nur unter engen Voraussetzungen angenommen[48].

4. *Behandlungsfehler*

Der Arzt haftet für sämtliche Behandlungsfehler (Kunstfehler), durch die der Patient geschädigt wird. Maßstab sind die anerkannten Regeln der ärztlichen Wissenschaft, so daß ein Behandlungsfehler in jedem nicht lege artis durchgeführten Eingriff liegt. Schädigungen des Patienten durch fehlerhafte Eingriffe und die Unterlassung nach den Regeln der ärztlichen Kunst gebotener therapeuthischer Maßnahmen stehen hierbei gleich[49].

Die ärztliche Tätigkeit umfaßt im wesentlichen drei große Bereiche, die mit den Stichworten Diagnose, Indikation und Therapie umschrieben zu werden pflegen. Am Anfang jeder Behandlung muß daher eine (zutreffende) *Diagnose* stehen. Die Unterlassung nach den Regeln der ärztlichen Wissenschaft gebotener diagnostischer Maßnahmen ist ebenso ein Behandlungsfehler wie die unzutreffende Diagnose aufgrund der erhobenen Befunde, zumal vor besonders schweren und gefährlichen Eingriffen[50].

---

44 ZB BGHZ 90, S. 103 = NJW 1984, S. 1397 = JuS 1984, S. 809 Nr 5; BGH, LM Nr 40 zu § 276 (Ca) BGB = NJW 1989, S. 2320.
45 Vgl BGH, LM Nr 125 zu § 823 (Aa) BGB = NJW 1991, S. 1543; NJW 1991, S. 2342; 1992, S. 2351 (2353).
46 BGH, LM Nr 125 zu § 823 (Aa) BGB = NJW 1991, S. 1543.
47 ZB BGH, LM Nr 87 zu § 823 (Aa) BGB = NJW 1987, S. 1481.
48 Grdl. BGHZ 106, S. 391 = NJW 1989, S. 1533 = JuS 1989, S. 756 Nr 5; sehr str.
49 ZB BGH, LM Nr 57 zu § 823 (C) BGB = NJW 1986, S. 2367; LM Nr 47 zu § 249 (Bb) BGB = NJW 1989, S. 767 = JuS 1989, S. 574 Nr 6.
50 BGH, LM Nr 106 zu § 823 (Aa) BGB = NJW 1989, S. 1541.

§ 20

29 Aufgrund der gefällten Diagnose muß der Arzt als nächstes die richtige Methode wählen *(Indikation)* und diese sodann lege artis durchführen *(Therapie)*. Jeder Verstoß gegen die Regeln der ärztlichen Kunst im Rahmen der gewählten Methode macht ihn ersatzpflichtig. Dazu gehört auch die Überprüfung der Maßnahmen anderer Ärzte; konnte der behandelnde Arzt Fehler anderer Ärzte ohne weiteres erkennen, so muß er den Patienten hierauf hinweisen[51]. Der behandelnde Arzt haftet außerdem für Kunstfehler späterer Ärzte, wenn ihre Hinzuziehung durch sein Fehlverhalten ausgelöst wurde[52]. Hingegen besteht zwischen Fachärzten verschiedener Richtung, die gleichzeitig tätig werden, grundsätzlich eine strikte Aufgabenteilung, so daß zB der Operateur den Anästhesisten nicht zu überwachen braucht[53].

30 **Beispiele** für Kunstfehler sind die Übertragung einer Operation an einen noch unerfahrenen Berufsanfänger[54], die mangelhafte Überwachung eines Assistenzarztes durch den Chefarzt, da der Patient immer Anspruch auf eine fachärztliche Behandlung sowie gegebenenfalls auf die Anwendung der zusätzlichen Spezialkenntnisse des Chefarztes hat[55], sowie die Schaffung einer Situation, in der sich die Mutter eines Kindes zu einer Organspende genötigt sieht, um das durch einen Behandlungsfehler gefährdete Kind zu retten[56].

5. Beweislast

> **Literatur:** *Baumgärtel*, in: Gedächtnisschr. f. Bruns, 1980, S. 93; *ders.*, in: Festschr. f. Kralik, 1986, S. 63; *Brüggemeier*, Tz. 674 ff (S. 406 ff); *Franzki*, Die Beweisregeln im Arzthaftungsprozeß, 1982; *Kaufmann*, Die Beweislastproblematik im Arzthaftungsprozeß, 1984; *Prütting*, in: Festschr. 150 Jahre LG Saarbrücken, 1985, S. 257.

31 Die Beweislast für den Behandlungsfehler des Arztes sowie für den Kausalzusammenhang zwischen dem Behandlungsfehler und den eingetretenen Gesundheitsschäden trägt grundsätzlich der *Patient*; für die Anwendung des § 282 ist hier im Regelfall kein Raum[57]. Wegen der großen Schwierigkeiten, die mit diesem Beweis idR verbunden sind, ist die Praxis jedoch zunehmend bereit, dem Patienten durch ein abgestuftes System von Beweiserleichterungen bis hin zur Umkehr der Beweislast zumindest partiell zu Hilfe zu kommen[58]:

32 Zunächst ist hier stets an die Anwendung der Grundsätze über den Beweis des ersten Anscheins zu denken. In einer Reihe von Fällen kommt außerdem auch eine echte *Beweislastumkehr* in Betracht. Der wichtigste hierher gehörende Fall sind *grobe*

---

51 BGH, LM Nr 103 zu § 823 (Aa) BGB = NJW 1989, S. 1536.
52 BGH, LM Nr 47 zu § 249 (Bb) BGb = NJW 1989, S. 767 = JuS 1989, S. 574 Nr 6.
53 BGH, LM Nr 45 zu § 276 (Ca) BGB = NJW 1991, S. 1539; sehr str.
54 BGHZ 88, S. 248 = NJW 1984, S. 655 = JuS 1984, S. 556 Nr 3; ebenso zuletzt für Anfängernarkosen BGH, LM Nr 150 zu § 276 (Ca) BGB = NJW 1993, S. 2989.
55 BGH, LM Nr 32 zu § 276 (Ca) BGB = NJW 1987, S. 1479.
56 Grdl. BGHZ 101, S. 215 = NJW 1987, S. 2925 = JuS 1988, S. 153 Nr 5 „Nierenfall".
57 Vgl zB für die Verwechslung von Blutproben in zwei Arztpraxen BGH, LM Nr 43 zu § 276 (Ca) BGB = NJW 1989, S. 2943.
58 Grdl. BVerfGE 52, S. 131 (145 ff) = NJW 1979, S. 1925.

Behandlungsfehler, bei denen die Beweislast hinsichtlich der unmittelbar durch den Behandlungsfehler verursachten Gesundheitsschäden umgekehrt wird, sofern sie *typischerweise* auf einen solchen Fehler zurückgehen[59].

Ebenso behandelt wird in der jüngsten Praxis der Verstoß gegen die Pflicht, dringend gebotene Untersuchungsmaßnahmen durchzuführen und die *Befunde* zu sichern[60]. Beweiserleichterungen greifen weiter noch ein, wenn der Arzt gegen seine *Dokumentationspflicht* verstoßen hat. Man versteht darunter die Pflicht des Arztes, den gesamten Behandlungsverlauf einschließlich aller ungewöhnlichen Vorfälle wie zB der Diagnose eines besonderen Risikos zu dokumentieren; verletzt er diese Pflicht, so wird zugunsten des Patienten angenommen, daß die betreffenden Maßnahmen nicht durchgeführt worden sind[61]. **33**

6. Krankenhausträger

a) Haftung neben den und für die Ärzte

Eine ebenso strenge Haftung wie die Ärzte trifft aus Vertrag und Delikt die Krankenhausträger. Das gilt gleichermaßen für Privatpatienten wie für Kassenpatienten[62]. Neben den vertraglichen Beziehungen zu dem Krankenhausträger können außerdem solche Beziehungen zu den behandelnden Ärzten bestehen, namentlich, wenn Privatpatienten den gespaltenen Krankenhausvertrag wählen oder wenn sich ein Privatpatient in die ambulante Behandlung eines Chefarztes begibt[63]. Fehlen hingegen derartige Beziehungen, so haftet im Rahmen vertraglicher Beziehungen der Krankenhausträger für die bei ihm tätigen Ärzte nach § 278 und im übrigen, soweit es sich um Chefärzte handelt, aus Delikt nach den §§ 31 und 89, während er für die anderen Ärzte deliktisch (nur) nach § 831 einzustehen braucht. Beamtete Ärzte haften hingegen außerhalb vertraglicher Beziehungen selbst nur nach § 839[64]. **34**

b) Pflichten

Der Krankenhausträger ist verpflichtet, den gesamten Krankenhausbetrieb ordnungsgemäß zu organisieren (§ 276). Er ist deshalb dafür verantwortlich, daß stets die erforderlichen Fachärzte in ausreichender Zahl zur Verfügung stehen, widrigenfalls keine Operationen mehr durchgeführt werden dürfen[65]. Außerdem muß er zB **35**

---

59 ZB BGH, LM Nr 58 zu § 282 ZPO (Beweislast) = NJW 1988, S. 2303; LM Nr 101 zu § 823 (Aa) BGB = NJW 1988, S. 2949.
60 Grdl. BGHZ 99, S. 391 = NJW 1987, S. 1482 = JuS 1987, S. 741 Nr 4; BGH, LM Nr 67 zu § 282 ZPO (Beweislast) = NJW 1989, S. 2332.
61 BGHZ 72, S. 132 = NJW 1978, S. 2337 usw bis BGHZ 99, S. 391 (vorige Fn); BGH, LM Nr 48 zu § 242 (Be) BGB = NJW 1983, S. 2627 = JuS 1984, S. 143 Nr 5; LM Nr 64 zu § 282 ZPO (Beweislast) = NJW 1989, S. 2330.
62 BGH, LM Nr 60 zu § 276 (Hb) BGB = NJW 1991, S. 1540.
63 Insbes. BGHZ 105, S. 189 = NJW 1989, S. 769.
64 Grdl. BGHZ 95, S. 63 = NJW 1985, S. 2189 = JuS 1985, S. 990 Nr 5 m. Nachw.; BGHZ 101, S. 215 = NJW 1987, S. 2925 = JuS 1988, S. 153 Nr 5 „Nierenfall".

§ 20, § 21

dafür Sorge tragen, daß keine übermüdeten oder ungenügend ausgebildeten Ärzte zu Operationen eingeteilt werden, und zwar selbst während des Nacht- und des Feiertagsdienstes[66].

36 Der Krankenhausträger ist daher zB ersatzpflichtig, wenn die von ihm vorgehaltene apparative Ausstattung für eine fachgerechte Behandlung der Patienten nicht ausreicht[67], wenn er einen Patienten nicht im Rahmen des möglichen und zumutbaren vor einer Selbstschädigung, zB vor einem Selbstmordversuch schützt[68], wenn der Patient bei einem Transport innerhalb des Krankenhauses oder bei der Behandlung zu Fall kommt[69], wenn er während einer Operation mit einer anderen Krankheit infiziert wird[70], sowie, wenn er bei einer Bluttransfusion mit Aids angesteckt wird, weil der Krankenhausträger nicht alle möglichen und zumutbaren Maßnahmen ergriffen hat, um zB sog. Risikogruppen davon abzuhalten, überhaupt Blut zu spenden[71].

§ 21 EIGENTUM UND SONSTIGE RECHTE

1 Neben den Lebensgütern Leben, Körper, Gesundheit und Freiheit schützt das BGB in § 823 Abs. 1 noch das Eigentum sowie bestimmte sonstige Rechte, nicht hingegen das Vermögen. Dadurch hat für das deutsche Recht die Frage nach den Schranken des deliktsrechtlichen Eigentumsschutzes und nach dem Kreis der geschützten sonstigen Rechte zentrale Bedeutung erlangt.

I. Eigentum

Literatur: *Brüggemeier*, Tz. 304 ff (S. 202 ff); *Deutsch*, Unerlaubte Handlungen, § 14 III 1 (Tz. 186 ff); *Kötz*, Tz. 57 ff (S. 24 ff); *Kupisch/Krüger*, S. 18 ff; *Medicus* II, § 138; *Möschel*, JuS 1977, S. 1; *Plum*, AcP 181 (1981), S. 67.

1. Begriff

2 Nach § 823 Abs. 1 macht jede schuldhafte Eigentumsverletzung schadensersatzpflichtig. Das Wesen des Eigentums ergibt sich aus § 903, nach dem der Eigentümer einer Sache mit dieser nach Belieben verfahren und andere von jeder Einwirkung ausschließen kann. Der deliktsrechtliche Schutz des Eigentums erstreckt sich folg-

---

65 BGHZ 95, S. 63 = NJW 1985, S. 2189 = JuS 1985, S. 990 Nr 5 für die Hamburger Universitätskliniken.
66 BGH, LM Nr 84 zu § 823 (Aa) BGB = NJW 1986, S. 776.
67 BGH, LM Nr 42 zu § 276 (Ca) BGB = NJW 1989, S. 2321.
68 BGH, NJW 1994, S. 794.
69 BGH, LM Nr 60 zu § 276 (Hb) BGB = NJW 1991, S. 1540; NJW 1991, S. 2960.
70 BGH, LM Nr 126 zu § 823 (Aa) BGB = NJW 1991, S. 1541.
71 Grdl. BGHZ 114, S. 284 = NJW 1991, S. 1948 = JuS 1991, S. 959 Nr 5 „Aids".

lich auf alle diese umfassend verstandenen Befugnisse des Eigentümers, so daß der Begriff der Eigentumsverletzung in § 823 Abs. 1 heute allgemein ganz *weit* ausgelegt wird[1]:

Eine Eigentumsverletzung liegt zunächst in jeder Einwirkung auf die *Sachsubstanz*. Beispiele sind die Entziehung, Beschädigung oder Zerstörung der Sache. Gleich stehen Beeinträchtigungen des Eigentum*rechts*. Hierher gehören namentlich die Veräußerung einer Sache an einen Gutgläubigen sowie ihre Belastung mit Rechten Dritter (§§ 892 f, 932, 936).

Bereits diese Beispiele zeigen, daß die Anwendung des § 823 Abs. 1 nicht eine Substanzverletzung der Sache zur Voraussetzung hat. Entsprechend § 903 liegt daher eine Eigentumsverletzung außerdem in sämtlichen Einwirkungen auf die Sache, durch die der Eigentümer an dem bestimmungsgemäßen *Gebrauch* der Sache gehindert wird. Selbst in Fällen wie der bloßen vorübergehenden Versperrung der Garagenausfahrt tendiert die jüngste Praxis folgerichtig zur Bejahung einer Eigentumsverletzung, jedenfalls, wenn unter den gegebenen Umständen auch jeder andere wenigstens für einen nennenswerten Zeitraum endgültig an der bestimmungsgemäßen Nutzung der Sache gehindert gewesen wäre[2]. Unverkennbar ist jedoch, daß hier die Grenze zur nicht mehr erfaßten einfachen Vermögensbeeinträchtigung zunehmend flüssig wird[3].

2. Beispiele

Als Eigentumsverletzung sind zB angesehen worden die Beschädigung von beweglichen Sachen durch unzulässige Immissionen[4], das unerwünschte Decken eines Zuchttieres, so daß es nicht mehr bestimmungsgemäß verwandt werden kann[5], die Hinderung an dem Gebrauch eines Grundstückes durch Bohrarbeiten oder durch die Verursachung einer Explosionsgefahr auf dem Nachbargrundstück, so daß alle Grundstücke in der Umgebung polizeilich geräumt werden müssen[6], sowie die unberechtigte Pfändung und Verwertung fremder Sachen[7].

---

[1] ZB BGHZ 105, S. 346 = NJW 1989, S. 707 = JuS 1989, S. 494 Nr 7 „Fischfutter"; BGHZ 117, S. 183 = NJW 1992, S. 1225 = JuS 1992, S. 793 Nr 6 „Kondensatoren"; BGH, NJW 1994, S. 517 = JuS 1994, S. 527 Nr 6 „Gewindeschneidemittel"; BGH, LM Nr 47 zu § 823 (Ac) BGB = NJW 1990, S. 908 = JuS 1990, S. 579 Nr 4 „Korkenfall".

[2] Grdlg. BGHZ 55, S. 153 (159 f) = NJW 1971, S. 886 „Fleet-Urteil"; BGHZ 63, S. 203 (206) = NJW 1975, S. 347; BGHZ 86, S. 152 (154 f) = NJW 1983, S. 2313; *Chr. Grüneberg*, NJW 1992, S. 945.

[3] S. zB *Medicus* II, § 138 II 4 (S. 365 ff).

[4] S. § 906 Abs. 2 und dazu grdl. BGHZ 90, S. 255 = NJW 1984, S. 2207; BGHZ 92, S. 143 = NJW 1985, 47 „Kupolofen".

[5] BGHZ 67, S. 129 = NJW 1976, S. 2130 = JuS 1977, S. 190 Nr 3.

[6] BGHZ 85, S. 375 = NJW 1983, S. 872; BGH, LM Nr 50 zu § 823 (Ai) BGB = NJW 1977, S. 2264.

[7] BGHZ 118, S. 201 (205 ff) = NJW 1992, S. 2014 (2015).

6 Für unseren **Kabel-Fall 23** folgt hieraus, daß jedenfalls in der Abwandlung, in der infolge des Stromausfalls mehrere tausend Eier in dem Brutapparat des A verdarben, die Voraussetzungen des § 823 Abs. 1 erfüllt sind, weil hier U und X (mittelbar) in das Eigentum des A an den Eiern eingegriffen haben (sog. Verderbschäden)[8]. Anders zu beurteilen sind hingegen, jedenfalls nach der (noch) hM, die sog. Gebrauchsausfallschäden (black out), obwohl in der Stillegung der Maschinen durch den Stromausfall an sich gleichfalls eine (vorübergehende) Beeinträchtigung ihrer Gebrauchsmöglichkeit gesehen werden könnte[9].

II. Sonstige Rechte

Literatur: Deutsch, Unerlaubte Handlungen, § 14 III 2 (Tz. 189 ff); *Kötz*, Tz. 71 ff (S. 29 ff); *Koziol*, Die Beeinträchtigung fremder Forderungsrechte, 1967; *M. Löwisch*, Der Deliktsschutz relativer Rechte, 1970; *Medicus* II, § 140; *Mincke*, JZ 1984, S. 862.

1. Begriff

7 Eine Ersatzpflicht besteht nach § 823 Abs. 1 außerdem bei der Verletzung eines „sonstigen Rechts". Aus der Entstehungsgeschichte des BGB (Ablehnung einer deliktischen Generalklausel) sowie aus dem Zusammenhang des sonstigen Rechts mit dem Eigentum in § 823 Abs. 1 folgt, daß hierunter weder Forderungs- noch Gestaltungsrechte, sondern nur bestimmte mit dem Eigentum vergleichbare *Herrschaftsrechte* zu verstehen sind.

8 Damit ist zugleich gesagt, daß das *Vermögen* als bloßer Inbegriff von Rechten und Chancen grundsätzlich keinen deliktischen Schutz nach § 823 Abs. 1, sondern nur unter zusätzlichen Voraussetzungen nach den §§ 823 Abs. 2 und 826 genießt. Die bloße Täuschung eines anderen fällt daher nicht unter § 823 Abs. 1, sondern allenfalls unter die §§ 823 Abs. 2 und 826 sowie gegebenenfalls unter § 1 UWG. Vor allem an dieser Entscheidung wird der Unterschied des deutschen Rechts zu Rechtsordnungen mit einer deliktischen Generalklausel deutlich.

2. Beispiele

9 Als sonstige Rechte sind zB anerkannt die beschränkten dinglichen Rechte einschließlich der Grundpfandrechte[10], das Jagdausübungsrecht[11], die Anwartschaften des Vorbehaltskäufers[12] und des Auflassungsempfängers, jedenfalls, wenn er selbst

---

8 BGHZ 41, S. 123 = NJW 1964, S. 720 = JuS 1964, S. 288 Nr 4; aA aber zB *Fraenkel*, S. 143 ff; *Hager*, JZ 1979, S. 53 (56 f).
9 S. dazu insbes. *Brüggemeier*, Tz. 312 ff (S. 205 f); *Hager* (vorige Fn); *Kötz*, Tz. 61 f (S. 25 f).
10 BGHZ 65, S. 211 (212 f) = NJW 1976, S. 189; *Medicus* II, § 140 I 1 (S. 371 f).
11 BGHZ 84, S. 261 (264) = NJW 1982, S. 2183.
12 BGHZ 55, S. 20 (25 f) = NJW 1971, S. 799; s.o. § 6 Rn 15.

bereits den Eintragungsantrag gestellt hat[13], so daß sich auch der bloße Auflassungsempfänger gegen eine unzulässige Vertiefung des Nachbargrundstücks wehren kann[14], weiter sämtliche Immaterialgüterrechte, außerdem bestimmte Mitgliedschaftsrechte wie namentliche Geschäftsanteile an einer GmbH und Aktien[15] sowie zumindest das Besitz*recht* des Mieters und Pächters, weil sie bei Beschädigung der Sache ihrerseits dem Vermieter oder Verpächter ersatzpflichtig werden können, während ein deliktischer Schutz des unberechtigten Besitzers (trotz der §§ 858 ff) grundsätzlich wohl nicht in Betracht kommen dürfte[16]. Schließlich gehören hierher noch die wenigen gesetzlich anerkannten Erscheinungsformen des allgemeinen Persönlichkeitsrechts wie namentlich das Namensrecht (§ 12), die Firma (§ 17 HGB, § 16 UWG), das Recht am eigenen Bild (§§ 22 bis 24 KUG) sowie das sog. Urheberpersönlichkeitsrecht (§§ 12-14 UrhRG).

3. Familienrechte

> **Literatur:** *Gernhuber/Coester-Waltjen*, Familienrecht, 4. Aufl. (1994), § 17 (S. 150 ff); *Jayme*, Die Familie im Recht der unerlaubten Handlungen, 1971; *Medicus*, Bürgerliches Recht, Tz. 616 ff.

Herrschaftsrechte (s.o. Rn 7) sind an sich auch die Familienrechte. Gleichwohl schützt die Praxis deliktsrechtlich neben dem elterlichen Sorgerecht im Grunde nur den räumlich-gegenständlichen Bereich der Ehe. Eltern, denen ihre Kinder rechtswidrig vorenthalten werden, können daher zwar von dem Täter Ersatz der Detektivkosten verlangen, die sie aufwenden mußten, um ihre Kinder wiederzufinden[17]. Ebenso kann sich eine Ehefrau mit Unterlassungs- und Beseitigungsansprüchen dagegen wehren, daß ihr Mann seine Freundin ausgerechnet in die Ehewohnung aufnimmt. Weitergehende Schadensersatzansprüche aus § 823 Abs. 1 gegen den ungetreuen Ehegatten oder gegen dessen Partner werden hingegen idR abgelehnt[18]. Eine gewisse Bestätigung findet solche Zurückhaltung in den Sonderregelungen des § 1615b BGB und des § 93a ZPO.

10

---

13 BGHZ 45, S. 186 = NJW 1966, S. 1019 = JuS 1966, S. 495 Nr 4; BGHZ 49, S. 197 = NJW 1968, S. 493 = JuS 1968, S. 338 Nr 7.
14 BGHZ 114, S. 161 = NJW 1991, S. 2019.
15 Grdl. für die Mitgliedsrechte bei einem Verein BGHZ 110, S. 323 = NJW 1990, S. 2877.
16 S. BGHZ 73, S. 355 (362) = NJW 1979, S. 1358; BGHZ 79, S. 232 = NJW 1981, S. 865 = JuS 1981, S. 537 Nr 5; BGH, LM Nr 37 zu § 823 (Ac) BGB = NJW 1984, S. 2569; *Th. Honsell*, JZ 1983, S. 531; *Medicus* II, § 140 II 1 (S. 373).
17 BGHZ 111, S. 168 = NJW 1990, S. 2060.
18 BGHZ 6, S. 360 (365 f); 23, S. 215; 23, S. 279 (281 f); 34, S. 80 (84 ff) = NJW 1961, S. 504; BGHZ 37, S. 38 = NJW 1962, S. 1244 = JuS 1962, S. 363 Nr 6; BGHZ 57, S. 229 = NJW 1972, S. 199 = JuS 1972, S. 215 Nr 8.

§ 21

III. Das Recht am Gewerbebetrieb

Literatur: *Brüggemeier*, Tz. 331 ff (S. 220 ff); *Buchner*, Die Bedeutung des Rechts am eingerichteten und ausgeübten Gewerbebetrieb, 1971; *Deutsch*, Unerlaubte Handlungen, § 14 IV 1 (Tz. 198 ff); *Fikentscher*, in: Festg. f. Kronstein, 1967, S. 261; *ders.*, in: Festschr. f. Hallstein, 1966, S. 127; *Katzenberger*, Recht am Unternehmen und unlauterer Wettbewerb, 1967; *Kötz*, Deliktsrecht, Tz. 77, 658 ff (S. 31, 234 ff); *Löwisch*, JuS 1982, S. 237; *Medicus* II, § 141 III; *ders.*, Bürgerliches Recht, § 24 II 2c (Tz. 611 ff); *Kupisch/Krüger*, Deliktsrecht, S. 22 ff; *Schippel*, Das Recht am eingerichteten und ausgeübten Gewerbebetrieb, 1956; *K. Schmidt*, JuS 1993, S. 985; *Schrauder*, Wettbewerbsverstöße als Eingriffe in das Recht am Gewerbebetrieb 1970.

1. Geschichte

a) RG

11 Als das BGB 1900 in Kraft trat, kannte unsere Rechtsordnung noch keinen umfassenden Unternehmensschutz aufgrund einer wettbewerbsrechtlichen Generalklausel, da das alte UWG von 1896 keine dem jetzigen § 1 UWG entsprechende Vorschrift enthielt. Folglich war ein Schutz von Unternehmen namentlich gegen Schutzrechtsverwarnungen und Boykottaufrufe nur durch einen Rückgriff auf die Generalklauseln des BGB möglich. Der hierfür ursprünglich vorgesehene § 826 erwies sich indessen wegen des Vorsatzerfordernisses alsbald als zu eng, so daß die Rechtsprechung auf § 823 Abs. 1 ausweichen mußte. Das aber war nur möglich durch Anerkennung eines sog. Rechts am Gewerbebetrieb als sonstiges Recht im Sinne des § 823 Abs. 1[19].

12 An diesem neuen „Recht" hielt die Rechtsprechung auch fest, als mit Einführung der wettbewerbsrechtlichen Generalklausel im Jahre 1909 (§ 1 UWG) die Notwendigkeit für die Ausdehnung des § 823 Abs. 1 auf den unternehmensrechtlichen Vermögensschutz an sich wieder entfallen war. Die praktische Bedeutung dieser Praxis blieb freilich zunächst noch beschränkt, da das RG dem Unternehmen grundsätzlich nur Schutz gegen solche Eingriffe gewährte, die „unmittelbar gegen seinen Bestand" gerichtet waren; lediglich auf dem Gebiet des Wettbewerbsrechts verfuhr es seit den späten dreißiger Jahren großzügiger.

b) BGH

13 Der BGH knüpfte schon kurz nach dem Beginn seiner Tätigkeit an die spätere Praxis des RG speziell zum Wettbewerbsrecht an und dehnte deshalb den Schutz des Gewerbebetriebs auf den gesamten gewerblichen Tätigkeitskreis aus. Infolgedessen kann heute prinzipiell *jeder* Eingriff in den Gewerbebetrieb zu einer Haftung nach § 823 Abs. 1 führen[20]. Da dies indessen in einer Wettbewerbsordnung unerträglich

---

19 Grdl. RGZ 58, S. 24 von 1904.
20 Grdl. BGHZ 3, S. 270 (279 f) = NJW 1952, S. 660 „Constanze I"; BGHZ 24, S. 200 (205 ff) = NJW 1957, S. 1315 „Spätheimkehrer"; BGHZ 59, S. 30 = NJW 1972, S. 1366 = JuS 1972, S. 668 Nr 4; BGH, LM Nr 60 zu § 823 (Ai) BGB = NJW 1983, S. 2195 „Fotokina".

wäre, wird der Schutz auf der anderen Seite auf sog. „unmittelbare" oder besser „betriebsbezogene" Eingriffe beschränkt, dh auf Eingriffe, die sich gegen den Betrieb als solchen und nicht nur gegen von ihm ohne weiteres ablösbare Rechte oder Rechtsgüter wenden.

Kriterien für die *Betriebsbezogenheit* des Eingriffs sollen vor allem die Willensrichtung des Täters sowie die Verletzung solcher Verkehrspflichten sein, deren Aufgabe gerade in dem Schutz des Gewerbebetriebs gegen Eingriffe der fraglichen Art besteht[21]. Dementsprechend wird die Betriebsbezogenheit des Eingriffs zB verneint, wenn „nur" der Unternehmensinhaber oder seine Angestellten verletzt werden[22] oder wenn infolge eines Dammbruchs Schiffe einen Hafen nicht mehr anlaufen können, so daß das Hafenunternehmen keine Geschäfte mehr machen kann[23].

14

Mit derselben Begründung wird bisher überwiegend auch in den *Kabelfällen* bei Unterbrechung der Stromversorgung eines Betriebes durch einen Kabelbruch ein unmittelbarer, dh „betriebsbezogener" Eingriff seitens des für den Kabelbruch Verantwortlichen abgelehnt[24], ein wenig befriedigendes Ergebnis, wenn man bedenkt, daß hierdurch die Risiken solcher Kabelbrüche letztlich auf die davon betroffenen Unternehmen verlagert werden[25]. Wesentlich großzügiger war der BGH hingegen ursprünglich bei dem Schutz von Unternehmen gegen öffentliche *Kritik* verfahren[26]. Doch gehört auch diese besondere Form des Unternehmensschutzes mittlerweile der Vergangenheit an, da heute der Schutz von Unternehmen gegen öffentliche Kritik praktisch bis zur Grenze der böswilligen Schmähkritik zurückgenommen ist[27].

15

2. Subsidiarität

Der deliktsrechtliche Unternehmensschutz erfährt eine weitere Einschränkung dadurch, daß sich sein Anwendungsbereich auf die Fälle beschränkt, in denen der wettbewerbsrechtliche Unternehmensschutz immer noch Lücken aufweist[28]. Diese sog. Subsidiarität des Rechts am Gewerbebetrieb hat wegen des heutigen weitgespannten Unternehmensschutzes namentlich aufgrund der §§ 1, 3 und 14 UWG, des § 35 GWB und der Art. 85 und 86 EG-Vertrag zu einem spürbaren Bedeutungsverlust des Rechtsinstituts geführt.

16

---

21 So insbes. BGHZ 69, S. 128 (139 ff) = NJW 1977, S. 1875; BGHZ 86, S. 152 (156) = NJW 1983, S. 2313; BAGE 59, S. 48 = NJW 1989, S. 61 (62).
22 BGHZ 7, S. 30 (35 ff) = NJW 1952, S. 1249 usw bis BGH, LM Nr 21 zu § 249 (Hd) BGB = VersR 1977, S. 227 = JuS 1977, S. 406 Nr 4.
23 BGHZ 86, S. 152 (156 f) = NJW 1983, S. 2313.
24 Insbes. BGHZ 29, S. 65 (70 ff) = NJW 1959, S. 479; BGHZ 41, S. 123 = NJW 1964, S. 720 = JuS 1964, S. 288 Nr 4; BGHZ 66, S. 388 = NJW 1976, S. 1740 = JuS 1977, S. 120 Nr 7; BGH, NJW 1977, S. 2208 = JuS 1978, S. 273 Nr 10.
25 S. *Brüggemeier*, Tz. 439 ff (S. 279 f); *Hager*, JZ 1979, S. 53 (55); *K. Schmidt*, JuS 1993, S. 985 (990 f).
26 BGHZ 3, S. 270 (280 ff) = NJW 1952, S. 660 „Constanze I".
27 BGHZ 45, S. 296 (306 ff) = NJW 1966, S. 1617 „Höllenfeuer"; BGHZ 80, S. 25 = NJW 1981, S. 1065 „Wallraff I".
28 Grdl. BGHZ 36, S. 252 (256 f) = NJW 1962, S. 1103 „Gründerbildnis"; BGHZ 69, S. 128 (138 f) = NJW 1977, S. 1875 „Fluglotsen"; BGH, LM § 823 (Ai) BGB Nr 56 = NJW 1980, S. 881; LM aaO Nr 64 = NJW 1985, S. 1620 „Mietboykott".

§ 21

3. *Beispiele* [29]

a) Schutzrechtsverwarnung

17 Den sozusagen klassische Anwendungsfall des Unternehmensschutzes aufgrund des § 823 Abs. 1 bilden die Fälle der unberechtigten Schutzrechtsverwarnung. Man versteht darunter das Verlangen nach Einstellung oder Einschränkung des Betriebs eines Konkurrenten unter Berufung auf ein angeblich entgegenstehendes eigenes Schutzrecht. In derartigen Fällen hat die Rechtsprechung von Anfang an als Grundlage für Ersatzansprüche des zu Unrecht Verwarnten § 823 Abs. 1 bevorzugt, obwohl hier in aller Regel auch der (an sich vorrangige) § 14 UWG einschlägig ist.

18 Der Grund für diese auf den ersten Blick überraschende Einordnung unserer Fälle zeigt sich bei einer näheren Betrachtung des § 14 UWG: Diese Vorschrift begründet eine strenge vom Verschulden unabhängige Haftung für die Verbreitung unwahrer Tatsachen im Wettbewerb. Solche Haftung erschien jedoch den Gerichten aus nachvollziehbaren Gründen bei Schutzrechtsverwarnungen wegen der oft problematischen Abgrenzung der Schutzrechte als zu streng, weshalb man auf die Verschuldenshaftung (§ 823 Abs. 1) auswich. Näher gelegen hätte freilich die Heranziehung des § 1 UWG[30].

b) Boykott und ähnliche Fälle

19 Der Anwendungsbereich des § 823 Abs. 1 in Boykottfällen ist heute nur noch schmal. Denn soweit mit einem Boykott wirtschaftliche Zwecke verfolgt werden, sind allein § 1 UWG sowie die §§ 26 Abs. 1 und 35 GWB einschlägig. Für eine Anwendung des § 823 Abs. 1 ist daneben nur noch Raum, wenn der Boykottaufruf nicht aus wirtschaftlichen, sondern aus politischen oder religiösen Gründen erfolgt. Beispiele sind die Aufforderung einer Zeitung an die Mieter eines Wohnungsunternehmens zum kollektiven Mietboykott[31] oder ein Boykottaufruf gegen ein Pelzgeschäft mit unzutreffenden Behauptungen über Tierquälerei[32].

20 Weitere Anwendungsfälle des deliktsrechtlichen Unternehmensschutzes sind rechtswidrige Blockaden eines Unternehmens, zB durch Streikposten oder Demonstrationen[33], Eingriffe in das Unternehmen durch rechtswidrige Streiks, zB aus politischen Gründen[34], sowie die unredliche Aufforderung zur Einlegung massenweiser Einsprüche gegen Großplanungen der öffentlichen Hand[35].

---

29 S. ausführlich auch *K. Schmidt*, JuS 1993, S. 985 (989 ff).
30 Ebenso *Brüggemeier*, Tz. 360 ff (237 ff); *Schrauder*, S. 249 ff.
31 BGH, LM Nr 64 zu § 823 (Ai) BGB = NJW 1985, S. 1620
32 OLG Frankfurt, NJW-RR 1988, S. 52.
33 Grdl. BGHZ 59, S. 30 = NJW 1972, S. 1366 = JuS 1972, S. 668 Nr 4; BAGE 59, S. 48 = NJW 1989, S. 61; enger hingegen BGHZ 89, S. 383 = NJW 1984, S. 1226 = JuS 1984, S. 718 Nr 5 „Grohnde-Urteil".
34 BGHZ 69, S. 128 = NJW 1977, S. 1875 „Fluglotsenstreik"; BAGE 58, S. 364 = NJW 1989, S. 57 (60 f) „Warnstreik"; BAGE 58, S. 343 = NJW 1989, S. 63.
35 Sehr restriktiv insoweit BGHZ 90, S. 113 = NJW 1984, S. 1607 = JuS 1984, S. 640 Nr 2.

c) Gesetzliche Verfahren

In allen genannten Fällen können sich noch weitere Einschränkungen des Unternehmensschutzes aus dem Grundsatz ergeben, daß derjenige, der sich zum Vorgehen gegen einen anderen eines gesetzlich geregelten staatlichen Verfahrens bedient, grundsätzlich *nicht* rechtswidrig handelt, selbst wenn sein Begehren sachlich nicht gerechtfertigt ist. Anders verhält es sich nur, wenn er subjektiv unredlich vorgeht[36]. Daraus folgen zB enge Schranken für einen Schutz von Unternehmen gegen grundlose Vollstreckungsmaßnahmen[37].

d) Kritik an Unternehmen

Ein letzter Schwerpunkt des deliktsrechtlichen Unternehmensschutzes liegt bei der Kritik an Unternehmen und ihren Produkten. Soweit die Kritik einen *tatsächlichen* Kern hat, sind hier freilich wiederum verschiedene gesetzliche Regelungen vorrangig[38], so daß als Anwendungsbereich des § 823 Abs. 1 lediglich die Fälle einer Kritik durch die Aufstellung an sich *zutreffender* Behauptungen oder durch die Verbreitung von *Werturteilen* bleiben. In beiden Beziehungen hat indessen heute das Grundrecht der Meinungsfreiheit grundsätzlich den Vorrang vor dem deliktsrechtlichen Unternehmensschutz (Art. 5 Abs. 1 GG), da sich eben jeder, der sich mit seinen Leistungen an die Allgemeinheit wendet, auch der öffentlichen Kritik stellen muß. Schutz genießt das Unternehmen seitdem im Grunde nur noch gegen die böswillige unsachliche Schmähkritik[39].

Aus dem Gesagten folgt zugleich die deliktsrechtliche Zulässigkeit vergleichender *Warentests*, sofern nur der Test objektiv, neutral und mit vertretbaren Methoden durchgeführt wird[40]. Anwendbar bleibt aber immer § 824 im Falle der Aufstellung unrichtiger *tatsächlicher* Behauptungen[41].

IV. Das allgemeine Persönlichkeitsrecht

Literatur: *Brandner,* JZ 1983, S. 689; *Brüggemann,* Tz. 214 ff (S. 151 ff); *v. Caemmerer,* in: Festschr. f. Fr. v. Hippel, 1967, S. 27; *Deutsch,* Unerlaubte Handlungen, § 14 IV 2

---

36 Grdl. BVerfGE 74, S. 257 = NJW 1987, S. 1929; BGHZ 20, S. 169 (171 f); 36, S. 18 (21 ff) = NJW 1961, S. 2254; BGHZ 74, S. 9 = NJW 1979, S. 1351 = JuS 1979, S. 743 Nr 7; BGHZ 90, S. 113 = NJW 1984, S. 1607 = JuS 1984, S. 640 Nr 2; BGHZ 95, S. 10 = NJW 1985, S. 1959;
37 Kritisch dazu zB *K. Schmidt,* JuS 1993, S. 985 (989 f).
38 S. insbes. die §§ 1, 3 und 14 UWG sowie § 824 BGB und dazu unten § 24 IV (S. 320 ff).
39 Grdl. BGHZ 45, S. 296 (306 ff) = NJW 1966, S. 1617 „Höllenfeuer"; BGHZ 80, S. 25 = NJW 1981, S. 1065 „Wallraff I"; BGH, LM Nr 73 zu § 823 (Ah) BGB = NJW 1981, S. 1366 „Wallraff II"; BGH, LM Nr 65 zu § 823 (Ai) BGB = NJW 1987, S. 2746; BVerfGE 66, S. 116 „Wallraff III".
40 BGHZ 65, S. 325 = NJW 1976, S. 620 = JuS 1976, S. 329 f Nr 6; BGH, LM Nr 66 zu § 823 (Ai) BGB = NJW 1987, S. 2222 = JuS 1987, S. 743 Nr 5; s. *Kübler,* AcP 172 (1972), S. 177; *Tilmann,* NJW 1975, S. 758.
41 BGH, LM Nr 67 zu § 823 (Ai) BGB = NJW 1989, S. 1923.

§ 21

(Tz. 202 ff); *Frh. v. Gamm,* NJW 1979, S. 513; *Helle,* Der Schutz der Persönlichkeit, der Ehre und des wirtschaftlichen Rufs im Privatrecht, 2. Aufl. (1969); *Hubmann,* Das Persönlichkeitsrecht, 2. Aufl. (1967); *H. Hübner* (Hrsg.), Das Persönlichkeitsrecht im Spannungsfeld zwischen Informationsauftrag und Menschenwürde, 1989; *Kötz,* Tz. 85, 623 ff (S. 34, 221 ff); *Kübler,* JZ 1984, S. 541; *Medicus* II, §§ 139, 141 II; *Kupisch/Krüger,* Deliktsrecht, S. 26 ff; *P. Schwerdtner,* Das Persönlichkeitsrecht in der deutschen Zivilrechtsordnung, 1977; *ders.,* JuS 1978, S. 289; *H. Stoll,* JurA 1979, S. 576; *Weitnauer,* Betr. 1976, S. 1365 und 1413; *Wenzel,* Das Recht der Wort- und Bildberichterstattung, 4. Aufl. (1994).

1. Entwicklung

24 Neben dem Recht am Gewerbebetrieb stellt das allgemeine Persönlichkeitsrecht die zweite richterrechtlich entwickelte, partielle deliktsrechtliche Generalklausel dar, bestimmt, das zu enge geschriebene Recht den modernen Bedürfnissen anzupassen. Diese zweite Generalklausel ist zwar wesentlich jünger als das Recht am Gewerbebetrieb; um so größer ist indessen ihre praktische Bedeutung.

25 Die Frage, ob das allgemeine Persönlichkeitsrecht deliktsrechtlichen Schutz genießen soll, war bereits in den Beratungen zum BGB umstritten gewesen. Dabei hatte sich schließlich die ablehnende Meinung durchgesetzt, weil man von der generalklauselartigen Weite dieses Rechts eine Gefahr für das angestrebte System möglichst klar umrissener Einzeltatbestände befürchtete. Die Folge war, daß namentlich die Ehre nur in dem engen Rahmen des § 823 Abs. 2 in Verb. mit den §§ 185 bis 193 StGB sowie der §§ 824 und 826 Schutz genoß (vgl außerdem noch § 14 UWG).

26 Dieser wenig befriedigende Zustand änderte sich erst Anfang der fünfziger Jahre, als die veränderte Verfassungslage sowie die durch die moderne technische Entwicklung vervielfältigten Möglichkeiten zu Eingriffen in den privaten Lebensbereich des Menschen den BGH[42] mit Billigung des BVerfG[43] veranlaßten, das sog. allgemeine Persönlichkeitsrecht als weiteres sonstiges Recht i. S. des § 823 Abs. 1 anzuerkennen.

2. Träger

a) Natürliche Personen

27 Unter dem allgemeinen Persönlichkeitsrecht versteht die Praxis heute in Anlehnung an die Art. 1 und 2 Abs. 1 GG das Recht jedes einzelnen auf Achtung seiner Menschenwürde und auf Entfaltung seiner individuellen Persönlichkeit[44]. Bereits

---

42 Grdl. BGHZ 13, S. 334 (338 ff) = NJW 1954, S. 1404 „Schachtbriefe"; ebenso sodann zB BGHZ 24, S. 72 (76 ff) = NJW 1957, S. 1146; BGHZ 24, S. 200 (208) = NJW 1957, S. 1315; BGHZ 26, S. 349 (354 f) = NJW 1958, S. 827 „Herrenreiter".
43 BVerfGE 34, S. 269; 54, S. 148; 65, S. 1; 72, S. 155 = NJW 1986, S. 1859 = JuS 1986, S. 806 Nr 1; BVerfGE 79, S. 256 = NJW 1989, S. 891.
44 ZB BGHZ 24, S. 72 (76) = NJW 1957, S. 1315; BVerfGE 65, S. 1; 72, S. 155 = NJW 1986, S. 1859 = JuS 1986, S. 806 Nr 1; BVerfG, NJW 1993, S. 1463.

hieraus folgt, daß als Träger dieses Rechts an sich nur natürliche Personen, und zwar von ihrer Geburt bis zu ihrem Tode in Betracht kommen. Dies hat die Praxis indessen nicht gehindert, den Anwendungsbereich des Persönlichkeitsrechts in verschiedenen Beziehungen weiter auszudehnen.

Zunächst werden auch nach dem Tode einer Person gewisse sog. Nachwirkungen des Persönlichkeitsrechts anerkannt. Zur Wahrnehmung dieses sog. *postmortalen Persönlichkeitsrechtes* ist in erster Linie berufen, wer von dem Verstorbenen noch zu Lebzeiten damit betraut worden ist. Hilfsweise steht die Wahrnehmungsbefugnis den nächsten Angehörigen, dh der überlebenden Ehefrau und den Kindern zu. Aufgabe des postmortalen Persönlichkeitsrechtes ist vor allem ein Schutz des Lebensbildes und des Gesamtwerks des Verstorbenen gegen willkürliche grobe Verzerrungen[45]. Folglich können sich zB die Wahrnehmungsberechtigten mit Unterlassungs- und Widerrufsansprüchen, nicht jedoch mit Schmerzensgeldansprüchen dagegen wehren, daß nach dem Tode eines berühmten Malers Fälschungen mit dessen Signatur in Umlauf gesetzt werden[46] oder daß nach dem Tode eines bekannten Schauspielers dessen Stimme in der Werbung imitiert wird[47].

28

b) Juristische Personen

Ein „Persönlichkeitsrecht" wird in beschränktem Umfang außerdem juristischen Personen und Religionsgemeinschaften zugebilligt. Damit ist bezweckt, ihnen einen gewissen Schutz gegen Beeinträchtigungen ihrer Verbandsehre zu gewähren[48]. Mangels jeder Beeinträchtigung ihres sozialen Geltungsanspruchs genießen Großunternehmen jedoch keinen Schutz etwa gegen eine scherzhafte Verfremdung ihres Namens, da ihrem wirtschaftlichen Erfolg davon keine ernsthaften Gefahren drohen können[49].

29

3. Inhalt

Das allgemeine Persönlichkeitsrecht stellt ebensowenig wie das sog. Recht am Gewerbebetrieb ein fest umrissenes subjektives Recht dar, sondern ist der Sache nach nichts anderes als die zusammenfassende Bezeichnung eines (ständig wechselnden) Komplexes neuer richterrechtlich entwickelter Verhaltensnormen zum Schutze der Persönlichkeit in Ergänzung des geschriebenen Rechts[50]. Die weitere

30

---

45 Insbes. BGHZ 50, S. 133 (136 ff) = NJW 1968, S. 1773 „Mephisto"; BVerfGE 30, S. 173 „Mephisto".
46 Grdl. BGH, LM Nr 41 zu Art. 1 GG = NJW 1990, S. 1986 = JuS 1990, S. 933 Nr 4 „Emil Nolde".
47 OLG Hamburg, NJW 1990, S. 1995.
48 ZB BGHZ 78, S. 24 (25 f) = NJW 1980, S. 2807; BGH, LM Nr 81 zu § 823 (Ah) BGB = NJW 1983, S. 1183.
49 BGHZ 98, S. 94 = NJW 1986, S. 2951 = JuS 1987, S. 69 Nr 8 „BMW – Bums mal wieder"; OLG Frankfurt, NJW 1982, S. 648 = JuS 1982, S. 621 Nr 3 „Lusthansa".
50 S. für die Ehre die §§ 185-193 StGB in Verb. mit den §§ 823 Abs. 2 und 826 BGB; für Name und Firma § 12 BGB, § 17 HGB und § 16 UWG; für das Recht am eigenen Bild die §§ 22 ff KUG von 1907 usw.

§ 21

Konkretisierung dieses offenen Tatbestandes setzt infolgedessen in jedem Einzelfall eine umfassende *Interessen- und Güterabwägung* voraus, so daß die ganz Materie in ständiger Entwicklung begriffen ist.

31 Im Mittelpunkt des Interesses steht heute die schwierige Abgrenzung des (dringend gebotenen) Persönlichkeitsschutzes gegenüber der grundsätzlich gleichrangigen Meinungs- und Pressefreiheit[51]. Zumindest tendenziell unterscheidet die Rechtsprechung hierbei zwischen verschiedenen *Schutzsphären*, wobei der Schutz der Persönlichkeit um so größer ist, je mehr man sich dem Kern der Persönlichkeit nähert, und um so geringer, je mehr sich eine Person der Öffentlichkeit zuwendet. Den stärksten Schutz genießt infolgedessen heute die sog. Intimsphäre, wobei es, praktisch gesprochen, vor allem um das Sexualleben des einzelnen geht. Von hier aus nimmt der Schutz kontinuierlich ab. Den geringsten Schutz genießt dementsprechend, wer sich mit seinen Worten oder Taten an die Öffentlichkeit wendet, da er sich dann auch der Kritik der Öffentlichkeit stellen muß[52].

4. Schutz der Privatsphäre

32 Das allgemeine Persönlichkeitsrecht hat zunächst die Aufgabe, den privaten Lebensbereich des Menschen gegen das unbefugte Eindringen Dritter abzuschirmen[53]. Beispiele sind die unbefugte Veröffentlichung privater Briefe und Aufzeichnungen[54] sowie der Mißbrauch fremder Bilder, etwa zu Reklamezwecken[55]. Geschützt ist außerdem das gesprochene Wort. Es stellt daher in der Regel eine Verletzung des allgemeinen Persönlichkeitsrechts dar, wenn jemand private oder geschäftliche Telefongespräche unbefugt mithört oder mitschneidet[56], wenn die Worte eines anderen heimlich auf Tonband aufgenommen und anschließend veröffentlicht werden oder wenn sich jemand unbefugt zu Verhandlungen Dritter Zugang verschafft[57].

5. Schutz der Ehre in der Öffentlichkeit

33 Dem Schutz des Persönlichkeitsrechts eines Menschen kommt außerdem bei öffentlichen Angriffen auf seine Ehre besondere Bedeutung zu. Ihm steht hier indessen mit grundsätzlich gleichem Rang das Grundrecht der Meinungs- und Pressefreiheit (Art. 5

---

51 Dazu grdl. BVerfGE 66, S. 166 „Wallraff III"; 68, S. 226 usw bis BGH, NJW 1994, S. 124 = JuS 1994, S. 346 Nr 2 „Greenpeace".
52 Insbes. BGH, LM Nr 43 zu Art. 1 GG = NJW 1991, S. 1532; NJW 1994, S. 124 = JuS 1994, S. 346 Nr 2 „Greenpeace".
53 BGH, LM Nr 95 zu § 823 (Ah) BGB = NJW 1987, S. 2667.
54 BGHZ 13, S. 334 = NJW 1954, S. 1404 „Schacht-Brief"; BGHZ 15, S. 249 = NJW 1955, S. 260 „Cosima Wagner-Tagebücher".
55 BGHZ 26, S. 349 (354 f) = NJW 1958, S. 827; BGHZ 30, S. 7 (10 ff) = NJW 1959, S. 1269 „Caterina Valente"; BGH, LM Nr 52 zu § 823 (Ah) BGB = NJW 1974, S. 1947 = JuS 1975, S. 121 Nr 7; LM Nr 226 zu § 812 BGB = NJW 1992, S. 2084.
56 BGHZ 73, S. 120 = NJW 1979, S. 647; BGH, LM Nr 39 zu Art. 1 GG = NJW 1988, S. 1016.
57 BGH, LM Nr 95 zu § 823 (Ah) BGB = NJW 1987, S. 2667.

Abs. 1 GG) gegenüber, so daß eine Grenzziehung immer nur im Einzelfall aufgrund einer sorgfältigen Güter- und Interessenabwägung möglich ist, wobei es sowohl auf den generellen Stellenwert der Positionen der beiden Parteien als auch auf die Schwere der Grundrechtsbeeinträchtigung im einzelnen Fall ankommt[58]. Zumindest tendenziell unterscheidet die Praxis dabei zwischen der Veröffentlichung belanglosen Klatschs über die Privatsphäre Dritter sowie der Erörterung allgemein interessierender Fragen[59].

Vorrang vor der Pressefreiheit genießt der Persönlichkeitsschutz heute nur noch in der zuerst genannten Beziehung. Hingegen erlangt die Pressefreiheit um so größere Bedeutung, je mehr ein öffentliches Interesse an der Erörterung der betreffenden Fragen besteht. Selbst die öffentliche Anprangerung von Unternehmern verbunden mit der nur wenig versteckten Aufforderung zu Aggressionen wird heute (erstaunlicherweise) in die Öffentlichkeit besonders berührenden Fragen wie dem Umweltschutz zugelassen[60]. Unzulässig ist erst die böswillige *Schmähkritik*, die allein der Diffamierung einer Person dient[61]. Im Interesse der Pressefreiheit wird dabei freilich auch der Begriff der Schmähkritik ganz eng gefaßt. Selbst eine überzogene oder ausfällige Kritik ist daher grundsätzlich erlaubt, solange es nur immer noch um eine Auseinandersetzung in der Sache selbst geht[62].

34

Der heute so betonte „Vorrang" der Pressefreiheit wirkt sich vor allem bei Werturteilen, weniger hingegen bei *Tatsachenbehauptungen* aus, da an der Aufstellung und Aufrechterhaltung unrichtiger Tatsachenbehauptungen niemand ein legitimes Interesse haben kann, so daß hier stets Widerruf gefordert werden kann[63]. Hingegen sind selbst scharfe *Werturteile* im Interesse des öffentlichen Meinungskampfes (Art. 5 Abs. 1 GG) prinzipiell erlaubt. Namentlich dürfen Mißstände in der Wirtschaft mit großem Nachdruck kritisiert werden[64]. Zulässig ist außerdem zB die satirische Verfremdung von Werbesprüchen, um vor den Gefahren des Zigarettenkonsums zu warnen[65]. Noch weitere Zulässigkeitsgrenzen gelten schließlich für sämtliche sog. „künstlerischen" Äußerungen (oder was sich so nennt)[66]. Aber die Menschenwürde darf selbst durch die „Kunst" nicht tangiert werden; daher sind zB Karikaturen, die die Menschenwürde des Betroffenen verletzen, allemal rechtswidrig[67].

35

Für unseren **Fernsehansagerin-Fall 24** folgt aus dem Gesagten, daß die haltlosen und buchstäblich aus der Luft gegriffenen, ausdrücklichen und verklausulierten Angriffe der Illustrierten „St" auf die Fernsehansagerin B eine durch nichts zu rechtfertigende

36

---

58 Insbes. BGH, LM Nr 44 zu Art. 1 GG = NJW 1994, S. 124 = JuS 1994, S. 346 Nr 2 „Hilger/Greenpeace"; *Brüggemann*, Tz. 25 ff (S. 173 ff).
59 ZB BVerfGE 82, S. 236 = NJW 1991, S. 95 (96).
60 So jedenfalls das unhaltbare Greenpeace-Urteil BGH, LM Nr 44 zu Art. 1 GG = NJW 1994, S. 124 = JuS 1994, S. 346 Nr 2.
61 BVerfGE 82, S. 236 = NJW 1991, S. 95 (96); NJW 1993, S. 1462; BGH (vorige Fn).
62 BVerfG und BGH (vorige Fn); BVerfG, NJW 1991, S. 1475 (1476).
63 ZB BVerfG, NJW 1989, S. 1789; BGH, NJW 1987, S. 1398.
64 BVerfGE 60, S. 234 „Kredithaie".
65 BGHZ 91, S. 117 = NJW 1984, S. 1956 „Marlboro".
66 BGHZ 84, S. 237 = NJW 1983, S. 1194 „Horten"; dagegen mit Recht *Kübler*, JZ 1984, S. 541.
67 BVerfGE 79, S. 369 (ein nahezu unglaublicher Fall).

schwere Ehrverletzungen und damit einen Eingriff in deren allgemeines Persönlichkeitsrecht darstellten[68]. Verantwortlich für diesen Eingriff ist neben dem Redakteur Y der Herausgeber X, da er verpflichtet ist, seine Zeitschrift vor ihrem Erscheinen darauf zu kontrollieren, ob sie rechtswidrige Eingriffe in fremde Persönlichkeitsrechte enthält. Der **Fernsehansagerin-Fall 24** macht zugleich deutlich, daß es im vorliegenden Zusammenhang ganz falsch wäre, einseitig nur den Schutz der Presse gegen übermäßige Haftungsrisiken zu betonen; zumindest genauso wichtig ist der Schutz grundlos Angegriffener vor den Medien mit ihrer großen Breitenwirkung, wobei nach wie vor vor allem der Schutz gegen Angriffe des Fernsehens besonders im argen liegt[69].

6. Rechtsfolgen

37   Bei Eingriffen in das allgemeine Persönlichkeitsrecht kann der Verletzte zunächst Schadensersatz verlangen (§§ 249, 252). Häufig ist der Nachweis eines Schadens indessen nicht möglich, so daß in der Praxis als Sanktionen Unterlassungs- und Widerrufsansprüche im Vordergrund stehen[70]. Ein Widerruf kommt freilich nur bei Tatsachenbehauptungen in Betracht, während bei Ehrverletzungen durch Werturteile lediglich ein Unterlassungsanspruch, gegebenenfalls in Verbindung mit dem Anspruch auf Veröffentlichung des Urteils möglich ist[71].

38   Die Durchsetzung dieser Ansprüche gegen die Massenmedien ist überaus schwierig und für den Verletzten mit zahlreichen Unwägbarkeiten belastet. Deshalb hat sich die Rechtsprechung entschlossen, dem Verletzten in Abweichung von den §§ 253 und 847 bei Eingriffen in das allgemeine Persönlichkeitsrecht außerdem ein *Schmerzensgeld* zuzubilligen, wenn es sich um einen schweren Eingriff handelt oder den Täter ein erhebliches Verschulden trifft und die Beeinträchtigung des Betroffenen nicht auf andere Weise befriedigend ausgeglichen werden kann[72].

Die Bedeutung dieser zusätzlichen Sanktion von Persönlichkeitsverletzungen zeigt sich wiederum deutlich an unserem **Fernsehansagerin-Fall 24.** Ein Widerruf etwa der Behauptung, die B sei sexuell abartig veranlagt, verschlimmerte den Eingriff nur noch weiter. Die einzige sinnvolle Sanktion ist daher in derartigen Fällen in der Tat ein (möglichst hohes) Schmerzensgeld für den Verletzten.

---

68   BGHZ 39, S. 124 = NJW 1963, S. 902 „Fernsehansagerin".
69   *Medicus*, Bürgerliches Recht, Tz. 615.
70   S. dazu im einzelnen u. § 25 V (S. 338).
71   S. zB BGHZ 99, S. 133 = NJW 1987, S. 1400; kritisch zu Recht *Medicus* II, § 139 I 2 (S. 368).
72   Grdl. BGHZ 26, S. 349 (355 ff) = NJW 1958, S. 827 „Herrenreiter"; BGHZ 66, S. 182 = NJW 1976, S. 1198 = JuS 1976, S. 598 Nr 1 „Panorama"; BGHZ 95, S. 212 = NJW 1985, S. 2644 = JuS 1986, S. 155 Nr 6 „Oberländer-Urteil"; BGH, LM Nr 53 zu Art. 1 GG = NJW 1985, S. 1617; zust. BVerfGE 34, S. 269 „Soraya-Urteil"; kritisch auch insoweit *Medicus* II, § 141 II 3 (S. 377 f).

§ 22 VERKEHRSPFLICHTEN, PRODUKTHAFTUNG

I. Verkehrspflichten

Literatur: S. o. § 19 sowie *H. Arndt*, Straßenverkehrssicherungspflicht, 2. Aufl. (1973); *Assmann*, Prospekthaftung, 1985; *v. Bahr*, Verkehrspflichten, 1980; *ders.*, JZ 1979, S. 332; *ders.*, JuS 1988, S. 169; *Brüggemeier*, Tz. 501 ff (S. 314 ff); *Deutsch*, Unerlaubte Handlungen, § 17 (Tz. 253 ff); *Geigel/Schlegelmilch*, Kap. 14 (S. 354 ff); *K. Huber*, in: 2. Festschr. f. v. Caemmerer, 1987, S. 359; *Kötz*, Tz. 232 ff (S. 88 ff); *Kupisch/Krüger*, Deliktsrecht, S. 39 ff; *Marburger*, Die Regeln der Technik im Recht, 1979; *Medicus*, Bürgerliches Recht, § 25; *Mertens*, VersR 1980, S. 397; *ders.*, AcP 178 (1978), S. 277; *Schlund*, Verkehrssicherungspflicht, 1981; *Steffen*, VersR 1980, S. 409; *Vollmer*, JZ 1977, S. 371.

Die Haftung für die Verletzung von Verkehrspflichten, früher meistens – pars pro toto – Verkehrssicherungspflichten genannt, ist die dritte partielle richterrechtliche Generalklausel, die die Rechtsprechung zur Erweiterung des zu engen § 823 Abs. 1 neben dem Recht am Gewerbebetrieb und dem allgemeinen Persönlichkeitsrecht entwickelt hat.

1. Entwicklung

Noch die Verfasser des BGB gingen als selbstverständlich davon aus, daß der Tatbestand des § 823 Abs. 1 im Regelfall allein durch aktive Eingriffe in eines der geschützten Rechte oder Rechtsgüter erfüllt werden könne. Eine Begehung durch Unterlassen war zwar nicht unbekannt, stellte jedoch in ihren Augen eine seltene Ausnahme dar, weil Handlungspflichten nur unter engen Voraussetzungen angenommen wurden.

Über diese Konzeption der Gesetzesverfasser setzte sich das Reichsgericht bereits im Jahre 1902 hinweg, indem es entschied, daß auch aus der bloßen Eröffnung oder Beherrschung einer Gefahrenquelle *Gefahrabwendungspflichten* entstehen können, deren Verletzung jedem gegenüber ersatzpflichtig macht, der durch die *Unterlassung* der gebotenen Maßnahmen in einem seiner durch § 823 Abs. 1 geschützten Rechte oder Rechtsgüter verletzt worden ist[1]. Damit war das Deliktsrecht des BGB um eine weitere partielle Generalklausel erweitert, die in der Folgezeit die größte praktische Bedeutung erlangen sollte.

2. Maßstab

Das Maß der zur Gefahrvermeidung oder Gefahrabwehr geschuldeten Sorgfalt läßt sich immer nur im Einzelfall aufgrund einer sorgfältigen Abwägung aller relevanten Umstände bestimmen[2]. Maßgebend ist, was nach der Verkehrsauffassung jeweils zur

---
1 Grdl. RGZ 52, S. 373; ebenso sodann insbes. noch 1903 RGZ 54, S. 53.
2 S. zB *v. Bahr*, JuS 1988, S. 169 (170 f); *Brüggemeier*, Tz. 515 (S. 321); *Deutsch*, Tz. 255 ff; *Esser/Weyers*, § 55 V 2 c (S. 568 ff); *Marburger*, aaO.

§ 22

Vermeidung der betreffenden Gefahr erforderlich, zumutbar und vernünftig ist³. Lediglich solche Gefahren, die dem Verkehr genau bekannt sind und die er deshalb bewußt in Kauf nimmt, brauchen grundsätzlich nicht vermieden zu werden. Alle anderen bekannten oder doch zumindest erkennbaren Gefahren, die mit bestimmten Produkten oder Maßnahmen verbunden sind, müssen hingegen nach Möglichkeit unterbunden werden. Hierbei ist, soweit bereits technische Normen für ein Gebiet vorliegen, in erster Linie an diese anzuknüpfen; jedoch bleibt selbst dann die Praxis idR frei, auf dem Weg über § 823 Abs. 1 noch strengere Maßnahmen zur Gefahrabwehr vorzuschreiben⁴. Im Einzelfall kann dann freilich das Verschulden fehlen, wenn die Aufstellung solcher zusätzlichen Verhaltensnormen durch die Rechtsprechung seinerzeit beim besten Willen nicht voraussehbar war⁵.

5 *3. Einordnung*

a) Die Verkehrspflichten werden traditionell bei § 823 *Abs. 1* angesiedelt. Das hat die Folge, daß selbst über die am weitesten gespannten Verkehrspflichten immer nur die in § 823 Abs. 1 genannten Rechte und Rechtsgüter geschützt werden können, nicht jedoch das Vermögen Dritter. Anders verhielte es sich jedoch, wenn sich Strömungen durchsetzen sollten, die eine Ansiedlung der Verkehrspflichten bei § 823 *Abs. 2* – wegen der offenkundigen Parallelen zu den Schutzgesetzen – fordern⁶. In der Praxis haben solche Strömungen bisher jedoch nur wenig Anklang gefunden.

6 b) Die Verkehrspflichten sind der vielleicht wichtigste Anwendungsbereich der Lehre vom Verhaltensunrecht⁷. Die *Rechtswidrigkeit* bedarf daher hier immer positiver Feststellung durch den Nachweis der Verletzung einer bestimmten Verhaltenspflicht. Verletzungen durch Unterlassung – der klassischen Anwendungsbereich der Verkehrspflichten – und durch positives Tun stehen dabei gleich, zumal sich beides ohnehin häufig kaum trennen läßt, da jede falsche Maßnahme zugleich als Unterlassung der richtigen interpretiert werden kann⁸.

4. Verpflichteter

7 Die Verkehrspflichten treffen grundsätzlich jeden, der eine Gefahrenlage für andere schafft oder beherrscht, namentlich also denjenigen, der auf seinem Grundstück

---

3 ZB BGH, LM Nr 170 zu § 823 (Bc) BGB = NJW 1990, S. 906 = JuS 1990, S. 413 Nr 8; LM aaO Nr 172 = NJW 1990, S. 1236.
4 BGH, LM Nr 22 zu § 823 (Db) BGB = NJW 1987, S. 372 = JuS 1987, S. 320 Nr 5; s. *v. Bahr*, JuS 1988, S. 169 (172 f).
5 S. inbes. BGH, LM Nr 141 zu § 823 (Dc) BGB = NJW 1985, S. 620 „Schlepplift"; *Deutsch*, Tz. 261 (S. 135 f).
6 ZB *Assmann*, S. 255 ff; *v. Bahr*, JuS 1988, S. 169 (171 f); *Brüggemeier*, Tz. 445 (S. 285 ff); *Deutsch*, Tz. 254, 260, 276; *K. Huber*, in: Festschr. f. *v. Caemmerer*, S. 359 (377 ff); *Köndgen*, Selbstbindung ohne Vertrag, 1981, S. 365 ff; *Medicus*, Bürgerliches Recht, Tz. 655.
7 S. o. § 19 Rn 14 ff.
8 S. zB *Deutsch*, Tz. 259 (S. 134); *Kupisch/Krüger*, S. 42.

oder in einem Gebäude einen öffentlichen Verkehr eröffnet oder sonst die Herrschaft über gefährliche Sachen ausübt. Der hiernach Verpflichtete kann zwar die Verkehrssicherungspflicht durch Vertrag auf einen Dritten *übertragen*, so daß dann in erster Linie der Dritte haftet. Zurück bleibt bei ihm jedoch auf jeden Fall eine Überwachungs- und gegebenenfalls Organisationspflicht, deren Verletzung ebenfalls ersatzpflichtig macht[9]. Durch allgemeine Geschäftsbedingungen kann die Haftung für die Verletzung von Verkehrspflichten nicht ausgeschlossen werden[10].

5. Geschützte Personen

Literatur: *v. Bahr*, JuS 1988, S. 169; *Brüggemeier*, Tz. 517 ff (S. 321 ff); *Deutsch*, Tz. 271 (S. 138 f); *Kötz*, Tz. 249 ff (S. 94 f); *Marburger*, JURA 1971, S. 481; *J. Schröder*, AcP 179 (1979), S. 567; *Schwab*, JZ 1967, S. 13; *H. Stoll*, Das Handeln auf eigene Gefahr, 1961.

a) Geschützt wird grundsätzlich jedermann. Es gibt jedoch Ausnahmen je nach dem Schutzzweck der betreffenden Verhaltenspflicht und der Person des Verletzten. Wenn zB der Verpflichtete den Verkehr auf seinem Grundstück in zulässiger Weise beschränkt hat, braucht er Dritten, die sich unbefugt auf seinem Grundstück aufhalten, nicht zu haften[11]. Erst recht besteht keine Haftung gegenüber Einbrechern, wenn sie zB, schwer beladen mit ihrer Beute, auf einer unbeleuchteten gefährlichen Treppe zu Fall kommen.

b) Diese Regeln lassen sich freilich nicht uneingeschränkt auf *Kinder* übertragen, die erfahrungsgemäß in ihrem Spieltrieb einschlägige Verbote kaum zu beachten pflegen. Deshalb ist anerkannt, daß jeder Grundstückseigentümer – über ein bloßes Zutrittsverbot hinaus – wirksame Schutzmaßnahmen ergreifen muß, um Kinder vor den Folgen ihrer Unerfahrenheit zu schützen, wenn ihm bekannt ist oder doch bekannt sein muß, daß sie trotz des Verbots auf dem fraglichen Grundstück spielen und daß ihnen davon Gefahren drohen können[12].

6. Verkehrseröffnung [13]

a) Grundstücke und Gebäude

Eine umfassende Verkehrssicherungspflicht trifft zunächst jeden, der auf seinem Grundstück oder in einem Gebäude einen öffentlichen Verkehr eröffnet oder zuläßt

---

9 S. zB BGH, LM Nr 66 zu § 823 (Ea) BGB = NJW 1982, S. 2187; LM Nr 42 zu § 823 (F) BGB = NJW 1987, S. 2629 (2670); OLG Düsseldorf NJW 1992, S. 2972; *Deutsch*, Tz. 273 (S. 139).
10 BGH, LM Nr 139 zu § 823 (Dc) BGB = NJW 1984, S. 801 = JuS 1984, S. 558 Nr 6 „Eishokeyspiel"; LM aaO Nr 141 = NJW 1985, S. 620; LM aaO Nr 152 = NJW 1986, S. 2757.
11 BGH, LM Nr 144 zu § 823 (Dc) BGB = NJW 1985, S. 1078; LM Nr 26 zu § 823 (Eb) BGB = NJW 1987, S. 2671.
12 BGH, LM Nr 95 zu § 823 (Dc) BGB = NJW 1975, S. 108; LM Nr 51 zu § 823 (F) BGB = NJW 1991, S. 2340 = JuS 1992, S. 75 Nr 4.
13 S. zum folgenden insbes. *Geigel/Schlegelmilch*, 14. Kap. Rn 39 ff (S. 367 ff); *Deutsch*, Tz. 262 ff (S. 136 ff).

§ 22

und die fraglichen Sachen beherrscht, so daß er verpflichtet ist, alles ihm Mögliche und Zumutbare zu tun, um Gefahren, die von diesen Sachen Dritten drohen, zu verhindern oder zu beseitigen. Daraus folgt vor allem, daß bei sämtlichen Gebäuden und Grundstücken die Zugänge und Treppen stets in einwandfreiem Zustand gehalten werden müssen; außerdem sind sie ordnungsgemäß zu beleuchten und im Winter von Schnee und Eis zu befreien[14].

11 Gastwirte müssen gleichfalls umfassend für die Sicherheit ihrer Gäste sorgen und deshalb zB verhindern, daß sie auf einem übermäßig glatten Boden zu Fall kommen können[15]. Ein Hotelier ist außerdem dafür verantwortlich, daß den Gästen von der Einrichtung der Zimmer keine Gefahren drohen, etwa durch eine mangelhafte Installation der sanitären Anlagen oder durch eine zu lockere Befestigung der Brüstung auf einem Balkon; neben ihm haftet in solchem Fall zudem der Reiseveranstalter[16].

b) *Gemeinden, Veranstaltungen*

12 Eine Gemeinde, die ein Freibad betreibt, ist verpflichtet, alle zumutbaren Vorkehrungen gegen die besonderen Risiken solcher Anlagen zu treffen. Dazu gehört auch die naheliegende Gefahr einer mißbräuchlichen Benutzung der Anlagen, während das normale Risiko des Schwimmens jeder Besucher – als Teil seines Lebensrisikos – selbst tragen muß[17]. Wenn eine Gemeinde Kinderspielplätze anlegt, muß sie außerdem dafür Sorge tragen, daß sich sämtliche Spielgeräte in einem ordnungsgemäßen Zustand befinden und daß schwere Verletzungen der Kinder durch die Spielgeräte unter allen Umständen ausgeschlossen sind[18].

13 Noch weitergehende Verkehrssicherungspflichten obliegen den Veranstaltern von *Sportveranstaltungen* wie zB Autorennen oder Fußball- und Eishokeyspielen wegen der besonderen, von solchen Veranstaltungen Dritten drohenden Gefahren[19]. Dasselbe gilt für die Veranstalter sonstiger Massenveranstaltungen wegen der hier typischen Gefahr später nicht mehr kontrollierbarer massenpsychologischer Prozesse[20]. Ihre Verkehrssicherungspflicht umfaßt insbesondere auch die Sicherheit der Besucher auf den Zu- und Abgängen[21].

---

14 ZB BGH, LM Nr 152 zu § 823 (Dc) BGB = NJW 1986, S. 2757; LM Nr 26 zu § 823 (Eb) BGB = NJW 1987, S. 2671.
15 BGH, LM Nr 180 zu § 823 (Dc) BGB = NJW 1991, S. 921.
16 BGHZ 103, S. 297 = NJW 1988, S. 1380 = JuS 1988, S. 737 Nr 7 m. Nachw.
17 ZB BGH, LM Nr 114 zu § 823 (Dc) BGB = NJW 1978, S. 1629; LM aaO Nr 127 = NJW 1980, S. 1159.
18 BGHZ 103, S. 337 = NJW 1988, S. 2667 = JuS 1989, S. 405 Nr 3; BGH, LM Nr 160 zu § 823 (Dc) BGB = NJW 1988, S. 48.
19 S. zB RGZ 138, S. 21; BGH, LM Nr 139 zu § 823 (Dc) BGB = NJW 1984, S. 801 = JuS 1984, S. 558 Nr 6 m. Nachw.
20 BGH, LM Nr 126 zu § 823 (Dc) BGB = NJW 1980, S. 223 = JuS 1980, S. 373 Nr 4 „Flugtag".
21 BGH, LM Nr 171 zu § 823 (Dc) BGB = NJW 1990, S. 905.

c) *Straßen*

Die praktisch besonders bedeutsame Verpflichtung der öffentlichen Hand, die von ihr dem Verkehr freigegebenen Wege und Straßen, soweit möglich und vertretbar, in einem ordnungsmäßigen, den Verkehrserfordernissen jeweils entsprechenden Zustand zu erhalten, wird ebenfalls grundsätzlich als Verkehrssicherungspflicht iS des § 823 Abs. 1 qualifiziert. Lediglich in den Bundesländern, in denen die Verkehrssicherungspflicht durch die Wege- und Straßengesetze ins öffentliche Recht verwiesen worden ist, verhält es sich anders[22].

14

7. Beherrschung einer sonstigen Gefahrenquelle

a) *Kraftfahrzeuge*

Verkehrssicherungspflichten können sich weiter aus der Beherrschung gefährlicher Sachen wie zB Kraftfahrzeugen ergeben. Dies ist der Grund, warum jeder, der ein Auto abstellt, verpflichtet ist, alles ihm Mögliche und Zumutbare zu tun, um die unbefugte Benutzung seines Wagens durch Dritte zu verhindern (vgl § 7 Abs. 3 StVG)[23]. Das bloße Abschließen des Fahrzeugs genügt hierfür nicht; er muß vielmehr außerdem noch sämtliche Fenster verschließen und das Lenkrad einrasten[24].

15

> Vergleichbare Pflichten können den *Verkäufer* eines Kraftfahrzeugs treffen: Muß er damit rechnen, daß sein Fahrzeug in ungeeignete Hände gerät, so ist er verpflichtet, sich zB darüber zu informieren, ob der Käufer tatsächlich eine Fahrerlaubnis besitzt. Ergibt sich, daß dies nicht der Fall ist oder daß der Käufer noch minderjährig ist, so darf er ihm das Fahrzeug nicht übergeben[25].

16

b) *Grundstücke*

Der Grundstückseigentümer muß selbst solche Gefahren beseitigen, die von Dritten auf seinem Grundstück geschaffen worden sind, während er für Gefahren, die auf Naturgewalten wie zB einem Wolkenbruch beruhen, nicht verantwortlich gemacht werden kann[26]. Der *Vermieter* eines Hauses ist außerdem für den gefahrlosen Zustand der Flure, Treppen und Balkone sogar den Besuchern des Mieters deliktsrechtlich verantwortlich[27]. Er muß deshalb zB dagegen Vorsorge treffen, daß Lichtschächte unbefugt geöffnet werden können, sofern dadurch die Gefahr begründet wird, daß Mieter oder deren Besucher im Dunkeln in den Lichtschacht hineinstürzen können[28].

17

---

22 Wegen der Einzelheiten s. zB *Mertens* in: MünchKomm., § 823 Rn 236-278.
23 Vgl unseren **Schwarzfahrer-Fall 25**.
24 BGH, LM Nr 29 zu § 823 (F) BGB = NJW 1971, S. 459 = JuS 1971, S. 377 Nr 6; LM Nr 2 zu § 14 StVO = NJW 1981, S. 113.
25 BGH, LM Nr 1 zu § 21 StVG = NJW 1979, S. 2309 = JuS 1980, S. 150 Nr 9.
26 BGH, LM Nr 145 zu § 823 (Dc) BGB = NJW 1985, S. 1773.
27 BGH, LM Nr 143 zu § 823 (Dc) BGB = NJW 1985, S. 1076.
28 BGH, LM Nr 172 zu § 823 (Dc) BGB = NJW 1990, S. 1236.

§ 22

8. Gefährliche Berufe

18 Wer einen gefährlichen Beruf ausübt, trägt der Allgemeinheit gegenüber die Verantwortung für einen geordneten Ablauf der Dinge. Er muß sich darum bemühen, Schädigungen Dritter durch seine Berufsausübung nach Möglichkeit zu verhindern. Spediteure, Lagerhalter und Frachtführer trifft daher allein aufgrund ihres Berufs und ohne Rücksicht auf etwaige vertragliche Pflichten eine Obhuts- und Überwachungspflicht hinsichtlich fremder Sachen, die im Zusammenhang mit ihrer Berufsausübung in ihren Besitz gelangt sind[29]. Vergleichbare Pflichten obliegen zB Ärzten, Werkstatt- und Bauunternehmern, Öllieferanten und Architekten.

19 Ein Architekt haftet folglich aus § 823 Abs. 1, wenn er ein Bauwerk so mangelhaft plant, daß Dritte, die es bestimmungsgemäß benutzen, dabei zu Schaden kommen, oder wenn er bei der Bauaufsicht fahrlässig schwere Baumängel übersieht, durch die später Dritte einschließlich der Mieter des Gebäudes geschädigt werden[30]. Dieselbe Haftung trifft einen Bauunternehmer, der ein Gebäude so mangelhaft herstellt, daß die späteren Mieter des Gebäudes geschädigt werden[31]. Weitreichende Verkehrssicherungspflichten obliegen schließlich noch den Inhabern von Reparaturwerkstätten. Sie haften deshalb aus § 823 Abs. 1, wenn es zB infolge der mangelhaften Reparatur einer Bremse zu einem Unfall kommt[32]. Außerdem müssen sie dafür Sorge tragen, daß nur einwandfreie Ersatzteile verwandt werden und daß es nicht zu einer Verwechslung mit anderen Teilen kommt[33].

II. Produkthaftung

Literatur: *Adams*, Produkthaftung, BB 1987, Beil. 20 zu H. 31; *Belz*, Schadensersatz und Produkthaftung, 2. Aufl. (1992); *Brüggemeier*, Tz. 521 ff (S. 327 ff); *ders.*, WM 1982, S. 1294; *Deutsch*, Unerlaubte Handlungen, § 18 (Tz. 277 ff); *ders.*, JZ 1989, S. 465; *Diederichsen*, Die Haftung des Warenherstellers, 1967; *Geigel/Schlegelmilch*, Kap. 14 Rn 270 ff (S. 443 ff); *Hager*, AcP 184 (1984), S. 413; *Köndgen*, Selbstbindung ohne Vertrag, 1981; *Kötz*, Tz. 433 ff (S. 157 ff); *Kullmann*, Aktuelle Rechtsfragen der Produkthaftpflicht, 3. Aufl. (1992); *ders./Pfister*, Produzentenhaftung, Handbuch, seit 1980; *Landscheidt*, Das neue Produkthaftungsrecht, 2. Aufl. (1992); *Kupisch/Krüger*, Deliktsrecht, § 11 (S. 93 ff); *Leßmann*, JuS 1978, S. 433; 1979, S. 853; *Lukes*, Reform der Produkthaftung, 1979; *Medicus* II, § 77 (S. 44 ff); *Musielak*, JuS 1983, S. 609; *Reinicke/Tiedtke*, Kaufrecht, S. 258 ff; *Rolland*, Produkthaftungsrecht, 1990; *Schlechtriem*, Tz. 841 ff (S. 359 ff); *Schmidt-Salzer*, Produkthaftung, 4 Bände, seit 1985; *Taschner/Frietsch*, Produkthaftung und EG-Produkthaftungsrichtlinie, 2. Aufl. (1990); *P. Ulmer*, ZHR 152 (1988), S. 564; *Walter*, Kaufrecht, 1987, § 9 (S. 98 ff); *Graf v. Westphalen*, Produkthaftungshandbuch.

---

29 BGH, LM Nr 9 zu § 417 HGB = MDR 1985, S. 116; LM Nr 83 zu § 328 BGB = NJW 1987, S. 2510; *Emmerich*, JuS 1967, S. 345.
30 BGH, LM Nr 50 zu § 823 (Ac) BGB = NJW-RR 1990, S. 726 = JuS 1991, S. 244 Nr 3; LM Nr 177 zu § 823 (Dc) BGB = NJW 1991, S. 562.
31 BGH (vorige Fn).
32 BGH, LM Nr 57 zu § 823 (Ac) BGB = NJW 1993, S. 655.
33 BGH, LM Nr 117 zu § 823 (Dc) BGB = MDR 1978, S. 828.

1. Entwicklung

Bei der Produzenten- oder nach amerikanischem Vorbild Produkthaftung geht es um die in sämtlichen Industrienationen mit zunehmender Heftigkeit diskutierte Frage, unter welchen Voraussetzungen die Hersteller gefährlicher Produkte, die sog. Produzenten den dadurch geschädigten Abnehmern zum Schadensersatz verpflichtet sind. Das Problem rührt vor allem daher, daß der Hersteller eines Produkts infolge des üblichen mehrstufigen Vertriebs industrieller Produkte nur in wenigen Fällen in direkten vertraglichen Beziehungen mit den Abnehmern steht, so daß *vertragliche* Lösungen des Problems der Produkthaftung auf nur schwer überwindbare Hindernisse stoßen, sofern der Hersteller nicht ausnahmsweise eine besondere *Garantie* gegenüber den Verbrauchern übernimmt[34].

> In der Mehrzahl der Fälle fehlt es an einer Herstellergarantie gegenüber den Verbrauchern. Gleichwohl sind auch für diese Fälle immer wieder vertragliche Lösungen diskutiert worden, namentlich unter Berufung auf die Rechtsinstitute des Vertrages mit Schutzwirkungen zugunsten Dritter und der Drittschadensliquidation[35]. Die Rechtsprechung hat indessen allen diesen Versuchen in Deutschland – anders als etwa in Frankreich – schon früh eine Absage erteilt[36]. Als Auswege blieben damit nur der Rückgriff auf das allgemeine Deliktsrecht (§ 823) oder eine besondere gesetzliche Regelung der Materie, sei es generell, sei es zumindest für einzelne besonders gefährliche Produkte. Alle diese Wege sind in der Folgezeit in Deutschland, zum Teil sogar gleichzeitig beschritten worden.

Im Vordergrund steht bisher die ständige Ausdehnung der deliktischen Produzentenhaftung nach *§ 823 Abs. 1*. Die Entwicklung begann hier im Grunde erst im Jahre 1968 mit dem bekannten Hühnerpest-Urteil des BGH[37], in dem sich der BGH erstmals ausdrücklich zu einer *Beweislastumkehr* zum Nachteil des Herstellers jedenfalls in den Fällen der Konstruktions- und der Fabrikationsfehler bekannte, wodurch die Produzentenhaftung für die genannten Fallgestaltungen überhaupt erst praktikabel wurde. Auf dieser Basis entwickelte sich die Rechtsprechung in den folgenden Jahren rasch weiter, ohne daß es ihr doch gelungen wäre, im Rahmen des nun einmal geltenden Rechts in sämtlichen Fragen zu allseits befriedigenden Lösungen vorzustoßen. Der Ruf nach dem Gesetzgeber wurde deshalb immer lauter.

Der *Gesetzgeber* blieb in der Tat nicht untätig. Da für eine generelle Regelung der Materie die Zeit zunächst noch nicht reif war, beschränkte er sich freilich zunächst darauf, für eine ständig wachsende Zahl von Produkten besondere Sicherheitsstandards vorzuschreiben, womit zugleich die Haftung des Herstellers bei Verletzung dieser Standards begründet war, da diese Gesetze durchweg als Schutzgesetze im

---

34 S. dazu schon o. § 4 Rn 93.
35 S. ausführlich *Kupisch/Krüger*, S. 96 ff; *Medicus* II, § 77 II (S. 46 ff); *Reinicke/Tiedtke*, S. 258 ff; *Walter*, Kaufrecht, § 9 II (S. 403 ff).
36 S. insbes. BGHZ 51, S. 91 = NJW 1969, S. 269 = JuS 1969, S. 187 Nr 6 „Hühnerpest-Urteil" m. Anm. *E. Rehbinder*, JuS 1969, S. 208.
37 BGH (vorige Fn).

§ 22

Sinne des § 823 Abs. 2 anerkannt sind[38]. Eine umfassende Regelung der Materie folgte dagegen erst viele Jahre später aufgrund der Produkthaftungsrichtlinie der Europäischen Union vom 25. Juli 1985[39] in dem sog. *Produkthaftungsgesetz* (ProdHaftG) von 1989[40], das am 1. Januar 1990 in Kraft getreten ist (dazu u. Rn 25 f).

24 Die Produkthaftung ist seitdem im deutschen Recht *zweispurig* geregelt, da das Produkthaftungsgesetz (natürlich) die allgemeine Deliktshaftung des Herstellers sowenig wie seine Vertragshaftung, etwa aufgrund einer besonderen Garantie (o. Rn 20), verdrängt hat. Die größte praktische Bedeutung kommt dabei nach wie vor der Haftung des Herstellers nach § 823 Abs. 1 zu. Die ergänzende Haftung nach dem Produkthaftungsgesetz hat demgegenüber bisher, soweit ersichtlich, nahezu keine praktische Bedeutung erlangt, so daß im folgenden nur kurz auf sie einzugehen ist.

2. *Gesetzliche Regelungen*

a) *Produkthaftungsgesetz*

> **Literatur:** S. o. bei Rn 20 sowie *Deutsch*, Unerlaubte Handlungen, § 18 III (Tz. 293 ff); *Geigel/Schlegelmilch*, Kap. 14 Rn 296 ff (S. 455 ff); *Medicus* II, § 77 III 4 (S. 53 ff); *Palandt/Thomas*, BGB, Anh. Produkthaftungsgesetz (S. 2522 ff); *Graf v. Westphalen*, NJW 1990, S. 83; *Wieckhorst*, JuS 1990, S. 86.

25 Die Besonderheit des Produkthaftungsgesetzes besteht darin, daß es im Anschluß an die Produkthaftungsrichtlinie von 1985 erstmals eine verschuldens*unabhängige* Haftung für fehlerhafte Produkte im deutschen Recht eingeführt hat. Diese Haftung trifft nach § 1 Abs. 1 des Gesetzes den Hersteller, sofern durch den Fehler eines Produkts ein Mensch getötet oder verletzt oder eine privatgenutzte Sache beschädigt worden ist. Wer Hersteller ist, ergibt sich im einzelnen aus § 4 des Gesetzes. Keine Haftung besteht hingegen für sog. Entwicklungsfehler (§ 1 Abs. 2 Nr 5).

26 Als Produkte im Sinne des Gesetzes gelten sämtliche beweglichen Sachen mit Ausnahme der nicht verarbeiteten landwirtschaftlichen Erzeugnisse (§ 2). Eine derartige Sache ist *fehlerhaft*, wenn sie im Augenblick ihres Inverkehrbringens nicht die Sicherheit bietet, die unter Berücksichtigung aller Umstände, insbesondere ihrer Darbietung und des abzusehenden Gebrauchs, berechtigterweise erwartet werden kann (§ 3; s.u. Rn 33). Die Haftung ist summenmäßig beschränkt (s. im einzelnen die §§ 10 und 11) und umfaßt vor allem kein Schmerzensgeld, dies die wohl wichtigsten Gründe für die eindeutige Bevorzugung der deliktischen Produzentenhaftung in der deutschen Praxis.

---

38 ZB BGH, LM Nr 128 zu § 823 (Dc) BGB = NJW 1980, S. 1219; *Walter*, Kaufrecht, § 9 IV 3 (S. 423 ff); *Wieckhorst*, JuS 1990, S. 86.
39 ABl. Nr L 210/29.
40 BGBl I, S. 2198.

b) Sonstige Regelungen

Eine Produkthaftung kann sich, meistens auf den Weg über § 823 Abs. 2, noch aus zahlreichen anderen Gesetzen ergeben (s. schon o. Rn 23). Zu nennen sind hier namentlich das Maschinenschutz- oder Gerätesicherheitsgesetz von 1968 idF von 1979[41], das Lebensmittel- und Bedarfsgegenständegesetz von 1975[42] sowie das *Arzneimittelgesetz* von 1976[43]. Die strengste Haftung hat das Arzneimittelgesetz (AMG) gebracht, das nach verschiedenen Arzneimittelkatastrophen der Vergangenheit erstmals eine umfassende Gefährdungshaftung der Pharmahersteller für sämtliche Schäden durch Arzneimittel eingeführt hat, und zwar einschließlich der Schäden durch sog. Entwicklungsfehler (§§ 84-94a AMG). 27

3. Hersteller

a) Die deliktsrechtliche Produzentenhaftung ist eine Haftung des Herstellers eines Produkts, des sog. Produzenten, für die Verletzung der durch § 823 Abs. 1 geschützten Rechte und Rechtsgüter anderer aufgrund des Verstoßes gegen bestimmte Verkehrspflichten, durch die mit der Benutzung des fraglichen Produkts typischerweise verbundene Gefahren nach Möglichkeit verhindert werden sollen. 28

> Die Haftung trifft folglich in erster Linie den Hersteller des Produkts[44]. Im Regelfall bereitet dessen Feststellung keine Schwierigkeiten. Es gibt jedoch auch eine Reihe von Fallgestaltungen, bei denen durchaus zweifelhaft ist, wer als Hersteller im Sinne der Produzentenhaftung anzusehen ist. 29

b) Hersteller ist nach § 4 Abs. 1 S. 1 des Produkthaftungsgesetzes jeder, der das Endprodukt, einen Grundstoff oder ein Teilprodukt hergestellt hat. Auf die Größe seines Betriebs kommt es hierbei nicht an. Die Produzentenhaftung beschränkt sich nicht etwa auf Großbetriebe, sondern gilt in gleichem Maße für kleine und mittlere Betriebe einschließlich der Handwerksbetriebe und der Gastronomie, so daß zB Gastwirte im Falle einer Salmonellenvergiftung ihrer Gäste diesen nicht nur vertraglich, sondern auch nach den strengen Regeln über die Produzentenhaftung zum Schadensersatz verpflichtet sind[45]. 30

> Wird ein Produkt aus verschiedenen *Teilen* zusammengesetzt, so tragen die Zulieferer grundsätzlich nur die Verantwortung für die von ihnen gelieferten Teile[46], während der endgültige Hersteller für die vorausgegangene Spezifikation der Teile sowie für deren Zusammenbau in dem fertigen Produkt verantwortlich ist. Nur eine beschränkte Haftung trifft hingegen bloße Montageunternehmen, sog. *Assembler*, die sich darauf 31

---

41 BGBl. 1968 I, S. 717; 1979 I, S. 1432.
42 BGBl. I, S. 1946.
43 BGBl. I, S. 2445.
44 S. zum folgenden zB *Brüggemeier*, Tz. 589, 603 ff (S. 361, 369 ff); *Leßmann*, JuS 1979, S. 853; *Walter*, Kaufrecht, § 9 IV 5 (S. 433 ff).
45 Grdlg. BGHZ 116, S. 104 = NJW 1992, S. 1039 = JuS 1992, S. 608 Nr 4 „Salmonellen".
46 ZB BGH, LM Nr 173 zu § 823 (Dc) BGB = NJW-RR 1990, S. 406.

§ 22

beschränken, fremdgefertigte Teile nach fremden Plänen zusammenzufügen; sie haben nur für bei der Montage unterlaufene Fehler einzustehen.

32 Bei *Importeuren*, Großhändlern, Vertragshändlern und Vertriebsgesellschaften von Herstellerunternehmen scheidet – mangels Herstellereigenschaft – gleichfalls idR eine (deliktische) Haftung für Konstruktions- und Fabrikationsfehler aus; sie haften vielmehr allein für die Verletzung eigener zusätzlicher Gefahrabwendungspflichten, wobei in erster Linie an Warn-, Instruktions- und (bei Importeuren) Produktbeobachtungspflichten zu denken ist[47]. In Ausnahmefällen kann schließlich auch die leitenden *Mitarbeiter* des Herstellers eine eigene Haftung für Kontruktions- und Fabrikationsfehler treffen, dies freilich nur, wenn sie aufgrund ihrer herausgehobenen Stellung als *Repräsentanten* des Unternehmens betracht werden können, namentlich also im Falle einer maßgeblichen eigenen kapitalmäßigen Beteiligungen an dem Unternehmen[48].

4. *Fehler*

a) *Begriff*

33 Ein Produkt ist fehlerhaft, wenn es nicht die *Sicherheit* bietet, die unter Berücksichtigung aller Umstände, insbesondere seiner Darbietung, des zu erwartenden Gebrauchs sowie des Zeitpunkts, in dem es in Verkehr gebracht wurde, berechtigterweise *erwartet* werden kann (§ 3 ProdHaftG). Der Maßstab für die Fehlerfreiheit eines Produkts ergibt sich mithin aus den berechtigten Sicherheitserwartungen der Allgemeinheit in Verbindung mit dem jeweiligen Stand von Wissenschaft und Technik. Alle Gefahren, auf deren Vermeidung die Allgemeinheit berechtigterweise vertrauen darf, müssen daher, soweit technisch möglich und finanziell zumutbar, vermieden werden, widrigenfalls das Produkt fehlerhaft ist. Eine Ausnahme gilt lediglich für solche typischerweise mit der Benutzung eines Produkt verbundene Gefahren, die von den Benutzern bewußt in Kauf genommen werden, da eben immer nur der Sicherheitsstandard geschuldet ist, den der durchschnittliche Benutzer nach dem Stand von Wissenschaft und Technik berechtigterweise erwarten darf und tatsächlich erwartet[49].

34 Je nach den unterschiedlichen Pflichten des Herstellers unterscheidet man üblicherweise Konstruktions-, Fabrikations- und Instruktionsfehler (u. Rn 35 ff). Die bloße *Mangelhaftigkeit* (Minderwertigkeit) eines Produkts stellt hingegen noch keinen Fehler im Sinne der Produzentenhaftung dar. Anders erst, wenn durch die Mängel des Produkts weitergehende Schäden, namentlich an anderen Sachen der Benutzer ausge-

---

47 BGHZ 99, S. 167 = NJW 1987, S. 1009 = JuS 1987, S. 491 f Nr 5 „Honda"; BGH, BB 1977, S. 1117 = JuS 1978, S. 129 Nr 4; LM Nr 22 zu § 823 (Db) BGB = NJW 1987, S. 372 = JuS 1987, S. 320 Nr 5; NJW 1994, S. 517 = JuS 1994, S. 527 Nr 6 „Gewindeschneidemittel".
48 Grdlg. BGHZ 116, S. 104 = NJW 1992, S. 1039 = JuS 1992, S. 608 Nr 4 „Salmonellen"; BGH, LM Nr 26 zu § 823 (J) BGB = BB 1975, S. 1031 = JuS 1975, S. 736 Nr 5 „Spannkupplung"; zur strafrechtlichen Seite s. grdl. BGHSt 37, S. 106 = NJW 1990, S. 2560 „Erdal".
49 S. insbes. BGH, LM Nr 170 zu § 823 (Dc) BGB = NJW 1990, S. 906 = JuS 1990, S. 413 Nr 8 „Pferdeboxen".

löst werden können. Vor allem bei Produkten, die zur Bearbeitung oder Einwirkung auf andere Sachen dienen wie zB Treib- und Schmierstoffe oder Insektenvertilgungsmittel, stellt auch die bloße Wirkungslosigkeit des Produkts einen Fehler dar, sofern dadurch das allgemeine Integritätsinteresse der Benutzer tangiert wird. Offenkundig ist das etwa, wenn durch mangelhafte Treib- oder Schmierstoffe Maschinen beschädigt werden oder wenn infolge der Wirkungslosigkeit von Insektiziden die Ernte vernichtet wird[50].

b) Konstruktionsfehler

Ein Konstruktionsfehler liegt vor, wenn ein Produkt schon seiner technischen Konzeption und Planung nach nicht dem neuesten Stand von Wissenschaft und Technik sowie den berechtigten Sicherheitserwartungen der Allgemeinheit entspricht. Der Fehler haftet dann sozusagen der ganzen *Serie* an. Die Annahme eines derartigen Konstruktionsfehlers wird nicht notwendig dadurch ausgeschlossen, daß der Hersteller die jeweils maßgeblichen technischen Normen beachtet hat, sofern diese inzwischen überholt sind oder nur einen Mindeststandard gewährleisten sollen[51]. Maßgebend sind letztlich die berechtigten Sicherheitserwartungen des Verkehrs, so daß hier auch der Preis eines Produkts eine Rolle spielt. Sicherheit hat ihren Preis, so daß bei billigen Produkten nicht derselbe Sicherheitsstandard wie bei teueren Luxusversionen geschuldet wird, wie jeder Autofahrer weiß.

35

Bei der Konstruktion muß berücksichtigt werden, daß die Abnehmer mit den Produkten häufig unvorsichtig, ungeschickt oder fehlerhaft umgehen, so daß daraus resultierenden Gefahren gleichfalls von vornherein Rechnung zu tragen ist. Lediglich auf die Gefahr eines ganz fernliegenden Mißbrauchs seines Produkts braucht sich der Hersteller nicht einzustellen, so daß ihn insoweit keine Gefahrabwendungspflichten treffen[52].

36

Der Hersteller kann naturgemäß bei der Entwicklung eines Produkts immer nur den in diesem Zeitpunkt gerade erreichten Stand von Technik und Wissenschaft berücksichtigen. Er haftet daher nicht für Gefahren des Produkts, die nach dem damaligen Stand für niemanden erkennbar waren. Bei derartigen *Entwicklungsfehlern* scheidet folglich eine Deliktshaftung aus, so daß hier lediglich im Einzelfall eine vertragliche Haftung wegen des Fehlens zugesicherter Eigenschaften in Betracht kommen kann[53]. Eine gesetzliche Haftung für Entwicklungsfehler besteht bisher lediglich bei Arzneimitteln aufgrund der §§ 84 bis 94a AMG (o. Rn 27).

37

---

50 Grdlg. BGH, NJW 1994, S. 517 = JuS 1994, S. 527 Nr 6 „Gewindeschneidemittel"; s. *Deutsch*, Tz. 219 (S. 145) sowie bereits BGHZ 80, S. 186 = NJW 1981, S. 1603 = JuS 1981, S. 685 Nr 3 „Derosal"; BGHZ 80, S. 99 = NJW 1981, S. 1606 = JuS aaO „Benomyl".
51 BGH LM Nr 22 zu § 823 (Db) BGB = NJW 1987, S. 372 = JuS 1987, S. 320 Nr 5.
52 BGHZ 104, S. 323 = NJW 1988, S. 2611 = JuS 1989, S. 142 Nr 7 „Sprudelflasche"; BGHZ 105, S. 346 (351) = NJW 1989, S. 707 „Fischfutter"; BGHZ 106, S. 273 (283) = NJW 1989, S. 1542 „Asthmamittel"; BGHZ 116, 160 = NJW 1992, S. 560 = JuS 1992, S. 520 Nr 4 „Milupa"; BGH, LM Nr 133 zu § 823 (Dc) BGB = NJW 1981, S. 2541 „sniffing".
53 §§ 459 Abs. 2, 463 S. 1; grdl. BGHZ 59, S. 158 = NJW 1972, S. 1706 = JuS 1972, 725 Nr 5 „Braunfäule".

§ 22

c) Fabrikationsfehler

38 Der Hersteller haftet weiter für sämtliche Fabrikationsfehler. Man versteht darunter vermeidbare Fehler, die nur *einzelnen* Produkten (im Gegensatz zur ganzen Serie) anhaften. Um solche Fehler zu vermeiden, ist der Hersteller verpflichtet, seinen Produktionsprozeß so zu organisieren, daß menschliches und technisches Versagen bei der Herstellung einzelner Produkte nach Möglichkeit ausgeschlossen wird; dazu gehört auch, daß er den Produktionsvorgang ständig auf solche Fehler überwacht. Keine Haftung besteht hingegen für sog. *Ausreißer*, die selbst mit größtem Aufwand nicht vermeidbar sind.

d) Instruktionsfehler

> **Literatur:** *Brüggemeier*, ZHR 152 (1988), S. 511; *ders.*, ZIP 1991, S. 379; *I. Fahrenshorsten*, JuS 1994, S. 288; *Kullmann*, BB 1987, S. 1957; *Kunz*, BB 1994, S. 450; *Tiedtke*, in: Festschr. f. Gernhuber, 1993, S. 471; *P. Ulmer*, ZHR 152 (1988), S. 564; *Graf v. Westphalen*, ZIP 1992, S. 18.

39 Der Hersteller ist verpflichtet, sämtliche in Betracht kommenden Abnehmer in geeigneter Weise über die mit der Verwendung seines Produkts möglicherweise verbundenen Gefahren und über die notwendigen und geeigneten Maßnahmen zu deren Verhinderung zu informieren. Das gilt für alle Gefahren, mit denen der Hersteller bei sorgfältiger Prüfung seines Produkts rechnen *muß*, und zwar einschließlich der Gefahren eines naheliegenden *Fehlgebrauchs*. Deshalb muß zB der Hersteller eines stark gesüßten Kindertees die Eltern nachdrücklich und eindringlich vor der Gefahr des sog. Dauernuckelns an Baby-Flaschen warnen, weil dadurch Karies ausgelöst werden kann[54].

40 Teil der Instruktionspflicht des Herstellers ist die Pflicht zur *Prüfung* der Produkte auf derartige Gefahren *vor* ihrem Inverkehrbringen. Der Hersteller darf daher mit seinen Warnhinweisen nicht warten, bis er von anderer Seite auf etwaige Gefahren aus der Verwendung des Produkts hingewiesen wird, sondern muß rechtzeitig von sich aus tätig werden. Lediglich gegenüber Fachleuten, die ohnehin Bescheid wissen, kann auf jede zusätzliche Information verzichtet werden. Eine Haftung wegen der Verletzung von Warn- und Instruktionspflicht entfällt außerdem gegenüber solchen Abnehmern, die bereits informiert *sind*, und zwar selbst dann, wenn gegenüber anderen nichtinformierten Abnehmern eine Haftung noch in Betracht kommt[55].

---

54 Grdlg. BGHZ 116, S. 60 = NJW 1992, S. 560 = JuS 1992, S. 520 Nr 4 „Milupa I"; BGH, NJW 1994, S. 932 = JuS 1994, S. 609 Nr 5 „Milupa II/Alete".
55 BGH (vorige Fn) sowie BGHZ 99, S. 167 = NJW 1989, S. 1009 = JuS 1987, S. 491 Nr 5 „Honda"; BGHZ 106, S. 273 (283) = NJW 1989, S. 1542 „Asthmamittel"; BGH, LM Nr 22 zu § 823 (Db) BGB = NJW 1987, S. 372 = JuS 1987, S. 320 „Verzinkungsspray"; LM Nr 55 zu § 823 (Ac) BGB = NJW 1992, S. 2016 = JuS 1992, S. 1062 Nr 7 „Silokipper".

e) Produktbeobachtung

Der Hersteller haftet grundsätzlich nur für den verkehrssicheren Zustand seiner Produkte in dem *Augenblick*, in dem sie seinen Betrieb verlassen, während er für spätere Beschädigungen nicht verantwortlich gemacht werden kann[56]. Unabhängig hiervon bleibt er jedoch verpflichtet, die Auswirkungen seiner Produkte in der Praxis, die Entwicklung bei den Konkurrenten und den Fortschritt von Wissenschaft und Technik zu beobachten (sog. aktive Produktbeobachtungspflicht) sowie zumindest ernsthaften Reklamationen nachzugehen und diese auf ihre Stichhaltigkeit zu überprüfen (sog. passive Produktbeobachtungspflicht). Hierbei muß er ua auch auf solche Gefahren achten, die sich aus der Kombination seines Produkts mit denen anderer Hersteller ergeben können[57].

41

Stößt der Hersteller bei der *Produktbeobachtung* auf ihm bisher nicht bekannte Gefahren, die mit dem Gebrauch seiner Produkte verbunden sein können, so muß er unverzüglich die nötigen Maßnahmen ergreifen, um die Verbraucher vor diesen Gefahren zu schützen. Im einzelnen variieren diese Pflichten naturgemäß je nach Art und Ausmaß der drohenden Gefahren. Geht es zB allein um Gefahren, die mit einem bestimmten fehlerhaften Gebrauch verbunden sind, so genügt es häufig schon, die Verbraucher vor diesen Gebrauch nachdrücklich zu warnen[58]. Wenn sich hingegen Gefahren zeigen, die nur durch eine Änderung der Konstruktion vermieden werden können, müssen sofort die nötigen Maßnahmen zur Umstellung der Produktion ergriffen werden[59]. Im äußersten Fall ist der Hersteller verpflichtet, wenn anders Gefahren für die Verbraucher nicht abgewendet werden können, den Vertrieb einzustellen und die bereits ausgelieferten Produkte aus dem Verkehr zu ziehen[60].

42

5. Beweislast

Die herkömmliche Produzentenhaftung ist eine Deliktshaftung für die Verletzung spezifischer, auf die Sicherheit technischer Produkte bezogener Verkehrspflichten nach Maßgabe des § 823 Abs. 1. Die Folge müßte an sich sein, daß den Geschädigten die Beweislast für den *gesamten* Deliktstatbestand trifft, dh erstens für die Fehlerhaftigkeit des Produkts gerade im Augenblick seines Inverkehrbringens, zweitens für die Kausa-

43

---

56 S. 3 Abs. 1 lit. c ProdHaftG; grdl. BGHZ 104, S 323 = NJW 1988, S. 2611 = JuS 1989, S. 142 Nr 7 „Sprudelflasche"; BGH, LM Nr 186 zu § 823 (Dc) BGB = NJW 1993, S. 528.
57 Grdlg. BGHZ 80, S. 186 = NJW 1981, S. 1603 = JuS 1981, S. 685 Nr 3 „Derosal"; BGHZ 80, S. 199 = NJW 1981, S. 1606 = JuS aaO „Benomyl"; BGHZ 99, S. 167 = NJW 1987, S. 1009 = JuS 1987, S. 491 Nr 5 „Honda"; BGH, LM Nr 823 (Dc) BGB Nr 170 = NJW 1990, S. 906 = JuS 1990, S. 413 Nr 8 „Pferdeboxen"; NJW 1994, S. 517 „Gewindeschneidemittel".
58 Insbes. BGHZ 80, S. 186 „Derosal"; 80, S. 199 „Benomyl" (vorige Fn).
59 BGH, LM Nr 170 zu § 823 (Dc) BGB = NJW 1990, S. 906 = JuS 1990, S. 413 Nr 8 „Pferdeboxen".
60 Sog. Rückrufaktionen: RGZ 163, S. 21 (26 f); RG, DR 1940, S. 1293 (1294); BGH, NJW 1994, S. 517 = JuS 1994, S. 527 Nr 6 „Gewindeschneidemittel"; BGHSt 37, S. 106 = NJW 1990, S. 2560 „Erdal"; dagegen zB *Medicus* II, § 77 III 3c (S. 52).

§ 22

lität zwischen dem Produktfehler und dem Schaden sowie drittens für die Verantwortlichkeit des Herstellers für den Fehler durch die Verletzung einer der genannten auf die Produktion bezogenen Pflichten (Verschulden). Da dieser Beweis indessen ausgesprochen schwer zu erbringen ist, hat sich die Rechtsprechung in wachsendem Maße zu Korrekturen der herkömmlichen Beweislastregeln entschlossen.

44 Trotz dieser Korrekturen trägt der *Geschädigte* jedoch nach wie vor die Beweislast für den Produktfehler bereits im Augenblick des Inverkehrbringens des Produkts, für die Kausalität zwischen diesem Fehler und seinem Schaden sowie für die Herkunft des Fehlers aus dem Organisations- und Gefahrenbereich des Herstellers, wobei ihm nur im Einzelfall ein Anscheinsbeweis zu Hilfe kommen kann[61]. Eine echte Beweislastumkehr hinsichtlich der Kausalität wird bisher nur in Ausnahmefällen angenommen, namentlich bei einer Verletzung der von der Rechtsprechung angenommenen Dokumentationspflicht des Herstellers hinsichtlich des Zustandes des Produkts in dem Augenblick, in dem es seine Fabrik verläßt[62].

45 Stehen die Fehlerhaftigkeit des Produkts und die Kausalität des Fehlers für den eingetretenen Schaden fest, so ist es jetzt allerdings Sache des *Herstellers*, sich hinsichtlich etwaiger Konstruktions-, Fabrikations- oder Instruktionsfehler zu entlasten. Die Verletzung der diesbezüglichen Verkehrspflichten durch den Hersteller wird folglich bis zum Beweis des Gegenteils *vermutet*, wobei die Anforderungen an den Entlastungsbeweis durchweg hoch sind[63]. Lediglich hinsichtlich etwaiger Verstöße gegen die *nachträgliche* Produktbeobachtungspflicht bleibt es (bisher) bei der vollen Beweislast des Geschädigten, da dieser *insoweit* – auf der Basis des allgemeinen Standes von Wissenschaft und Technik – selbst den Sachverständigenbeweis antreten kann[64].

---

61 Vgl sehr eng zB BGH, LM Nr 93 zu § 823 (Bf) BGB = NJW 1987, S. 1694 „Tierfutter"; großzügiger dagegen BGHZ 116, S. 60 = NJW 1992, S. 560 = JuS 1992, S. 520 Nr 4 „Milupa".
62 S. BGHZ 104, S. 323 = NJW 1988, S. 2611 = JuS 1989, S. 142 Nr 7 „Sprudelflasche"; BGH, LM Nr 186 zu § 823 (Dc) BGB = NJW 1993, S. 528; s. dazu zB *Medicus* II, § 77 III 3 d (S. 52 f).
63 Grdl. BGHZ 51, S. 91 = NJW 1969, S. 269 = JuS 1969, S. 187 Nr 6 „Hühnerpest"; BGHZ 104, S. 323 = NJW 1988, S. 2611 = JuS 1989, S. 142 Nr 7; „Sprudelflasche"; BGHZ 105, S. 346 = NJW 1989, S. 707 = JuS 1989, S. 494 Nr 7 „Fischfutter"; BGHZ 116, S. 60 = NJW 1992, S. 560 = JuS 1992, S. 520 Nr 4 „Milupa"; ebenso für § 831 BGH, LM Nr 3 zu § 831 (Fb) BGB = NJW 1973, S. 1602 = JuS 1973, S. 781 Nr 6.
64 So BGHZ 80, S. 186 „Derosal"; 80, S. 199 „Benomyl" = NJW 1981, S. 1603 und 1606 = JuS 1981, S. 685 Nr 3; *I. Fahrenhorst*, JuS 1994, S. 288 (292 f); kritisch dazu insbes. *Tiedtke*, in: Festschr. f. Gernhuber, S. 471 (480 ff).

§ 23 SCHUTZGESETZE, SITTENWIDRIGE SCHÄDIGUNG

I. § 823 Abs. 2 BGB

Literatur: *Brüggemeier*, Tz. 790 ff (S. 465 ff); *Canaris*, in: 2. Festschr. f. Larenz, 1983, S. 27; *Deutsch*, Unerlaubte Handlungen, § 15 (Tz. 211 ff); *Dörner*, JuS 1987, S. 522; *Geigel/Schlegelmilch*, Kap. 15 (S. 478 ff); *Th. Honsell*, JA 1983, S. 101; *Fr. Peters*, JZ 1983, S. 913; *Knöpfle*, NJW 1967, S. 697; *Kötz*, Tz. 170 ff (S. 67 ff); *Karollus*, Funktion und Dogmatik der Haftung aus Schutzgesetzverletzung, 1992; *Kupisch/Krüger*, Deliktsrecht, § 7 (S. 64 ff); *Medicus* II, § 142; *ders.*, Bürgerliches Recht, § 24 II 3 (Tz. 621 ff).

1. Bedeutung

Nach § 823 Abs. 2 S. 1 ist schadensersatzpflichtig, wer gegen ein den Schutz eines anderen bezweckendes Gesetz verstößt. Sofern freilich ein Verstoß gegen ein derartiges Gesetz auch ohne Verschulden möglich ist, tritt die Ersatzpflicht nur im Falle des Verschuldens ein (§ 823 Abs. 2 S. 2). Die praktische Bedeutung des § 823 Abs. 2 ist erheblich, da zahlreiche Schutzgesetze wie zB der Betrugstatbestand (§ 263 StGB) auch das von § 823 Abs. 1 nicht erfaßte Vermögen schützen. Und auch dort, wo sich wie bei den Straftatbeständen zum Schutze des Lebens und der körperlichen Integrität (§§ 211 ff, 223 ff StGB) die Schutzbereiche der beiden Absätze des § 823 decken, können doch im Einzelfall mit der Anwendbarkeit des § 823 Abs. 2 neben § 823 Abs. 1 für den Geschädigten wichtige Beweiserleichterungen verbunden sein (s. u. Rn 10).

2. Begriff

Aus der Formulierung des § 823 Abs. 2 S. 1 („... ein den Schutz eines *anderen bezweckendes* Gesetz ...") wird überwiegend der Schluß gezogen, daß die Schutzgesetzqualität eines Gesetzes davon abhängt, daß es nicht nur den Schutz der Allgemeinheit im Auge hat, sondern nach seinem Sinn und Zweck dazu zu dienen bestimmt ist, *einzelne* oder einzelne Personenkreise, wenn auch nur neben der Allgemeinheit, gegen die Verletzung eines bestimmten Rechtsguts zu schützen[1]. Es soll dafür nicht auf die Wirkung des Gesetzes, sondern auf dessen Inhalt und Zweck sowie darauf ankommen, ob der Gesetzgeber bei seinem Erlaß gerade einen Rechtsschutz, wie er wegen der behaupteten Verletzung in Anspruch genommen wird, zugunsten einzelner oder bestimmter Personenkreise gewollt oder doch mitgewollt hat[2]. Als

---

1 Statt aller *Deutsch*, § 15 I (Tz. 211 ff); kritisch zB *Medicus* II, § 142 II (S. 382 ff).
2 BGHZ 62, S. 265 = NJW 1974, S. 1240; BGHZ 66, S. 388 = NJW 1976, S. 1740 = JuS 1977, S. 120 Nr 7; BGHZ 66, S. 354 = NJW 1976, S. 1788; BGHZ 69, S. 1 (15 ff) = NJW 1977, S. 2770; BGHZ 84, S. 312 (314 ff) = NJW 1982, S. 2780; BGHZ 103, S. 196 = NJW 1988, S. 1383 = JuS 1988, S. 817 Nr 6; BGHZ 105, S. 121 = NJW 1988, S. 2794; BGHZ 116, S. 7 = NJW 1992, S. 241; BGH, WM 1994, S. 896 ff; weitere Nachw. in der folgenden Fn

§ 23

Gesetz gilt hierbei jede Rechtsnorm im Sinne des Art. 2 EGBGB, dh jedes materielle Gesetz einschließlich Rechtsverordnungen und Satzungen. Darüber hinaus können im Einzelfall auch Verwaltungsakte, jedenfalls in Verbindung mit der Ermächtigungsnorm, als Schutzgesetze im Sinne des § 823 Abs. 2 in Betracht kommen, sofern sie zB eine nachbarschützende Funktion haben[3].

3   Entscheidend ist letztlich immer der häufig freilich nur schwer zu ermittelnde *Zweck* der verletzten Rechtsnorm, wobei von den Vorstellungen der Gesetzesverfasser auszugehen ist. Vor allem auf dem Hintergrund der Entstehungsgeschichte und der heutigen Funktion der Norm muß folglich in jedem Einzelfall geprüft werden, ob der primäre Zweck der fraglichen Norm darin besteht, die Rechtsgüter einzelner oder doch abgegrenzter Personenkreise gegen bestimmte Verletzungen in einer Weise zu schützen, die es rechtfertigt, im Falle eines Verstoßes – neben anderen Sanktionen, etwa strafrechtlicher Art – den geschützten Personen zivilrechtliche Schadensersatzansprüche zuzubilligen. Es ist unvermeidlich, daß in eine solche Prüfung auch rechtspolitische Erwägungen miteinfließen, Vorstellungen also über den jeweils angemessenen Schutzstandard, so daß es nur folgerichtig wäre, die Schutzgesetzeigenschaft einer Norm weniger von den heute doch nur noch beschränkt aussagekräftigen Vorstellungen früherer Gesetzgeber als von der jetzigen Funktion der Norm abhängig zu machen.

3. Beispiele

a) Strafnormen

4   Die wichtigsten Schutzgesetze stellen die zahlreichen Strafvorschriften in- und außerhalb des StGB dar, sofern sie in erster Linie den Schutz privater Interessen und nicht den der öffentlichen Ordnung bezwecken. Abstrakte und konkrete Gefährdungsdelikte stehen hierbei gleich. Beispiele aus der jüngsten Praxis sind der Untreuetatbestand (§ 266 StGB)[4], die §§ 264a und 288 StGB[5], außerdem das Verbot des Aktienschwindels (§ 399 AktG)[6] sowie § 227 StGB[7]. Schutzgesetze sind außerdem die meisten Verkehrsgebote und -verbote der StVO, und zwar durchweg zugunsten aller anderen Verkehrsteilnehmer, worin vor allem ihre zivilrechtliche Bedeutung liegt[8]. Verneint wurde hingegen die Schutzgesetzeigenschaft bei den Verboten des Landfriedensbruchs (§ 125 StGB)[9] und der Urkundenfälschung (§ 267 StGB)[10].

---

3 Grdlg. BGHZ 122, S. 1 (3 ff) = NJW 1993, S. 1580.
4 BGHZ 100, S. 190 = NJW 1987, S. 2008.
5 BGHZ 114, S. 305 = NJW 1991, S. 2420; BGHZ 116, S. 7 = NJW 1992, S. 241.
6 BGHZ 105, S. 121 = NJW 1988, S. 2794.
7 BGHZ 103, S. 196 = NJW 1988, S. 1383 = JuS 1988, S. 817 Nr 6.
8 S. zB *Deutsch*, Tz. 219; *Palandt/Thomas*, § 823 Rn 150.
9 So zu Unrecht das Grohnde-Urteil BGHZ 89, S. 393 = NJW 1984 S. 1226 = JuS 1984, S. 718 Nr 5; dagegen zB *Kornblum*, JuS 1986, S. 600 (607 f).
10 BGHZ 100, S. 13 = NJW 1987, S. 1818.

§ 23

b) Sonstige Vorschriften

Schutzgesetze finden sich auch im BGB. Hervorzuheben sind die Vorschriften zum Schutze des Besitzes, des Eigentums und speziell der Nachbarn (§§ 858, 906 bis 909 und 1004)[11]. Schutzgesetze sind schließlich noch die vielen Vorschriften, die einen Schutz der Verbraucher vor gefährlichen Produkten bezwecken[12].

5

Hingegen bestreitet die Praxis merkwürdigerweise die Schutzgesetzeigenschaft der *Unfallverhütungsvorschriften* der Berufsgenossenschaften, obwohl feststeht, daß diese ausschließlich den Zweck haben, die Arbeitnehmer nach Möglichkeit vor Berufsunfällen zu bewahren[13]. Dieselbe negative Beurteilung haben die verschiedenen Vorschriften der Länderbauordnungen zum Schutze von Versorgungsleitungen bei Bauarbeiten erfahren[14], so daß die von einer Stromunterbrechung betroffenen Abnehmer weder unter dem Gesichtspunkt des Eingriffs in das Recht am Gewerbebetrieb[15] noch aus § 823 Abs. 2 von dem verantwortlichen Bauunternehmer Schadensersatz verlangen können[16], ein insgesamt wenig befriedigendes und keineswegs zwingendes Ergebnis.

6

4. Rechtswidrigkeit

§ 823 Abs. 2 ist der „klassische" Anwendungsbereich der Schutzzwecklehre, die vornehmlich an seinem Beispiel entwickelt worden ist[17]. Zwischen der Verletzung des jeweiligen Schutzgesetzes und dem eingetretenen Schaden muß daher ein Rechtswidrigkeitszusammenhang in dem Sinne bestehen, daß der Schaden gerade in den Schutzbereich der verletzten Norm fällt. Anspruchsberechtigt sind aus diesem Grund immer nur diejenigen Personen, deren Schutz die fragliche Norm gerade bezweckt, und auch dies lediglich dann, wenn das geschützte Rechtsgut in einer Weise verletzt worden ist, gegen die die betreffende Norm Schutz gewähren sollte[18]. Andere Personen genießen ebensowenig Schutz wie die geschützten Personen gegen die Verletzung anderer Rechtsgüter oder auf eine Weise, gegen die die fragliche Norm keinen Schutz bieten sollte. Deshalb muß zB bei Verstößen gegen die Vorschriften der StVO immer sorgfältig geprüft werden, wessen Schutz das jeweilige Verkehrsgebot oder -verbot gerade bezweckt; andere, durch die Verletzung der StVO in diesem Sinne nur zufällig geschädigte Personen genießen keinen Schutz.

7

---

11 ZB BGHZ 101, S. 290 = NJW 1987, S. 2808.
12 S. im einzelnen § 22 Rn 27.
13 ZB BGH, LM Nr 9 zu § 839 (Cb) BGB = NJW 1968, S. 641; *Deutsch*, Tz. 218; dagegen zutreffend *Brüggemeier*, Tz. 817 ff (S. 479 f); *Medicus* II, § 142 III l; *Soergel/Zeuner*, § 823 Rn 269.
14 Vgl unseren **Kabel-Fall 23**.
15 S.o. § 21 Rn 15.
16 So jedenfalls BGHZ 66, S. 388 = NJW 1976, S. 1740 = JuS 1977, S. 120 Nr 7; BGH, NJW 1977, S. 2208 = JuS 1978, S. 203 Nr 10 m. Nachw.
17 S. im einzelnen o. § 20 Rn 10 ff; ausführlich *Deutsch*, Unerlaubte Handlungen, Tz. 214 f; *Medicus* II, § 142 II 2 (S. 381).
18 ZB BGH, LM Nr 9 zu § 3 StVO = NJW 1970, S. 421 = JuS 1970, S. 301 Nr 7.

§ 23

5. Verschulden

8 Die Schadensersatzpflicht bei Verletzung eines Schutzgesetzes setzt Kausalität des Gesetzesverstoßes für den eingetretenen Schaden und Verschulden voraus (s. § 823 Abs. 2 S. 2)[19]. Ob Vorsatz erforderlich ist oder Fahrlässigkeit genügt, richtet sich nach der verletzten Norm. Ist zB nach der einschlägigen Strafvorschrift nur die vorsätzliche Begehung strafbar, so greift § 823 Abs. 2 ebenfalls nur bei einem vorsätzlichen Verstoß ein[20]. In jedem Fall aber braucht sich das Verschulden nur auf die *Schutzgesetzverletzung* zu erstrecken, nicht jedoch auf die dadurch adäquat kausal verursachten Schäden[21]. Die Folgen können bei der Verletzung abstrakter Gefährdungsdelikte wie den meisten straßenverkehrsrechtlichen Vorschriften fatal sein.

9 Noch nicht endgültig geklärt ist, ob im Rahmen des § 823 Abs. 2 von dem zivilrechtlichen oder dem strafrechtlichen Fahrlässigkeits- und Vorsatzbegriff auszugehen ist. Die Praxis tendiert dahin, hier den objektiven Fahrlässigkeitsbegriff des Zivilrechts mit dem weiteren Vorsatzbegriff des Strafrechts zu kombinieren[22].

10 Die Haftung nach § 823 Abs. 2 ist unabhängig von objektiven Bedingungen der Strafbarkeit, von einem Strafantrag oder von einer rechtzeitigen Unterbrechung der Verfolgungsverjährung[23]. Die *Beweislast* für alle Voraussetzungen des § 823 Abs. 2 trifft an sich den Kläger; jedoch neigt die Praxis häufig zu einer Vermutung des Verschuldens, sobald der objektive Schutzgesetzverstoß feststeht[24].

II. § 826 BGB

Literatur: *Braun*, Rechtskraft und Restitution Teil I, 1979; *ders.*, Rechtskraft und Rechtskraftdurchbrechung von Titeln über sittenwidrige Ratenkreditverträge, 1986; *Brüggemeier*, Tz. 829 ff (S. 487 ff); *Deutsch*, Unerlaubte Handlungen, § 16 (Tz. 231 ff); *Emmerich*, Das Recht des unlauteren Wettbewerbs, 4. Aufl. (1994), § 5; *Hönn*, in: Festschr. f. Mühl, 1981, S. 309; *Kötz*, Tz. 187 ff (S. 71 ff); *Kupisch/Krüger*, Deliktsrecht, § 8 (S. 70 ff); *Medicus* II, § 143; *Sambuc*, Folgenerwägungen im Richterrecht, 1977; *Schricker*, Gesetzesverletzung und Sittenverstoß, 1970; *K. Simitis*, Gute Sitten und ordre public, 1960; *G. Teubner*, Standards und Direktiven in Generalklauseln, 1971.

---

19 Ausführlich *Deutsch*, § 15 IV (Tz. 223 ff).
20 S. *Brüggemeier*, Tz. 821 ff (S. 481 ff); *Dörner*, JuS 1987, S. 522 ff.
21 Vgl zB für die Verwahrlosung einer Minderjährigen durch ihre Verführung BGH, LM Nr 21 zu § 823 (Be) BGB = NJW 1978, S. 2027; kritisch dazu zB *Brüggemeier*, Tz. 824 f (S. 482 f); *Kupisch/Krüger*, Deliktsrecht, S. 68 f.
22 S. für die Irrtumsfrage BGH, LM Nr 2 zu GSB = NJW 1985, S. 134; s. dazu eingehend *Dörner*, JuS 1987, S. 522.
23 Vgl für § 227 StGB BGHZ 103, S. 196 = NJW 1988, S. 1383 = JuS 1988, S. 817 Nr 10.
24 Vgl zB BGH, LM Nr 11 zu NRW-NachbG = NJW 1985, S. 1774; *Deutsch*, Tz. 226 f, 229 f; differenzierend BGHZ 116, S. 104 = NJW 1992, S. 1039 = JuS 1992, S. 608 Nr 4 „Salmonellen"; BGH, NJW 1994, 945.

1. Überblick

Die dritte Säule des deutschen Deliktsrechts neben den schon behandelten Grundtatbeständen des § 823 Abs. 1 und Abs. 2 ist die Vorschrift des § 826, nach der jeder schadensersatzpflichtig ist, der in einer gegen die guten Sitten verstoßenden Weise einem anderen vorsätzlich Schaden zufügt. Die Väter des BGB wollten mit dieser partiellen Generalklausel mögliche Lücken im Rechtsgüterschutz schließen, die sich aus ihrer Entscheidung gegen eine Generalklausel und für ein System von Einzeltatbeständen ergeben konnten. Gedacht war dabei vor allem an einen umfassenden Unternehmensschutz im Wettbewerb.

11

> Speziell als Mittel des Unternehmensschutzes erwies sich indessen § 826 alsbald als zu eng. Der Grund war vor allem, daß sich der Anwendungsbereich des § 826 auf *vorsätzliche* Schädigungen Dritter beschränkt, Vorsatz jedoch häufig nur schwer nachzuweisen ist. Der Gesetzgeber sah sich deshalb bereits 1909 bei Erlaß des neuen UWG genötigt, die Generalklausel des § 826 in Gestalt des neuen § 1 UWG durch den Verzicht auf das Vorsatzerfordernis für den Wirtschaftssektor erheblich auszuweiten. § 1 UWG hatte deshalb von Anfang an eine wesentlich größere Bedeutung als der zu enge § 826 und ist mittlerweile – neben der zweiten Generalklausel des § 3 UWG – zu dem königlichen Paragraphen des Wettbewerbsrechts aufgerückt, der heute die ganze Materie beherrscht.

12

Die Bedeutung des § 826 geht demgegenüber – trotz einer nahezu unübersehbaren Rechtsprechung – kontinuierlich zurück, und zwar in dem Maße, in dem der Anwendungsbereich des § 823 durch die Praxis ausgedehnt wird und der Gesetzgeber zugleich durch immer neue Spezialgesetze namentlich im Bereich des Wirtschaftsrechts spezifischen Schutzbedürfnissen nachkommt. § 826 hat daher heute im Grunde nur noch die Funktion, in bestimmten Fallgruppen, in denen sich anders ein dringend gebotener Schutz nicht begründen läßt, als „subsidiäre" Anspruchsnorm zu dienen, um grob unbillige Ergebnisse zu verhindern. „Klassische" Beispiele für diese Funktion des § 826 sind sein Einsatz zur Verhinderung des Mißbrauchs formaler Rechtspositionen, etwa im Prozeßrecht, sowie der sonst außerhalb des Wettbewerbsrechts nicht zu ermöglichende Schutz fremder Forderungs- und Vertragsrechte gegen „Eingriffe" Dritter.

13

> Durch § 826 werden alle Interessen einer Person einschließlich namentlich ihres ganzen Vermögens geschützt. Die Schadensersatzpflicht setzt jedoch Sittenwidrigkeit der Schädigung und Vorsatz voraus, wobei bedingter Vorsatz genügt; außerdem muß die vorsätzliche sittenwidrige Handlung kausal für den eingetretenen Schaden sein.

14

2. Sittenwidrigkeit

Das Gesetz stellt auf die Sittenwidrigkeit einer Handlung außer in § 826 namentlich noch in § 138 sowie in § 1 UWG ab, ohne jedoch an irgendeiner Stelle zu sagen, was darunter zu verstehen sein soll. Dementsprechend umstritten ist die Frage. Die Vorschläge des Schrifttums zur Konkretisierung des Begriffs reichen von der Verweisung auf das Sittengesetz oder eine wie immer definierte Sozialethik bis hin zur

15

§ 23

Identifizierung der guten Sitten mit außerrechtlichen Konventionalnormen oder dem innerrechtlichen ordre public[25].

16 Die Rechtsprechung ist allen diesen Vorschlägen bisher nicht gefolgt; sie hat sich vielmehr vor allem früher im Anschluß an eine Bemerkung der Gesetzesverfasser[26] auf die Formel zurückgezogen, die Frage, ob ein bestimmtes Verhalten als sittenwidrig zu qualifizieren sei, beurteile sich nach dem „Anstandsgefühl aller billig und gerecht Denkenden"[27]. In der jüngsten Praxis gewinnen daneben noch die Grundentscheidungen unserer Rechtsordnung, wie sie namentlich in den Grundrechten zum Ausdruck gelangen, sowie die freilich nicht weiter qualifizierten Interessen der Allgemeinheit als Maßstäbe für die Konkretisierung des Begriffs der guten Sitten Gewicht[28]. Im einzelnen geht es dabei in erster Linie um die Abwehr grober Täuschungsversuche sowie um die Bekämpfung offenkundiger Mißbräuche formaler Rechtsstellungen oder wirtschaftlicher Machtpositionen.

3. Vorsatz

17 § 826 setzt voraus, daß der Täter zumindest bedingt vorsätzlich gehandelt hat. Grobe Fahrlässigkeit steht nicht gleich. Die Praxis tendiert freilich zunehmend dazu, aus einem besonders leichtfertigen Vorgehen des Täters auf den bedingten Schädigungsvorsatz zu schließen[29].

18 Der Vorsatz muß sich auf die Handlung und den eingetretenen Schaden, nicht jedoch auf die Sittenwidrigkeit der Handlung erstrecken, so daß es den Täter nicht etwa entlastet, wenn er – infolge eines besonders „unempfindlichen" Gewissens – die Sittenwidrigkeit seines Verhaltens verkennt. Auch ist nicht erforderlich, daß sich der Täter den Schadensverlauf und die Höhe des eingetretenen Schadens in allen Einzelheiten vorgestellt hat; es genügt vielmehr, wenn er sich nur der Richtung, in der sich sein Verhalten zum Schaden anderer auswirken konnte, und der Art des hieraus möglicherweise resultierenden Schadens bewußt gewesen ist[30].

4. Beispiele

19 Das Fallmaterial zu § 826 ist unübersehbar. Zahlreiche Fallgruppen, in denen § 826 zunächst eine „Pilotfunktion" übernommen hatte, haben freilich mittlerweile durch die Entwicklung eigenständiger Rechtsinstitute oder den Erlaß von Spezialgesetzen ihre praktische Bedeutung wieder weithin eingebüßt. Ein deutliches Beispiel ist der Mißbrauch wirtschaftlicher Machtstellungen, der, ursprünglich allein bei § 826 angesiedelt, heute seine Regelung vorrangig im UWG und im GWB gefunden hat, so daß es daneben nur noch selten eines Rückgriffs auf § 826 bedarf.

---

25 S. *Emmerich*, § 5.
26 Motive Bd. II, S. 727.
27 So grdl. schon 1901 RGZ 48, S. 114 (124 f); seitdem ständige Rspr.
28 Zust. *Deutsch*, Tz. 233 (S. 124 f).
29 Vgl zB BGH, LM Nr 31 zu § 676 BGB = NJW 1986, S. 180.
30 *Kupisch/Krüger*, S. 72 f; *Medicus* II, § 143 II 2 (S. 386 f).

a) Arglistige Täuschung

Die nach wie vor wichtigste Fallgruppe des § 826 bilden Fälle der Täuschung Dritter mit Schädigungsvorsatz außerhalb des wirtschaftlichen Wettbewerbs (sonst §§ 1 und 3 UWG). Beispiele sind der Verkauf eines gestohlenen Kraftfahrzeugs unter Täuschung des Käufers über die Herkunft des Fahrzeugs[31], die Schädigung der anderen Gläubiger des gemeinsamen Schuldners durch das Verlangen nach übermäßigen getarnten Sicherheiten oder durch Konkursverschleppung[32], leichtfertige und gewissenlose, ins Blaue hinein gemachte Angaben eines Steuerberaters oder Wirtschaftsprüfers über angebliche Gewinne eines Unternehmens bei Verkaufsverhandlungen[33], überhaupt jedes leichtfertige und gewissenlose Verhalten eines Sachverständigen bei der Erstattung eines Gutachtens zB über den Wert eines Grundstücks[34], die Täuschung der Anleger über die Gewinnmöglichkeiten bei Warenterminoptionsgeschäften[35], die Erschleichung des Zuschlags in der Zwangsversteigerung[36] sowie die Erschleichung der Ehe und damit der Unterhaltsverpflichtung gegenüber einem Kind durch die Täuschung des Ehemanns über dessen angebliche Vaterschaft[37]. Wirken mehrere Personen bei der Täuschung zusammen, um gemeinsam einen Dritten zu schädigen, so spricht man von *Kollusion*, einem besonders deutlichen Anwendungsfall des § 826[38].

20

b) Vereitelung fremder Rechte

Sittenwidrig können außerdem vorsätzliche Versuche zur Vereitelung fremder Forderungs- oder Vertragsrechte sein, insbesondere, wenn dies durch Verleitung zum Vertragsbruch unter Übernahme aller etwaigen Ersatzpflichten des anderen Teils geschieht[39]. Wichtigstes Beispiel ist das sog. Ausspannen von Kunden und Arbeitnehmern. In der Mehrzahl der Fälle greift hier freilich bereits der weitergehende § 1 UWG ein.

21

c) Mißbrauch formaler Rechtspositionen

aa) Als Rechtsposition, deren Mißbrauch über § 826 bekämpft werden kann, sieht die Rechtsprechung namentlich die *Rechtskraft* gerichtlicher Titel an, so daß auf dem Wege über § 826 sogar eine Durchbrechung der Rechtskraft auch jenseits der

22

---

31 BGH, LM Nr 5 zu § 826 (E) BGB = NJW 1992, S. 310.
32 ZB BGHZ 108, S. 134 = NJW 1989, S. 3277; BGH, LM Nr 8 zu § 826 (Ge) BGB = NJW 1970, S. 657 = JuS 1970, S. 298 Nr 4; *Deutsch,* Tz. 239; *Mertens* und *Rümker,* ZHR 143 (1979), S. 174 und 195.
33 BGH, LM Nr 31 zu § 676 BGB = NJW 1986, S. 180; LM Nr 120 zu § 675 BGB = NJW 1987, S. 1758.
34 BGH, LM Nr 11 zu § 826 (B) BGB = NJW 1991, S. 3282.
35 S. Leistungsstörungen, § 5 III 2 c, gg (S. 61 m. Nachw.).
36 BGHZ 72, S. 234 = NJW 1979, S. 162.
37 BGHZ 80, S. 235 = NJW 1981, S. 1445.
38 ZB *Deutsch,* Tz. 238.
39 ZB BGH, NJW 1994, S. 128 = WM 1993, S. 2205.

§ 23, § 24

engen §§ 579 f ZPO möglich ist. Voraussetzung ist, daß der fragliche Titel unrichtig ist, daß der Inhaber des Titels dies weiß *und* daß *weitere* Umstände hinzukommen, die die Sittenwidrigkeit der Vollstreckung aus dem Titel begründen; solche Umstände können einmal aus der Art folgen, wie der Titel erwirkt worden ist, wobei vor allem an ein Erschleichen des Titels durch Prozeßbetrug zu denken ist, zum anderen daraus, wie von dem Titel jetzt trotz Kenntnis seiner Unrichtigkeit Gebrauch gemacht wird[40].

23 bb) Weitere hierher gehörende Beispiele sind grob rechtswidrige Streikmaßnahmen[41] sowie der Mißbrauch der Widerspruchsmöglichkeit im Lastschriftverfahren zum Nachteil eines an sich berechtigten Gläubigers und zum Vorteil anderer Gläubiger unmittelbar vor Konkurseröffnung[42].

24 cc) In unserem **Zeugnis-Fall 26** sind nach dem Gesagten die Voraussetzungen des § 826 erfüllt, da die bewußt unrichtige Ausstellung eines Zeugnisses sittenwidrig ist und da B zumindest mit bedingtem Schädigungsvorsatz gehandelt hatte. Er ist folglich verpflichtet, dem A dessen gesamten Schaden zu ersetzen[43].

§ 24 SONSTIGE TATBESTÄNDE (ÜBERBLICK)

I. § 825 BGB

1 Nach § 825 ist schadensersatzpflichtig, wer eine Frau durch Hinterlist, durch Drohung oder unter Mißbrauch eines Abhängigkeitsverhältnisses zur Gestattung des außerehelichen Geschlechtsverkehrs bestimmt. Die praktische Bedeutung der Vorschrift ist gering, da in derartigen Fällen stets zugleich § 823 erfüllt ist (s. auch § 847 Abs. 2).

II. §§ 836 bis 838 BGB

2 In den §§ 836 bis 838, den Grundtatbeständen der Haftung für die Verletzung von Verkehrssicherungspflichten, regelt das BGB die Verantwortlichkeit für Schäden durch den Einsturz von Gebäuden oder sonstigen Werken sowie durch die Ablösung von Teilen des Gebäudes oder des Werkes, sofern der Einsturz oder die

---

40 ZB BGHZ 40, S. 130 = NJW 1964, S. 349 = JuS 1964, S. 164 Nr 7; BGHZ 50, S. 115 = NJW 1968, S. 1275; BGHZ 53, S. 47 = NJW 1970, S. 565; noch weitergehend für Vollstreckungsbescheide über sittenwidrige Ratenkredite BGHZ 101, S. 380 = NJW 1987, S. 3256 = JuS 1988, S. 228 Nr 5; BGHZ 112, S. 54 = NJW 1991, S. 30 = JuS 1991, S. 244 Nr 4; s. dazu *Emmerich*, JuS 1988, S. 925 (932).
41 BGHZ 69, S. 128 = NJW 1977, S. 1875; BGHZ 70, S. 277 = NJW 1978, S. 816 zum Fluglotsenstreik.
42 BGHZ 101, S. 153 = NJW 1987, S. 2370.
43 BGH, LM Nr 7 zu § 826 (Gb) BGB = NJW 1970, S. 2291 = JuS 1971, S. 155 Nr 4; BGHZ 74, S. 281 = NJW 1979, S. 1882 = JuS 1979, S. 815 Nr 2.

Ablösung die Folge fehlerhafter Errichtung oder mangelhafter Unterhaltung des Gebäudes ist. Die Besonderheit dieser Vorschriften liegt in der Anordnung einer *Beweislastumkehr*, so daß der Verantwortliche für die genannten Schäden haften muß, sofern ihm nicht der Nachweis gelingt, daß er das Gebäude oder Werk ordnungsgemäß unterhalten hat, wozu insbesondere auch eine regelmäßige Überprüfung des Gebäudes oder des Werks auf eine etwaige Einsturzgefahr gehört[1].

Die Haftung trifft in erster Linie den Eigenbesitzer des Grundstücks (§ 836 Abs. 3) sowie gegebenfalls den davon verschiedenen Eigenbesitzer des Gebäudes, wobei vor allem an Nießbraucher, Erbbauberechtigte sowie Mieter und Pächter zu denken ist, die in Ausübung ihres Rechts ein Gebäude auf dem Grundstück besitzen (§ 837). Neben diesen Personen haften schließlich noch solche Personen, die vertraglich die Unterhaltung des Gebäudes übernommen haben oder denen ein sonstiges Nutzungsrecht hinsichtlich des Gebäudes zusteht (§ 838).

III. Amtshaftung (§ 839 BGB)

Literatur: *Bender,* Staatshaftungsrecht, 3. Aufl. (1981); *Deutsch,* Unerlaubte Handlungen, § 21; *Esser/Weyers,* § 59; *Geigel/Kunschert,* Kap. 20 (S. 529 ff); *Medicus* II, §§ 149, 150; *Ossenbühl,* Staatshaftungsrecht, 4. Aufl. (1991).

1. Überblick

Nach § 839 Abs. 1 sind Beamte Dritten für jede schuldhafte Verletzung einer ihnen diesen Dritten gegenüber obliegenden Amtspflicht verantwortlich, freilich mit verschiedenen Einschränkungen: Nach der sog. Subsidiaritätsklausel (§ 839 Abs. 1 S. 2) entfällt zunächst die Haftung bei fahrlässiger Amtspflichtverletzung ganz, sofern der Verletzte auf andere Weise Ersatz zu erlangen vermag. Noch weiter eingeschränkt ist die Haftung von Richtern durch das sog. Spruchrichterprivileg, da nach § 839 Abs. 2 der Spruchrichter nur haftet, wenn die Pflichtverletzung in einer Straftat besteht, wobei vor allem an die Rechtsbeugung zu denken ist (§ 336 StGB). Durch diese Regelung soll verhindert werden, daß rechtskräftig abgeschlossene Prozesse alsbald wieder über Schadensersatzansprüche wegen Amtspflichtverletzung gegen die entscheidenden Richter aufgerollt werden können. Zugleich soll durch das Spruchrichterprivileg jede Beeinträchtigung der Unabhängigkeit von Richtern durch die ständige Bedrohung mit Schadensersatzansprüchen verhindert werden. Die Haftung des Beamten entfällt schließlich überhaupt, wenn es der Verletzte schuldhaft unterlassen hat, den Schaden durch Gebrauch eines Rechtsmittels abzuwenden (§ 839 Abs. 3).

Das BGB geht in § 839, entsprechend der deutschen Tradition, noch von der grundsätzlichen *Eigenhaftung* der Beamten aus. Vor allem hierin findet die eigen-

---
[1] Wegen der Einzelheiten s. *Deutsch,* Unerlaubte Handlungen, § 20 V (Tz. 338 ff); *Medicus* II, § 144 V (S. 396 ff).

§ 24

artige Subsidiaritätsklausel des § 839 Abs. 1 S. 2 ihre Erklärung und Rechtfertigung. An die Stelle der Eigenhaftung der Beamten ist jedoch schon seit langem weithin die Staatshaftung getreten (u. Rn 12). § 839 bildet seitdem nur noch ein Element unter mehreren, aus denen sich heute insgesamt das komplexe Gebäude des Staatshaftungsrechts zusammensetzt.

6 Um diese Materie modernen rechtsstaatlichen Erfordernissen anzupassen, hatte der Bundesgesetzgeber 1981 eine öffentlich-rechtliche Neuordnung des Gebiets mit dem sog. Staatshaftungsgesetz[2] versucht, war damit jedoch aus kompetenzrechtlichen Gründen schließlich am BVerfG gescheitert[3]. Es bleibt somit (vorerst) bei der durch das Zusammenwirken des § 839 mit verschiedenen anderen Rechtsinstituten gekennzeichneten, insgesamt nur schwer überschaubaren Rechtslage.

2. Amtspflichtverletzung

7 Die Eigenhaftung des Beamten setzt ebenso wie die gegebenenfalls an deren Stelle tretende Staatshaftung (u. Rn 12) voraus, daß ein Beamter schuldhaft eine ihm gegenüber einem Dritten obliegende *Amtspflicht* verletzt hat (§ 839 Abs. 1). Die Haftung hat folglich drei Voraussetzungen, die Verletzung einer Amtspflicht, die hierdurch verursachte Schädigung eines Dritten, dessen Schutz die verletzte Amtspflicht bezweckt, sowie Verschulden auf der Seite des handelnden Beamten.

8 a) Die *Amtspflichten* können sich aus Gesetzen, Dienst- und Verwaltungsvorschriften sowie allgemeinen Grundsätzen ergeben. Sie werden grundsätzlich weit ausgelegt. Namentlich ist jeder Beamte verpflichtet, Schädigungen Dritter durch unerlaubte Handlungen im Sinne der §§ 823 ff zu unterlassen. Deliktisches Handeln macht also auch im Rahmen des § 839 in jedem Fall ersatzpflichtig. Weitere Amtspflichten sind zB die Pflicht, die dem Beamten anvertrauten fremden Belange sorgfältig zu behandeln, über Anträge sachgemäß in angemessenen Fristen zu entscheiden sowie Auskünfte und Ratschläge richtig, vollständig und klar zu erteilen.

9 b) Die Verletzung einer der genannten Amtspflichten löst eine Haftung des Beamten oder an seiner Stelle des Staates nach § 839 Abs. 1 S. 1 nur aus, wenn die verletzte Amtspflicht gerade den *Schutz* des verletzten Dritten *bezweckte*. Den Gegensatz bilden Amtspflichten, deren Zweck allein in dem Schutz von Allgemeininteressen, insbesondere in der Aufrechterhaltung der öffentlichen Ordnung besteht. Die Abgrenzung richtet sich nach denselben Gesichtspunkten wie bei § 823 Abs. 2, so daß auf die Ausführungen zu dieser Vorschrift verwiesen werden kann[4].

10 c) Schließlich ist noch erforderlich, daß der Beamte bei der Verletzung der Amtspflicht *schuldhaft* gehandelt hat (§ 276). Eine Gefährdungshaftung des Staates ist dem deutschen Recht (noch) fremd. Anders verhält es sich nur in den neuen

---

2 BGBl. I, S. 553.
3 BVerfGE 61, S. 149 = NJW 1983, S. 25.
4 S. im einzelnen oben § 23 Rn 2 ff sowie zB *Palandt/Thomas*, § 839 Rn 47, 89 ff.

Ländern, in denen aufgrund des früheren sog. Staatshaftungsgesetzes von 1969 idF von 1988 weiterhin von einer generellen verschuldensunabhängigen Staatshaftung für die schädigenden Folgen rechtswidrigen hoheitlichen Verhaltens auszugehen ist[5].

3. *Eigenhaftung und Staatshaftung*

a) Fiskalbereich

§ 839 beruht noch auf dem Grundsatz der Eigenhaftung des Beamten für Amtspflichtverletzungen. Hierbei ist es bis heute bei Handlungen eines Beamten im sog. Fiskalbereich des Dienstherrn, dh innerhalb dessen privatrechtlichen Geschäftskreises geblieben. In diesem Bereich kann sich daher eine Haftung des Staates (neben dem Beamten) immer nur im Einzelfall je nach der Stellung des Beamten aus den §§ 31 und 89 oder aus § 831 ergeben. Bei Vertragsverletzungen des Staates greift außerdem § 278 ein. Unberührt bleibt die eigene Haftung des Staates nach § 7 StVG als Kraftfahrzeughalter.

11

b) Ausübung eines öffentlichen Amtes

Anders ist die Rechtslage, wenn der Beamte in Ausübung eines öffentlichen Amtes tätig wird, weil für diesen Fall *Art. 34 GG* nach dem Vorbild des Preußischen Beamtenhaftungsgesetzes von 1909[6], des Reichshaftungsgesetzes von 1910[7] und des Art. 131 S. 1 der Weimarer Reichsverfassung eine Haftung des Staates *anstelle* des Beamten anordnet. Die Haftung trifft grundsätzlich die Anstellungskörperschaft. Inhaltlich richtet sie sich ebenfalls nach § 839.

12

> Die geschilderte Rechtslage hat die fatale Folge, daß die Subsidiaritätsklausel des § 839 Abs. 1 S. 2 auch die Staatshaftung anstelle des Beamten erfaßt. Diesem allgemein als unangemessen angesehenen Ergebnis versucht die Rechtsprechung durch eine möglichst restriktive Interpretation der Subsidiaritätsklausel zu begegnen. Die Subsidiaritätsklausel ist hiernach zwar grundsätzlich weiter zu beachten, findet jedoch auf bestimmten Sektoren der Amtshaftung mit Rücksicht auf entgegenstehende vorrangige Wertungen keine Anwendung mehr. Die wichtigsten Fälle sind die Haftung des Staates wegen einer Verletzung von Amtspflichten bei der Teilnahme am allgemeinen Straßenverkehr sowie wegen der Verletzung der ihm als hoheitliche Aufgabe obliegenden Straßenverkehrssicherungspflicht[8].

13

---

5 S. *Ossenbühl*, NJW 1991, S. 1201.
6 Preußische GS, S. 691.
7 RGBl. S. 798.
8 Grdlg. BGHZ 68, S. 217 (220 ff) = NJW 1977, S. 1238; BGHZ 75, S. 134 (136 ff) = NJW 1979, S. 2043; BGHZ 118, S. 368 (370 ff) = NJW 1992, S. 2476; s. im einzelnen *Nüßgens,* in: Festschr. f. Geiger, 1989, S. 456.

§ 24

IV. Kreditgefährdung

Literatur: *Deutsch*, Unerlaubte Handlungen, § 19 (Tz. 301 ff); *Emmerich*, Das Recht des unlauteren Wettbewerbs, 4. Aufl. (1994), § 7; *Helle*, Der Schutz der Persönlichkeit, der Ehre und des wirtschaftlichen Rufs im Privatrecht, 2. Aufl. (1969); *Kötz*, Tz. 702 ff (S. 248 ff); *Kübler*, AcP 172 (1972), S. 177; *Pärn*, NJW 1979, S. 2544; *Tilmann*, NJW 1975, S. 758; *Wenzel*, Das Recht der Wort- und Bildberichterstattung, 4. Aufl. (1994).

1. Überblick

14 In § 824 regelt das BGB einen Ausschnitt aus dem Problemkreis des zivilrechtlichen Ehrenschutzes. Die Vorschrift muß daher immer im Zusammenhang mit einer Reihe anderer Bestimmungen gesehen werden. Hervorzuheben sind § 823 Abs. 1 (unter dem Gesichtspunkt des Schutzes des Gewerbebetriebs und des Persönlichkeitsrechts), § 823 Abs. 2 in Verb. mit den §§ 185 bis 187 StGB sowie aus dem UWG die §§ 1, 14 und 15. Die engste Verwandtschaft mit § 824 weist § 14 UWG auf (vgl außerdem § 823 Abs. 2 in Verb. mit § 187 StGB und § 15 UWG).

15 Nach § 824 Abs. 1 ist schadensersatzpflichtig, wer schuldhaft eine unrichtige *Tatsache* behauptet oder verbreitet, die geeignet ist, den Kredit eines anderen zu gefährden oder sonstige Nachteile für dessen Erwerb oder Fortkommen herbeizuführen. Bei Fahrlässigkeit des Täters entfällt jedoch nach § 824 Abs. 2 seine Ersatzpflicht, wenn er oder der Empfänger der Mitteilung an dieser ein berechtigtes Interesse hat. Ergänzend greift in derartigen Fällen § 14 UWG ein, sofern die Tatsachenbehauptung zugleich eine *Wettbewerbshandlung* darstellt. Das ist wichtig, weil § 14 UWG in doppelter Hinsicht für den Geschädigten günstiger als § 824 ist: Einmal trifft die Beweislast für die Richtigkeit der behaupteten Tatsachen hier den Täter; zum anderen setzt nach § 14 UWG die Ersatzpflicht des Täters, wenn er den Wahrheitsbeweis nicht zu führen vermag, kein Verschulden voraus.

2. Tatsachenbehauptungen

16 § 824 gilt ebenso wie § 14 UWG nur für Tatsachenbehauptungen im Gegensatz zu Werturteilen. Die häufig nicht einfache Abgrenzung richtet sich danach, ob die betreffende Äußerung einem *Wahrheitsbeweis* mit den Mitteln der ZPO zugänglich ist oder nicht. Dabei kommt es nur darauf an, wie der unbefangene Hörer oder Leser die Äußerung verstehen mußte, nicht, wie sie der Äußernde (angeblich) gemeint hatte[9]. Eine Tatsachenbehauptung kann daher je nach den Umständen des Falles auch in der bloßen Äußerung eines Verdachts oder einer Vermutung liegen. Sind in der Äußerung Werturteile mit richtigen und falschen Tatsachenbehauptungen ver-

---

9 S. zB RGZ 101, S. 335 (337 f); BGHZ 3, S. 270 (273 ff) = NJW 1952, S. 660 „Constanze I"; BGHZ 45, S. 296 (304 f) = NJW 1966, S. 1617 „Höllenfeuer"; BGHZ 65, S. 325 = NJW 1976, S. 620 = JuS 1976, S. 329 Nr 6 „Warentest".

mengt, so ist darauf abzustellen, wo das Schwergewicht der Äußerung liegt und ob sie hiernach in ihren Kern unwahr ist oder ob der tatsächliche Gehalt der Äußerung so substanzarm ist, daß er gegenüber der subjektiven Wertung ganz in den Hintergrund tritt[10].

> Die neuere Praxis ist bei der Annahme einer Tatsachenbehauptung verhältnismäßig zurückhaltend, um die Meinungsäußerungsfreiheit mit Rücksicht auf Art. 5 Abs. 1 GG nicht auf dem Wege über § 824 und § 14 UWG übermäßig zu beschränken. Deshalb wird für die Anwendung des § 824 über den Wortlaut der Vorschrift hinaus verlangt, daß sich die behaupteten Tatsachen gerade mit dem Kläger befassen oder doch in engen Beziehungen zu seinen Verhältnissen, seiner Betätigung oder seinen gewerblichen Leistungen stehen[11].

17

3. Rechtswidrigkeit und Schuld

a) Anders als nach § 14 UWG setzt die Ersatzpflicht des Täters im Falle des § 824 Vorsatz oder Fahrlässigkeit voraus. Hat der Täter nur fahrlässig gehandelt, so entfällt zudem nach dem Rechtfertigungsgrund des § 824 Abs. 2 seine Ersatzpflicht, wenn er oder der Empfänger der Mitteilung an ihr ein berechtigtes Interesse hat (ebenso § 14 Abs. 2 UWG und § 193 StGB).

18

b) Berechtigte Interessen iS des § 824 Abs. 2 nehmen namentlich die *Massenmedien* bei der Erörterung gemeinschaftswichtiger Fragen von allgemeinem Interesse wahr. In diesem Rahmen droht ihnen daher selbst dann keine Ersatzpflicht, wenn sich später die Unrichtigkeit ihrer Behauptungen herausstellt. Voraussetzung ist freilich, daß sie zuvor den Wahrheitsgehalt ihrer Behauptungen mit der gebotenen *Sorgfalt* geprüft haben, wobei sich die Grenzen immer nur im Einzelfall aufgrund einer umfassenden Güter- und Interessenabwägung ziehen lassen[12].

19

4. Rechtsfolgen

Steht die Unrichtigkeit der behaupteten Tatsachen fest, so kann der Betroffene zunächst *Widerruf* verlangen, und zwar ohne Rücksicht darauf, ob die Äußerungen von § 824 Abs. 2 gedeckt sind oder nicht, und auch ohne Rücksicht auf ein etwaiges Verschulden des Täters. Denn an der Aufrechterhaltung unrichtiger Tatsachenbehauptungen kann niemand ein berechtigtes Interesse haben. Voraussetzung des Widerrufsanspruchs ist lediglich, daß von den Äußerungen noch eine fortwirkende

20

---

10 BGH, LM Nr 62 zu § 823 (Ah) BGB = NJW 1978, S. 2151 = JuS 1979, S. 142 Nr 9; LM Nr 58 zu § 823 (C) BGB = NJW 1987, S. 1403; LM Nr 106 zu § 823 (Ah) BGB = NJW 1993, S. 930.
11 BGH, LM Nr 5 zu § 824 BGB = NJW 1963, S. 1871; LM aaO Nr 7 = NJW 1965, S. 36; LM aaO Nr 10 = MDR 1967, S. 753; s. außerdem BGHZ 90, S. 113 = NJW 1984, S. 1607 = JuS 1984, S. 640 Nr 2.
12 ZB BGHZ 59, S. 76 = NJW 1972, S. 1658; BGH, LM Nr 9 zu § 824 BGB = NJW 1966, S. 2010 = JuS 1966, S. 494 Nr 3 usw bis BGH, LM Nr 13 zu § 823 (Bd) BGB = NJW 1987, S. 2225; *Medicus* II, § 139 II 1 b (S. 370).

§ 24

Beeinträchtigung des Betroffenen ausgeht[13]. *Schadensersatz* kann der Verletzte hingegen nur verlangen, wenn der Täter außerdem schuldhaft gehandelt hat (§ 824 Abs. 1; viel strenger hingegen § 14 Abs. 1 UWG). Im Einzelfall können dabei zu dem ersatzfähigen Schaden auch die Kosten einer Richtigstellung der unrichtigen Behauptungen, etwa durch Werbeanzeigen gehören[14].

V. Haftung für Verrichtungsgehilfen

Literatur: *Th. Baums,* in: Festschr. f. Lukes, 1989, S. 623; *Fr. Baur,* Karlsruher Forum 1962, S. 14; *Brüggemeier,* Tz. 118, 880 ff (S. 98, 514 ff); *v. Caemmerer,* in: Festg. f. Weitnauer, 1980, S. 261; *Deutsch,* Unerlaubte Handlungen, § 20 II (Tz. 317 ff); *Erdsiek,* JurJb 8 (1967/68), S. 36; *Geigel/Schlegelmilch,* Kap. 17 (S. 501 ff); *Hassold,* JuS 1982, S. 583; *Kötz,* Tz. 266 ff (S. 100 ff); *Kupisch,* JuS 1984, S. 250; *ders./Krüger,* Deliktsrecht, § 10 (S. 85 ff); *Leßmann,* JA 1980, S. 193; *Medicus,* Bürgerliches Recht, § 32; *Steindorff,* AcP 170 (1970), S. 93; *H. Westermann,* JuS 1961, S. 333, 382.

21 Nach § 831 Abs. 1 S. 1 ist der Geschäftsherr zum Ersatze des Schadens verpflichtet, den sein Verrichtungsgehilfe einem Dritten widerrechtlich zufügt. Der Geschäftsherr haftet jedoch nur für vermutetes *eigenes* Verschulden, so daß er sich durch den Nachweis zu entlasten vermag, daß er bei der Auswahl des Verrichtungsgehilfen sowie gegebenenfalls bei der Beschaffung der nötigen Vorrichtungen oder Gerätschaften oder bei der Leitung der Ausführung der Verrichtungen die im Verkehr erforderliche Sorgfalt beobachtet hat *oder* daß der Schaden auch bei Anwendung dieser Sorgfalt entstanden wäre (§ 831 Abs. 1 S. 2). Dieselbe Haftung wie den Verrichtungsgehilfen trifft nach § 831 Abs. 2 denjenigen, der für den Geschäftsherrn die Auswahl oder Beaufsichtigung des Verrichtungsgehilfen durch Vertrag übernommen hat, eine nur selten angewandte Vorschrift, die im folgenden unberücksichtigt bleiben soll.

1. Problematik

22 Die Haftung des Geschäftsherrn für unerlaubte Handlungen seiner Verrichtungsgehilfen ist im BGB durch § 831 Abs. 1 nicht etwa als Haftung des Geschäftsherrn für fremdes Verschulden des Verrichtungsgehilfen, sondern als Haftung für vermutetes *eigenes* Verschulden des Geschäftsherrn bei der Auswahl und Anleitung seiner Verrichtungsgehilfen konstruiert worden. Eine Haftung für *fremdes* Verschulden wie im Rahmen rechtlicher Sonderverbindungen gemäß § 278 kennt unsere Rechtsordnung nur in den Sonderfällen der Organhaftung aufgrund der §§ 30, 31 und 89 sowie der Repräsentantenhaftung nach § 3 HaftPflG von 1978 (vgl außerdem noch § 13 Abs. 4 UWG).

---

13 S. zB BGHZ 90, S. 113 = NJW 1984, S. 1607 = JuS 1984, S. 640 Nr 2; BGH, LM Nr 11 zu § 823 (Bd) BGB = NJW 1985, S. 1621.

14 BGHZ 70, S. 39 = NJW 1978, S. 210; BGH, LM Nr 25 zu § 824 BGB = NJW 1986, S. 981 „Globus".

Die eigenartige Regelung des § 831, mit der sich die Gesetzesverfasser ebenso wie bei der Entscheidung gegen eine Generalklausel (§ 823) in einen bewußten Gegensatz zu der Mehrzahl unserer Nachbarrechtsordnungen gestellt haben[15], ist seit Verabschiedung des BGB auf nahezu einhellige Kritik gestoßen[16]. Gegen sie wird – mit guten Gründen – vor allem eingewandt, daß die Zulassung des Entlastungsbeweises des Geschäftsherrn zu einer sachlich durch nichts zu rechtfertigenden Privilegierung der Geschäftsherren auf Kosten der durch ihre Verrichtungsgehilfen geschädigten Dritten führen müsse. 23

Die Rechtsprechung hat sich dieser Kritik nicht verschlossen und deshalb von Anfang an auf vielfältigen Wegen versucht, den Anwendungsbereich des offenbar mißglückten § 831 nach Möglichkeit einzuschränken. Diesem Ziel dienten vor allem – neben der ständigen Ausdehnung der Organhaftung des Geschäftsherrn aufgrund der §§ 30, 31 und 89 – auf vertraglicher Ebene die Konstruktion immer neuer rechtlicher Sonderverbindungen, in denen dann *§ 278* anwendbar ist[17], sowie auf deliktischer Ebene die „Überlagerung" des § 831 durch die Annahme *eigener Verkehrspflichten* des Geschäftsherrn, namentlich zur ordentlichen und sicheren Organisation seines Betriebs, bei deren Verletzung der Geschäftsherr dann *selbst* ohne die Möglichkeit eines Entlastungsbeweises haftet[18]. 24

Die Folge der geschilderten Entwicklung ist, daß der früher so gefürchtete Entlastungsbeweis des Geschäftsherrn mittlerweile viel von seinen Schrecken verloren hat. Die praktische Bedeutung des § 831 – als Instrument zur Entlastung des Geschäftsherrn verstanden – ist infolgedessen heute nur noch gering, da idR kein Weg mehr an der eigenen Haftung des Geschäftsherrn für deliktische Schädigungen Dritter durch seine Verrichtungsgehilfen vorbeiführt. Schon mit Rücksicht auf den Freistellungsanspruch des Arbeitnehmers[19] wird tatsächlich heute der Entlastungsbeweis in der Praxis nur noch selten versucht und gelingt noch seltener. 25

2. Verrichtungsgehilfe

Der Anwendungsbereich des § 831 Abs. 1 beschränkt sich auf Personen, die ein anderer, der sog. Geschäftsherr, zu einer Verrichtung *bestellt* hat. Aus dieser Formulierung wird überwiegend der Schluß gezogen, daß als Verrichtungsgehilfen im Sinne des § 831 Abs. 1 nur solche Personen in Betracht kommen, die der Geschäftsherr, unentgeltlich oder entgeltlich, mit einer tatsächlichen oder rechtsgeschäftlichen Tätigkeit beliebiger Art betraut hat, so daß sie von ihm *weisungsabhängig* sind, weil man eben nur dann sinnvollerweise von einer „Bestellung" oder „Betrauung" eines 26

---

15 Vgl insbes. Art. 1384 französicher Code civil; Art. 2059 italienischer Cod. civ.; § 1313 öABGB; zu den Gründen der Abweichung s. Motive Bd. II, S. 736.
16 Vorbild des § 831 war Art. 55 des schweizerischen OR, der jedoch wesentlich strenger als § 831 ausgelegt wird (s. *Baums,* in: Festschr. f. Lukes, S. 623 ff; *Th. Guhl,* Das Schweizerische Obligationenrecht, 8. Aufl. 1991, § 25 II [S. 189 ff]).
17 Stichworte: Vertrag zugunsten Dritter und cic.
18 Beispiele in BGHZ 24, S. 200 (213 f) = NJW 1957, S. 1315 „Spätheimkehrer"; BGHZ 39, S. 124 (130) = NJW 1963, S. 902 „Fernsehansagerin"; BGHZ 59, S. 76 = NJW 1972, S. 1658.
19 S. o. § 9 Rn 23.

§ 24

anderen sprechen kann. Den Gegensatz bilden selbständige, nicht weisungsabhängige Personen, für die folglich nicht nach § 831 Abs. 1 gehaftet wird[20].

27 Die Anwendung des § 831 Abs. 1 setzt nicht voraus, daß das Weisungsrecht des Geschäftsherrn ins einzelne geht. Es genügt vielmehr, daß der Geschäftsherr die Tätigkeit des Gehilfen jederzeit beschränken oder entziehen oder nach Zeit und Umständen bestimmen kann. Maßgebend ist mithin letztlich die Eingliederung der betreffenden Person in den Herrschafts- und Organisationsbereich des Geschäftsherrn[21].

3. Widerrechtliche Schädigung eines Dritten

28 Der Geschäftsherr ist nach § 831 Abs. 1 S. 1 schadensersatzpflichtig, wenn der Verrichtungsgehilfe einen Dritten gerade in Ausführung der übertragenen Verrichtung widerrechtlich geschädigt hat. Damit ist zweierlei gesagt:

29 a) Die Haftung greift bereits ein, wenn der Verrichtungsgehilfe (nur) den *äußeren* Tatbestand einer unerlaubten Handlung iS der §§ 823 ff erfüllt hat; auf sein Verschulden kommt es hingegen nicht an. Denn § 831 begründet keine Haftung des Geschäftsherrn für das fremde Verschulden des Verrichtungsgehilfen, sondern für sein eigenes vermutetes Verschulden bei der Auswahl und Anleitung des Verrichtungsgehilfen.

30 b) Die unerlaubte Handlung des Verrichtungsgehilfen muß jedoch gerade „*in Ausführung*" der ihm übertragenen Verrichtungen und nicht nur bei deren Gelegenheit vorgenommen worden sein. Dies wird idR dahin interpretiert, daß ein „innerer Zusammenhang" zwischen der übertragenen Verrichtung und der schädigenden Handlung bestehen muß. Solcher Zusammenhang wird bei vorsätzlichen unerlaubten Handlungen des Gehilfen wie zB Schwarzfahrten angestellter Fahrer meistens verneint[22]. Das ist indessen fraglich, weil die geschädigten Dritten gerade in derartigen Fällen besonders schutzbedürftig sind. Deshalb sollte auch hier die Haftung des Geschäftsherrn bejaht werden, sofern nur die fragliche Handlung zumindest in den äußeren Kreis der übertragenen Verrichtungen fällt[23].

4. Entlastungsbeweis

31 Der Geschäftsherr haftet für vermutetes eigenes Verschulden. Sind die genannten Voraussetzungen des § 831 Abs. 1 erfüllt, so kann er sich folglich nur noch dadurch von seiner Haftung befreien, daß er den sog. Entlastungsbeweis führt, indem er

---

20 Vgl aber für einen Sonderfall BGH, ZIP 1989, S. 831 (833); dagegen zB *Medicus* II, § 144 II 1 a (S. 392).
21 S. zB BGHZ 1, S. 383 (387 f) = NJW 1951, S. 798; BGHZ 26, S. 152 (159) = NJW 1958, S. 220; BGHZ 45, S. 311 (312 f) = NJW 1966, S. 1807; *v. Caemmerer*, in: Festschr. f. Weitnauer, S. 261; *Kötz*, Tz. 270 f; *Medicus* (vorige Fn).
22 S. BGH, LM Nr 4b zu § 831 (D) BGB = NJW 1964, S. 1413; LM aaO Nr 5 = NJW 1965, S. 391; LM aaO Nr 7 = NJW 1971, S. 31; *Deutsch*, Tz. 319.
23 *Mertens*, in: MünchKomm., § 831 Rn 45 f; *Fikentscher*, Tz. 1306.

nachweist, daß er bei der Auswahl des Verrichtungsgehilfen und, sofern er Vorrichtungen oder Gerätschaften zu beschaffen oder die Ausführung der Verrichtungen zu leiten hat, bei der Beschaffung oder der Leitung die im Verkehr erforderliche Sorgfalt beobachtet hat *oder* daß der Schaden auch bei Anwendung dieser Sorgfalt entstanden wäre (§ 831 Abs. 1 S. 2). Gleich steht der Fall, daß dem Geschäftsherrn der Nachweis gelingt, daß sich der Verrichtungsgehilfe seinerzeit bei der fraglichen schädigenden Handlung in jeder Hinsicht sorgfältig verhalten hat[24].

a) Auswahl, Anleitung und Überwachung

Der Entlastungsbeweis muß sich in erster Linie auf die Auswahl, Anleitung und Überwachung des Verrichtungsgehilfen beziehen. In allen diesen Beziehungen sind die Anforderungen an den Entlastungsbeweis ständig verschärft worden. Besondere Anforderungen stellt die Praxis zB an die Überwachung und Anleitung des Personals der öffentlichen Verkehrsunternehmen[25]. 32

Lediglich in *Großbetrieben* ist dem Geschäftsherrn (ursprünglich) gestattet worden, die Auswahl, Anleitung und Überwachung der Verrichtungsgehilfen auf leitende Angestellte, sog. Zwischenglieder, zu delegieren mit der Folge, daß er anschließend den Entlastungsbeweis nur noch für diese Zwischenglieder zu führen braucht[26]. Dieser sog. *dezentralisierte* Entlastungsbeweis führte indessen im Ergebnis zu einer inakzeptablen Bevorzugung (ausgerechnet) der Großbetriebe. Deshalb sind zum Ausgleich in den letzten Jahren die Organisationspflichten des Geschäftsherrn immer weiter ausgebaut worden, so daß von den Vorteilen des dezentralisierten Entlastungsbeweises heute nichts mehr übrig geblieben ist. 33

b) Sorgfalt des Verrichtungsgehilfen

Wenn das Delikt des Verrichtungsgehilfen in dem Verstoß gegen eine Verkehrspflicht besteht, so daß bereits zu dem Tatbestand der unerlaubten Handlung eine Sorgfaltspflichtverletzung gehört, kann sich der Geschäftsherr – über den Wortlaut des § 831 Abs. 1 S. 2 hinaus – auch durch den Nachweis entlasten, daß sich der Verrichtungsgehilfe, selbst wenn er seinerzeit von ihm unsorgfältig ausgewählt worden sein sollte, jedenfalls bei der fraglichen Handlung doch in jeder Hinsicht sorgfältig verhalten hat. Der Grund ist einfach der, daß dann ein sorgfältig ausgewählter, angeleiteter oder überwachter Verrichtungsgehilfe gleichfalls nicht imstande gewesen wäre, besser zu handeln, so daß eine Haftung des Geschäftsherrn nicht mehr gerechtfertigt erscheint. Die Beweislast für diesen Ausnahmetatbestand trägt der Geschäftsherr[27]. 34

---

24 S. dazu zB im einzelnen *Deutsch*, Tz. 321 bis 326 (S. 159 ff).
25 ZB RGZ 78, S. 107 (109 f); BGH, LM Nr 5 zu § 831 (Fc) BGB = NJW 1953, S. 779; LM Nr 6a zu § 831 (Fa) BGB = NJW 1964, S. 2401.
26 Grdl. RGZ 78, S. 107 (108 f); BGHZ 4, S. 1 (2) = NJW 1952, S. 418.
27 So grdl. BGHZ(GS) 24, S. 21 (29 f) = NJW 1957, S. 785; ebenso zB BGHZ 12, S. 94 (96) = NJW 1954, S. 913; BGH, LM Nr 84 zu § 823 (Aa) BGB = NJW 1986, S. 776 f; anders zB *Kötz*, Tz. 279 f (S. 104 f); *Fikentscher*, Tz. 1304; noch anders (entsprechende Anwendung des § 278) *Baums*, in: Festschr. f. Lukes, S. 623 (636ff).

§ 24

VI. Haftung des Aufsichtspflichtigen

Literatur: *Berning/Vortmann,* JA 1986, S. 12; *Deutsch,* § 20 III (Tz. 333 ff); *Immenga,* FamRZ 1969, S. 313; *Kötz,* Tz. 330 ff (S. 122 f); *Rauscher,* JuS 1985, S. 757; *M.J. Schmid,* VersR 1982, S. 822.

1. Überblick

35 Nach § 832 Abs. 1 haftet der Aufsichtspflichtige ebenso wie der Geschäftsherr für vermutetes *eigenes* Verschulden, wenn die beaufsichtigte Person einen Dritten widerrechtlich schädigt. Aufsichtspflichtig sind neben den Eltern (u. Rn 37 ff) zB Vormünder, Pfleger und Lehrherren. Ihre Ersatzpflicht entfällt jedoch, wenn sie nachzuweisen vermögen, daß sie ihrer Aufsichtspflicht genügt haben oder daß der Schaden auch bei gehöriger Aufsichtsführung entstanden wäre (§ 832 Abs. 1 S. 2).

36 Dieselbe Haftung wie den Aufsichtspflichtigen trifft gemäß § 832 Abs. 2 solche Personen, die die Führung der Aufsicht durch Vertrag übernehmen. Zu denken ist hier in erster Linie an Pflegeeltern, Stiefeltern, sog. Tagesmütter sowie die Träger von Heil-, Erziehungs- oder Krankenanstalten, in die Kinder aufgenommen sind[28]. Die Haftung der beaufsichtigten Person selbst richtet sich hingegen nach den allgemeinen Vorschriften, dh nach den §§ 823 ff in Verb. mit den §§ 828 und 829.

2. Eltern

37 Aus § 832 Abs. 1 folgt, daß entgegen der landläufigen Meinung nach deutschem Recht *keine* generelle Haftung der Eltern für unerlaubte Handlungen ihrer Kinder besteht; vielmehr haften die Eltern – ebenso wie der Geschäftsherr (o. Rn 21 ff) – nur für vermutetes *eigenes* Verschulden bei der Ausübung ihrer Aufsichtspflicht (§§ 1626, 1631), sofern ihre Kinder rechtswidrig einen der Tatbestände der §§ 823 ff erfüllt haben, wenn sie zB bei dem „Spiel mit dem Feuer", das offenbar einen unwiderstehlichen Reiz auf Kinder ausübt, fremde Sachen beschädigt haben[29].

38 Das Maß der gebotenen Aufsicht der Eltern bestimmt sich in erster Linie nach der Größe der jeweils drohenden Gefahr, außerdem nach Alter, Eigenart und Charakter des Kindes sowie danach, was den Eltern in der jeweiligen Situation überhaupt zugemutet werden kann. Entscheidend ist folglich, was verständige Eltern nach vernünftigen Anschauungen unternehmen müssen, um die Schädigung Dritter durch ihr Kind zu verhindern, wobei immer auf die konkreten Umstände des Einzelfalles abzustellen ist, so daß generelle Aussagen nur schwer möglich sind[30].

---

28 BGH, LM Nr 14 zu § 832 BGB = NJW 1985, S. 677.
29 Dies ein „Dauerbrenner" der Rspr, s. zB BGHZ 111, S. 282 = NJW 1990, S. 2553 = JuS 1991, S. 76 Nr 7 m. Nachw. usw bis BGH, LM Nr 19 zu § 832 BGB = NJW 1993, S. 1003.
30 So zuletzt zB BGH, LM § 832 BGB Nrn. 16 und 17 = NJW 1987, S. 13 und 1430 m. Nachw.

Entgegen einer verbreiteten Tendenz der Praxis darf namentlich bei Heranwachsenden von den Eltern nichts Unmögliches verlangt werden, wenn anders eine Gefährdungshaftung der Eltern für ihre Kinder vermieden werden soll, die der Gesetzgeber gerade nicht gewollt hat[31]. In der Regel dürfen sich deshalb die Eltern auf die (nachdrückliche) Belehrung ihrer Kinder über die Gefährlichkeit bestimmter Handlungen, zB über die Gefahren des Umgangs mit Waffen oder Streichhölzern beschränken. Streichhölzer müssen außerdem stets so verwahrt werden, daß zumal kleine Kinder keinen Zugang haben. Weitergehende Aufsichtsmaßnahmen sind nur erforderlich, wenn die Eltern erkennen müssen, daß die bisherigen Maßnahmen nichts fruchten[32]. Eltern haften deshalb zB grundsätzlich nicht für den Raubmordversuch eines Siebzehnjährigen, den sie allein in ihrer Wohnung zurückgelassen hatten, vorausgesetzt, daß nicht früher schon Anzeichen für die Neigung ihres Sohnes zur Gewalttätigkeit hervorgetreten waren[33].

§ 25 DER DELIKTISCHE ERSATZANSPRUCH

Fall 27: Frau P hatte mir ihrem Pkw, in dem sich der S befand, einen Unfall verschuldet. Ob S dabei verletzt wurde, läßt sich jetzt nicht mehr feststellen; S wurde jedenfalls von einem Krankenwagen abgeholt, der kurz hinter der Unfallstelle mit einem Tankwagen des X zusammenstieß. Die Schuld an diesem zweiten Unfall traf den Fahrer des Tankwagens Y. S, der mit erheblichen Verletzungen ins Krankenhaus eingeliefert wurde, fragt an, von wem er Schadensersatz verlangen kann.

I. Beteiligung mehrerer

Literatur: *M. Bauer,* JZ 1971, S. 4; *Brambring,* Mittäter, Nebentäter, Beteiligung, 1973; *Bydlinski,* in: Festschr. f. Beitzke, 1979, S. 3; *Deubner,* JuS 1972, S. 383; *Deutsch,* Haftungsrecht Bd. I, S. 337 ff; *ders.,* Unerlaubte Handlungen, § 12 (Tz. 144 ff); *Geigel/Schlegelmilch,* Kap. 10 (S. 234 ff); *Keuk,* AcP 168 (1968), S. 175; *Kornblum,* JuS 1986, S. 600; *Kupisch/Krüger,* Deliktsrecht, § 13 (S. 118 ff); *Medicus,* Bürgerliches Recht, § 32 II 5 (Tz 789 ff); *Ries,* AcP 177 (1977), S. 543; *Selb,* JZ 1975, S. 193; *Weckerle,* Die deliktische Verantwortlichkeit mehrerer, 1974.

Die Beteiligung mehrerer Personen an einer deliktischen Schädigung Dritter kann sich in verschiedenen Formen abspielen. Üblicherweise unterscheidet man Mittäterschaft, Teilnahme, Nebentäterschaft und alternative Täterschaft.

1

---

31 Ebenso zuletzt BGH, LM Nr 19 zu § 832 BGB = NJW 1993, S. 1003 m. Nachw.
32 S. insbes. BGHZ 111, S. 282 = NJW 1990, S. 2553 = JuS 1991, S. 76 Nr 7.
33 OLG Hamm, OLGZ 1992, S. 95.

§ 25

1. Mittäterschaft

2   Nach § 830 Abs. 1 S. 1 ist jeder für den ganzen Schaden verantwortlich, wenn mehrere Personen durch eine gemeinschaftlich begangene unerlaubte Handlung einen Schaden verursacht hat. Wie sich aus § 840 Abs. 1 ergibt, bedeutet dies, daß dann alle Beteiligten als Gesamtschuldner für den gesamten Schaden haften.

3   Aus dem Wortlaut des § 830 wird überwiegend der Schluß gezogen, daß das Gesetz mit der gemeinschaftlichen Begehung einer unerlaubten Handlung (§ 830 Abs. 1 S. 1) auf den strafrechtlichen Begriff der Mittäterschaft Bezug nimmt (§ 25 Abs. 2 StGB). Mittäterschaft setzt daher im Zivilrecht ebenso wie im Strafrecht ein bewußtes und gewolltes, dh *vorsätzliches* Zusammenwirken mehrerer Personen bei der Begehung eines Delikts voraus. Eine fahrlässige Mittäterschaft gibt es nicht[1].

4   Die Art des Tatbeitrags des einzelnen Mittäters spielt keine Rolle; vielmehr haftet jeder, der in der genannten Weise als Mittäter bei der Begehung des Delikts in irgendeiner Form mitwirkt, gesamtschuldnerisch für den gesamten Schaden, selbst wenn sich sein Beitrag auf eine bloße psychische Unterstützung der anderen Täter oder auf die bloße Mitwirkung bei Vorbereitungshandlungen „beschränkt"[2]. Das vorsätzliche Zusammenwirken aller Beteiligten rechtfertigt es vielmehr, jedem Beteiligten den gesamten Schaden zuzurechnen, selbst wenn sein „Beitrag" hierfür letztlich nicht kausal geworden ist[3]. Ausgenommen sind lediglich Exzeßtaten eines der Beteiligten, die die anderen weder gebilligt noch gekannt haben[4].

2. Teilnahme

5   Anstifter und Gehilfen stehen nach § 830 Abs. 2 im Zivilrecht Mittätern in jeder Hinsicht gleich. Sie haften daher gleichfalls neben dem Täter gesamtschuldnerisch für den gesamten Schaden (§ 840 Abs. 1).

6   Der Begriff der Anstiftung und der Beihilfe wird in § 830 Abs. 2 wiederum überwiegend dem Strafrecht entnommen[5]. Anstifter ist daher nur, wer vorsätzlich einen anderen zu dessen vorsätzlich begangener rechtswidriger Tat bestimmt hat (§ 26 StGB), während Beihilfe anzunehmen ist, wenn jemand vorsätzlich einem anderen zu dessen vorsätzlich begangener rechtswidriger Tat Hilfe geleistet hat (§ 27 StGB).

7   Die Teilnahme an dem Delikt eines anderen setzt folglich ebenso wie die Mittäterschaft *Vorsatz* bei sämtlichen Beteiligten voraus, während es auf die Art des Tatbeitrages wiederum nicht ankommt. Für die Annahme von Beihilfe reicht aus diesem

---

1   Anders nur *Deutsch*, Tz. 147.
2   ZB BGHZ 8, S. 288 (292 ff) = NJW 1953, S. 499; BGHZ 50, S. 30 = NJW 1972, S. 1366 = JuS 1972, S. 668 Nr 4; BGHZ 63, S. 124 (126 ff) = NJW 1975, S. 49; BGHZ 70, S. 277 (284 ff) = NJW 1978, S. 816 „Fluglotsen"; BGHZ 89, S. 383 (389 ff) = NJW 1984, S. 1226 = JuS 1984, S. 718 Nr 5 „Grohnde-Urteil".
3   *Deutsch*, Tz. 145; *Medicus* II, § 151 II 1 (S. 427).
4   BGHZ 89, S. 383 (396) = NJW 1984, S. 1226.
5   Anders auch hier *Deutsch*, Tz. 149.

Grunde bereits jede beliebige Solidarisierung mit dem Täter aus, insbesondere durch die Förderung oder Unterstützung der Tat oder durch die Bestärkung des Täters in seinem Entschluß. Selbst wer sich darauf „beschränkt", den Täter anzufeuern, oder wer ihm in anderer Weise psychischen Beistand leistet, haftet daher in vollem Umfang für sämtliche Schäden des Opfers, selbst wenn die Kausalität seines Tatbeitrages für den schließlich eingetretenen schädigenden Erfolg zweifelhaft bleibt, so daß es letztlich auch hier das *vorsätzliche* Zusammenwirken der Beteiligten ist, das etwaige Zweifel an der Kausalität überwindet[6].

3. Insbesondere Demonstrationsschäden

Literatur: *Diederichsen/Marburger*, NJW 1970, S. 778; *Knopp*, in: Festg. f. Hefermehl, 1972, S. 405; *Kornblum*, JuS 1986, S. 600; *Medicus*, Bürgerliches Recht, Tz. 792.

Von Demonstrationsschäden spricht man, wenn es im Rahmen von „friedlichen" oder von vornherein gewalttätigen Demonstrationen zu Schädigungen Dritter kommt. Wendete man hier die §§ 830 und 840 strikt an, so bedeutete dies zwar ein Optimum an Schutz für die geschädigten Dritten; der Preis wäre jedoch eine empfindliche Einschränkung des Grundrechts der Demonstrationsfreiheit (Art. 8 GG), weil dann sämtliche Teilnehmer an derartigen Demonstrationen, die die Aktionen anderer in irgendeiner Form unterstützten oder billigten, als Mittäter oder Gehilfen für alle dadurch verursachten Schäden mit einstehen müßten[7]. 8

Aus der Befürchtung heraus, daß hierdurch die Teilnahme an „friedlichen" und deshalb erlaubten Demonstrationen mit einem übermäßigen Haftungsrisiko belastet würde, hat der BGH später in dem *Grohnde-Urteil*[8] die Haftung der Teilnehmer streng auf die Delikte derjenigen Gruppe beschränkt, an der sie jeweils beteiligt sind, sofern sie überdies deren Taten aktiv unterstützt haben. Die bedenklich Konsequenz ist freilich, daß heute in aller Regel die Inanspruchnahme der Teilnehmer an gewalttätigen Demonstrationen bereits an der Unmöglichkeit scheitert, diesen Nachweis zu führen – ein offenbar mit dem Gesetz unvereinbares Ergebnis (§§ 823, 830, 840). 9

4. Nebentäterschaft

Mittäterschaft und Teilnahme sind durch das psychische Band gekennzeichnet, das sämtliche Beteiligten verbindet und das es überhaupt erst rechtfertigt, jedem Teilnehmer die Tatbeiträge der übrigen in vollem Umfang zuzurechnen (§§ 830, 840 Abs. 1). Wo dieses psychische Band fehlt, in Fällen also, in denen eine unerlaubte 10

---

6 ZB BGHZ 105, S. 121 (133 f) = NJW 1988, S. 2794 „Kerkerbachbahn"; BGHZ 111, S. 282 (284) = NJW 1990, S. 2553 = JuS 1991, S. 76 Nr 7; *Deutsch*, Tz. 149.
7 So in der Tat BGHZ 59, S. 30 = NJW 1972, S. 1366; BGHZ 63, S. 124 = NJW 1975, S. 49; BGH, LM Nr 43 zu § 823 (Ai) BGB = NJW 1972, S. 1571 = JuS 1972, S. 668 Nr 4.
8 BGHZ 89, S. 383 = NJW 1984, S. 1226 = JuS 1984, S. 718 Nr 5 m. abl. Anm. *Kornblum*, JuS 1986, S. 600.

§ 25

Handlung von mehreren Personen ohne bewußtes und gewolltes Zusammenwirken durch selbständige Einzelhandlungen begangen wird, ist für die Annahme von Mittäterschaft oder Teilnahme kein Raum; man spricht dann vielmehr von Nebentäterschaft. Nebentäterschaft liegt daher zB vor, wenn die Erkrankung einer Person auf dem Zusammenwirken der Arzneimittel verschiedener Hersteller beruht[9], wenn mehrere Kraftfahrer durch verschiedene selbständige Verkehrsverstöße einen Unfall verursachen[10] oder wenn mehrere Kinder unabhängig voneinander in demselben Gebäude Feuer legen[11].

11 Mangels Anwendbarkeit des § 830 richtet sich die Behandlung dieser Fälle nach den allgemeinen Regeln. Jeder Nebentäter ist daher grundsätzlich „nur" für seinen Tatbeitrag verantwortlich[12]. Foglich haftet er aufs ganze, wenn er eine Ursache für den gesamten Schaden gesetzt hat, während ihn ansonsten eine Haftung lediglich für den gerade durch seinen Tatbeitrag bewirkten Erfolg trifft. Voraussetzung ist freilich, daß sich die einzelnen Tatbeiträge hinsichtlich ihrer Auswirkungen überhaupt isolieren lassen. Fehlt es schon hieran, so greift statt dessen die Sondervorschrift des § 830 Abs. 1 S. 2 ein[13].

5. Alternative Täterschaft

a) Zweck

12 Nach § 830 Abs. 1 S. 2 ist auch dann jeder für den gesamten Schaden verantwortlich, wenn sich im nachhinein nicht mehr ermitteln läßt, wer von den mehreren Beteiligten den Schaden letztlich durch seine Handlung verursacht hat. Wie schon ausgeführt (o. Rn 11), hat das Gesetz hier in erster Linie Fälle der Nebentäterschaft im Auge, bei denen sich die Kausalität der einzelnen Tatbeiträge nicht mehr nachweisen läßt, so daß der Geschädigte ohne die Sondervorschrift des § 830 Abs. 1 S. 2 leer ausgehen müßte, obwohl feststeht, daß jedenfalls einer der Beteiligten den Schaden verursacht hat[14]. Sozusagen klassischer Anwendungsfall des § 830 Abs. 1 S. 2 ist die Verletzung oder Tötung einer Person bei Raufhändeln oder Schlägereien[15], da hier besonders oft im nachhinein keine Feststellungen mehr darüber möglich sind, wer eigentlich die entscheidenden Schläge geführt hat[16].

13 § 830 Abs. 1 S. 2 regelt im einzelnen zwei verschiedene Fälle, nämlich die sog. alternative und die kumulative (Neben-) Täterschaft[17]. Alternative Täterschaft liegt vor, wenn nur der eine *oder* der andere Beteiligte als Täter in Betracht kommt, aber

---

9 Grdlg. BGH, NJW 1994, S. 932 (934) = JuS 1994, S. 609 Nr 5 „Milupa/Alete".
10 BGHZ 30, S. 203 = NJW 1959, S. 1772.
11 BGH, LM Nr 27 zu § 830 BGB = NJW 1988, S. 1719.
12 BGH (vorige Fn 9-11); VersR 1964, S. 243 (244).
13 BGHZ 101, S. 106 (108, 113) = NJW 1987, S. 2810; *Kornblum*, JuS 1986, S. 600 (606 f).
14 S. BGHZ 101, S. 106 (108, 113) = NJW 1987, S. 2810.
15 So schon Motive Bd. II, S. 738.
16 S. zB BGHZ 103, S. 196 = NJW 1988, S. 1883 = JuS 1988, S. 817 Nr 6; BGH, LM Nr 23 zu § 830 BGB = NJW 1982, S. 2307.
17 Ebenso jetzt ausdrücklich BGH, NJW 1994, S. 932 (934) „Milupa/Alete".

nicht mehr festgestellt werden kann, welcher der Beteiligten tatsächlich der Täter war, während kumulative Täterschaft anzunehmen ist, wenn die Tatbeiträge der einzelnen Nebentäter nicht mehr getrennt werden können.

§ 830 Abs. 1 S. 2 bedeutet, daß in den genannten Fällen jeder Beteiligte – trotz fehlenden Nachweises der Kausalität seines Beitrages – für den gesamten Schaden haften muß, wodurch die Auseinandersetzung zwischen den Beteiligten über § 840 in Verbindung mit § 426 sachgemäß in ihr Innenverhältnis verlagert wird. Das Gesetz will damit in erster Linie der Beweisnot steuern, in der sich der Verletzte in Fällen der geschilderten Art typischerweise befindet.   14

b) *Beteiligte*

Aus dem Zweck der gesetzlichen Regelung folgt, daß nach § 830 Abs. 1 S. 2 nur haftbar ist, wer – bei Unterstellung der Kausalität seines Tatbeitrags – tatsächlich den *vollen* Tatbestand einer unerlaubten Handlung iS der §§ 823 ff erfüllt hat[18]. Keine Haftung trifft hingegen solche Personen, die nachzuweisen vermögen, daß sie sich überhaupt nicht an der fraglichen Handlung, zB der Schlägerei, beteiligt haben, daß sie sich in einer Notwehrsituation befanden oder daß sie doch keine Schuld trifft[19].   15

Für eine Anwendung des § 830 Abs. 1 S. 2 ist außerdem nach Meinung der Praxis kein Raum, wenn die Ersatzpflicht *eines* der Beteiligten feststeht, da sich dann das Opfer nicht mehr in der bei § 830 Abs. 1 S. 2 vorausgesetzten Beweisnot befinde[20]. Das ist ebenso problematisch wie die Ablehnung einer Anwendung des § 830 Abs. 1 S. 2, wenn sich der Verletzte möglicherweise selbst geschädigt hat[21]. Zweifelhaft ist hingegen in der Tat die Anwendbarkeit des § 830 Abs. 1 S. 2 auf die sog. *Massenschäden*, dh in Fällen, in denen eine Vielzahl von Personen möglicherweise durch mehrere Täter, zB durch die verschiedenen Hersteller eines gefährlichen Arzneimittels geschädigt worden sind[22]. Auf solche Fälle ist unser Deliktsrecht offenbar nicht zugeschnitten.   16

c) *Einheitlicher Vorgang?*

Umstritten ist, ob sich die Voraussetzungen des § 830 Abs. 1 S. 2 in den genannten Merkmalen erschöpfen oder ob zusätzlich noch eine bestimmte Art des Zusammenwirkens der Beteiligten erforderlich ist.   17

---

18 ZB BGHZ 101, S. 106 (108) = NJW 1987, S. 2810; BGH, LM Nr 43 zu § 276 (Ca) BGB = NJW 1989, S. 2943 (2944).
19 Vgl zB BGHZ 89, S. 383 (399 f) = NJW 1984, S. 1226 = JuS 1984, S. 718 Nr 5 „Grohnde-Urteil"; BGH (vorige Fn).
20 BGHZ 67, S. 14 = NJW 1976, S. 1934 = JuS 1977, S. 120 Nr 8; BGHZ 72, S. 355 = NJW 1979, S. 544 = JuS 1979, S. 445 Nr 8; zu Recht aA *Bydlinski* in: Festschr. f. Beitzke, S. 3; *Deutsch*, Tz. 156; *Fraenkel*, NJW 1979, S. 1202.
21 BGHZ 60, S. 177 = NJW 1973, S. 993 = JuS 1973, S. 575 Nr 2; dagegen zutr. *Deutsch*, Tz. 155.
22 S. *Bodewig*, AcP 185 (1985), S. 506; *Schlechtriem*, Tz. 897 (S. 384).

§ 25

18 Das RG hatte ursprünglich aus der Formulierung des Gesetzes („... mehrere Beteiligte") gefolgert, daß die Anwendung des § 830 Abs. 1 S. 2 eine sog. Gemeinsamkeit des Tuns der verschiedenen in Betracht kommenden Personen erfordere[23]. Unklar blieben indessen die Voraussetzungen dieser „Gemeinsamkeit des Tuns" der Beteiligten. Deshalb hat der BGH an dieser Praxis nicht festgehalten; statt dessen begnügt er sich heute idR mit einem in zeitlicher, räumlicher und örtlicher Hinsicht einheitlichen Vorgang, wofür es vor allem auf die Gleichartigkeit der Gefährdung des bedrohten Rechtsgutes ankommen soll[24].

19 Auch dies macht nach dem Zweck der gesetzlichen Regelung (o. Rn 14) keinen Sinn[25]. § 830 Abs. 1 S. 2 ist vielmehr entsprechend seinem Wortlaut selbst dann anwendbar, wenn die Täter nacheinander und unabhängig voneinander tätig geworden sind, sofern nur die Gefährdung des Rechtsguts im wesentlichen gleichartig ist. Namentlich spielt es keine Rolle, aus welchem Rechtsgrund die verschiedenen Beteiligten haften. Mag ihre Haftung auf Delikt, Gefährdung (zB § 7 StVG), § 906 Abs. 2 S. 2, Enteignung oder enteignungsgleichem Eingriff beruhen, in jedem Fall sind sie alle unter den genannten Voraussetzungen als Gesamtschuldner nach § 830 Abs. 1 S. 2 iVm § 840 Abs. 1 für den gesamten Schaden verantwortlich[26].

20 Für unseren **Fall 27** folgt aus dem Gesagten, daß sämtliche Beteiligten dem S gemäß den §§ 830 Abs. 1 S. 2 und 840 Abs. 1 als Gesamtschuldner haften, da sich jetzt nicht mehr aufklären läßt, wer von ihnen den S letztlich verletzt hat, jedoch feststeht, daß jeder Beteiligte in vollem Umfang ersatzpflichtig wäre, sofern seine Handlung kausal für die Verletzung des S gewesen sein sollte. Im einzelnen ergibt sich die Haftung der Frau P aus § 823 Abs. 1 und Abs. 2 in Verbindung mit § 223 StGB. Dasselbe gilt für den Fahrer des Tankwagens Y, der außerdem aus § 18 StVG haftet, während der Halter des Tankwagens X nach § 7 Abs. 1 StVG und § 831 Abs. 1 BGB erstatzpflichtig ist.

6. Innenverhältnis

21 Müssen mehrere Personen nach § 830 nebeneinander für einen Schaden einstehen, so haften sie gemäß § 840 Abs. 1 ohne Ausnahme als Gesamtschuldner. Dies bedeutet, daß der Geschädigte von jedem Beteiligten nach seiner Wahl ganz oder teilweise Ersatz seines Schadens verlangen kann (§ 421) und daß sich der Ausgleich im Innenverhältnis der Schädiger grundsätzlich nach § 426 richtet. Folglich ist der Schaden auf die Beteiligten idR nach Köpfen zu verteilen, soweit sich nicht im Einzelfall aus dem entsprechend anwendbaren § 254 etwas anderes ergibt. Weitere Ausnahmen von dieser Regel sehen die Bestimmungen des § 840 Abs. 2 und 3, des § 841 sowie des § 17 StVG vor.

---

23 RGZ 58, S. 361; 96, S. 224; 98, S. 60; 121, S. 204.
24 ZB BGHZ 25, S. 271 (274) = NJW 1957, S. 1834; BGHZ 33, S. 286 (291 f) = NJW 1961, S. 263; BGHZ 55, S. 86 = NJW 1971, S. 506 = JuS 1971, S. 378 Nr 7.
25 Offengelassen deshalb in BGHZ 101, S. 106 (111f) = NJW 1987, S. 2810.
26 BGH (vorige Fn).

II. Ersatzberechtigte Personen

1. Ausschluß mittelbar Geschädigter

Ein Schadensersatzanspruch aus unerlaubter Handlung steht grundsätzlich nur demjenigen zu, in dessen Person einer der verschiedenen Deliktstatbestände erfüllt ist, im Falle des § 823 Abs. 1 mithin nur demjenigen, dessen Rechte oder Rechtsgüter verletzt sind. Außerdem kann er immer nur für den Schaden Ersatz verlangen, den er selbst erlitten hat, nicht hingegen für die Schäden anderer Personen, die durch das fragliche Delikt nur mittelbar in ihrem Vermögen geschädigt worden sind, sofern nicht in ihrer Person gleichfalls ein Deliktstatbestand erfüllt ist. Das folgt einfach daraus, daß das Vermögen Dritter eben nicht zu den durch § 823 Abs. 1 geschützten Rechtsgütern gehört.

22

> Das ist gemeint, wenn man immer wieder lesen kann, nur der *unmittelbar* Geschädigte, nicht hingegen mittelbar Geschädigte könnten aus Delikt Schadensersatz verlangen. Dieser Grundsatz gilt jedoch nicht ausnahmslos. Zunächst erkennt das Gesetz selbst in den §§ 844 und 845 in bestimmten Fällen die Ersatzberechtigung Dritter an (u. Rn 24 ff). Aber auch in einigen anderen Fällen hat die Rechtsprechung dem Geschädigten (ausnahmsweise) gestattet, außer seinem Schaden Vermögensschäden Dritter zu liquidieren. Der wichtigste Fall sind die Kosten, die den nächsten Angehörigen durch *Krankenhausbesuche* bei dem Verletzten entstehen, vorausgesetzt, daß sie zur Gesundung des Verletzten medizinisch erforderlich sind und sich im Rahmen des Vertretbaren halten. Denn dann handelt es sich im Grunde um erstattungsfähige Heilungskosten, obwohl sie – formal gesehen – Dritte treffen[27]. In dieselbe Richtung weist die Ersatzfähigkeit der sog. Schockschäden naher Angehöriger[28].

23

2. Beerdigungskosten

Nach § 844 Abs. 1 muß im Falle der Tötung einer Person der Ersatzpflichtige die Beerdigungskosten demjenigen ersetzen, dem gesetzlich die Verpflichtung zu deren Tragung obliegt. Das ist nach § 1968 grundsätzlich der Erbe. Zu ersetzen sind ihm danach die Kosten einer „standesmäßigen Beerdigung", dh die Kosten einer Beerdigung, wie sie nach den Lebensverhältnissen des Getöteten üblich und angemessen war (§ 1968). Dazu gehören zB auch die Kosten der Trauerkleidung der Angehörigen, nicht jedoch die Kosten für die Pflege und Unterhaltung des Grabes[29].

24

3. Unterhaltsschaden

> **Literatur:** *Deutsch*, Unerlaubte Handlungen, § 32 (Tz. 437 ff); *Ebel*, JurA 1985, S. 561; *Eckelman/Nehls/Schäfer*, NJW 1984, S. 945; *Geigel/Schlegelmilch*, Kap. 8 Rn 17 ff (S. 189 ff); *Kötz*, Tz. 540 ff (S. 194 ff).

---

27 BGHZ 106, S. 28 = NJW 1989, S. 766; BGH, LM Nr 51 zu § 823 (F) BGB = NJW 1991, S. 2340 = JuS 1992, S. 75 Nr 4 m. Anm. *Grunsky*, JuS 1991, S. 907.
28 S. o. § 20 Rn 10 ff; *Deutsch*, Tz. 472.
29 S. zB *Ebel*, JurA 1985, S. 561 (562); *Geigel/Schlegelmilch*, Kap. 8 Rn 10 ff (S. 187 f).

§ 25

25 Nach § 844 Abs. 2 muß der Ersatzpflichtige im Falle der Tötung einer Person allen Personen Schadensersatz leisten, die infolge der Tötung ihr Unterhaltsrecht verlieren, und zwar insoweit, als der Getötete während der mutmaßlichen Dauer seines Lebens zur Gewährung des Unterhalts verpflichtet gewesen wäre.

a) Berechtigte

26 Der Anspruch auf Ersatz des Unterhaltsschadens steht nur solchen Personen zu, die kraft Gesetzes einen Anspruch auf Unterhaltsleistung hatten und diesen gerade durch die Tötung des Unterhaltsverpflichteten einbüßen. Die wichtigsten hierher gehörenden Fälle sind die Unterhaltspflicht der Eltern gegenüber ihren Kindern (s. §§ 1601 ff, 1615a ff) sowie der Ehegatten untereinander (s. §§ 1360 ff, 1570 ff). § 844 Abs. 2 greift somit ein, wenn eine hiernach unterhaltsberechtigte Person infolge der Tötung des Unterhaltsverpflichteten ihren Unterhaltsanspruch verliert. Die Vorschrift ist hingegen unanwendbar, wenn der Unterhaltsverpflichtete lediglich verletzt wird, selbst wenn er anschließend aus anderen Gründen stirbt und dadurch der Unterhaltsanspruch des Berechtigten erlischt[30].

b) Umfang

27 Der Schadensersatz ist grundsätzlich durch Zahlung einer Geldrente zu leisten (s. § 844 Abs. 2 in Verb. mit § 843 Abs. 2-4). Die Höhe der Geldrente, deren Berechnung häufig nicht geringe Schwierigkeiten bereitet, bemißt sich danach, wozu der Getötete während der vermutlichen Dauer seines Lebens nach seinen jetzigen und voraussichtlichen zukünftigen Einkommensverhältnissen verpflichtet gewesen wäre. Maßgebend ist daher das jetzige und das vermutliche zukünftige Nettoeinkommen des Getöteten, abzüglich des durch den „Wegfall" des Getöteten ersparten, auf diesen entfallenden persönlichen Unterhaltsbedarfs. Der Rest stellt dann den Unterhaltsschaden dar, soweit aus dem Nettoeinkommen der Unterhalt der Angehörigen bestritten werden mußte.

28 Soweit zu den unterhaltsberechtigten Personen minderjährige *Kinder* gehören, ist ihr Ersatzanspruch grundsätzlich auf den Zeitraum bis zur Vollendung ihres achtzehnten Lebensjahres zu beschränken, weil sie sich danach idR selbst ernähren können[31]. Setzen die Kinder jedoch ihre Ausbildung fort, nehmen sie zB ein Studium auf, so muß der Unterhaltsschaden neu berechnet werden. Leistungen einer etwaigen Unfall- oder Lebensversicherung des Getöteten sowie die Vorteile infolge des vorzeitigen Anfalls der Erbschaft brauchen sich die unterhaltspflichten Angehörigen in aller Regel auf ihre Ersatzansprüche nicht anrechnen zu lassen (s. § 843 Abs. 4).

---

30 S. BGH, LM Nr 74 zu § 844 Abs. 2 BGB = NJW 1986, S. 984.
31 BGHZ 76, S. 259 (273) = NJW 1980, S. 1452; BGH, LM Nr 73 zu § 844 Abs. 2 BGB = NJW 1986, S. 715; NJW 1983, S. 2197.

4. Entgangene Dienste

Nach § 845 muß der Ersatzpflichtige im Falle der Tötung oder der Körperverletzung einer Person einem Dritten für die ihm entgehenden Dienste Ersatz leisten, zu denen der Verletzte kraft Gesetzes dem Dritten in dessen Hauswesen oder Gewerbe verpflichtet war. Wichtigster Anwendungsfall der Vorschrift war früher die gesetzliche Mitarbeitspflicht der Ehefrau in Beruf und Geschäft des Ehemannes (§ 1356 Abs. 2 aF). Seitdem jedoch diese Regelung ersatzlos gestrichen worden ist, beschränkt sich der Anwendungsbereich des § 845 auf die praktisch bedeutungslose Mitarbeitspflicht der sog. Hauskinder nach § 1619[32]. Und auch in diesem Falle geht ein etwaiger eigener Ersatzanspruch des Kindes den Ersatzansprüchen der Eltern vor, so daß diese für die ihnen entgehenden Dienste keinen Ersatz verlangen können, wenn das Kind eine zumutbare Ersatzarbeit aufnimmt und dadurch seinen Schaden ausgleicht[33].

29

5. Insbesondere Ehefrauen

Literatur: *Hagen*, JuS 1969, S. 61; *Kötz*, Tz. 536 (S. 193); *Rebe*, JuS 1974, S. 429; *Schulz-Borck/Hofmann*, Schadensersatz bei Ausfall von Hausfrauen und Müttern im Haushalt, 4. Aufl. (1993).

Seitdem § 845 auf die Mitarbeit der Ehefrau nicht mehr anwendbar ist (o. Rn 29), muß man bei der Verletzung oder der Tötung einer Ehefrau unterscheiden: Zunächst steht (selbstverständlich) der Ehefrau ein eigener Ersatzanspruch wegen vermehrter Bedürfnisse zu, wenn sie „nur" verletzt wird[34]. Wird die Ehefrau hingegen getötet, so kommt es zunächst darauf an, ob sie selbst erwerbstätig war. Ist dies der Fall, so gilt uneingeschränkt § 844 Abs. 2. „Beschränkte" sie sich hingegen auf die Führung des Haushalts, so ist heute davon auszugehen, daß sie auch hierdurch iS des § 844 Abs. 2 ihrer gesetzlichen Unterhaltspflicht gegenüber ihrem Mann und ihren Kindern nachkam (§ 1360 S. 2). Folglich können Mann und Kinder in diesem Fall gleichfalls nach § 844 Abs. 2 Schadensersatz durch Zahlung einer Geldrente verlangen, deren Höhe sich nach den Kosten einer vergleichbaren Ersatzkraft bemißt.

30

Ebenso zu beurteilen ist die Rechtslage, wenn die Ehefrau im Geschäft ihres Mannes mitgearbeitet hatte. Da in diesen Fällen heute ebenfalls kein Raum mehr für die Anwendung des § 845 ist, kommt es folglich für die Anwendung des § 844 Abs. 2 allein darauf an, ob die Frau mit der Mitarbeit ihre Unterhaltspflicht erfüllte[35].

31

---

32 S. BGHZ 77, S. 157 = NJW 1980, S. 2196 = JuS 1981, S. 294 Nr 4.
33 BGHZ 69, S. 380 = NJW 1978, S. 159.
34 BGHZ 38, S. 55 = NJW 1962, S. 2248; BGHZ(GS) 50, S. 304 = NJW 1968, S. 1823; BGHZ 59, S. 172 = NJW 1972, S. 2217 = JuS 1973, S. 114 Nr 5 „Estil".
35 S. BGHZ 77, S. 157 = NJW 1980, S. 2196 = JuS 1981, S. 294 Nr 4 m. Nachw.

§ 25

III. Inhalt des Anspruchs

1. Allgemeines

32 Inhalt und Umfang des Schadensersatzanspruchs aus unerlaubter Handlung richten sich grundsätzlich nach den §§ 249 bis 254. Im Deliktsrecht finden sich nur einige ergänzende Vorschriften in den §§ 842, 843 und 848 bis 851.

33 Nach § 842 erstreckt sich die Schadensersatzpflicht bei einer gegen die Person gerichteten unerlaubten Handlung auch auf die Nachteile, die die Handlung für den Erwerb oder das Fortkommen des Verletzten herbeiführt. Das Gesetz wiederholt damit im Grunde nur, was sich bereits aus den §§ 249 ff und vor allem aus § 252 ergibt. § 843 fügt hinzu, daß der Schadensersatz grundsätzlich durch Entrichtung einer Geldrente zu leisten ist, wenn infolge einer Verletzung des Körpers oder der Gesundheit die Erwerbsfähigkeit des Verletzten aufgehoben oder gemindert ist oder eine Vermehrung seiner Bedürfnisse eintritt[36]. Im übrigen bleibt es uneingeschränkt bei den §§ 249 bis 254.

34 Daraus folgt zB, daß der Schadensersatzanspruch des Verletzten auch die Verkürzung einer Rentenanwartschaft umfaßt, wenn infolge eines Unfalls keine Beiträge zur Rentenversicherung mehr abgeführt werden. Anders verhält es sich nur, wenn der Geschädigte bereits eine unfallfeste Position erlangt hatte, so daß durch den vorübergehenden Ausfall der Beitragszahlung kein nennenswerter Schaden entsteht[37]. Der Schaden muß außerdem stets im *Schutzbereich* der verletzten Norm liegen. Nicht ersetzt werden daher Erwerbsschäden, die letztlich allein auf der eigenen freien Entscheidung des Verletzten beruhen[38]. In den praktisch wenig bedeutsamen §§ 848 bis 851 gibt das Gesetz schließlich noch Vorschriften über die Schadensersatzleistung bei Entziehung oder Beschädigung einer Sache. § 848 wiederholt dabei den alten Rechtssatz „fur semper in mora".

2. Schmerzensgeld

> **Literatur:** *Deutsch*, §§ 36-38 (Tz. 468 ff); *Esser/Weyers*, § 61 II; *Geigel/Kolb*, Kap. 7 (S. 144 ff); *Köndgen*, Haftpflichtfunktionen und Immaterialschäden, 1976; *Kötz*, Tz. 518 ff (S. 186 ff).

35 a) Deliktische Schadensersatzansprüche unterscheiden sich von vertraglichen Ersatzansprüchen vor allem dadurch, daß der Verletzte nach § 847 hier in bestimmten Fällen abweichend von § 253 für seine immateriellen Schäden auch eine billige Entschädigung in Geld verlangen kann (sog. Schmerzensgeld). Die wichtigsten Fälle sind Körper- und Gesundheitsverletzungen, Freiheitsentziehungen sowie schwere Eingriffe in das allgemeine Persönlichkeitsrecht[39]. Zu beachten bleibt, daß die §§ 253 und 847 allein die Entschädigung in *Geld* betreffen, so daß bei immateriellen

---

36 S. zB *Deutsch*, Tz. 440 ff (S. 214 f); *Kötz*, Tz. 530 ff (S. 191 ff).
37 BGHZ 97, S. 330 = NJW 1986, S. 2247; BGHZ 101, S. 207 (210 ff) = NJW 1987, S. 3179.
38 ZB BGH, LM Nr 50 zu § 249 (Bb) BGB = NJW 1991, S. 3275.
39 S. o. § 21 Rn 38; vgl außerdem § 847 Abs. 2 in Verb. mit § 825.

Schäden für die Naturalrestitution nach § 249 keine Beschränkungen bestehen[40]. Beispiele sind kosmetische Operationen oder der Widerruf einer schweren ehrverletzenden Behauptung.

b) Der Schmerzensgeldanspruch hat in den Augen der Rechtsprechung eine Ausgleichs- und eine Genugtuungsfunktion[41], wobei freilich die Ausgleichsfunktion ganz im Vordergrund steht, während für die Berücksichtigung der Genugtuungsfunktion nur in schwerwiegenden Fällen Raum ist[42]. Früher war hieraus vielfach der Schluß gezogen worden, daß das Schmerzensgeld seine Funktion nicht mehr erfüllen könne, wenn das Opfer infolge schwerster Verletzungen gar nicht mehr in der Lage sei, davon etwas wahrzunehmen, so daß in derartigen Fällen höchstens noch ein symbolisches Schmerzensgeld in Betracht komme[43]. Diese schon immer wenig befriedigende Praxis ist inzwischen ausdrücklich aufgegeben worden, so daß in den geschilderten besonders schweren Fällen heute ebenfalls in voller Höhe Schmerzensgeld zu zahlen ist[44].

c) Die Festsetzung der Höhe des Schmerzensgeldes ist die ureigenste Aufgabe des Richters. Gesetzliche Vorgaben fehlen weithin, so daß die von den Gerichten festgesetzten Schmerzensgeldbeträge eine erhebliche Schwankungsbreite aufweisen. Maßgeblich sind vor allem Art, Schwere und Dauer der Verletzungen, die persönlichen Verhältnisse der Beteiligten sowie das Ausmaß der Schuld des Täters. In der täglichen Praxis richten sich die Gerichte meistens nach sog. *Schmerzensgeldtabellen*, die indessen nicht mehr als einen ersten groben Anhalt für den geschuldeten Betrag zu geben vermögen, zumal in keinem Fall gewährleistet ist, daß die Auswahl der den (privaten) Tabellen zugrundegelegten Entscheidungen wirklich repräsentativ ist[45].

IV. Verjährung

Sämtliche deliktischen Ersatzansprüche, mögen sie ihre Regelung innerhalb oder außerhalb des BGB gefunden haben[46], verjähren nach § 852 Abs. 1 in drei Jahren. Eine Ausnahme bilden allein die Ersatzansprüche aus dem UWG, für die § 21 UWG eine Verjährungsfrist von nur sechs Monaten vorschreibt.

> Die Verjährung beginnt mit der Kenntnis des Verletzten von dem Schaden und der Person des Ersatzpflichtigen und ist gehemmt, solange zwischen dem Verpflichteten und dem Berechtigten Verhandlungen über den zu leistenden Schadensersatz schweben

---

40 S. zB *Deutsch*, Tz. 466 (S. 226 f).
41 Grdl. BGHZ(GS) 18, S. 148 = NJW 1955, S. 1675; BGHZ 80, S. 384 (386) = NJW 1981, S. 1836; BGH, LM § 843 Nr 36 = NJW 1986, S. 983; dagegen vielfach das Schrifttum.
42 S. zB *Deutsch*, Tz. 474 ff.
43 Zuletzt BGH, LM § 847 BGB Nrn. 55 und 67 = NJW 1976, S. 1147 und 1982, S. 2123.
44 Grdleg. BGHZ 120, S. 1 = NJW 1993, S. 781 = LM Nr 89 zu § 847 BGB; BGH, LM Nr 90 zu § 847 BGB = NJW 1993, S. 1531.
45 Abdruck zB bei *Geigel/Kolb*, Rn 47 (S. 143 ff); zahlreiche Beispiele auch bei *Deutsch*, Tz. 486 ff (S. 236 ff).
46 S. BGHZ 93, 278 (280 ff) = NJW 1985, S. 1161.

§ 25

(§ 852 Abs. 2). Außerdem bleiben Bereicherungsansprüche von der Verjährung des Deliktanspruchs unberührt (§ 852 Abs. 3).

V. Unterlassungs- und Beseitigungsanspruch

Literatur: *Deutsch*, § 40 (Tz. 501 ff); *Emmerich*, Das Recht des unlauteren Wettbewerbs, 4. Aufl. (1994), § 17; *Esser/Weyers*, § 62; *Kötz*, Tz. 646 ff (S. 229 ff).

40 Der Schadensersatzanspruch als die sozusagen normale Folge einer unerlaubten Handlung (§ 249) ist häufig nicht geeignet, dem Geschädigten wirksamen Schutz zu bieten. Er versagt namentlich, wenn es darum geht, weitere Eingriffe abzuwehren, oder wenn der Täter lediglich rechtswidrig, nicht jedoch schuldhaft gehandelt hat. Um in derartigen Fällen den Geschädigten nicht schutzlos zu lassen, werden heute nach dem Vorbild der §§ 12 und 1004 auch sämtliche deliktsrechtlich geschützten Positionen bereits gegen bloß rechtswidrige Eingriffe Dritter zusätzlich durch Unterlassungs- und Beseitigungsansprüche geschützt[47].

1. Unterlassungsanspruch

41 Ziel des Unterlassungsanspruchs ist die Hinderung des Täters an einem *bevorstehenden* rechtswidrigen Eingriff in eine der deliktsrechtlich geschützten Positionen des Berechtigten (vgl § 1004 Abs. 1 S. 2). Der Anspruch setzt daher voraus, daß ein solcher Eingriff ernstlich zu besorgen ist. Ist es bereits einmal zu einem Eingriff gekommen, so muß Wiederholungsgefahr bestehen[48].

2. Beseitigungsanspruch

42 Der Beseitigungsanspruch hat – anders als der Unterlassungsanspruch – die Aufgabe, eine aus einem früheren, bereits geschehenen Eingriff herrührende Quelle fortlaufender Störungen zu beseitigen. Die Abgrenzung von dem idR Verschulden voraussetzenden Schadensersatzanspruch richtet sich danach, ob der Verletzte verlangt, durch die Verstopfung einer Quelle fortlaufender Störungen in Zukunft nicht mehr gestört zu werden (dann Beseitigungsanspruch), oder ob er weitergehend fordert, so gestellt zu werden, als ob auch in der Vergangenheit nichts geschehen wäre; in diesem Fall kommt nur der Schadensersatzanspruch in Betracht, der dann den Beseitigungsanspruch umfaßt.

43 Die wichtigste Erscheinungsform des Beseitigungsanspruchs ist der *Widerrufsanspruch* gegenüber unzutreffenden Tatsachenbehauptungen, an dessen Stelle uU ein bloßer Anspruch auf Richtigstellung treten kann[49]. Bei Werturteilen, zB in Gestalt von Beleidigungen, kommt hingegen immer nur ein Unterlassungsanspruch in Betracht. Werturteile kann man nicht widerrufen.

---

47 Grdl. RGZ 60, S. 6; 101, S. 335 (339 f).
48 ZB BGHZ 78, S. 9 (17 ff) = NJW 1980, S. 2801.
49 S. zB BGH, LM Nr 23 zu § 138 ZPO = NJW-RR 1987, S. 754.

§ 26 GEFÄHRDUNGSHAFTUNG

Literatur: *U. Bälz*, JZ 1992, S. 57; *M. Bauer*, in: Festschr. f. Ballerstedt, 1975, S. 305; *Blaschczok*, Gefährdungshaftung und Risikozuweisung, 1993; *v. Caemmerer*, Reform der Gefährdungshaftung, 1971; *Deutsch*, Haftungsrecht Bd. I, S. 29, 363 ff; *ders.*, Unerlaubte Handlungen, §§ 22-27; *ders.*, JuS 1981, S. 317; *ders.*, NJW 1992, S. 73; *Esser*, Grundlagen und Entwicklung der Gefährdungshaftung, 2. Aufl. (1969); *Esser/Weyers*, §§ 63, 64; *Geigel*, Der Haftpflichtprozeß, 21. Aufl. (1993); *Kötz*, Deliktsrecht, Tz. 333 ff (S. 124 ff); *ders.*, AcP 170 (1970), S. 1; *ders.*, Gefährdungshaftung, in: BMJ, Gutachten Bd. II, S. 1779; *Kupisch/Krüger*, Deliktsrecht, § 12 (S. 107 ff); *Weyers*, Unfallschäden, 1971; *Will*, Quellen erhöhter Gefahr, 1980; *Wussow*, Das Unfallhaftpflichtrecht, 13. Aufl. (1985).

I. Grundgedanken

Das Deliktsrecht des BGB beruht auf dem sog. Verschuldensprinzip[1]. Dieses Prinzip war jedoch niemals in reiner Form durchgeführt worden; vielmehr enthielt bereits das BGB von Anfang an Durchbrechungen in den §§ 231, 833 und 835. Zahlreiche weitere Ausnahmen fanden sich schon damals außerhalb des BGB. Die größte praktische Bedeutung hatte hierbei ursprünglich das Reichshaftpflichtgesetz von 1871, an dessen Stelle mittlerweile das Haftpflichtgesetz von 1978 getreten ist[2].

In der Folgezeit ist die Zahl der eine Gefährdungshaftung anordnenden Gesetze außerhalb des BGB ständig vermehrt worden. Hervorzuheben sind das Straßenverkehrsgesetz (StVG), das Luftverkehrsgesetz (LuftVG), das Atomgesetz (AtomG), das Wasserhaushaltsgesetz (WHG), das Arzneimittelgesetz (AMG) und das Bundesberggesetz (§ 114) von 1980. In jüngster Zeit sind noch hinzugekommen das bereits besprochene Produkthaftungsgesetz[3] sowie 1990 das Gentechnikgesetz (GenTG) und das Umwelthaftungsgesetz (UmweltHG).

Diese Aufzählung zeigt, daß der Gesetzgeber vor allem dort auf die Gefährdungshaftung zurückgreift, wo es um den Ausgleich von Unglücksfällen geht, die zwar um der technischen und sozialen Entwicklung willen hingenommen werden müssen, bei denen es aber offenbar unbillig wäre, die von solchen Unglücksfällen betroffenen Opfer schutzlos zu lassen. Deshalb wird hier derjenige, in dessen Interesse der besonders gefahrdrohende Zustand geduldet wird und der daher zugleich am besten in der Lage ist, diese Quelle erhöhter Gefahr zu beherrschen, verpflichtet, alle mit dem Betrieb der Gefahrenquelle verbundenen Risiken zu tragen.

Bei der Betrachtung der einzelnen Gefährdungstatbestände muß man sich von deliktsrechtlichen Vorstellungen weitgehend frei machen. Namentlich setzt die Gefährdungshaftung nicht voraus, daß das eine Ersatzpflicht auslösende Unglück auf einer menschlichen Handlung beruht, so daß zu ihren Voraussetzungen grund-

---

1 S. im einzelnen o. § 19 Rn 7, 10.
2 BGBl. I, S. 145.
3 Dazu schon o. § 22 Rn 25 f.

§ 26

sätzlich weder Rechtswidrigkeit noch Verschulden auf seiten des Verantwortlichen gehören[4]. Es genügt vielmehr durchweg, daß sich in dem Unglück gerade dasjenige Risiko verwirklicht hat, gegen das das fragliche Gesetz dem Betroffenen Schutz gewähren wollte.

II. HaftpflG 1978

> Literatur: *Deutsch*, § 24 I (Tz. 376 ff); *Fildhaut*, Haftpflichtgesetz, 3. Aufl. (1993); *Geigel/Kunschert*, Kap. 22 (S. 619 ff); *Medicus* II, § 147.

1. Eisenbahnen

5   Den sozusagen klassischen Fall der Gefährdungshaftung bildet die bereits durch das preußische Eisenbahngesetz von 1838 (!) eingeführte Gefährdungshaftung des Eisenbahnunternehmers, die heute auf dem Haftpflichtgesetz von 1978 beruht. Danach ist der Bahnunternehmer zum Schadensersatz verpflichtet, wenn bei dem Betrieb einer Schienenbahn oder einer Schwebebahn ein Mensch getötet, der Körper oder die Gesundheit eines Menschen verletzt oder eine Sache beschädigt wird. Die Ersatzpflicht ist jedoch ausgeschlossen, wenn der Unfall durch höhere Gewalt verursacht wird, bei Straßenbahnen außerdem, wenn es sich um ein unabwendbares Ereignis handelt (§ 1 HaftpflG).

a) Betrieb

6   Wichtigste Voraussetzung der Haftung ist, daß sich der Unfall gerade „bei dem Betrieb" der Bahn zugetragen hat. Dies bedeutet, daß ein „innerer Zusammenhang" zwischen dem Unfall und den dem Bahnbetrieb eigentümlichen Gefahren bestehen muß. Gemeint ist damit ein enger räumlicher oder zeitlicher Zusammenhang mit einem Betriebsvorgang[5]. Im Regelfall wird dieses Merkmal ganz weit ausgelegt. Als Unfälle bei dem Betrieb der Bahn gelten zB schon Verletzungen der Fahrgäste beim Ein- und Aussteigen[6], die Kollision eines Kraftfahrzeugs mit einer geschlossenen Bahnschranke[7] sowie Kopfverletzungen, die sich Reisende beim Hinauslehnen aus dem Zugfenster zuziehen[8].

---

4   BGHZ(GS) 24, S. 21 (26) = NJW 1957, S. 785; BGHZ 34, S. 355 (361) = NJW 1961, S. 655; *M. Bauer*, S. 316 f; *Deutsch*, Tz. 359-362; *ders.*, JuS 1981, S. 317 (318).
5   *Geigel/Kunschert*, Kap. 22 Rn 11 ff (S. 623 ff).
6   BGHZ 61, S. 351 = NJW 1974, S. 360.
7   BGH, LM Nr 19 zu § 1 HaftpflG 1871 = NJW 1963, S. 1107.
8   BGH, LM Nr 35 zu § 636 RVO = NJW 1987, S. 2445.

b) Höhere Gewalt

Die Haftung des Bahnunternehmers ist nach § 1 Abs. 2 S. 1 HaftpflG nur bei höherer Gewalt ausgeschlossen. Die Praxis versteht darunter ein betriebsfremdes, von außen durch elementare Naturkräfte oder durch Handlungen dritter Personen herbeigeführtes Ereignis, das nach menschlicher Einsicht und Erfahrung unvorhersehbar ist, das deshalb mit wirtschaftlich erträglichen Mitteln auch durch die äußerste nach der Sachlage vernünftigerweise zu erwartende Sorgfalt nicht verhütet werden oder unschädlich gemacht werden kann und das auch nicht wegen seiner Häufigkeit vom Betriebsunternehmer in Kauf zu nehmen ist. Hierunter fallen folglich allein solche Risiken, die mit dem Bahnbetrieb überhaupt nichts mehr zu tun haben und die bei einer rechtlichen Bewertung nicht dem Betrieb der Bahn, sondern nur dem Drittereignis zugerechnet werden können[9]. Beispiele sind Sabotageakte[10] sowie vergleichbare elementare, nicht mehr beherrschbare Vorgänge, nicht aber etwa ein Unfall, der sich dadurch ereignet, daß ein Auto von einer Bundesstraße auf eine parallel verlaufende Bahnstrecke geschleudert wird und dort mit einem Zug zusammenstößt[11].

2. Energieanlagen

Eine vergleichbare Haftung wie den Bahnunternehmer trifft nach § 2 HaftpflG von 1978 die Inhaber von Energieanlagen und Energieleitungen. Erfaßt werden gleichermaßen Stromleitungen wie Gas-, Öl- und Wasserleitungen einschließlich der Kanalisation. Reine Gefährdungshaftung ist nur die Haftung für die von den genannten Anlagen ausgehende Wirkungen des Stroms, des Gases, des Öls oder des Wassers. Ein Beispiel sind Wasserschäden infolge eines Rohrbruchs in der Kanalisation, während etwa Schäden infolge eines bloßen Rückstaus des Wassers in der Anlage nicht erfaßt werden[12].

III. Tierhalterhaftung

Literatur: *Brüggemeier*, Tz. 929 ff (S. 542 ff); *Deutsch*, § 23 (Tz. 367 ff); *ders.*, NJW 1978, S. 1998; *ders.*, JuS 1987, S. 673; *Geigel/Schlegelmilch*, Kap. 18 (S. 567 ff); *Th. Honsell*, MDR 1982, S. 798; *Medicus* II, §§ 144 IV, 145.

Nach § 833 S. 1 ist der Tierhalter zum Schadensersatz verpflichtet, wenn durch ein Tier ein Mensch getötet oder der Körper oder die Gesundheit eines Menschen verletzt oder eine Sache beschädigt wird. Nur wenn es sich bei dem Tier um ein Nutz- oder Haustier handelt, das dem Berufe, der Erwerbstätigkeit oder dem

---

9 ZB BGHZ 7, S. 338 (339) = NJW 1953, S. 184; BGHZ 105, S. 135 = NJW 1988, S. 2733; BGH, LM Nr 9 zum HaftpflG 1978 = NJW-RR 1988, S. 986.
10 BGHZ 105, S. 135 = NJW 1988, S. 2733.
11 BGH, LM Nr 9 zu HaftpflG 1978 = NJW-RR 1988, S. 986.
12 BGHZ 88, S. 85 = NJW 1984, S. 615; s. *Kötz*, Tz. 353.

§ 25

Unterhalt des Tierhalters zu dienen bestimmt ist, haftet der Tierhalter lediglich für vermutetes Verschulden bei der Beaufsichtigung des Tieres (§ 833 S. 2). Dieselbe Haftung trifft nach § 834 alle Personen, die vertraglich die Führung der Aufsicht über das Tier übernommen haben (sog. Tieraufseher oder Tierhüter). Schließlich gehört in den vorliegenden Zusammenhang noch die früher in § 835, heute in § 29 BJagdG geregelte Wildschadenshaftung des Jagdausübungsberechtigten, die hier jedoch aus Raumgründen nicht weiter behandelt werden kann.

1. Überblick

10   In den Entwürfen zum BGB war ursprünglich nur eine Verschuldenshaftung des Tierhalters vorgesehen gewesen. Die jetzige Gefährdungshaftung des Tierhalters ist erst durch den Reichstag nach heftigen Diskussionen eingeführt worden. Damit gab sich indessen die unterlegene Agrarlobby („Ostelbien") nicht zufrieden, sondern setzte durch, daß bereits 1908 durch das erste Änderungsgesetz zum BGB[13] die Gefährdungshaftung für die Haus- und Nutztiere durch die Einfügung des § 833 S. 2 wieder abgeschafft wurde.

11   § 833 soll einen Ausgleich für die mit der Haltung von Tieren verbundenen Gefahren schaffen, gegen die sich Dritte praktisch nicht schützen können. Deshalb werden die mit der Tierhaltung verbundenen Risiken uneingeschränkt demjenigen zugewiesen, der diese Gefahren zu verantworten hat, der sie gegebenenfalls steuern und jedenfalls versichern kann. *Zweck* des § 833 S. 1 ist mithin die Überbürdung der sog. Tiergefahr auf den Tierhalter[14].

2. Tiere

12   a) Tiere im Sinne des § 833 sind grundsätzlich sämtliche Lebewesen mit Ausnahme des Menschen und der Pflanzen. Umstritten ist lediglich, ob dazu auch Kleinlebewesen wie zB Ungeziefer sowie Mikroorganismen wie namentlich Bakterien und Viren gehören. Während die Praxis offenbar dahin tendiert, die Frage für die Mikroorganismen zu verneinen[15], dürfte die Frage richtigerweise mit Rücksicht auf den Schutzzweck der gesetzlichen Regelung zu bejahen sein[16].

13   b) Innerhalb der Tiere unterscheidet § 833 zwischen den Luxustieren (S. 1 aaO) und den Haus- und Nutztieren (S. 2 aaO). Zu den letzteren gehören sämtliche *zahmen* Tiere, die dem Beruf, der Erwerbstätigkeit oder dem Unterhalt des Tierhalters zu dienen bestimmt sind. Zu denken ist dabei entsprechend der Entstehungsgeschichte des § 833 S. 2 (o. Rn 10) in erster Linie an die von Landwirten zu Erwerbszwecken gehaltenen Tiere; weitere Beispiele sind Polizei- und Blindenhunde sowie Polizei-

---

13 RGBl. S. 313.
14 ZB *Deutsch*, JuS 1987, S. 673 ff.
15 Vgl BGH, LM Nr 73 zu § 286 (B) ZPO = NJW 1989, S. 2947 (Virusinfektion eines Studenten in einer tierärztlichen Hochschule, wo § 833 nicht einmal erwähnt wird).
16 *Deutsch*, Tz. 368; *Medicus* II, § 145 II 1 (S. 400).

pferde. Den Gegensatz bilden die aus privater Liebhaberei gehaltenen Tiere wie Hunde und Katzen sowie alle wilden Tiere einschließlich der bloß gezähmten Tiere, so daß etwa das zum Zwecke der Fleischproduktion gehaltene Damwild eines Landwirts nicht unter den Begriff der Nutztiere fällt[17]. Für alle diese sog. Luxustiere wird daher verschuldensunabhängig nach § 833 S. 1 gehaftet.

Die gesetzliche Trennung zwischen Luxustieren und Nutztieren hat die eigenartige Folge, daß zwar ein gewerblicher Reitstall das Haftungsprivileg des § 833 S. 2 in Anspruch nehmen kann, nicht jedoch ein Reitverein, der als Idealverein in erster Linie den Zweck der sportlichen Betätigung seiner Mitglieder verfolgt[18]. Hieran wird deutlich, wie wenig gerechtfertigt heute noch das Haftungsprivileg des § 833 S. 2 ist. **14**

3. Tierhalter

a) Die Haftung aus § 833 trifft den Tierhalter. Tierhalter ist, wer im eigenen Interesse durch die Gewährung von Obdach und Unterhalt freiwillig für eine gewisse Dauer die Sorge für ein Tier übernommen hat. I.d.R., aber nicht notwendig wird dies der Eigentümer des Tieres sein. Maßgebende Kriterien sind das eigene Interesse an der Tierhaltung sowie deren Dauer[19]. Werden Pferde für einzelne Ausritte vermietet, so ist Tierhalter daher der Vermieter, so daß ihn, und zwar auch gegenüber den Mietern, die Haftung nach § 833 S. 1 trifft (o. Rn 14). Anders erst, wenn jemand ein Pferd für längere Zeit mietet oder gar auf Leasingbasis erwirbt[20]. **15**

b) Die einmal begründete Tierhaltereigenschaft besteht solange fort, bis das Tier einen neuen Halter gefunden hat. Für den Tierhalter hat das die fatale Folge, daß seine Haftung selbst dann nicht endet, wenn das Tier entläuft oder ausgesetzt wird, weil es sich dabei gerade um typische Tiergefahren handelt[21]. Kein Tierhalter ist hingegen, wer einen entlaufenen Hund nur vorübergehend aufnimmt, um ihn alsbald an den Eigentümer zurückzugeben[22]. **16**

4. Tiergefahr

Eine Rechtsgutsverletzung ist iS des § 833 S. 1 durch ein Luxustier (o. Rn 13) verursacht, wenn sich in der Schädigung gerade die spezifische Tiergefahr realisiert hat, die seinerzeit Anlaß zur Einführung einer Gefährdungshaftung des Tierhalters gegeben hatte. Die Reichweite der Tierhalterhaftung hängt daher in erster Linie von der Definition der Tiergefahr ab. **17**

---

17 OLG Nürnberg, NJW-RR 1991, S. 1500; s. zB *Brüggemeier*, Tz. 932 ff (S. 543 ff); *Deutsch*, JuS 1987, S. 673 (679).
18 S. u. Rn 15 sowie zB BGH, LM Nr 48 zu § 839 (A) BGB = NJW 1986, S. 2883 (2884); LM Nr 23 zu § 833 BGB = NJW 1992, S. 2474 = JuS 1993, S. 73 Nr 5; sehr str.
19 S. zB *Deutsch*, Tz. 369; *ders.*, JuS 1981, S. 317 (320); 1987, S. 673 (678); *Medicus* II, § 145 II 2.
20 S. BGH, LM Nr 18 zu § 833 BGB = NJW 1987, S. 949.
21 So insbes. BGH, LM Nr 4 zu § 833 BGB = NJW 1965, S. 2397 (Haftung des Tierhalters für sämtliche Schäden, die ein entlaufener Wach- oder Hütehund anrichtet!); anders zB *Fikentscher*, Tz. 1320.
22 *Deutsch*, Tz. 369 (S. 180).

§ 26

18 Die Rechtsprechung hatte ursprünglich die Grenzen der Tiergefahr relativ eng gezogen und deshalb darauf abgestellt, ob die Schädigung eines Dritten die Folge eines „selbständigen, willkürlichen, auf der Vernunft des Tieres beruhenden Verhaltens" ist[23], während bei einem sog. „natürlichen" Verhalten des Tieres sowie in einer Reihe vergleichbarer Fälle für eine Tierhalterhaftung kein Raum sein sollte. Es liegt nun aber auf der Hand, daß es abwegig ist, bei Tieren von „Willkür", „Selbständigkeit" oder gar „Vernunft" zu sprechen. Deshalb ist man sich heute in der Ablehnung dieser Formel einig. Die Rechtsprechung distanziert sich gleichfalls immer mehr von ihr. Abweichend von der früheren Praxis wird daher zB heute bei der Deckung eines Tieres durch ein anderes im Regelfall eine Verwirklichung der spezifischen Tiergefahr angenommen, gegen die § 833 S. 1 gerade Schutz gewähren soll[24].

19 Hierbei darf man indessen nicht stehen bleiben; vielmehr muß der Tierhalter außerdem haften, wenn das Tier lediglich auf äußere Reize reagiert sowie wenn es trotz seiner Leitung durch einen Menschen oder allein durch seinen Auftritt einen Schaden verursacht[25]. § 833 S. 1 greift daher zB auch ein, wenn ein Mensch bei dem Anblick des Tieres vor Schreck in Ohnmacht fällt oder stürzt[26] oder wenn es zu einem Unfall kommt, weil sich ein Tier auf einer Straße aufhält. Gerade die mit dem unkontrollierbaren Verhalten von Tieren auf Straßen für den Verkehr verbundenen Gefahren sind besonders gefürchtet und haben daher in den letzten Jahren zu einer zunehmenden Verschärfung der Tierhalterhaftung Anlaß gegeben[27].

5. Umfang der Haftung

20 a) Geschützt ist durch § 833 jede Person mit Ausnahme des Tierhalters selbst. Ersetzt wird im Rahmen der §§ 249 bis 252 jeder Schaden. Abweichend von allen anderen Fällen der Gefährdungshaftung besteht dabei keine summenmäßige Beschränkung. Der Verletzte hat außerdem einen Anspruch auf Schmerzensgeld (§ 847). Im Ergebnis ist damit die Tierhalterhaftung nach § 833 S. 1 die *strengste* Haftung, die das deutsche Recht kennt. Die rechtspolitische Kritik, die an dieser Regelung zum Teil geübt wird[28], ist angesichts der von Tieren ausgehenden erheblichen Gefahren nicht gerechtfertigt.

21 b) Die Haftung des Tierhalters kann im Einzelfall nach *§ 254* gemindert sein, wenn den Geschädigten ein mitwirkendes Verschulden trifft[29]. Dies wird häufig der Fall sein, wenn sich der Geschädigte ohne Not freiwillig der Tiergefahr ausgesetzt hat. Paradigma

---

23 ZB RGZ 141, S. 406; BGH, NJW 1971, S. 509; 1975, S. 867 (868); VersR 1966, S. 1073 (1074).
24 Insbes. BGHZ 67, S. 129 = NJW 1976, S. 2130 = JuS 1977, S. 190 Nr 3; BGH, LM Nr 11 zu § 833 BGB = NJW 1982, S. 763.
25 S. im einzelnen *Brüggemeier*, Tz. 939 ff (S. 546 ff); *Deutsch*, Tz. 370; *ders.,* JuS 1987, S. 673 (676 f); *Kötz*, Tz. 360 (S. 133 f); *Schlechtriem*, Tz. 854 (S. 366).
26 OLG Nürnberg, NJW-RR 1991, S. 741.
27 S. zB BGH, LM Nr 175 zu § 823 (Dc) BGB = NJW-RR 1990, S. 789; OLG Nürnberg, NJW-RR 1991, S. 1500.
28 ZB *Medicus* II, § 145 I (S. 399).
29 ZB BGH, LM Nr 24 zu § 833 BGB = NJW 1993, S. 2611.

ist der *Reiter*, der sich von dem Tierhalter ein Pferd ausleiht oder mietet. Das Schrifttum hält in derartigen Fällen die strenge Tierhalterhaftung namentlich nach § 833 S. 1 in aller Regel für unangemessen und versucht deshalb hier auf vielfältigen Wegen, zu einer Haftungsbeschränkung zu gelangen, überwiegend unter Berufung auf die Analogie zu § 599 sowie zu den §§ 8 und 8a StVG oder durch die Annahme eines Handelns des Reiters auf eigene Gefahr mit der Folge eines Haftungsausschlusses[30]. Die Rechtsprechung hat jedoch allen diesen Versuchen zur Einschränkung des § 833 eine Absage erteilt und erwägt nur im Einzelfall eine Anwendung des § 254[31]. Von Fall zu Fall ist außerdem analog § 834 hinsichtlich des Mitverschuldens des Reiters eine Beweislastumkehr zu dessen Lasten zu erwägen[32].

6. Haus- und Nutztiere

a) Anders als bei den Luxustieren haftet der Tierhalter nach § 833 S. 2 bei Schädigungen Dritter durch Haus- und Nutztiere[33] nur für *vermutetes Verschulden*. Er kann sich daher durch den Nachweis entlasten, daß er bei der Beaufsichtigung des Tieres die im Verkehr erforderliche Sorgfalt beobachtet hat oder daß der Schaden auch bei Anwendung dieser Sorgfalt entstanden wäre. Ebenso ausgestaltet ist nach § 834 die Haftung des Tierhüters.

22

b) Die Anforderungen der Rechtsprechung an den Entlastungsbeweis des Tierhalters nach § 833 S. 2 sind idR streng. So muß der Tierhalter zB stets dafür Sorge tragen, daß die Tiere unter keinen Umständen außer Kontrolle geraten können; für Schäden durch entlaufene Tiere wird daher wohl immer gehaftet[34].

23

IV. Kraftfahrzeughalterhaftung

Literatur: *Becker/Böhme*, Kraftverkehrs-Haftpflichtschäden, 18. Aufl. (1992); *Deutsch*, § 24 II (Tz. 380 ff); *Esser/Weyers*, § 64, 5; *Geigel/Kunschert*, Kap. 25 (S. 681 ff); *Greger*, Zivilrechtliche Haftung im Straßenverkehr, 2. Aufl. (1990); *Jagusch/Hentschel*, Straßenverkehrsrecht, 32. Aufl. (1993); *Kötz*, Tz. 374 ff (S. 139 ff); *Medicus* II, § 146; *Rüth/Berr/Berz*, Straßenverkehrsrecht, 2. Aufl. (1988).

---

30 S. *Brüggemeier*, Tz. 943 ff (S. 549 ff); *Deutsch*, Tz. 371; ders., NJW 1978, S. 1998; ders., JuS 1981, S. 317 (323); 1987, S. 673 (676 ff); *Kötz*, Tz. 360 (S. 133 f); *Schlechtriem*, Tz. 856 (S. 367); kritisch *Medicus* II, § 145 II 4.
31 Grdlg. BGH, LM Nr 23 zu § 833 BGB = NJW 1992, S. 2474 = JuS 1993, S. 73 Nr 5; LM Nr 24 zu § 833 BGB = NJW 1993, S. 2611.
32 BGH (vorige Fn); LM Nr 18 zu § 833 BGB = NJW 1987, S. 949.
33 Zum Begriff s. oben Rn 13.
34 BGH, LM Nr 4 zu § 833 BGB = NJW 1965, S. 2397; vgl auch BGH, LM Nr 104 zu § 278 BGB = NJW 1978, S. 1079 (1083).

§ 26

1. Überblick

24 a) Nach § 7 Abs. 1 StVG ist der Kraftfahrzeughalter schadensersatzpflichtig, wenn bei dem Betrieb eines Kraftfahrzeugs ein Mensch getötet, der Körper oder die Gesundheit eines Menschen verletzt oder eine Sache beschädigt wird. Die Ersatzpflicht ist nur ausgeschlossen, wenn der Unfall durch ein unabwendbares Ereignis verursacht wird, das weder auf einem Fehler in der Beschaffenheit des Fahrzeugs noch auf einem Versagen seiner Verrichtungen beruht (§ 7 Abs. 2 StVG). Dasselbe gilt grundsätzlich bei Schwarzfahrten, außer wenn der Halter die Schwarzfahrt durch sein Verschulden ermöglicht hat (§ 7 Abs. 3 S. 1 StVG). In dem zuletzt genannten Fall haften mithin Schwarzfahrer und Halter nebeneinander aus § 7 StVG. Für Schwarzfahrten angestellter Fahrer haftet der Halter ebenfalls stets aus § 7 StVG (§ 7 Abs. 3 S. 2 StVG).

25 b) Die Gefährdungshaftung für Kraftfahrzeuge ist vor allem wegen der aus der hohen Geschwindigkeit der Kraftfahrzeuge resultierenden besonderen Gefahren eingeführt worden. Folgerichtig entfällt sie nach § 8 StVG, wenn die Höchstgeschwindigkeit des Fahrzeugs zwanzig Stundenkilometer nicht überschreitet. Die Haftung des Halters aus dem StVG ist außerdem ausgeschlossen, wenn der Verletzte oder Getötete bei dem Betrieb des Kraftfahrzeugs tätig war (§ 8 StVG) oder wenn er durch das Kraftfahrzeug befördert worden ist, außer wenn es sich um eine entgeltliche geschäftsmäßige Personenbeförderung gehandelt hat (§ 8a StVG).

26 Den *Insassen* eines Kraftfahrzeugs wird folglich grundsätzlich nur bei Verschulden aus Delikt, nicht aber verschuldensunabhängig aufgrund des StVG gehaftet. Anders jedoch, wenn es sich um eine entgeltliche geschäftsmäßige Personenbeförderung handelt, weil dann nach § 8a Abs. 1 S. 1 StVG das Gesetz wieder in vollem Umfang Anwendung findet. Wichtig ist das vor allem für den öffentlichen Personennahverkehr, so daß sich zB die Haftung der Omnibusunternehmer gegenüber ihren Fahrgästen (auch) nach dem StVG richtet. Neben dem Halter haftet schließlich noch der Führer des Fahrzeugs, jedoch nur für vermutetes Verschulden (§ 18 Abs. 1 StVG).

27 Die Haftung nach dem StVG ist summenmäßig beschränkt (§§ 10 bis 13 StVG) und greift nur ein, wenn der Ersatzberechtigte den Unfall binnen zweier Monate dem Ersatzpflichtigen angezeigt hat (§ 15 StVG). Auch § 254 ist entsprechend anwendbar (§ 9 StVG). Weitergehende Ansprüche des Geschädigten aus dem BGB bleiben aber unberührt (§ 16 StVG).

28 c) Um die Erfüllung der Ansprüche des Geschädigten aus dem StVG unter allen Umständen sicherzustellen, ist 1939 eine *Pflichtversicherung* der Kraftfahrzeughalter eingeführt worden[35]. Hervorzuheben ist, daß nach § 3 des Pflichtversicherungsgesetzes der Geschädigte auch einen direkten Anspruch gegen den Versicherer besitzt, weshalb in der Praxis Kraftfahrzeughalter, Kraftfahrzeugfahrer und Versicherer in aller Regel gemeinsam verklagt werden.

---

35 Pflichtversicherungsgesetz (RGBl. 1939 I, S. 2223) idF von 1965 (BGBl. II, S. 281); wegen der Einzelheiten s. zB *Geigel/Schlegelmilch*, Kap. 13 Rn 41 ff (S. 327 ff).

2. Halter

Kraftfahrzeughalter ist, wer ein Kraftfahrzeug auf eigene Rechnung in Gebrauch 29
hat und die Verfügungsgewalt darüber besitzt, die ein derartiger Gebrauch voraussetzt[36]. Halter ist demnach zB nicht, wer ein Kraftfahrzeug nur für kurze Zeit mietet, wohl aber derjenige, der es für längere Zeit anmietet oder aufgrund eines Leasingvertrages erwirbt[37]. Soweit der Vermieter hiernach Kraftfahrzeughalter bleibt, haftet er gleichwohl nicht dem Mieter aus § 7 StVG, wenn dieser den Unfall selbst verschuldet hat (§ 242)[38].

3. Betrieb

a) Begriff

Der Kraftfahrzeughalter haftet nach § 7 Abs. 1 StVG nur, wenn sich der Unfall 30
gerade bei dem Betrieb des Kraftfahrzeuges zugetragen hat. Die Gefährdungshaftung des Kraftfahrzeughalters greift folglich nur ein, wenn sich in dem Unfall die besondere Betriebsgefahr des Kraftfahrzeugs verwirklicht hat. Zum Schutze der Verkehrsteilnehmer wird freilich der Betriebsbegriff allgemein ganz *weit* ausgelegt, so daß dafür nicht mehr als ein naher örtlicher und zeitlicher Zusammenhang mit einem betrieblichen Vorgang oder mit bestimmten Betriebseinrichtungen erforderlich ist. Im Grunde werden damit alle durch den Kraftfahrzeugverkehr beeinflußten Schadensabläufe von § 7 StVG erfaßt[39]. Das wird sogar dann angenommen, wenn sich das Fahrzeug nicht bewegt, weil auch der ruhende Verkehr immer noch Teil des (gefährlichen) Verkehrs ist (sog. verkehrstechnischer im Gegensatz zu dem maschinentechnischen Betriebsbegriff)[40].

> Die Haftung des Kraftfahrzeughalters nach § 7 Abs. 1 StVG setzt folglich lediglich 31
> voraus, daß bei wertender Betrachtungsweise noch ein Zurechnungszusammenhang zwischen denjenigen Gefahren, die durch die strenge Haftung des Kraftfahrzeughalters hintangehalten werden sollen, und dem eingetretenen Schaden besteht. Bei einem bloßen „äußeren" Zusammenhang zwischen dem Betrieb des Kraftfahrzeugs und dem eingetretenen Schaden ist hingegen kein Raum für die Anwendung des § 7 StVG[41].

---

36 BGHZ 13, S. 351 (354 ff) = NJW 1954, S. 1198; BGHZ 32, S. 331 (333) = NJW 1960, S. 1572.
37 BGHZ 87, S. 133 (135 f) = NJW 1983, S. 1492; BGHZ 116, S. 200 (202, 205 f) = NJW 1992, S. 900.
38 BGHZ 116, S. 200 (203) = NJW 1992, S. 900.
39 BGHZ 105, S. 65 = NJW 1988, S. 3019; BGHZ 115, S. 84 = NJW 1991, S. 2568; BGH, LM Nr 43 zu § 7 StVG = NJW 1973, S. 44 = JuS 1973, S. 248 Nr 8.
40 ZB *Deutsch*, Tz. 382; *Medicus* II, § 146 I 4b (S. 404).
41 BGHZ 58, S. 162 = NJW 1972, S. 904; BGHZ 115, S. 84 = NJW 1991, S. 2568; BGH, LM Nr 64 zu § 823 (C) BGB = NJW 1990, S. 2885 = JuS 1991, S. 152 Nr 4.

§ 26

b) Beispiele

32 § 7 StVG greift zB ein, wenn am Straßenrand abgestellte Fahrzeuge durch ein Streufahrzeug beschädigt werden[42], wenn das Fahrzeug auf einer Straße liegenbleibt und ein anderes Auto auf es auffährt, wenn ein Auto als Mordwerkzeug mißbraucht wird[43], wenn die Straße durch das Fahrzeug so verschmutzt wird, daß andere Autos ausrutschen und deshalb verunglücken[44], weiter, wenn es beim Beladen oder Entladen eines Fahrzeugs zu einem Unfall kommt[45], sowie, wenn ein von der Polizei verfolgtes Auto verunglückt und daraufhin das Polizeifahrzeug bei dem Versuch, scharf zu bremsen, ebenfalls einen Unfall erleidet[46].

33 Für die Anwendung des § 7 StVG ist hingegen *kein* Raum, wenn der Motor des Fahrzeugs betriebsfremd, zB für das Einfüllen von Öl in einen Tank oder in ein Silo verwandt wird[47], wenn ein Fahrzeug nur als Straßensperre oder Lichtquelle eingesetzt wird[48] oder wenn ein Motorradfahrer bei dem Zusammenstoß mit einem Auto auf ein anderes ordnungsmäßig abgestelltes Fahrzeug geschleudert und dadurch verletzt wird[49]. Der nötige innere Zusammenhang zwischen dem Betrieb des Kraftfahrzeugs und dem eingetretenen Schaden fehlt außerdem zB, wenn nach einer unfallbedingten Sperre der Autobahn nachfolgende Fahrer über den Grünstreifen der Unfallstelle ausweichen[50], wenn bei der Auseinandersetzung zwischen den an einem Unfall Beteiligten einer von ihnen einen Schlaganfall erleidet[51], wenn ein Polizeifahrzeug bei der Verfolgung eines anderen Fahrzeugs wegen überhöhter Geschwindigkeit verunglückt[52] oder wenn sich aus Anlaß eines Unfalls ein anderes Risiko verwirklicht, das nicht der Halter des Fahrzeugs tragen muß, weil es selbständig von einem Dritten geschaffen worden ist. Eine Anwendung des § 7 StVG scheidet daher zB aus, wenn ein Tierzüchter Tiere unter Bedingungen hält, die zu gefährlichen Panikreaktionen der Tiere bei Unfällen auf einer nahegelegenen Straße führen müssen[53].

4. Unabwendbares Ereignis

34 a) Das StVG hat in § 7 Abs. 1 keine reine Gefährdungshaftung des Kraftfahrzeughalters eingeführt; die Haftung ist vielmehr unter bestimmten Voraussetzungen nach § 7 Abs. 2 StVG durch Verschuldenselemente modifiziert. Im einzelnen hat man

---

42 BGHZ 105, S. 65 = NJW 1988, S. 3019.
43 BGH Z 37, S. 311 = NJW 1962, S. 1676.
44 BGH, LM Nr 52 zu § 7 StVG = NJW 1982, S. 2669.
45 BGHZ 71, S. 212 (214 f) = NJW 1978, S. 1582.
46 BGH, LM Nr 24 zu § 823 (Bc) BGB = NJW 1981, S. 750.
47 BGHZ 71, S. 212 (214 f) = NJW 1978, S. 1582; BGH, LM Nr 45 zu § 7 StVG = NJW 1975, S. 1886.
48 *Kötz*, Tz. 388 (S. 143).
49 BGH, LM Nr 20 zu Teilungsabk. = NJW 1984, S. 41.
50 BGHZ 58, S. 162 = NJW 1972, S. 904.
51 BGHZ 107, S. 359 (366 f) = NJW 1989, S. 2616 = JuS 1990, S. 143 Nr 7.
52 BGH, LM Nr 64 zu § 823 (C) BGB = NJW 1990, S. 2885 = JuS 1991, S. 152 Nr 4.
53 BGHZ 115, S. 84 = NJW 1991, S. 2568 für Panikreaktionen von Schweinen auf Unfallgeräusche von einer in der Nähe des Stalls vorübergehenden Straße.

zwei Fälle zu unterscheiden[54]: Bei der uneingeschränkten Gefährdungshaftung des Kraftfahrzeughalters bleibt es, wenn der Unfall letztlich auf einem *Fehler der Beschaffenheit* des Fahrzeugs oder auf einem *Versagen seiner Verrichtungen* beruht. Beispiele sind ein Ausfall der Bremsen, ein Platzen der Reifen oder ein Versagen der Lenkung. In derartigen Fällen haftet der Kraftfahrzeughalter mithin unbedingt unter den Voraussetzungen des § 7 Abs. 1 StVG, dh selbst dann, wenn ihn hinsichtlich der genannte Vorgänge nicht die geringste Schuld trifft.

b) In allen anderen Fällen, dann also, wenn der Unfall nicht gerade auf einem Fehler in der Beschaffenheit des Fahrzeugs oder auf einem Versagen seiner Verrichtungen beruht, entfällt hingegen die Haftung des Halters aus dem StVG, wenn es sich bei dem Unfall um ein unabwendbares Ereignis handelt (§ 7 Abs. 2 S. 1 StVG). Nach S. 2 des § 7 Abs. 2 StVG gilt ein Ereignis insbesondere dann als unabwendbar, wenn es auf das Verhalten des Verletzten oder eines nicht bei dem Betrieb beschäftigten Dritten oder eines Tieres zurückzuführen ist *und* sowohl der Halter als auch der Führer des Fahrzeugs jede nach den Umständen des Falles gebotene Sorgfalt beobachtet hat.

Jede nach den Umständen des Falles gebotene Sorgfalt im Sinne des § 7 Abs. 2 S. 2 StVG ist mehr als die im Verkehr erforderliche Sorgfalt im Sinne des § 276 Abs. 1 S. 2 BGB, so daß ein unabwendbares Ereignis im Sinne des § 7 Abs. 2 StVG nicht schon anzunehmen ist, wenn der Fahrer die von einem durchschnittlichen (normalen) Fahrer zu verlangende Sorgfalt beobachtet hat; Maßstab ist vielmehr das Verhalten eines sog. „Idealfahrers", der mit höchster Sorgfalt, Aufmerksamkeit, Geistesgegenwart und Umsicht vorgeht. Nur wenn ein derartiger Fahrer den Unfall ebenfalls nicht vermieden hätte, handelt es sich mithin bei dem Unfall für den Halter um ein unabwendbares Ereignis, so daß nach § 7 Abs. 2 StVG seine Haftung entfällt.

Die Annahme eines unabwendbaren Ereignisses wird zB bereits verneint, wenn ein Fahrer auf der Autobahn die durch eine Verordnung von 1978 empfohlene Richtgeschwindigkeit von 130 Stundenkilometern überschreitet, so daß in diesem Fall der Halter in jedem Fall für einen späteren Unfall nach § 7 Abs. 1 StVG verantwortlich ist[55]. Die Beweislast für das Vorliegen eines unabwendbaren Ereignisses, dh für die Beobachtung der Sorgfalt eines Idealfahrers, trifft den Kraftfahrzeughalter.

5. Betriebsgefahr

Wenn an einem Unfall mehrere Kraftfahrzeuge beteiligt sind, haften die Halter dem geschädigten *Dritten* nach § 7 Abs. 1 StVG in Verb. mit § 840 BGB als Gesamtschuldner. Der Ausgleich zwischen den beteiligten Haltern im Innenverhältnis richtet sich nach den Umständen (§ 17 Abs. 1 S. 1 StVG)[56]. S. 2 des § 17 Abs. 1 fügt hinzu, daß dasselbe, dh eine Verteilung des Schadens nach den Umständen, gilt, wenn der Schaden einem der beteiligten Fahrzeughalter entstanden ist. Hieraus wird

---

54 S. insbesondere *Medicus* II, § 146 I 4c (S. 405).
55 Grdlg. BGHZ 117, S. 337 = LM Nr 68 zu § 7 StVG = NJW 1992, S. 1684 = JuS 1992, S. 964 Nr 5.
56 Wegen der Einzelheiten s. zB *Geigel/Schlegelmilch*, 10. Kap., S. 234 ff.

§ 26

überwiegend der Schluß gezogen, daß sich auch der Kraftfahrzeughalter selbst, wenn er einen anderen wegen eines Unfalls aus Delikt oder aufgrund des StVG in Anspruch nimmt, die *Betriebsgefahr* seines Fahrzeugs anrechnen lassen muß, wobei man unter Betriebsgefahr die typischerweise mit der Benutzung eines Fahrzeugs im Verkehr verbundenen Gefahren versteht. Die Berücksichtigung dieser Gefahren kann mithin dazu führen, daß die Ansprüche des geschädigten Kraftfahrzeughalters aus dem StVG (§ 7 Abs. 1) oder aus dem BGB (insbesondere § 823) entsprechend gemindert werden[57]. Eine Ausnahme gilt nur, wenn der Unfall für den geschädigten Halter ein unabwendbares Ereignis iS des § 7 Abs. 2 StVG darstellt (s.o. Rn 35 ff).

V. Sonstige Fälle

1. Luftverkehr

39 Bei der Haftung im Luftverkehr muß man die Haftung des Halters eines Luftfahrzeuges gegenüber außenstehenden Dritten von der Haftung des Luftfrachtführers gegenüber den Fluggästen sowie für Frachtgüter unterscheiden[58]. Reine Gefährdungshaftung ist nur die Haftung des *Halters* gegenüber Dritter für Unfallschäden, zB für Schäden, die sie bei dem Absturz eines Flugzeuges erleiden. Maßgebend sind hier die §§ 33 ff LuftVG, nach denen die Haftung grundsätzlich gegenständlich und summenmäßig beschränkt ist. Unbeschränkt gehaftet wird nur für Unfälle von militärischen Luftfahrzeugen (§ 53 LuftVG). Wesentlich enger ist hingegen die Haftung des *Luftfrachtführers* gegenüber den Fluggästen sowie für Frachtgüter und Reisegepäck aufgrund der §§ 44 ff LuftVG, die auf das sog. Warschauer Abkommen zur Vereinheitlichung des Luftprivatrechts von 1929 zurückgehen. Nach diesen Vorschriften besteht nur unter engen Voraussetzungen eine summenmäßig beschränkte Haftung des Luftfrachtführers für vermutetes Verschulden, eine keineswegs befriedigende Regelung.

2. Atomenergie

40 Das Atomgesetz von 1976[59] unterscheidet zwei verschiedene Haftungsfälle, die Haftung der Inhaber von Kernanlagen für Schäden an Leben, Gesundheit und Vermögen Dritter sowie die sonstige Haftung der Besitzer ratioaktiver Stoffe. Besonders weitgehend ist die zuerst erwähnte sog. *Anlagenhaftung*. Die Einzelheiten ergeben sich aus den §§ 25 ff AtomG, die ihrerseits auf das sog. Pariser Übereinkommen von 1960 über die Haftung gegenüber Dritten auf dem Gebiet der Kernenergie zurückgehen[60]. Hinzuweisen ist hier nur auf zwei Besonderheiten: Die

---

57 Insbes. BGHZ 6, S. 319 (321 ff) = NJW 1952, S. 1015; BGHZ 20, S. 259 (260 ff) = NJW 1956, S. 1067; BGH, LM Nr 11zu § 254 (Ba) BGB = NJW 1972, S. 1415.
58 S. im einzelnen *Deutsch*, § 24 III (Tz. 386 ff); *Medicus* II, § 148 III (S. 410).
59 BGBl. I, S. 3053.
60 Gültig idF der Bekanntmachung v. 5.2.1976 (BGBl. II, S. 310).

erste ist die sog. „rechtliche Kanalisierung" der Haftung, dh die Beschränkung der Ersatzpflicht auf den Inhaber der Kernanlage. Die zweite Besonderheit besteht in der Verpflichtung des Inhabers der Kernanlage zur Deckungsvorsorge, ergänzt durch eine Freistellungsverpflichtung des Bundes und der Länder.

3. *WHG*

Nach § 22 Abs. 1 WHG haftet jedermann für die Einbringung oder Einleitung schädlicher Stoffe in ein Gewässer[61]. Neben dieser eigenartigen Handlungshaftung kennt das WHG in § 22 Abs. 2 auch eine echte Gefährdungshaftung der Inhaber bestimmter Anlagen, sofern aus den Anlagen schädliche Stoffe in ein Gewässer gelangen. Paradigma ist das Eindringen von Öl aus einer Ölleitung in das Grundwasser. 41

4. *Umwelthaftung*

> Literatur: *Bälz*, JZ 1992, S. 57; *Baumann*, JuS 1989, S. 433; *Brüggemeier*, in: Festschr. f. Jahr, 1993, S. 223; *Deutsch*, § 26 III (Tz. 402 ff); *Diederichsen*, in: Festschr. f. Lukes, 1989, S. 41; *Hager*, NJW 1991, S. 134; *Landsberg/Lülling*, Umwelthaftungsrecht, 1991; *dies.*, Betr. 1990, S. 2205; *Medicus* II, § 148 IV; *ders.*, in: Festschr. f. Gernhuber, 1993, S. 299; *A. Reuter*, BB 1991, S. 145; *Schmidt-Salzer*, Kommentar zum Umwelthaftungsrecht, 1992; *ders.*, VersR 1991, S. 9; *Steffen*, NJW 1990, S. 1817; *Wiebecke* (Hrsg.), Umwelthaftung und Umwelthaftungsrecht, 1990.

a) Das Umwelthaftungsgesetz von 1990[62], das am 1. Januar 1991 in Kraft getreten ist, führt für Körper- und Sachschäden, die auf Umwelteinwirkungen beruhen, eine verschuldensunabhängige Gefährdungshaftung ein (§ 1). Diese Haftung trifft jedoch nur die Betreiber bestimmter *Anlagen*, die im Anhang zu dem Gesetz aufgeführt sind; erfaßt werden danach namentlich Kraft- und Heizwerke, alle Produktionsbetriebe und Bergwerke sowie Abfallbeseitigungsanlagen (s. § 3 Abs. 2 und 3). Die Haftung ist summenmäßig beschränkt (§ 15); jedoch bleiben weitergehende deliktische Ansprüche unberührt (§ 18 Abs. 1). 42

Die Umwelthaftung der Betreiber der genannten Anlagen greift ein, wenn jemand einen Körper- oder Sachschaden durch Umwelteinwirkungen, dh auf dem sog. „Umweltpfad" erleidet; man versteht darunter die Ausbreitung von Stoffen, Erschütterungen und dergleichen mehr durch die Umweltmedien Boden, Luft und Wasser (§ 3 Abs. 1)[63]. Das schwierigste Problem in diesen Fällen war (und ist) der Kausalitätsnachweis. Das Gesetz hilft deshalb in § 6 mit einer Ursachenvermutung, die aber nur in Störfällen eingreift, nicht hingegen, wenn die Anlage bestimmungsgemäß betrieben wurde. Die Position des Geschädigten wird außerdem durch 43

---

61 S. im einzelnen *Geigel/Schlegelmilch*, Kap. 24 Rn 7 ff (S. 654 ff).
62 BGBl. I, S. 2634.
63 S. dazu insbes. *Medicus*, in: Festschr. f. Gernhuber, S. 299 ff.

§ 26

verschiedene Auskunftsanpsrüche verbessert (§§ 8 und 9). Der Sache nach handelt es sich somit bei der sog. Umwelthaftung aufgrund des UmweltHG um eine herkömmliche *Anlagenhaftung* mit einigen umweltbezogenen Besonderheiten[64].

44 b) Nicht geregelt sind im UmweltHG trotz zahlreicher Anregungen in diese Richtung die besonders problematischen *Summations- und Distanzschäden*. Das sind Schäden, die durch eine Vielzahl von Verursachern und zT über große räumliche und zeitliche Distanzen hinweg herbeigeführt werden. Hier ist der Kausalitätsnachweis für den schließlich Geschädigten naturgemäß besonders schwierig. Mangels einer gesetzlichen Regelung bleibt es jedoch insoweit (vorerst) bei den allgemeinen Regeln insbesondere über die Nebentäterschaft – mit allen ihren Mängeln.

---

64 S. *Brüggemeier*, in: Festschr. f. Jahr, S. 223 (235 ff).

SACHREGISTER

Die Zahlen beziehen sich auf die Paragraphen des Buches sowie die Randnummern innerhalb der einzelnen Paragraphen (19, 5 = § 19 Rn. 5).

Abfindungsvergleich 15, 30
Abnahmepflicht des Käufers 2, 33
– des Bestellers 10, 43
Absolute Rechte in § 823 Abs. 1 21, 7
Abstraktionsprinzip 1, 19
Abtreibung, Haftung bei 20, 3
Abzahlungskauf 6, 16
Abzahlungskauf, finanzierter 6, 35
Akzessorietät der Bürgschaft 14, 19
Aliud 4, 19, 61
Allgemeines Persönlichkeitsrecht 21, 24
Alternative Täterschaft 25, 12
Amtshaftung 24, 3
Anerkenntnis, s. Schuldanerkenntnis 15
Anfechtung des Kaufvertrages 5, 1
Annahmeverzug beim Dienstvertrag 9, 26
Anstiftung 25, 5
Anwartschaftsrecht des Vorbehaltskäufers 6, 12
Anweisungsfälle 16, 56
Arbeitsvertrag 9
Architektenvertrag 11, 6
Arglistige Täuschung 4, 49; 18, 44; 23, 20
Arzneimittel 22, 27
Arzthaftung 20, 15
– Aufklärung 20, 21
– Behandlungsfehler 20, 27
– Beweislast 20, 31
– Einwilligung 20, 19
– Körperverletzung 20, 15
– Krankenhausträger 20, 34
– Vertrag 9, 9
– Zweispurigkeit 20, 18
Arztvertrag 9, 9
Atomenergieanlagen 26, 40
Aufklärungspflichten 4, 51; 6, 43; 20, 21
Auftrag 12
– Aufwendungsersatzanspruch 12, 10
– Bedeutung 12, 1
– Beendigung 12, 15
– Fürsorgepflicht 12, 14
– Herausgabepflicht 12, 7

– Pflichten des Auftraggebers 12, 10
– Pflichten des Beauftragten 12, 6
– Schadensersatzanspruch des Beauftragten 12, 12
– Substitution 12, 8
Aufsichtspflichtiger, Haftung des 24, 35
Aufwendungsersatzanspruch des Beauftragten 12, 10
– des Bürgen 14, 30
– bei der Geschäftsführung ohne Auftrag 13, 20
Ausfallbürgschaft 14, 46
Auskunftserteilung 12, 23
Auslobung 11, 34
Autokauf 4, 55
Automatenverträge 8, 24

Bankvertrag 12, 19
Barkauf 1, 19
Baukostenzuschüsse 7, 71
Bauträgerverträge 11, 1
Bauwerkvertrag 10
Beerdigungskosten, Ersatz der 25, 24
Beförderungsvertrag 10, 2
Beherbergungsvertrag 8, 1
Beihilfe 25, 5
Bereicherung 16-18
– Bereicherung in sonstiger Weise 17
– Dreiecksverhältnisse 16, 50
– Eingriffskondiktion 17, 2
– Einheitslehre 16, 5
– Gegenstand 18, 5
– Geschichte 16, 4
– Haftungsverschärfung 18, 48
– Inhalt des Anspruchs 18
– Leistungskondiktion 16
– Mehrpersonenverhältnisse 16, 50
– Nutzungen 18, 8
– Rückgriffskondiktion 17, 52
– Saldotheorie 18, 31
– Surrogate 18, 9
– Verwendungskondiktion 17, 49
– Wegfall des Anspruchs 18, 21
– Wertersatz 18, 11

353

Sachregister

Bereicherung in sonstiger Weise 17
- Eingriffskondiktion 17, 2
- Geschützte Rechtspositionen 17, 4
- Leistungen an einen Nichtberechtigten 17, 46
- Rechtsgrund 17, 23
- Rechtswidrigkeitstheorie 17, 5
- Rückgriffskondiktion 17, 52
- Subsidiarität 17, 28
- Unmittelbarkeit der Vermögensverschiebung 17, 20
- Verfügungen eines Nichtberechtigten 17, 30
- Verwendungskondiktion 17, 49
- Zuweisungstheorie 17, 6

Beseitigungsanspruch 25, 42
Beteiligung mehrerer an unerlaubten Handlungen 25, 1
Betriebsgefahr 26, 38
Betriebsrisikolehre 9, 27
Betriebsübergang 9, 12
Boykott 21, 19
Bringschuld 3, 22
Bürgschaft 14
- Abgrenzung 14, 3
- Abschluß 14, 8
- Akzessorietät 14, 19
- auf erstes Anfordern 14, 48
- Ausfallbürgschaft 14, 46
- Ausgleichsverhältnis 14, 37
- Bedeutung 14, 1
- Begriff 14, 3
- Einreden 14, 22
- Erlöschen 14, 26
- Forderungsübergang 14, 33
- Form 14, 10
- Globalbürgschaften 14, 13
- Höchstbetragsbürgschaft 14, 47
- Innenverhältnis 14, 30
- Mitbürgschaft 14, 39
- Nachbürgschaft 14, 44
- Rückgriffsanspruch 14, 32
- Selbstschuldnerische Bürgschaft 14, 29
- Sittenwidrigkeit 14, 17
- Sonderformen 14, 38
- Subsidiarität 14, 28
- Teilbürgen 14, 41
- Übergabe der Urkunde 14, 16
- Vorausklage, Einrede der 14, 28
- Zeitbürgschaft 14, 42
- Zustandekommen 14, 8

Condictio indebiti 16, 7, 25
Condictio ob causam finitam 16, 30
Condictio ob turpem vel iniustam causam 16, 38
Condictio ob rem 16, 31
Culpa in contrahendo 5, 11

Darlehen 8, 31
- Abschluß 8, 32
- Sittenwidrigkeit 8, 40; 16, 48
- Verbraucherkreditgesetz 6, 16, 35; 8, 34
- Verzug 8, 36
- Wucher 16, 48
Deklaratorisches Anerkenntnis 15, 7
Deliktsrecht 19-26, s. Unerlaubte Handlungen
Demonstrationsschäden 25, 8
Dienste, entgangene, 25, 29
Dienstvertrag 9
- Abgrenzung 9, 3
- Abschluß 9, 10
- Annahmeverzug 9, 26
- Arbeitsvertrag 9, 3
- Beendigung 9, 35
- Fürsorgepflicht 9, 32
- Gegenleistung 9, 24
- Gleichbehandlungspflicht 9, 34
- Haftung 9, 13
- Kündigung, außerordentliche 9, 41
- Kündigung, ordentliche 9, 39
- Pflichten des Dienstberechtigten 9, 24
- Pflichten des Dienstverpflichteten 9, 13
- Preisgefahr 9, 26
- Treuepflicht 9, 15
- Unmöglichkeit 9, 26
- Zeugnis 9, 46
Doppelmangel 16, 58
Dreipersonenverhältnisse 16, 50, s. Mehrpersonenverhältnisse
Duldungspflicht des Mieters 7, 31

Ehefrauen, Schäden von, 25, 30
Ehemaklerverträge 11, 38
Ehrenschutz 21, 24; 24, 14
Eigenbedarfskündigung 7, 81
Eigenschaften, zugesicherte 4, 33; 10, 19
Eigentumsvorbehalt 6, 1
Einbaufälle 16, 69; 17, 28
Einbringung von Sachen bei Gastwirten 11, 46
Eingriffskondiktion 17, 2

Sachregister

Einheitliches Kaufrecht 6, 59
Einsturz von Gebäuden 24, 2
Einwendungsdurchgriff 6, 46
Eisenbahnen, Haftung der 26, 5
Eltern, Haftung der 24, 37
Energieanlagen, Haftung für 26, 8
Energielieferungsvertrag 1, 16
Entlastungsbeweis 24, 31
Ereignis, unabwendbares 26, 34
Ersatzanspruch im Deliktsrecht 25
Ersatzberechtigte im Deliktsrecht 25, 22

Falschlieferung 4, 19, 61
Familienrechte 21, 10
Fehlerbegriff 4, 10; 7, 45; 10, 8
Feststellungsverträge 15
Finanzierter Abzahlungskauf 6, 35
Form der Bürgschaft 14, 10
– des Mietvertrages 7, 16
– des Schuldanerkenntnisses 15, 16
Freiheitsverletzung 20, 14
Fürsorgepflicht des Dienstberechtigten 9, 32
– des Bestellers 10, 48

Garantie 4, 93; 14, 3
Garantievertrag 14, 3
Gastwirtshaftung 11, 46
Gattungskauf 4, 56
Gebrauchsüberlassungsverträge 8
Gefahrübergang 3
Gefährdungshaftung 26
Gefälligkeitsverhältnis 12, 4
Gehilfenhaftung 24, 22
Geschäfte, verbundene 6, 35
– Anwendungsbereich 6, 38
– Begriff 6, 38
– Einwendungsdurchgriff 6, 46
– Form 6, 43
– Widerruf 6, 44
Geschäftsanmaßung 13, 21
Geschäftsbesorgung 12, 17
Geschäftsführung ohne Auftrag 13
– Berechtigte Geschäftsführung ohne Auftrag 13, 4
– Fremdgeschäftsführungswillen 13, 6
– Rechtsfolgen 13, 17
– Schadensersatzanspruch 13, 20
– Unberechtigte Geschäftsführung ohne Auftrag 13, 21

– Unechte Geschäftsführung ohne Auftrag 13, 23
– Voraussetzungen 13, 4
Gesundheitsverletzung 20, 7
Gewalt, höhere 26, 7
Gewährleistung für Sachmängel beim Kauf 4
– beim Leasingvertrag 8, 18
– bei der Miete 7, 44
– beim Werkvertrag 10, 8
Gewerbebetrieb, Recht am 21, 11
Girovertrag 11, 45; 12, 17
Gleichbehandlungspflicht 9, 34

Handlung 19, 2
Haustürgeschäfte 6, 48
Heiratsvermittlung 11, 38
Heizpflicht des Vermieters 7, 22
Herstellerhaftung 22, 20
Höchstbetragsbürgschaft 14, 47
Hoffnungskauf 1, 12
Holschulden 3, 15

Internationaler Kauf 6, 59

Kauf auf/nach Probe 6, 56
Kaufvertrag 1–6
– Abnahmepflicht 2, 33
– Arglistige Täuschung 4, 49
– Besitzverschaffungspflicht 2, 13
– Gattungskauf 4, 56
– Gefahrtragung 3
– Gegenstand 1, 7
– Haftung für die Verität eines Rechts 2, 28
– Internationaler Kauf 6, 59
– Konkurrenzen 5
– Nebenpflichten 2, 34
– Pflichten des Käufers 2, 32
– Pflichten des Verkäufers 2, 1, 28
– Rechtsmangel 2, 4
– Rechtsmängelhaftung 2, 14
– Rechtsverschaffungspflicht 2, 1
– Sonderformen 1, 14
– Wesen 1, 1
– Zahlungspflicht des Käufers 2, 32
– Zusicherung von Eigenschaften 4, 33
Kaution 7, 61
Konstitutives Anerkenntnis 15, 12
Konsumentenkredit 8, 34
Körperverletzung 20, 7

355

Sachregister

Kraftfahrzeughalterhaftung 26, 24
Krankenhausaufnahmevertrag 8, 2
Krankenhausträgerhaftung 20, 34
Kreditauftrag 14, 7
Kreditgefährdung 24, 14
Kündigung
- beim Dienstvertrag 9, 39
- bei der Miete 7, 77
- beim Reisevertrag 11, 31
- beim Werkvertrag 10, 49

Landpacht 8, 29
Leasing 8, 3
- Abschluß 8 12
- Abtretungskonstruktion 8, 18
- Beendigung 8, 23
- Finanzierungsleasing 8, 6
- Gefahrtragung 8, 14
- Insolvenzrisiko 8, 21
- Leistungsstörungen 8, 15
- Mängel 8, 18
- Operatingleasing 8, 5
- Rechtsnatur 8, 11
- Unmöglichkeit 8, 16
- Verzug 8, 17, 22
- Voll-/Teilamortisationsverträge 8, 9
Lebensgüter, Schutz der 20
Leihe 8, 30
Leistungen an einen Nichtberechtigten 17, 46
Leistungsbegriff 16, 13
Leistungsgefahr 3, 1
Leistungskondiktion 16
- Anweisungsfälle 16, 56
- Dreipersonenverhältnisse 16, 50
- Drittleistungen 16, 75
- Durchgriffsverbot 16, 52
- Einbaufälle 16, 7
- Einheitslehre 16, 5
- Formen 16, 25
- Funktion 16, 7
- Gegenstand 16, 10; 18, 5
- Geschichte 16, 4
- Grundform 16, 7
- Konditionssperren 16, 28, 37, 40
- Leistungsbegriff 16, 13
- Parteien 16, 13, 50
- Rechtsgrund 16, 18
- Saldotheorie 18, 36

- Trennungslehre 16, 5
- Unmittelbarkeit der Leistungsverschiebung 16, 53
Luftverkehr 26, 39

Maklervertrag 11, 35
Mangel, s. Fehler
Mehrpersonenverhältnisse 16, 50
- Anweisungsfälle 16, 56
- Doppelmangel 16, 58
- Drittleistungen 16, 75
- Einbaufälle 16, 69
- Irrtumsfälle 16, 72
- Subsidiarität der Eingriffskondiktion 17, 28
Miete 7
- Abschluß 7, 14
- Anzeigepflicht 7, 28
- Beendigung 7, 73
- Begriff 7, 1
- Duldungspflicht 7, 31
- Erhaltungspflicht 7, 20
- Form 7, 16
- Gegenstand 7, 1
- Geschichte 7, 5
- Gewerbliche Miete 7, 13
- Heizpflicht 7, 22
- Kaution 7, 61
- Kündigung 7, 77
  - außerordentliche befristete Kündigung 7, 85
  - außerordentliche fristlose Kündigungs 7, 94
  - ordentliche Kündigung 7, 77
- Mängelhaftung des Vermieters 7, 44
- Mietnotrecht 7, 5
- Mietzins 7, 24, 108
- Mietzinserhöhung 7, 108
- Mischmietverhältnis 7, 13
- Modernisierung 7, 31, 118
- Nebenpflichten des Mieters 7, 27
- Obhutspflicht 7, 27
- Pfandrecht des Vermieters 7, 57
- Pflichten des Mieters 7, 24
- Pflichten des Vermieters 7, 18
- Rechtsmängel 7, 49
- Rückgabepflicht 7, 101
- Schönheitsreparaturen 7, 36
- Übergang auf den Erwerber 7, 65
- Untermiete 7, 91
- Verjährung 7, 105

Sachregister

- Vertragsmäßiger Gebrauch 7, 21
- Wohnraummiete 7, 12
- Zeitablauf 7, 75

Miethöheregelungsgesetz 7, 108
- Begründung des Mieterhöhungsverlages 7, 115
- Kappungsgrenze 7, 114
- Mieterhöhungsverlagen 7, 115
- Mietspiegel 7, 113
- Modernisierungsmaßnahmen 7, 118
- Vergleichsmiete 7, 112

Minderung 4, 82; 7, 52; 10, 16
Mitbürgschaft 14, 39
Mittäterschaft 25, 2
Mitwirkungspflichten 10, 45

Nachbesserung 4, 70; 10, 10
Nachbürgschaft 14, 44
Nachlieferung 4, 57
Nebentäterschaft 25, 10
Novation 15, 20

Obhutspflicht des Mieters 7, 27
Organisationsmangel 22, 1

Pacht 7, 1; 8, 26
Personalsicherheiten 14
Persönlichkeitsrecht, allgemeines 21, 24
Pfandrecht des Vermieters 7, 57
- des Werkunternehmers 10, 41

Praxiskauf 1, 9
Preisgefahr 3; 8, 14; 10, 35
Produkthaftung 22, 20
Produzentenhaftung 22, 20

Ratserteilung 12, 23
Rechtsanwälte 9, 16
Rechtsentscheid im Mietrecht 7, 9
Rechtsgrund im Bereicherungsrecht 16, 18; 17, 23
Rechtskraftdurchbrechung 23, 22
Rechtsmängelhaftung beim Kauf 2, 14
- bei der Miete 7, 49

Reisevertrag 11, 10
- Abschluß 11, 15
- Begriff 11, 12
- Ersetzungsbefugnis 11, 20
- Geschichte 11, 10
- Haftung 11, 23
- Inhalt 11, 17

- Insolvenzsicherung 11, 21
- Konkurrenzen 11, 25
- Kündigung 11, 22
- Mangel 11, 27
- Minderung 11, 30
- Schadensersatz 11, 31
- Vorauszahlungen 11, 18

Rückbürgschaft 14, 45
Rückgriffskondiktion 17, 52

Sachmängelhaftung
- beim Kauf 4
- beim Leasing 8, 18
- bei der Miete 7, 44
- beim Werkvertrag 10, 8

Saldotheorie 18, 36
Schäden, mittelbare 25, 22
Schadensersatzanspruch im Deliktsrecht 25
- wegen Nichterfüllung 4, 83

Schenkung 6, 67
Schickschulden 3, 16
Schockschäden 20, 10
Schönheitsreparaturen 7, 36
Schmerzensgeldanspruch 25, 35
Schuldanerkenntnis 15, 1
- Bereicherungsansprüche 15, 18
- Deklaratorisches Schuldanerkenntnis 15, 7
- Einfaches Schuldanerkenntnis 15, 5
- Form 15, 16
- Konstitutives Schuldanerkenntnis 15, 2

Schuldbeitritt 14, 5
Schuldversprechen 15, 1, s. Schuldanerkenntnis
Schutzgesetze 23, 1
Selbstaufopferung im Straßenverkehr 13
Sittenwidrige Schädigung 23, 11
Sittenwidrigkeit 8, 40; 16, 38; 23, 15
Sondertatbestände im Deliktsrecht 24
Staatshaftung 24, 3
Stückkauf 1
Subsidiarität der Bürgschaft 14, 28
- der Eingriffskondiktion 17, 28

Substitution 12, 8
Sukzessivlieferungsvertrag 1, 14

Tatsachenbehauptung 24, 16
Tausch 6, 66
Teilbürgschaft 14 41
Teilnahme im Deliktsrecht 25, 5

Sachregister

Tierhalterhaftung 26, 9
- Haus- und Nutztiere 26, 13, 22
- Luxustiere 26, 13
- Reitpferde 26, 14, 15, 21
- Tier 26, 12
- Tiergefahr 26, 17
- Tierhalter 26, 15
- Zweck 26, 11
Tötung 20, 2
Treuepflicht 9, 15

Umwelthaftung 26, 42
UN-Kaufrecht 6, 59
Unerlaubte Handlungen 19-26
- Aufsichtspflichtiger, Haftung des 24, 35
- Beseitigungsanspruch 25, 42
- Beteiligung mehrerer 25, 1
- Billigkeitshaftung 19, 23
- Deliktsfähigkeit 19, 22
- Eigentumsverletzung 21, 2
- Entwicklung 19, 24
- Ersatzberechtigte 25, 22
- Gefährdungshaftung 26
- Gewerbebetrieb 21, 11
- Grundtatbestände 20-23
- Inhalt des Anspruchs 25, 32
- Kaufvertrag 5, 19
- Kraftfahrzeughalterhaftung 26, 24
- Lebensgüter 20
- Persönlichkeitsrecht, allgemeines 21, 24
- Produkthaftung 22, 20
- Rechtswidrigkeit 19, 14; 20, 10; 23, 7
- Schuld 19, 21
- Schutzgesetz 23, 1
- Sondertatbestände 24
- Sonstige Rechte 21, 7
- System 19, 1
- Tierhalterhaftung 26, 9
- Unterlassungsanspruch 25, 41
- Verjährung 25, 39
- Verkehrspflichten 22, 1
- Verrichtungsgehilfe 24, 35
- Vorsätzliche sittenwidrige Schädigung 23, 11
Unterhaltsschaden 25, 26
Unterlassungsdelikt 22, 1
Unterlassungsanspruch 25, 41
Untermiete 7, 91
Unternehmenskauf 1, 9
Unternehmerpfandrecht 10, 41
Unvermögen, anfängliches 2, 16

Verbraucherkredit 6, 16; 8, 34
- Anwendungsbereich 6, 19
- Geschichte 6, 17
- Einwendungsdurchgriff 6, 46
- Form 6, 23
- Kündigung 6, 27
- Rücktritt 6, 27
- Sittenwidrigkeit 8, 40
- Verbundene Geschäfte 6, 35
- Verzug 8, 36
- Widerruf 6, 25
Verfolgungsfälle 20, 10
Verfügung eines Nichtberechtigten 17, 30
- Unentgeltliche Verfügung 17, 44
Vergleich 15, 22
- Gegenseitiges Nachgeben 15, 25
- Rechtsnatur 15, 24
- Unwirksamkeit 15, 28
- Wirkungen 15, 26
Verjährung 4, 86; 7, 105; 10, 23; 25, 39
Verkehrspflichten 22, 11
Vermieterpfandrecht 7, 57
Verrichtungsgehilfe 24, 22
Verschulden 19, 21
Verschuldensprinzip 19, 10
Verschweigen, arglistiges 4, 49
Versendungskauf 3, 14
Verwahrung 11, 42
Verwahrungsvertrag, unregelmäßiger 11, 45
Verwendungskondiktion 17, 49
Vorausverfügungen 7, 70
Vorbehaltskauf 6, 1
Vorkauf 6, 58
Vorlegung von Sachen 16, 1
Vorsätzliche sittenwidrige Schädigung 23, 11

Wandelung 4, 73; 10, 16
Wegfall der Bereicherung 18, 21
Werklieferungsvertrag 11, 9
Werkvertrag 10
- Abgrenzung 9, 6; 10, 1
- Abnahme 10, 35, 43
- Allgemeine Geschäftsbedingungen 11, 2
- Anwendungsbereich 10, 1; 11
- Architektenvertrag 11, 6
- Aufwendungsersatzanspruch 10, 13
- Bauträgervertrag 11, 1
- Bestellerrechte 10, 8
- Fürsorgepflicht 10, 48

Sachregister

- Kündigung 10, 49
- Maklervertrag 11, 34
- Minderung 10, 16
- Mitwirkungspflichten 10, 45
- Nachbesserungsanspruch 10, 10
- Neuherstellungsanspruch 10, 11
- Positive Vertragsverletzung 10, 27
- Preisgefahr 10, 35
- Reisevertrag 11, 10
- Sachmängelhaftung 10, 10
- Schadensersatzanspruch 10, 18
- Sicherheiten 10, 41
- Sowiesokosten 10, 12
- Unternehmerpflichten 10, 4
- Vergütungspflichten 10, 33
- Verjährung 10, 23
- Verzögerung 10, 24
- Verzug 10, 24

- Wandelung 10, 16
- Werklieferungsvertrag 11, 9

Widerrufsrecht 6, 25, 44
Wiederkauf 6, 57
Wiederkehrschuldverhältnis 1, 16
Wildschäden 26, 9
Wohnraummiete 7, 12
Wucher 8, 40; 16, 48

Zeitbürgschaft 14, 42
Zeitmietverträge 7, 75
Zeugnis 9, 46
Zivilmakler 11, 35
Zusicherung von Eigenschaften 4, 33
- beim Werkvertrag 10, 8
Zuweisungslehre 17, 6
Zweckerreichung 9, 26
Zweckfortfall 9, 26
Zweikondiktionentheorie 18, 34

Schellhammer
Zivilprozeß
Gesetz – Praxis – Fälle

Jetzt in 6. Auflage

Ein Lehrbuch. Von Kurt Schellhammer, Vorsitzender Richter am OLG Karlsruhe. **6., überarbeitete Auflage. 1994.** XLVII, 1014 Seiten. Leinen. Gebunden. DM/sFr 228,– öS 1780,–. ISBN 3-8114-1494-1
Studienausgabe. Kartoniert. DM/sFr 138,– öS 1075,–. ISBN 3-8114-1594-8

Die Jurisprudenz ist eine praktische Wissenschaft, der Zivilprozeß das beste Beispiel. Dieses Lehrbuch unternimmt es, nicht nur das Zivilprozeßrecht verständlich zu beschreiben, sondern auch die **Dynamik des Prozesses** vor Augen zu führen. Im Mittelpunkt steht der „Normalprozeß" vor dem Landgericht mit schriftlichen Vorverfahren und Haupttermin, mit Vergleich und Urteil. Weit **über 100 Fälle** zeigen, wie der Jurist am Fall argumentiert.

Zahlreiche Muster für Klaganträge, Urteilsformeln und Vergleichsprotokolle verwandeln das blasse Gesetz in farbige Praxis.

Mit der 6. Auflage wird das Werk auf den neuesten Stand gebracht. Berücksichtigt sind u. a. das Gesetz zur Entlastung der Rechtspflege vom 11.1.1993 sowie die Rechtsprechung bis Ende Oktober 1993.

C. F. Müller Heidelberg

Im Weiher 10 · 69121 Heidelberg

Rechts-, Völker-, Kultur- und Kirchengeschichte in einer Gesamtschau:

Hans Hattenhauer
Europäische Rechtsgeschichte

2., verbesserte Auflage

Aus Besprechungen zur Vorauflage:

„Ihn trägt eine elementare Freude am Erzählen und an der einleuchtenden Gestaltung des historischen Stoffs... Er schreibt ein gemeinverständliches, kräftig wertendes Deutsch, und er illustriert seinen Gedankengang durchweg mit Belegen aus den Quellen. Auf diese Weise gelingt es ihm, in dreizehn großen Kapiteln einen Zeitraum von zweitausend Jahren zu durchschreiten und den Leser auf verschlungenen Pfaden am Ende bis zum modernen Europa-Recht zu führen."
Frankfurter Allgemeine Zeitung, 29.9.1992

„Einen großen literarischen Wurf gilt es anzuzeigen, ein Werk, dessen erzählerischer Fluß den Leser durch anderthalb Jahrtausende trägt, ohne ihn zu ermüden oder gar zu verdrießen."
Neue Juristische Wochenschrift 1/93

Europäische Rechtsgeschichte
Von Prof. Dr. Hans Hattenhauer, Kiel.
2., verbesserte Auflage. 1994. X, 825 Seiten.
Leinen. Gebunden. DM/sFr 164,– öS 1280,–
ISBN 3-8114-3894-8

C. F. Müller Heidelberg

Im Weiher 10 · 6912 Heidelberg
Fax 06221/4 476

Kübler
Gesellschaftsrecht

Jetzt in 4. Auflage

Die privatrechtlichen Ordnungsstrukturen und Regelungsprobleme von Verbänden und Unternehmen

Das Gesellschaftsrecht weist als „übergreifendes" Recht zahlreiche Bezüge zu rechtlichen Sondergebieten, z. B. dem Steuerrecht, sowie zur Nachbardisziplin der Wirtschaftswissenschaften auf. In der Form eines Großen Lehrbuches arbeitet der Autor die Zusammenhänge heraus und gibt dem Praktiker ein hilfreiches Nachschlagewerk zur Hand. Die rasche Entwicklung des Gesellschaftsrechts erforderte eine gründliche Überarbeitung des Werkes. So wurden u.a. die Ausführungen zur AG und GmbH, zum Umwandlungs- und Konzernrecht sowie zum Kapitalmarktrecht auf den neuesten Stand gebracht. Der wachsenden Bedeutung des grenzüberschreitenden Wirtschaftsverkehrs sowie der europäischen Integration trägt die Neuauflage Rechnung durch die Aufnahme eines Kapitels zum internationalen und europäischen Gesellschaftsrecht.

Aus Besprechungen zur Vorauflage:

„Insoweit gehört *Küblers* Werk heute zu den Standardwerken des bundesdeutschen Gesellschaftsrechts. Wer gesellschaftsrechtliche Grundzusammenhänge und übergreifende Fragen, auch zu angrenzenden Rechtsgebieten des Gesellschaftsrechts erlernen und verstehen will, wird auch künftig ohne ‚den *Kübler*' nicht auskommen."

Rechtsanwalt Dr. Ulrich Koch, NJW 45/90

„Seine Konzeption berücksichtigt zugleich die gesellschaftsrechtlichen Fragestellungen der Betriebswirtschaft und – aus der Sicht des Gesellschaftsrechtlers – die Verbindungslinien zum Steuerrecht... Es ist ebenso ein guter Tip für den Steuerpraktiker, der sich Zugang zu dieser schwierigen Materie verschaffen will."

Richter am Finanzgericht Dr. Ulrich Probst, Deutsches Steuerrecht 1-2/91

Gesellschaftsrecht
Die privatrechtlichen Ordnungsstrukturen und Regelungsprobleme von Verbänden und Unternehmen

Ein Lehrbuch. Von Prof. Dr. Friedrich Kübler, Frankfurt a.M. Reihe „Großes Lehrbuch". 4., neubearbeitete und erweiterte Auflage 1994. XXVI, 469 Seiten. Gebunden. DM/sFr 148,– öS 1155,– ISBN 3-8114-1394-5

C. F. Müller ⚜ Heidelberg
Im Weiher, 69121 Heidelberg